法哲学学术译丛

# 公民宗教：

## 政治哲学史的对话

Civil Religion:
A Dialogue in the History of Political Philosophy

［加］罗纳德·贝纳 (Ronald Beiner) ◎ 著

李育书 ◎ 译

人民出版社

# 目 录

Contents

1

## 第三部分　神权政治对自由主义的回应

## 第四部分　后现代的"有神论"：尼采和海德格尔对自由主义的持续反叛

# 前言与致谢

对话和交谈的风格……让我们以特定方式成为伙伴；而且它把人生两项最伟大和最纯粹的乐趣——学习和社会——联系在一起。

——大卫·休谟①

文本在它们的时代一直悄无声息；但我们身边一直都有通晓历史规则的人，世世代代都如此。

——爱德华·萨义德②

伟大的思想家们都有让人惊奇的一面。当面临宗教发起的政治挑战时，西方政治哲学家们为我们展示了我们并不熟悉的一面：马基雅维利称赞阿西西的圣弗兰西斯*；霍布斯，比其他任何思想家都强调个体的自我保护，却去颂扬基督教殉教的做法。卢梭，共和政治的主要代表，却去称赞伊斯兰政治。尼采，以宣称"上帝死了"而著名，从他主张的政治结构来看，却是一个有神论者。所有这些思想家，尽管在事实上都促成了现代政治的激进世俗化，但他们非常支持特定形式的政教合一。

本书的目的是叙述政治哲学史上的一段对话。政治哲学作为一项理智活动起源于苏格拉底—柏拉图的对话。也可以这样说，政治哲学要想作为理智继续存在，就必须继续表现为对话式的事业（事实上，我们也很难以其他方式来设想政治哲学）。这一对话吸引我的是，近代政治哲学史上的顶尖人物都关心政治 X

---

① 大卫·休谟：《自然宗教对话录》，见《宗教问题作品集》，安东尼·费罗编，（La Salle, IL: Open Court, 1992），第186页。

② 爱德华·萨义德：《弗洛伊德和非欧洲》，（London: Verso, 2003），第26—27页。

\* St.Francis，通常译为圣方济各，也译为圣弗兰西斯，本书中指称修会时译为方济各，指称具体人名时译为弗兰西斯。——译者

与宗教的关系。在某些情况下,对话的一方都非常清楚另一方;在某些情况下,我重构了对话,就好像对话一方有意识地去谈论另一方一样。我从中间部分开始对话,就好像它们已经或多或少是自明的。公民宗教这一主题突出显现在卢梭代表作《社会契约论》结尾部分的 35 个自然段之中。我把卢梭的这一章看作是有抱负的政治哲学家们对于政治与宗教关系的辩论之所以能吸引人的关键,我把公民宗教问题看作是政治哲学的入门,它是有抱负的理智活动的一种独特形式。

为了把这一研究看作是对西方传统中顶尖思想家之间一场持续的参与的对话,人们已经在如何阅读和解读构成这一传统的经典文本方面产生了方法论上的争论。历史情境主义的方法是,尽量接近而不是直接卷进这个直接对话之中,因为如果历史背景是决定性的,历史背景的不同就会阻断我们关注思想家之间的柏拉图式的对话,这同样适用于我们和他们之间可能的对话。③ 为了以哲学对话的方式来思考公民宗教问题,人们必须认为对话中的伙伴(包括我们自己)是生活在同一时代的或者虽然跨时代但仍有进行理智交流的空间。也许这需要理性进行抽象,或者需要一个刻意地、自我强化的姑且称为"历史的天真"这样的东西。无论哪种方式,我们必须相信存在这种知识探索的可能性,它超越了历史背景的差异,去追求我们所说的以对话方式激发起来的政治哲学。④

理查德·塔克对文本主义和情境主义问题的重要论述也相当犀利,他在自己关于霍布斯的小书中对情境主义的论述非常有代表性:

人们经常把哲学史或伦理学史上的伟大人物看作是同事,认为他们在工作中都在从事共同的事业,哪怕像托马斯·阿奎那、马基雅维利、路德、霍布斯、康德、黑格尔他们的任务各不相同。但稍加思考就会发现,是我们把这些思想家变成了一个整体:从思想家们自己观点来看,他们有不同的生活方式,也有不同的人生目标。他们会把不在这份名单上的人物看作自己理智上的知音——祭司和学者在面对它时是没有多少哲学兴趣的。⑤

XI

---

③ 对此类似的思考,可参见杰里米·沃尔德伦:《上帝、洛克和平等》,(Cambridge:Cambridge University Press,2002),第 1 章。

④ 列奥·施特劳斯曾用一个典型的令人难忘的警句来表达其精神,"要想飞往不朽,就需要斟酌选择行李。"参见施特劳斯:《写作的艺术和困扰》,(Chicago:University of Chicago Press,1988),第 160 页。

⑤ 理查德·塔克:《霍布斯》,(Oxford:Oxford University Press,1989),第 1 页。剑桥学派背后的"去经典化"(或终结经典)运动有一个很好的概括,参见爱弥儿·皮鲁-苏思妮:《昆廷·斯金纳的语境》,《政治学评论》第 69 期,(2007),第 106—111 页,关于彼得·拉斯莱特和昆廷·斯金纳之间对话的相关故事特别参见第 107 页。

我们认为塔克在一定程度上是独断的,他认为霍布斯这样地位思想家只愿意与同时代同样地位的思想家对话。而且,塔克还非常确信,"从他们自己的观点来看",这些思想家只关心与同时代的思想家交流。然而,政治哲学史上并不缺少这样的事例,一些伟大的思想家会在一些问题上追求与其他时代的思想家进行交流(马基雅维利和李维,霍布斯和亚里士多德,斯宾诺莎和迈蒙尼德,卢梭和马基雅维利,尼采和柏拉图)。我会在接下来的章节中强调这些跨历史的对话。⑥

在政治理论的实践过程中,霍布斯提供了文本(普遍主义)与情境(历史主义)相互影响的一个极好例子。霍布斯认为社会生活的原则具有普遍合法性,他是这样认为的,按照他的理解,只要一个人在普遍性上认可他的原则,这便是在本质上忠于霍布斯事业(在政治哲学史上相互竞争的理论中)。但是,毫无疑问,霍布斯对政治愿景的表述有其特殊紧迫性,它与特定时间地点的政治合法性危机有关。霍布斯的政治哲学的主要著作成形于 1640 年至 1651 年之间,这绝非偶然,人们要想理解霍布斯的理论意图,就不应忽视这个理论背景(霍布斯在《利维坦》最后一章突出了这个内容,他的"著作源于当前的混乱")。本书涉及的包括霍布斯在内很多思想家,他们都积极回应他们的时代危机,所以他们都非常明确地让自己的观点与同时代的其他作家保持合拍;所有的思想家都注重与政治哲学史上的思想家们开展对话,在这场跨历史的对话中绝不缺少长久有效的话题。人们不应该试图说服历史学家成为哲学家,也不应该试图说服哲学家

XII

---

⑥ 我不否认重要的见解是通过情景—历史主义的方法来获得的,也没有必要否认这一点。我只想明确表明我正像以前一样从事该项工作,我以前采用了文本主义的路径来追求政治哲学的原理。以文本主义和情境主义这两个的方法进入相关文本,都可以获得有价值的见解,但也很可能采取了"双重合法性"的方法,尽管它们研究的方法截然不同,每种方法都是合法性的独立来源。J. G.A.波考克在关于"公民身份,道德与政治教育"的会议(2000 年 7 月 31 日,魁北克城)演讲中认为这两条路径分别代表了"历史学家和政治理论家",我觉得他的论证非常有说服力。波考克的观点是,"理论家和历史学家不应该是敌对关系,而是可以进行信息和认证互换。"历史学家也向理论家表达了非常慷慨的友谊,对于这种姿态,理论家没有理由不予以回报(例如,可参见沃尔德伦:《上帝、洛克和平等》,第 11 页)。还可参见伊恩·沃德:《帮助死者说话:列奥·施特劳斯、昆廷·斯金纳和政治思想的解释艺术》,《政体》,第 41 卷,第二期,(2009 年 4 月),第 235—255 页,它令人信服地指出,历史主义和超历史主义的工作分工是能够进入政治思想史的。还应当明确的是,虽然塔克完全致力于对霍布斯的历史主义解读,但他的政治理论并不是货真价实的历史主义,因为塔克认为,霍布斯对道德怀疑主义的应对方式根本上仍和它的时代思考相联系。因此虽然他认为情境主义的解释优先于其他解释,但幸运的是人们并没有遵从塔克关于霍布斯只与自己同时代的人对话的观点。我即将出版的一篇文章将在某种程度上更详细地回应塔克,该篇文章题为《"文本主义":一个反方法论》。

成为历史学家。每个人都应该从事自己的工作，通过自己写就的政治哲学著作奉献他们的所有努力。每一个路径都是重要洞见的来源，我们不能因为喜欢这个而轻视那个。

因此，虽然我不打算在辩论中坚持自己观点的唯一正确性，但也需要明确，本书采用的方法绝对是文本主义的——这是明确的、无需证明的。也就是说，我们始终或多或少只关注一些特定的文本，我们会问这样问题：这些文本说了什么？他们在玩什么话语游戏？他们论证的内在张力和矛盾是什么？这些文本将如何通过显性或隐性的相互对话来挑战别人的观点？最后一个问题非常重要，因为如果没有文本间的相互对话，这种理智活动就不是真正意义上的政治哲学。政治哲学在本质上是对话式的，这就是为什么本书把哲学追问的传统溯源到柏拉图的原因。⑦ 我这本书对待政治理论的处理方法是刻意保持陈旧。在某些特定文本中，我认为伟大的思想家是有标准的，通过把我们置身于思想家的对话之中，我们有机会参与到那些有意打造的"人类的对话"之中。⑧ 本书中对理论概念的经典表述是马基雅维利在 1513 年 12 月 10 日给维特利的信中描述他与古人的对话，⑨而接下来的章节则是假托与现代人对话（在这个对话中，马基雅维利自己显然是一个超群的人物），这比起马基雅维利与古人的对话也毫不逊色，也属于"豪华阵容的"对话。

"世上有但很少有这样的故事。"的确这样，西方政治哲学传统中的重要人物都持续且重复着同一个话题，彼此展开长期的对话。如果这不算是对政治哲

---

⑦ 很多近代政治理论一直围绕着"协商的"政治理论与"竞争的"政治理论相互对抗，——也就是说，对话政治学与斗争政治学一直互相对抗。我们必须承认，人类的理智还有一个重要的竞争维度，那就是政治哲学。在我看来，政治哲学这一痛苦的过程必须被引导到棋类游戏的精神上去：是的，一方想在智力上战胜另一方，但这并不排除真正对话的形式。对抗必须具备友好的方式、高尚的精神，以开放的心态去学习别人。它从来不是一个单行道，不是简单地去打击对手。总之，政治理论的对抗应该始终是对话式的。

⑧ 这段话欧克肖特说过，但是来自霍布斯（《利维坦》，第 15 章）。

⑨ 尼可罗·马基雅维利：《君主论》，哈维·C.曼斯菲尔德译，第 2 版，(Chicago：University of Chicago Press，1998)，第 109—110 页。参见马基雅维利临终时曾做了一个梦，他死后宁愿去地狱和柏拉图、普罗塔克、塔西佗讨论政治，而不愿去天堂聆听基督。罗伯托·里多尔菲在《马基雅维利生平》第 249—250 页提到了这个梦，塞西尔·格雷森译，(London：Routledge&Kegan Paul，1963)。应该补充说，马基雅维利梦想在地狱与柏拉图和普罗塔克谈话，这个梦是苏格拉底幻想在阴间与过去的英雄和半神进行哲学对话的镜像（《申辩篇》41A—C）。卢梭经常幻想的是和摩西、吕库古、梭伦、努玛对话。见《卢梭作品集》第 4 卷，罗杰·D.玛斯特、克里斯托弗·凯利编，(Lebanon, NH：University Press of New England，1994)，第 34—35 页。也可参见汉娜·阿伦特/卡尔·雅斯贝斯：《1926—1969 通信》，乐天·科勒、汉斯·森那编，(New York：Harcourt Brace Jovanovich，1992)，第 317 页。

学作为一个理智学科的证明,那我也不知道这算什么了。本书的目的是勾勒出哲学思考与辩论的整个脉络,这一脉络从马基雅维利开始到罗尔斯结束,中间包括培尔、斯宾诺莎、迈斯特、托克维尔和施密特等众多思想家。一方面,如果政治哲学确实具有连贯的理智传统,那么在这个传统内,原则上一定都集中在一些共同问题上,这些问题也是可以定义的(虽然观点上各不相同甚至彼此反对)。另一方面,也许政治哲学史事实上就是伪传统,各种有意义的对话只是表象,它无力为自己的现实辩护。如果我们不把这个传统中假定的对话伙伴聚集在一起,来研究他们的论据和反驳,我们便不知道这两个立场哪一个更为真实。这也是我这本书想努力去做的。⑩

令人欣慰的是,我得到了我在多伦多大学的各位亲爱的同事和前同事们的巨大帮助,他们教给我很多,这有助于我从事政治哲学史的学习与思考,尤其是以下这些朋友:爱德华·安德鲁,莱恩·巴洛特,阿兰·布鲁德,约瑟夫·佳乐,西蒙·查伯斯,弗兰克·库林翰,董·福布斯,肯·格林,嘉德·霍洛维茨,莱恩·赫尔,杜侃·伊威深,瑞贝卡·金士顿,彼格·科恩,南希·可卡,阿吉斯·孔托,马克·利平科特,杰尼弗·尼德斯凯,克利福德·欧文,汤姆·潘格尔,⑪梅丽莎·威廉姆斯和欧文·蔡特林以及我在约克大学洛克式的朋友史蒂芬·纽曼。我最为感激的,是与我主题相关来撰写政治科学博士论文的多伦多大学的学生们。在多数情况下,我担任他们的监督委员会成员,他们承担了大部分的教学。他们是我永不枯竭的资源,为我在阅读书本、查阅文献、思考问题方面提供了宝贵建议。下面清单虽然不全面,但也显示了他们对我的巨大帮助:理查德·西古德松:《论布克哈特和尼采》(1991);大卫·福斯特:《论洛克的〈政府论〉(上篇)》(1991);詹姆斯·阿维伊:《论亚当·斯密》(1996);贾德·欧文:《论罗尔斯、罗蒂和费希》(1998);马克·路易德:《论沙夫茨伯里和洛克》(1999);伯

XIV

---

⑩  我以一种很老套的方式把疑问放在一起,作为人类生存状况这一永恒话题的跨历史对话,我可以假定柏拉图以来的经典能够提供我们理智地思考当前的状况所需要的一切么? 如果可以,这个假定能够得到保证么? 在《经典的充分性》中,乔治·凯笛提出了一个值得考虑的观点,他认为某些关键方法经典也无能为力;凯笛:《爱国主义和其他错误》(New Haven:Yale University Press, 2006),第384—407页。"这些文本通常假定说的话是永恒的"(第387页),但是,凯笛认为,它们并不足以让我们全面了解二十世纪的政治恐怖。

⑪  我写这本书就是要表达一个心照不宣的观念,就是要感谢我的前同事汤姆·潘格尔对我的《精神失落时代的哲学》书中相关问题的见解,在政治哲学家是否有义务研究"神学—政治问题"的问题上,他是正确的,我错了。鉴于宗教及其政治主张的持久影响,"来与上帝打个招呼"成了政治哲学不可回避的一个部分。

瑞斯·科瓦斯基:《论J.S.密尔》(2000);杰夫·卢克斯:《论马基雅维利和孟德斯鸠》(2000);西蒙·科尔:《论霍布斯和弥尔顿》(2001);约书亚·戈德斯坦:《论黑格尔》(2001);纳特·麦库勒:《论卡尔·斯密特》(2001);丹尼尔·佩林:《论加尔文》(2002);李·麦克林:《论卢梭》(2002);乔·赫尔伯特:《论托克维尔》(2004);马瑞克·翰威特:《论休谟》(2007);罗伯特·斯帕林:《论J.G.哈曼》(2008);布瑞特·库什:《论柏拉图和卢梭》(2009)、伽比·巴特利特:《论托马斯·莫尔》(完成中)。我同样非常感激另一个以前的学生,格雷姆·加勒德,他促使我对迈斯特产生了兴趣。加勒德转移到这个方向和他在牛津与以赛亚·伯林相遇的经历相关。伯林坚信,最坏的自由是自负的自由,并且,避免自负情绪的最好办法就是,在理智上以极其庄重甚至极其尊重的方式来发展出激进的反自由主义的版本。我相信,这本书在这方面是符合伯林的自由主义精神的。

　　本书的部分篇章曾在别处发表,特别是,《马基雅维利、霍布斯和卢梭论公民宗教》刊于《政治学评论》,第55卷,第4期(1993年秋),第617—638页;《公民宗教》,刊于《民主百科全书》,塞姆·马丁·尼平赛特编,(Washington,DC: Congressional Quarterly Books,1995),第3卷,第1052—1054页;《乔治·格兰特、尼采和新教的有神论》,刊于《乔治·格兰特和现代性的颠覆》,亚瑟·戴维斯主编,(Toronto:University of Toronto Press,1996),第109—138页;《罗尔斯的自由主义谱系》,刊于《反思罗尔斯:对他遗产的评估》,肖恩·P.杨主编,(Aldershot,UK:Ashgate,2009),第73—89页。最后,我还不应吝啬我的感谢之情,感谢加拿大人文与社会科学委员会多年来一直在支持我从事这本书的写作。加拿大人文与社会科学委员会(SSHRCC)已经为本书做了很多工作,其中迈克尔·格雷对本书的索引部分做了非常有益和有效的工作。

XV

# 导　言

> 政治……对城邦内的一切发布命令。
>
> ——亚里士多德①

公民宗教是政治为了自己目的对宗教的擅用。为什么它会成为政治哲学史的一个重要问题呢？当宗教为自己设立目标时，如果这些目标不是政治的，那它就是对政治权威的根本挑战，政治决不能轻视这种对其权威的根本挑战。实际上，公民宗教就是对这个困境的根本回应。这就是为什么自由主义传统的思想家们常避开公民宗教问题而试图以不太激进的方式来解决这个困境的原因。这是政治哲学中精彩的三方对话的来源——宗教、公民宗教和自由主义，它们共同构成了政治化宗教或者非政治化宗教的谱系。

莱谢克·克拉科夫斯基简要概括了他关于公民宗教的观点，他认为"这是仇恨教会的人所鼓励的一种反常的政教合一"——他引用帕多瓦的马西略 *、马基雅维利、霍布斯、斯宾诺莎和孟德斯鸠作为理性传统的例子来说明这一点。② 2

---

① 亚里士多德：《尼各马可伦理学》，马丁·奥斯瓦尔德译，（Indianapolis：Bobbs‐Merrill，1962），第 173 页。这部分是有关城邦与神如何相关问题的概述，它看上去是相互从属的。神高于城邦，但它是由城邦规定的并且由城邦来崇拜他。我要感谢克里斯特尔·柯德尔提醒我这个文本的重要性。

　* 马西略，意大利思想家。生于帕多瓦城，曾任该城教长，后在巴黎研读医学与哲学，获硕士学位。1312—1314 年任巴黎大学校长。因拥护王权、反对教廷，于 1327 年被罗马教廷开除教籍，逃往巴伐利亚投靠路易四世王朝，继续反对教皇。其政治思想主要反映在 1320—1324 年所写的《和平的保卫者》一书中。——译者

② 莱谢克·克拉科夫斯基：《对现代性无休止的审判》（Chicago：University of Chicago Press，1990），第 179 页。杰弗瑞·R.柯林斯的《托马斯·霍布斯的忠诚》（Oxford：Oxford University Press，2005）第一章也非常有助于公民宗教的概念史研究。通过詹姆斯·哈林顿一个非常有趣的论述，可以认识到公民宗教思想在从马基雅维利到黑格尔现代政治思想中的重要性，见马克·戈尔迪《詹姆

（事实上，克拉科夫斯基也可以把尼采纳入在他看来稍显含混的传统之中。）③为什么这些教会的仇恨者支持公民宗教？如果这些思想家们认为宗教是对政治的颠覆，或者把它看作是对政治权威的潜在威胁，这时明摆着的理论策略便是"在自己的游戏规则中击败宗教"——这也就是说，使政治的权威扩展到政治之外，或者超越"单纯的"政治权威。

我们可以对宗教做些什么？这对政治来说是一个不可回避的问题，因此它也是政治哲学的永恒话题。本书背后的观点非常简单，虽然它的执行需要非常复杂的论述和解释。这个观点出现在罗尔斯的《政治自由主义》导言对宗教的论述中，导言对长达几个世纪政治哲学史对话做了介绍。当然，罗尔斯并未把他的观点放到历史上以及正在进行的哲学对话之中。相反，他提出理论结果是，他赞同把这个历史性胜利作为我们的既定事实（自由主义实现的胜利是一个历史事实）。如果这些问题曾经是一个活生生的对话题材，那么自由主义对宗教中政治问题的解决方案就成了多余的对话（我们已经被引导相信了他们的方案）。

公民宗教赋予宗教以权力，但它这样做不是为了宗教，而是为了强化公民身份——让政治共同体成员成为好公民，它是为了与人们的"怎样才算一个好公民"的观念相协调。在这个问题上，"自由主义"反对给宗教赋权，哪怕这是为了强化好公民的身份，自由主义阵营中不同的思想家提出了不同的方案来反对公民宗教的观念（也许他们的观点正与公民宗教相辅相成）。看上去，在政治哲学的学术世界中，自由主义和公民宗教的观点是对立的、二选一的选项，政治哲学史成了这两个对立的选项之间对话的投影（正如本书呈现的那样）。

本书的作者并不是对宗教特别感兴趣。我最感兴趣的是政治，政治哲学是
3 　对如何以恰当方式来组织政治生活这一永恒话题的回应。然而，对政治和政治

---

斯·哈林顿的公民宗教》，载《欧洲前现代政治理论的话语》，安东尼·帕格登编，（Cambridge：Cambridge University Press，1987），第197—222页。戈尔迪认为这是已经被原则化的思想传统，因此，他从这个传统中比从克拉科夫斯基那里得到了更多理性上的同情。至于哈林顿，他为本书第一部分的主要论题提供了一个特别有趣的案例，即公民宗教和激进反教权之间的一致性（并且，可以说，沙夫茨伯里为同一主题提供另一重要例子）。当然，我们可以在后续论述中继续考察这两位有趣的思想家。

③　本书第四部分讨论了尼采。为了预知我们后面部分对尼采和公民宗教亲密关系的讨论，我们此处只是简单提及尼采，尼采与马基雅维利一样（《论李维》，第2卷，第5章），对他们来说，最高级的政治根本上通过宗教建立起来的。事实上，人们可能会猜测，尼采的《查拉图斯特拉如是说》唯一目的是证明单个人可以尽心尽力地去发明一种宗教。人们可以再做一次摩西和圣保罗所做的工作。

哲学的兴趣可以让你间接地对宗教感兴趣。人们认为，各种版本的自由主义都企图驯化或者抵消宗教对政治的影响，正由于这个原因，它们必然忙于应对宗教问题。我写作本书的目的也是为了探索这些问题。

同样重要的是，我们应该尽心尽责。当前我选取的对这个对话（或者是系列对话）并没有穷尽众多思想家中那些研究公民宗教问题的政治哲学家，对这些思想家的讨论也没有穷尽他对政治与宗教关系问题的理论思考。

卢梭在政治哲学史范围内对公民宗教问题的思考，开始于他的《社会契约论》第4卷第8章。卢梭突出强调了人们面临的两方面要求，一方面来自政治生活，一方面来自宗教，尤其是基督教。"基督教的共和国，这两个名词是互相排斥的。"④"它不能使公民全心全意依附于国家，反而使公民脱离国家。"⑤宗教在支配西方政治共同体与政治权威的诉求之间一直存在根本上的张力，但某些形式的宗教对于良好的政治秩序一直必不可少。卢梭断言，"从没有一个国家不以宗教为基础便能建立起来的"。⑥毫无疑问，卢梭这段文本一直关注这个基础性问题，某种意义上他甚至快解决了这个问题——或者是想去解决这个问题。（事实上，正如我第一部分所计划的，我倾向于表明，这个问题是无解的，进而言之，它所呈现出来的这个政治生活的维度也是无解的。）⑦

事实上，政治哲学一直是对潜在危机的回应。柏拉图的《理想国》是对希腊　4

---

④　让-雅克·卢梭：《社会契约论》，罗杰·D.玛斯特编，朱迪思·R.玛斯特译，（New York：St. Martin's Press，1978），第130页（《社会契约论》，何兆武译，商务印书馆2002年版，第183页；以下引文参照该译本。——译者）。

⑤　同上书，第128页（中译本，第180页。——译者）。

⑥　同上书，第127页（中译本，第177页。——译者）。

⑦　根据我第一部分的论述（也和关于卢梭的传统观念相反），如果卢梭最终止步于阐述一个"真正的"公民宗教，那么真正完整的公民宗教是什么样的？一个可能的选项便是约翰·托兰的《拿撒勒人》，贾斯汀·钱皮恩编，（Oxford：Voltaire Foundation，1997）。在乔纳森·以色列的表达中，托兰的作品构成了一个"惊人的准神学项目……他在寻求使基督教去基督教化，并把它改造为一个共和的公民宗教。"以色列：《激进启蒙》（Oxford：Oxford University Press，2001），第613页。试图化解《拿撒勒人》书中这个复杂且离题的话题，这一任务显得过于雄心勃勃而难以完成。大致说来，托兰解释了初期基督的礼拜仪式——以虚假的"第五福音书"为载体，对它重新定位的话，它更接近犹太教和伊斯兰教的方式，但绝不是圣保罗版本的基督教。（他提供了"基督教、犹太教和伊斯兰教"，来说明最初的草拟的题目。）在此意义上，《拿撒勒人》重复使用了（以托兰特有的挑衅方式）该书第一部分的一些理论策略。但如果要认为托兰是公民宗教的理论家，我们必须涉及托兰所回到的，与詹姆斯·哈林顿、亨利·斯塔布相类似的主题上。哈林顿对公民宗教的论述，可参见戈尔迪：《詹姆斯·哈林顿的公民宗教》；对斯塔布作为公民宗教理论来源的论述，可参见詹姆斯·R.雅可比：《亨利·斯塔布：激进新教与早期启蒙》，（Cambridge：Cambridge University Press，1983），第8章。

道德危机的回应。亚里士多德的《政治学》是对希腊城邦生存危机的回应。皮埃尔·培尔的工作是对废止南特赦令*的反击。卢梭的《社会契约论》是对欧洲君主制危机的回应。托克维尔的《论美国的民主》是对贵族制度危机的回应，等等。自由主义则是对16、17世纪宗教战争带来的危机的回应。这一回应贯穿整个自由主义传统，一直发展成为当代自由主义最为重要的问题，这也就产生了约翰·罗尔斯的《政治自由主义》。对宗教宗派主义发起的挑战，霍布斯提供了一种应对，宗教带来了内战，这一背景塑造了他最为深刻的政治观点。然而，洛克的《论宗教宽容》是政治理论对16、17世纪的宗教危机的最重要的回应。我认为这本书更为完整地勾勒了他的自由主义，而且定义了整个自由主义传统，它比《政府论》下篇更为重要。在更为深远的意义上，自由主义作为一种政治哲学是对新教改革挑战的回应，另一方面，也是宗教—政治战争带来了宗教改革。霍布斯的政治哲学并不是自由主义的，但他的政治假设是自由主义的，相对于其他思想家所共同绘就的自由主义（平均主义—个人主义）哲学假设，霍布斯和洛克代表了自由主义的两极。因此，他们代表了两种在根本上对立的回应态度，它们回应了宗教对政治共同体和政治权威挑战。

　　自由主义获胜了吗？孟德斯鸠告诉我们（《论法的精神》，第25章第12节），衡量自由主义政权是否获胜的最高标准是，公民在多大程度上对宗教事务漠不关心以及他们对宗教的关心是否已经被物质享受和商业繁荣所取代。⑧ 根据这一标准，我们应该如何评价当代呢？我们可以考察伊朗、阿尔及利亚、苏丹、索马里、尼日利亚、爱尔兰、以色列、加沙、黎巴嫩、巴基斯坦、印度、土耳其、伊拉克、阿富汗、也门等国，至少它们可以被认为是自由派资产阶级"历史终结论"的实现，这也意味着包括神权政治在内的前自由主义将永久退出历史舞台，然而这

5

---

　　* 南特赦令，法国国王亨利四世在1598年签署颁布的一条敕令。这条敕令承认了法国国内胡格诺教徒的信仰自由，并在法律上享有和公民同等的权利。这条敕令也是世界近代史上第一份有关宗教宽容的敕令。不过，路易十四却在1685年颁布枫丹白露敕令，宣布基督新教为非法，南特敕令亦因此而被废除。——译者

　　⑧ 参见伊恩·麦克艾文：《星期六》（London：Jonathan Cape，2005），第126页。"不是依靠理性主义来解决宗教狂热者，而是靠日常购物和一切所需要的……能够允诺贪婪欲望的是购物，而不是祈祷。"施特劳斯派倾向于把孟德斯鸠以培育冷漠而不是对抗的方式来消解宗教看作是哲学家的阴谋。因此，托马斯·潘格尔称《论法的精神》第25章第12节的文本"也许是《论法的精神》中论及宗教的最重要单篇文字"；潘格尔：《孟德斯鸠〈论法的精神〉中自由主义现代性的神学基础》，（Chicago：University of Chicago Press，2010），第102页。这也许是对的，但不要把它解释为秘密阴谋的一个部分，而把它简单地看作是一个孟德斯鸠所揭示的现代社会的社会现实问题。

绝不是没有争议的。⑨ 事实上,福山的历史终结论在2001年也走到了尽头——此时距他提出这个观点才12年!——2001年激进的伊斯兰直接粉碎了资产阶级自由主义对永久和普遍统治的过早期望。本书以如下观点为前提:即使最终证明,某些版本的自由主义是我们容纳宗教危险的最好手段,我们也会明白在更广泛的体系中,自由主义比非自由主义和反自由主义要来得更好。

现代世俗化几乎终结了公民宗教传统所表达的理论维度。在这个意义上,作为理论家,我们也许应该感谢伊斯兰激进派(或许也包括福音派新教)非常强劲地把这些问题拉回来使之成为哲学问题。如果我们考察一下本书第三十章的题引——我非常支持的卡尔·洛维特对尼采的论述——人们也许会感到惊讶,无神论者尼采同时还是启蒙的和世俗化进程的激进反对者(这种情况一直持续到我们今天)。如果这种状况还会让我们感到惊奇和困惑的话,那么显然是因为我们还没有搞清楚尼采所挑战的理论核心。世俗化恰恰带来了文化的扁平化、同质化、文化—精神的萎缩,这是他最迫切关心的(也是海德格尔关心的)问题。⑩ 正如我在阐释尼采时指出的,尼采批判基督教带来了自由主义的世俗化,因此,他显然并不认为基督教(尤其是基督教新教)和世俗化在哲学上是对立的。非自由主义的可能性的复兴使他成为新的活力的标志(这一点也适用于海德格尔)。

作为一种理论可能性的公民宗教还有影响么? 人们也许认为,在某种意义上公民宗教从属于哲学的理性主义传统本身。这恰恰又回到了柏拉图所开创的

6

⑨ 对"去世俗化"可能性的研究,特别是针对欧洲,参见彼得·J.卡赞斯坦、蒂莫斯·A.伯恩斯:《扩张中欧洲的跨国宗教》,载《政治透视》,第4卷,第4期(2006年12月),第679—694页。还可参见彼得·L.贝格:《世界的去世俗化:全球概览》,载《世界的去世俗化:复活的宗教与世界政治》,贝格编,(Grand Rapids, MI: Eerdmans, 1999),第1—18页。当前理论界有很多关于"后世俗化"的对话,"后世俗化"好像自然而然与后现代主义联系在了一起。通过漫长而艰难的追溯就会发现,启蒙使得现代世俗主义得以可能,对于超越"世俗主义"这个浅显的观点,我们应该保持警惕(至少要有一点点的警惕)。本书第二部分所做的探讨就说了这一点,通过对前世俗化的中肯提醒,它让我们对后世俗化多了几分警惕。

⑩ 尼采书中一个经典比喻便是"绷紧的弓",出自《善恶的彼岸》序言(以及第206节和第262节,也可参见《道德的谱系》I.12)。这是一幅充满悖论的图景。作为基督教的敌人,尼采本应该支持启蒙,并且事实上也常使用启蒙话语(例如,《敌基督者》,第12—15节;参见《善恶的彼岸》,序言:"欧洲再次自由呼吁"和"我们"是反对柏拉图的错误的"继承人")。但是,"绷紧的弓"根本上是一种反启蒙的形象。如果说对柏拉图主义和基督教的"斗争"带来了这个"精彩的精神张力",那么战斗的最终胜利——启蒙获胜和柏拉图主义/基督教的降服——将是一场灾难。尼采站在哪一边? 柏拉图主义和基督教这一方,这就产生了文明自身的"噩梦",但也因此带来了"绷紧的弓"? 还是启蒙这一方,它摧毁了不健康的错误,但也松开了弓弦。

政治哲学传统——正如在《理想国》结尾处柏拉图反对诗人，它暗含的意思是仅仅依靠宗教是无法培养德性的，"习俗之中没有哲学。"⑪尤根·哈贝马斯为我们提供了一个同时代的同样的理性主义传统，他提出"遭启蒙动摇的宗教传统的社会整合力量"使得"理性的统一与创造共识的力量"不再可能。⑫这就假定了，我们可以找到其他方式来保持政治共同体的统一。对于从柏拉图到哈贝马斯的整个理性主义传统，只有哲学能最终完成这个由公民宗教传统给定的任务，以实现纯粹的宗教（不论是荷马式的还是犹太教的基督教），亦即让公民进入到稳定而连贯的政治共同体之中。在此引人注目的是，虽然马基雅维利、霍布斯、卢梭、尼采观点明显不同，但毫无疑问他们都同意寻求这个理性假设。⑬

7    如果政治能完全世俗化，或者宗教完全是私人性的，那么宗教与政治也许会变得相容，但看来二者都没有可能。宗教将一直对政治生活构成挑战——这种仅仅是理论上的挑战是没有最终解决方案的。因此，如果解决政治与宗教困境的方案正来自于我们期盼的政治哲学传统，我们便会发现这些期盼和期待终将令人失望。寻求解决这些问题之智慧的那些经典思想家们一定在某处骗了人。如果当代伊斯兰和当代福音派的神权政治（或者觊觎神权政治的人）在根本上挑战自由主义的公民身份，那么他们将进一步发展这种当初公民宗教就试图回应的挑战。在此意义上，当代政治学中最令人头疼的难题会在更广阔的理论视野中继续活跃下去。

---

⑪　《理想国》，第 10 卷：619c—d；参见《斐多篇》，82 b—c。相关评论可见汉斯-格奥尔格·伽达默尔《柏拉图和诗人》，载《对话与辩证法》：第 61—62 页，特别是注释 9，P. 克里斯托弗·史密斯译，（New Haven：Yale University Press，1980）。我想补充的是，他对荷马、柏拉图的挑战并不一定要放弃公民宗教；更可能的是，他是想让哲学家而非诗人担负公民宗教的责任。

⑫　《哈贝马斯和现代性》，理查德·J.伯尔斯坦编，（Cambridge，MA：MIT Press，1985），第 197 页。虽然近来哈贝马斯已经修改了他对宗教的看法，例如，可参见《关于上帝和世界的对话》，载尤根·哈贝马斯：《宗教和理性》，爱德华多·门迭塔编，（Cambridge：Polity，2002），第 147—167 页；《信仰与知识》，载哈贝马斯：《人性的未来》，海拉·贝斯特、威廉·亨格译，（Cambridge：Polity，2003），第 101—115 页；《宗教和公共领域》，载哈贝马斯：《在自然主义和宗教之间》，夏兰·克罗宁译，（Cambridge：Polity，2008），第 114—147 页。这些文本对哈贝马斯的观点做了有趣而重要的论述，见西蒙·查伯斯：《宗教如何看待不可知论：哈贝马斯论宗教的永恒价值》，载《群星》，第 14 卷，2007 年第 2 期，第 210—223 页。查伯斯的解释非常好，虽然在原则上哈贝马斯目的是使宗教的道德见解和"世俗哲学"最终可以对话，但这个世俗化的转化过程永远不会结束。因此，令哈贝马斯着急的不是宗教被文化（或政治）排除，而是它持续的道德意义仍亟待转化为世俗化语言。

⑬　我将推迟到本书结尾部分再表达我对公民宗教传统的明确态度。同时，各位切不可认为我在怀念公民宗教得以可行之时代。当然我们也有论据去阐述，为什么公民宗教不再是通往政治哲学的可靠路径。但它仍然是我们政治哲学传统中一个重要部分，不管去研究它为什么不可能，还是去研究是什么促使它成为理论的首要问题，我们都可以收益颇丰。

# 第一部分
## 马基雅维利、霍布斯、卢梭：
## 公民宗教的三个版本

# 第一章　卢梭的问题

　　培尔已经很清楚地证明宗教的狂热比无神论是更为有害的,这一点确实是无可怀疑的,不过,他还小心翼翼地保留了一个同样真实的情况没有说出来,那就是:宗教的狂热尽管是容易导致血腥和残酷的行为,但不失为一种强烈的热情,它能鼓舞人心,使人把死亡不看在眼里,赋予人以巨大的动力,只要好好地加以引导,就能产生出种种崇高的德行

——让-雅克·卢梭①

　　公民宗教这一术语来自一个特别的文本——卢梭的《社会契约论》第四卷第8章。不仅如此,如果对公民宗教思想进行充分地、彻底地、雄心勃勃地研究,就会发现它不仅向我们敞开了卢梭作品作为一个整体所具有的独特的政治思想,还向我们敞开了近代政治哲学的传统中所有重要人物的独特思想。更为重要的是,它向我们敞开了这些思想家之间的全面对话的维度,而不仅仅把他们自己的思想世界看作是单一的整体。正是在此意义上,本书的目的就是要呈现这样一个对话,或者是一组对话。从政治哲学史的对话这一点来看,我们可以说当卢梭撰写公民宗教篇章时,他对两种可能的化解政治和宗教的复杂关系的解决方案已经非常熟悉,这两种方案来自于近代政治哲学传统中他的前任思想家们,(第一部分的第二—五章将探讨这个问题);在此意义上,公民宗教章节只是半路插入到讨论之中。然而,卢梭反对这两种方案,认为它们都不可取。在《日内

---

　　① 让-雅克·卢梭:《爱弥儿,或论教育》,艾伦·布罗姆编,(New York:Basic Books,1979),第312页注。这个奇怪的脚注讨论了《爱弥儿》的张力和矛盾,可参见本书第17章;卢梭在"论语言的起源"中对伊斯兰宗教狂热的表扬,载《卢梭作品集》,第7卷,约翰 ·T.斯考特编,(Lebanon,NH:University Press of New England,1998),第317页(卢梭:《爱弥儿》,李平沤译,商务印书馆2016年版,第505页。下文引用参见该译本。——译者)。

瓦手稿》中，他自己提出了一个可能的解决方案，但在他写作《社会契约论》的时候，他又对这个方案置之不顾了。因此，那些把《社会契约论》看作一个确定的、可实现的理想政治社会蓝图的卢梭的读者们，需要认真思考该书最后的关键性问题——卢梭无法提出他自己认可的解决方案。②

《社会契约论》以一个明显的悖论结束。第四卷第 8 章的关键论断是"没有一个国家是不以宗教为基础便能建立起来的。"③这个论断出现在一段非常精辟的分析之中，这段分析详细指出了哪些才是宗教—政治义务。它们主要有两种：第一种，卢梭称为"自然的神圣权利"，它关注的问题是完全超世俗的，它的追求体现在福音书基督教之中；第二种，卢梭称为"公民的或积极的神圣权利"，包括多种更加尘世的、世俗政权。它们在根本上分为两类：相当包容的、罗马和各种异教等地域性的公民宗教；更加普遍的、伊斯兰和犹太教等神权政治国家。相对于基督教的普世主义，所有民族的宗教都显得狭隘，但正如犹太教/伊斯兰教和异教表现出来的反差，这种狭隘可以有一个（相对）宽容或者极具侵略色彩的外表。卢梭还介绍了第三种、混合的、可选择的——"混合的权利"——双主权模式，它把权威分为教会和国家两个部分。在实践中，它意味着牧师们都会为了他们自己的利益来侵夺世俗权威，在此意义上，他们削弱了国家的权威基础。卢梭称之为"牧师的宗教"，并且同意霍布斯的观点，否定此岸—彼岸宗教的任何道德主张。这种论证最明显的靶子就是天主教，但正如卢梭提及霍布斯时承认的，总体上，主权的分离是"基督教精神"的潜在因素，而不是基督教中的天主教所独有。④

---

② 特雷斯·保尔非常有益地整理了卢梭学者们对公民宗教作出的所有盲目和错误的判断，见《卢梭公民宗教再思考》，载《重新评估政治理论：政治思想史上的修正性研究》(Oxford：Clarendon Press, 1995)，第 107—130 页。保尔要把卢梭从他的批评种解救出来，但是他的解释是高度概括的（他的核心观点集中在第 125—128 页），没有太多的文本支持。这里有几个问题，其中之一是保尔把第 4 卷第 8 章的极权主义看得太重。另一个相关的问题是，他和其他读者一样，设定自己已经认识到了这种教育的非自由属性，因此未能密切关注到实际文本及其复杂性。帕特里克·J.德尼在《民主化信仰》(Princeton, NJ：Princeton University Press, 2005) 第 5 章，对卢梭的公民宗教提出了一个颇具野心的解释方案；德尼的宏大解释认为，卢梭等现代理论家都试图取消真实的宗教，通过"变革"世俗宗教把民主变成了信仰的客体，但是在我看来，这种理解也有偏差。我接受这种解释的部分内容。但是，正如我第一部分的论证将会说明的，我并没有发现卢梭公民宗教中任何独创性内容；恰恰相反，我把它看作是卢梭公民共和主义的精炼版。

③ 让-雅克·卢梭：《社会契约论》，罗杰·D.玛斯特编，朱迪思·R.玛斯特译，(New York：St. Martin's Press, 1978)，第 127 页（中译本，第 177 页。——译者）。

④ 同上书，"霍布斯……竟敢于提议把鹰的两个头重新结合在一起，并完全重建政治的统一；因为没有政治的统一，无论是国家还是政府就永远不会很好地组织起来。然而他也应看到，基督教

　　它给我们带来了什么？卢梭明确指出,如果没有公民宗教就不会有健全的 13
政治。人们强烈反对那种既不是严格世俗的也非严格超世俗的(即天主教)的
宗教。严格意义上信仰的宗教(非天主教的基督教各版本,包括特别是真正的
福音书基督教)顶多是真实的虔诚的宗教,但在政治上毫无用处。它无法成为
卢梭所主张的政治所要求的宗教。该章的核心段落(第8—30节)都努力说明,
调和基督教与政治的要求是没有希望的。我们不能说"基督教的共和国",因为
"这两个名词是互相排斥的"。⑤ 这也暗示,卢梭作为一个共和政治的拥护者,将
会被迫接受某种神权政治,这种神权政治也许是多元的、异教的,也许是帝国主
义的、一神论的。虽然卢梭明显同情罗马的宗教活动,并宣称"穆罕默德具有非
常健全的眼光",⑥但他最终还是否定了这个选项。神权政治容易滋生不宽容,
它在道德上是不可接受的。在这方面,基督教的普世主义体现了一种我们无法
放弃的道德真理。所有好的政治都是狭隘的,宗教助长了这种狭隘主义,而不是
帮助我们(像真正基督教那样)克服它,这种狭隘性会损害我们的人性。因此,
虽然卢梭完全接受并重申了马基雅维利对基督教的反政治特征的分析,但他并 14
没有遵从马基雅维利选择反基督教的政治。十字军东征已经表明如果我们把基
督教转向异教方向最终会带来什么样后果,⑦十字军东征是可憎的。⑧ 尽管如

─────────────

的统治精神是和他的体系不能相容的。"在第126页(中译本,第176页。——译者)提到的"基督教
的精神"有相同的含义,即普世义上的基督教而不是特殊意义上的天主教,倾向于让主权分离。
有趣的是,卢梭也批评什叶派版本的伊斯兰教,因为它让国家主权和祭司变成了一个部门,它带来
了非基督教国家的政治问题,如波斯。虽然主权分离问题"对于伊斯兰教徒没有基督徒这么明显严
重,"但它目前仍然是伊斯兰教一个重要问题;《社会契约论》,玛斯特编,第126页。人们也许会补
充说,相对于什叶派版本的伊斯兰教,这个问题历史根源在于什叶派传统的教长(阿里和他的后裔)
对主权的要求,回到伊斯兰教最初几个世纪里,神权政治事实上对哈里发的主权构成了持久的挑
战。人们会说,这种政权在任何意义上都是神权政治,但问题是,什叶派通过十二个教长来赋予特
殊权威的传统对历代哈里发神权政治的合法性都构成了严重质疑。无论如何,借助于卢梭对什叶
派伊斯兰教神权政治倾向的分析的启发,我们会非常惊讶地发现,在当前政治生活中最明显的神权
政治,恰恰就是伊朗什叶派政权。

　　⑤　同上书,第130页(中译本,第183页。——译者)。卢梭认为不存在基督教共和国这个东
西,这简直就是对洛克"绝对不会有福音书意义上的基督徒政权"的精准回应,虽然这两个说法的主
旨明显不同,约翰·洛克:《论宗教宽容》,詹姆斯·塔利编,(Indianapolis:Hackett,1983),第44页。
卢梭的目的是断言,基督教不能为强大的公民认同提供基础。洛克的目的是断言,基督教不是主张
政治权威的合法基础。

　　⑥　《社会契约论》,玛斯特编,第126页(中译本,第175页。——译者)。

　　⑦　同上书,第130页。

　　⑧　皮埃尔·培尔:《彗星出现的不同思考》,第140节,称呼十字军东征为"听说过的最可怕的
疾病。"

此,与对十字军的论述相反,我们依然可以去设想一种不同于十字军的公民宗教,这也说明某些形式的政教合一的政治仍然是有吸引力的,卢梭说我们寻求的乃是一种可能性,它不必是现实的:保存或重建古代制度是徒劳的。"基督教的精神到处都获得了胜利。"⑨在该章结尾,他告诉人们,"现在既然已不再有,而且也不可能再有排他性的国家宗教"⑩ 因此我们只剩下两个不怎么令人满意的选项,一个是道德上真正的宗教,但它在本质上对政治是颠覆性的,另一个是健全的公民宗教,但它在道德上没有吸引力,也不合时宜。

一般认为,卢梭在《社会契约论》中的确提出了公民宗教。第四卷第8章一共有35节,公民宗教非常清晰地体现在最后5节,⑪但如何积极评价最后5节真的非常困难,它没有使用卢梭在前30节重要分析中的有力论据。⑫ 在此意义上,前后两个部分过渡的标志便是卢梭所写的,"撇开政治的考虑不谈,现在让我们回到权利问题上来"。⑬ 但是,在"政治考虑"的抽象形式下确立权利原则是什么意思? 这一段文字似乎表明,权利的标准与政治是相矛盾的,而且这种满足权利原则(特别是,道德宽容原则,这一最后3节的主题)的政治共同体在政治上是无法实现的。

15    当卢梭说"从没有一个国家是不以宗教为基础便能建立起来的"时,我认为他意指的是"真正"的宗教⑭——这种宗教可以塑造公民的动机,因此它可以培

⑨ 《社会契约论》,玛斯特编,第126页(中译本,第175页。——译者)。文本如下:"也有过很多民族,甚至于就是欧洲或者欧洲近邻的民族,曾经想要保存或者重建古代的体系,但是都没有成功。基督教的精神到处获得了胜利。"

⑩ 同上书,第131页(中译本,第187页。——译者);着重强调。

⑪ 在著名的1756年8月18日卢梭致伏尔泰的信中,也有类似的讨论:见《卢梭作品集》,第3卷。罗杰·D.玛斯特、克里斯托弗·凯利编,(Hanover, NH: University Press of New England, 1992),第108—121页,尤其是第119—120页。卢梭令人惊讶地试图争取伏尔泰参与他建构公民信仰的事业,呼吁伏尔泰"用你的诗装饰它",并恳请伏尔泰跟进他的"人的教理问答"与"公民的教理问答"(第120页,也可见于第196页,注释43)。

⑫ 参见保罗·A.拉赫:《软专制,民主的趋势》,(New Haven: Yale University Press, 2009),第136页。"[卢梭的]公民宗教是他说的'普世宗教'。因此,它也属于他所反对的基督教的特征。"

⑬ 《社会契约论》,玛斯特编,第130页(中译本,第184页。——译者)。文字如下:"并且让我们在这一重要之点上确定我们的原则。"

⑭ 在《公民宗教在美国》(《代达罗斯》,第96卷,第1期,1967年冬,第1—21页)这篇富有启发性的论文中,罗伯特·N.贝拉提出美国的政治传统反映了真正的公民宗教,它借鉴了圣经化的符号和形象,但赋予了它们新的政治功能。这种公民宗教代表一种独特的宗教建构,就像它包含并占有了没有被犹太化的《旧约》形象那样,它包含和占有了没有被基督化的《新约》的象征意义。它不属于某一个教派,美国公民宗教需要利用圣经传统的质料,借助于基本的宗教礼仪,从单独的宗教社区发展到整个民族的信仰。(正如贝拉指出的,1789年的法国革命也力图打造公民信仰,后

养良好的公民意识,并可以帮助巩固国家的基础。他在最后 5 节中呈现的已经是一个非常弱化的"有名无实的"宗教,一个启蒙式的"宽容性宗教",人们还可以认为,在其中,自由主义的或消极的信条压倒了可以建立共和国公民身份的积极的信条。⑮ 如果认同这种被稀释过的准宗教,那么卢梭看上去就告别了他的共和理想,而共和理想意味着相当的狭隘性和潜在的反自由主义。这样的"公民宗教"可以恰当应对卡尔·洛维特在他对雅可比·布克哈特的评论中提出的挑战:

> 降低到道德维度并且被剥夺超自然基础和教义基础的基督教已不再是宗教了。……[布克哈特]敏锐地感到,被降低到人道主义的基督教,牧师的"主要身份是有文化的人",他属于受过教育的等级,这个哲思的神学家,根本上是一个害羞的人。这样的基督教无法作为一个鼓舞人心的宗教来吸引世俗世界。⑯

无论如何,卢梭的确在整个第四卷第 8 章解释了他所构想的这个贫血的宗教为什么最后可以满足强劲需求、并使之成为真正的公民宗教;但如何把宗教自由化,他依然语焉不详,为此他在最后 5 节降低了标准,以此逃避前 30 节奠定的看似详尽的分析框架。卢梭以悖论而非提议结束了他的政治学。

卢梭做到像本章题引那样,坚持勇敢地挑战培尔了么? 我的结论是:没有。人们也许记得孟德斯鸠曾暗示,古代公民身份尽管伟大,却受到了一个致命的批

---

者更激进地突破了基督教规范。人们还可以补充说——考虑到当代法国——共和主义需要更强劲的促进公民团结的原则,那么所有的共和政体都需要公民宗教,但矛盾的是,这个公民宗教是在政教分离的承诺下构建起来的。)人们不能排除这种可能性,即卢梭脑中有一个和他公民宗教提议非常类似的方案。但是,这并没有说明,为什么卢梭在公民宗教绝大多数篇章中,把世界各种宗教都看成是能够直接构成替代性政治共同体真正选项,而不是仅仅提供很多个可以为共和主义的政治家和立法者自己的目的提供借鉴的宗教理念。参见理查德·约翰·纽豪斯:《从公民宗教到公共哲学》,载《公民宗教和政治神学》,劳瑞·S.卢勒编,(Notre Dame,IN:University of Notre Dame Press,1986),第 99 页:"[与贝拉这样的当代公民宗教的理论家不一样,]卢梭勉为其难。他明确表示,他主张的公民宗教是一种宗教。"

⑮ 卢梭肯定会结束这本书的,否则这本书最终将呈现为政治自由主义愿景之激进批评者——政治共和主义的敌人,它就会得出洛克式的结论(或者,我们也有可能得出一个斯宾诺莎式的结论),这当然会令人意外。谁能想象卢梭会以与洛克联盟的方式来结束《社会契约论》呢? (但是我们可以看看《卢梭作品集》第 9 卷第 236 页,卢梭认为自己的原则等同于洛克的。克里斯托弗·凯利、夏娃·格雷斯编,(Lebanon,NH:University Press of New England,2001)。特别是,看一看卢梭所说的,洛克的同样的原则决不会宽容那个不宽容的宗教:《论宗教宽容》,詹姆斯·H.塔利编,(Indianapolis:Hackett,1983),第 50 页。

⑯ 卡尔·洛维特:《历史的意义》(Chicago:University of Chicago Press,1949),第 29 页。我们可以拿它与马克·里拉在《夭折的上帝:宗教、政治和现代西方》中说的新教和犹太自由派神学的困境作比较。(New York:Knopf,2007),第 248 页;参见第 301—302、308 页。

评，即严格的公民德性实际上等同于自我克制的僧侣的狂热(《论法的精神》第5章第2节)⑰。在孟德斯鸠视角的启发下来阅读卢梭，我们可以发现卢梭的深刻矛盾(借助他敏锐的哲学意识，认识到为什么他对两边都抱有同情)。孟德斯鸠(不仅与卢梭一样，也与马基雅维利和尼采一样)，也认为相比于古代人，现代人拥有"渺小的灵魂"(《论法的精神》，第4章第4节)，尽管如此，他更愿意接受渺小灵魂的现代性。公民宗教的章节最终再次显示了，卢梭虽然知道二者存在冲突，但依然对二者同时抱有同情。

---

⑰　看来很可能，卢梭再写这段文字的时候想到了孟德斯鸠，在《论波兰政府》中他写下了下面让人难以忘记的文字，来表达他认为最强大和最合格的政治共和主义愿景：他写道："骄傲吧，神圣的自由！如果他们只认为她是可怜的人，如果他们只关注赢得并保持自由的代价，如果他们只看到她的法律就像暴君的枷锁一样严厉；他们脆弱的灵魂，激情的奴隶必须要连根拔除，他们害怕自由百倍于害怕奴役，他们在恐惧中逃离自由，就好像自由会压垮他们一样。"让-雅克·卢梭：《论波兰政府》，维尔莫·肯德尔译，(Indianapolis：Hackett，1985)，第29—30页。(参见爱丽丝·默多克寺院社区修女的介绍"这些妇女非常简朴，这种简朴在你我看来简直是一种恐怖"，爱丽丝·默多克：《钟声》，London：Vintage，2004)，在这个超共和主义的文本中，卢梭就好像以这般方式来和孟德斯鸠说话："是的，这是真的，共和美德要求的是与那些自我节制的僧人相类似的简朴。但是，这是共和美德的伟大，而不是被它击败的理由。"

# 第二章 马基雅维利的解决：
## 基督教的异教化

国家的万有引力定律被发现了。国家的重心是国家本身……[马基雅维利和他的继任者]已经开始用人的眼光来观察国家了,他们从理性和经验出发,而不是从神学出发,来解释国家的自然规律。就像哥白尼没有因为约书亚命令太阳停止在基遍、月亮停止于亚雅仑谷而却步不前一样。

——卡尔·马克思①

我们没有意识到的是,那些思想家们尽管充满分歧,但通过一起与霍布斯说的黑暗王国作战的事实,他们依然是一致的;并肩作战比单纯的政治话题重要的多。

——列奥·施特劳斯②

卢梭清楚但拒绝了一些可能性方案,考察这些为数虽少但更加"直接"的可能性,可以了解他的主张的困难所在。在《论李维》的第 1 卷第 11 章至第 15 章,马基雅维利给出了比卢梭更清晰的标准用来判断真正的公民宗教:该标准是罗马共和国用来判定异教徒的标准。③ 在这五章里马基雅维利给我们上了很好的

---

① 《青年马克思政治与社会文集》,劳埃德·D.伊斯顿、昆特·H.古达特编译,(Garden City, NY:Anchor Books,1967),第 129 页(原文出自 1842 年 6—7 月《莱茵报》副刊;可参见《旧约·约书亚记》"当耶和华将亚摩利人交付以色列人的日子,约书亚就祷告耶和华,在以色列人眼前说,日头阿,你要停在基遍。月亮阿,你要止在亚雅仑谷。"——译者)。

② 列奥·施特劳斯:《关于马基雅维利的思考》,(Glencoe,IL:The Free Press,1958),第 231 页。

③ 上述章节聚焦讨论罗马的宣誓,占卜和(特别是)军纪相关的预兆等实践;参见《论李维》第 3 卷第 36 章最后部分关于宣誓、军纪和遵从神灵问题的引用。这和《论李维》第 3 卷第 33 章的分析相类似,但是马基雅维利在这里强调如果没有"真正德行"(即,军事精湛技艺),即使有好的征兆也"无济于事"。文中好的预兆主要和以下几项因素相关:"小东西","每个小事故","不太重要

一课，教导我们在政治和军事上谨慎使用宗教，但是名不符实的"罗马教会"对此无能为力，就像第 15 章中的萨莫奈人毫无目的地挑起了宗教恐怖一样。第一卷第 14 章通过对比帕庇利乌斯精明地操控宗教信仰和阿毕·普尔查公然地蔑视信仰，*马基雅维利对教皇的批判是显而易见的。大家都知道，罗马法院是非基督教的，所以它像阿毕·普尔查一样蔑视自己的宗教，它本应该模仿帕庇利乌斯利用基督徒的虔诚为政治目的服务。

马基雅维利在《论李维》中对宗教的讨论相当清晰，基督教在处置方面具有丰富的文化资源——可以去训练它的对象，把他们"从原始石材雕刻成漂亮的雕像，"④但它以令人震惊的方式浪费了这些资源。就像《论李维》第 2 卷第 2 章论证的那样，它把荣誉和追求荣誉的激情贬低为殉难；它教导人们要谦虚，自我舍弃，并藐视世俗的东西；它让世界软弱无力并把天堂说成是虚弱无力的。总之，基督教表扬奴性并鼓励人类鄙视自由，人们需要自由来防御严苛的政治。在马基雅维利的政治学说中，宗教位于核心位置，虽然《君主论》的读者不会明显感觉到这一点。在《君主论》第 12 章的著名片段中，马基雅维利声称良好的军队优于良好的法律，因为"如果那里有良好的军队，那里就一定有良好的法律。"⑤但与此类似的是，马基雅维利在《论李维》第 1 卷第 11 章继续他的论证（仿佛在完成故事的另一半）："有信仰的地方，不难征募军队；有军旅而无信仰的地方，引入信仰又谈何容易。"⑥正如军队优先于法律一样，宗教也优先于军队。因此，罗马宗教的创建者努玛，他的重要性要优于罗慕路斯：是努玛表达出

---

的东西"和"徒劳"。这将很容易解释后面这些短语相对于德行的不可或缺，它们不是启发宗教建立士兵信心的手段。总的说来，马基雅维利的观点是，如果能最大化自己的优势，那么假装虔信是一种宝贵的政治美德，人们应该毫不犹豫地操纵占卜（例如第 1 卷第 14 章中鸡人的故事）。培尔对于占卜也有类似的论述，见皮埃尔·培尔《彗星出现的不同思考》，罗伯特·C.巴特利特译，(Albany,NY:SUNY Press,2000)，第 43、69、99—100 页。

\* 罗马执政官帕庇利乌斯在同萨莫奈人的战争中，把占卜的"鸡人"放在队伍前列，既鼓舞士气，也证明了占卜的正确性。阿毕·普尔查在布匿战争期间，轻视占卜，把用来占卜的鸡扔到水里，后来战败。参见马基雅维利：《论李维》，冯克利译，上海人民出版社 2005 年版，第 87—88 页。——译者

④ 尼可罗·马基雅维利：《论李维》，哈维·C.曼斯菲尔德、纳坦·塔科夫译，(Chicago: University of Chicago Press,1996)，第 35 页。

⑤ 尼可罗·马基雅维利：《君主论》第 2 版，哈维·C.曼斯菲尔德译，(Chicago: University of Chicago Press,1996)，第 48 页（马基雅维利：《君主论》，潘汉典译，商务印书馆 2005 年，第 57 页。以下引文参照该译本。——译者）

⑥ 《论李维》，哈维·C.曼斯菲尔德、纳坦·塔科夫译，第 35 页（马基雅维利：《论李维》，冯克利译，上海人民出版社 2005 年版，第 79 页。以下引文参照该译本。——译者）。

了罗慕路斯所忽略的东西，他对"罗慕路斯的命令"进行了重新排序，并以这样的方式使它"足以成为现在这样的帝国"。⑦ 这样我们看到，创建国家的工作主要落在建立宗教信仰上面。 19

罗马宗教鼓舞并增强人类，让他们爱好自由渴望世俗的荣誉，与罗马宗教形成鲜明对比的是，基督教在与人性相反的方向上教育人类，它让我们衰弱无力。然而所有这一切都是可以被扭转和改变的。正如马基雅维利在《论李维》第2卷第5章强调的，新宗教的建立是"为人类的"，而不是"为天堂的"——也就是说，它属于政治学的领域。正如异教可以"消灭"它的前身，并由基督教来依次消灭它们那样，因此基督教也有可能被后基督教所取代（也许是异教的恢复，也许是新的异教）。⑧ 这也是人们说的马基雅维利政治学说的"文明化"维度。它在《君主论》第6章中说得非常清楚。第6章的"明星"是四位开国君主，他们都创立了比单纯政权更伟大的东西：摩西是希伯来文明的开创者；居鲁士是波斯文明的开创者；罗慕路斯是罗马文明的开创者；忒修斯是希腊文明的开创者。要想在这个类型的君主中占据一席，在既有的文明状态下来建立一个国家是不够的，必须在后基督教文明下来创建国家；他必须要创建一种新的宗教。

马基雅维利在《论李维》第2卷第2章提出了一个较为温和的可能性，在他对基督教文明的批判中他提出了一个非常奇怪的表达。虽然他确实没有说世界已变得柔弱和天堂不掌握武力，但因为人们对基督教教义的错误解释，使得它们"看起来"的确如此。他说，按照对教义的正确解释，基督教是可以教导"壮大并捍卫我们的祖国防御"的，"它希望我们热爱自己的祖国，为它增光添彩，为保护

---

⑦ 同上书，第34页。参见卢梭：《论波兰政府》第2章："努马是罗马的真正创建者。"马基雅维利在《论李维》第1卷第11章中对努玛的称赞对后面的章节多少有点误导。在《论李维》第1卷第19章和第21章中，马基雅维利暗含着对努玛忽略战争的艺术的强烈批评，认为他把罗马带入了"虚弱"（参见哈维·C.曼斯菲尔德和纳坦·塔科夫的"导读"第34—35页）的危险之中。然而，人们可以通过后两个章节对努玛的继承人图鲁斯的讨论，来详细说明马基雅维利在第1卷第11章中的建议，他说"有信仰的地方，不难征募军旅"。也可见于圭契尔迪尼对罗慕路斯和努玛排序的讨论，见弗朗西斯·圭契尔迪尼"对尼可罗·马基雅维利论文的思考"《权力的甜头：马基雅维利的论文与圭契尔迪尼的思考》，詹姆斯·B.阿特金森和大卫·西斯译，（DeKalb, IL：Northern Illinois University Press, 2002），第403—404页（圭契尔迪尼，1483—1540年，意大利文艺复兴时期的历史学家、政治家。马基亚维利的友人和批评者。出身于佛罗伦萨贵族家庭，著有《意大利史》20卷。——译者）。

⑧ 《论李维》，曼斯菲尔德、塔科夫译，第138—139页。这戏剧性动荡带来的丰厚利益便是新的宗教得以确立，见詹姆斯·菲茨詹姆斯·史蒂芬：《自由平等博爱》，斯图亚特·D.华纳编，（Indianapolis：Liberty Fund, 1993），第16页。

它而做好准备，"如果人们对此并不认同，"这种局面无疑是一些人的懦弱⑨造成的，他们在解释我们的信仰时，只图安逸，不讲德行"。⑩ 换句话说，基督教因为"错误的解释"而产生了另一种效果。作为忠实呈现基督教教义的严肃尝试，马基雅维利自己一定清楚这是难以置信的。马基雅维利向我们说的是，以如下方式去重新诠释基督教的文明（或者是我们文明的创新）仍然是可能的，罗马人曾经通过恰当地操纵宗教信仰和习俗维护了他们的政治优势。要责难因为错误解释基督教教义而带来的罪恶，就必须发明一种新的解释，这种解释要更符合新的异教政治的文化需求。在这里，马基雅维利相当清晰地指出他的计划：把基督教追求的彼岸救赎说成是一个误解的产物，马基雅维利认为基督教可以而且应该被重新解释得不再像基督教，具体而言，解释成像某种类型的异教（即公民宗教）。基督教必须被异教化。⑪

　　所有的这一切都表明"文化战争"概念是马基雅维利政治愿景的核心。《君主论》第 6 章结尾那个对有武力的先知和没有武力的先知之著名区分在这方面误导严重，因为它鼓励人们去认为战士不是牧师、将军不是哲学家，去认为他们

---

　　⑨　参见马基雅维利在《论李维》第 1 卷第 27 章对"乔旺帕格罗的懦弱"的重要论述。懦弱也意味着卑鄙和低下，因此，或许更好的翻译不只是"懦弱"，而是"卑鄙的懦弱"。

　　⑩　同上书，第 131—132 页（中译本，第 215 页。——译者）；补充强调。参见第 1 卷前言中在说完"当今的宗教使世界羸弱不堪"[《论李维》，哈维·C.曼斯菲尔德、纳坦·塔科夫译，第 6 页（中译本，第 44 页。——译者）]之后，马上提到"有野心的惰怠"（有野心的惰怠：惰怠如何是有野心的？）。这些篇章应该和《君主论》中类似而同等重要的文本联系起来阅读，即马基雅维利在第 14 章结尾对"惰怠"的警告以及第 24 章最后一段对怯弱（惰怠或者懒惰）的指责。

　　惰怠主题也和马基雅维利对圣职的批判相联系：参见约翰·T.斯考特和薇琪·B.沙利文的"弑父和君王的阴谋：切萨雷·波吉亚和马基雅维利的意大利"，载《美国政治科学评论》，第 88 卷，第 4 期（1994 年 12 月），第 890、895 页。斯考特和沙利文讨论了这个问题，即为什么在马基雅维利看来基督教的牧师在事实上成为了一个双重腐败的贵族阶级：因为他们是"没有武力"的贵族阶级，因为他们生活奢华而惰怠（他们列举了《论李维》第 1 卷第 12 章和第 55 章的例子）。

　　⑪　如果不在本章的标题下去讨论马基雅维利对基督教对"异教化"，难道我们还要讨论他对基督教的"伊斯兰化"？也许是的。毕竟，在宗教史上最引人注目的有武力的先知肯定是穆罕默德，对此马基雅维利肯定知道。《君主论》第 6 章从未提及穆罕默德，但是马基雅维利的追随者卢梭却没有看到这个方向。《君主论》第 6 章对穆罕默德视而不见更深的原因在于，穆罕默德可能已经可以把自己装扮成阿拉伯人的摩西（信徒出走麦加是"出埃及记"，在麦地那建立武装的政教合一国家，法律基于直接启示，信徒获胜非信徒蒙灾）。在欧文·M.蔡特林（借鉴了理查德·贝尔的观点）看来，穆罕默德正是作为有武力的先知，有意识地把自己模仿成摩西：见《历史上的穆罕默德》（Cambridge：Polity，2007），第 100—101、105 页。有趣的是，穆罕默德的实际生平非常符合马基雅维利的分析：穆罕默德先是作为没有武力的先知（在麦加）失败了；穆罕默德后来作为有武力的先知（在麦地那）成功了（参见蔡特林，第 119—120 页）。总之，本书第三章将详细讨论这个主题。

只是制定值得遵从的政策的人。然而，粗略看一下《论李维》第 3 卷第 1 章，我们便可得知这不会是马基雅维利的真实想法。《论李维》第 3 卷第 1 章可以追溯到第 1 卷第 9 章，第 1 卷第 9 章可以追溯到《君主论》第 6 章。《论李维》第 1 卷第 9 章的主题和《君主论》第 6 章的主题是类似的，而《论李维》第 3 卷第 1 章的主题则是重建——人们如何根据最初原则来恢复一系列制度以对抗不可避免的腐败与衰亡过程，世俗制度不可避免地会走向腐败与衰亡。第 3 卷第 1 章的标题把宗教制度（“教派”）放到了政治制度前面（“共和国”）。此外，这一章特别的例子当属 13 世纪初，方济各会和多米尼格会通过宗教戒律对基督教的复兴。然而，在马基雅维利的分析框架内，如果圣弗兰西斯和圣多米尼格是真正的复兴者，那么基督才是真正的创始人。⑫ 如果看看马基雅维利对萨伏那罗拉*的评论，我们会更加果断地确认这一相同点，对萨伏那罗拉的评价不在《君主论》第 6 章，而是在《论李维》第 1 卷第 11 章结尾部分。马基雅维利说萨伏那罗拉“他的生平、他的学识、它所延揽的臣僚，足以让人们对他深信不疑”。⑫ 这直接违背了《君主论》第 6 章关于没有武力的先知的论述。有人会劝说大众不必成为一个拥有武力的先知，“佛罗伦萨人被教士吉罗拉谟·萨伏那罗拉说服了”。⑬ 因此，即使失败的手无寸铁的先知，也可以作为例子说明他的生平和教义足以改变很多人。更多情况下所有真正虔诚的基督徒如圣弗兰西斯和圣多米尼格，可以通过活生生的典范性生活为基督创立的教义注入新的活力。在马基雅维利看来，圣弗兰西斯和圣多米尼格的工作属于对“基督贫困生活”⑭的重塑。如果重塑是原初美德的重演，那么基督的例子也是某种特定生活的例证，即清白而贫困的生活足以建立宏大而持久的文明。不掌握武力的先知确实成功了。因此萨伏那罗拉的失败（《君主论》第 6 章所强调的）是偶然的，不是必然的。“世人不必因为未能做到别人成就的事而气馁。”⑮换句话说，谁都不应因基督教被

---

⑫ 在“对忏悔的劝诫”中，马基雅维利称耶稣为“我们皇帝耶稣基督”——我们至少可以说，这在语词上是矛盾的。马基雅维利：《主要著作和其他作品》，第 1 卷，艾伦·吉尔伯特译，( Durham, NC：Duke University Press, 1965)，第 173 页。也可参见马基雅维利在《论李维》第 1 卷第 12 章中把耶稣看作是一个可发布影响政治秩序的“命令”的人。

＊ 吉罗拉谟·萨伏那罗拉，15 世纪后期意大利宗教改革家。佛罗伦萨神权共和国领导。——译者

⑫ 《论李维》，曼斯菲尔德和塔科夫译，第 36 页（中译本，第 80 页。——译者）。

⑬ 同上。

⑭ 同上书，第 211 页。

⑮ 同上书，第 36 页（中译本，第 80 页。——译者）。

用于政治目的而失望。基督教可以被异教化。

异教化基督教的想法在破解难题方面提供了一个非常有用的补充，要不然这将是《君主论》中令人费解的难题，这也是为什么切萨雷·波吉亚\*的形象大量出现在他书中的原因，因为只有面对它，才可以说明为什么他如此值得关注。首先，切萨雷在那本本该献给成功者的书中是个失败者。马基雅维利再三告诉我们，切萨雷应成为典型（"再找不到比公爵这个人的行动更生动活泼的范例了"；"将毫不犹豫地引用切萨雷·波吉亚和他的行动"）。⑯ 马基雅维利甚至走得更远，暗示切萨雷的政治是无可挑剔的（"当我回顾公爵的一切行动之后，我认为他没有什么可以非难之处"）。⑰ 但这种说法显然是难以成立的——按照马基雅维利的自己的观点——它都无法通过最起码的审查。在《君主论》第13章他引用了切萨雷的失败用来说明如下观点——最好始终雇佣自己的部队，切萨雷首先尝试雇佣兵，然后尝试援军，然后才用他自己的部队。如果切萨雷如此聪慧，为什么他要尝试三次才最终正确呢？

也许可以这样说，尽管切萨雷他最终失败了，但他仍被马基雅维利视为典范，只是因为在通往成功的路上他运气不够好，马基雅维利明显持这种观点（"这并不是他本人的过错，而是由于运气极端的异常恶劣使然"）。⑱ 虽然，这个观点也完全站不住脚，因为仔细阅读文本便可以轻易得知这一点。虽然马基雅维利一再指出切萨雷没有成功是因为运气，⑲但这明显违背了第7章最后那句关键性的论断，"公爵犯了错误，"这"就是他最终灭亡的原因。"⑳马基雅维利认为，切萨雷有能力来引导枢机主教团选举出一位允许他推进自己政治事业的

---

\* 切萨雷·波吉亚（1476？—1507），是教皇亚历山大六世的私生子，生于罗马。亚历山大六世不仅私生活上毫不检点，政治上也拥有野心。他计划把自己的长子培养成军事统帅，把次子恺撒培养为宗教领袖，以使波吉亚家族在政教两方面都成为意大利的统治家族。切萨雷曾经担任过瓦伦西亚大主教和枢机主教，性格残忍，具有征战的才能，《君主论》多处以他为原型。可见《君主论》第7章。——译者

⑯ 《君主论》，曼斯菲尔德译，第27、55页。也可参见第33页（中译本，第37页。——译者）。"再没有比那个人更鲜活的事例了。"

⑰ 同上书，第32页（中译本，第36页。——译者）。

⑱ 同上书，第27页（中译本，第30页。——译者）。

⑲ 除了前面注释引用的语句，同上还有一段："通过他父亲的运气获得了他的国家，并也因此失去了它"（切萨雷的简要生平本身似乎就是在强调他缺乏德行）。参见第102页"被运气击退"，本章后面将讨论这个问题。

⑳ 同上书，第33页（中译本，第38页。——译者）。

教皇，但是他选择同意了那次选出一位敌视波吉亚家族的教皇的选举，他之所以这样做是因为他当时太过轻信——这种失算很不符合马基雅维利式的德性。㉑切萨雷"最终灭亡"不是运气的错。

非常明显，马基雅维利政治判断的标准是德性和运气的对比，早在《君主论》第 7 章，马基雅维利选取了两位意大利君主为例，一位符合标准，一位不符合。对于以美德著称的君王（弗朗西斯科·斯福扎），马基雅维利给他不超过一个句子，而对于以运气为标准的君王（切萨雷），他则使用了相当长的篇幅，在这本简短而精炼的书中，他花了六七页的篇幅（就如这本书其他部分的关键段落）。献给切萨雷的篇章标题——提及了"运气"和"别人的武装"，这恰恰与第 6 章标题的"德性"和"自己的武装"相反——标题就已表明切萨雷是第二等级的君王，他是我们所说的"B 队"队员而非"A 队"队员。㉒尽管如此，相比于依靠德性—运气而被称为更高等级政治家的君王们，他的功绩受到了与此不相称的重视。为什么呢？

布克哈特和尼采对这个意义深远的难题作出过回答。布克哈特写道：

> 如果有谁让教会的国家世俗化，他[切萨雷]必将去巩固这个目标。除非我们深受欺骗，否则这才是马基雅维利私下同情这个伟大的罪犯的真实原因；人们从切萨雷或者别人那里希望的乃是从"伤口里拔出铁器"，换句话说，废止教皇——教皇是所有外国干涉和意大利分离的源头。㉓

在同一个文本中，布克哈特推测切萨雷更直接地操控了教皇："在追求这样

---

㉑　同上，"他做了一个坏的选择。"见《公使馆》，收于马基雅维利：《主要著作集》，第 1 卷，吉尔伯特编，第 149 页。"他[朱利奥]之所以对瓦伦蒂诺公爵[切萨雷]负有义务，很大程度上是因为教皇的关系"（1503 年 11 月 11 日急件）。这一判断还有进一步的证明，它出现在 1503 年 9 月庇护三世当选时国王路易十二对此表达的感叹："那个娼妇的儿子[切萨雷]一直阻止鲁昂成为教皇！"《君主论》，罗伯特·M.亚当斯编，（New York：Norton，1977），第 25 页，注释 5。不用说，如果鲁昂在 9 月就已当选，朱利奥就不会在 11 月被选为教皇。

㉒　马基雅维利对切萨雷·波吉亚的称赞极具误导性。他写道："我觉得应当像我在上面提出的把公爵提出来，*让那些由于幸运或者依靠他人的武力而获得统治权的一切人效法*。"[《君主论》，曼斯菲尔德译，第 32 页（中译本，第 36 页。——译者），补充强调。]乍看上去，这是一段不合格的表扬。然而，如果谁注意到我已用斜体字标注的文字，根据《君主论》第六章中规定的标准，这将是一个极高的赞誉。

㉓　雅可比·布克哈特：《文艺复兴时期的意大利文明》，（London：Phaidon Press，1960），第 71—72 页。引人注目的是，直至复兴运动（1862 年！）时期，教会仍然是反对意大利统一的核心和外国占领的缘由。在一系列问题上，当人们想到要花长达三个半世纪来解决这个问题时，人们便很难不同意马基雅维利。人们可以认为马基雅维利是意大利复兴运动之父么？

的假说[即,切萨雷自己操纵教皇的选举]中,我们可以充分发挥想象。"㉔尼采很可能从布克哈特那里继承了这个想法,当然,相对于我们对布克哈特的期待,他更乐于接受这个想法:

> 我在眼前看到了一种可能性,其中有完全超尘世的魔力和色彩诱惑:——它仿佛在一切精美的震颤中闪闪发光,仿佛其中有一种艺术,是如此地神圣、如此魔鬼般地神圣,以至于人们千百年来徒劳地搜寻了第二个这样的可能性;我看到一幕戏,它是那么地意味深长,同时又那么惊人地荒谬,奥林匹斯山上的众神该当因此而有理由发出一声不朽的大笑了——切萨雷·波吉亚之为教皇……你们明白我的意思了吗?……好吧,这本该是那场如今只有我才渴望的胜利:基督教随之被废除了。㉕

正如布克哈特暗示的,理解《君主论》整出戏的关键就是《论李维》第 1 卷第 12 章的这段话:

> 教会无论过去还是现在,总让这个地域保持四分五裂的状态。确实,一个地方若不能如法国或西班牙那样,有一个共和国或一个君主来统辖,它的统一或幸福便无从谈起。意大利没有这样的境遇,缺少一个共和国或君主来统治它,教会是唯一的原因……可见,教会的势力虽不足以征服意大利,却不允许别人来征服

---

㉔　雅可比·布克哈特:《文艺复兴时期的意大利文明》,第 73 页。值得注意的是,在布克哈特看来,在 1503 年 8 月至 11 月这一关键时刻,教皇亚历山大和他儿子的健康问题缘于中毒(他们自食其果!),这也暗示了切萨雷的失败很少是因为运气不佳,更多是因为人事的作用。同上书,第 70、73、277 页。布克哈特更具体的观点是,这两位波吉亚不小心服用了致命的粉末而被自己毒害,这些毒药他们本来是为一位富有的红衣主教准备的——在更高意义上说,亚历山大的死和切萨雷的病危——源于人事而非运气。正如斯考特和沙利文指出的,布克哈特从圭契尔迪尼那里借用了波吉亚家族的自我中毒说法:"弑父与君主论中的阴谋",第 895—896,899 页注释 16。

㉕　《尼采口袋书》,沃尔特·考夫曼编,(New York:Viking Press,1968),第 653—654 页[《敌基督者》,第 61 节(《敌基督者》,余明锋译,商务印书馆 2016 年版,第 101 页。——译者)]。尼采继续批判路德破坏了"发生在[罗马]的巨大事件,在它独有立场上战胜了基督教"。这里,尼采也追随了布克哈特。参见尼采 1888 年 11 月 20 日致乔治·布兰德斯的信:《尼采书信精选》,克里斯托弗·米德尔顿编,(Chicago:University of Chicago Press,1969),第 326—327 页。理查德·西古德松也讨论了马基雅维利—布克哈特—尼采这个三人组,《雅可比·布克哈特的社会与政治思想》(Toronto:University of Toronto Press,2004),第 213—215 页。西古德松正确地指出了,尼采欣赏切萨雷而布克哈特厌恶他;而且布克哈特在一定程度上称赞了切萨雷"毁灭基督教的梦"(第 215 页)。在宽泛意义上,人们可以说,尼采和布克哈特的关系,就像激进的马基雅维利和保守的圭契尔迪尼之间的关系那样,它们是类似的。有关布克哈特的知性气质是怎样不同于尼采雄辩辩特征的,参见迈克尔·欧克肖特:《分离的愿景》,《相遇》第 2 卷,(1954 年 6 月)第 6 期,第 69—74 页;也可参见佩里·安德森在《光谱》杂志的批评言论,(London:Verso,2005),第 9—10 页。

它。意大利无法臣服于一个首脑……此其故也。㉖

马基雅维利在《论李维》第 1 卷第 12 章的分析相当清楚。教会最糟糕的选项是二者的折中,一半是基督教的,一半是政治的(这恰恰是卢梭的分析)。教皇必须要么干脆从政治中撤出,并表明自己像宣称的那样认真专注于宗教,㉗要么必须更加大胆和果断地干预政治。后者正是切萨雷的政策。整个《君主论》对朱利奥二世给予了很高评价,这也说明,他作为教皇的行为肯定不缺乏魄力,但他的魄力在根本上被用于不同目的,这将在稍后讨论。正如朱利奥二世的故事说明的,一个更为强大的教皇将是灾难性的,除非他完全同意切萨雷的祭司的政治。关键问题在于,未来的教皇(如利奥五世)是否会服从波吉亚家族的领导。根据这个更为激进的选项,马基雅维利的想法是,他在《论李维》第 1 卷第 12 章也是这样坚持认为的,如果教皇是意大利问题的根源,那么教皇也应该成为解决意大利问题的首领。

这也说明了为什么马基雅维利专注于"教会君主国",因此并不奇怪,切萨雷的事业再次占据了《君主论》第 11 章的中心。事实上,这将是合理的假设,《君主论》上演了一出隐秘的戏,这出戏的中心是第 11 章。这出隐秘的戏的中心是基督教公民宗教的创建,亦即通过教会国来统一意大利的可能性。切萨雷的工作(或者说是波吉亚家族的工作,某种意义上切萨雷的父亲是这一设计的鼻祖)㉘是为了异教的目的而利用基督教,正因为此,他得到了与《君主论》第 6 章中四位伟人相接近的地位。如果人们认可(在我看来这是不可避免的)这个假设,即认为第 26 章中的切萨雷是不具有名分的救世主,那么马基雅维利便是在告诉我们,切萨雷的设计是"上帝所命令的"——这又回到了第 6 章的用语,在第 6 章摩西同样是"上帝所命令的。"㉙因此,我们发现自己确实被提升到了神圣政治的崇高层面。

对于切萨雷的整个事业来说,1503 年显然是关键一年,但说得客气一点,那一年所发生的事件并不利于切萨雷的目的。对于《君主论》这出戏来说,至关重要的问题便是从波吉亚家族的教皇向教皇朱利奥的过渡。如果朱利奥继续波吉

25

---

㉖　《论李维》,曼斯菲尔德、塔科夫译,第 38 页(中译本,第 82—83 页。——译者)。

㉗　同上书,第 37 页。"这个宗教被它的主人授予我们"莱斯利·J.沃克译为"被它的创始人授予给我们"。

㉘　正如斯考特和沙利文指出的,《君主论》第 11 章提到的"瓦伦蒂诺公爵作为[亚历山大的]工具",表明"亚历山大是行动者而切萨雷不是"("弑父和《君主论》的阴谋",第 896 页),第 7 章中也有类似的暗示。参见《论李维》,第 3 卷,第 29 章,在这里马基雅维利说领主们是被"教皇亚历山大六世"消灭的,而事实上,罗马格纳是被切萨雷平定的(《君主论》第 7 章和第 17 章是这样说的)。

㉙　《君主论》,曼斯菲尔德编,第 102、22 页。

亚扩大教会世俗权力的政策,而不去改变教会的角色,那么朱利奥必将加剧《论李维》中第 1 卷第 12 章的问题,而不是有助于解决这个问题。进一步说,如果朱利奥直到结束都无法完成波吉亚的工作,那么切萨雷的努力不仅前功尽弃,而且将适得其反,因为它们有助于加强教会却不能实现其反基督教的目的。这些都让我们得以阐释切萨雷难题必然的结论,这就说明为什么焦点是切萨雷而不是朱利奥,尽管事实上,朱利奥是总体上比切萨雷更贤明(以马基雅维利意义上的德性来评价的话)。㉚ 为了阐明《君主论》潜在的剧情,人们需要辨别由切萨雷(作为亚历山大六世的代表)代表的教皇和教皇朱利奥二世之间的关键区别。一般说来,切萨雷是失败者而朱利奥是胜利者,但好像马基雅维利更关心切萨雷的命运,他并不关心最终智胜切萨雷的朱利奥。马基雅维利迷恋切萨雷的原因在于,切萨雷在致力于"异教化"教会(即使之成为服从他此岸目的的工具)㉛的过程中扩张教会的世俗权力。相反,朱利奥在尊崇教皇作为教皇的同时,致力于扩张教皇的世俗权力。㉜ 相对于这个根本性问题,马基雅维利在很大程度上漠视了朱利奥事实上是一个更加成功的君主!㉝

---

㉚　这得到了马基雅维利的一些外交信函的证实,信函表明比起我们因《君主论》而产生的担心,他对切萨雷的能力更为担心。例如,参见《公使馆》,收录于《主要著作集》,第 1 卷,第 128 页:"自从我来了以后,这个领主的政府一直靠运气支撑"(1502 年 10 月 23 日的发信);第 144 页:"公爵已经因为自己草率的信心而得意忘形,并认为,别人的话将比他自己过去说的话更可靠"(1503 年 11 月 4 日的发信);在 1503 年 11 月 14 日的信中,马基雅维利报告了的两位红衣主教对切萨雷的混乱和优柔寡断的判断,其中之一称公爵是"超出了他的想象"(第 150—151 页)。最后一次派发信件提到了切萨雷生平中他在自己的权谋游戏中被朱利奥狡猾地击败。人们不应忽视的一个重要事实是,在那本书最著名的篇章前面,马基雅维利恰恰讨论的就是朱利奥二世("运气是女人"的篇章出现在第 25 章结尾)。

㉛　罗伯特·休斯有一个关于收到产品目录的有趣的故事,这是"一个邮寄刀具公司的产品目录,这家公司专门生产狩猎和捕鱼刀具,其特色是把短剑隐藏在十字架里面,在台湾制造,销售为 15.99 美元";见《抱怨的文化:美国的磨损》,(New York:Warner Books,1993),第 159 页。休斯正确地指出,这个"小武器如果不是在制作工艺上,那也是观念上,称得上是波吉亚式的"。他把短剑藏在十字架事实上完美勾勒了切萨雷(和马基雅维利)的事业。

㉜　参见布克哈特:《文艺复兴时期的意大利文明》,第 74 页:"在所有重要方面[朱利奥二世]都是教皇的救星。"马基雅维利事实上也说了同样的话:波吉亚家族为朱利奥树立的典范"不仅被延续了,而且还被增强了",但和他们不一样的是,朱利奥"做的一切都是为了增强教会"(《君主论》,曼斯菲尔德编,第 47 页)。这紧接着就出现了马基雅维利经常批判的基督教教皇权力引起的灾难性后果。

㉝　里多尔菲也提出了马基雅维里对朱利奥的厌恶与他对切萨雷·波吉亚的热情是否相协调的问题;见罗伯托·里多尔菲:《尼可罗·马基雅维利生平》,塞西尔·格雷森译,(London:Routledge & Kegan Paul,1963),第 118 页。里多尔菲正确地指出,对此一个重要的解释是马基雅维利"讨厌教会的世俗权力"(第 119 页);但切萨雷同时也是教会权力的代表,所以里多尔菲的解释只有补充上我的解释,才能成立。

但是，如果朱利奥直到结束都没有看到切萨雷的工作，也许一些其他的"异教徒教皇"会看到。因此，文本的关键点转移到了利奥十世。《君主论》的第 11 章以呼吁德·梅迪奇教皇而结束，呼吁他去追求他的前任切萨雷和朱利奥已经开启的祭司政治的事业，（但须以切萨雷的而不是朱利奥的精神为主导）。第 26 章再次提及朱利奥——就好像他在和德·梅迪奇讲话一般：看看波吉亚家族对教皇所做的事业，去追随他们吧！正是在这一段，马基雅维利回顾了这位没有名分的救世主君主，他的宗教使命是"上帝派来救赎意大利"的，他带来了最高可能性的"一线希望"，虽然"在他事业登峰造极的时候，他被命运抛弃了"，正因为这样，意大利一直期待另一位这样人物的到来。㉞ 换句话说，德·梅迪奇要再次重拾教皇帝国主义的政策，完成切萨雷留下的未竟事业。有人可能会说，《君主论》文本的高潮似乎是第 26 章的呼吁德·梅迪奇恢复切萨雷的那个于 1503 年失败的工作。马基雅维利写道，德·梅迪奇"受到上帝和教会的宠爱，现在是教会的首脑"。㉟ 他随后惊人地补充道，"上帝对他们［即，摩西这样的开创者］比对你［即德·梅迪奇，尤其是作为教皇利奥十世］并不更加友好些"㊱马基雅维利在这段文本的目的是神圣化"武力的虔诚"，他认为武装的虔诚者（利奥十世是他理想化塑造）的典范是作为武装的先知的摩西。㊲

虽然马基雅维利在《君主论》第 11 章开头说，"如果议论教会君主国，就是僭妄的冒失鬼的行为。"㊳教会的君主国——或者特别意义上至少一个教会君主国——是他真正关心的。《君主论》的中心话题关心的是教会君主国在阻挠国家自我管理过程中扮演的角色，尤其是两个教皇的行为，其中一个教皇的儿子和这个中心话题相关。㊴

27

---

㉞ 《君主论》，曼斯菲尔德编，第 47、102 页（中译本，第 122—123 页。——译者）。

㉟ 同上书，第 102 页（中译本，第 123 页。——译者），着重强调。

㊱ 同上书，第 103 页（中译本，第 123 页。——译者）。关于对德·梅迪奇的神圣恩宠，可参见《论洛伦佐死后的佛罗伦萨事务》，引自里多尔菲《尼可罗·马基雅维利生平》，第 184 页。值得注意的是，马基雅维利在后面的文字中呼吁利奥十世去瞄准此岸的不朽与荣耀。马基雅维利在这里和其他地方的想法是肯定的，因为不朽和荣耀（而不是超凡脱俗的永恒）已经成为教皇的实际目标——因此，它已经成了名义上基督教——不需要太多真正的变化，它的异教化就应该是可以实现了的。与此相比，马基雅维利在 1525 年 4 月 16 日的致维特利著名的信中，称教皇克莱门特七世是一个没用的"君主"（引自里多尔菲，第 241 页）。

㊲ 《君主论》，曼斯菲尔德编，第 103 页。这一段文字满是摩西的形象。

㊳ 同上书，第 45 页（中译本，第 53 页。——译者）。

㊴ 斯考特和沙利文也认为"《君主论》有阴谋"（"弑父和《君主论》的阴谋"，第 888 页）。他们讲述的阴谋在很大程度上与我在本章试图提出的故事有重叠。然而他们为了这故事特地增加了一

可是人们会问我：罗马教会现在取得了这样大的世俗权力是何缘故？从教皇亚历山大时代上溯，意大利的主权者，——不仅被称为主权者的人们，甚至虽然是小小的男爵和主子，向来都轻视教会在世俗事务上的权力，而现今法国的一个国王却对它怕得发抖，因为教会能够把一个法国国王驱逐出意大利，并且使威尼斯人毁灭。虽然这件事情是众所周知的，但是我觉得唤起人们回忆一下并不是多余的。

后来亚历山大六世做了教皇……虽然他的意图本来不是为着壮大教廷的势力，而是为着壮大公爵的势力，但是他这样做，其结果是壮大了教廷的势力，因为在他去世和公爵灭亡之后，教廷就成为他的劳动成果的继承者。其后，朱利奥继位。他觉察教廷是强有力的……朱利奥不仅继续把这些事情进行下去，而且加以改进……他的这些事业全部成功了。因为他的一切作为都是为着提高教廷地位而不是提高任何私人的地位，因此使他更加光荣。⑩

这样就不难得知为什么马基雅维利说切萨雷职业生涯的最后结果是彻底的灾难：不仅切萨雷和他的父亲启动了为教会积累更多权力的这个关键性进程，而且切萨雷还帮助选出一位为教会重新明确方向以积累更大的权力的教皇，他不是为了提高"个人私人地位"，而是为了教会本身更伟大和更强大。这真是一个致命的结果！一旦人们意识到由亚历山大六世和他的儿子切萨雷开创的错误事业的真正后果时，他们就会发现，切萨雷并不是此书的英雄，而是相反，他是一个拙劣的人，他失败的事业带来了最可怕的结果。切萨雷和他的父亲想做的是利用教会来让自己变得非常强大。但他们真正做成的是让教廷变得非常强大而意大利变得非常虚弱。⑪

---

个情节：切萨雷不得不通过手腕来结束教皇——即暗杀自己的父亲和消灭整个红衣主教队伍。斯考特和沙利文事实上提出，要以《论李维》第 1 卷第 27 章中乔旺帕格罗·巴利奥尼错失"谋害教皇"的机会为指引来阅读整篇《君主论》（正如《君主论》第 8 章中奥利韦罗托实施了谋害教皇）。我也同意，这可以看作是马基雅维利解决教皇问题的最后一步。

⑩ 同上书，第 45、46—47 页（中译本，第 55 页。——译者）；着重强调。可以说，马基雅维利表达的两条路线是整本书最重要的，这路线之间的区别在于，一个在增加教会权力，是为了维护个人（这是好的），一个虽然也这样做，但是为了维护教会的伟大（这是致命的！）。当然，我们所提供的布克哈特—尼采式的解读认为，这种由亚历山大—切萨雷所代表的教皇和由朱利奥所代表的教皇之间的转变，构成了的这出戏的中轴，整本书围着它转。

⑪ 列奥·施特劳斯同样把切萨雷理解为不仅是一个失败者，而是比失败更坏，因为切萨雷的表现给教会带来了更多权力。见《关于马基雅维利的思考》第 68 页（"从切萨雷成功中受益的只有教会，这也为征服或解放意大利增加了障碍……切萨雷的失败不是偶然的"）；也可参见第 308 页注释 2，关于"新的切萨雷·波吉亚在他成为新的教皇以后也许可以挽救意大利"的观点。在施特劳斯看来，利奥十世并没有把马基雅维利看成是潜在的切萨雷（同上书）。

# 第三章　摩西和穆罕默德：是开国君主还是立法者

伊斯兰就是政治，否则它将什么都不是。

——阿亚图拉·霍梅尼①

　　卢梭在《社会契约论》第 2 卷第 7 章中讨论了四个典范性的立法者，其中少至三个都是政教合一的圣职（它们由摩西，穆罕默德，和加尔文创立，莱克古士的斯巴达是一个例外），②《君主论》的第 6 章和第 26 章更进一步，出人意料地把摩西看作是开国君主，③这显然不是偶然的。这本身就给我们留下了深刻印象，　

---

　　① 摘自伯纳德·利维斯：《伊斯兰教的危机：神圣的战争和不神圣的恐怖》，（New York：Random House，2003），第 8 页（霍梅尼，伊朗伊斯兰革命领袖。——译者）。

　　② 至于卢梭以摩西和穆罕默德为模范立法者的呼吁，见玛斯特对让-雅克·卢梭的评论，《社会契约论》，罗杰·D.玛斯特编，（New York：St.Martin's Press，1978），第 142 页，注释 58。在《论波兰政府》相应的论述中，即在第 2 章（《古代制度的精神》）中，典型的创始人是摩西，莱克古士和努玛。三个人中的两位是宗教制度的最初立法者，只有莱克古士再次是个例外。对于摩西作为创始人这一主题，人们对卢梭和弗洛伊德进行了一个有趣的对比，参见邦妮·霍尼格：《民主与外国人》（Princeton，NJ：Princeton University Press，2001），第 2 章。为什么在卢梭看来，摩西实际上明显地优于其他伟大的立法者，可以参见《卢梭作品集》，第 4 卷，罗杰·D.玛斯特、克里斯托弗·凯利编，（Lebanon，NH：University Press of New England，1994），第 33—34 页。

　　③ 参见约翰·T.斯考特、薇琪·B.沙利文："弑父和《君主论》的阴谋：切萨雷·波吉亚和马基雅维利的意大利"，《美国政治科学评论》，第 88 卷，第 4 期（1994 年 12 月），第 898 页。——"摩西是马基雅维利眼中最为优秀的君主，他既建立了国家还颁布了宗教"；参见第 893 页。如果同时创建国家和宗教是马基雅维利的最高标准，那么明显穆罕默德也符合最高标准。斯考特和沙利文还指出卢梭的"立法者的例子……和马基雅维利引用的是同一个人"（第 898 页，注释 3）。正如迈克尔·沃尔泽在《解释和社会批判》（Cambridge，MA：Harvard University Press，1987）第 18 页指出的，马基雅维利称摩西是立法者，这是对圣经中摩西形象的一种亵渎和颠覆。毫无疑问，这同样适用于卢梭。可以说孟德斯鸠也是这样，因为正如克利福德·欧文所言，"孟德斯鸠反复把'摩西法'说成是众人中的一个立法者为他人使用而立的法"（"'这些法规是人性所不能充分认识到的'：孟德斯鸠作为基督教的继承人"），载《恢复理性：托马斯·L.潘格尔纪念文集》，蒂莫西·伯恩斯、拉纳姆编，MD：Lexington Books，2010，第 270 页）。

卢梭对公民宗教关切非常紧迫——当然，在他之前的马基雅维利也是这样。更重要的是，卢梭可以确保隐秘的主题不被读者忽视，因为他在"论立法者"一章中明确坚持，伟大的和有效的立法者必须看到，出于他自己崇高的理性的决定须寄身于"不朽者的谕令中，目的是通过神圣权力，去说服那些不会轻易改变的保守的人类"。④（然后他援引了马基雅维利的公民宗教教条的权威！）卢梭在结束部分认为华伯登是错的，因为他坚持"政治和宗教在人间有着共同的目标"；恰恰相反，"在各个国家的起源时，宗教是用来作为政治工具的"。⑤ 这正是公民宗教的定义。

　　因此卢梭称赞摩西和穆罕默德，他们作为宗教的创立者，同时还是伟大的创始性的立法者，不过马基雅维利只是称赞摩西。⑥ 然而果真如此么？在马基雅维利的分析中穆罕默德如何又成了开国君主？为了解决这个关键性难题，我们需要仔细阅读《君主论》渴求"有武力的先知"之著名篇章。马基雅维利特别关注切萨雷·波吉亚，后者确实凭借他的野心，跻身于《君主论》第6章所说的开国君主行列。他能够跻身于第7章靠的不是自己实际成就，但是他跻身进第6章靠的是野心；他最终结局是进入了我在上一章说的B队，虽然他的目标是A队。如果马基雅维利是在1813年而不是在1513年来写作《君主论》，那么显然第7章将献给另一位伟大的失败者，即拿破仑——原因是一样的！拿破仑也是这样的人物，虽然他失败了，但是他也着眼于一个正确的目标——异教化基督教，并建立一个新的具有世界历史意义的公民宗教。一位拿破仑的传记作家就拿破仑图书馆写道，"可兰经被放在政治著作之中，旁边是圣经和孟德斯鸠"；然后他以拿破仑的口吻说了这段话"当我想结束旺底的战争时，我就是一个好的基督徒；在埃及，我就是一个土耳其人；当我想赢得意大利人时，我就是一个教皇至上主义者。如果我去统治犹太人，我就应该重建

31

---

　　④ 《社会契约论》，玛斯特编，第69—70页。

　　⑤ 同上书，第70页（中译本，第59页。——译者）。

　　⑥ 这将非常有趣，来猜测马基雅维利将如何判断卢梭的政教合一之开国君主的第三个示范加尔文。对加尔文教派的"政治性"作为现代革命的"意识形态"，有一个有说服力的报告，可见迈克尔·沃尔泽：《圣徒的革命：激进政治的起源研究》（New York：Atheneum，1976），第2章。在本篇，我们当然还应该关注，在我们第一部分讨论公民宗教核心传统的第三个理论家，即霍布斯，他同样把穆罕默德看作是"开国君主"：他把穆罕默德、努玛算作"外邦人政权的开创者和立法者"。托马斯·霍布斯：《利维坦》第177页，C.B.麦克弗森编，（London：Penguin，1985）。人们也许会认为，如果霍布斯不以这种方式来看待穆罕默德，那么霍布斯就不能算作一位公民宗教的理论家（因此在我这一章的观点是，在马基雅维利的分析中，即使穆罕默德没有明确出场，他也是隐秘出场的）。

所罗门圣殿。"⑦尼采崇拜拿破仑的原因与马基雅维利对切萨雷抱有热情的原因是相同的,他们至少都是摩西或穆罕默德所实践的那种更高政治的选手。⑧

正如我们在第二章看到的,马基雅维利在《君主论》第 6 章给出的那份名单也表明,只有创建世界历史性文明的人才是真正典范性的政治统治者。这份名单明显缺少两位先知,一位拥有武力(穆罕默德)另一位没有武力(耶稣基督)。人们也许会说,第 6 章中两位有名分的先知——摩西(有武力)和萨伏那罗拉(没有武力)——这两位先知就好像是两位没有名分的先知的"替身"。这种修辞策略的原因是显而易见的:在政治上可以称赞摩西而批评萨伏那罗拉,但绝不可以称赞穆罕默德而批评耶稣基督! 马基雅维利在第 6 章中关于没有武力的先知的失败的观点与《论李维》第 3 卷第 1 章的说法相矛盾,我在前面篇章已经证明了这一点,这样说来,马基雅维利提出这一主张的真正目的不太可能是对摩西和萨伏那罗拉进行比较。马基雅维利提供这个比较的真正目的是表明偏好:喜欢穆罕默德甚于喜欢基督。⑨《论李维》第 2 卷第 2 章相当清楚地说明了马基雅维利为何有此偏好:没有武力的先知们所创建的文明使人类趋于软弱与柔弱;有武力的先知所创建的文明让人类强健与

32

---

⑦　爱弥儿·路德维希:《拿破仑》,伊登、希德·保罗译,(New York:Modern Library,1933),第 117、589 页。欲了解有关拿破仑的公民宗教的进一步信息,可参见第 119—120、125、179—181、591—592、599—600、636、659—660 页。

⑧　在这方面,可以看看尼采在《权力意志》中对伊斯兰的高度评价,沃尔特·考夫曼编,W.考夫曼、R.J.赫林达勒译,(New York:Random House,1967),第 92—93 页(第 143—145 节);也可参见尼采:《敌基督者》,第 59—60 节,特别是第 59 节的最后一句(《敌基督者》,余明锋译,商务印书馆 2016 年版,第 98 页。——译者):"如果伊斯兰教要藐视基督教的话,它有千万种理由这么干:伊斯兰教以男人作前提。"不言而喻,拿破仑与尼采一样更加喜欢《旧约》而不是《新约》,都把摩西看作是"男人的标志",而他认为基督只是单纯的"狂热"(路德维希,第 599 页)。参见卢梭"那些迄今存在着的犹太律法,那些十个世纪以来统治着半个世界的伊斯兰子孙们的法律,直到今天还在显示着订立了那些法律的人们的伟大。而且当虚骄的哲学与盲目的宗派精神只把这些人看成是侥幸的骗子时,真正的政治学论家则会赞美他们制度中在主导着持久的功业的那种伟大而有力的天才。"(《社会契约论》,玛斯特编,第 70 页)。(对"真正的政治"可能的翻译包括"真正的政治家"和"真正的政治人物";弗雷德里克·沃特金斯将其翻译为"政治学真正的学生"。)正如已经注明的,卢梭在同一章(第 2 卷第 7 章)更早的一个注释中,以同样的方式赞扬了加尔文。尽管卢梭在他的公民宗教篇章中对基督教进行了批评性分析,并回应了他在"日内瓦手稿"中对新教的论述,这就表明,对于卢梭来说,新教不可能被立即改造成为可行的公民宗教。

⑨　参见列奥·施特劳斯:《对马基雅维利的思考》,(Glencoe,IL:The Free Press,1958),第 84 页。

追求荣耀。⑩

当马基雅维利构思有武力先知的论文时,他究竟有没有想到穆罕默德？回答是我们也不知道。但是,马基雅维利整个分析的逻辑指向是以穆罕默德为原型的有武力的先知。⑪ 在此意义上,我们有必要再去读一读霍布斯、卢梭和尼采,以便掌握武力先知的真正含义。

我认为,马基雅维利有意把穆罕默德看作是有武力的先知,马基雅维利曾经

---

⑩ 参见列奥·施特劳斯："重述色诺芬的《论僭政》",载《论暴政》V.古雷维奇、M.S.罗斯编,(New York:The Free Press,1991),第183—184页。正如施特劳斯指出的,迈蒙尼德在他的《关于占星术的信》(又称《致马赛的信》)曾预先提出过马基雅维利关于有武力的先知的想法,《中世纪的政治哲学》,拉尔夫·勒纳、穆赫辛·迈赫迪编,(Ithaca,NY:Cornell University Press,1972),第229页。在迈蒙尼德看来,先知遣责人民愚蠢,因为他们沉迷于占星学而不是培育战争和征服的艺术。从这一篇章看来,迈蒙尼德阅读《旧约》的方式是和马基雅维利以来的公民宗教理论家们阅读方式是一样的。(这与斯宾诺莎《神学政治论》第3章结尾的观点有点相似,他声称犹太教的柔弱化效应要归咎于以色列没有实现犹太复国。)对于迈蒙尼德观点的现代版本,参见埃里克·科多利对J.L.戈登诗歌的讨论,《民族主义》第3版,(London:Hutchinson,1966),第100—101页。这里马基雅维利讨论的"生活的当今模式"也与此相关,它由基督教所塑造并贬低军事训练:见尼可罗·马基雅维利:《战争的艺术》,克里斯托弗·林奇译,(Chicago:University of Chicago Press,2003),第59—61页。保罗·A.拉赫也非常有益地讨论了刚才引用的文字,马基雅维利所认为的现代性的可怕问题,孟德斯鸠(和所有其他自由主义者)却认为它是现代境况下巨大的道德优势:见保罗·A.拉赫,"它不曾是的书:历史情境下的孟德斯鸠的《论罗马的兴衰》"《政治思想史》,第26卷,第1期(2005年春):第61—63、68页。孟德斯鸠暗指《战争的艺术》对基督教进行的批判,作为对此的回应,《论法的精神》第24章第3节指出,"我们受到了基督教的恩惠……在战争方面,获得了某种'国际法',这些法规是人性所不能充分认识到的"。(《论法的精神》中译本下册,第153页。——译者)埃里克·沃格林认为,这可以非常清楚地辨清马基雅维利与孟德斯鸠之间的关系。见《埃里克·沃格林选集,第33卷,人文戏剧与其他杂文,1939—1985》,威廉·皮特普洛斯、吉尔伯特·韦斯编,(Columbia,MO:University of Missouri Press,2004),第375页:"绝不能忘记的政治事实是自相残杀的战争……它以[柏拉图]的《理想国》为背景……柏拉图为国际战争法作出了很大的改进,那就是当一个城市被另一个城市所征服时,人们不应该杀超过一半的人口。所以,如果你杀死的人口不到一半,那么,在柏拉图的生活环境中,人们会说,你已经是一个非常先进的自由主义者了。"这种反思将使得所有古代社会黯然失色,但是对于马基雅维利却不是这样。

⑪ 穆罕默德在其他几位中不仅被当作是有武力的先知,更被看作是卓越的有武力的先知,其原因是不言而喻的。正如爱德华·卢瓦克所言,"伊斯兰……是唯一主要信仰,它的正确性是通过军事胜利而历史地确立的;神学,它仍然完全依赖于它的追随者承诺的武力优势。"见卢瓦克:《被忽略的维度》,载《宗教:被忽视的国力维度》,道格拉斯·约翰斯顿、辛西娅·桑普森编(Oxford:Oxford University Press,1994),第16页;参照第18页,注释7。

一个引人注目的事实是,源于1576年让蒂耶著名的《反马基雅维利》的比喻成为早期对马基雅维利最为严厉的一个批评,它称马基雅维利的工作是"妓女的可兰经":见悉尼·益格鲁《马基雅维里的第一个百年:对他热情、敌意和冷漠》(Oxford:Oxford University Press,2005),第286、340、345、360页。虽然这个不能明显地证明什么,不过多少能反映出一些马基雅维利与伊斯兰教的亲缘关系。

认真思考伊斯兰教和德行之间的关系,这不是臆断出来的事实;而是有明确文字证据的。在《论李维》第1卷第55章中,马基雅维利写道:"人们知道,只有在那个地方[例如德国自由城市和瑞士共和国]还保留着这样的美德。"⑫马基雅维利在第2卷前言中扩展了这一说法,在前言中,他说以下五个国家在罗马帝国"过着有德行的生活":"法国人的王国,土耳其人的王国,苏丹的王国,今天的日耳曼各族人民"当然还有被拜占庭帝国消灭"萨拉森人的部落"。⑬ 在詹姆斯·B.阿特金森和大卫·西斯看来,上述5个国家有3个后来伊斯兰化了:土耳其人的王国成了奥斯曼土耳其帝国,苏丹的王国成了埃及的马木留克;萨拉森部落是典型的伊斯兰。⑭ 因此,伊斯兰政权非常明显符合"现代"德性的目录。事实上,马基雅维利以他自己方式去强调它"受到由衷的赞美"不仅与民族或者王国相关,更与"教派"相关,这里他再次表明伊斯兰("他们屡建功勋,在灭掉拜占庭帝国以后,又占据了世界很多地方")提供了一个"过有德行生活"的重要例证。⑮ 不仅如此,在《论李维》第1卷第19章,塞利姆就获得了我们提到的"荣耀",当然,这再次与第1卷第55章宣称德国和瑞士的城市是现代德性典范这一主张相矛盾。⑯

卢梭的同时代人乔尔·施瓦茨这样写道,在基督教和"现代人的柔弱"之间,"启蒙的许多反基督教的敌意可以在[马基雅维利所启发]的等式中得到理解。"⑰ 34

---

⑫ 尼可罗·马基雅维利:《论李维》,哈维·C.曼斯菲尔德、纳坦·塔科夫译,(Chicago: University of Chicago Press,1996),第111页(中译本,第186页。——译者);参见第129页。

⑬ 同上书,第124页(中译本,第206页。——译者)。

⑭ 《权力的甜头:马基雅维里的论文和圭契尔迪尼的思考》,詹姆斯·B.阿特金森、大卫·西斯编(DeKalb,IL:Northern Illinois University Press,2002),第159页,注释5。

⑮ 《论李维》,曼斯菲尔德、塔科夫译,第124页。

⑯ 同上书,第53页;参见第67页:"像我们今天的土耳其人那样"(《论李维》第1卷,第30章)。马基雅维利在第2卷前言中讨论现代政治德性时还有一个与公民宗教相关的更重要的维度。德国明显是非伊斯兰的主要例子。大致与《论李维》的创作同步,德国成了路德抵制教皇的中心。(路德在教皇利奥十世期间开始挑战教会。)这也许可以把马基雅维利对德国德性的强调看作对宗教改革的隐秘支持(至少是赞成和期待)。无论如何,识别出什么是即将成为路德教德国的现代德性的特别方面,这有助于突出马基雅维利以天主教为主要目标对其政治和道德衰落批判。正如阿特金森和西斯指出的,马基雅维利事实上认同路德观点的是《论李维》第1卷第12章的第一句:见《权力的甜头》,第405页,注释1;也可见于第262页,注释3。

⑰ 乔尔·施瓦茨:《让-雅克·卢梭的性别政治》(Chicago:University of Chicago Press,1984),第63页;施瓦茨对沙夫茨伯里的引用似乎是最相关的,虽然他也提到了孟德斯鸠。也可参见约翰·奥布里有关霍布斯的一个故事,它与基督教的柔弱的主题相关。在约翰·塞尔登(John Selden)去世的1654年,霍布斯曾去拜访他,霍布斯明确敦促塞尔登不再关注祭司,霍布斯问塞尔登,"您曾经像一个男人在写作,如今您会把自己装扮成一个女人么?"转引自理查德·塔克:《霍布斯》(Oxford:Oxford University Press,1989),第31—32页。

在这一点上休谟就是一个例子。在他的《宗教的自然史》一个重要段落中（第10章），休谟引用并重申了马基雅维利在《论李维》第2卷第2章中的教导，"基督教（指的是天主教，因为他不知道其他的宗教）的教条只劝人消极忍受，它征服了人类的精神，并使他们适合于奴役和服从。"⑱根据休谟自己的分析，"有神论"（即基督教）代表神超越于人类的无限性——这个信仰"把人类心灵降到最低的顺从和自卑，[因此]禁欲、忏悔、谦卑、消极忍受代表了僧侣美德，因为这是[神]唯一可以接受的品质"。⑲相比之下，"偶像崇拜"[即，多神教]以"活力、精神、勇气、大度、热爱自由等所有提高个人地位的美德"为特征。⑳因此，"多米尼格，弗兰西斯，安东尼，与本尼迪克特"这样的僧侣取代"赫拉克勒斯，忒修斯，赫克托尔，罗慕路斯"这样的英雄，并且"鞭打和禁食，怯懦与谦卑，卑贱顺从和盲目服从"——这不是"制服暴君和守卫祖国"的需要——它们成了"世人从天国那里获得荣耀的手段"。㉑休谟指出，全面比较基督教和异教的话，"[异教的]勇气和[基督教的]谦卑"，这"印证了日常的观察，最好的事情因腐败而变得最坏"。㉒然而，回到休谟应对这个问题的源头，即马基雅维利那里，这将让我们进一步追问，对"僧侣美德"的称赞是否构成了基督教有神论的"腐败"，或者它能否把我们带到有神论该有的本质上。

35　　　马基雅维利把基督教异教化为一个新的罗马的公民宗教，这一事业并不必然意味着马基雅维利是在违心地称赞圣弗兰西斯和圣多米尼格为基督徒生活的典范。本着同样的精神，他在《论李维》第1卷第12章这样写道："如果各个基督教共和国的君主像它的创建者那样，一直维护这种信仰，那么各个基督教国家

---

⑱　大卫·休谟：《宗教作品集》，安东尼·费罗编，(La Salle, IL: Open Court, 1992)，第150页。（休谟：《宗教的自然史》，曾小平译，商务印书馆2014年版，第58页。译文有改动。——译者）

⑲　同上书，第149页。当然，基督徒的谦卑可能仅仅是宣称的，马基雅维利最先意识到这一点。边沁有一个关于谦卑和野心关系的精彩故事，完全符合马基雅维利的精神。他说有一个教皇（西克斯图斯四世，朱利奥二世的叔叔），当他还仅仅是一个红衣主教时，过分表现出他的谦卑。他曾是一个渔夫的儿子，他饭后经常把渔网放在他的餐桌上方，按说这样就不会忘记他卑微的出身。当他被选为教皇后就不再这样做了。他曾被问道为什么不再继续这样做了。据边沁的记载，他的回答是这样的，"'和平'圣父回答道，'如果鱼没有了，渔网也就派不上用场了'。"见杰里米·边沁：《政府片论》，J.H.伯恩斯、H.L.A.哈特编，(Cambridge: Cambridge University Press, 1988)，第80—81页。至于马基雅维利对西克斯图斯四世的称赞，参见《君主论》第2版，哈维·C.曼斯菲尔德译，(Chicago: University of Chicago Press, 1998)，第46页。

⑳　休谟：《宗教作品集》，费罗编，第149页。

㉑　同上。

㉒　同上。

和共和国就会比它们的现状更团结、更幸福。"㉓马基雅维利在这里似乎是在追求卢梭的《社会契约论》结束部分的思想，即同时代表"人类的宗教"和"公民的宗教"（用的是卢梭的术语）的典型。但当人们试图"混合"二者时，问题就来了，这就产生了腐败的基督教，它既不是好的宗教，也不是好的政治。卢梭和马基雅维利都清楚地意识到了这个问题，不幸的是，原始基督教为基督徒设置的生活标准特别的高，以至于基督教教会的历史必然充斥着一长串这样的腐败。㉔

　　因此，无需去抨击马基雅维利称赞圣弗兰西斯和圣多米尼格的真诚性，我们应同时看到，在同一篇章中，圣弗兰西斯和圣多米尼格被喻为基督教重建者，他们以谴责他们成功振兴的那个宗教而结束：它让坏人随心所欲，它使得主教超然于世俗裁判。㉕彼岸的惩罚的前景可能会恐吓到虔诚的大多数，但它无助于约束那些最邪恶的人（包括主教！）。㉖然而，我们也须承认这种明显的矛盾（赞美基督教圣徒，谴责基督教）正得到调和。在宗教上赞美圣弗兰西斯和圣多米尼格，就得在政治上谴责他们，因为基督教在宗教上是令人钦佩的在政治上是有害的（这和后来卢梭公民宗教的分析又是一致的）。就是这样，除非更加符合其戒律，基督教在政治上才可以中立。看一看尼采对圣弗兰西斯的看法："阿西西的弗兰西斯，他乃是官能性的神经质，癫痫病患者，就像耶稣那样。"㉗马基雅维利在《论李维》中也称赞了圣弗兰西斯，根据这个解读，出于同样理由，相对于圣保罗的基督教，尼采"称赞"的是耶稣的基督教：如果世上必须要有基督徒，那就让

36

---

　　㉓　《论李维》，曼斯菲尔德、塔科夫译，第37页（中译本，第86页。——译者）。

　　㉔　参见尼采："阅览基督教的文本所逐一展示的道德要求，你就会发现在所有情况下，它们都被夸大了，所以人们无法履行这些要求；它的目的不是让人变得更加道德，而是尽可能感到自己的罪孽深重。"弗里德里希·尼采：《人性的，太人性的：一本献给自由精灵的书》，R.J.赫林达勒译，（Cambridge：Cambridge University Press，1986），第77页。也可参见约翰·奥布里：《简要的生活》，约翰·布坎南-布朗编，（London：Penguin，2000），第138页："[哈林顿]经常说……'[根据自然律生活]就是合乎道德的，但牧师不会这样说：当牧师要求我们高于德性一寸时，我们都低于它一尺。'"另见霍尔巴赫男爵《揭穿了的基督教》，W.M.约翰逊译，（New York：Gordon Press，1974），第62页："在人类当中，人的德性是必要的；基督教的道德与真实生活是不成正比的。"

　　㉕　《论李维》，曼斯菲尔德、塔科夫译，第211—212页。

　　㉖　参见曼斯菲尔德和塔科夫提供的参考；同上书，第212页，注释23。在这献给圣弗兰西斯和圣多米尼格的段落结尾，马基雅维利的观点是相当清楚的，方济各会和多米尼格会所重建的基督教，至少在其最终效果上，更多是腐败的再现而非美德的振兴。在马基雅维利所说的圣弗兰西斯和圣多米尼格，与尼采对宗教改革的看法之间，有一个有趣的悖论：无论如何，基督教都不会屈服于自己的恶习，但是根据他们两个人的分析，最终后果都在根本上说明基督教是道德堕落的根源。

　　㉗　《权力意志》，考夫曼编，第129页（第221节）（《权力意志》，张念东、凌素心译，商务印书馆1996年版，第381页。以下引文参照该译本。——译者）。

他们至少退到偏远私人的区域，这样他们才不能伤害他人。⑳ 仅仅在保罗抓住了它并全面赋予了文明新的方向之意义以后，基督教才像瘟疫一样流传开来。基督徒被看作不切实际的梦想家和怪人；当他们渴望塑造一个整体的文明时，危险降临了。敦促基督徒效仿圣弗朗西斯，这就等于督促他们一起远离政治舞台，把政治事务交给专业人士。通常马基雅维利主义者说话做事不会遮遮掩掩——例如，不会一半道德一半不道德，而是完全的善或者完全的恶——人们也许会说，这对于宗教显得尤其贴切。宗教必须要么百分百世俗的(完全服务于世俗目标)，要么百分百非世俗的(完全与政治生活分离)。根据这个原则，马基雅维利为什么把文艺复兴时期的教皇看作是灾难，这就非常清楚了。

⑳　在马基雅维利的思想中，基督教如何通过私人化宗教而变得对政治有利，对此一个类似的观点，参见汉娜·阿伦特：《公共领域的复兴》，梅尔文·希尔编，(New York：St.Martin's Press，1979)，第311页。

# 第四章 重建和"同室操戈"：马基雅维利对基督教的债

《新约》满是呼吁大家离开家庭、宗族、社会，或者使它们的团结相对化，让人们成为王国的一部分。

——查尔斯·泰勒①

马基雅维利反对基督教，认为它是（腐败的）机构和（虚弱的）世界观，这一革命性的观点掩盖了他对基督教欠下的巨债，我在本章将会简要讨论上述问题。马基雅维利理论化公民宗教还有另一个维度，这个维度不如他在《论李维》第1卷第11—15章中称赞罗马的异教时表现得那么明显，但是这个维度对了解他和基督教关系显得相当重要。这就要阐明他关于重建的关键讨论，正如我们在第2章看到的，他讨论了圣弗兰西斯和圣多米尼格的成效与重建基督教的关系。为了重建，必须有一个意义深远的、触及灵魂的，能够"震慑"世俗民众的效果。相对于犹太教，基督教是能够激起这种"震慑"效果的，马基雅维利希望在世俗政治的领地内能事实上复制它。马基雅维利问了这个问题：人们如何能够复制基督教试图从其信徒那里获得的那种不合格的承诺，并把这一承诺转向政治领域？在此意义上它需要一个公民宗教来取代基督教并最终抛弃后者，正是在同一维度上，基督教动摇了犹太教和异教并最终抛弃它们。（在此意义上伊斯兰教是公民宗教么？这是伊斯兰教能够吸引后来受马基雅维利启发的诸如卢梭、尼采思想家们的原因么？）

在《论李维》第3卷第1章，马基雅维利写道："不进行自我更新的机体[共和国和教派]，也不可能持久，此乃再清楚不过的道理。新生之道是使其返回源

---

① 查尔斯·泰勒：《现代社会的想象》(Durham, NC: Duke University Press, 2004)，第62页。

38 头。"让宗教和共和国重新返回源头是什么意思？正如施特劳斯正确地指出的，"马基雅维利说的返回其源头指的是，返回到人固有的恐怖处境，这种恐怖状态是人们根本上的不受保护状态。从一开始就有恐怖"。② 虽然圣经化宗教的基本叙事是上帝对人类的眷顾和爱（也只是爱），但是《论李维》中对建构与重建例子的反思也提醒我们，《圣经》中还有恐怖。③ 贯穿马基雅维利建构与重建章节（《论李维》第 1 卷第 9 章，第 3 卷第 1、3、22 章）例子的共同线索，特别强调以一种重要的方式与圣经的叙事相衔接，有人可能会说，这是试图在公民的灵魂中复制这些圣经故事对信徒灵魂的影响。马基雅维利通过《论李维》第 3 卷第 1 章的标题明确提到宗教，④并在该章把僧侣们对基督教的重建当作重要部分，⑤提请我们注意政治和宗教的矛盾。紧随着奥古斯丁（《上帝之城》第 16 卷，第 6 章），⑥马基雅维利在《论李维》第 1 卷第 9 章中突出了其创建过程中创始人对民众生活犯下的罪行，特别是，罗慕路斯犯下的同室操戈的罪行："有人以非常手段治理王国或构建共和国，智者是不会给予责难的。行为使他蒙羞，结果将给予宽宥"⑦，马基雅维利坚持认为，罗慕路斯的行为不是暴君行为，而是建立"自由

39 文明的生活"⑧的必备条件。世俗与宗教命令的开创者与重建者们必须诉诸这

---

② 列奥·施特劳斯：《对马基雅维利的思考》（Glencoe, IL: The Free Press, 1958），第 167 页。

③ 参见詹姆斯·菲茨詹姆斯·史蒂芬：《自由平等博爱》，斯图亚特·D. 华纳编，（Indianapolis: Liberty Fund, 1993），第 201 页："虽然基督教用热烈的激情表达了温柔和慈善的情怀，它也有可怕的一面……温柔和恐惧相伴而行。"在后面第二十二章我们会讨论史蒂芬的观点。

④ 令人吃惊的是在这个标题中"教派"先于"共和国"出现。

⑤ 参见弗朗西斯·培根：《学术的进步和新亚特兰蒂斯》，亚瑟·约翰斯顿编，（Oxford: Oxford University Press, 1974），第 85 页："这不正是马基雅维利明智且广泛地讨论的政府的基础么？创建和保护这个基础的方式是，在一开始就简化宗教［重点强调］与自然方面的规则，以及在政治管理方面的规则。"

⑥ 在《上帝之城》第 15 卷第 6 章，奥古斯丁追溯了罗慕路斯杀害兄弟雷穆斯的行为"原型"是该隐对亚伯犯下的同室操戈（他认为该隐是"世俗城市的第一个创建者"）。同样可见第 3 卷第 6 章；和第 5 卷第 17 章，在该章奥古斯丁把罗马看作是"罗慕路斯的避难所，在那里，大量各类犯罪都不会受到惩罚，这成了这个城市的基础"（参见第 1 卷第 34 章）。圣奥古斯丁：《上帝之城》，亨利·彼得森编，（Harmondsworth: Penguin, 1984），第 45、93—94、207、600—601 页。

⑦ 尼可罗·马基雅维利：《论李维》，哈维·C. 曼斯菲尔德、纳坦·塔科夫译，（Chicago: University of Chicago Press, 1996），[第 29 页（中译本，第 71 页。——译者）]；着重强调。"以上所言，可以举出无数事例加以佐证，如摩西，如利库尔戈斯，如梭伦，以及诸多王国或共和国的创立者，他们为自己配置了这种权力，故而皆能制定有利于公益的法律。"[第 30 页（中译本，第 72 页。——译者）]；马基雅维利还表扬了另一位伟大的君主，他建立了一个伟大的帝国（《君主论》第 1 卷第 19 章），他和罗慕路斯一样借助杀害兄弟建立了政权，他就是塞利姆一世。见苏莱雅·法哈奇：《奥斯曼帝国简史》，雪莱·费西译，（Princeton, NJ: Markus Wiener, 2009），第 60 页。

⑧ 《论李维》，曼斯菲尔德、塔科夫译，第 30 页（中译本，第 72 页。——译者）。

些非常手段,光靠普通的法律规范是不够的。⑨ 普通手段(道德的政治)和非常手段(政治的开创和重建)的区别,可以看作是《君主论》第3卷第22章中曼里乌斯·托克图斯和瓦勒里乌斯·科维努斯之间冲突的放大。

支配着强大势力的人,自己也必须强大;具备强大的品质并支配强大力量的人,在使其服从时不能手软。但是,不具备这种强大品质的人,则应管束自己,不可发布不同寻常的命令,而宜显示其仁慈,采用正常的命令,盖由于正常的惩罚而受到责怪的,不是统治者,只会是法律和制度。应当相信,曼里乌斯必须以其非常的命令严厉处事,这也是他的天性使然。这些命令有益于共和国,因为它们可以使其制度回到起点,恢复古老的德行。正如前面说过的,假如共和国十分幸运,经常有人以自己的表率作为更新其法律,不仅阻止它的覆亡,还能让它回到最初的起点,它便能永世长存。⑩

正如我在前面提到的,马基雅维利对建构的讨论和对重建的讨论有一个共同的线索,这个共同的线索引导我们去反思,马基雅维利的工作和人们对宗教的坚定要求之间的根本矛盾。马基雅维利在《论李维》第1卷第9章,第3卷第3章,和第3卷第22章中给出的特别例子告诉我们,正如典范性的创建行为以相互残杀为基础,同样,困难的重建行为以严重侵犯家庭联系为基础——事实上更为严重(因为显而易见的原因)。在《论李维》第3卷第1章他对重建论述中,马基雅维利列举了七个用来恢复共和国最初原则的示范性事例,其中两个例子花了整章的篇幅,即处决布鲁图斯的儿子的故事,(《论李维》第3卷第3章,再参照先前《论李维》第1卷第16章中的讨论),和处决曼里乌斯·塔尔昆的儿子的故事。在第1卷第16章,他写道:

一个甫获自由的国家,只有结为朋党的敌人,没有结为朋党的朋友。若想消除这些弊端和上述困难带来的种种混乱,最强大、最有实效、最可靠而必要的手段,便是杀死布鲁图斯的儿子。⑪

这个故事源自李维书中第2卷第4章、第5章:

40

---

⑨　参见《论李维》第1卷第7章开篇的讨论,对心情(比如生气)的"正常"发泄是为了避免"诉诸反常的手段,毁掉整个共和国。"(中译本,第65页。——译者)这些"正常渠道"是法律规定的渠道,它们与反常手段相对立,后者是法律之外的。

⑩　同上书,第266页(中译本,第380页。——译者);着重强调。马基雅维利此处的结论是冲突的,因为它直接违背了《论李维》第3卷第17章结尾处(中译本,第368页。——译者)所说的"不存在明白无误的解决之道,所以共和国也不可能永世长存,因为使它覆灭的因素不计其数"。

⑪　《论李维》,曼斯菲尔德、塔科夫译,第45页(中译本,第92页。——译者)。

叛徒受到了谴责和惩罚，一个场景使得它更为显著，因为执政官要求父亲承担惩罚儿子的职责：一个并没有目睹犯罪现场的人，成了一个行刑者。……这位行刑者剥离，鞭打，斩杀年轻人。在全过程，所有的人都痛苦地意识到布鲁图斯的目光和表达的意思，因为他在执行他作为公共官员的职责，在他的脸上不可以透露出他作为父亲的自然感情。⑫

接下来是马基雅维利自己对这个片段的评论（《论李维》第3卷第3章）：

布鲁图斯在维护他为罗马争取到的自由时采取的严厉措施，不但有用，而且必不可少。一个父亲坐在审判席上，不但判了儿子的死刑，还亲自看着他被处死，这种事情在历史上实属罕见。读过古代史的人都知道，国体更张之后，无论是从共和国变为专制国，还是从专制国变为共和国，对于反对现状的敌人，必须用令人难以忘记的方式将其处死。实行专制而不杀死布鲁图斯的儿子，或缔造了一个自由的国家而不杀死布鲁图斯的儿子，都会让自己朝不保夕。⑬

这里的关键原则是，不仅仅是暴君，无论是谁，要维持他们的权力，就必须诉诸恐怖活动。共和国的领袖们同样必须采用残暴手段，如果他们还想能够维持必要的德性储备的话，因为德性是保持共和政权的自由所必需的。⑭

比起布鲁图斯儿子的故事，《论李维》第3卷第22章中曼里乌斯·塔尔昆的严厉对待他儿子（提图斯·曼利乌斯）的故事更令人震撼，李维在相近篇章（VIII.7—10）明白无误地写到了这一点。李维写道："所有人都被这可怕的命令惊得呆若木鸡……人们站在自己位置一声不出，仿佛在惊恐中丢了魂似的。"在斩首之后，"他们在痛苦的抱怨中爆发出来，他们放声大喊，却既没有感叹，也没

---

⑫ 李维：《罗马的兴起》第一——五卷，T.J.露西译，（Oxford：Oxford University Press，1998），第75—76页。

⑬ 《论李维》，曼斯菲尔德、塔科夫译，第214页（中译本，第316页。——译者）。对于卢梭也是这样，布鲁图斯和他儿子的故事，为共和美德的严厉要求提供了一个示范性说明。见《卢梭作品集》，第8卷，克里斯托弗·凯利编，（Lebanon，NH：University Press of New England，2000），第267页："为了尽自己的职责，[布鲁图斯]撕裂他的内心。"

⑭ 马基雅维利也许会说，"恐怖统治"这个词正好和建立一个共和政权相联系，这毫不意外。不用说，随后的现代共和国也把它们的新政权建立在恐怖之上，因此，恢复这些政权到原来的原则也就意味着再次诉诸其成立时所使用的原则。定期实施恐怖统治成了共和德性的一个条件。

爱德华·安德鲁一直提醒我关注在《百科全书》"国家"这个条目中布鲁图斯对他儿子的描述："对于软弱的灵魂，这一行为会显得不自然。"卢梭的作品中也有这种东西。人们可以违背逻辑地说，这对于软弱的灵魂是一个很好的说明！无论如何，安德鲁在一个未付印的题为"罗马是十八世纪帝制共和国的典范"文章中，很好地说明了布鲁图斯杀害儿子如何成了雅各宾派爱国主义的明显比喻。

有诅咒"，接下来的遗体火化是"按照着可以参加任何军事葬礼的荣誉"进行的。[15] 与布鲁图斯的儿子不一样，他毕竟阴谋反对自己的父亲，因此这是真正的耻辱，提图斯·曼利乌斯受到惩罚，但他没有获得执政官（他父亲）的许可而与拉丁指挥官举行了英勇的战斗并赢得了一场决斗，这个指挥官是共治皇帝马克里努斯。[16] 李维承认，"惩罚的残暴性可以让士兵们更加服从他们的指挥官"，[17] 对于马基雅维利来说，这足以为曼里乌斯辩护："为了让军队服从执政官而处死自己的儿子，正是由于他这种铁面无情，罗马人民才打败了拉丁人。"[18] 曼利乌斯"杀死自己的儿子"维护了"军队的服从"，[19] 并且这也见效了；其结果确实增强了胜利所必需的美德。

这些例子恰当地得到了特别对待，因为它们的非自然性满足了恐惧和恐怖的效果，马基雅维利把重建共和国的艰难工作与最初的原则联系在一起。因此他在《论李维》第3卷第1章写道：

这些事情做得极端而引人瞩目，所以它们一发生，即让人再也不敢越雷池一步；当它们变得稀少时，又会给人的堕落留出更大的空间，使他们的举止更加危险，变得更加骚动不安。从一次处决到另一次处决，相隔的时间最长不应超过十年。因为在这段时间以后，人们的习惯就会发生变化，开始违反法律。除非发生了什么事情，让他们重新记住惩罚，恢复其内心的恐惧，不然的话，行为不端之事就会纷至沓来，而这时再进行惩罚，就会造成危险了。十五世纪统治着佛罗伦萨的人经常说，必须每隔五年彻底整顿一次国家，不然就难以维持它。他们所说的彻底整顿，是指让人们产生他们在夺取国家时造成的恐惧和忧虑，那时他们对违反其生活方式的行为恶劣者严惩不贷。但是在这种打击的记忆消退后，人们又逐渐有了标新立异、放言无忌的胆量。故必须对此加以防范，把［国家］拖回它

---

⑮　李维：《罗马和意大利》，贝蒂·雷迪斯译，(Harmondsworth：Penguin，1982)，第166—167页。

⑯　参见斯宾诺莎：《神学政治论》第19章，在该篇章斯宾诺莎称赞了曼利乌斯·塔尔昆的"尽责行为"，他对他的儿子适用了严格的正义。因此，斯宾诺莎的结论是，"正义"并不是面对国家时的家庭优先，这并不是马基雅维利意义上的"美德"。这多少和霍布斯的论述有点类似：见《利维坦》，C.B.麦克弗森编(London：Penguin，1985)，第724页提到了《申命记》21:18—21。对于霍布斯以及对于斯宾诺莎的问题是，父亲来处决他的儿子，必须要通过法律来执行。马基雅维利的分析中还是强调法律规则的，但很明显，他最为迷恋的"值得注意的事"在某种意义上与自然情绪是相冲突的。

⑰　李维：《罗马和意大利》，第167页。

⑱　《论李维》，曼斯菲尔德、塔科夫译，第267页(中译本，第381页。——译者)；参见第160页。

⑲　同上书，第265页。

42

的起点。⑳

在这些篇章中主导的隐喻是,要对人们常加敲打才不会很快忘记最初的源头,㉑而且还须进行恰当的管理,因为时间长了,便会忘记上次的疼痛。

我们现在来讨论这些故事与圣经宗教的联系:鉴于卢梭认为犹太教从仅仅是"国家"的宗教(由诸多神中的一个神统治)发展到帝国主义(即一神论)的宗教,我们由此可以认为犹太一神论是缉获了其他犹太神的权力——实际上消灭了他的兄弟神,以便在单一权威的基础上建立一个政治秩序。㉒ 此外,整个基督教本身就是在重建圣经的宗教,它受到神命令他独生子的牺牲这个令人震惊的

43

事件的影响。㉓ 建构:杀害兄弟;重建:"杀害子女"。尼采和基尔凯郭尔可以帮

---

⑳ 同上书,第 210—211 页(中译本,第 310—311 页。——译者)。

㉑ 在同一篇章的前面部分(同上,第 209—210 页),马基雅维利把高卢人打败罗马人也看作是"打击"——但它是"外部的打击"而不是"内部的打击"(即由外部力量而不是政治本身带来的打击)。他认为这样的"外在打击"对于重建最初的品德具有同样的效果。

㉒ 这也许非常奇怪,把犹太一神教设想为"同室操戈"的产物。但如果人们遵循弗洛伊德有关摩西犹太教如何植根于埃及一神教形式的猜测,这个想法也许会显得不那么奇怪了,埃及一神教曾奋起反抗当时占据主导地位的埃及多神教,赋予太阳神阿顿特权并最终有力地压制了所有其他神。见西格蒙德·弗洛伊德:《摩西和一神教》(New York:Vintage,1958)。这个解释使得弗洛伊德宽泛的图腾理论能够容纳犹太一神教,据此,所有原始宗教复制同样的模式:一个神在家庭诸神中逐渐上升到能够超越其他的等级(单一神),最终成为一个全能的父神,"而不必[忍受]他身边任何别的神"(第 171 页)。(特别对于犹太教,弗洛伊德后来通过假设第二个犹太一神教使故事复杂化,第二个叠加在第一个上面,这一次来源于火山神耶和华。但不管怎样:在任一种情况下,通过事实上是专制的神圣的垄断,一个独特的犹太神上升到了绝对霸主地位。)

可以推测的是,不仅以色列人一神论源自"古老的多神论",而且,这种多神教的痕迹留在作为复数神的耶洛因(Elohim)这个名字中。见哈罗德·布罗姆:《美国宗教》(New York:Simon & Schuster,1992),第 111 和第 113 页,和唐纳德·哈曼·埃克森:《家庭》(Montreal:McGill-Queen's University Press,2007),第 41 页。布罗姆和埃克森在讨论摩门教的多神方面的都做了注释。顺便说一句,阿拉,伊斯兰教的神,在成为一神教的神之前,同样是诸神中的一位:见欧文·M.蔡特林:《历史上的穆罕默德》(Cambridge:Polity,2007),第 54 页,66—67、99—100 页。

弗洛伊德在他关于犹太教起源的解释中从来没有引用马基雅维利,然而马基雅维利宗教论述的一些主题与弗洛伊德之间存在着惊人的相似之处。例如,《摩西和一神教》,第 53 页,论述以往宗教痕迹的消失;第 57—58 和第 140—141 页,论摩西的"暴政";第 136 页,论人类创造的宗教奇异的能力;和第 141—142 页,论犹太先知作为一个衰落宗教的重建者。不用说,弗洛伊德的理论不断地强调家庭伤害事件——想象的或象征性的谋杀行为——这很好地补充了马基雅维利的主题,我这一章试图强调的也是马基雅维利的这个主题。

㉓ 弗洛伊德认为,基督教作为一种宗教不是建立在杀害子女上面,而是建立在杀害父亲上面(谋杀父神)。弗洛伊德解释说,儿子宗教取代了作为其源头的父亲宗教,这正是儿子弑杀父亲这一原初戏剧的再现(见《摩西和一神教》,第 175 页:"起源于一个父亲宗教,基督教成为一个儿子宗教";也见于第 111 页)。不可否认,(根据弗洛伊德的分析)这个宗教中父亲和儿子都被谋杀了:至于后者,弗洛伊德的故事是,儿子的牺牲是为了弥补最初犯下弑父之罪的父亲。但不管人们从哪个

助我们领会到圣经化宗教中无法形容的非自然要求中包含的恐惧,以及它在马基雅维利的建构与重建政治中异地重生。在《善恶的彼岸》(第46节)中,尼采告诉我们:

基督教的信仰从开始起是牺牲,……它的前提是:精神的屈服造成了难以描绘的痛苦,这样一种精神的全部的过去和习惯抵抗 Absurdissimum(极端荒谬),作为 Absurdissimum,"信仰"向它迎面而来。现代的人以他们对一切基督教的术语表的迟钝,不再同样感受到可怕的最高的东西,后者对一种古代的趣味来说,存在于惯用语"十字架上的上帝"的佯谬中。迄今还绝没有和绝无哪出有像这个惯用语一样的在颠倒中的大胆,某种一样的可怕的东西、发问的东西和值得问的东西:它许诺重新评价一切古代的价值。[24]

从激进的基督教观点来看,在《恐惧与战栗》中,基尔凯郭尔讲述的亚伯拉罕和以撒故事传递了一个类似的信息,因为基尔凯郭尔认为同室操戈这件事是基督教信仰所要求的非自然性标志。[25] (如果,像奥古斯丁所强调的  44

---

角度看——不管是弑父的角度还是杀害子女的角度——任何一种角度,基督教无法抵抗内部谋杀的象征性结构。

关于这个主题,我最后再说两句:霍布斯认为摩西就是三位一体的"圣父",这个观点远远先于弗洛伊德。参见《利维坦》,理查德·塔克编,(Cambridge:Cambridge University Press,1996),第339—340页(第42章)和第41页(塔克的导言)。人们也许会想到马基雅维利在《论李维》第1卷第19章中关于父亲与儿子(例如,大卫王和所罗门王)的主题:马基雅维利的说法是,在一个爱好和平的国王统治下,人们可以享受良好的秩序,如果他继承的乃是一个好战的国王的话。是不是想得太远了,以至于认为这可能是对犹太教作为父亲宗教和基督教作为儿子宗教之关系的一种微妙的评论?马基雅维利强调连续两位君主都爱好和平会带来政治的失灵,接着甚至可能出现对伊斯兰教的回归,回归到更热爱战争的一神教版本去。(我非常感谢杰克·卢卡斯提醒我关注这段非常有趣的文字。)

[24]  还可参见托马斯·潘恩:《理性时代》,蒙丘尔·丹尼尔·康威编,(Mineola, NY:Dover, 2004),第31页:"事物它越不自然,越能成为人们爱慕的对象。"(引文参见《善恶的彼岸》中译本,程志民译,华夏出版社2000年,第48页。——译者)

[25]  肯定有它的异教版本——尤其是,农神吞噬他的孩子的神话(正如鲁本斯和戈雅绘画描述的)。令人震惊的是,没有任何迹象表明,农神曾试图去扮演一个仁慈的神。参见西格蒙德·弗洛伊德《梦的解析》,J.A.安德伍德译,(London:Penguin,2006),第270页:"克洛诺斯吃掉他的孩子,这与公猪吃掉母猪的幼崽是一样的。"(本注释源于多年前罗伯特·伊顿对我的建议。)

值得一提的是,基尔凯郭尔也提到了布鲁图斯的儿子们的问题,它支持本章的观点,杀害子女是一个普遍问题,在创世纪中它是涵盖亚伯拉罕和以撒故事的一个普遍问题,它包括在创世纪中亚伯拉罕和以撒的故事,耶稣牺牲的故事,以及马基雅维利关注的罗马的例子。见索伦·基尔凯郭尔:《恐惧与战栗》,C.斯蒂芬·埃文斯和西尔维亚·沃尔什编,(Cambridge:Cambridge University Press,2006),第51页。正如编者注意到的,基尔凯郭尔在《恐惧与战栗》中影射了以撒和耶稣之间的对比。

那样，㉖罗慕路斯杀害兄弟回溯的原型便是该隐和亚伯，同样可以认为，基督教中上帝牺牲儿子即基督的故事其回溯的原型是亚伯拉罕和以撒。）当马基雅维利证明人们仅仅依靠激发公民最初的恐怖，从而确保他们的无条件服从，便可以建构或者重建政治共同体时，他也许是从圣经化基督教重建过程中对家庭关系的非自然性处理的激进版本中得到了启发。㉗ 马基雅维利自己着力于重建宗教，但是他的例子——僧侣式的重建基督教——比起基督教一神论的重建（受伊斯兰影响的第二次重建也是这样）显得极为温和。

正如查尔斯·泰勒在本章题引中强调的，基督教在其基础教条上，需要让信仰的超自然需求战胜家庭的自然性。㉘《新约》中关于家庭关系的系列文本包括以下内容：《马太福音》8：21—22，10：34—37，和12：46—50；《马可福音》3：31—35 和 10：28—30；《路加福音》2：48—50，8：19—21，9：59—62，11：27—28，14：26，14：33，和 18：28—30；《约翰福音》1：12—13 和 3：3—8；以及《罗马书》8：32 和 9：8。㉙ 所有这些文本都值得引用和讨论，但是让我们以第一篇代表所有文本：使徒马太报告说，有基督的门徒"对耶稣说，主啊，容我先回去埋葬我的父亲。但是耶稣对他说，任凭死人埋葬他们的死人，你跟从我吧！"换句话说，当面对基督徒使命的强大力量时，家庭责任失去了道德力量；相比于什么才是真正的生活，亲情的要求并不重要。㉚ 马基雅维利也是这样，要求家庭处于从属地位，但是它从属于政治，而不是从属于信仰。人们也许会认为，这种对家庭责任的"胜利"，标志着对人类严厉要求的非自然性或者非人道性，人们只能献身于一

45

---

㉖ 参见本章注释 6。

㉗ 参见哈维·C.曼斯菲尔德和罗坦·塔科夫：《论李维》"导读"，曼斯菲尔德、塔科夫译，第35 页"这绝非偶然，通过骇人的行刑（《论李维》第 3 卷第 1、3 章）来重建共和国，对于'基督教教派'的核心秘密来说，这个模式蕴含着惊人的相同之处"。

㉘ 参见乔尔·施瓦茨：《让-雅克·卢梭的性别政治》（Chicago：University of Chicago Press，1984），第 64—65 页，从卢梭的角度看基督教"对家庭的贬低"："在对上帝之城效忠的名义下……基督教与共和国和家庭二者都不协调。"关于加尔文对《新约》破坏家庭关系之彻底性的重申，见迈克尔·沃尔泽：《圣徒的革命》（New York：Atheneum，1976），第 48 页；参见第 197—198 页。

㉙ J.M.库切的故事出现在《伊丽莎白·科斯特洛》（London：Secker&Warburg，2003）第 5 课，说的是两姐妹，一个是古希腊的拥护者，一个是基督教的拥护者，这个故事可以理解为基督教希望战胜家庭联系的比喻。故事指向家庭的最为有力的一段是，布兰奇残酷而又冷漠地说："伊丽莎白，你去了一个错误的希腊！"（第 145 页）。

㉚ 显然，这一文字曾被卡尔·马克思在《路易·波拿巴的雾月十八日》接近篇首的地方引用过，这一引用非常出名。马克思认为这文字代表未来对过去的绝对优先性。但文字更直接的含义是，福音派使命对于亲属义务的绝对优先性。在第 9 章《卢克》结尾部分附近，马太福音的故事还有另一个版本。

项义务：宗教是一回事，公民身份和爱国主义是另一回事。③

　　马基雅维利对圣弗兰西斯和圣多米尼格作为典型重建者的呼吁，提醒了两个多世纪以后孟德斯鸠对公民共和主义和修道院生活的类比（《论法的精神》，第5章第2节）。马基雅维利和孟德斯鸠都知道，单纯的共和品德，就像单纯的基督教品德一样，只有把它限定在简单的爱、简单的激情范围内，它才能发挥效用，但是以单一的方式积聚人类力量这本身是非常不人道的。马基雅维利在这方面模仿的是基督教的新共和主义模式，并把它看作一个新的文明建构（或重建）工作——这项工作值得称赞，也值得人们无条件地献身：这就先于尼采所提出的，只有接受不人道的、强烈的、单一的对超人的渴望，我们才可以实现我们完整的人性。② 然而，孟德斯鸠提出一个比喻来提醒他的读者，若把目标专注于一个不人道、抽象的激情，人们是不能实现自己人性的。

---

　　③　在《论李维》第3卷第22章曼里乌斯·托尔图斯的严厉和瓦勒里乌斯·科维努斯的温和二者的斗争中，严厉获胜了，至少对于共和国是这样，因为共和国要求对公共善的绝对奉献，曼里乌斯儿子的牺牲，以一种戏剧化的方式证明，他为了公共善而放弃了个人的好处。《论李维》，曼斯菲尔德和塔科夫译，第267页。在《论李维》第3卷第6章[曼斯菲尔德、塔科夫译，第231—232页（中译本，第334页。——译者）]麦当娜·卡特琳娜的故事中，马基雅维利为否定家庭关系的完全非自然性提供了另一个生动例子，但在这种情况下，动机是私人报复而非公共善。（一个试图涉及的与此相关的、与柏拉图的《理想国》相似的主题：在更高级的义务面前，亲属义务必须让路。）

　　②　因此，例如，圭契尔迪尼的看法是，马基雅维利"总是表现出非常措施和暴力措施的偏爱"；《权力的甜头：马基雅维利的话语和圭契尔迪尼的思考》，詹姆斯 B.阿特金森、大卫·西斯译，（DeKalb, IL: Northern Illinois University Press, 2002），第412页。圭契尔迪尼写下"始终"时可能夸大了一点，但毫无疑问，马基雅维利崇拜非凡（后来的尼采也是）；如果谁没有看到这一点，他一定错过了马基雅维利的政治哲学的关键方面。为了理解圭契尔迪尼所说的正义，只需关注他作出关键论断的章节，即《论李维》第1卷第26章。

# 第五章　霍布斯的解决:基督教的犹太化

如果这就是我们的信仰,我看不出怎样才能获得和平。

——托马斯·霍布斯①

卢梭注意到霍布斯作为一位公民宗教理论家的贡献,并在他的论述肯定了霍布斯地位。卢梭写道:

在所有的基督教作家之中,哲学家霍布斯是唯一一个能很好地看出了这种弊病及其补救方法的人,他竟敢于提议让鹰的两个头重新结合在一起,并完全重建政治的统一;因为没有政治的统一,无论国家还是政府就永远不会很好地组织起来。然而他也应该看到,基督教的统治精神是和他的体系不能相容的,而且牧师的利益永远要比国家的利益更强。霍布斯之所以为人憎恶,倒不在于他的政治理论中有什么可怕和错误的东西,反而在于其中正确与真实的东西。②

在阐述该引用的最后一句话的脚注中,卢梭斥责格劳秀斯曾否定霍布斯的如下原则,"在他的祖国信奉政治权威所颁布的宗教是每个个体的职责,如果不是心悦诚服的信奉,至少也应该声称并实际服从他"。③ 在本章,我的目的是充分而详尽地阐明霍布斯的公民宗教学说,以此澄清卢梭(在这高度精炼的文字

---

① 托马斯·霍布斯:《贝希摩斯,或长期议会》(Behemoth,中文通译为贝希摩斯,为圣经中的巨兽,相关形象记载可参见约伯记40:15—18。——译者),斐迪南·滕尼斯编,(Chicago:University of Chicago Press,1990),第57页。本章中《利维坦》的引文,除非另有说明,都出自托马斯·霍布斯:《利维坦》,C.B.麦克弗森编,(London:Penguin,1985)。

② 同上书,第127页。正如史蒂芬·B.史密斯指出的,把霍布斯看作是"基督教作家",这也就默认了斯宾诺莎是类似真理的替代性来源:见《斯宾诺莎,自由主义和犹太人身份问题》(New Haven:Yale University Press,1997),第117页(引文见《社会契约论》中译本,第176页。——译者)。

③ 让-雅克·卢梭:《社会契约论》,罗杰·D.玛斯特编,(New York:St.Martin's Press,1978),第127页注释,第153页注释134。卢梭引用的这段话出自格劳秀斯1643年4月11日的信,在信中格劳秀斯向他的兄弟描述了他阅读霍布斯《论公民》的感受。

中)所认为的真正的霍布斯，以及霍布斯事实上是否确实受到了批评，这些批评　47
是卢梭关注霍布斯的教义时表达出来的。

　　视霍布斯为公民宗教理论家，这一观点并没有新的建树。④　当然，在《论公民》和《利维坦》中，霍布斯关于宗教主题的论述，都给人这样一种感觉，霍布斯是这样的一个理论家，他并不以宗教学说而著称，政治权威的必要性涵盖了他的主要思想(或者说，对他来说，只有在它们影响政治权威命运情况下，他才会把基督教学说的细节当成一回事)。⑤　人们首先会想到的是，霍布斯的主要目的是

---

　　④　参见埃里克·沃格林在《新政治科学》(Chicago：University of Chicago Press，1952)第155页，提到"霍布斯要把基督教(理解为根本上与自然法相同)建成瓦罗意义上的英国的政治神学"。(瓦罗，Publius Terentius Varro Atacinus，罗马时代的政治家，著名学者，曾任执政官。——译者)最近的研究，可参见杰弗瑞·R.柯林斯：《托马斯·霍布斯的忠诚》(Oxford：Oxford University Press，2005)，第一章。柯林斯指出，卢梭可能把霍布斯的术语"公共崇拜"改造为他所谓的"公民宗教"(第46页，参见第47、56页)。对于霍布斯神学的根本目的有一个很好的概括，参见约翰·C.希金斯-比德尔对约翰·洛克的"导读"，《基督教的合理性》，希金斯-比德尔编，(Oxford：Clarendon Press，1999)，第78—80页。

　　⑤　参见《贝希摩斯》，第45页：当A根据"他们的理性以及他们对国家的益处"来定义善行或恶行和习惯时，B抱怨A忽略了"最伟大的美德，宗教"——A则回应说，他并没有忽略它。也就是说，适当考虑政治权威的需要就已经包含了宗教的道德意义。宗教作为道德德性的一个方面这一想法本身就是多余的。这并不是说霍布斯的研究者没能够非常认真对待霍布斯的事业。举两个例子，见赫伯特·W.施耐德"霍布斯的同情者"，和保罗·J.约翰逊："霍布斯的圣公会关于得救的教义"，载《托马斯·霍布斯在他的时代》，拉尔夫·罗斯、赫伯特·W.施耐德和西奥多·瓦尔德曼编，(Minneapolis：University of Minnesota Press，1974)，第84—101、102—125页。也有对霍布斯的一种经典解释，认为他也致力于成为坚定的基督教神学，可见J.G.A.波考克：《政治、语言和时代》(Chicago：University of Chicago Press，1989)，第5章；和艾尔顿·J.爱森纳赫：《自由主义的两个世界》(Chicago：University of Chicago Press，1981)，第一部分。最近，迈克尔·艾伦·吉莱斯皮雄心勃勃地试图把霍布斯看作基督教神学家：见吉莱斯皮《现代性的神学起源》(Chicago：University of Chicago Press，2008)，第7章。埃德温·柯利在"'我不敢写得如此大胆'，如何阅读霍布斯的神学政治论"(可参见http://sitemaker.umich.edu/emcurley/spinoza)中非常全面地考察了一系列观点，柯利最终拒绝这些观点。在大卫·约翰斯顿对波考克-艾森纳赫的霍布斯解读提出的批判中也有与柯利类似的观点，《利维坦的修辞》(Princeton，NJ：Princeton University Press，1986)，第5—7章。

　　对于一位被英国圣公会的虔诚所感动的思想家来说，是否有可能像霍布斯的《贝希摩斯》那样提出就地处决所有的牧师？对于一个身处17世纪的英国的基督徒来说绝对有可能，并且他还会希望驱逐所有牧师；但对于一个英国国教徒(霍布斯声称自己是)来说，则不可能希望这样。(霍布斯可能已经给我们留下了关于他排斥宗教最后的线索，即他自己构思的墓碑碑文：见理查德·塔克：《霍布斯》，(Oxford University Press，1989)，第39页。还值得一提的是，休谟肯定知道这样的事情，也认为霍布斯是"宗教的敌人"：同上书，第95页。)在《利维坦》第46章，霍布斯惊人地声称亚里士多德掩盖了他真正的信仰，以避免"苏格拉底的命运。"虽然很多研究者不这么认为，但是霍布斯的读者们一直怀疑霍布斯这里对亚里士多德指责真正适用于霍布斯自己(见柯利的文章结尾)。也可见于《利维坦》第137页提到的"秘密想法"。

48 保证主权在宗教仪式上的最大决定权，过分拘泥于国家宗教的具体内容是不明智的，因为它有可能损害主权的自由裁量权。这是一个正确但并不充分的回应。它之所以不充分，是因为它没有解释为什么霍布斯事实上在圣经注释问题上花费了巨大的时间和精力。这个难题的答案是，霍布斯与他之前的马基雅维利以及他之后的卢梭得出了相同的见解，即真正的基督徒的愿望根本上是彼岸的以至于破坏了世俗权力的权威；所以，霍布斯和马基雅维利、卢梭一样，必须寻找一种方法来抵消基督教给世俗政治带来的威胁。⑥ 为了总结这三个政治哲学家的公民宗教策略，人们可以这样说：

卢梭的"解决方案"是提供最低限度的公民信条，这些信条对基督教具体内容进行尽可能的抽象——虽然这不是卢梭在他的公民宗教篇中凸显的悖论和矛盾的真正解决方案；马基雅维利的解决方案是通过英雄人物切萨雷·波吉亚来异教化基督教，切萨雷·波吉亚体现了废除教皇的政治权力的"从伤口拔出铁器"般的意志；⑦霍布斯的解决方案是，根据前基督教对政治弥赛亚的理解来重新解释基督教圣经，以此来"犹太化"基督教。⑧

为了辨清霍布斯在公民宗教传统中的位置，我们有必要仔细阅读被严重忽视的《利维坦》第 3 和 4 卷；为此我们首先从关注《论公民》开始，《论公民》强调了霍布斯原先提及的教义的两个方面的第一个方面，即特定政治共同体在订立

49 宗教法规时应促进主权的最大化。在《社会契约论》的公民宗教章节中，卢梭认为犹太教是神权政治的学说，正因为如此，他既称赞它的政治优势也最终在政治上批评它（因为神权政治要么是普遍的并因此是帝国主义的，要么是狭隘的并

---

⑥ 参见史蒂芬·福尔摩斯在霍布斯《贝希摩斯》"导读"中关于公民宗教类似论述，第44—47页；例如，第44页："审慎的君主将试图同时垄断精神力量和现实物质力量。在他的领地内他将试图成为教皇，或者教会首领……请记住《利维坦》扉页的巨幅图像，他在保护一座宁静的城市，一手拥有世俗的宝剑，一手在拿着主教的权杖。这里教会与国家之间没有任何分离的问题。相反，霍布斯的主要学术目标是'精神权力和世俗权力之间煽动性的区别和分裂。'从某种意义上说，他一生的工作是持续的企图抹杀这种区别，去建立一个他在《利维坦》标题中所设想的政权，这个政权同时是教会和政治的。"还可见第47页："霍布斯希望从危险的神职人员手中没收宗教欺骗的无形力量并把这力量安全地给予国王。"对于《利维坦》卷首政教二元图像更详细的讨论，见卡尔·施密特：《霍布斯国家理论中的利维坦：政治象征的意义和失败》，乔治·施瓦布、爱尔娜·希尔施泰因译，（Chicago：University of Chicago Press，2008），第 18 页。

⑦ 雅可比·布克哈特：《文艺复兴时期的意大利文明》（London：Phaidon Press，1960），第71—72 页。

⑧ 耶稣自己是否坚持这个"前基督教"的理解，对这个问题人们也许不必作答：见本章最后一节的注释40。

因此根本无视基督教提供的普世真理）。与此相反，霍布斯试图从《旧约》中开展对神权政治的批判。对于霍布斯来说，《旧约》讲述的是国王的"官长"与祭司的"神职"相互交替，这是一个方面；另一方面，祭司的统治伴随着先知这个竞争性的权威。⑨　君主制是遏制希伯来神权政治带来的无政府状态威胁的唯一途径。这里的根本问题是，以色列人是"一个渴望先知的民族"。⑩　君主是应对这一问题的唯一可靠途径。希伯来人自己认识到这一点，因此需要一个国王，⑪上帝"答应"了这个要求。⑫　表达他们渴求先知的另一种方式（对祭司或神权权威的颠覆）是说，希伯来人是"人类顺服的最大敌人"，抵抗君主制的权威会让他们所有人记起他们曾经遭受法老统治的苦难。⑬　这个问题的唯一解决方法（霍布斯那句"私人的狂热"⑭所总结的）是，保留国王决定谁是谁不是真正的先知的权力。《撒母耳记上》8：7的文本（"百姓向你说的一切话，你只管依从"）对霍布斯至关重要，因为它说明了民众自己认识到了这一点。⑮　正如霍布斯对文本的解释，希伯来人都要求一个真正的国王，他们喜欢把撒母耳看作是一个准王，因

50

---

⑨　在《论公民》第16章第16节中讨论了"官长"（"maistry"）和"神职"（"ministry"）这两个术语，以及在一段时期，祭司是单一职务的还是同时是两者（官长或臣属）：《人和公民》，伯纳德·格特编（Garden City，NY：Anchor Books，1972），第327页（参见《论公民》，应星译，贵州人民出版社2003年版，第194页。以下引文参照该译本。——译者）。格特编辑翻译的《论公民》英文版为《关于政府与社会的哲学原理》，长期以来人们一直认为是霍布斯自己翻译了《论公民》的译本（格特提出了这个假设）。然而，理查德·塔克强烈质疑霍布斯提出了甚至认可了《哲学原理》的翻译这个假设。对于霍布斯从来没有授权出版《哲学原理》之证据的讨论，见托马斯·霍布斯：《论公民》，理查德·塔克、迈克尔·西尔弗索恩编，（Cambridge：Cambridge University Press，1998），第34—37。西尔弗索恩的翻译把神职和统治的区分呈现为行政统治和执法官之间的区别：同上书，第201页。参见《利维坦》，第531页："传道者便只有服事人之权，没有辖治人之权。"（《利维坦》，黎思复、黎廷弼译，商务印书馆1997年版，第403页。以下引文参见该译本。——译者）

⑩　《人和公民》，第323页（《论公民》，中译本，第191页。——译者）。参见《利维坦》，第506—507页：继约书亚和以利亚撒之后，希伯来人就没有明确的权威了。相比于一个简单服从的权威，人们"期盼一个象征"，也就是说，总是在寻找新的先知。

⑪　《人和公民》，第315、323、324—325页。

⑫　同上书，第323、324页（《论公民》，中译本，第191页。——译者）。

⑬　同上书，第314—315页。

⑭　同上书，第323页。关于私人的狂热这个主题，参见《利维坦》，第723—725页。

⑮　《人和公民》，第315、323页。哈林顿选取了霍布斯这段文字，并如人们所期望的那样对它作出了共和倾向的解读："矛盾的是，以色列君主制的建立证实了上帝给予民众的独特合法性。"见哈林顿：《奥西安纳共同体和政治的系统》，J.G.A.波考克编（Cambridge：Cambridge University Press，1992），第107页；和加里·雷默："追寻马基雅维利和霍布斯：哈林顿的以色列共同体"，载《政治希伯来主义》，戈登·肖切特，法尼亚·欧兹-萨尔茨贝根和美瑞福·琼斯编，（Jerusalem：Shalem Press，2008），第222页。

为他的权威被他政权的政治因素破坏了。因此，圣经的文本是这样说的："耶和华对撒母耳说，百姓向你说的一切话，你只管依从……因为他们不是厌弃你[即，撒母耳在某种程度上代表了王权]，乃是厌弃我[上帝在撒母耳的政权中是神权政治的象征]，不要我[即，祭司]作他们的王。"⑯当霍布斯写这段文字时，"他们拒绝了神的统治，也就是说，摆脱了祭司的统治，祭司的统治即是上帝的统治"，⑰他是明确把上帝等同于祭司的统治。对于霍布斯来说，《撒母耳记上》8:7针对的是反对祭司的神权统治的"洛克式"革命；"民众自己"废黜了祭司。⑱

《论公民》第16章的关键问题是从"法官"到"国王"（撒母耳到扫罗）的转变，以及为什么这种转变非常必要。人们可能会拿它与洛克《政府论》下篇第109节的主张进行对比：对洛克来说，"法官"和"国王"是一回事，他们是将军或者"战争中的首领"。洛克认为，作为法官的撒母耳与作为国王的扫罗的区别是无关紧要的，因为对他来说，重要的东西在撒母耳和扫罗时代都很重要，这个东西就是专制权威。正如他说的，两个时代都属于"国家的幼年时期"（第110节）*；也就是说，在此之前"人们就发现有必要更加审慎地考察政权的起源和权利；并找出一些办法来限制专横和防止滥用权力"（第111节）。与此相反，因为霍布斯赞同而不是反对专制权威，法官与国王之间差别就与此相关了。对于霍布斯来说，问题是，谁掌握权威，是祭司还是国王？根据霍布斯的观点，在扫罗王之前的一个时代，希伯来人是法律上的政教合一（"这是一个因立约而建立的祭司国，即一个上帝通过祭司统治的国"），主权在大祭司手中，⑲但事实上是无政府状态"因为他们[以色列人]很看重先知的话"。⑳霍布斯的分析是，政教合一本质上是不稳定的，因为祭司缺乏权威来解决谁是或不是一个真正的先知的问题。摩西所建立的神权政治与君主制是对立的，这就是说，"在祭司的国度，政府最为放任，其中[希伯来人]不服从于任何人类的力量。"㉑换句话说，祭司

⑯ 《人和公民》，第323页；着重补充。2003年，前巴勒斯坦安全预警部队负责人穆罕默德·达赫兰在加沙的这个讲话中使用的语言让人自然会想到霍布斯，当时巴勒斯坦权力机构在加沙的存在非常有限：现在，只让神[那就是哈马斯]来负责。《环球邮报》，2003年3月10日，第A8版。

⑰ 《人和公民》，第324页（《论公民》，中译本，第191页。——译者）；霍布斯的斜体字。

⑱ 同上书，第322—323页。

* 《政府论》下篇，叶启芳、瞿菊农译，商务印书馆2005年版，第69页。以下引文参照该译本。——译者

⑲ 《人和公民》，第322页。

⑳ 同上书，第323页（《论公民》，中译本，第191页。——译者）。

㉑ 同上书，第338页；霍布斯的斜体字。

的统治会导致政治混乱。只有国王能够通过判定谁是真先知谁是假先知来稳定政治共同体。因此，在霍布斯看来，对不可分割的世俗权威进行确认，仅仅是对已经包含在旧约话语中的真理作出哲学表达。

　　在霍布斯的表述中，摩西原初的制度并没有这些问题，因为摩西团结了他的民众最终成为教会的和政治的权威（正如所有的公民宗教理论家都会同意，这是摩西的伟大之处）。"在摩西还在世的时候，这种[解读上帝话语的]权威完全归于他"②；"摩西是上帝所言的唯一解释者"㉓。在他的继承者约书亚身上，问题出现了。在摩西之下，亚伦作为大祭司是完全服从摩西的最高权威的（当然，政治统治是不会传给亚伦的），而在约书亚之下出现了双主权，真正的主权（在这个政教合一的政权中这算是真的主权）归属以利亚撒，约书亚的上级祭司："以利亚撒祭司所掌握的不但有祭司之职，而且享有主权"；"约书亚没有和摩西同等的权力"㉔。需要注意的是，"法官"表示大祭司的统治，而不是由国王统治（或者至少法律上是祭司的统治，事实上受到先知——自由职业者统治的挑战！）。在霍布斯看来，这整个问题的根源是希伯来人拒绝接受政治当局的统治（再次与他们渴望先知有关），它带来的必然结果是无政府统治的"私人的狂热"。因此，《论公民》第 16 章的（《利维坦》第 40 章也是）整个目标便是说明神权政治没有发挥效用（至少旧约意义上的神权政治是这样的，即祭司的统治没有发挥效用）。我们也许可以这样来总结霍布斯《利维坦》第三部分对新约的政治解读：只有让复活的基督永远执政，才能使犹太神权政治奏效。

　　在《论公民》第 13 章，霍布斯提出了一个"疑问"，也就是"臣民灵魂的救赎是不是君主的责任？因为[君主]他们根据自己的良知判断才是最好的"㉕。在提出这个疑问之后，霍布斯只是说："我们且把这个问题放在一边吧。"㉖事实上，整个《论公民》第三部分目的都是为了全面地回答这个问题，第 13 章第 5 节提出了这个问题但没有作出回答，即国王是否应该关注臣民的灵魂能否得救。第三部分的整个主旨作出了肯定性的回答。建立公民宗教是行使君主权威的重要部分。霍布斯在《论公民》第三部分提出的公民宗教理论可以这样来总结：基督徒君主必须肯定上帝的存在，他不能建立偶像，而且必须肯定耶稣是基督。除此

---

②　同上书，第 319 页（《论公民》，中译本，第 188 页。——译者）。

㉓　同上书，第 321 页（《论公民》，中译本，第 189 页。——译者）。

㉔　同上书，第 322 页（《论公民》，中译本，第 190 页。——译者）。

㉕　同上书，第 257 页。

㉖　同上书，第 260 页（中译本，第 134 页。——译者）。

52 之外，基督徒君主可以颁布他关注的任何信条和任何仪式，并且基督徒臣民必须受这些信条和仪式的约束。至于非基督徒君主的统治，基督徒臣民必须在所有涉及世俗事务的问题上效忠君主。如果非基督徒君主在精神信仰方面的行为试图迫使基督徒臣民背叛自己的信仰，后者必须准备好为他们的信仰受苦殉难，而不是抵制政治权威。如果做不到这一点，他们可以不用全身心地献身他们的基督教信仰。㉗不用说，非基督徒君主的公民宗教对非基督徒臣民更具有完全约束力。这种"神学"是彻头彻尾的政治。这不是主要关注人们灵魂救赎的神学，它首要关心的是——追求灵魂的救赎不能妨碍政治秩序的命令。

霍布斯的"政治神学"一个至关重要的方面是《论公民》第14章标题所突出的："论法与罪"（或者是《哲学基础》版的《论公民》"索引"［内容的目录］列举出来的"论法与罪恶"）。㉘法与罪之间的重要区别暗示存在两块领地，人们服从两种权威。恰恰因为这个原因，霍布斯要想让教会服从国家，这个问题就不可回避，他消解了"恶"或"罪"（神圣的，永恒的）和"法"（世俗的，暂时的）之间的区别。二者都必须同等服从政治权威，因为它们二者都会向公民传递这样的信息，国王没有祭司强大。因此霍布斯写道，"如果允许牧师用这种方式来赦免和保留罪，就会消除对所有君主、世俗官员和世俗政府的一切畏惧。因为基督曾说……'那杀身体不能杀灵魂的，不要怕他们；唯有能把身体和灵魂都灭在地狱里的，正要怕他。'（《马太福音》10:28）不会有人如此犯傻，不去服从那些可以赦免和保留他们的罪的人，而去服从最强大的国王。"㉙在《利维坦》第29章，霍布斯把他的基本观点讲清楚了，那就是如果有一个"灵界"王国声称其管辖权力上升到有权宣称什么是罪，"它就声称有权宣布什么是法律，（因为罪不是别的，就

53 是法律的违犯）。"㉚只要有人断言罪的概念受精神管辖，它与法律管辖不同，那

---

㉗　参见《利维坦》，第674—675页。

㉘　《人和公民》，第107、271页（《论公民》中译本，第144页。——译者）。在拉丁文中，两处用了同样的标题——法和罪。西尔弗索恩的翻译（《论公民》，第17、153页）消除了差异，在两处都用"peccatis"指代"罪"（sin）。

㉙　《人和公民》，第357页（《论公民》，中译本，第218页。——译者）。对于一些有力的反驳（关于彼岸的惩罚是否必然胜过此世的制裁问题），可参见约翰·斯图亚特·密尔：《宗教论文三篇》，第3版，(London：Longmans，Green and Co.，1923)，第89—90页。

㉚　《利维坦》，第371页（中译本，第256页。——译者）；重点强调。参见斯宾诺莎：《神学政治论》第19章："我们无法想象罪［peccatum］存在于自然状态之中。"斯宾诺莎在第4章《悖论条款》的论述也与此相关，说的是亚当之所以在伊甸园犯罪，因为他不能违背他将必然受支配的神（即自然）的法律。也可见于斯宾诺莎：《神学政治论》，萨缪尔·雪莉译，(Indianapolis：Hackett，2000)，第45页："在自然状态中没有罪……在国家之外罪是不可设想的，也就是说，什么是好的什么是坏的，

就不可避免带来这样结果："有两个王国,每一个臣民都要服从两个统治主。"③①
"可以得出一个结论说……那么同一群臣民就必然具有两个国家,这就是本身
分裂的王国,无法立足"③②——而这恰恰是鹰的两个头相分离的问题,在这个问
题上卢梭称赞了霍布斯在"弊病及其补救方法"方面表现出的正确洞见。

　　正如我们看到的,《论公民》有一个主要的消极目的——保护世俗权威,反
对祭司的政治裁定权,去除这些祭司的野心,抵御神权政治的挑战。《利维坦》
的第三部分则与此相反,讲述了一个完全不同的故事,指出了霍布斯的更加雄心
勃勃的工作。③③《论公民》让霍布斯的公民宗教的内容(包括卢梭《社会契约论》
结尾部分的公民宗教)几乎完全向君主的裁定权开放。然而,在《利维坦》中并
不是这样的(从卢梭的考虑出发它也不会这样!)。现在让我们看看《利维坦》是
如何讨论宗教的。

　　在《利维坦》第三部分,我们可以再次回顾《论公民》第16章的剧情,希伯来
人推翻摩西创立的神权政治只是故事的一半。整个故事可以概括如下:首先,摩
西创立了神权政治,由那些以上帝之名进行统治的人执掌这个政权。这个神权
政治制度的问题是,它产生了声称具有预言能力的人,这使得它不可能为任何单
一的政治权威辩护。正如霍布斯概括的,"犹太人……需要狂人先知"。③④ 正如
我理解的,第40章结尾的分析是,③⑤在犹太人当中政治权威一直都有危机,因为
政治权威寄托在神权政治的信念之上。按理说,政治和宗教权威被统一在大祭
司手中;但实践中,伴随着每一个自称的先知对摩西政权的权威性构成的威胁,
这就带来了无政府状态。为了维持自身,神权政治需要一位像摩西(或阿亚图
拉·霍梅尼)这样的"魅力型权威"。没有这样的人物,神权政治的权威将在后
代继任者中分裂或垮塌。但是,这个政治权威危机从未得到解决,即使在官方权

54

---

这是由整个国家的普通法决定的。"对于斯宾诺莎和霍布斯来说,只有在主权立法的情况下罪的概
念才开始变得有意义。事实上,斯宾诺莎比霍布斯更为激进,因为他甚至在原则上否认自然法的观
念超越于成文法的标准。

　　③①　《利维坦》,第370页(中译本,第256页。——译者)。

　　③②　同上。

　　③③　参见理查德·塔克:"写作《利维坦》的主要原因[是]为主权提出的新的宗教秩序而辩护"
(《论公民》,第33页。——译者)。事实上,塔克称:《利维坦》是更为激进的公民宗教学说,相比之
下《论公民》是更为温和的公民宗教学说;《利维坦》可以算作霍布斯的不情愿地"对《论公民》英译
本认可"(第31页)。

　　③④　《利维坦》,第143页。

　　③⑤　同上书,第509—512页(中译本,第385页。——译者)。

威从大祭司转移到国王之后。权威垄断总是岌岌可危。因此，霍布斯的结论似乎是，摩西政权，甚至在其君主制阶段，本质上是不稳定的。对于一个政权来说，如果那里的人们都在期望从神圣先知的启示中产生权威，那么它一定难以运转。（当然，人们也许可以思考这个相同的分析是否适用于我们当代的政教合一的政权。）

当以色列人自己认识到他们政治问题的本质的时候，我们到了故事的第二部分，即人民需要"一个王，追寻他们邻国的方式"，这意味着他们"摆脱上帝的枷锁"（即结束了神权政治）。㊱ 因此，这与《论公民》第 16 章撒母耳和扫罗情节相关，《利维坦》第 40 章重述了这一情节：民众反抗，最终祭司同意放弃权力；"上帝自己也同意"意味着大祭司接受人民的裁决，并没有反抗，同意放弃其主权。㊲ 然而，这一剧情还有进一步的发展，这就是故事的第三部分：基督"恢复"了上帝国（即重新实现政教合一）。㊳ 换句话说，基督的任务是在世上重新建立神权政治，神权政治为摩西所开创，扫罗和他的其他继任者中断了神权政治。霍布斯说，宣称是"基督"的主张指的是"犹太人的王"，毫不夸张地说，这恰恰是耶稣为自己所主张的（是犹太人的弥赛亚，正如犹太人构想出了弥赛亚）。㊴ 霍布斯坚持认为，犹太人重申弥赛亚的全部意义在于，圣经的那句"上帝的王国"指的是一个真实的而不是隐喻的王国。㊵ 他指出，隐喻，而不是字面意思已盛行于基督教作品和布道说教，因为字面意思"它过于让基督教国王看出他们对教权政府的权利了"。㊶ 换句话说，"上帝的王国"并不是彼岸的目标，

55

---

㊱ 同上书，第 424 页；参见第 368、445—447 页。

㊲ 同上书，第 507—508 页。

㊳ 同上书，第 424、447、448、515 页。

㊴ 同上书，第 413、447、517 页。

㊵ 同上书，第 442、447、488—489、491—494 页。值得注意的是，在基督教和准基督教教派之间，迟至 19 世纪末，至少有一个教派——即摩门教一直致力于霍布斯的此岸的"上帝国"概念。见唐纳德·哈曼·埃肯森：《一些家庭》(Montreal：McGill-Queen's University Press，2007)，第 3 章；哈罗德·布鲁姆：《美国宗教》(New York：Simon & Schuster，1992)，第 4 章。

诚然，霍布斯对基督教的论述可能会有点刺耳，那仅仅因为圣保罗对基督教的解释一直在基督教的历史中占据主导地位。霍布斯实际上展望到了约翰·托兰的《拿撒勒人》提出的"伊便尼派"观点(伊便尼派，Ebionites，又译"穷人派"，是倾向犹太教的基督教派。1—4 世纪活跃于巴勒斯坦。——译者)。近来有研究认为，托兰的伊便尼派观点实际上相当于耶稣自己和他直接接触的周围人的自我理解（先于圣保罗对基督教的"绑架"），见巴里·威尔逊：《耶稣如何成为基督徒》(Toronto：Random House，2008)。如果托兰的伊便尼派观点是正确的，那么霍布斯只是将基督教（圣保罗之前的）引回到耶稣和他直接追随者的自我理解。

㊶ 《利维坦》，第 447 页(中译本，第 326 页。——译者)。

而是国王和祭司之间的此岸的权力斗争的场所。随着这种对《新约》非常离奇的解释，[42]《利维坦》因此选中并继续《论公民》第 16 章叙述的政治大戏。

　　这里霍布斯事实上所表达的正是马基雅维利《论李维》第 1 卷第 12 章所说的，宗教的精神如果"由基督教共和国的君主像它的创建者那样一直得到维护，那么各个基督教国家和共和国就会比它们的现状更团结，更幸福"。这让我们认为，只要基督创立的宗教被解释为旧约的宗教，那么基督本人就应被解释为他是摩西。[43]（把基督降低到摩西的确非常让人吃惊，如果人们对约翰·奥布里的论述了然于心的话，该论述认为霍布斯分享了马基雅维利的观点把摩西看作是武装的先知。[44]）这看起来非常合理，霍布斯的公民宗教存在于"犹太化"基督教之中，它与马基雅维利的公民宗教类似，正如我们指出的，马基雅维利的公民宗教在于异教化基督教。基督教犹太化的意义在于，基督教不再主张任何彼岸的要求，并把自己此岸的要求限定为基督最终收回他的世俗权力。[45] 然而，正如政教合一的君主制只能源自第二次降临，基督还没有再恢复犹太政教合一的统治——完全的权威，既是政治的也是教会的权威——直到基督再次夺回他应有的宝座，他才可以行使现世的世俗权力。[46]（"他［基督］教所有的人服从当时坐

────────────

　　[42]　参见帕特丽夏·斯普林伯格引用的当代人（亨利·哈蒙德）的评论，《利维坦》提供的是"一堆有史以来被解读的最疯狂的神性"；诺尔·马尔科姆引用了另一位当代人（布莱恩·杜帕）的观点，"就如人类一样，这本书也是奇怪的混合物；很多东西是那么好，让你都可以去接受它了，很多东西，是那样的疯狂和非基督教，以至于我不能对他表示仁慈或者认为他曾经是基督徒。"斯普林伯格"霍布斯论宗教"，马尔科姆"霍布斯小传"。这两篇文章都收录在《剑桥霍布斯研究指南》，汤姆·索雷尔编（Cambridge：Cambridge University Press，1996），第 347、34 页。

　　[43]　《利维坦》，第 480—481、512、515、518、520 页。

　　[44]　见奥布里：《名人小传》，奥利弗·劳森·迪克编，（Harmondsworth：Penguin，1972），第 317 页："托马斯·霍布斯说，如果不是因为绞刑架，有些本性冷血的人，定会杀人取乐就像杀了一只鸟一样。我听见他猛烈抨击摩西的残酷，因为人们献祭金牛而让数千人死在刀刃之下。"参见尼可罗·马基雅维利：《论李维》，哈维·C.曼斯菲尔德、纳坦·塔科夫译，（Chicago：University of Chicago Press，1996），第 280 页。正如奥布里提到的，霍布斯的谴责摩西的残酷的另一个非常有趣的维度是由迈克尔·沃尔泽指出来的，即《出埃及记》第 32 章，这是叛逆的英国清教徒最喜欢的一个圣经文本。不用说，这给了霍布斯轻视该文本的特别理由。参见沃尔泽：《圣徒的革命》（New York：Atheneum，1976），第 109 页，注释 126；参照第 296 页。（然而，在《利维坦》第 723 页，霍布斯提出了摩西对金牛崇拜者的暴行并不是法外杀戮，而是合法的行刑。在这里他的观点也许是，塑造摩西愤怒的正确性须以摩西自己所拥有的法律权力为前提，但后者正是现代有抱负的、效仿摩西的君王们明显缺乏的。）

　　[45]　大卫·约翰斯顿提出了类似的解释路线，《利维坦的修辞》（Princeton, NJ：Princeton University Press，1986），第 7 章。约翰斯顿认为，霍布斯所强调的上帝的王国的到来，是为了回应长老会声称的已经存在的加尔文主义神权政治。

　　[46]　《利维坦》第 512、514、517 页。

在摩西座位上的人。"⑰)霍布斯坚持认为,基督将重返世界,通过重新建立摩西的神权政治来主张永久性的统治。但是,如果这样,那么第一次降临有什么意义呢? 霍布斯给出了这样的回答:"这是为了立一个新约,使原先由于《旧约》属于上帝,后来又由于以色列人选扫罗为王背叛上帝而切断关系的王国复归于上帝。"⑱由于这个原因,《旧约》的立约和《新约》的立约并没有真正的区别;二者都关心政治权威的稳定性。⑲ 上帝牺牲了基督,霍布斯写道,"以便使他的选民复归于原先立约规定的从属关系。"⑳这意味着,人们得到政教合一的所有优点,同时避免了政教合一的明显缺点。霍布斯的建议实际上是"恢复"旧的犹太神权政治,但通过赋予基督这个人垄断预言的权威来改进神权政治,从而确保既定的主权可以不遭受其他先知站出来声称自己是权威的干扰。基督教政教合一(集中于主权者)具有犹太人(摩西式)政教合一的优势却没有犹太先知带来的政治缺点。

---

⑰ 同上书,第 516 页(中译本,第 390 页。——译者)。在这里霍布斯的确说,基督教不会对他那个时代的政治权威构成威胁,因为"这里声称的王国是在另一个世界,"这似乎暗示对基督教彼岸性的解释;但要让该文本与霍布斯其他地方关于基督的国度的论述相一致,就必须要把"另一个世界"解释为"另一个时期"。

在波考克看来,摩西的先知地位涉及"摩西成为神的助手,而世俗主权是绝不可能的"(《政治、语言和时代》,第 170 页)。但"坐在摩西的座位上"等待基督再次降临的概念表明,波考克的主张不能成立。霍布斯引用的圣经《马太福音》23:2—3 指的是"文士和法利赛人",这带来了摩西的政治权威和他的教会权威之间的模糊性。然而,在第 516 页霍布斯两次重复了"服从坐在摩西的位置上的人"(或"坐在摩西的椅子上")的比喻,这两次霍布斯都明显主张"裁判官"("他们的公民政府")是这个位子的所有者;参见《贝希摩斯》第 50—51 页中同样的圣经文本引文,第 51 也提到了国王是"上帝的助手"。克利福德·欧文对霍布斯的阐释——"神圣权利……失去了神圣性"——似乎正是对霍布斯在这些和相关文本中呼吁的神权政治权威的合理描述;见欧文《论主权授权》,《政治理论》,第 4 卷,第 1 期,(1975 年 2 月),第 39 页。

⑱ 《利维坦》,第 515 页(中译本,第 389 页。——译者)。

⑲ 爱弥儿·皮鲁-苏思妮有趣地指出,波舒哀(Jacques-Bénigne Bossuet,1627—1704,又译为博须埃,法国主教、神学家,路易十四的宫廷布道师,宣扬君权神授予国王的绝对统治权力。——译者)为了路易十四的高卢主义采用过类似的策略。霍布斯和波舒哀都转向希伯来的神权政治来为君主的"上帝的助手"地位辩护。见《法国天主教政治思想,从国家的非告解化到宗教自由的承认》,载《世俗化再探》,艾拉·卡茨内尔森和加雷斯·斯特德曼·琼斯编,(Cambridge:Cambridge University Press,即将出版)。参见施密特:《托马斯·霍布斯国家学说中的利维坦》,第 82 页(和特雷斯·B.斯聪,"前言",第 15 页),把"上帝的助手"看作高贵的天主教比喻;欧文:《论主权授权》,第 43 页,注释46,认为国家全能论包含在君权神圣的理论中。在《利维坦》第 705 页(参见第 712 页),霍布斯承认,"神的助手就在我们中间,我们通过他得知[基督]的命令"这一教条是教皇信奉者的教条。

⑳ 《利维坦》,第 516 页(中译本,第 390 页。——译者)。

霍布斯认为希伯来人推翻他们的神权政治是有充分理由的，但是政权去神权化并不一定能够治好他们所面临的政治权威的问题。他认为，一个好的解决方案是重新引入神权政治，但是要确保君主是超越的并且是不受挑战的宗教真理的仲裁者（就如摩西曾经是的那样）。这里（《论公民》也是）的关键是要垄断对真假先知的判断权。㉛ 对于君主，确保这种垄断地位的最安全的方式（正如摩西对七十先知所做的）㉜是宣称只有自己才是"上帝的先知"或"上帝的助手"。㉝ 霍布斯希望最终重新神权化政治，而不是去神权化，因为只有通过（名义上的基督徒）政教合一的政治，主权才能主张足够的权力来清除基督教中威胁世俗权力的、关于彼岸的教义。㉞ （因此，霍布斯无疑会反驳卢梭的公民宗教，因为卢梭政教合一的野心还不够远大。㉟）

在《论公民》中，霍布斯赋予主权不受限制的权威，可以根据自己目的来裁剪神学教义；在《利维坦》中，霍布斯实际上敦促君主抓住这个他已被授予的自由，来按照《旧约》的形象重塑基督教。因为霍布斯的君主拥有通过行使政治权力来决定神学问题的绝对权威，霍布斯希望这个政教合一的权威在教会问题上对基督教作出"犹太化"的解读。如何在《旧约》的基础上重新解释天堂和地狱的基督教教义，霍布斯的观点非常明确地表达了这个维度。他坚持认为，亚当失去的永生将由我们通过基督来恢复，这是在地上永生（而不是人们描绘的天堂的永生，基督作为一个永恒的统治者重返世上），霍布斯同样诉诸《旧约》来揭露

58

---

㉛　正如我们在本书第九章将会看到的，真假先知的问题对斯宾诺莎来说也是一个关键问题，霍布斯识别真正的先知其中一个关键标准是"唯有传布上帝已经确立的教义"[《利维坦》，第412页（中译本，第295页。——译者）]从这一标准看来，不再启示新先知（摩西、耶稣、穆罕默德）才可能成为真正的先知！

㉜　《利维坦》，第464—465页。

㉝　同上书，第462、466、468—469、476—478页。

㉞　参见卡尔·施密特关于霍布斯对基督的描述和陀思妥耶夫斯基的大法官中"基督的驯化"的比喻：其目的是"调和基督教在社会和政治领域的后果；以去除基督教的无政府倾向，同时留存它来增加合法化效果……聪明的策略便是不要完全放弃它，只要它不是完全没用的。"这引自特雷斯·斯聪，"前言"，第24页。施密特的"清除基督教的无政府倾向"让我觉得特别贴切。在第25、26页，斯聪对霍布斯和施密特如何去除基督教无政府倾向之策略做了非常有益的论述（这与我的研究类似）。

㉟　毫无疑问，霍布斯对完全世俗化国家将会非常满意，这是当代政治生活中的成就。然而，霍布斯深信——就像其他坚定的反教权者，比如斯宾诺莎和休谟那样——宗教深深扎根于普通人类灵魂中以至于在可见的未来不会消除。因此，在霍布斯看来，接下来最好的办法是让适当的宗教力量来代表国家的权威。

基督教关于地狱⑤⑥和魔鬼⑤⑦的思想："魔鬼"指的是希伯来人地上的敌人，如迦南人；"地狱火"指的是耶路撒冷的垃圾堆！⑤⑧ 不仅如此，在霍布斯看来，基督依据《旧约》的权威宣称他自己是弥赛亚："关于《旧约》，我们的救主就曾亲自对犹太人说过：你们查考《圣经》（《约翰福音》5：39）……如果他的意思不是要他们解释这些经文，他就不会叫他们在这里面去找他是基督的证明，而会自行解释，或叫他们参照祭司的解释。"⑤⑨因此，可以认为，基督是以《旧约》的方式解释自己的使命。非神权的政治是无法给予主权足够的自由裁量权来解释基督教教义的，这样才能让基督教在政治上变得无害，这显然不符合霍布斯的最终目的。正如卢梭所言，霍布斯的目的是"让鹰的两个头重新结合在一起"，霍布斯认识到，只有通过政教合一的政治它们才能被完全结合在一起。⑥⑩ 霍布斯的目的不是要神学和政治离婚，而是如他所说的那样，是让"国王的圣职"来代替"祭司的王国"。⑥①

---

⑤⑥ 《利维坦》，第480—481、485页及其后。参见理查德·塔克有趣地讨论了霍布斯对天堂和地狱的不对称处理：《利维坦》，塔克编，（Cambridge：Cambridge University Press，1996），"导言"，第41—43页。塔克把霍布斯的公民宗教描述为"霍布斯的把人从恐怖中解放出来之事业的一部分"，同时也指出他希望设计"一个新的宗教……它实际上可被看作重建社会的一个必要组成部分"，这也是某种意义的"乌托邦"（第43页）。

⑤⑦ 《利维坦》，第488—489页。

⑤⑧ 正如很多评论家看到的，霍布斯必须揭穿彼岸的诅咒这一学说，因为除非他能够做到这一点，否则他的工作——把对现世的死亡恐惧视为是最深不可测的恐惧，并以此确立政治秩序——必然失败。参见列奥·施特劳斯：《自然权利与历史》，（Chicago：University of Chicago Press，1953），第198页。还可参见皮埃尔·培尔：《政治作品集》第87—88页对《利维坦》的精确引用，莎莉·L.詹金森编，（Cambridge：Cambridge University Press，2000），这很有力地凸显了这个问题的重要性。

⑤⑨ 《利维坦》，第544页（中译本，第414—415页。——译者）；参见第617页（中译本，第450页。——译者）："你们查考圣经……给我作证的就是这经。我们的救主在这儿所说的《圣经》只是《旧约》；因为《新约》在那个时候还没有写出来，犹太人不可能查考。"

⑥⑩ 霍布斯保持鹰的两个头统一的决心，有助于解释为什么他坚持认为最高大祭司以利亚撒是而约书亚不是继摩西之后以色列人的世俗权威，这也让他在第42章论证说，红衣主教贝拉民呼吁大祭司代表教皇的主权，实际上指的是大祭司作为政治权威，而不是大祭司作为大祭司（同上书，第547、566、572、585、587、597页）。同样的动机也可以解释为什么霍布斯在第40章一直重复一个令人惊讶的说法——亚伦继承了摩西主权（第501、502、506页）：如果摩西建立的政权是一个严格的政教合一政权，那么主权必须从大祭司传给下一个大祭司。

⑥① 《利维坦》，第447页。与《论公民》相类似的关键的区别是（见本章注释9）：国王的官长（祭司的圣职）与祭司的官长（国王的圣职）。霍布斯神权政治的关键是他对于国王的神权政治（"基督教政权"）和祭司的神权政治（旧约圣经的故事）的立场。正如我看到的，卢梭对这种区别是表示怀疑的，并猜测祭司的神权政治将不可避免地颠覆国王的神权政治（正如他声称事实上已经在英国和俄国出现的国王的神权政治）。还应当指出的是，卢梭的"官长"和"臣属"之选项直接基于霍布斯：《社会契约论》，第126—127页。

霍布斯属于马基雅维利—卢梭公民宗教传统的正统,其最有力的证据便 59 是霍布斯对旧宗教的失败和新宗教的建立所作的论述。在霍布斯看来,旧宗教死于祭司的腐败:他们不仅腐败,他们的腐败还众所周知;新宗教的建立是"多数人对一个特定人的信仰"的结果。⑥② 新教改革当然有力地提示了这个过程是如何运转的。然而,人们一旦认识到马基雅维利所指出的内容,即新的宗教"来自于人祸"而不是"来自于天命",⑥③宗教信仰和实践的创新和改革是治理国家的合法内容,⑥④那么霍布斯重新诠释基督教的方式就清楚了,那就是为政治服务。⑥⑤

最后,让我们回到卢梭对霍布斯的挑战,即"他应该看到,基督教的统治精 60

---

还有一个多少与此类似的观点,见"对托马斯·霍布斯声誉、忠诚、礼仪、宗教的考察"(1662),载《托马斯·霍布斯的英语著作集》威廉·莫尔斯沃思爵士编,(London:John Bohn,1839—1845),第 4 卷,第 433 页:"他[霍布斯]不会认为,一个国家的安全取决于教会的安全,我说的教会指的是神职人员。因为没有一个神职人员对于政权是必不可少的⋯⋯他更认为教会的安全取决于国王的安全⋯⋯国王不是任何官长或主教的群体的一个部分,至多是羊群的牧羊人,⋯⋯所有人,所有的神职人员,都是国王的羊群。"关于官长和圣职的比喻,在这里就变成了:谁是牧羊人,谁是羊群?

⑥② 《利维坦》,第 181—183、179 页。

⑥③ 《论李维》,曼斯菲尔德、塔科夫编,第 139 页(中译本,第 223 页。——译者)。

⑥④ 与马基雅维利相呼应,霍布斯说到"外邦人的宗教如何成为他们政策的一个部分":《利维坦》,第 173—178 页,在第 177 页,霍布斯把穆罕默德放到了"外邦人政权的开创者、立法者"之中,好像伊斯兰教仅仅是一个变种的异教。理查德·塔克告诉我们,至少霍布斯的追随者之一亨利·斯塔布站在霍布斯主义立场上把宗教解释为公民宗教,这就在事实上表明伊斯兰教比起基督教更有政治优势。见《霍布斯》,第 89 页。正如本书别处注释指出的,这种对伊斯兰教的偏爱似乎才是公民宗教传统中的持久典范(卢梭明确说明了原因)。"伊斯兰化"基督教的工作也隐约出现在托兰的《拿撒勒人》中。对于斯塔布和托兰之间关系的有趣讨论,见詹姆斯·R.雅可比:《亨利·斯塔布,激进的新教与早期启蒙》(Cambridge:Cambridge University Press,1983),第 8 章,贾斯汀 A.I.钱皮恩"立法者、骗子和宗教的政治起源:从斯塔布到托兰英国关于'欺骗'骗局的理论",载《异端,斯宾诺莎主义和十八世纪早期欧洲的自由思想》,西尔维娅·贝尔蒂等编,(Dordrecht:Kluwer,1996),第 333—356 页。另见约翰·托兰的《拿撒勒人》编者"导言",贾斯汀·钱皮恩编,(Oxford:Voltaire Foundation,1999),第 86 页。不用说,斯塔布和托兰都直接先于卢梭《社会契约论》第 4 卷第 8 章声称的"穆罕默德有非常了不起的洞见"(即伊斯兰教比基督教更能胜任共和国的目的)。这种后霍布斯传统的一个有趣的扩展是,约翰·爱德华兹声称《基督教的合理性》借用了《古兰经》的神学:参见《约翰·洛克和基督教》,维克多·诺沃编,(Bristol:Thoemmes Press,1997),第 218—219 页。

⑥⑤ 波考克在他著名的"时间、历史和末世"论文中提出这样观点,如果在霍布斯看来,神学只是"无关痛痒的话语",那么霍布斯将《利维坦》整整一半的文字用于圣经解释问题是不合情理的。(《政治、语言和时代》,第 160—162 页)。在我看来,对波考克相应的回应是,重造圣经的工作是一项野心勃勃的工作,我们没有理由不去认为,霍布斯已经断定该项工作值得最大程度的理智付出。

神是和他的体系不能相容的"。在这里,卢梭暴露了他对霍布斯公民宗教学说的根本误解,因为霍布斯的确看到基督教的统治精神是和他的体系不能相容的,因此,他倾注了巨大的努力来重新解释基督教,以使它不再与霍布斯的政治互不相容。⑥⑥

---

⑥⑥　参见福尔摩斯:《贝希摩斯》"导言",第 35 页:"[在霍布斯看来],《圣经》是一本引发无政府状态的书……因为没人能确切地说出它的意思"(参见《贝希摩斯》,第 9、10、51—52 页)。这正说明了为什么在霍布斯看来,决定或规定圣经的意义是一个关键的政治职责。

# 第六章　贝希摩斯:霍布斯的"神权政治"与实际后果的对比①

> 不会有人如此犯傻,不去服从那些可以赦免和保留他们的罪的人,而去服从最强大的国王
>
> ——托马斯·霍布斯②
>
> [宗教]也许讲的是彼岸的幸福,但它渴求的是此岸的权力
>
> ——克里斯托弗·希钦斯③

《贝希摩斯》详细分析了关于宗教的政策,因此,我们在讨论霍布斯的公民宗教④时不应该忽略这一重要工作。在这本书中霍布斯根本上关注的是某种意

---

① 特雷斯·B.斯聪为卡尔·施密特《霍布斯国家学说中的利维坦》(Chicago:University of Chicago Press,2008)写的前言中很好地说明了隐含在这一章标题中的关于霍布斯与英国圣徒及他们的清教徒革命的关系,第25页:"霍布斯和施密特认为利维坦(作为有朽的神,因此和基督/弥赛亚一样)阻碍了或者至少没有趋向在世上建立神的国。这就是为什么说它是政治神学而不是神学政治的原因。"在斯聪的分类中,"神学政治"正是叛逆的圣徒们所追求的(这也是霍布斯在两本以神话怪物为名的书中充满了象征性的对立的原因——利维坦代表了秩序,贝希摩斯代表了混乱)。

② 托马斯·霍布斯:《人和公民》,伯纳德·格特编,(Garden City,NY:Anchor Books,1972),第357页(《论公民》,中译本,第218页。——译者)。

③ 克里斯托弗·希金斯:《上帝并不伟大:宗教是如何毒害一切的》,(Toronto:Mc-Clelland & Stewart,2007),第17页(克里斯托弗·希金斯(1949—2011),美国当代作家,专栏作者、记者、评论员、随笔作家。——译者)。

④ 托马斯·霍布斯:《贝希摩斯,或长期议会》,斐迪南·滕尼斯编,(Chicago:University of Chicago Press,1990)。《贝希摩斯》是A和B两个匿名谈话者之间的对话。A明显支持霍布斯,因为在关键性的论点上(比如,第180页下方的交流)B表达了霍布斯明显会拒绝的观点(长期议会,1640年4月,查理一世为了筹措军费召开新的国会。遭到了资产阶级和新贵族议员的抵制,他们要求进一步限制王权,给予发展工商业的自由。但遭查理一世拒绝,于是于5月5日又解散了议会。史称短期议会。随着苏格兰起义军又大举进攻,查理一世被迫于1640年11月重开议会,议会一直存在到1653年4月,史称长期议会。——译者)。

62

义上(这是非霍布斯主义的)作为历史制度的神权政治。从霍布斯的观点来看，公民宗教是可接受的甚至是值得拥有的，因为它是由主权者进行统治的政教合一的典范，它以政治而非宗教的视野关注政治秩序问题。清教徒神权政治——那是真正的神权政治——是不可接受的，因为它的政治从属于宗教使命。正如我们在先前的讨论中看到的，霍布斯提供了自己版本的神权政治以排除真正的宗教信仰者对政治权威的篡夺。正如史蒂芬·福尔摩斯精到地指出的，霍布斯"夸张地对国家进行神圣化"以期转移人们"对清教徒教派、长老会牧师、英国圣公会主教、当然还有对教皇的宗教虔诚"。⑤ 但是，正如我们在英国内战中看到的那样，真正的神权政治和霍布斯版本的神权政治运行直接相反。出于这个原因，极端而彻底的反教权主义者吸取了霍布斯政治愿景的核心——以此说明福尔摩斯说的霍布斯的"对宗教的痴迷"。⑥

　　奇怪的是，霍布斯是以对教权主义的批判而开始的，之所以奇怪，是因为围绕查理一世的问题非常奇怪(恰恰是反教权者，而非天主教徒，对查理一世的权威构成了挑战)。⑦ 这使得霍布斯非常尖锐且非常直接提出了已经为我们所熟

---

　　⑤ 史蒂芬·福尔摩斯：《导言》，见霍布斯《贝希摩斯》，第45页。福尔摩斯在这里对霍布斯工作的刻画非常有益地表明霍布斯批判的范围包含整个现有基督教(不仅仅是天主教和新教极端教派)。参看第34页："基督教[即基督教本身]是特别危险的。"

　　⑥ 同上书，第6页。参见第49页。霍布斯列出了查理一世的主权权威的七个敌人，前三个敌人都来自宗教——第一个，长老会牧师；第二个，天主教徒；第三，独立派人士(《贝希摩斯》，第2—4页)。但是，他把天主教徒作为他的主要批判目标(第20页："在我们已故的国王查尔斯时期，英格兰国家的叛变者之一")。对"名义上的天主教徒"的批判从第5页一直持续到第21页，在这一点上霍布斯使用了"其他动乱"，"长老会的力量"(第21、22页)等用语。为什么"长老会牧师"得到霍布斯的特别关注，对于这个问题，福尔摩斯的猜想是：和清教徒不一样，他们在17世纪60年代仍然是积极力量；因此，霍布斯对他们的论战很可能有更直接的政治效果：福尔摩斯，《导言》第35页，注释62(独立派是英国革命中清教徒的一个派别。它产生于16世纪末，主要包括公理会、浸理会等派别。——译者)。

　　⑦ 参见艾伦·莱恩：《霍布斯、宽容和内在生活》，载《政治理论的性质》，戴维·米勒、拉里·西登托普编，(Oxford：Clarendon Press，1983)，第201页。"相当令人费解的是霍布斯迟至1651年应该已震惊于教皇对黑暗王国的作用，"并指出(注释14)同样的难题适用于《贝希摩斯》。霍布斯决定把天主教作为论战的优先目标，有一个特别奇怪的特点，它几乎使得霍布斯和王室权威的挑战者成为一类人。说清教徒狂热主要指狂热地反天主教，清教徒反对查理一世及其政权的主要原因之一是他涉嫌私下同情天主教，正因为认识到查理国王表现出的最高牧师倾向，所以威廉·劳德(伦敦主教，随后查理把他升为坎特伯雷大主教)把现有教会转回天主教方向。针对查理和主教"教皇制"的指责一直不断(参见《贝希摩斯》，第24页)，然而在这方面奇怪的是，霍布斯会如此多地强调教皇制度的罪恶。休谟，在他对劳德之疏忽的分析中，分析了为什么激进的清教徒在劳德的政策中有重新信奉天主教的迹象：见大卫·休谟：《大不列颠史：詹姆士一世和查理一世的统治》，邓肯·福布斯编，(Harmondsworth：Penguin，1970)，第331—337页。

知的公民宗教的核心观点（即，分离主权的威胁）：

> 教皇的赦免的权力……完全可能成为一个绝对主权；其结果就是一国范围　63
> 内有两个王国，人们不知道他应该服从哪一个。⑧

教权主义通过论证基督是"所有世界之王"这一说法，来抨击一切现世主权的世俗权威（用霍布斯的话说就是，"通过他的精神权力的幌子，[教皇侵犯]了西方世界所有君主的世俗权利"⑨），它的理由是：教皇是基督的代理人，因此，"基督可以给予，他的代理人也可以给予"世俗领域内的政治头衔。⑩ 霍布斯明确指出，当他们在自己的头衔上写着"上帝授予的"（即，通过祭司来授予）时候，当他们让主教来赋予他们的王冠和权杖的时候，基督徒国王们没有认识到他们对自己的主权带来的致命伤害。⑪ 霍布斯认为教皇超出《圣经》进行的革新是意在削弱国王权力的阴谋：祭司独身具有限制国王（国王们必须关心自己继承人的可能性）让他们远离圣职光环的效果；忏悔的做法等于设立了一张"间谍"网络来刺探国家事务的秘密（这也进一步增强了祭司的特权光环）；另外，派遣机动的"传道修士"作为布道传播一个附加设施，这将不可避免地增加教会的权威，削弱政治权力的权威。⑫ 在霍布斯看来，甚至大学的成立，最初也只是教皇的一个阴谋，它旨在确保该教会仍可以稳固地控制意识形态。⑬ 这些都可以看作是对天主教、基督教非常激进的批评。但事实上，在这种批评天主教的背景下，霍布斯把"他的[教皇的]主教"这一个关键句转换成了一般意义的"主教"（这句话是如此大胆以至于霍布斯认为必须从《贝希摩斯》原稿删除它！），这也给出了相当明确的信号，霍布斯打算以攻击教皇作为桥头堡，对教权主义本身做　64

---

⑧　《贝希摩斯》，第 8 页。

⑨　同上书，第 11—12 页。

⑩　同上书，第 12 页。

⑪　同上。休谟的评论与此非常相似，在引述劳德称赞查理一世加冕的例子时，他认为它的作用是暗示国王的政治权威受制于教会：见《大不列颠史》，第 336—337 页。

⑫　《贝希摩斯》，第 13—16 页；参见福尔摩斯，《导言》，第 37 页。至于教皇阴谋论的最后三个策略，见《贝希摩斯》，第 16 页："只有在教会中"才允许私人演讲，演讲"不必先让国家掌握"。"异教徒国王预见到，这样的演讲能够带来巨大的煽动。"

⑬　《贝希摩斯》，第 17—18 页。霍布斯在第 39 页及其后进一步阐述了他对教会的批评：大学产生了传教士，而传教士带来了对世俗权威的漠视。大学（最初为教皇服务）传授不服从的学说，而不是教导众人职责。结果导致，大学没有成为它本应该成为的样子——即成为传播"关于正义和非正义的科学"（即霍布斯自己的科学）的场所，反而成了神权颠覆君主权力的"特洛伊木马"（第 39—40 页）。

更广泛的进攻。⑭

对于教皇的政治诡计,有一个简单的解决方案:只需要欧洲的每一个君主都去做亨利八世曾经做的事,只是顺便这样做——"让他们每个人都像亨利八世曾经那样,在自己领地内做教会的首领。"⑮然而,国王们都指望教皇在总的权力平衡方面对自己是有用的,其结果是,教皇依然比他本该的地位更加强大。因此,即使在亨利打压"罗马天主教的宗教"在英国的权力之后,教皇还是继续派遣"耶稣会士和罗马教会的其他使者"来挑起事端。⑯天主教还在1640年的混乱状态中扮演了重要角色。霍布斯这才转向长老会的作用。

霍布斯在他对英国天主教的评论中提到了"长老会和其他民主派人士的反叛",⑰这不是没有意义的。因为宗教改革引发了一场巨大的民主革命。通过开启有关圣经的意义的大规模争论,它带来了圣经的本国化翻译——这样"每个人都可以尽其所能,[能够]依据圣经来解释哪些内容是正确的。"⑱这打破了过去教会在这方面完全的智慧:"教皇与圣经的关系正如摩西和西奈山的关系一样,摩西不许别人上去观察神对他说话或凝视他,只能他自己去"(对此B回答道:"当然,摩西这样做是非常明智的。")。⑲如此取消教皇—摩西的智慧,将带来一个不可避免(从霍布斯的角度来看让人备感遗憾)的后果,"每个人都变成了宗教的法官和他自己圣经的解释者。"⑳就霍布斯对教皇的敌意来说,这些问题对于教皇绝非小事。㉑

---

⑭ 同上书,第6页。相关的句子被滕尼斯放在方括号中;其中关键段落以"但大多数主教"这句话开始。另一个明显被划掉的(但还是被恢复了)段落在第89页上,在此霍布斯清楚地表明了他在何种意义上指责英国圣公会主教们因为虚荣和傲慢而最终垮台(这是作为一个政权的整体垮台)。在第95页,霍布斯再次划掉了这段反圣公会的文字。这一明显的痕迹,是霍布斯对圣公会最有敌意的章节。不用说,应该感谢滕尼斯恢复了这些被划掉的章节。

⑮ 同上书,第21页;参见福尔摩斯《导言》,第36页,注释64:霍布斯"希望有一个国家全能主义者'让教会从属于国家'"。

⑯ 《贝希摩斯》,第20页;参见第34—44页:"因为我们在亨利八世的时候打破了[天主教]的网,他们不断地努力修复这张网。"

⑰ 同上书;参见第193页:"长老会和民主原则的人。"

⑱ 同上书,第21页。

⑲ 同上。

⑳ 同上书,第22页。

㉑ 同上:"允许解释圣经是产生如此多教派的原因,这也带来了政权的动乱。"然而,正如福尔摩斯评论的(《导言》,第46页),对于能够学习本土化圣经这件事,霍布斯仍然能够看到它最终的政治优势。只有霍布斯(或受过霍布斯恰当教育的国王)能够告诉臣民政治上最有效的对圣经的"真实"解读,这些政治优势才会显现。如果不这样,改革将意味着无限的混乱状态。

　　无论如何,霍布斯都认为,新教徒在玛丽皇后试图恢复天主教时期被迫流 65
亡,使得他们对加尔文主义在日内瓦的神权政治(对于霍布斯来说,这很不幸)
印象深刻("因为缺乏更好的政治家"),伊丽莎白女王的升天让他们得以回国,
但他们深受加尔文教的启发,回国后就在英国来寻求类似的东西。㉒ 因此,正是
欧洲加尔文主义的神权政治为英国的神权政治革命埋下了种子(苏格兰加尔文
主义很大程度上刺激了它)。反过来,这个教会民主主义在政治领域中极大地
推动了激进的、反君主制的爱民主。㉓ 从霍布斯的观点来看:教皇的"幌子"与加
尔文主义神权民主,究竟哪一个更糟?㉔

　　这对霍布斯思想是个巨大的讽刺,正是霍布斯式的神权政治理论被证明
是实践中灾难的源头。㉕ 霍布斯认为,国王权威解体的过程开始于 1637 年国
王错误地决定在苏格兰长老会施以英国国教祈祷书。㉖ 国王无力执行这项政 66
策,这对他的长期权威产生了灾难性的影响,随后长老会的让步改变了圣公会
与作为一个整体范围内的长老会之间力量的整体平衡。如果国王最初没有试
图"国教化"苏格兰长老会,他就不会开启最后导致他全部权威毁灭的这个事

---

　　㉒ 《贝希摩斯》,第 22 页;参见第 136 页。参见休谟:《大不列颠史》,第 73 页:"玛丽的迫
害……把所有最坚定的改革者赶到了国外,他们有闲暇工夫去接受更具热情与才华的方案;当他们
回国时,正好处于伊丽莎白时代,他们就把他们的力量和恶意全部带回了祖国。"

　　㉓ 《贝希摩斯》,第 23 页;参见第 26 页。再参见休谟:《大不列颠史》,第 74 页。

　　㉔ 福尔摩斯强调了《利维坦》的献词中有个有趣的困惑,在献词中"霍布斯提倡一种介于'过
度的自由'和'过度的权威'之间的中间状态,霍布斯怎会嫌权威过度?"("导言",第 17 页)。《贝希
摩斯》关于反对教皇和加尔文的宗教专制的论述,也许表明了不同于福尔摩斯提议的方案。霍布斯
的思想可以看作是权威和自由之间更温和的妥协么? 一方是教皇的暴政(《贝希摩斯》,第 21、172
页)和长老会的暴政,或无政府主义和暴政,另一方(第 169 页)甚至是绝对主义的君主制——它对
其臣民灵魂的要求更为温和。

　　㉕ 《论公民》第 15 章和《利维坦》第 31 章论述了这个理论。这个理论所需要的关键论述,参
见托马斯·霍布斯:《利维坦》,C.B.麦克弗森编(London:Penguin,1985),第 405 页(中译本,第
286—287 页。——译者):"国家既然只是一个人格,敬拜上帝也应当只有一种方式。当它命令个
人公开地敬拜时便是实行了这一点。这就是公共敬拜方式,其特性在于一律,因为因人而异的行为
不能谓之公共敬拜方式。由此看来,一个地方如果允许各种私人宗教所产生的许多不同敬拜方式
存在,就不能说是具有任何共和公共崇拜的方式,这个国家也就不能说信奉了任何宗教了。"对此有
个有趣的讨论(虽然在我看来,在这一点上人们过分地强调了侍奉上帝,而不是强调政权的严格统
一),见杰里米·沃尔德伦:"霍布斯论公共崇拜",载《宽容及其限度》,M.S.威廉姆斯和 J.沃尔德伦
编,(New York:New York University Press,2008),第 31—53 页。无论如何,如果霍布斯还认可实践
应受理论约束,那么他在《贝希摩斯》中的叙述就应与此有明显的区别。

　　㉖ 《贝希摩斯》,第 28 页。

件过程。㉗ 实际上，霍布斯认为，国王的政策的误导就在于，它没有在国王的领地内尊重宗教多元，而是坚持实行（霍布斯式的神权）宗教一致性。因此，霍布斯自己观点中蕴含的一个结论便是：国王应该更好地尊重洛克—孟德斯鸠的宗教多元主义，这要好于去强制执行（或尝试执行）霍布斯的宗教整合的政治命令。正如福尔摩斯在他导言中所强调的，《贝希摩斯》所表达的霍布斯政治思想是，存在着一个不易察觉的、因过于雄心勃勃反而可能失败的维度，这个维度经常被研究霍布斯主权思想的作品所忽视。㉘

在第 47 页，在与天主教徒和长老会作出大量激烈的论战后，霍布斯最终转向了圣公会神职人员。虽然"他们的生活和对话，在大多数情况下是很好的例子"，但是他们的学说到目前为止在原则上还没有被基督教世界公然地颠覆或去除："如果他们[英国圣公会神职人员]人数众多且有能力，……他们将试图获得这种权力[使得政治当局服从自己设定的道德权威]，正如他们已经做的那样。"㉙如果圣公会的主教保留自己解释圣经的权利，当然他们也是这样做的，㉚同时如果《圣经》被设定为道德判断的绝对来源，那么英国圣公会神职人员所体现的宗教的颠覆潜力在原则上就绝不亚于他们的天主教和基督教长老同行（即使在偶然的情况下，他们碰巧保持忠诚）。正如我们在第五章看到的，问题只有在国家（主权）保留自身的圣经解释权的情况下才能解决。

显然 B 对 A 的论证很惊讶，A 认为忠诚的圣公会和叛逆的长老会之间的原则差异远远小于之前的假定。㉛ 圣公会神学的底线并不比其他形式的基督教神学少，其底线是这样的："我们更愿意服从神而不是人"，㉜这在本质上是一个颠覆性的学说。如果这是上帝的命令，而不是最终要服从的人的命令，如果是牧师

---

㉗ 这里较大的亚叙事（在与苏格兰小规模冲突中对君主权力的理解）从第 28 页（"那些不幸的事"）延续到第 35 页。在第 30—31 页中，霍布斯明确表示，国王与苏格兰进行和平谈判是错误的；刚刚对他们作出了鞭挞的威吓，随后在苏格兰任命主教问题的完全投降，这对于国王权威是个彻底破坏。

㉘ 比如，可参见福尔摩斯对祈祷书事件的评论：《导言》，第 41 页（"王室处置不当……导致了权威的垮塌"）。

㉙ 《贝希摩斯》，第 47 页。霍布斯说圣公会牧师的言行"比他们的著作好很多"（仍然具有潜在的颠覆性）。

㉚ 同上书，第 48 页。

㉛ 同上书，第 48—49 页。

㉜ 同上书，第 49 页；参见福尔摩斯，《导论》，第 38 页，注释 67。霍布斯认为他的资源是理查德·阿莱斯特里的《人的全部责任》（理查德·阿莱斯特里，17 世纪英国保皇党牧师，曾任伊顿公学教务长。——译者）。

而不是国王保留了"判断圣经含义"的权利，那么这"将无法长期确保任何国王的生命，或任何基督教王国的和平"。㉝ A 最终说服了 B，所谓忠诚之士（作为基督徒）与叛乱分子在实践中是一样的，都在原则上对国王的权威提出了同样的挑战；根据英国国教教义，长老会可以根据自己的教义轻易地赦免自己的叛乱。㉞

　　对话一的讨论兜了一圈最后回到本国语言无障碍阅读《圣经》的问题，这仍然是一个关键问题。A 的核心立场（等同于霍布斯的立场）是《圣经》的解释必须严格出自主权任命的人。㉟ B 对此合理的回应是："我不明白把它们翻译成英文的目的是什么。"㊱如果这样做的必然结果是解释的混乱的话，为什么官方还会"不仅允许，而且劝勉臣民去阅读"《圣经》呢？ 在他的回答中，A 声称他并不认同"《圣经》翻译成英语是有害的"，㊲但是这样做是有害还是有益取决于谁具有最终权威来命令读者去读那些圣经文本（不管这些圣经段落是政治权威推动的还是政治权威反对的）。正如 A 在他答复的结尾部分试图表达的那样，如果《圣经》的本国化完全是"有利可图的"，那便可以得知，为什么不同的神学派别的长老们一直以来那么容易从《圣经》中得出无政府主义和煽动性的教义。在这个意义上，B 的挑战仍然未被否认：只有在人们严格（如公民宗教）控制其解释的情况下（在这种情况下，它的确令人费解，为什么人们最初会允许普通大众去使用《圣经》），本土话翻译圣经才是无害的。

　　单独进入《圣经》的想法是不现实的；进入它总是而且必须是由世俗权威颁布的政治背景来决定。人们要能够阅读《圣经》，他们便只能通过主权的恩典：

68

---

　　㉝　《贝希摩斯》，第 50 页。

　　㉞　同上书，参见休谟："所有的教义，无论是罗马教会从早期教父那里借用来的，还是让精神从世俗权力那里解放出来，英格兰教会都予以承认。"（《大不列颠史》，第 336 页）。

　　㉟　A 提出："要去了解的[常识性的东西]东西，都太过简单，不需要解释。"（《贝希摩斯》，第 55 页）。然而，这似乎是一个令人难以置信的天真的观点（虽然 A 并不天真）。总会存在一种解释（不管是政治权威的拥护者还是拔人痛苦的牧师或者是吹毛求疵的、形而上学的神学家都会拥护的）。

　　在这一点上，A 诉诸"普通人"的简单的理解力以刺穿"聪明人"的有害的傲慢——这是故意模仿标准的圣经修辞（正如福尔摩斯《导言》第 46 页注释指出的）。霍布斯在（第 60 页）后面的几页中，他真的提到了普通人的普通理智，并指出人们缺乏"足够的判断力"去判断新教与天主教关系。在第 68 页中，A 甚至公然声称"无知的大多数"。在第 144 页也可见："普通百姓是无法通过他们自己的沉思得知正确与错误的"，在第 158—159 页，论述了"好的自然智力"是不能理解人的责任的。

　　㊱　同上书，第 52 页。

　　㊲　同上书，第 53 页。如此展开他的回复，表明担心圣经本土化是 B 的观点，然而事实上，B 只是明确反对 A 对国王、僧侣和圣经关系之理解中隐含的观点。

"《圣经》本身……只有通过国王和国家的权威才被接受"。㊳ 也就是说，所有的宗教根本上都是公民宗教——只有它受到最高主权者权威约束，或者是因为国家支持它存在，它在国家内部才具有公共地位。㊴ 国王是"上帝的助手"㊵，并且"作为教会的首领"应该是"裁决圣经解释的首席大法官"。㊶ 因此，他的解释胜过对手的解释；"服从国王的法律……就是服从上帝。"㊷

对话一结束的论点是，亨利八世从教皇的手中解放了英国（尽管受到欢迎），但最终未能解决根本问题。因为英国圣公会神职人员正确地捡起了天主教会留下的、相同的"神圣权利"，以前教皇用这一权利来"包装"自己。㊸ 即使在听完第一对话的 A 论证之后，B 仍然理所当然地认为长老会才是真正问题所在。㊹ 在 A 表面讨论的问题下面，人们不必多费心思便可得知他本质上与反长老会一样是反圣公会的。㊺

69 　　当无需负责的牧师们被细小的神学争论搞得六神无主时，人们事实上的所作所为是通过让公民参与神学的战争把国家搞乱么？这个问题出现在对话二的开始部分。B 的观点是，坎特伯雷大主教（作为准政府官员）介入有关自由意志的争论是一个错误，而恰当的政策应该是一直压制整个争论（"它让争论双方都沉默"）。㊻ A 在根本上同意 B 的观点，也认为劳德大主教试图向长老会强加自己的观点是

---

㊳　同上。

㊴　参见第 90 页："宗教本身无可争论。它是王国内的法。"

㊵　同上书，第 51 页。

㊶　同上书，第 53 页。

㊷　同上书，第 53 页；参见第 58 页："世俗法是上帝的法，因为它们是上帝颁布并使之成为法的。"

㊸　同上书，第 57 页；参见麦克弗森编：《利维坦》，第 715 页："因为不仅是罗马神职人员，把上帝之国说成是此岸的，从而有了一个与世俗国家的不同的权力来源。""关于声誉、忠诚、礼仪和托马斯·霍布斯的宗教的思考"，在撰写《贝希摩斯》的六年前，霍布斯写道，英国圣公会主教"对世俗权力和精神权力所作出的煽动性的划分"应被看作是"天主教野心之毒液的遗迹"。载《托马斯·霍布斯英文作品集》，威廉·莫尔斯沃思爵士编，(London：John Bohn, 1839—1845)，第 4 卷，第 432 页。霍布斯甚至与此同时放肆地说道（指的是主教）："他（霍布斯自己）不曾说他们任何人坏话"！

㊹　《贝希摩斯》，第 57 页。

㊺　福尔摩斯正确地提到"霍布斯对英国国教的攻击"（《导言》，第 38 页）。艾伦·莱恩说霍布斯的"对英国国教会充满敌意"：参见"一个更加宽容的霍布斯？"载《为宽容辩护》，苏珊·曼都斯编，(Cambridge：Cambridge University Press, 1988)，第 39 页。我们可以通过约翰·奥里布致约翰·洛克的信来进一步理解霍布斯反英国国教的立场："国王读过也非常喜欢[《贝希摩斯》]，告诉[霍布斯]书中很多观点非常正确，但他怕主教不高兴而不敢颁布许可。"理查德·塔克引自"霍布斯和洛克论宽容"，载《托马斯·霍布斯和政治理论》，玛丽·G.迪茨编，(Lawrence：University Press of Kansas, 1990)，第 154 页。

㊻　《贝希摩斯》，第 62 页。

一个严重的错误,但他以一种让人惊讶的(对于霍布斯来说)自由主义的方式表达了这种立场:"禁止学说并没有带来团结反而加剧恶化,也就是说,增加了那些已经相信这些学说之人的怨恨和力量。"国家应满足于"约束性服从",而不必让自己进入危机四伏的信仰的沼泽之中。⑰再次,如我们之前看到的那样,对宗教多元论审慎的尊重在实践中将会战胜人们理论上预期的、霍布斯对(强行施加)宗教的统一性的偏爱。

霍布斯所关注的这些问题对于基督教来说在何种程度上是独特的?在对话二中,B 说,政治权威被神学家(即负有哲学抱负的祭司)拉向各处,这是基督教的一个特有现象;"在教皇的权力建立之前,我们从未见过,哲学[即哲学服务于神学]对于政权会如此重要。"⑱A 表示反对:许多古代政体经历了类似的、哲学家—祭司的问题。⑲虽然《贝希摩斯》多处暗示,祭司对君权的颠覆是基督教特有的问题(至少可以说基督教中这个问题特别突出),但狄奥多罗斯⑳所记载的埃塞俄比亚祭司的故事则有力地说明了,在前基督教的宗教中已经出现了同样的问题。故事的结尾是"整顿王国"之严厉而有效的方法:埃伽门尼国王直接屠杀了所有的祭司。㉑正如霍布斯在 A 的下一组陈述中明确表达的,他很愿意在查理一世的王国中考虑对"煽动的牧师"采取类似的补救措施。㉒

对话三和对话四的叙述逐渐偏离长期议会战胜国王的故事,而转向奥利弗·克伦威尔野心日益增长的故事。霍布斯讲述的这两个故事都暗含着宗教维度:正如霍布斯把长期议会与长老会的煽动性教导联系在一起,他也把克伦威尔的军队(和残缺议会)与"独立派议员"㉝联系在一起。因此,可以说,政治—军

70

---

⑰　同上书,参见第 73 页,在此霍布斯再次严厉批评了路德,因为路德毫无必要去让争议的神学理论为"国家事务"服务。保罗·J.约翰逊认为,路德作为一个坚定的国家主义者,与霍布斯很像:见"霍布斯关于得救的圣公会学说",载《托马斯·霍布斯在他的时代》,R.罗斯、H.W.施耐德、T.瓦尔德曼编,(Minneapolis:University of Minnesota Press,1974),第 113—114 页;但是约翰逊没有提到霍布斯在《贝希摩斯》中对路德的严厉批评。

⑱　《贝希摩斯》,第 90 页。

⑲　同上,在文中,A 的回应归功于 B,但这显然是一个印刷错误。

⑳　《贝希摩斯》,第 93—94 页(狄奥多罗斯,Diodorus Siculus,公元前 1 世纪古希腊历史学家。——译者)。

㉑　同上书,第 94 页。

㉒　同上书,第 95 页。福尔摩斯恰当地称之为"马基雅维利的建议"("导言",第 11 页,注释 73)。

㉝　《贝希摩斯》,第 142 页。应注意的是,这是霍布斯对军队的刻画;霍布斯一再把克伦威尔描述成仅仅是宗教的投机分子——见第 136 页的例子:在宗教事务上,克伦威尔"并不坚定,只是去适应最强的那个派别,与它们保持一致。"参见第 195 页:长期议会由两派组成,一派是长老会(他们激进但不主张处死国王),另一派是独立派(他们主张处死国王),独立派最后成了余党。

队的故事在宗教层面上又被重复了：正如长期议会曾经反对国王，如今其权威又受到了克伦威尔军队的挑战，所以长老会对主教的反叛，如今同样遭到更激进的教派对他们权威的挑战。霍布斯明确表示，权威的丧失是它"自己［长老会］带来的结果"⑤（在霍布斯看来，这相当清楚，第一批贪婪的恶棍得到了他们应得的后果，他们被第二批贪婪的恶棍撇在一边了）。长期议会是长老会煽动反叛国王（和英国国教）的政治媒介，然后军队成为独立派人士煽动反叛长期议会的政治工具。因此，无论人们从政治主张还是宗教主张的角度来读这个故事，任何一种情况下，都会有一群反对者（即，议员/长老会）被迫吞下自己的苦果。

在《利维坦》第 47 章一段著名的篇章中，霍布斯谈到了三个"［基督徒］自由的结"，以及从伊丽莎白时代到内战时期这三个结是如何被"解开"的。⑤ 第一个结是开除不服从准政治性惩罚之人教籍的权力。第二个结是主教的层次。第三个结是教皇。伊丽莎白解开了第三个结。在英国内战初期的长老会的反抗解开了第二个结。独立派人士在长老会的胜利解开了第一个结。这给人的印象是（霍布斯或多或少明确地断言），到 1651 年为止，随着独立派人士掌握政权，这成了对基督教自由的证明——霍布斯本人非常赞同这个证明。问题是：是否存在至今尚未解开的第四个结？独立派人士是否代表了基督教自由的最后胜利，或者这只是问题的一个部分？⑤

71　　虽然从霍布斯的总体叙述来看，宗教争议是推动长期议会野心的主要因素，但这并不明显，他在对话二中提出的（根据埃塞俄比亚埃伽门尼国王的故事）杀害 1000 神职人员就足以让 10 万人不再死于内战之观点，无疑意味着宗教对于

---

　　⑤ 同上书，第 136 页。

　　⑤ 霍布斯此处把自己表述为"基督徒自由"的保护者是矛盾的（虽然在其作品中这不是唯一一对自己作出如此表述的——见注释 24）。这是霍布斯正在玩一项复杂游戏的诸多迹象之一，人们应该保持警惕，不要从表面现象去理解他看似简单的学说。

　　⑤ 我的观点与詹姆斯·法尔在"圣经的原子：霍布斯和圣经解释的政治学"中的观点基本相同，载迪茨编：《托马斯·霍布斯与政治理论》，第 189—190 页。"如果没有竞争的话……独立派也许是最好的。"但是其能力是否让人满意呢？1640 年代教派之间的竞争少么？参见波考克提到的"国家全能主义认识到教派间的斗争是反对教皇的第二战场。"J.G.A.波考克：《政治、语言和时代》（Chicago：University of Chicago Press，1989），第 181 页；也可见第 187、192、197 页。人们也许会说，宗教学家思考的第四个结，他们的思想并不从属于政治秩序和世俗权威这个更大的命令。如果社会充满政治争端，人们将无法享受宗教自由，如果激进派滥用良心的权利，人们必定不可避免陷入政治争端之中。也可参见皮埃尔·培尔对《利维坦》核心观点的高明的引用，《政治著作选》，第 87—88 页，莎莉·L.詹金森编，（Cambridge：Cambridge University Press，2000）；如此概括的霍布斯学说肯定许难以建立宗教自由的学说。

整个冲突确实是关键性的。⑤⑦ 霍布斯在对话四中明确表示："祸根完全[我本人用斜体标出]在于长老会传教士，他们这个群体一直大力宣扬叛乱。"⑤⑧B 问"它的结果是什么？"霍布斯通过 A 来断言，这是渴望神权政治：政治上的民主革命将导致教会内的民主统治，"从后果来看，在他们可能统治的范围内，（正如他们认为的）政治屈从于宗教。"⑤⑨简而言之，所有这一切的破坏都是由神权政治的野心所引起的。⑥⑩ 神权政治确实是它带来的结果，但正如我们看到的，这个神权政治不是长老会的神权政治。⑥①

在《贝希摩斯》中，霍布斯当然直白地表达了反对教皇制的言论，但以此断言霍布斯的公民宗教愿景有新教的成分，这就多少有点牵强了。恰恰相反，霍布斯通篇都在论述，长老会教士的奸诈与破坏性的政治，独立派的"狂热"，甚至英国圣公会的主教都让我们认识到，从霍布斯的立场来看，宗教改革后基督教的分裂，使不可分割的政治权威问题变得更为棘手。福尔摩斯写道：

霍布斯是如此担心宗教分裂，以至于他竟称赞教皇禁止翻译《圣经》的政策，指出，国王应该垄断与神的沟通，并抨击所有信徒的圣职。他不喜欢"每个人都是宗教的法官，每个人自己都是《圣经》的解释者"，原因非常简单，私自解释"带来了很多教派"。他希望有一个国家全能主义派"在关于基督的事情上，

---

⑤⑦　对于洛克类似的判断，参见《政治著作选》，大卫·伍顿编，（Indianapolis：Hackett，2003），第144—145、147—149、153 页。参见亚当·斯密：《道德情操论》，D.D.拉斐尔、A.L.麦克菲编，（Indianapolis：Liberty Fund，1982），第 318 页："这是霍布斯先生的公开立场……要服从人们世俗的良心，而不是基督教会的权力，他知道，以他自己时代为例，教会的不安分和野心成了社会动荡的主要原因。"

⑤⑧　同上书，第 159 页；参见休谟称布道的讲坛为"危险的法庭"（《大不列颠史》，第 599 页）。

⑤⑨　《贝希摩斯》，第 159 页。我认为，"政治是宗教的仆人"这一语句在现代英语中应该变为"政治家是宗教的仆人"。

⑥⑩　参见 B 对部分长老会成员总体倾向于神权政治的评论："他们将会成为所有他们关心的事务的绝对统治者"，声称"他们所施行的统治都是上帝的统治，而不是别的"（第 167 页）；在后面几页（第 172 页），在关于苏格兰人拒绝统一政权的原因上，A 和 B 之间的观点发生了变化，主要因为"它在基督的事情上把教会置于世俗国家之下"。根据 B 的观点，这一立场包括"对所有国王和政权的总体声明：长老会牧师在基督的事情上，他们不服从别人，他们自己作出评判。"这意味着，B 进一步废除了"我们仅通过教皇的统治而得救"——即，以一种神权政治取代了另一种。

⑥①　人们很容易得出这样的结论，以为清教徒与神权政治相关，但是休谟给出了强有力的论证来质疑这个观点，对于严格意义的神权政治，独立派比长老会更为激进：见《大不列颠史》第 615—617 页（参见第 656 页），他讨论了对宽容原则的尊重、行使逐出教会的权力、世俗权威和教会权威的冲突等问题。休谟有力地说明了这个观点，因为他们信奉对所有新教教派的宽容，并且"假装不再（即不再主张）建立国教，"在这个意义上，比起长老会和圣公会，独立派在原则上更少具有神权政治立场。

让教会附属于公民国家"以确保神的命令,从不与主权者的命令冲突。宽容意味着混乱,意味着宗教的自然状态,其中每个人"通过见证自己的私人精神确信他们的得救"。⑫

但正如福尔摩斯随后补充所言,新教并不是核心问题:"基督教的无政府特征……远远早于宗教改革。"⑬问题在于基督教本身。⑭

---

⑫　福尔摩斯:《导言》,第36页,注释64。事实上福尔摩斯提到霍布斯支持不做翻译的政策表明霍布斯在第53页并未采纳A的观点,即圣经的本土化是有利而不是有害的。至于霍布斯在这个问题上的"犹豫",参见莱恩《一个更加宽容的霍布斯?》第49页。

⑬　福尔摩斯:《导言》,第36页。

⑭　对于英国基督教所有分支(包括圣公会主教)颠覆倾向,霍布斯的概要性观点参见《贝希摩斯》,第135—136页。事实上,他总体上认为他们的全部——教皇自称神权,英国圣公会主教声称同样的事情,长老会神权政治自称神圣的灵感,最后,其他派别"总体上都可以称为狂热分子",他们"超过路德和加尔文的宗教改革"——在不同教派的互相竞争中,都一个比一个更具有颠覆性!还可参见格特编:《人和公民》,第180页注释,霍布斯把颠覆政治权威("内战的根源"这个慢性病)说成是基督教各教派共同特征,约翰·杜威在《霍布斯政治哲学的动机》中对此也是这样评论的,载罗斯、施耐德和瓦尔德曼编:《托马斯·霍布斯在他的时代》,第15—16页。

# 第七章 《日内瓦手稿》:卢梭
## 表面可行的方案

公共的机关已不再存在了,而且也不可能存在下去,因为在没有祖国的地方,是不会有公民的。"国家"和"公民"这两个词应该从现代语言中取消。其理由我是很清楚的,但是我不愿意谈它。

——让-雅克·卢梭①

在本书的第一章,我们看到,在《社会契约论》最后一章的前 30 节,卢梭这样分析了宗教相对于政治的几种可能性:

1. 也许有一种没有公民宗教的政治,但卢梭并不接受它。

2. 也许还有一种"真正的"基督教,卢梭在宗教上接受它但在政治上否定这种宗教。

3. 也许还有一种腐化的基督教,它对本不可分割的政治权威提出主权要求——对此应坚决拒绝。(这种宗教的主要代表是天主教,但是卢梭把神道教②和喇嘛教也看作其代表。)

4. 也许还有一种一神教的神权政治,它(a)同时进行征服和传教(伊斯兰教),③  74

---

① 让-雅克·卢梭:《爱弥儿》,艾伦·布罗姆译,(New York:Basic Books,1979),第 40 页(《爱弥儿》,李平沤译,商务印书馆 2016 年版,第 13 页。以下引文参照该译本——译者)。正如布罗姆在第 482 页注释 8 所暗示的,卢梭在《社会契约论》的公民宗教章节中确实说出这个理由。随后对《日内瓦手稿》的讨论最初起源于乔·卡伦斯机敏的挑战。

② 把神道教看作是一个深刻的公民宗教,这是一个有趣的讨论,参见伊恩·布鲁玛、阿维沙·马格利特:《西方主义:反西方主义简史》(London:Atlantic Books,2005),第 7、63 页。然而,这是十九世纪的一个运动。

③ 虽然卢梭写道"穆罕默德具有很健全的眼光"[让-雅克·卢梭《社会契约论》,罗杰·D.玛斯特编,朱迪思·R.玛斯特译,New York:St.Martin's Press,1978,第 126 页,(中译本,第 175 页。——译

或（b）只专注于征服，或进行种族灭绝（犹太教）④——卢梭对二者都不满意。

5.也许还有一种被看作是"好的神权政治"，这是一种相当宽容的国家的宗教，⑤即异教，特别是罗马的异教，对于这种宗教，卢梭虽然抱有同情，但因为其

———————————

者)〕，但考虑到卢梭坚决反对帝国主义，我们很难相信，卢梭会像他暗示的那样同情伊斯兰教。更有可能是，这只是卢梭"把鹰的两个头重新变成一个"之呼吁的一个部分。毫无疑问，拿破仑对伊斯兰的亲近更为彻底。

在一神论和帝国主义关系这个话题上，值得注意的是弗洛伊德强调（对此他回溯到了埃及）一神教是"埃及帝国主义的附属品。"西格蒙德·弗洛伊德：《摩西和一神教》，（New York：Vintage，1958），第80页；参见第108、137页。参见尼采在《道德的谱系》第2篇第20节中对一神教和帝国主义相关性的论述。对一神教和帝国关系的反思让我们提出了公民宗教问题（这个问题起源于马基雅维利，虽然他从未明确说过）：若不是穆罕默德把伊斯兰教当作公民宗教，阿拉伯半岛上的阿拉伯部落怎会成为一个世界帝国？

④　这是卢梭叙述的题中之义，只有犹太的神（即第一个一神教）从其他民族诸神中一个异教神变身为排他的神（《社会契约论》，玛斯特编，第125页）。卢梭认为，相对于亚扪人，可以这么说，犹太神曾仅仅是异教的神（参见《莱辛神学著作选》，亨利·查德威克编，London：Adam & Charles Black，1956，第89—90页，耶和华作为前一神论的"国家之神"）；但在与迦南人的关系上（大概与其他民族也一样），以色列的神是一个"排他的神"（这个神允许种族灭绝：专门去杀戮其他种族——按计划杀戮危险的民族）。这引起了圣战和宗教战争，在卢梭看来，这是一个严格的一神教概念；参见《致贝蒙特的信》，《卢梭作品选》，第9卷，克里斯托弗·凯利和夏娃·格雷斯编，（Lebanon，NH：University Press of New England，2001），第54页。西蒙·韦尔关于《旧约》的观点与此相关："实际上希伯来人所做的唯一的事情就是灭绝。"爱丽丝·默多克引用了这句话，但是梅铎明确表达她对此不赞成："唯一让人不感到惋惜的城市便是耶路撒冷。"爱丽丝·默多克：《存在主义者和神秘主义：哲学与文学作品集》（London：Chatto & Windus，1997），第160页。关于《旧约》中的种族灭绝战争，参见马基雅维利《论李维》第2卷第8章。也可见保尔·霍尔巴赫：《揭穿了的基督教》，W.M.约翰逊（New York：Gordon Press，1974），第15、23、24、68页；伏尔泰：《哲学通信：或论英国的信》，约翰·雷编，普鲁登斯·L.施泰纳译，（Indianapolis：Hackett，2007），第114页；托马斯·潘恩：《理性时代》，蒙丘尔·丹尼尔·康威编，（Mineola，NY：Dover，2004），第90、96、99、102—103、106、112、114—115、150、185、197—199页。最后，BBC-PBS联合出品的《审判上帝》，曾公开深入地讨论过《旧约》中的种族灭绝这个话题。

然而，卢梭的分析还有更为深远的一面，它可以消除此处阅读的困难。虽然圣战这个概念源于犹太一神教，卢梭仍强调在这样的战争中犹太人多是受害者而非施暴者。虽然曾被征服过，但他们始终拒绝承认征服者的神，他们的一神教主张使他们成为了被迫害的对象（后来真正的基督徒也经历过）。因此也许可以这样说，卢梭故事的另一半是，希伯来人通过强迫信奉对手的神，带来了消极意义上的宗教战争，而不仅是通过努力扩大希伯来上帝的统治带来积极意义上的宗教战争。

⑤　参见休谟的《宗教的自然史》："偶像崇拜……自然会承认其他民族和教派的神，并共享神性，这就使得各种神灵以及典礼、仪式、传统可以互相兼容"（大卫·休谟：《宗教作品集》，安东尼·费罗编，La Salle，IL：Open Court，1992，第145页）。休谟（在第145—148页）继续讨论一神教，相比之下，虽然这个神更有价值，但却相当不宽容（第146页："几乎所有的宗教不宽容，都坚持神的统一"）。还可见伏尔泰：《论宽容》，西蒙·哈维编，（Cambridge：Cambridge University Press，2000），第29—35页。很可能是这样的，在这个问题上，伏尔泰、卢梭、休谟都受到了沙夫茨伯里的影响：劳伦

不合时宜还是拒绝了它(略显遗憾!)

最终,卢梭在该章最后5节选择了一个与上述方案非常不同的可能性——一个自由的公民宗教,正如我们在第一章看到的,该方案某种程度上超出了这个分析框架。(卢梭在这本非自由主义的书中得出如此自由主义的结论确实有点奇怪,有人已正确地指出了这一点。)在《日内瓦手稿》(它可看作是《社会契约论》的早期版本)中,卢梭对另一种可能性保持暧昧,但在政治论文的最后版本中他不动声色地放弃了这个可能性,这是一种不同的、我们可以称之为新教徒的公民宗教。卢梭写道,"经验告诉我们,基督教的所有教派,新教,这个最明智最温和的教派,同样是最和平最社会化的。它是唯一由法律来统领并保持领导权威的教派。"⑥在此,卢梭提到了基督教新教的"社会"特征,然而,在他公民宗教学说的确定版本中,他着力分析的核心是展示基督教在所有方面都"违反社会精神。""我不知道还有什么比这更加违反社会精神的了。"⑦为什么新教的选项被放弃了?从卢梭的个人情况来看,显然,他作为一个瑞士的新教徒(也有充分理由)非常害怕法国天主教,在宗教不宽容的加尔文教文化中,该章结尾所描述的无名的(也是相当无力的)宗教的"公民信仰的宣言",是新教政治唯一可行的选择。要读懂《社会契约论》结论性的文字中卢梭所从事的工作,这显然是可行的途径。然而,我并不认为这个解释完全符合卢梭思想的深层次哲学张力。⑧正如罗杰·玛斯特在一个编者按中敏锐地指出的,卢梭的政治哲学与基督教普遍仁慈的理念是格格不入的。⑨ 作为一名基督徒,卢梭本应接受以狄德罗为代

斯·E.克莱恩编:《人、风俗、意见与时代之特征》(Cambridge:Cambridge University Press,1999),第11、373页。还可见霍布斯:《利维坦》,C.B.麦克弗森编,(London:Penguin,1985),第178页;约翰·洛克:《政治著作选》,大卫·伍顿编,(Indianapolis:Hackett,2003),第138页("古代的权威");孟德斯鸠:《论罗马的政治与宗教》(《统治异教世界的宽容与甜蜜》);孟德斯鸠:《波斯人信札》第85封信;托马斯·L.潘格尔引用了孟德斯鸠《孟德斯鸠的〈论法的精神〉中自由主义现代性的神学基础》(Chicago:University of Chicago Press,2010),第171页,注释14;尼采:《善恶的彼岸》,第46节;弗洛伊德:《摩西和一神教》,第21页(论阿蒙霍特普四世在公元前1375年创立一神教:"在此之前与之后很长一段时间,人们尚不知宗教宽容为何物,它是一神的信仰不可避免的产物");伯特兰·罗素:《为什么我不是基督徒》,保罗·爱德华兹编,(New York:Simon & Schuster,1957),第36页;欧内斯特·盖尔纳:《后现代主义,理性与宗教》,(London:Routledge,1992),第92页;以及最后但同样重要的著作,约翰·罗尔斯:《政治自由主义》(New York:Columbia University Press,1996),第23—25页。

⑥ 《社会契约论》,玛斯特编,第201页。

⑦ 同上书,第128页(中译本,第180页。——译者)。

⑧ "新教的"解释更深层次的问题在于,在《社会契约论》中反对天主教的争论是公开的,在任何情况下卢梭都引起了天主教的愤怒。

⑨ 《社会契约论》,玛斯特编,第154页,注释137。也可见第203页,注释3。

表的世俗的基督教普遍主义,但是卢梭的政治原则(与狄德罗相反)使得他明显走向了特殊主义者("异教徒")的方向。⑩ 事实上,正如玛斯特正确指出的,卢梭需要反驳《日内瓦手稿》第 1 卷第 2 章他自己提到的观点,即"兄弟情谊的温和法则",并拒绝他们对人性不现实的期盼。⑪ 因为最好的政治将促使个人的自我关切变成集体利益的一种("我的利益"与"城邦利益"相融合),它不必期盼普遍的兄弟情谊,在某种意义上这正是卢梭公意的目标。⑫ 这恰恰也是埃蒙德·伯克的精神,卢梭批判虚假的世界主义,它让人们"夸口去爱每一个人,实际上谁都不爱。"⑬另一方面,与马基雅维利不同,卢梭绝不去打破基督教精神中普遍的兄弟情谊,他在公民宗教章节中对"国家的宗教"的猛烈攻击也非常明显。⑭ 留给我们的是基督教普世主义和异教狭隘主义之间不可弥合的张力。如果卢梭对这个张力敏感的话,他在《社会契约论》中对此也确实敏感,那么新教将不是一个合适的政治选择(这与卢梭在《日内瓦手稿》结尾的建议恰恰相反)。

---

⑩ 卢梭与狄德罗在《日内瓦手稿》第 1 卷第 2 章中关于世界主义的辩论,表明当卢梭在《第二论文》(即《论不平等的起源及基础》——译者)中说"伟大的世界灵魂,它超越了人们构想出来区分你我的壁垒,以至高存在者的创造为例,仁爱播向所有人种"时,他一定想到了狄德罗《第一和第二论文》,R.D.玛斯特编,J.R.玛斯特译,(New York:St.Martin's Press,1964),第 160—161 页。不过这段文本也更加清楚地说明了一神教启发了世界主义的政治原则;参见《日内瓦手稿》:"只有基督教卓有成效地推广了[世界主义的理念]"(《社会契约论》,玛斯特编,第 162 页)。至于卢梭和狄德罗的关系,可参见玛斯特的讨论:《社会契约论》,玛斯特编,第 15—16 页;《日内瓦手稿》中卢梭对这个文本的回应,见德尼·狄德罗:《政治作品集》,约翰·霍普·梅森、罗伯特·沃克编,(Cambridge:Cambridge University Press,1992),第 17—21 页。

⑪ 《社会契约论》,玛斯特编,第 160 页。

⑫ 参见弗朗西斯科·圭契尔迪尼:《对尼可罗·马基雅维利论文的思考》,载《权力的甜头:马基雅维利的论文与圭契尔迪尼的思考》,詹姆斯·B.阿特金森和大卫·西斯译,(DeKalb,IL:Northern Illinois University Press,2002),第 404 页:"只能和自己的公民分享权力与自由的果实,这是共和国的风俗。"

⑬ 《社会契约论》,玛斯特编,第 162 页(《日内瓦手稿》);也可见《爱弥儿》,第 39 页。参见伯克在"致国民议会议员的信"中对"同类"和"亲属"的不同态度。载《埃德蒙·伯克作品集》第 4 卷,(London:Oxford University Press,1934),第 300 页。讽刺的是,在文本中伯克批评的主要目标是卢梭本人!(卢梭遗弃了自己的孩子这一丑闻,肯定是伯克计划进行嘲讽的一个部分。)

⑭ 在《日内瓦手稿》(《社会契约论》,玛斯特编,第 160—161 页)中卢梭走得更远,声称所有的宗教本性上都会带来政治的滥用,带来"狂热的愤怒"和无尽的流血。

# 第八章 《社会契约论》:卢梭
## 最终不可行的方案

[关于卢梭]的一般看法的确是,他的哲学过于丰富而难以保证虔诚,而且他太过挚爱而少有哲学味。①

在《历史的意义》中,卡尔·洛维特(在讨论维科时)写了如下一段话:

卢梭选择古代政治宗教是有用的,但是是错误的,因为基督教是真实的但对于社会无用,这没有发生在[维科身上]。因此,很可能他也没有注意到卢梭的努力,卢梭致力于一种新的基督教的"公民宗教",以此将关于"人"的普遍的(基督徒的)宗教与关于"公民"的宗教统一起来。②

确实,在《日内瓦手稿》中,卢梭的确说过他的公民宗教"兼具了人类宗教和公民的宗教的长处。国家将有自己的礼拜而不会是任何人的敌人"。③ 然而,《社会契约论》不再强调这些事情,如果我们在这里对卢梭的解读是准确的,那么卢梭在《日内瓦手稿》中收回对基督教和异教进行雄心勃勃的整合,就是完全正确的。对于本书第一部分的三位主角来说,毫无疑问,霍布斯是唯一一位想对"人类的宗教"和"公民的宗教"进行整合的人,在此意义上,霍布斯非常痛恨试图引诱马基雅维利和卢梭的异教政治,并因此试图打磨马基雅维利和卢梭看到的基督教的"奴性"。(为了说明这一点,人们只需想象一下,对于马基雅维利和卢梭对罗马的称赞,霍布斯是如何反应的。)

---

① 大卫·休谟:《对休谟先生和卢梭先生之间争论的简要而真实的说明》(London:T.Becket and P.A.De Hondt,1766),第43页(原译者注释)。

② 卡尔·洛维特:《历史的意义》,(Chicago:University of Chicago Press,1949),第130页。

③ 让-雅克·卢梭:《社会契约论》,罗杰·D.玛斯特编,朱迪思·R.玛斯特译,(New York:St. Martin's Press,1978),第200页。

我们有必要思考一下，能否在卢梭与他的两位前辈的关系上得到一个清晰的焦点，卢梭正是在他们的基础上讨论公民宗教的。④ 首先是和马基雅维利的关系：正如莱昂内尔·麦肯齐恰当地指出的，在《社会契约论》第二卷第7章中，卢梭对马基雅维利的公民宗教公然的玩世不恭颇有微词，比如，在《论李维》第一卷第14章。⑤ 卢梭所期盼的立法者不可以只用异教的技巧进行欺诈，还需要一种体现"神圣权威"的"智慧"。"唯有立法者的伟大的灵魂，才是足以证明自己使命的真正奇迹。"⑥然而《社会契约论》第二卷第7章最后句子表明这伟大的事业仍属于马基雅维利式的："绝不可以从这一切里作出跟华伯登一样的结论说，政治和宗教在人间有着共同的目的；而是应该说，在各个国家起源时，宗教是用来作为政治的工具的。"⑦我认为麦肯齐误解了卢梭修正马基雅维利思想的真正意义。《社会契约论》第二卷第7章真正的意义是，卢梭意识到，马基雅维利破坏了自己的公民宗教事业，因为他对宗教中骗子行径的态度暧昧。⑧ 因此，卢

---

④ 专注于卢梭和马基雅维利、霍布斯的关系可能会带来如下误解，误以为卢梭唯一的理论来源便是近代以来的公民宗教理论。卢梭在《社会契约论》第4卷第8章中引用到的政治哲学家是马基雅维利、霍布斯和培尔，但我认为他与柏拉图的关系同样是他公民宗教的重要问题。至于柏拉图是如何影响卢梭的，对此有一篇严肃的学术讨论，见迈克尔·J.西尔弗索恩："卢梭的柏拉图"，载《伏尔泰与十八世纪研究》，第116卷(1973)：第235—249页；柏拉图《法律篇》中有关公民宗教的讨论，可参见托马斯·L.潘格尔：《柏拉图〈法律篇〉中宗教的政治心理学》，《美国政治科学评论》第70卷，1976年第4期，第1059—1077页，和潘格尔的《柏拉图〈法律篇〉中的政治与宗教：一些初步思考》，《艺术与科学》1974年第3卷，第19—28页。在文章的后面部分，即在第23、26—27页，潘格尔逐一强调卢梭的公民宗教与《法律篇》的公民宗教之相同与差异。也可参见凯瑟琳和迈克尔·扎科特：《有关列奥·施特劳斯的真相》(Chicago：University of Chicago Press，2006)，第126页。我的直觉是，虽然卢梭在《社会契约论》第4卷第8章只引用近代政治哲学家，但是他采用公民宗教这个主题，实际上还是意在弥合或跨越古代和现代政治哲学。

⑤ 见莱昂内尔·A.麦肯齐：《〈社会契约论〉中卢梭对马基雅维利的辩驳》，《理念的历史》第43卷(1982)，第223—224页。麦肯齐引用了《社会契约论》第2卷第7章的这段话，批评公民宗教如下形式进行操纵，"刻石立碑，或者贿买神谕，或者假托通灵，或者训练一只小鸟向人耳边口吐神言"[玛斯特编，第70页(中译本，第58页。——译者)]。然后麦肯齐指出，这些行为和马基雅维利所称赞的骗子行为非常相似。当然，这些变戏法不限于异教。在《论李维》第1卷第11章的结尾，马基雅维利提到萨伏那洛拉对占卜的偏爱，并强烈暗示仅仅把它们看作是罗马家禽驯养者的把戏是说不过去的。(并注释说雕刻石碑是《旧约》的例子！)

⑥ 《社会契约论》，玛斯特编，第70页(中译本，第58页。——译者)。

⑦ 同上(中译本，第58—59页。——译者)。

⑧ 对于这里指出的问题(即马基雅维利对于宗教的玩世不恭所具有的自我欺骗效果)，有一些有益的观点，见帕特里克·J.德尼：《民主的信仰》(Princeton，NJ：Princeton University Press，2005)，第57—58页。然而，当卢梭在《社会契约论》第2卷第7章这同一文本中说道，"国家的开创者……把自己的决定托之于神道设教"，立法者把决定归于"神明的代言人"崇高理性，他试图摆脱马基雅维利但遇到了同样的问题！(不用说，尼采也遇到了相同的问题。)

梭有义务通过消除马基雅维利的玩世不恭来让公民宗教重焕活力。然而，不管公民宗教工作最终是否可以挽回，通过如下讨论，这个问题开始凸显了。

当卢梭说"已不再有而且也不可能再有排他性的国家宗教"⑨时，他实际上放弃了他所钟爱的政治——一个强大的公民宗教，并选择了一个次好的版本：实行宗教宽容以减少社会分裂。然而，这远低于健全政治所要求的、通过宗教强制而实现的社会团结。从"政治的考量"转变为"政治权利的原则"，卢梭放弃了真正公民宗教这个最大目标而选择了最小目标——它高于反政治的基督教，但是低于异教的"国教"。他同意马基雅维利，认为异教比基督教更多地赋予政治以优先性，但是他不愿意，而马基雅维利愿意付出恢复异教的代价。在此意义上，正是卢梭的基督教道德，促使他从马基雅维利所提供的彻底的公民宗教那里退回来。⑩

至于霍布斯和卢梭的分歧则在于，霍布斯还在追求"人"和"公民"的综合，而卢梭认为这是不可能的且不再追求二者的综合。霍布斯的方案是基督教的公民宗教，尽管它和国教同样是"政治的"，但他还可以通过强调（难以置信！）《新约》和《旧约》之间的连续性来主张基督教的惩罚。但正如卢梭所言，"福音书不是公民宗教"，除非有人愿意让他的臣民去加入圣战（霍布斯本人是不会青睐这个方案的），以此让基督教异教化。⑪ 卢梭肯定是同意霍布斯的立场的，即让牧师的权力从属于世俗的权力，但是他认为霍布斯严重低估了这个问题所包含的

---

⑨ 《社会契约论》，玛斯特编，第 131 页（中译本，第 187 页。——译者）。参见卢梭：《论波兰政府》，维尔莫·肯德尔译，（Indianapolis：Hackett，1985），第 8 页："现代人聚集在教堂里做礼拜，但是仪式的目的决不是民族性的，它从未以任何方式强化人们的祖国观念。"然而，人们总要追问为什么古代国教如此重视礼拜仪式（解释工作的全部目的都是为了解开这个难题），正如卢梭在《社会契约论》第 4 卷第 8 章中说的——借用《日内瓦手稿》（《社会契约论》，玛斯特编，第 197 页）的说法，它既产生"英雄"，也产生"狂热分子"——如果基督教要收回它的普世主义的话，特殊主义将不可避免带来非人道。

我在这本书第一章的题引中引用过《爱弥儿》，大家都知道这个文本，在其中卢梭甚至把狂热主义作为他批判资本主义文明的一种方式，专门去为它进行辩护。然而，正如这个引自《日内瓦手稿》的文本所证实的，人们同样可以发现，卢梭以孟德斯鸠式的观点认识到古代狂热的超人所具有的道德局限，这些人也是他的崇拜对象。应该是清楚的，卢梭的孟德斯鸠式的闪念才是我们阅读卢梭公民宗教的核心。

⑩ 因此他在《日内瓦手稿》中写道，"不允许以牺牲其他种族为代价去强力粘合成一个特定的社会"（《社会契约论》，玛斯特编，第 196 页）。（参见本书第七章注释 10。）当卢梭为《社会契约论》制定更彻底的特殊化的愿景时，道德普世主义也是存在的，并未被完全弃之不顾。本注释中引用的文本提供了一个生动的例子：在最终版本中（第 128 页），卢梭删除了对全人类的表达，取而代之，开始呼吁国家的安全（"依靠自身的力量"）。

⑪ 《社会契约论》，玛斯特编，第 198 页；参见第 130 页。

困难;因此卢梭指出即使是英国国王,道理上他同时掌握世俗和精神权力,但事实上他只是牧师的统领,而不是霍布斯所认为的牧师的主人。⑫ 总体上,卢梭认为综合二者是不可能的,比如霍布斯就曾对不同部分进行综合,卢梭认为这些部分是不相容的。我们再来回顾一下这个选择方案:福音书的基督教是真正的宗教,但它会带来政治上的颠覆。前基督教的神权政治,其异教版本是好战而嗜血的,其犹太版本是不宽容的和帝国主义的(后基督教的神权政治,如伊斯兰,也是如此)。天主教,既有入世性又有出世性,因而提供了两个最坏的世界。如果确实要排除这些选项,那么霍布斯式的综合就不可避免。(《日内瓦手稿》中的新教教义再一次成为了补充选项并优先于之前被否定的那个方案。它"通过微弱而温和的联系把公民与国家联系起来",并远离"英雄和狂热"的社会,后者会带来异教的狂热行为。⑬ 它提供了宽容的宗教,它甚至放弃了异教的长处以避免异教的恶习。如果事实上可以把它描述为一个合适的公民宗教——像它曾经对基督教和马基雅维利进行"折中"那样——那么就确实存在卢梭的解决方案。我的整个解释的关键在于如下这个假定,即当卢梭撰写《社会契约论》最后版本时,他曾充分考虑过其可能性并在最后放弃了它。)

卢梭说,霍布斯"本应看到基督教的专制精神是与他的体系不相容的"。正如我在本书第五章论证指出的,霍布斯的确看到了这一点,并因此——像马基雅维利一样——重新解释基督教以至于基督教被解释得不再是基督教了。(列奥·施特劳斯专注于一个关键问题:"受其起源时的环境影响,基督教非常支持精神权力和世俗权力的二元分立,比起《旧约》的教义,它将长期导致社会无序。"⑭对《新约》进行旧约化理解是为了解决这个问题。)卢梭将如何应对霍布斯和马基雅维利的解决方案,现在看来非常清楚了。他会说,基督教在其本质上是反政治的;它不能被犹太化或异教化。再说一遍,"福音书不是公民宗教"——至少可以说,如果它成为公民宗教,必将付出道德上不可接受的代价。

82 也许表述这个问题的另一种方式是,卢梭反对祛除基督教特征的基督教,因为他更是一个基督徒,在这点上他和霍布斯或马基雅维利不同。⑮

---

⑫ 《社会契约论》,第126—127页。卢梭和霍布斯都有这个观念,即卢梭所说的"牧师的宗教"(第128页)。

⑬ 同上书,第197页。

⑭ 列奥·施特劳斯:《迫害与写作的艺术》(Chicago:University of Chicago Press,1988),第175页。

⑮ 正如我们在本章题引中看到的,休谟的译者认为休谟与卢梭的争论表明了卢梭的"总体观点"——思想定位于哲学和虔诚之间。事实证明,休谟自己也有类似观点。卢梭生活在伦敦期间是

正如我们在本书第七章看到的，卢梭一直徘徊于两个对立而又矛盾的立场之间，一个是世界主义的兄弟情谊，一个是特殊化的民族特征，[16]他公民宗教的观念似乎陷入到张力的缝隙之中。[17] 我们再回到卢梭对"政治上的考虑"和"权利的原则"这个奇特区分的结尾部分。在公民宗教章节的第 17 节，卢梭说道，从"政治上的考虑"来看，他所分析的三种宗教（此岸的、彼岸的、此岸彼岸混合的）都是错误的（"它们各有其自己的缺点"）。随后他开始解释为什么它们都是不可取的（后面花了大量篇幅来说明为什么基督教作为公民宗教是不可取的），在第 30 节卢梭突然切换频道，说他将把政治的考虑放在一边而回归到权利问题。但是，如果卢梭关于公民宗教的观点是从政治抽象出来的，那么在何种意义上，他对原则事务的反思能够为政治和社会生活的重组提供实践指导？这里所援引的政治分析和道德分析之区别清楚表明，两个分析的类型是冲突的：神权政治作为公民宗教"发挥作用"但违背了政治权利；基督教满足道义上的合法性原则，但不能作为政治基础"发挥作用"。好的政治预设了错误且非人道的宗教；真正的宗教孕育了坏的政治。因此，它们都在破坏对方的实践有效性。如果公民宗教遇到的难题正是我们之前阅读遇到的问题，那么我们就有必要在该书结论处困境的启发下重读整本《社会契约论》。真正的政治是特殊主义的，而真正

83

---

休谟一直照顾他，休谟的熟人查尔蒙特勋爵在公园里碰到了他，并说休谟"他一定很高兴在新朋友这里，因为我发现他们所说的话［比如对宗教问题的看法］都很相似——他说'为什么不是你错了，卢梭不是你想的那样子。他的确是一个明智而机敏的人，但我们的观点绝不一样。他非常渴望《圣经》，这确实要比那些自以为是的基督徒稍好一点。'"欧内斯特·坎贝尔·莫斯纳引用了这个故事，《大卫·休谟生平》，第 2 版，（Oxford：Oxford University Press，2001），第 523 页；来源是查尔蒙特勋爵的"休谟轶事"（手稿存放于都柏林的爱尔兰皇家学院）。

⑯ 可以作为佐证的是，那些在《日内瓦手稿》中因世界主义被责难的思想家们，在《第二论文》（即《论不平等的起源和基础》——译者）中被卢梭称赞为"伟大的世界性的灵魂，它超越了那把大家分开的想象的壁垒！"《第一和第二论文》，罗杰·D.玛斯特编，（New York：St. Martin's Press，1964），第 160 页。

⑰ 帕特里克·J.德尼正确地凸显了卢梭在《忏悔录》（第一册结尾处）所提出的困惑，如果他没有被驱逐出日内瓦，他也许既是一个"好的基督徒"也是一个好的"公民"：见《民主的信仰》，第151、329 页注释 17。（的确，人们会问，在日内瓦，如果宗教和政治具有卢梭所声称的张力，为什么卢梭在《社会契约论》第 2 卷，第 7 章把加尔文看作是一个摩西式的立法者？）

约书亚·米切尔在他关于公民宗教章节的解释中把公民宗教说成"救赎的方式"——也就是拯救破碎之心灵的方式：《不是只有理性：早期政治思想中的宗教、历史和认同》（Chicago：University of Chicago Press，1993），第 116—117 页。为了实现这个目标，一个可行的公民宗教必将修复"十字架"和"鹰"之间的裂痕——这个裂痕是由基督教带来的（"基督教带来的分裂"）。然而，米切尔承认，这样的观念仅仅代表了卢梭虔诚希望的一个部分：考虑到卢梭对于基督教和公民社会的批判态度，看来裂痕是不可能被修复的。

的宗教是普遍主义的,因此"公民宗教"并不是政治和宗教的真正结合,而是辨析它们之间的客观冲突。⑱

　　卢梭在过去几个世纪因他的公民身份理念一直享有极高地位。尽管如此,卢梭自己已经看到,在现代世界中人们的公民身份的理念只能到此为止。他的公民宗教章节,他对国教的拒绝(国教在政治上是健全的,但其公民宗教是不自由的)以及对洛克宽容之教义信奉,都彰显了他的洞察力。因此,公民宗教章节经常被卢梭的批评者认为与自由主义不兼容,其实这并不表明卢梭的反自由主义,而是表明卢梭在自由主义立场上对公民共和国这个乌托邦的犹豫。也许这正是卢梭为什么选择了公民宗教而不是公民的宗教之难题的最终回答吧。⑲

---

　　⑱　人们也许会提到,伏尔泰讨论了一个有趣的反例,即宾夕法尼亚州明智的立法者威廉·佩恩和作为公民宗教的贵格会。伏尔泰的说法表明,至少有一个例子可以表明它们并不冲突。见《哲学通信:或致英国人的信》,约翰·雷编,普鲁登斯·L.施泰纳译,(Indianapolis:Hackett,2007),第12—13页(威廉·佩恩,William Penn,1644—1718,是北美殖民地时期的一位重要政治家、社会活动家,宾夕法尼亚殖民地的开拓者。他同时也是贵格会的主要支持者和宗教改革家。贵格会,Quaker,又称Religious Society of Friends,即教友派,是新教的一个派别,成立于17世纪的英国。——译者)。

　　⑲　总体说来,公民(civil)一词意味着"自由",而公民的(civic)一词意味着"共和"。在此意义上,公民宗教(civil religion)一词已经包含了向自由主义回归的意思。

# 第二部分
# 自由主义传统对（或部分针对）公民宗教的回应

# 第九章　巴鲁赫·斯宾诺莎:从公民宗教到自由主义

霍布斯告诉我,斯宾诺莎削减了他著作的攻击性,因为他不敢写得太大胆。

——约翰·奥布里①

我们看到几乎所有人都把他们的观点说成是上帝的话,当他们以宗教为借口时,他们的主要目的是让别人相信他们所作所为。

——巴鲁赫·斯宾诺莎②

　　几乎在斯宾诺莎写作《神学政治论》的同时,霍布斯也在撰写《贝希摩斯》。英国国内战争的经历,让霍布斯看到,是时候让教会退场了,至少得让它的政治野心破产。但是,与它的反教权相比,《贝希摩斯》对政治与宗教关系的反思则相当温和,当然这也是相对于斯宾诺莎对圣经宗教的激烈挑战而言的。霍布斯(以及之后的洛克)不再把《圣经》文本看作绝对的权威,而是认为它和理性具有相同的权威性。③ 恰恰相反,对于斯宾诺莎来说,《圣经》的权威完全从属于理性

---

　　① 约翰·奥布里:《名人小传》,约翰·布坎南-布朗编,(London:Penguin,2000),第441页。在"'我不敢写得如此大胆',如何阅读霍布斯的神学政治论"中(可参见 http://sitemaker.umich.edu/emcurley/spinoza),埃德温·柯利指出,对于奥布里的手稿可以有另一种读法,"已穿过他一段距离"应改为"已经超过他的长度"。在柯利看来,后者是古代的链球运动,更适合于这段文本(约翰·奥布里,1626—1697,英国古文物研究者,博物学家,著有《不列颠历史遗迹》、《名人小传》等作品。——译者)。

　　② 巴鲁赫·斯宾诺莎:《神学政治论》第2版,萨缪尔·雪莉编译,(Indianapolis:Hackett,2001),第86页。

　　③ 当斯宾诺莎使用诸如"我本应通过《圣经》的权威来确认"(同上书,第76页)之类短语时,这就表明对于斯宾诺莎来说,《圣经》的文本是优先的权威,霍布斯和洛克(对正统的犹太教和基督教)也是这样。但这真是莫大的误导。正如我们接下来将看到的,斯宾诺莎对知识和信仰与"理性的自然之光"融合带来了决定性后果,那就是《圣经》不能再提出超越或补充理性自然之光的东西了。

这个更高的权威,它无法经受理性的审查。④

斯宾诺莎的核心观点是,虽然霍布斯让宗教权威服从于政治权威这一步非常正确,但是政治生活中神权政治的概念发生了根本变化,以至于霍布斯自己都无法掌握。自由主义而不是公民宗教,才是对神权政治的恰当反应。⑤（可以说,权利=权力这一学说在《政治论》前面篇章中与任何连贯的自由主义版本都不相容,与其尝试着去解决斯宾诺莎政治哲学这个非常棘手的问题,还不如尽量忽略《政治论》中的核心观点——虽然上述问题的诸多方面也出现在《神学政治论》之中。⑥）

在前言中斯宾诺莎写道,《神学政治论》的目的是展示"政权的虔诚和和平"与自由之间的兼容性。只是虚假的虔诚看起来与和平并不兼容,它试图在宗教的幌子下去篡夺"政治权威的权利"。真正的虔诚必须打败并取代这个虚假的虔诚,并认识到"公民的自由判断"⑦是良性的——确实,它也是必不可少的。

89　　《神学政治论》的第 1 章对迈蒙尼德的预言概念作出了一系列挑战,迈蒙尼德把预言看作"完美而有成就的人类智慧"的作品——是"智力流溢"的一个例

这个重要主张使得霍布斯和洛克类似的理智革命看起来相当温和了。

柯利论证说,至少对于霍布斯来说,《圣经》被赋予了和理性同等的权威。并不是因为霍布斯真的相信这一点,而是因为它为霍布斯对理性首要地位的正式承诺提供了一个"有用的说辞"(第 33 页)。有必要提一下,虽然霍布斯没有像斯宾诺莎那样在圣经的授权下抡起锤子,但《利维坦》第 33 章先于斯宾诺莎主义提出了圣经批判这是事实;比如说,在质疑摩西五书中摩西的权威时,斯宾诺莎正是追随了霍布斯最早勾勒的路线(参见本章后面的注释 90 和注释 98)。

④　参见《神学政治论》,第 166 页(《神学政治论》,温锡增译,商务印书馆 1996 年版,第 203—204 页。下文引文参照该译本——译者):"只要是我们难以明白的文本的意义和先知的意图,圣经应该通过圣经来解释;但是当我们已经把真义抽出来的时候,为的是赞同这种真义,我们必须用我们的判断和理性";第 167 页(中译本,第 204 页。——译者):"我诧异会有人想使理智,我们最大的才能,来自上天的光明,屈服于可能为人的恶意所败坏的死文字;我诧异有人谈到圣经的心灵和手迹的时候加以轻蔑。"我们在这一章后面也会看到,"恶意的败坏"这个主题对于刻画斯宾诺莎的圣经阅读法非常重要。

⑤　虽然总体上是正确的,这里的表述与第 10 章甚至包括第 11 章都相当契合。但这里更好的表述也许是,斯宾诺莎在霍布斯的公民宗教和洛克的自由主义(虽然自由主义因斯宾诺莎而盛行)之间左右为难。

⑥　这个问题埃德温·柯利概括得很好,"有些时候斯宾诺莎比霍布斯本人更要霍布斯主义,比马基雅维利本人更要马基雅维利主义"。见《基辛格,斯宾诺莎,和成吉思汗》,载《剑桥斯宾诺莎指南》,唐·加勒特编,(Cambridge:Cambridge University Press,1996),第 328 页。我唯一的反应(这与柯利无异)便是困惑:一个如此具有自由主义色彩的思想家怎能接受这样的学说?人们可以推断,权利=权力这一公式是一个奇怪的形而上学表示,它并没有告诉我们斯宾诺莎政治学的具体内容,但是这足以说明斯宾诺莎原初自由主义的连贯性吗?

⑦　《神学政治论》,第 3 页。

子,"是能动的智慧传导出来的,"它不仅带来了理性能力,还带来了想象力。⑧因此,在迈蒙尼德看来,预言是根本的认知——甚至是认知的完成。先知不仅仅是哲学家;先知还具有智力概念溢出到想象领域并得到的额外的完备性,哲学家并不具备这种完备性。至于在理性和理智能力方面,与哲学家相比,先知什么都不缺。斯宾诺莎拒绝了这一点。有趣的是,斯宾诺莎继续把预言看作是"预言的知识"——这是与"自然的知识"相对立的。⑨ 不仅如此,斯宾诺莎批评了迈蒙尼德(专门强调先知的想象力,并拒绝认为它们与理性能力有相通之处)强迫人们去研究什么才是预言的知识的做法——即在哪个方面预言的知识构成了知识。

在第 1 章快结束的时候,斯宾诺莎的骇人之论进一步助推了这一难题。他写道,"既然自然权力只不过是上帝的权力,毫无疑问忽视自然的原因便是忽视上帝的力量。"⑩这当然和斯宾诺莎哲学核心的、最根本的理念相关,即上帝和自然是不可分的。⑪ 这段话明确表明,真的先知是那些通过了解自然原因的真实特征、变革了我们理解世界方式的科学家和哲学家。⑫ 斯宾诺莎反驳了迈蒙尼 90

---

⑧ 摩西·迈蒙尼德:《迷惘的指南》,什洛莫·派因斯译(Chicago:University of Chicago Press,1963),第 2 卷,第 371、374、369 页。迈蒙尼德关于预言的论述主要在《迷惘的指南》第 2 部分,第32—48 章。列奥·施特劳斯在斯宾诺莎和迈蒙尼德之间展开了一个更加广泛的对话,这个对话的范围不限于斯宾诺莎对迈蒙尼德的批评;见《斯宾诺莎对宗教的批判》,(New York:Schocken Books,1965),第 6 章。特别是,比起斯宾诺莎对他与迈蒙尼德关系的描述,这篇对话更多呈现了斯宾诺莎和迈蒙尼德的共同背景,——在此意义上施特劳斯称斯宾诺莎是迈蒙尼德的"门徒"(摩西·迈蒙尼德(1135—1204),也被称为"拉姆巴姆",是中世纪犹太拉比,医生和哲学家。——译者)。

⑨ 《神学政治论》,第 9、19 页。

⑩ 同上书,第 19 页。克里斯托弗·希金斯关于科学和宗教的关系的论述可看作解释这个论述的一种方式:"科学的研究比宗教的说教更令人敬畏。"《上帝并不伟大:宗教是如何毒害一切的》,(Toronto:McClelland & Stewart,2007),第 57 页;参见第 71、271 页,对阿尔伯特·爱因斯坦的第一个引用。研究(现代)自然科学就是认识上帝,而且在(真正)自然知识缺位的情况下,神圣的知识也声称是在认识上帝。参见托马斯·潘恩:《理性时代》,蒙丘尔·丹尼尔·康威编,(Mineola,NY:Dover,2004),第 50 页:"自然哲学……才是真的神学";参见第 128 页。

⑪ 参见史蒂芬·纳德勒:《斯宾诺莎生平》(Cambridge:Cambridge University Press,1999),第190 页。斯宾诺莎让上帝等同于自然就说明没有奇迹,正如斯宾诺莎在第 6 章详细说明的。奇迹常被看作是自然秩序中神的应验;是对自然法则的暂停,但主张神会违反他的本性显然是矛盾的。因此斯宾诺莎的结论是,圣经中关于奇迹的教条是对上帝本质的误解。(《神学政治论》第 72 页:"如果所发生的事在本性上违背了普遍法律,它一定违背了法令、理智和上帝的本质。如果谁坚持认为上帝的表现违背了自然的法则,他就会同时坚持上帝违背了他自己本性——没有比这更荒诞的了。")

⑫ 如果想象力和理性处于同等地位,人们就不必对先知和自然科学家进行排序了。然而很明显这不是斯宾诺莎的观点。因此他在(第 2 章)第 21 页(中译本,第 34 页。——译者)写道:"有高度想象力的人不适宜于抽象的推理。而以运用智力见长的人却抑制他们的想象力,可以说是控

德,迈蒙尼德拥护的是先知在理智上和理性能力上的完善性。进一步说,斯宾诺莎对想象力的评价毫无疑问要低于理性(他明确谈到先知"仅仅依靠他们的想象力",因为缺少"确定的理性原则")。[13] 斯宾诺莎直到这一章还认为预言的知识与自然知识一样都是一种神圣知识。[14] 但是,如果先知缺少自然的知识,那么他们又将如何传递上帝的知识呢? 我们不得不再次追问这个问题(并且比之前更加明确):在预言的知识中知识处于何处? 人们也想知道目前已经过时的预言的知识到底有什么意义? 因为斯宾诺莎提请大家注意"今天我们当中没有先知。"[15]为什么一种形式的神圣知识从人类生活中消失了,而另外一种形式的神圣知识(它是神圣知识的真实形式么?)在斯宾诺莎生活的十七世纪欧洲,它超过以往地得到了蓬勃发展?[16] 相比于自然知识,预言的知识究竟处于何种地位?(斯宾诺莎断言我们生活在一个后先知的世界中:在这个世界预言已经干涸,奇迹已经消失。[17] 我们这个世界最坚定的宗教信奉者也许也会承认的确如此——很多人也许不会。不信的话,你可以试着去告诉摩门教徒我们的世界就是如此;试着去告诉五旬节派信徒奇迹已经停止。十七世纪的理智革命所推动的这个觉

91

制了他们的想象力,恐其越俎,代替了理智。"可见,理性和想象力并不是互补的两种能力,而是彼此互相对抗的——我们愈发尊敬理性,我们也愈发轻视想象力。因此他明确断言"预言比不上自然知识。"参见第 22 页。

⑬ 《神学政治论》第 20 页;着重强调。根据亚伯拉罕·安德森在"笛卡尔的冒名顶替者,培尔和启蒙运动的隐秘起源"中的论述,笛卡尔已经讨论过这些关于预言和哲学、想象和理性的概念,并可依次从笛卡尔追溯到阿维罗伊,见安德森《论三个冒名顶替者和启蒙的问题》,(Lanham,MD:Rowman & Littlefield,1997)第 129—162 页;尤其参见第 134、141。阿维罗伊、笛卡尔、斯宾诺莎以及他们三方之间的关系(以及皮埃尔·培尔与所有这三个传统之关系这个令人费解的难题)不是我要重解决的重要课题。然而阿维罗伊如何激起现代欧洲政治思想的涟漪的,可见保罗·拉赫:《反对王位和祭坛》(Cambridge:Cambridge University Press,2008),第 2 章和第 4 章。

⑭ 事实上,也有观点表明预言的知识在某些方面是高于自然知识的,当斯宾诺莎断言先知们"可以知道许多为智力所不及的事,这是无可置辩的"[《神学政治论》,第 20 页(中译本,第 33 页。——译者)]。然而这一观点与本章主旨是背道而驰的,本章的主旨是"自然的知识……丝毫不低于预言的知识"。(同上书,第 9 页。)

⑮ 同上书,第 10 页;参见霍布斯《利维坦》,C.B.麦克弗森编,(London:Penguin,1985),第 414 页。

⑯ 可参见斯宾诺莎在第 21 页(第 2 章)所说的"我们时代的要求"与"迷信的说教"之冲突。

⑰ 迄今的讨论,柯利给了我们很大启示(正如我在注释 1 所引用的),令人惊奇的是,霍布斯也有类似的问题:可见霍布斯:《人和公民》,伯纳德·格特编,(Garden City,NY:Anchor Books,1972),第 72 页;还可见《利维坦》第 32 章最后一段。还可见大卫·约翰斯顿(David Johnston):《利维坦的修辞》(Princeton,NJ:Princeton University Press,1986),第 162、181、182 页。对于同一个问题有不同的解读,见 A.P.马丁尼奇《霍布斯传》,(Cambridge:Cambridge University Press,1999),第 242 页。

醒的过程具有广泛的但绝不是万能的效果。)

当斯宾诺莎写道,在《圣经》时代,"人们不知道预言知识的起因",他们"把它看作和其他神的征兆一样,而没有称它为神圣知识",[18]预言作为神圣知识受到了进一步非难。这就再一次提出这个问题:神圣知识怎能建立在无知的基础上?"对自然原因的无知便是一种对上帝能力的无知",所以那些认为神圣知识不可能源于自然的主张一定是错误的。忽视自然的根据便是忽视上帝,唯一的知识建立在"确定的理性原则"之上并构成了上帝的知识。[19]

的确,斯宾诺莎赋予摩西在希伯来预言家中以特别地位(在这个问题上他似乎同意迈蒙尼德),[20]他也赋予了耶稣类似的地位。[21] 在这两个独特例子中,　92
他们获得了直接领会上帝的机会,"普通的"先知不具有这个机会。然而,即使斯宾诺莎没有相对于他们在迈蒙尼德那里的先知地位而对摩西和耶稣进行"降级",斯宾诺莎还是在总体上降低了先知的地位——认为他们的神圣知识"只是通过他们的想象力"获得的——他认为自然知识先于预言的知识而且不可能是错误的。

第 2 章突出了先知在科学上的无知,各种预言在形式与内容上所反映的不是上帝的意志,而是他们自己个性、生活视野和信仰结构的局限性。士兵和军事家用战争图景描述他们的先知,而农民用乡村图景描述他们的先知。愤怒的先知表达愤怒的预言;慈善的先知在与上帝的沟通中扮演着仁慈的工具。先知理解中的自然是太阳围绕地球转的,他们预言的很多异象无疑反映了他们对自然的信念。正如斯宾诺莎指出的,《圣经·列王记》7:23 文本(详细说明启示所罗

---

⑱　《神学政治论》,第 19 页(参见中译本,第 32 页,有改译。——译者),着重强调。

⑲　如此描述先知似乎得到了培尔的直接回应:"大众无法得知至高且最完备的存在之崇高,先知们必须降低他的高度,让他喋喋不休地教导我们,就像一个乳母喋喋不休地教导婴儿一样。"罗伯特·C.巴特利特引自《历史和批评词典》("Rimini, Gregoire de"词条),见皮埃尔·培尔:《彗星出现的不同思考》,巴特利特编(Albany, NY:SUNY Press, 2000),第 15 页,注释 16。

⑳　《神学政治论》,第 11 页;参见《迷茫的指南》,第 2 部分,第 35 章。事实上对斯宾诺莎来说,摩西对于其他先知具有特权并不意味着摩西具有独特的上帝概念。第 2 章非常清楚地说明了这点,第 2 章认为罗门比摩西更具有哲学化上帝的观念(第 31 页)。

㉑　斯宾诺莎说基督是"超越其他一切之完善"的实现(《神学政治论》,第 14 页),这也表明在神圣知识方面基督高于摩西。斯宾诺莎论述他们各自与上帝的关系具有相同的含义:对于摩西来说是"面对面"(第 13 页);对于基督来说是"思想对思想"(第 14 页)。有必要指出,在斯宾诺莎的教条(第 52 页)——要想知道关于上帝的任何事都必须认识到"上帝的理智"(事实上,思考上帝所思考的事)——的启发下,斯宾诺莎在追求一种他在第 14 页赋予基督的、与上帝相同的关系——即"思想对思想"的关系。(顺便说一句,这让斯宾诺莎而不是摩西与上帝更为接近。)

门建神殿的神圣蓝图）明显说明了部分启示的接受者对数学非常无知。㉒ 诺亚会相信单一的洪水就可以灭掉整个地球，这只能说明他的历史理解力以"巴勒斯坦之外的世界是无人居住的"这个信念为基础。㉓ 这里问题很明显，不是上帝在数学或地理上无知（这毫无意义），而是古代人的无知，因为其预言异象以想象而非可靠的智力为基础的。（斯宾诺莎喜爱的表述是，圣经的先知提供的确定性"不是数学的确定性，而仅仅是道德确定性"㉔，在这一章也非常明确的强调了这一点。）

我们的结论绝不是和虔敬相违背。因为所罗门、以赛亚、约书亚等虽是预言家，他们总也是人……对于一些更重要的事，先知可以是，而且事实上也是无知的……他们之受称颂，不是由于他们崇高卓越的才智，而是由于他们的虔诚与忠诚。㉕

简而言之，斯宾诺莎认为我们要在道德上遵从先知，在理智上不必再遵从先知。（先知们在道德上是要高于我们的，但同时在理智上毫无疑问要低于我们。）

在十七世纪没人会宣布自己缺少虔敬。我们要知道这个背景，在斯宾诺莎的时代没有人（甚至包括霍布斯！）会像斯宾诺莎所坚持的那样，来揭穿《圣经》中道德榜样在理智方面的不足——《圣经》的正确性本是由这些人物来定义的——这毫无疑问是宗教虔诚的要求。斯宾诺莎承认在先知的时代自然科学方面的不足并不有损虔诚：他们作为人所犯的无知是和特定时间地点相联系的，这并不是反对上帝，它也不损害先知作为正义的典范的道德力量。我们可以看出斯宾诺莎的立场，同时我们也可以看出为什么斯宾诺莎的批评会受到质疑，因为他本应去彰显圣经文本中人类性格而不必有损圣经的权威。㉖

在第 2 章快结束时，当斯宾诺莎根据"上帝随着预言家的理解力和信念而变通启示"㉗这一观念构想他的主题时，他试图说明，那个看上去似乎是传统的上帝观念实际上是人们假定的结果，㉘就好像斯宾诺莎证明先知反映了人类的

---

㉒ 《神学政治论》，第 27 页。

㉓ 同上。

㉔ 同上书，第 22 页；参见第 23 页。

㉕ 同上书，第 27—28 页（中译本，第 42 页。——译者）。

㉖ 在第 27 页斯宾诺莎警告道，如果圣经释放具有解释学的自由度来解释文本中在他看来不成立的科学，那就必然"损害圣经的权威"。这里明确的含义是，他自己的解释工作不会损害圣经的权威。

㉗ 同上书，第 32 页（中译本，第 48 页。——译者）；着重补充。

㉘ 换句话说，确定明白的律法限定了上帝作为意志而不是作为自然的代表这一概念——并因此决定了这个结果；参见同上书，第 36 页。

限度一样，这依然不会有损希伯来《圣经》作为启示的地位。㉙ 但是在斯宾诺莎对各种"启示"作出揭露之后，有多少《神学政治论》的读者（除了那些仅把它看作异教徒诡计的读者）还能信服于作为启示的圣经呢？人们也许会说"随着预言家的理解力和信念而变通启示"这是上帝的事，但是从斯宾诺莎的论点可以得出更直接的结论，那就是这些启示反映了思维的前科学方式，因为这些信念是由人类的作者持有的，完全反映了人类的想法。㉚

到目前为止，斯宾诺莎该书的路线是，尽管那些接受上帝启示的人的理解力是有缺陷的，但是希伯来圣经的道德真理不应受到质疑。《圣经》所说的在道德上具有哲学有效性，尽管《圣经》对自然的理解缺少哲学有效性。（但如果上帝就是自然，人们怎么会在误解自然的同时——在道德上——正确理解上帝？㉛ 我们先把这个问题放在一边。）然而，现在斯宾诺莎把问题从服从希伯来文圣经的道德教义转移到责难理性探索上了。正如他在前几章中所做的，斯宾诺莎还是坚持这是"上帝随着预言家的理解力和信念而变通启示"的一个例子。㉜ 在目前情况下坚持这条路线太困难了，因为问题不是浅层次意义上的部分先知能否理解数学和天文学的问题，而是它进入了《旧约》道德观念的核心。卢梭说过，"国家的宗教"与"真正的宗教"是不一样的，不管它对公民生活有什么好处，因为真正的宗教即"人类的宗教"必定是普遍的宗教。然而，《旧约》的宗教绝不是普遍的宗教，而是特定民族的国教。斯宾诺莎说的正是卢梭提出的问题：选定学说是希伯来宗教的一个核心支柱，它否定了宗教的道德正当性。当下受到质疑的不是先知所启示关于世界的知识，而是《旧约》所呈现的神圣道德榜样。因为斯宾诺莎明确提出，"上帝只为希伯来人制定了摩西律……上帝只对他们说话……他们看见了别的民族所没见的奇迹。"㉝这在道德上怎能合法？

---

㉙ 《旧约》是第2章的主要目标，但是斯宾诺莎在该章结尾（第33—34页）的简短评论说明了《新约》适用于同样的原则。

㉚ 在第32页，斯宾诺莎写道，上帝"随预言家的理解力和信念而变通启示"；在第3章（第36页）斯宾诺莎写道，"摩西根据希伯来人的理解力来说话"（着重强调）。在第一个表达中，上帝得判断古代希伯来人能够理解什么；在第二个表述中，是摩西来作出这个判断。

㉛ 同上书，第50页。"我们获得了关于上帝的伟大而完备的知识，正如我们得到了很多关于自然的知识……我们从自然现象获得的知识越多，我们关于上帝本质的知识就越完备。"参见第75页："我们更了解神和神的旨意了，正如我们更了解自然现象的知识一样，我们也更清晰地认识到……如何按照自然的永恒的规律运作。"

㉜ 同上书，第35页。

㉝ 同上书，第36页（中译本，第51页。——译者）。

若是也为别的民族而现奇迹，奇迹显示上帝的力量也不会减少；最后，若是上帝把所有这些天赋都平等地赠予一切的人，希伯来人也一样必须崇信上帝。[34]

看来此处批评的目标已经是上帝了（而不仅是他的先知），因为他赐给天赋并不公平，并且只为特定国家而降下奇迹。斯宾诺莎非常复杂地讨论了"希伯来人的天职"的独特性（虽然最终并不独特），这看上去是在哲学上直接挑战《旧约》的道德智慧，虽然最终道德批判有点减弱（至少不那么集中）。

斯宾诺莎在这一章一直困扰的问题依然是我之前提出的问题：如果斯宾诺莎挑战先知的（认知）智慧本身是无意抨击希伯来圣经的道德智慧的，但是希伯来被选定这一学说破坏了它的核心道德智慧，道德智慧怎会免于抨击？斯宾诺莎对这个困境的处理是以一种符合他哲学（激进的非圣经化或反圣经化）的方式来重新解释"选定"，这既非常独特也非常惊人。斯宾诺莎认为，所有社会都面临着把自身组织起来以应对世界的风险并为人民赢得安全的困难。有些国家成功了，有些国家失败了。决定成败的是对上帝"偏好"的不同定义，因为自然有清晰的原则在起作用，斯宾诺莎（正如我看到的）并没有区分自然法和"神定法"。从"自然的预定秩序"出发的同时，展开了"上帝的永恒指导和法令"。[35]如果这些自然法/神定法伴随着的是希伯来人"好运气"，关涉到"物质的富庶和国家的繁荣，"[36]那么这些也构成了斯宾诺莎意义上的"选择"或选定。正是在这个意义上，人们会说美国是上帝在二十世纪选定的民族，正如中国看上去是上帝在二十一世纪选定的民族！

斯宾诺莎的论述说明了，使得希伯来人作为被选定民族的那个因素与人们通常理解的犹太人作为被选定者的地位毫不相关。希伯来人的成文法典是适用于特定民族的独特而狭隘的法律体系，只要忠实遵守这些法律来实现国家的安全，人们便可以实现"上帝的""特别的"允诺的福利。然而，其他成功的国家也以同样的方式获得了"特别的"神圣允诺：与选定这个概念看上去暗示的相反，犹太人不再专享祝福。[37] 与对选定教义的最初理解相比，斯宾诺莎通过重新解

---

④ 同上书，第35页（中译本，第51页。——译者）。

⑤ 同上书，第36—37页。

⑥ 《旧约》，第38页。人们也许会就某个个体或某个民族来说"好运"，但是"好运"的偶然性似乎会有误导作用。因为严格来说，在斯宾诺莎的哲学中，自然（或神圣）的产物不会有任何偶然性。对此斯宾诺莎在第37页说得很清楚，他把"运气"看作是上帝—自然"通过外在和不可预见的原因"（但不是未定的）确定的人类事务的方向。

⑦ 同上书，第39—40页。这段的论述表明，希伯来人的"一神教"看起来非常像多个公民宗教之中的一个。斯宾诺莎多少减弱了这个想法——至少是暂时的——当他说他"不能肯定"是否有

释选定为《旧约》带来了更多的普遍主义。㊳ 所以在这篇讨论结尾处，斯宾诺莎究竟是希伯来圣经之狭隘主义的批评者还是普遍主义的捍卫者呢？我认为他实际上想兼而有之。对于那些更倾向于以普遍主义解读《旧约》的人，他想鼓励道德普遍主义。然而，对于那些坚持传统来理解希伯来人之选定的人，他批评如此来解释宗教，其道德具有根本缺陷（因为它的非普遍主义）。㊴

　　遵循斯宾诺莎在第3章关于选定的全部论述，犹太人作为失误的选定，其地位与他们的"好运气"（指的是繁荣和民族独立）一起结束了。在第3章结束，斯宾诺莎根据对希伯来人是否是"永久的"选定表达了这一点。他强调这不是永久的选定。"并不永久"意味着"对犹太人的选择是……暂时的，仅仅和他们的政权相关"。㊵ 也就是说，选定犹太人是和他们安全、繁荣且兴盛的政权相关。如果国家不再蓬勃发展，甚至如果犹太人的政权不再存在，那么它自己将证明犹太人不再是选定的（也不再得到上帝或自然的垂青）。和别处一样，斯宾诺莎的这句话是非常挑衅的。还有一次，他宣称迦南人也有一段时间获得上帝选定（垂青）——也就是说在物质上享有福气——并不比希伯来人少。然而，"上帝废弃了他们"㊶——他

---

其他公民宗教包含那些旧约记载的先知的启示时（第39页）。非常明显，在这里他强调的是犹太教是一个"平常的"（第38页）而非独特的宗教。我之所以说"至少是暂时的"，因为仅仅在下一页，他就开始猜想外邦人的宗教是否和希伯来人一样具有先知，斯宾诺莎毫无保留地断定"所有民族都有先知，预言的天赋并不专属于犹太人"（第40页）。参见第41页："因此毫无疑问，别的民族和犹太人一样都有自己的先知"；也可见第42、45页。

　　圣经引用的篇章也表明旧约的一神论并不是彻底的一神教，参见第29页。关于希伯来是否是合格的一神教，卢梭在《社会契约论》第4卷第8章中关于摩西和以色列人的讨论中也有类似的评论。见《社会契约论》，R.D.玛斯特编，J.R.玛斯特译，（New York：St.Martin's Press,1978），第125页。

　　㊳　参见编者注：《神学政治论》，第40页，注释4。

　　㊴　过于强调犹太教的特殊性，就是斯宾诺莎在第42页所说的"法利赛主义"；参见第44页。斯宾诺莎这里提出的挑衅性问题是，犹太教本身是否是"法利赛主义"的一种，或者说针对《旧约》的更加普遍主义的解读能否成立（参见编者注释，第42页注释6）。正如上述表明的，这个问题对于斯宾诺莎来说尚未尘埃落定。

　　也许在使用"法利赛人"这个术语时存在滥用，斯宾诺莎断定他在理智上与臭名昭著的异教徒乌列·达·科斯塔关系相近，后者比斯宾诺莎早33年被阿姆斯特丹的犹太社区逐出教会。至于达·科斯塔是如何触及"法利赛人"这个术语的争论，见纳德勒：《斯宾诺莎生平》，第66—73页。与达·科斯塔主题相关的讨论，见施特劳斯：《斯宾诺莎的宗教批判》，第53—63页。施特劳斯有效地突出了达·科斯塔与斯宾诺莎在宗教改革中共享了宗教批判的根源，即"所有的教导和律法都是和原初启示做比较，而没有考虑到人的伪造、虚构和谎言"——这个通过牧师贪婪的权力来掺假的过程"已经损坏并腐化了纯粹教义"（第55页）。

　　㊵　《神学政治论》，第44页（中译本，第62页。——译者）。

　　㊶　同上，着重强调（中译本，第62—63页。——译者）。

们让与国家独立相关的物质利益屈从于自己的"愚蠢"和他们的"放荡的生活"。⑫ 相同的原理也适用于犹太人：被上帝选中并不保证不会被上帝厌弃（特别因为显而易见的道德和政治腐败过程⑬）。如果迦南人会因为消磨掉政治与道德的德性而不再被选定，这样的事情没有理由不发生在犹太人身上。失去国家的人们无法保护它的"物质福利"，⑭根据定义（即斯宾诺莎的定义）这就意味着他们没有被选定——换句话说，他们也不再被选定。⑮（简而言之，这是他们的选定失误。）唯一的"永久"选定是为那些满足真正美德普遍标准的杰出的人类准备的，而不是那些特定社会部落成员（不管是否合乎道德）。

如果选定犹太人是个错误，那么为什么犹太人作为一个民族至今依然存在而其他古代民族早已消失得无影无踪了呢？斯宾诺莎有他自己的回答：他们顽固地坚持诸如割礼这样的习俗，以此保持自己对东道国的独立。⑯ 斯宾诺莎批评犹太人自己同化的失败，他们同化的失败使得犹太人的种族存在远远超过同期的其他民族。正如邦尼·霍尼格恰如其分地强调的（虽然她并未提及斯宾诺莎），斯宾诺莎批判的摩西的特殊主义（"不可同化性"）正是卢梭主张的摩西立法的吸引力。⑰ 霍尼格的讨论暗示了《论波兰政府》第 2 章对摩西的重要论述与斯宾诺莎的论述高度类似，但结论截然相反。卢梭在对摩西的称赞中写道，"他给希伯来人颁布了很多禁令，所有的计划……都让他们和别人在一起时永远不会被同化。摩西所建立的这个国家每个成员都紧密联系在一起，同时每个成员都是区隔他们邻居的障碍，他们与邻居之间保持界限而不会成为一体。"⑱斯宾

---

⑫ 同上书，第 45 页。

⑬ 参见斯宾诺莎在第 46 页关于鞑靼人精神衰弱的论述。

⑭ 同上书，第 47 页。

⑮ 也许把斯宾诺莎看作一位现代犹太复国主义的先知是走得太远了——本·古里安看上去是这样做的（编者注释：第 46 页注释 8）——但是斯宾诺莎没有排除耶稣恢复政权独立的可能性，并在严格意义上排除了被选定；见第 46 页。今天犹太人再次成为了被选定的民族，但是 1948 年之前他们不是（戴维·本-古里安，Ben-Gurion，1886—1973，以色列第一任总理，曾长期担任以色列总理。——译者）。

⑯ 这个答案出现在第 45—46 页。也可见于《神学政治论》，第 197—198 页。

⑰ 邦尼·霍尼格：《民主和外邦人》，（Princeton，NJ：Princeton University Press，2001），第 138 页，注释 35。

⑱ 让-雅克·卢梭：《论波兰政府》，维尔莫·肯德尔译，（Indianapolis：Hackett，1985），第 6 页。在卢梭的一个"政治片段"中，他甚至非常强调摩西律法的巨大成就："梭伦的、努玛的和莱克古士法律都死了；但更为久远的摩西法依然活着。雅典、斯巴达、罗马灭亡了，并且没有留下任何后裔；锡安毁坏了，但没有失去它的后人……这得是多么伟大的立法者啊，才能创建如此的奇迹？"卢梭继续写道，如此"独特的奇迹……值得明智的人把它放在希腊和罗马之上去称赞与研究它，它在政治

诺莎本可写下同样的内容——但因为有这个关键差别，所以对他来说这里没什么可以称赞的。

正如在第 2 章结尾做的那样，斯宾诺莎在第 3 章结尾再次从旧约转向了新约。这一次他的目的是展示圣经的宗教毫无疑问是普遍的，其中道德—宗教的普遍性并未被"法利赛人"颠覆，后者坚持的启示仅仅适用于一个特定的民族。人们一定会被第 3 章结尾斯宾诺莎本人那样的称赞基督教所触动。在哈克特版的第 43 页，他写道"他的（保罗的）教义和我们的教义是一致的"；在第 44 页他写道"保罗的教导与我们的教导相一致。"原因非常清楚。因为《旧约》的道德普遍主义（就算存在的话）在神学上尚有争议，而《新约》的道德普遍主义明白无误，对斯宾诺莎来说，击败犹太教狭隘主义的最可行方法便是最终向《新约》靠拢。⑭ 正如斯宾诺莎强调的，"真正的德性"就是普遍主义。⑮ 因此，一个宗教，如果它的基础是真正德性之外的其他东西如选择或选定概念，它必须在普遍化方向上被重新解释（如斯宾诺莎对犹太教的非特殊主义化），否则终被拒斥（比如斯宾诺莎最终选择基督教）。

斯宾诺莎在第 4 章通过提出犹太律法究竟应归入神法还是人法这个深刻的问题，讨论了法的本质。斯宾诺莎声称有一个"自然神法"，它阐明了人性内在的至善或最高的祝福。这个至善包括"哲学思想"、"纯思维活动"和"对上帝的理智认识"⑯——所有这一切本质上都是相同的。所有其他关于正确调节人类行为的法律仅仅是"人法"。⑰ 摩西律法哪个方面符合这个基本框架？正如斯宾诺莎设想的，"自然神法""是普遍适用的，是全人类共有的……它并不有赖于任

---

机构和人员制度方面都令人钦佩。"《卢梭著作选集》，第 4 卷，罗杰·D.玛斯特和克里斯托弗·凯利编，(Lebanon，NH：University Press of New England，1994)，第 34 页。约翰·托兰曾作出类似而引人注意的讨论，见《拿撒勒人》，贾斯汀·钱皮恩编，(Oxford：Voltaire Foundation，1999)，第 237、239 页。至于康德对卢梭和斯宾诺莎之间争论的介入（更多站在斯宾诺莎一边），可见《纯然理性界限内的宗教》，艾伦·伍德、乔治·迪·乔瓦尼编(Cambridge：Cambridge University Press，1998)，第 139—140 页的注释（努玛，罗马的立法者。莱克古士，希腊立法者。锡安，在犹太教的圣典里，锡安是耶和华居住之地，是耶和华立大卫为王的地方。——译者)。

⑭ 因此，哲学上讲，斯宾诺莎致力于基督教而霍布斯没有。正如 J.G.A.波考克恰当地指出的，如果基督的使命仅仅是恢复摩西的神权政治（霍布斯和哈林顿也这样认为），那么追问"儿子是否给父亲增加了东西"就是合理的：见詹姆斯·哈林顿：《导论》、《奥希阿纳政权》、《政治系统》，J.G.A.波考克编，(Cambridge：Cambridge University Press，1992)，第 22 页。人们也许会认为，斯宾诺莎接受了这个挑战来应对霍布斯主义的观点，并在根本上确立了哲学的而不是宗教或神学的标准。

⑮ 《神学政治论》，第 43、45、47 页。

⑯ 同上书，第 51、50 页。

⑰ 同上书，第 51 页。

99 何历史的叙述"⑤——因此要引入这种作为"自然"的法使之胜任。这个法还"不要求举行仪式",⑭除了"法律本身",它也不提供奖励,所谓法律本身就是"真正自由"的经历。⑮"理性的自然之光"是我们真正的指南,与此相应,"传统和权威仅仅是影子。"⑯与此相伴的是对宗教仪式的废弃;不再呼吁彼岸的奖惩;所有特定历史叙事之权威(不管基于哪一个约)的贬值。在理性的自然之光地位绝对上升、权威地位绝对贬值的背景下,我们应怎样拯救圣经的地位(尤其是它作为法的地位)?⑰

　　第4章提出的不可回避的问题是:非自然的神法(摩西律法属于此类)这个范畴是否真正可行? 如果自然的神法与人法的区分并不是一个穷尽的区分,那么事实上一种不属于任一范畴的也不能满足任一类型的法合理么? 我们可以这样重申斯宾诺莎对这个根本问题的回答:摩西的"上帝法"是一个公民宗教——即一种倾向于允许"以色列人在特定土地上联合起来的"公民宗教,从而"形成一个政治联盟或国家"并"约束[他的人民]服从"。⑱ 但是公民宗教并不是宗教(至少不是一个在哲学上受到尊重的宗教);服从于摩西目标的上帝法不是一个

100 合格的神法。摩西法典在满足摩西立法初衷的意义上也许是成功的(至少在以色列人拥有自己国家的时代)。然而,与在何种意义上自然的神法是神法这个

---

　　⑤　同上书(中译本,第69页。——译者)。

　　⑭　同上。

　　⑮　同上书,第52页。

　　⑯　同上。

　　⑰　自然神圣法中的"自然"不仅指自然—传统的区别(第60页:通过自然/仅仅通过研究),更重要的是,它指的是自然—超自然的区别(自然之光/超自然之光),对此斯宾诺莎在第58页作出了标注;参见(第7章)第99—101、103—104页关于"自然之光"与"超自然之光"关系的讨论。它带来的结论就是,不管是在旧约还是新约当中,相比于圣经的超自然教义,自然神圣法与"理性的自然之光"更为接近。

　　在第51页,斯宾诺莎宣称摩西法虽然不具备普遍性(法被认为属于"一个特殊民族"),但仍可算作"上帝的法,或神圣法"(虽然不是自然神圣法),因为"我们认为它为先知的洞见所支持"。人们有充分的理由认为这是一个临时的概念,后面将受到质疑和削弱。早在第5章第1节就已经清楚地说明了这一点,在此斯宾诺莎写道"显然这种仪式[摩西所订立]不是神律的一部分,和幸福德行毫无关系"(第59页)。在第51页,斯宾诺莎写道"自然的神法并不要求举行仪式"(着重补充);但是在第5章开始,这一原则已被改成了神圣法本身。(也就是说,自然神法之外并无神法。)

　　⑱　同上书,第53页;参见第64页,关于摩西的"国家的宗教"的介绍(根据雪莉的翻译)。这段文字认为摩西的公民宗教没有通过惩罚的威胁[恐吓他们]来"鼓励"士兵取得军事胜利;并且"使人民出于奉献而不是恐惧尽自己的责任"。这一说法是对马基雅维利观点的抽象(对此,斯宾诺莎在别处也表达过——例如,参见本章注72),摩西的各种公民宗教可以对士兵和民众作出更高阶的恐吓。

问题相比，它是否可以在任何意义上都让摩西法成为神法？回答是否定的。虽然斯宾诺莎在这些术语中并未表达自己的观点，但我认为第 4 章的论证通过说明斯宾诺莎对犹太教的拒绝已经清楚地重申了这些观点，因为它被摩西当作公民宗教并且仅仅是公民宗教。

第 3 章还是这样，斯宾诺莎在这章快结束时从《旧约》转到了《新约》。和以前一样，基督的教导与希伯来文圣经的法律和预言的区别在于它崇高的普遍性：

基督被派往人间，不只是教导犹太人，还要教导整个人类。因此对他来说，基督的思想仅仅适应于犹太人的信念是不够的；他的思想必须适应那些全人类所共有的信念和教义，也就是那些普遍正确的真理。[59]

和《旧约》的先知（包括摩西）不同，基督通过"纯粹思想"这种方式来实现神圣真理。[60] 尽管基督也通过律法的形式宣告了它的部分教义，但"他这样做是因为人们无知和固执"[61]——这暗含着"以上帝的名义制定了律法的希伯来先知"[62]（再次包括摩西）没有这样做，他们之所以这样，既是为了指导无知者，也因为他们对神圣法律的认识不足。至于普通人是否有能力认识到这点，那些有眼光的基督教义的接受者们把它看作是"永恒的真理，而不是规定的法律"。[63]就像斯宾诺莎理解并实践的那样，"纯粹思想"的说法显然针对的是基督及其哲学，然而微妙却明白无误的含义是基督的贡献在于把人"从摩西立法中"解放出来，[64]这是通往真正哲学的必要条件。基督和保罗被看作是最初的斯宾诺莎式的哲学家：和摩西一样，他们仍然不得不传达众人可接受的神圣法律的图景，但和摩西不同的是，他们掌握了高于一般图景的、关于神圣性的更加超越的概念，并因此期待着真正的哲学。[65] 有人可能会说，基督和保罗处于摩西和斯宾诺莎中间，一边是摩西的公民宗教，另一边是斯宾诺莎对作为纯粹理智的神更为纯粹、更为严格的超越的理解。

这一章以长篇称赞所罗门这一非先知[66]（"比起谨慎和智慧，圣经中对他的

---

⑤⑨　《神学政治论》，第 54 页（可参见中译本，第 73 页。——译者）。

⑥⓪　同上。

⑥①　同上。

⑥②　同上书，第 53—54 页。

⑥③　同上书，第 55 页。

⑥④　同上。

⑥⑤　就此而论，重要的是认识到是圣保罗（而不是耶稣）让基督教远离了摩西律法。当斯宾诺莎特别给予保罗以强烈的哲学支持的时候，已经很难说这不是对废除犹太教的哲学支持了。

⑥⑥　同上书，第 56—58 页。

预言和虔诚称赞并不是太多"⑥)而结束。如果基督和保罗仍具有摩西公民宗教的因素(即神圣法不是自然的神圣法)，那么在圣经中，所罗门则最接近斯宾诺莎对真正哲学家的设想。⑥ 所罗门的智慧(也是斯宾诺莎的智慧)属于惩罚的教义。这种智慧——在精神上与古希腊的智慧相接近⑥——其德行通过美德获得奖励，其愚蠢和邪恶是通过他们的愚蠢和邪恶来惩罚。⑦ 前者的灵魂处于宁静之中，后者灵魂焦躁不安。⑦ 恰恰相反，摩西的观点是邪恶将在此岸和彼岸遭受永久的惩罚，这是由(非自然的)神法所规定的。⑦ 基督和保罗代表了超越摩西概念(哲学方向上的概念)的重要过程，但他们没有在整个高度上上升为适当的哲学观点。⑦ 自然的神圣法(正如斯宾诺莎所表达的)规定，人们之所以去正确地行事，只是为了正确地行事，而不是为了逃避人法或神法所规定的制裁。⑦ 要达到这种洞察力，就要摆脱束缚，获得自由，这一具有解放性的观点便是"哲学"。⑦

众所周知，摩西律法对其追随者的要求是什么。然而，这是自然的神圣法所命令的么？根本上说，自然神圣法的禁令如下：善。做正确的事。有德行地生

---

⑥ 同上书，第 56 页(中译本，第 75 页。——译者)。但是，在第 77 页，所罗门对自然的理解力(因此也就是对上帝的理解力)受到了严厉责难。

⑥ 为什么所罗门与哲学观点有关？斯宾诺莎在第 215 页(参见第 213 页)对这个问题作了回答：所罗门知道正义的唯一来源便是人类的正义("只有人类才能发现神圣的正义的迹象")。神圣法官是终极正义的保证这个观念完全是迷信。参见施特劳斯对"传道书的宿命"的论述：《斯宾诺莎的宗教批判》，第 257 页。

⑥ 考虑到上述亲近关系，斯宾诺莎会和希腊哲学家进行论战就很奇怪了：见第 153 页；参见第 5 页。也可见斯宾诺莎在第 56 封信中对古代哲学家的批判性评价：斯宾诺莎《通信集》，萨缪尔·雪莉译，(Indianapolis：Hackett，1995)，第 279 页。当然，霍布斯的作品充满这样的争论，但是斯宾诺莎的哲学比霍布斯哲学的任何内容都更接近于希腊哲学(尤其是柏拉图)。

⑦ 《箴言》16:22 对所罗门的观点(哲学化观点)做了很好的概括："愚昧的人必被愚昧惩治"，斯宾诺莎在《神学政治论》的第 56、58 页引用了这句话。

⑦ 同上书，第 56—57 页；参见第 172 页"神圣精神自身便是从好行为中产生的思维的平和"。

⑦ 表面看来，旧约中关于惩罚的这个令人不快的(在哲学看来)主题与斯宾诺莎在第 92 页的建议是有张力的，斯宾诺莎认为摩西想要"建立了一个很好的政权"，所以他主张建立严厉的惩罚规则。

⑦ 参见第 78 页：只有哲学可以教导"上帝平等地关爱一切人"。

⑦ 同上书，第 55—56 页；参见第 52 页。在第 4 章结尾部分对惩罚教义的论述，与斯宾诺莎在第 162 页对宽恕作为信仰最终宗旨的论述直接相关——正如他正确地指出的，如果没有这些，这将很难理解上帝的仁慈的观念。(然而，在第 55 页他认为，把上帝描述为仁慈的是对"多数人的理解力和他们思想缺陷"的让步！)

⑦ 参见《通信集》，信件 43(第 238 页)对建立在惩罚基础上的宗教的"奴役"概念有一段重要讨论。事实上这封信的收件人是一位基督徒，这和我在注释 77 的讨论相关。

活——过有德行的生活不是为了逃避法律的制裁,不是怕适用惩罚性制裁(生活的束缚)的强制性一面,而是为了获得安静和不受打扰的灵魂——平和的灵魂(这就是自由的生活)。⑯ 德性是它自己的回报,愚蠢是它自己的惩罚。比起旧约犹太教,新约基督教与斯宾诺莎的观念更为接近(因为它较少强调遵守特定的法);然而,人们容易产生怀疑的是,即使是基督教,它也一直呼吁简单的奖励和直接的惩罚。⑰ 第一类(强制的)"神圣法"⑱和第二类(立足于自由的)神圣法之间的一个显著区别在于,第一类可以在各种环境中,在与他们生活的公民社会的法律与规范的紧张关系中,获得其信徒,而第二类则不能。⑲ 有德行地生活和做正确的事不会对既定社会秩序构成威胁,但是狭隘的风俗和神圣文本命令的实定法可以扰乱社会秩序。(史蒂芬·史密斯提到,霍布斯是"基督教作家"中唯一一个预计到卢梭的主题的人,这也许是对斯宾诺莎的观点的间接引用,史密斯也许想到的就是斯宾诺莎。⑳)因为宗教法和世俗秩序的规范之间潜 103

---

⑯　正如莱恩·巴洛特提醒我的,斯宾诺莎"安宁就是幸福"(幸福=平静)之观念也许可以在伊壁鸠鲁主义中找到哲学根据。人们也许认为,斯宾诺莎一点不亚于伊壁鸠鲁,对他来说哲学生活就是沉着,或平静的生活。参见"信仰告白"中"卢梭的'正直人的宁静'之思想",(《爱弥儿》,艾伦·布罗姆译,New York:Basic Books,1979,第 288 页)。

⑰　在第 62 页,斯宾诺莎声称在《新约》中(与《旧约》承诺的彻底的物质和世俗利益回报相比较)"承诺的是上帝之国"(这也就暗含着要在隐喻意义上来解释)。这也表明关于惩罚,新约所规定的也仅仅是精神的和形而上学的。在斯宾诺莎的观点中这也许真实的;也许不是。即使假定这是斯宾诺莎的观点,然而人们还会有疑问:主张保罗的基督教不存在粗暴的惩罚,斯宾诺莎能够说服尼采(以及受到尼采影响的我们)么?

⑱　参见第 60 页(中译本,第 79 页。——译者):"摩西律法的目的是控制希伯来人,而不是指导他们。"

⑲　在第 62 页(中译本,第 81 页。——译者),斯宾诺莎写道,犹太人在埃及"除了自然法外,并且毫无疑问,除了他们所在国家的法律和与神的自然律结合的法律以外,不受任何法律约束。"这段话的最后一句听起来好像自然神法和(东道国)国家法律之间在原则上有可能是冲突的——并且在冲突的情况下,自然神律必须是至上的。考虑到斯宾诺莎对自然神法的发挥(把自然神法看作是普遍的自然法),很难说真的会出现冲突——除非说,这个人生活在纳粹国家,在那里谋杀成了国家法。

⑳　参见第 5 章注释 2。卢梭在《社会契约论》中从未提到斯宾诺莎,但很奇怪,第 4 卷第 8 章中斯宾诺莎的痕迹清晰可辨(更不用说《爱弥儿》第 4 卷中具有斯宾诺莎特征的神学教义);参见乔纳森·以色列:《激进启蒙》(Oxford:Oxford University Press,2001),第 266、269 页。还值得注意的是,卢梭在《社会契约论》第 4 卷第 8 章对"真正宗教"的呼吁使用的就是重要的斯宾诺莎式术语。在《论科学与艺术》快结束时,卢梭提到"像霍布斯和斯宾诺莎这样危险的空想"(具体而言,他感叹印刷术的发明使得这些危险的空想在人类社会得以长存)。在《论科学与艺术》这些章节的启发下,事情变得很清楚了,无论卢梭认为他与霍布斯和斯宾诺莎在理智上多么亲近,他都会明确与他们保持距离。

在张力,斯宾诺莎在第 5 章特别强调所有的礼仪和纪念活动从犹太人开始流亡起就失效了。[81] 这就好比当代穆斯林声称当他们生活在非伊斯兰社会时就没有义务执行古兰经仪式了,这种说法本身就已经足以(从正统的角度)导致斯宾诺莎在 1656 年被逐出教会。[82]

当他在第 5 章提到日本的基督教禁令时,这非常有力地说明了斯宾诺莎的普遍的神圣法律可以与不同政治秩序轻松实现兼容。即使基督徒的外在仪式受到严格禁止,他们也能"过上受祝福的生活"。[83] 很明显,即使与非基督教国家世俗要求相抵触,也可以像斯宾诺莎理解那样忠实于神圣法的禁令(这是受祝福生活的条件)——至少在日本政府看来,在文化上践行特定的外部仪式与政治秩序的运行是相抵触的。基督徒作出的选择清楚地说明了斯宾诺莎所关注的问题,那就是实践上不要局限于犹太礼仪。人类被不同的宗教文化所分开,然而大家都追求哲学家的宗教——即斯宾诺莎的神圣法,这是使我们所有人类走向真正的普遍主义的基础。

第 5 章对《圣经》教义作出了惊人的颠覆,它认为圣经宗教仅仅是"经验"的宗教,它针对的只是"普通人",这些人难以意识到"逻辑思维";真正的哲学家不需要《圣经》;有一种纯形式的虔诚——哲学的虔诚——它明显高于一般的虔诚。[84]

104

---

[81] 有时斯宾诺莎指出:"只有当他们的国家存在时"(第 59 页)摩西律法才是有效的;有时他强调,只有当他们拥有一个"独立的国家"(第 62 页;着重强调)时,这才是有效的。根据第二个表达,犹太人不仅在流亡的时候,而且在他们居住在自己的土地但受罗马人统治的时候,他们都没有义务服从习俗。

[82] 同上书,第 61 页,注释 1;参见第 10 页。在第 62 页,斯宾诺莎令人惊讶地声称,犹太人在失去了他们的独立国家后仍保留了他们的仪式就是为了"反对基督徒,而不是取悦上帝"。人们不可想象,对斯宾诺莎来说,按照他所定义的虔诚,阿姆斯特丹的犹太长老也不算真正的虔诚。

[83] 同上书,第 65 页(中译本,第 84 页。——译者)。

[84] 同上书,第 66—67 页。考虑到施特劳斯对启蒙的批评,这里就有个巨大的悖论。一方面,斯宾诺莎坚决地——也许是最坚决地——拥护启蒙;另一方面,我们从这样的文本可以看到,斯宾诺莎又恰恰坚定支持施特劳斯与启蒙彻底的对立(因此,施特劳斯赞赏斯宾诺莎为深奥体验论的实践者)。约维尔这样认为:"虽然斯宾诺莎的理性理论潜在的是现代和民主的,但他关于圣人和众人的观点仍然是中世纪的。"《斯宾诺莎和其他异教徒》,第 1 卷。《理性的马拉诺》,(Princeton, NJ: Princeton University Press, 1989),第 31 页。在施特劳斯看来(《斯宾诺莎的宗教批判》,第 101 页),在这方面霍布斯比斯宾诺莎更具革命性:关于所有人的理性能力,霍布斯的学说认为智者和庸俗之间的区别变得无关紧要,"因为这种区别[失去其特点],在确立政治忠诚方面没有必要诉诸宗教。"恰恰相反,斯宾诺莎远没有霍布斯激进,仍然是一个"阿维罗伊主义者。"(有理由认为,这段文本表达了施特劳斯政治哲学的精髓。)

为什么施特劳斯既认为启蒙运动是一个巨大的错误,实际上又在斯宾诺莎旗帜(以下简称"神学—政治"问题)下发展他的政治哲学? 人们会说,从施特劳斯的角度来看,根本上有两种政治哲

斯宾诺莎区分了圣经中的故事（普通人"喜欢"这种故事）和"叙述中隐喻的教义"（哲学家们可以把握它）。如果一个人能够把握"叙述中隐喻的教义"，他一定可以不需要叙述就掌握教义。进而言之，普通人需要先知"来引导他们"来把握叙事的意义；而哲学家们明显不需要。[85] 一方面，有人完全信仰叙事但并未受到祝福，因为他们并未掌握叙事中隐含的教义；另一方面，有人（比如，亚里士多德伦理学勤勉的追随者[86]）"对圣经的叙事完全不熟悉"，但是他们的生活"绝对受到了祝福"。[87] 遵循斯宾诺莎所暗示的这个对比进行思考，不难发现，哲学的虔诚不仅与一般的虔诚同样虔敬（根据他的行为[88]），而且它还高于（即，更具有理性）一般的虔诚。[89] 从这个论证可以得出什么结论呢？结论便是：如果所有人都成了哲学家，那么人类便可以抛弃圣经且无须虔敬！ 105

　　在第6章揭穿奇迹之后，斯宾诺莎在第7—10章致力于圣经批评，这也使得《神学政治论》深刻又广泛地影响了现代西方文化。[90] 我不打算详细说明斯宾诺莎的圣经语言学。尽管如此，在第7章还是有一些重要论述，因为它们涉及该项工作的更大的哲学目的。他在第7章以"宗教的改革"[91]这一主题开始——《圣

---

学——一种启示和理性（至少表面上）能够和谐相处（迈蒙尼德的政治哲学）；另一种理性和启示根本上而且必然地处于紧张之中（斯宾诺莎的政治哲学）。对于前者，原则上根本没有神学—政治问题；对于后者，明显存在。举着"神学—政治问题"的旗帜，施特劳斯向他的读者表明其政治哲学是斯宾诺莎式的，而不是迈蒙尼德式的。参看凯瑟琳和迈克尔·扎科特：《有关施特劳斯的真相》，（Chicago：University of Chicago Press，2006），第154页（马拉诺，指中世纪时在西班牙和葡萄牙境内被迫改信基督教而暗地依然信奉原来宗教的犹太人或摩尔人。——译者）。

　　[85] 《神学政治论》，第68页。

　　[86] 同上书，第69页。

　　[87] 同上书，第68页。

　　[88] 同上书，第70页。

　　[89] 这可以看作是柏拉图对荷马这样诗人"没有基础的"派代亚（Paideia）之批判的现代重演。伽达默尔在他的论文"柏拉图和诗人"中对柏拉图的批判做了主题化归纳：见汉斯-格奥尔格·伽达默尔：《对话与辩证法》，P.C.史密斯译，（New Haven：Yale University Press，1980），第39—72页，尤其是第61—62页对"没有哲学的风俗"的讨论，（《理想国》，第10卷）欲了解更多具体的柏拉图文本，可参阅我的导言，注释11。

　　[90] 有必要强调斯宾诺莎只把他的文献学方法运用于《旧约》。第11章并不是文献学章节。相反，它对《新约》中理性和启示之间的平衡点做了哲学论述。（然而，斯宾诺莎在第150页在文献学能否适用于新约这个方向上的确作出了探索。）《利维坦》第33章充满了对《旧约》圣经的整体批判。正如柯利在第53页"我不敢写得如此大胆"指出的，莱布尼茨的看法（并非没有道理）是，霍布斯已经为斯宾诺莎的理智和文化革命"播下种子"。还可见马丁尼奇：《霍布斯传》，第247—249页。

　　[91] 《神学政治论》，第86页；参见第105页（第8章开始）（中译本，第129页。——译者）："把自己的意见附加上去"，以及第110页："按照他们自己的思路来塑造新的《圣经》。"

经》基本意思的混乱是因为神职人员出于自己利益的蓄意篡改——这意味着人们可以（在圣经解释的科学原则帮助下）把"圣经本身"从他们出于自己目的的"发明"或"胡编乱造"中解放出来。⑨²《圣经》的神圣性在于其道德教义的正确性。⑨³ 在这个意义上可以说，哲学仍然是《圣经》的神性的仲裁者，因为哲学根据可证明的真理⑨⁴来决定什么是真正的道德教义，并以独特的地位来确立《圣经》道德教义的真理性。人们可以通过对《圣经》中真正神圣内容的理解（这与神学家和其他骗子的发明和捏造而叠加在经文之上的内容相反）来强调这一点，这过程中也伴随着对真正道德本质的哲学洞见。《圣经》中有真正的先知，但他们的真理建立在他们对什么是"正确和善"的理智把握上。⑨⁵ 我们不从先知的信念开始。相反，我们先从对道德正义感（"真正德性"的教义）的理性"明显的"洞见开始，从那得出我们对他们的信心。⑨⁶ 这显然是断言理性的优先地位——认为应该在原则上绝对忠诚于《圣经》的正式文本（不是编造和杜撰的文本）⑨⁷——理性的优先地位意味着信仰是次要的、派生的。

不用说，人们很难再继续像以前那样基于错误信念而认为《圣经》是一个单一的、没有纰漏的、神圣的文本了，人们在斯宾诺莎哲学学说的基础上认识到它事实上是不同作者的文集，不同的作者在不同时间与地方、为了不同的读者、出于不同的目的写就了这本书。⑨⁸ 然而，这并不必然意味着文献学训练就是严格

---

⑨² 同上书，第 86、87 页。

⑨³ 同上书，第 87—88 页。

⑨⁴ 《神学政治论》，第 87 页。

⑨⁵ 同上书，第 88 页。

⑨⁶ 同上。

⑨⁷ 参见第 136 页："我为圣经做了一项工作，通过阻止按照错误的篇章去理解清晰未受玷污的章节，使其未受影响。"还可见第 135 页："它们把可靠的和错误的都混到一起了。"

⑨⁸ 同上书，第 90 页；参见第 158、167 页。圣经是不是有一个神圣的作者？ 如果有，那么斯宾诺莎的哲学事业就没有意义，它的核心是尝试区分圣经各个部分的特定作者。有趣的是，在第 96 页结束时，斯宾诺莎非常犹豫使用"作者"这个术语。假定人类作者总是去挑战神圣作者的观念，这是他认可的方式么？ 也许他仅仅是打算提出他的想法，这些所谓的作者的主要工作是"简单抄录"之前就存在的文本（第 132、135—136 页）。在我看来，斯宾诺莎始终坚信不疑，圣经是很多人类作者的记录与作品的汇编。在第 8 章，斯宾诺莎发展了他的观点，希伯来圣经的前十二书是同一个作者写的，他认为这个作者是一位"历史学家"；在第 113 页（参见注释 16 补充，第 235 页开始）他坚定认为，这个唯一作者就是以斯拉。这与霍布斯的观点不谋而合：见《利维坦》，麦克弗森编，第 422—423 页，论埃斯德拉斯（即以斯拉）。在《神学政治论》第 10 章（第 132 页），斯宾诺莎还认为有另外一位历史学家写下了《但以理书》、《以斯拉记》、《以斯帖记》、和《尼希米记》等内容，虽然他并不知道后来的这个历史学家是谁。

见希金斯：《上帝并不伟大》，第 161—168 页，对一个更近些的据称是启示文本（即摩门

106

意义上的揭穿与暴露。斯宾诺莎指出，这里的主要目的是从"那些只是暂时的意义或仅针对少数人的利益的东西"[99]中区分出"永恒意义的教导"，我们没有理由不去考虑字面意思。这完全符合预先理解的教义，即认为《圣经》中确实包含有一些正确的神圣的东西——即真正先知所示范的"真正德性"[100]，它代表了圣经与理性或哲学的融合点。然而，需要强调的是，理性和《圣经》经文之间的融合是不对称的。正如之前指出的，它是根据理性的判断进行的融合，看起来很清楚，斯宾诺莎试图在经文中寻找的"永恒意义的教导"仅仅偶然在原则上可以与哲学相融合，何况由不同作者的、不同时代的、为了不同读者的不同文本组成的《圣经》文本从来就不完备。

　　斯宾诺莎诉诸《圣经》中"永恒意义的教导"，表明了《圣经》作为权威文本的完全积极的关系。然而关于《圣经》，斯宾诺莎还有一个更为黑暗的故事，第7章指向或者至少是有意指向这个方向。很明显，霍布斯是斯宾诺莎的直接前辈之一，对于那些垄断其解释权威的人来说，"普遍视为神圣"[101]的文本是社会和政治权力巨大的资源。[102] 这个权力与神圣文本权威解释相关，也涉及到行使这项权力的牧师和拉比阶层的利益。正如斯宾诺莎所言：

　　　　保持语言，一般大众与有学问的人是一样的，但是，只有有学问的人才能保持特殊句子与书籍的意思。所以，我们也许不难想象，有学问的人可能改变或损坏了他们所拥有的稀有的书。[103]

　　不应假定牧师阶层是可信赖的；恰恰相反，在斯宾诺莎看来，这种形式的权力就与其他形式的权力一样，都会让拥有并行使它的人腐化[104]——斯宾诺莎认

---

经）——推而广之，更一般的启示文本——的作者是人类还是另有神圣作者问题的反思。关于摩门"启示"的更多细节，见唐纳德·哈曼·埃克森：《一些家庭：摩门教与人类如何记录自身的轨迹》（Montreal：McGill-Queen's University Press，2007），第2章。

　　[99]　《神学政治论》，第90页。

　　[100]　《神学政治论》，第91页。

　　[101]　同上书，第90页。

　　[102]　在第95—96页，斯宾诺莎对古希伯来语（本身很少有元音）后来的元音化作了非常有趣的讨论。事实上他是这样说的：可以想象，解释古希伯来语的人插入元音化的口音是一个巨大的权力！（希金斯在《上帝并不伟大》的第130—131页也指出，编辑古兰经也有类似的问题——包括语言的元音化。）

　　[103]　《神学政治论》，第93页（中译本，第116页，有改译。——译者）。

　　[104]　参见第129页，这里斯宾诺莎特别表达了对犹太拉比的不信任，正是后者对圣经经典做了关键决定（"的确令人遗憾，这些崇高且神圣的事情是由他们完成的……我忍不住怀疑他们的好信仰"）。斯宾诺莎对选择圣经正典的过程的有力论证，见第136—137页。

为,对于追逐私利的祭司阶层,修改或改动《圣经》文本是一个巨大的诱惑。[105] 因此,恢复文本的真实性就要求文本必须经过公正无私且科学严格的审查。斯宾诺莎的解经学成了公正无私和严格科学的代表。

整个斯宾诺莎文献学都在致力于削弱如下这个信念,即认为《圣经》是一个统一且连贯的文本。在(第 10 章)对《但以理书》的讨论中,他特别指出其缺少连贯性的关键证据,这个部分事实上是"写于古巴比伦[并因此]可能来自迦勒底人的编年史"。[106] 这个非希伯来的文本,一旦被混合进来,将非常令人惊讶,"和圣经别的文本一样令人惊异。"[107](正如斯宾诺莎接着前面讨论的,没有理由相信《约伯书》来自于非希伯来文献,但是他承认这个话题更多的是猜测。[108]) 正如斯宾诺莎明确指出的,希伯来圣经吸收非希伯来片段代表着对斯宾诺莎普遍主义的辩护:

　　[关于《但以理书》中混入其他文本——混入了迦勒底人的编年史——的话题,如果得到证明]这将足以说明,《圣经》之为神圣的,有赖于我们对书中表示的教义的了解,不在表示教义的文字和辞句。也可以证明,反思教导讲论最高至善的事物的,不拘是什么,那样的书一样是神圣的,不管所用的文字是什么,或属于哪个国家。[109]

　　也就是说,认识《圣经》中被认为的神圣之物有助于揭示真正的神圣之物——即它的(《圣经》中最高尚的部分)道德内容,道德在原则上可以出现在所有文化之中,而且同样神圣。

　　在他讨论《旧约》的最后,斯宾诺莎坚持认为他的工作绝不是要去亵渎或者颠覆《圣经》,因为"没有哪本书是没有错误的"。[110] 但是能把《圣经》看作和其他书是同样的书么? 语法的错误或者从先前编年史转录的错误与圣经作为神圣启

---

　　[105] 斯宾诺莎在第 99 页提到的"恶意"告诉我们,自我利益并不必然是故事的最坏部分。这就好像《圣经》的实际文本已经反映了那些有权传播它的人的所有恶习一样。

　　斯宾诺莎强烈质疑祭司翻译的特权,这与他早期的讨论相关,之前他讨论过信任"自然理性之光"还是诉诸一个(定义上的)神秘的"超自然之光",斯宾诺莎在第 7 章结束处再次捡起这个主题。这两个主题是直接相连的,因为诉诸"超自然之光"就会导致牧师精英垄断权威,相反,信赖自然理性之光则确认了每个理性个人可以自己解释《圣经》。这是第 7 章最后一页非常重要的主题。

　　[106] 《神学政治论》,第 131 页。

　　[107] 同上书,第 132 页。

　　[108] 同上书,第 131 页。

　　[109] 同上书(中译本,第 162 页。——译者)。

　　[110] 同上书,第 136 页。

示的作品相矛盾么？很明显，斯宾诺莎的批评并没有回避这些问题。斯宾诺莎认为他可以回答这些问题，并在第 12 章给出了答案，但正如他在第 12 章开端明确说明的，如果完全清除这些内容将带来对他"解释学"的质疑。

第 11 章的第 1 句话就确认了基督使徒的预言地位；但是这一章其他内容目的都是彰显预言和教导的区别，其实际效果是表明基督教作为一个宗教根本上已经摆脱了预言（对于它的前身宗教，这是一个关键且有益的变革）。[111]　109 预言是"权威"，它包含了"教条和法令"，并表示这反映了"［神］的本质绝对权力"[112]之无条件性。另一方面，《新约》的教导是探索性的、可讨论的、诉诸理性的，与听众或读者的判断相关。[113] 比如《使徒书》的作者们，这些使徒们不是"表达上帝旨意"或者"上帝命令"的预言家，而是依靠"他们自己自身判断能力"[114]的教师和哲学家或准哲学家。把《新约》[115]中的《使徒书》看成一种哲学，认为它在理性—启示的对立中多少倾向于理性一边，这服从于斯宾诺莎自由化/理性化犹太—基督教的整体工作。它的直接后果是削弱了把《新约》看成启示文本的主张，斯宾诺莎一定会欣然接受这个结果。[116]

与《新约》作为使徒自己"自然判断能力"的作品这个教义相反，《旧约》更多的以传统（可以说，是完全正统的）启示概念为基础，斯宾诺莎似乎忘记了他曾把上帝理解为自然。为此，他诉诸这样一个观念，即摩西和其他先知是从私人的上帝那里接受明确命令的，饱受蔑视的"法利赛人"肯定同意这样来理解上帝和他的先知之间的关系——也就是说，上帝是以这样一种方式把他自己启示给

---

[111]　摆脱预言就是摆脱启示。这是一个相当敏感的话题，所以斯宾诺莎仔细应对，这一章的论述并不在一根直线上。然而，它的基本主旨是：与《旧约》相比，《新约》代表了启示和理性的两极之间决定性的运动。

[112]　《神学政治论》，第 138、139 页。

[113]　同上书，第 139 页。

[114]　同上书，第 140 页。把使徒（仅仅）看作教师同样是《利维坦》第 42 章的重要主题。霍布斯的关键点是"教会的权力"不可以回溯到使徒，因为"那个时候不是通过强制来管理，只能通过教义和规劝"。

[115]　人们自然会问到，为什么《使徒书》在第 11 章受到全面关注而福音书却没有：斯宾诺莎在这里的目的是将《旧约》与《新约》之间的区别定位在预言和教导之间的区别上；而《使徒书》显然比福音书更能体现斯宾诺莎对使徒作为教师的定位。（从该章的第一句开始，他就确认，他们也是先知，但除非使徒允许我们首先以不同的标签看待他们，斯宾诺莎将按照《神学政治论》的要求对《新约》和《旧约》作出根本区分。）

[116]　《神学政治论》，第 140 页："使徒书中使徒表达和讨论的方式清楚说明，这些不是源自启示和上帝的命令，而是来自他们自己判断的本质能力，仅仅礼貌地表达兄弟般的劝告（确实，这与先知权威非常不同）"；着重强调。

110　先知,让他们立即并明确地知道他的意志。⑰ 斯宾诺莎自己会认为这是理解上帝的正确方式么? 显然不会。然而,重新接受《旧约》先知的正统形象有助于进一步理解斯宾诺莎把《新约》作为新的、更加理性、更加哲学化的宗教所做的描述。⑱

　　预言具有传递上帝命令的职责和任务,而教导建立在对接收的信息自由裁量权基础上。换句话说,以理性和论证为基础的教导开辟了人类自由的空间,而先知拒绝这种自由(通过先知来接受命令的上帝的子民也拒绝它)。⑲ 斯宾诺莎承认,使徒之所以被看作是使徒,重要原因便是他们获得上帝启示的预言能力,但他故意淡化了使徒使命的预言特征,并强调了他们使命的教导特征,以此实现他对《新约》的构想——《新约》表达一神论传统对于自由的新体验。

111　　第12章的主题是说明《圣经》中不朽的部分和错讹的部分。在斯宾诺莎文献学调查启发下,这是一个无法回避的问题,因为调查工作主要内容便是揭露文本的错讹以及文本中含蓄表达出来的犹太教卫道士灵魂上的腐败,后者的腐败

---

　　⑰　在第141页,斯宾诺莎对比了"旧先知"的特殊—狭隘主义与使徒的普遍主义。旧先知需要更具体的命令,因为他们预言任务是和特定民族相联系的,然而使徒却不必如此,因为他们的使命是更加开放(普遍)的教化任务。(然而,正如斯宾诺莎在这一章收尾句子所承认的——并且正如编者在第144页注释2所恰当强调的——在诸多使徒当中只有保罗是世界性的传道人。我设想人们可以这样来重新强调斯宾诺莎的主张:在原则上,新约是普世性的教导,即使在实践中福音书主要是讲给犹太人的。)

　　⑱　同上书,第142页:"使徒书信完全受自然之光主宰。"与此相反,"这不是自然之光的德性——这是理性的运用——先知们由此得知他们的启示"(第139页)。不仅如此,人们应该看到在同一段中,斯宾诺莎认为使徒们完全受自然之光主宰,他还做了一些明显的回溯:使徒作为先知接受启示;"虽然使徒所鼓吹的宗教……与理性并不协调,然而每个人都可以凭借理性的自然之光来领会……它的存在。"正因为这些含糊其辞(使徒作为先知获得超自然之光,但在使徒书中他们并没有使用超自然之光来传播教导),我前面才会说到,斯宾诺莎认为《新约》"更多倾向于理性一边",而不是直接只依赖于理性。

　　谁是启蒙的奠基者? 它是如何获得这个特别名字的? 这与斯宾诺莎把笛卡尔的"自然之光"比喻作为他的理性首要术语有关么? 人们或许会把"光"的比喻开端追溯到培尔:见皮埃尔·培尔:《彗星出现的不同思考》,罗伯特·C.巴特利特译,(Albany,NY:SUNY Press,2000),第37、41、60、71、212、276、315页。也许人们可以进一步回溯到霍布斯:正如大卫·约翰斯顿在《利维坦的修辞》第5章强调的,根据霍布斯《利维坦》第4部分对"黑暗王国"的论战以及对光明王国(建立在"自然之光"基础上)的追求,人们可以很合理的把他与启蒙联系起来。斯宾诺莎作为启蒙坚定的奠基人这一概念,始终都是乔纳森·以色列《激进启蒙:哲学与创制现代性 1650—1750》这本书的中心论题。然而,如果有谁认为斯宾诺莎的解放性权力仅限于17和18世纪读者的话,那么他可以读一读阿亚安·希尔西·阿里的《异教徒》(New York:The Free Press,2007),第281—282页。

　　⑲　同上书,第143页:保罗的"劝说的自由"。此外(同页),使徒与其他所有教师一样,"总是喜欢指导那些初学者和没有受过别的导师指导的人。"言下之意是,在预言—启示领域有且只能有一个导师。因此,本质上的自由属于教师(和他的学生),与此相应的是,先知(以及那些表达预言的上帝的臣民)没有自由。

带来了文本的错讹。⑫ 让我再次提出之前提过的问题：在何种意义上可以说《新约》或《旧约》是启示的产物？第7—10章告诉我们，《旧约》最初是古代抄经人转录（抄录可能正确也可能有错）更古老手稿的产物，中世纪的拉比编辑并破坏了所形成的文本。⑫ 第11章告诉我们，《新约》最初是教师在教育上行使自己高度个人自由的产物——这是运用耶稣的教导来表达自己判断的自由，以吸引更多的追随者。要说经历人类各种事件之后的文本还有多神圣，这真的很难说。⑫

在本书的第十章结束部分，我会指出，斯宾诺莎对这些批评是有回答的，他不仅担心他的语言学研究会对《圣经》的权威带来致命的颠覆，还对前景感到绝对的愤怒。他的回答非常简单。那就是人们不应"盲目的"把《圣经》看作是上帝说的话，同时人们应该超越《圣经》文本的特定单词和短语，从而认识到哪些是宗教上正确的内容，因为《圣经》和其他书籍一样都充斥着印刷和传播的偶然性。事实上，真正的虔诚要求人们不要堕入那种尊《圣经》为偶像的迷信之中：崇拜《圣经》就是"崇拜纸张和油墨"——这是另一种形式的崇拜"形象与图形"的罪。⑫ 先知是真实的先知，⑫ 上帝的话语也是真实神圣的，但是这并不意味着呈现给我们的文本毫无瑕疵。斯宾诺莎应对的关键是诉诸圣保罗的话：真正的书信"不是用墨写的，乃是用永生神的灵写的……不是写在石板上，乃是写在心版上"（《哥林多后书》3：3）；斯宾诺莎哲学化宗教的本质与圣保罗对《旧约》的根本挑战是一致的——判断真正宗教与真正虔诚的依据是"灵"而不是"文字"。"上帝的话……是真正的宗教"，⑫ 因而文本的错讹并不足以阻止我们获得关于真正宗教的知识，也不足以阻止我们知晓上帝的话。

112

---

⑫ 施特劳斯以非常有趣的发现结束了他关于斯宾诺莎的专著，即发现斯宾诺莎认为是由"法利赛人"阴谋的最终目的带来了对希伯来文圣经文本的篡改：见《斯宾诺莎的宗教批判》，第268页。在JewishEncyclopedia.com的《传道书》文中提到，相对于正规的传道书，认为那些"作了努力杜撰使其[考虑到其感知倾向]走向异端的学说——就是伊壁鸠鲁主义"。

⑫ 摩门教的历史非常有趣地说明了后来的宗教权威如何履行编辑预言的职责这个主题。参见之前注释98引用埃克森时的讨论。

⑫ 参见《神学政治论》，第149页："它们是某些人的偶然的工作。"

⑫ 同上书，第146页。

⑫ 在第170页，在说明真先知和假先知区别方面，斯宾诺莎诉诸摩西的权威。在关于摩西的论述中（参见第181、182页）多次出现，诉诸可靠的"标志和奇迹"（即奇迹）。当然，虽然斯宾诺莎在第6章已经彻底揭穿了奇迹，我们还是仍很难看出斯宾诺莎表面支持摩西评判真先知的学说这一行为背后的意图。霍布斯也有矛盾的讨论：见《利维坦》，第32章和第36章；参见约翰逊：《利维坦的修辞》，第162—163页，他也突出了一旦奇迹被彻底揭穿人们应该怎样坚持真先知的观念这个问题。

⑫ 同上书，第149页。

　　斯宾诺莎以《圣经》的词语和《圣经》的意思之区别结束了该章的讨论,《圣经》的词语的确被破坏了,但《圣经》的意思没被破坏。[126] 在提出之前篇章中这些阴险的观点之后——这些观点表明《圣经》的传达者根本不可靠(拉比们选择了经典,拉比们插入了缺失的元音,等等)——斯宾诺莎以他自己的方式去安抚他的读者,提出这些错讹"并没有损害《圣经》的神性",[127]因为神圣法的关键信息(如爱上帝、爱邻如己)因其不朽而闪耀。

---

[126]　《神学政治论》,第 150 页。

[127]　同上书,第 151 页。

# 第十章　哲学与虔诚、斯宾诺莎的自由
## 主义存在的问题（因为它部分
## 回到公民宗教）

上帝之所以被说成是一个立法者或国君，称他是公正的、仁慈的等等，只是为了迁就一般人的理解力与一般人的不完善的知识。

——斯宾诺莎①

至于上帝的真实模样，这个问题与信仰无关。

——斯宾诺莎②

哲学的真理存在于其影响之中……如果你想了解斯宾诺莎，就去看看对他的批评。人们因为什么而指责他？人们认为他的哲学中令人不快的东西是什么？他们的反应有多强烈？他的工作招致了哪些法律和强制手段？

——沃伦·蒙塔格③

渐渐地，普通人都被启发了。

——托马斯·霍布斯④

斯宾诺莎在《神学政治论》小标题中说得非常清楚，这本书的根本目的是说

---

① 巴鲁赫·斯宾诺莎：《神学政治论》，第 2 版，萨缪尔·雪莉译，(Indianapolis：Hackett，2001)，第 55 页(中译本，第 74 页。——译者)；参见斯宾诺莎：《通信集》，萨缪尔·雪莉译，(Indian-apolis：Hackett，2001)，第 348 页(书信 78)。

② 《神学政治论》，第 162 页。

③ 沃伦·蒙塔格：《身体、大众、权力：斯宾诺莎与他的时代》(London：Verso，1999)，第 14 页。蒙塔格把这看作是阿尔都塞主义研究斯宾诺莎路径的概括。

④ 托马斯·霍布斯：《论公民》，第 14 章，第 13 段(埃德温·柯利译)。参见 J.贾德·欧文：《宽容的利维坦》，《政策》，第 37 卷，第 1 期(2005 年 1 月)：第 142 页。(欧文的翻译是"少之又少的人教育大多数人"。)

114　明虔诚和"哲学自由"⑤没有关系。自由的社会需要思想自由的空间。第 13 章结尾处提出"这种理智上对上帝的认识完全与行为的纯正的规矩、信心或天启的宗教无关"，⑥这为这一工作打下了基础。人们之所以认为宗教是实践正义和仁慈的，只是因为他们把上帝想象为正义和仁慈的。哲学家们可以随心所欲的设想，因为宗教不是以理智的方式进行研究的对象。在形而上学真理（包括对上帝本质的形而上学探究）范围内的研究可以放心地交给哲学家和科学家，而不必担心这些研究将会冲击宗教的权威：认识到宗教是一种实践而不是理论，可以让我们清楚地认识到在自由的社会中像斯宾诺莎这样的哲学家发挥理智的自由并不会伤害到（再次，"没有关系"）宗教信仰的实践与虔诚。只有道德实践才是检验虔诚和不虔诚的标准，这就意味着哲学研究本身不可能是不虔诚的，⑦不管它如何拓展理智自由的边界。我们没有道德义务来保持正确的信念（考虑到

115　"普通人有限的智力水平"，⑧道德义务不可能在任何情况下都能实现）；相反，

---

⑤　参见《通信集》，第 185—186 页（通信 30）说明了他工作的三个基本目标：去除神学家的偏见；通过"普通人"来反驳对斯宾诺莎无神论的指责；"彻底证明"哲学的自由。

⑥　《神学政治论》，第 156—157 页（中译本，第 192 页。——译者）。

⑦　同上书，第 160 页（中译本，第 196 页。——译者）："我们只能就一个人的事功来判断他是信神的还是不信神的。"显然，这样来定义虔诚很好地反驳了那些对斯宾诺莎不敬神的指责。如果斯宾诺莎过着道德上善的生活（别人就不能再说什么了），然后根据定义（即他的定义），他肯定是虔诚的。如果"我们只能就一个人的事功来判断他是信神的还是不信神的"，那么斯宾诺莎哲学的任何部分都不能说他不虔诚。当斯宾诺莎写道"凡有人迫害受尊敬的人、爱正义的人，他们是基督的真正的敌人"［同上（中译本，第 197 页。——译者）］，可以得出，那些与斯宾诺莎（爱正义的人）为敌的正统者，事实上正是"基督的敌人"。

⑧　同上书，第 157 页；参见第 158 页（中译本，第 193 页。——译者）："圣经迁就形形色色浮躁的犹太大众的智力。"斯宾诺莎真的认为《神学政治论》中的论述能成功消除大众对哲学家的敌意尤其是对他自己的敌意吗？这一点使得斯宾诺莎（例如，通过菲尔德曼的导言）在用拉丁语出版这本书时，试图让这本书不在"大多数"人的控制之内（因此，他努力阻止出版荷兰白话文）。然而，出版荷兰语翻译本受到直接压力的事实明显说明，把大多数从受教育者的争论中隔绝开这个做法注定是枉然的——尤其是如果斯宾诺莎自由的工作能够取得成功话（它的确成功了）。斯宾诺莎曾试图阻止这本书出白话版的原因是什么，他的朋友阿德里安·柯尔邦的命运就是明显的答案（参见史蒂芬·纳德勒：《斯宾诺莎生平》，Cambridge：Cambridge University Press，1999，第 297—298 页）。人们也许会认为，与同时期的其他欧洲国家相比，荷兰共和国是宽容和自由的。为此，我们有必要看一看阿姆斯特丹的一家法院对柯尔邦发表斯宾诺莎式观点的罪行之相应的惩罚："他的右手拇指被切断，他的舌头被烧红的铁钻了一个洞，他被关押了三十多年，他的所有家当都被没收，他的书都被焚毁"（纳德勒，第 269 页）。正如纳德勒强调的（第 286 页），斯宾诺莎说阿姆斯特丹是自由和宽容的（《神学政治论》，第 228 页），这更多是一种修辞而不是描述（阿德里安·柯尔邦，Adrian Koerbagh，由于发表了两本书而被监禁，死干苦役，这两本书对宗教和《圣经》的观点和斯宾诺莎十分相近。——译者）。

哲学家们的哲学思考是一个完全独立的事业,也就是说,哲学家哲学思考再一次与虔诚之要求毫不相干。因此,在通信 30 中,他认为自由主义是"正当的"。(也就是说,理智自由是自由社会的核心,它得到道德辩护不在于它的积极理由,即带来了道德和宗教福利——虽然斯宾诺莎也致力于这个观点——而在于消极理由,即它和虔诚不相关。)

人们也许会说,这个宗教观点中有"公民宗教"的痕迹。⑨ 哪些才是圣经宗教关键因素,在斯宾诺莎的叙述中,正义且慈善的有信仰的行为才是关键,因为人们相信,这些行为是模仿上帝的正义与慈善。进一步说,斯宾诺莎多次指出,这样来思考他们与上帝的关系是正确的。不仅如此,他在第 4 章明确指出,"上帝之所以被说成是一个立法者或国君,称他是公正的、仁慈的等等,只是为了迁就一般人的理解力与一般人不完善的知识。"⑩《圣经》的目的是灌输服从,⑪基于这个虚假的信念,顺从变成了不要反对《圣经》。但是,这里可以向斯宾诺莎、也可以向其他公民宗教理论家提出如下问题⑫:《神学政治论》中曾提出,正义且仁慈的上帝观念是迎合多数人智力不足的产物,它不具备任何哲学有效性,那么这怎会不冲击人们关于顺从的教义?不再恪守斯宾诺莎虔诚与哲学分离的观点,⑬它会不会再次证明柏拉图的"没有哲学的风俗"之观点最终是不能成立的? 116

这些话题在斯宾诺莎和兰伯特·德·维特森之间有趣的辩论(雅可比·奥

---

⑨ 参见《神学政治论》,第 162—163 页,注释 3(编者注)。

⑩ 同上书,第 55 页(中译本,第 74 页。——译者)。关于顺从,人们可以提出同样的问题,正如人们可以对作为上帝正义和慈悲之模仿的正义和仁慈提出同样的问题。如果把上帝作为统治者或立法者是对大多数误解的迁就,那么怎样的"顺从"才是人类与上帝相处的正确特征? 当斯宾诺莎写道圣经的核心教义是"最高的存在,他爱正义与博爱,凡欲得救的都必须顺从他"[第 161—162 页,(中译本,第 198 页。——译者)],这句话的第二部分(需要服从上帝)看起来是对第一部分(上帝是正义与博爱)的哲学误导。施特劳斯对此也有类似的看法,见《斯宾诺莎的宗教批判》(New York:Schocken Books,1965),第 119 页。

⑪ 同上书,第 159 页:"《新约》《旧约》都训练人们顺从。"

⑫ 参见第 8 章,注释 8。斯宾诺莎与公民宗教理念最为接近的观点出现在第 171 页,他提出承认圣经宗教的道德权威最重要的原因是这样做"对国家非常有利"。如果斯宾诺莎真的相信这一点,那么,为什么《神学政治论》的很多内容会让很多信徒会对圣经真实性产生怀疑呢?

⑬ 《神学政治论》第 169 页(中译本,第 207 页。——译者):"各有各的范围。理智的范围是真理与智慧,神学的范围是虔敬与服从。"在第 159 页,斯宾诺莎提出把信仰与哲学分开是"全书的主要目的。"参见第 164 页(中译本,第 201 页。——译者),"在宗教的信仰(即神学)与哲学之间是没有联系或密切的关系的……这两项科目之间正如南北两极一样远。哲学的目的只在求真理,宗教的信仰只在寻求顺从与虔敬。"在第 14 章的最后一段,斯宾诺莎提出真理与虔敬之间的区别是"本书最重要的问题"。

斯腾主持)中具有特别重要的地位。⑭ 维特森聚焦于这个关键事实,即斯宾诺莎论述哲学与虔敬的一个直接后果就是《圣经》中所有真理的主张都被直接驳回了:正如维特森总结的那样,斯宾诺莎的学说意味着(它并未扰乱斯宾诺莎,这才是他说需要的)"先知和神圣的教师——以及上帝本人,他也亲自对人类说话——使用的论据是虚假的,如果对其本质作出考察的话",因此,"神圣的《圣经》无意教人真理。"⑮斯宾诺莎为何如此推崇《圣经》作为培育德性的方法?尤其是在他主张《圣经》要求它的信徒模仿上帝的正义与仁慈的同时,他还宣扬上帝作为正义和仁慈的形象是对神性完全错误的理解。⑯ 在这里难道斯宾诺莎没有堕入公民宗教理论家典型路径之中吗?他们强调宗教在道德—世俗方面的好

117 处,同时公开宣称这是他们正在做的,这在事实上破坏了宗教的真理主张。⑰ (我们可以把这看作是公民宗教的悖论。⑱)人们还可以这样发问:斯宾诺莎并不确信他关于哲学虔敬才是真的虔敬的主张,他并不是《圣经》神圣法的破坏者而

---

⑭ 《通信集》,雪莉译,通信 42 和通信 43(第 225—242 页)。通信 69(第 323—324 页)是一封直接发给维特森的信,希望他允许出版他们的辩论(或者对它作出适当修改)。事实上斯宾诺莎希望有新版的《神学政治论》以涵盖他与维特森的辩论,斯宾诺莎的很多批判首先针对的就是维特森。参见纳德勒:《斯宾诺莎生平》,第 323—324 页。

⑮ 《通信集》,第 227 页。

⑯ 同上书,第 226 页:在斯宾诺莎看来,"由于多数人的无知才会有不同方式的言说,上帝借此表达情绪"(引自维特森)。维特森提到的《神学政治论》第 55 页的这一段是本章的第一条题引。也可见第 53 页:"摩西把上帝想象为统治者、立法者、君主、慈悲、正义等等;然而这些都出自人性,并不适用于神的本性。"参见《通信集》,第 348 页(通信 78);第 269 页(通信 54);尤其是第 277 页(通信 56):"如果三角形会说话,它的上帝一定是三角形,对于圆形,它的上帝一定是圆的,"这就表明上帝的观念也一定是在同一角度上被解释的,从而具有人类中心的特征。这些都明显与《神学政治论》第 13 章的部分内容冲突,比如斯宾诺莎提出"上帝借预言家只要人知道他的公正和博爱,那就是说知道他的性质"[第 154 页(中译本,第 191 页。——译者)];"上帝极其公正,极其慈善,换言之,即纯正生活的一个完善的典型"[第 156 页(中译本,第 192 页。——译者)];和"上帝所需求于人的没有别的,只有对于他的神圣的公正与仁爱的真正的了解。"[第 157 页(中译本,第 193 页。——译者)]。

⑰ 参见梅纳赫姆·罗布鲍姆:《斯宾诺莎的神学—政治问题》,《希伯来政治研究》,第 1 卷第 2 期(2006 冬),第 207 页。根据罗布鲍姆对这个悖论的描述,斯宾诺莎努力去做的是诋毁制度化的宗教(其明显措施包括诋毁它的文本)同时去利用非常多的圣经宗教内容让"政治宗教"(即公民宗教)更加可行。斯宾诺莎这样做,因为他并不相信宗教是人类必需的事务,而是因为他和霍布斯一样认为政治权威掌控宗教比祭司更为安全。

⑱ 事实是,斯宾诺莎可以彻底揭穿把"迹象和奇迹"看作是真先知的标志,这就非常清楚地表明斯宾诺莎的自由主义中有公民宗教的痕迹(参见第 9 章注释 124)。由公民宗教悖论引发的问题是:谁才是该被欺骗的?

爱弥儿·皮鲁-苏思妮非常有益地向我指出,我所说的公民宗教悖论与奥古斯丁在他对瓦罗的批判中拒绝公民神学非常一致。

是它的仆人,这是不是让人很惊讶?⑲ 维特森并不是正统宗教保守派的一员而是自由派的一员。⑳ 1673 年斯宾诺莎在乌得勒支会见了他,并对他有明显好感。㉑ 如果斯宾诺莎都不能让维特森这样的人确信他的虔敬,明显他更无可能让正统之人确信他的虔诚(他事实上也没有做到)。列奥·施特劳斯是正确的,《神学政治论》中的很多矛盾表明,斯宾诺莎的工作便是在他最为激进的观点到底有多激进的理解问题上播下混乱。㉒ 至今,人们只要去看看同时代的人对这本书的反应,人们就不得不追问谁才是斯宾诺莎说的玩弄"神秘主义"的人。

　　维特森是这样总结斯宾诺莎对待圣经宗教的立场的:"政治—神学家的教义是……驱除并彻底颠覆所有的崇拜和宗教,暗中提倡无神论,或者提倡一种不能让人类去崇拜他神性的上帝,因为他自己也要服从命运;没有为神圣的统治和天命留下的空间,施行奖惩的职责全被废止。"㉓斯宾诺莎显然对无神论的指责非常恼怒,因为根据通信 30 的说明,他写作《神学政治论》的主要目的正是为了抵御这种指责。然而,维特森也许更愿意接受斯宾诺莎的声明,他不是一个彻底的无神论者,仅仅是一个自然神论者。㉔ 无论是哪一种,维特森总结的其余部分看上去非常有意义。㉕

118

_____

　　⑲　《神学政治论》,第 146 页:"我没有说那是不虔敬或者有不虔敬之嫌";第 136 页:"我服务于经文。"与斯宾诺莎同时代的正统人士将会如何看待他对待宗教的真正态度?从当时非常著名的地下文本中可以大致了解这个问题的回答,《论三个冒名顶替者》,它可以看作是粗制滥造百无禁忌的普及版的斯宾诺莎主义。对于它的评论和翻译,见亚伯拉罕·安德森:《论三个冒名顶替者和启蒙的问题》(Lanham, MD:Rowman & Littlefield,1997)。关于《论三个冒名顶替者》(不确定的)日期和作者的有益讨论,见乔纳森·以色列:《激进启蒙》(Oxford:Oxford University Press,2001),第694—700 页。

　　⑳　见《通信集》,第 35—36 页(导论),第 225 页注释 213。参见纳德勒:《斯宾诺莎生平》,第307、317 页。在第 307—311 页,纳德勒对更广泛的政治局势做了有益分析,这有助于解释为什么像维特森这样的笛卡尔信徒会如此急于谴责斯宾诺莎。

　　㉑　纳德勒:《斯宾诺莎生平》,第 317、323—324 页;《通信集》,第 324 页,注释 344。

　　㉒　列奥·施特劳斯:《如何研究斯宾诺莎的〈神学政治论〉》,载施特劳斯:《迫害与写作的艺术》(Chicago:University of Chicago Press,1988),第 142—201 页。

　　㉓　《通信集》,第 236 页。

　　㉔　同上书,第 225 页:"我认为他与所有宗教都决裂了。无论如何,他都没有摆脱自然神论的宗教。"

　　㉕　斯宾诺莎不仅绝不接受无神论的指责,而且他极力否认维特森的主张,后者认为斯宾诺莎主张"上帝的戒律和法律"不再是德性的最终支撑(维特森:《通信集》,第 227、236 页;斯宾诺莎的回信:第 239—240 页)。事实是,《神学政治论》中并不缺少对神圣法的呼吁,但是如果没有个人的上帝,人们将很难相信上帝是"法令"的来源。当然,斯宾诺莎本人在本章题引中也明确,"上帝作为立法者"的观念仅仅是向多数人让步的结果。维特森提出重要问题隐含着对斯宾诺莎观点的批

斯宾诺莎的论证有一个关键张力：他想让信徒们安心，哲学和其他形式的自由理智的活动是无害的，因为它们并不冲击《圣经》在灌输服从方面的功能。但是，他对《圣经》的奖惩教义坚决持保留意见，例如，㉖他不满于《圣经》中典型的灌输服从的模式。斯宾诺莎声称完全不能理解为什么人们认为他的观点具有如此颠覆性，只是他进行的文化本身专注于诅咒概念，斯宾诺莎(a)坚持认为基于神圣惩罚必要性的学说是非常不妥的；(b)认为提倡一种基于上帝根据罪恶进行报应的神的观念是没有意义的。这些观点中离奇之处在哪呢？我们可以说，《新约》(自愿服从—自愿虔诚)中所鼓励的虔诚在道德上要高于《旧约》(被迫服从—被迫虔诚)所强迫的虔诚，㉗但是虔诚本身很难不受哲学本身的影响。即使《新约》在道德—智力表现方面要好过《旧约》，但哲学还是会去侵犯虔诚的领地，这反过来破坏了斯宾诺莎主张的理智的生活"对启示宗教没有影响"。

然而对于斯宾诺莎来说，即便是《新约》，也缺乏那种最为崇高的虔诚，不是这样吗？第15章的最终观点是，把这个最终观点延伸至全书，其观点也是，人类的救赎有两个完全不同的模式。一个是哲学所赋予的自由的救赎，它只允许"少数人"㉘为了自己得救去行善，他们为了"德性的美"(维特森的用语)而不是

---

判，斯宾诺莎认为"先知使命的目的不是教任何真理"(《通信集》，第227—228页)，斯宾诺莎并未作答。参见培尔对斯宾诺莎回信闪烁其词的抱怨：皮埃尔·培尔：《历史和批判词典》，理查德·H.波普金编(Indianapolis：Bobbs-Merrill，1965)，第301页，注释n。

㉖ 在通信42中，维特森正确地聚焦于这个问题(第226—227、236页)。正如第9章注释75标注的，斯宾诺莎在通信43中的回复以最清晰的术语重申了坚决拒绝圣经中彼岸奖励与(尤其是)惩罚的教义。斯宾诺莎哲学对关于惩罚的教义在斯宾诺莎与奥尔登堡的通信74—75和77—79中也是一个重要主题。正如罗伯特·斯帕林请我注意的，霍布斯关于入籍的"神圣惩罚"的教义在效果上和斯宾诺莎的很像：见《利维坦》，C.B.麦克弗森编，(London：Penguin，1968)，第406—407页。也可见皮埃尔·培尔：《彗星出现的不同思考》，第231节结尾。

㉗ 顺便提一下，斯宾诺莎在他给奥斯腾的信中对维特森作出了回应(《通信集》，通信43，第241页)，他明确认为伊斯兰事实上是"倒退到"《旧约》中更加简单的强制的或奴性的虔诚："穆罕默德是个骗子，因为他完全废除了普世宗教所担保的、自然和先知之光所启示的自由。"(参见《神学政治论》第3页和《通信集》第343页。)然而，人们也许会这样问：如果人们以这个为基础来判定穆罕默德是个骗子或者错误的先知，那么基于同样的观点摩西不也是错误的先知吗？如果我们联系到《神学政治论》第170页的讨论，在摩西看来错误的先知是"那些宣扬错误上帝的人"——考虑到斯宾诺莎通篇都在证明旧约上帝的形象远离了真正的神圣概念，这个问题将更加尖锐。然而，尽管斯宾诺莎在通信43这一段表达了对伊斯兰表面上的敌意，事实上这与他对所有宗教道德真理的承诺并不冲突，因为在下一段他认为穆罕默德是不是真的先知与道德上、宗教上真正的问题无关，相对于伊斯兰："土耳其人和其他外邦人，如果他们出于正义的实践和对邻居的爱来崇拜上帝，……便是追求基督的精神，便可得救。"

㉘ 《神学政治论》，第172页。

别的去践行德性。㉙ 另一种恩赐或救赎的路径是针对那些"理智比较弱"㉚的大多数人的，他们错误地把上帝看作立法者在颁布法令（通过先知），他们通过服从这些法令感到"很大的安慰"。㉛ 斯宾诺莎坚持认为，这两个路径同样是合法的救赎路径。然而，考虑到斯宾诺莎所强调普遍的真正宗教的自由与其他宗教概念的奴役之间的区别，㉜圣经宗教在被指责的同时获得了表面的支持与拥护，谁会看不到这一点呢？ 因此，斯宾诺莎关于哲学与虔诚的论述总体倾向于说明，宗教中正确的东西便是哲学。其他一切都是迷信（要么是纯粹和简单的迷信，要么是作为强制的、有德行的迷信，它指导那些缺少理智能力单纯从理性中得到它的人）。

对于斯宾诺莎来说，人们有没有可能在启蒙的过程中重新讨论哲学与宗教之间（或者在少数人和多数人之间）不变的关系？ 如果宗教在政治上与"顺从的国家"相关，且哲学在政治上与"自由的国家"相关，那么就有明显的政治理由说明斯宾诺莎为什么不满于哲学与宗教之间只存在一种不变的关系。特别是，人们很想搞清楚，斯宾诺莎把新约使徒描述为自由—思想的教师，这是否最终意在暗示哲学与宗教之间并非一成不变的关系——还是为了表明对启蒙的期待。㉝

120

---

㉙ 《通信集》，第 227 页。培尔在《历史与批判词典》斯宾诺莎词条注释 E 中，也非常强调公民宗教主题中由彼岸惩罚来实施制裁与德性追求自身的卓越之间的区别。培尔把后者与伊壁鸠鲁主义联系起来，但他令人困惑地声称伊壁鸠鲁主义正是"斯宾诺莎所提倡的，如果他敢公开表达的话"。因为斯宾诺莎确实公开阐明过这个学说，培尔是在暗示他自己可能会信奉该学说么？"如果他敢公开表达的话"。（我要感谢米格尔·莫尔加多让我重新关注到这个重要文本。）参见培尔：《彗星出现的不同思考》，第 178 节。也可见《莱辛的神学著作》，亨利·查德威克编（London：Adam & Charles Black，1956）第 96 页。

㉚ 《神学政治论》，第 171 页；参见第 153 页：圣经教义讲述"最不聪明的人都能理解的简单的事"（着重强调）。重述一下我在第 9 章提出的观点，如果所有人都是哲学家，那么圣经宗教将是多余的。"启示"是必要的，因为事实是，哲学家仅是极少数，剩下的普通人构成人类的绝大多数，他们要具有德性，还得顺从才行。[《神学政治论》，第 172 页（中译本，第 211 页。——译者）]："我要特别说明，我认为圣书或启示录的用处与需要是很大的……所有的人都能顺从，与人类的总数比起来，却只有极少数能单借理智的指导获得道德的习惯。这样说来，如果没有圣书为证，我们对几乎所有的人都能够得救，就要加以怀疑了。"斯宾诺莎再次倾向于公民宗教的教义。

㉛ 同上书，第 172 页（中译本，第 210 页。——译者）。

㉜ 换句话说（只是把它说出来），区分奴役的宗教和自由的宗教真正目的不是说明《旧约》和《新约》的边界，而是说明圣经宗教和哲学的边界。如果启示的根本作用在于强迫顺从，那么比起与哲学的关系，旧约与新约更具有共同点。斯宾诺莎在第 178 页指出了这一点，"全心全意只服从于理性指导的人才是自由的。"

㉝ 这个（也就是，把启示看作最后启蒙的工具）看来是莱辛从《神学政治论》中得出的概念：见"人类的教育"，载《莱辛神学著作》，查德威克编，第 82 — 98 页。参见史蒂芬·B.史密斯：《斯宾诺莎，自由主义和犹太人身份问题》（New Haven：Yale University Press，1997），第 180 页。

# 第十一章　斯宾诺莎对希伯来共同体的解释以及他的自由主义具有公民宗教特征的原因

通过自然之光，每个人都是他自己思想的主人。

——斯宾诺莎①

那些君主通过火与剑都没做成的事，神学家通过笔就做成了。

——斯宾诺莎②

斯宾诺莎与他的自由主义究竟要走多远？在他的《神学政治论》第 16 章开始，斯宾诺莎试图通过区分哪些属于公共行政官员的判断、哪些属于自由个体的良心判断，并通过构建现代政治哲学的基本结构，试图来回答这个问题。与一百多年后的康德相似，斯宾诺莎试图把捍卫思想与表达自由和服从国家联系在一起。

"就其完全生活在自然的统治下而论"，③人类只是依照欲望的规律行事，他们完全有权这样做。对于霍布斯来说，自然状态下的个人出于克服恐惧与焦虑的动机，让渡他的自然权利来获得理性上的道德互惠。但是，理性并不足以让人摆脱自然状态，并接受"为至高善的设想，那就是说，国家的保存。"④对此，解决之道就是契约或约定，人们出于"某一更大的好处的希望，尤其某一更大的祸患

---

① 巴鲁赫·斯宾诺莎：《神学政治论》第 2 版，萨缪尔·雪莉译，（Indianapolis：Hackett，2001），第 223 页。

② 同上书，第 218 页（也就是，德国皇帝无力推翻教皇的"支配地位"，路德和加尔文仅仅通过理智手段就废除了这个"支配地位"）。

③ 同上书，第 174 页（中译本，第 212 页。——译者）。

④ 同上书，第 176 页（中译本，第 216 页。——译者）。

的恐惧，"⑤因此把所有自然权利都让渡给了国家。⑥ 随着这个压倒性的权力集 122
中于国家之手，国家具有了强大的力量来要求民众遵守契约，国家还可以"通过
对最终惩罚的恐惧"实现这一要求。⑦ 斯宾诺莎背离了霍布斯而称之为"民
主"⑧，但是很明显，这个论证的基础结构得益于霍布斯。在霍布斯主义的基础
上来建立利维坦，斯宾诺莎将如何为自由和良心争取判断的空间？⑨

　　在斯宾诺莎看来，臣民必须服从主权，但他们这样做不仅仅是为了主权者的
利益，成为臣民不同于成为奴隶，⑩服从国家与成为自由共同体的自由公民并不
冲突。如果我们不能让国家来垄断合法权力和权威，我们将重新回到自然状态
破坏性的混乱之中；但如果我们不能让守法公民在共同体中获得自由，那么作为
国家成员的身份将是一种奴役（这是不能容忍的）。因此，构建一个可行的政治
秩序的根本挑战是，在服从与自由之间建立恰当的平衡。

　　在第 16 章所表述的政治理论中，服从与自由之间存在恰当的平衡么？当斯
宾诺莎强调他分析的"主要目的"是详细阐述"共同体中自由的好处"时，⑪人们
没有理由去怀疑他。斯宾诺莎的政治学说处于霍布斯与洛克这两极之间，⑫但 123

---

　　⑤　《神学政治论》，第 177 页（中译本，第 216 页。——译者）。

　　⑥　权利"转移"这一理论在《神学政治论》中似乎受到了限制。无论是在《神学政治论》还是
在通信 50 对霍布斯的简短讨论中，斯宾诺莎都认为自然权利不会转移到主权。相反，它告诉我们
权力等于权利：主权的力量超过了公民个人，所以主权的权利很容易地胜过（而不是吞并）公民个人
的权利。这个结论使得人们由此认为，《政治论》的基本理论不是契约理论。正如我在第九章注明
的，主张斯宾诺莎这样的自由主义者或自由主义开创者会去接受权利等于权力的观点是非常奇怪
的。在刘易斯·萨缪尔·福耶尔看来，在 1672 年政治危机之后，斯宾诺莎失去了对民主和共和的
自治政府的信心；《斯宾诺莎和自由主义的兴起》（Boston：Beacon Press，1958），如果这个观点成立，
那么这也许可以解释为什么《政治论》的理论基础如此锋芒毕露。

　　⑦　《神学政治论》，第 177 页。

　　⑧　同上。正如斯宾诺莎指出的，民主"是最自然，与个人自由最相合的政体。在民主政治中，
没人把他的天赋之权绝对地转付于人，以致对于事务他再不能表示意见。他只是把天赋之权交付
给一个社会的大多数。他是那个社会的一分子。这样，所有的人仍然是平等的，与他们在自然状态
之中无异"[第 179 页（中译本，第 219 页。——译者）]。这明显背离了霍布斯，也背离了斯宾诺莎
思考的"共同体中自由的好处"（同上书）。

　　⑨　在第 178 页，与霍布斯的观点类似，斯宾诺莎指出，如果统治者滥用权力，最终将损害他们
自己的利益。然而，对人类历史稍微有点了解的人一定不会接受这个论证。

　　⑩　同上。

　　⑪　同上书，第 179 页。

　　⑫　为了这个论证，我将不再讨论这方面的问题，即霍布斯到底有没有预期到洛克的自由主义
（我以《良心政治的三个版本：霍布斯、斯宾诺莎、洛克》为题讨论过这个问题的某些方面内容，《圣
地亚哥法学评论》即将刊出）。理查德·塔克特别有力地说明了在宽容问题上霍布斯是一位原初的
洛克式理论家：塔克：《霍布斯和洛克论宽容》，载《托马斯·霍布斯与政治理论》，玛丽·G.迪茨编

看上去他的理论具有强烈的霍布斯主义色彩（至少第16章是这样的）。在斯宾诺莎看来，主权可以判断哪些可以成为公共利益，臣民遵守主权的判断，这不仅有利于主权的利益也有利于他们自己的利益（这也证明了他们不仅是国家的奴隶）。⑬ 普通公民在一定范围内行使民事判断也许有意义，但是范围本身一定要最小化。国家和臣民的根本关系由主权者来判断，而臣民只需服从。⑭ 那么什么是理性与判断呢（"自由的好处"）？

斯宾诺莎也将他的霍布斯主义原则运用于政治与宗教问题，第16章最后一页清楚地说明了这一点，因此毫不奇怪他会得出霍布斯式的结论。如果主权者的命令与上帝的命令是有冲突的，哪一个才是优先的？ 如果"一个上帝派遣来的、能够通过无可争辩的标志证明他任务的先知"试图挑战国家的法令。即使在这个时候，主权者权力也只对上帝负责（这是霍布斯的路线）——也就是说，如果主权者坚持挑战那些明显是神圣法规定的东西，"他这样做只是自己冒险并遭受损失，但并不违犯任何公权或天赋之权。"⑮只有在出现"确定无疑的启示"的时候，"神圣命令"才可以超越"人类命令"，考虑到斯宾诺莎已经拒绝了先知自身，怎样才算满足这个条件呢？⑯ 如果这个例外与国家权威严肃的宗教承诺相关，那么国家的整个权威都将荡然无存，斯宾诺莎清楚地说明了这一

124　点⑰——因为诉诸宗教极易提供一个"借口，每个人都可以设想不受限制的自由

---

（Lawrence：University Press of Kansas，1990），第153—171页。塔克认为，在1660年代晚期，霍布斯开始为他同时代的人所理解，并成为了"一个激进的自由主义者"（第167页）。詹姆斯·法尔在同一卷论证认为塔克夸大了霍布斯的宽容主题。见法尔《圣经的原子》，第188—190、195页，注释91、注释92。这是一个重要且有趣的辩论，双方都有很多有启发性的观点。

　　⑬　《神学政治论》，第179页。

　　⑭　同上书，第181页（中译本，第221页。——译者）："国家必须为主权者的唯一权势所保存与指挥，这种权势与权利是大家认可只交付于他的。因此之故，如果任何别人，不得他的同意，从事于企图做什么公共事业，即使国家或许借此得到利益，如我们上边所说，这个人仍然是侵犯了元首之权，自会以叛国罪被罚，是罪有应得的"（着重强调）。至少人们会说这一章的自由主义不是洛克、孟德斯鸠、托克维尔和J.S.密尔所理解的自由主义。

　　⑮　同上书，第182页（中译本，第224页。——译者）。

　　⑯　同上。

　　⑰　这里有一个当代的例子：在2007年8月，以色列政府命令军队拆除希伯伦的一个小型犹太人非法定居点。拉比命令12名在军队服役的正统犹太教徒不得参与该行动，士兵们服从了拉比的命令而不是政府的命令。以色列国防军中央司令部领导表示，因为不服从命令，这12名军人"威胁到以色列国防军的基础"，要求把他们送上军事法庭（《环球邮报》，2007年8月7日，A11版）。这个例子说明了斯宾诺莎观点与当代（这很明显需要说明）持续关联，在这样的例子中，由宗教义务形成的良心的判断的确对国家的权威构成了严重挑战。

去做他们想做的事"。⑱"去决定他认为适合的宗教……这完全是主权者的权力"，⑲这是斯宾诺莎的霍布斯主义理论——即国家大量地取缔自然状态中的权利，以此确保了没人可以在哪怕最细微的规范根基上去挑战国家的权威。第16章以这些主题而结束的这个事实不免引起人们的怀疑，那就是斯宾诺莎在这一章如此称赞《利维坦》是不是为了接近霍布斯的立场，以此来抵制任何来自宗教领域的对国家权威的挑战。

正如前面指出的，这个至今未得到回答的关键问题是：鉴于斯宾诺莎在第16章像霍布斯一样赋予国家近乎绝对的主权，那么什么才是个人的理性和判断？在斯宾诺莎回答这问题之前，他转到了说明古代希伯来政权的性质这个由来已久且令人困惑的问题上。在第16章，斯宾诺莎已经开始陈述他自己的政治哲学，但为什么他又折回来分析古代希伯来呢？第16章是斯宾诺莎的公民宗教（霍布斯意义上的）章节，第20章则是他的自由主义（洛克意义上的）章节。为什么从公民宗教到自由主义的理智运动要经由思考希伯来政权来进行呢？正如很多学者指出的，斯宾诺莎认为应重点关注希伯来政权，这是有背景原因的。⑳

---

⑱　《神学政治论》，第183页（中译本，第224页。——译者）。

⑲　同上。这个问题中，如果主权者是一个"异教徒"会怎样？在这里，斯宾诺莎还是遵循霍布斯的引导。为什么在权利转移理论中，授予异教徒主权者的权力一点不比犹太教徒或基督徒的权力少？为了主权者的权力而放弃保卫自己的权利同时涉及（出于同样的理由）放弃保护自己宗教的权利（同上书，参见第214页）。斯宾诺莎再次搬出"确定的启示"例子来转移话题，但这次讨论已经没有之前那样有力了。与整个分析相关的可能是萨巴提1660年代的经历，结局是萨巴提·则威在奥斯曼苏丹强迫下被迫皈依伊斯兰教。这个有趣的讨论可见史蒂芬·纳德勒《斯宾诺莎生平》（Cambridge：Cambridge University Press，1999），第249—254页。

⑳　见西摩·菲尔德曼的《神学政治论》导言，第18页："对于很多荷兰新教徒来说，特别是约翰·加尔文的追随者，摩西领导的古代以色列政体是基督教政体的模范"；参见第30、43页。换句话说，它与揭穿古代以色列神权政体相关，因为神权政治（加尔文主义主导的）仍然是一种活着的可能性——只是斯宾诺莎第17章的实际论述更同情它，而不是如别人理解的那样去揭穿它。也可见纳德勒《斯宾诺莎生平》，第14页和第357页注释28，关于荷兰新教文化，特别是正统加尔文主义的反—抗辩派之中，是如何专注于旧约圣经中持续的宗教意义的。事实上，要寻求旧约的政治模式不必局限于反—抗辩派的正统：如何应对抗辩派和反—抗辩派被希伯来的自我印象所吸引这一事件，见米里亚姆·博迪恩：《17世纪荷兰思想中的圣经的"犹太共和国"和荷兰的"新以色列"》，载《希伯来政治研究》第1卷，第2期（2006年冬）：第186—202页。在追求这个主题方面，一个好的起点（虽然没提到斯宾诺莎）是西蒙·夏玛《财富的尴尬》（New York：Knopf，1987），第2章（Remonstrants，荷兰新教徒派别之一，反对加尔文主义。——译者）。

也许对斯宾诺莎如何看待希伯来与同时期荷兰之关系的最好论述，可见迈克尔·A.罗森塔尔：《为什么斯宾诺莎选择了希伯来：〈神学政治论〉中预言的示范功能》，载《政治思想史》，第18卷，第2期（1997年夏），第207—241页，尤其是第231—240页。利·坎波斯·博拉莱维：《欧洲共和主

125 当然，我并不完全确定，这些背景原因是不是事情的全部。为什么不是呢？斯宾诺莎说的问题（正如本书所有政治哲学家都考虑过）并不仅仅是荷兰加尔文教特定群体的神权政治野心，而是所有呼吁神权政治权威的人向所有形式的世俗权威提出来的。提出原始形式（摩西的政权）的神权政治是对公民宗教问题本身的一种反映形式。

虽然斯宾诺莎强调"我们可以认为，在信仰、爱憎、轻蔑与所有其他的无论什么情绪方面，人们是遵循他们的统治者的煽动的，"㉑但如果以获得这种专横的权力为目标，很明显触及了人性的极限。那么，既能保持世俗的稳定又能尊重
126 "外表的行动"和"人的内心状态"之自然区分的恰当方式是什么？㉒ 斯宾诺莎没有解释为什么论述摩西和希伯来是解决这个问题的最好方式，但他的推论是，如果我们能够解决这个最严格意义上的神权政治问题，我们将有能力来解决关于国家的所有问题。

考虑到"大众的无知"，事实上"大众是完全为情绪所左右，不为理性所节制"，加上自私、虚荣、嫉妒以及其他各种恶习，它们对建立稳定的政治权威构成了严峻的挑战。㉓ 对这问题一个极端的解决方案是君主宣传自己是不朽神的后裔。㉔ 但是，斯宾诺莎激烈反对如此意义上来诉诸神权政治权威（即"王位是上帝设立的，而不是经选举和同意建立的"）："只有不折不扣的野蛮人才会公然被人花言巧语地哄骗，才会不顾自己的利益，被人从国民的地位变成奴隶。"㉕摩西

---

义的古典基础神话：犹太共同体》，载《共和主义：欧洲的共同遗产》，马丁·凡·吉登和昆廷·斯金纳编（Cambridge：Cambridge University Press，2002），第 1 卷，第 247—261 页。在第 261 页，坎波斯·博拉莱维提出了一个有趣的观点，早在斯宾诺莎之前已经有了良好的理智传统，即诉诸"犹太共同体"（希伯来共和国）作为荷兰共和国"基本的神话"。根据她的论题（她计划在以后的书中继续讨论），是斯宾诺莎故意要解决和"推翻"这一传统的。坎波斯·博拉莱维的观点还为这个困局提供了一个可能的解决，本章将会讨论，为什么《神学政治论》的第 17、18 章对犹太共同体会作出如此矛盾的分析，即斯宾诺莎也许认为古希伯来共同体同时为荷兰共和国和荷兰神权政治提供资源。因此斯宾诺莎（在这个理论上）在同情希伯来模式（作为共和国）与批判它（作为神权政治）之间左右为难。特别参见坎波斯·博拉莱维提到，彼得·柯奴斯的兴趣在于"土地立法，为希伯来模式提供了平等"（第 259 页）。令人惊讶的是，对于斯宾诺莎来说，正如我后面评论指出的，这是希伯来共同体非常有吸引力的一个地方。不幸的是，坎波斯·博拉莱维在细节上没有指出她所感兴趣的、斯宾诺莎在荷兰共和国中作出的保留和拒绝。

㉑　《神学政治论》，第 186 页（中译本，第 228 页。——译者）。

㉒　同上（中译本，第 227 页。——译者）。

㉓　《神学政治论》，第 187 页（中译本，第 228 页。——译者）。

㉔　同上书，第 188 页。

㉕　同上（中译本，第 230 页。——译者）。

的神权政治如何应对这个如此反神权政治的判断呢？斯宾诺莎给出的答案（至少最初）相当的积极。首先，从埃及的奴役中解放出来后，希伯来人典型的属于契约论的情形：希伯来人"每个人开始享受他们的自然权利，自由保持或放弃或转付于他人之手。"㉖因此，摩西的统治来自于"自然状态"中自由的个体所建构的经典的社会契约论。㉗　不仅如此，只要该契约确认只有"法被看作是先知的启示"，摩西就不是真实的、本次转让自然权利的接受者，上帝才是：这是"上帝权利的转移。""只有上帝对希伯来人有统治之权。"㉘换句话说，这是一个带来典型神权政治的典型社会契约。斯宾诺莎继续特别坚持认为，不同于前面讨论中引用的罗马和马其顿的君主，这个神权政治的基础不是谎言——它是自由同意的结果，"通过契约和宣誓"㉙放弃自然权利。摩西不是希伯来人的国王，上帝才是。㉚　无论是外部的敌人，还是内部的叛徒，他们要反对这个国家，便是在反对上帝。这个国家在原则上消除了所有"世俗法律和宗教之间的不同"㉛——政府是严格意义上的神权政治。但随后，斯宾诺莎明显改变话锋，说这种情形只是理论上的，而不是现实中的，㉜因为希伯来人的政权法理上是神权政治事实上是民主政体！

　　不仅如此，斯宾诺莎随即解释说，民主并不意味着希伯来国家位于摩西之下。根据最初契约条款，他们把权利让渡给了上帝而不是其他人，"这个契约赋予所有人平等地位，""就像民主政体一样。"㉝然而，当希伯来人转向摩西把他看作上帝权威的中介时，一切都变了；斯宾诺莎说，希伯来人实际上失去了勇气，

127

---

　　㉖　同上书，第 189 页（中译本，第 231 页。——译者）。

　　㉗　同上。理查德·H.波普金提供了一个不同的解释，犹太人离开了埃及，随后进入了自然状态。见波普金：《异端、斯宾诺莎主义和 19 世纪早期的自由思想》序言，西尔维娅·贝尔蒂等编，(Dordrecht:Kluwer, 1996)，第 15 页："摩西假装具有神圣的权威，是为了拯救那些逃离埃及后陷入自然状态的以色列人，他们成为了一个社会群体。"我的观点是，斯宾诺莎不认为回到自然状态仅仅意味着混乱，它还意味着潜在的构成契约状态的真正原型。也就是说，波普金看到了他的霍布斯主义一面，我看到了洛克主义一面。

　　㉘　《神学政治论》，第 189 页（中译本，第 231 页。——译者）。

　　㉙　同上书；参见第 222 页："摩西在他的国民心中获得了最强烈的支持，靠的是欺骗而不是美德。"然而，斯宾诺莎随即承认，不管是不是真正的先知，摩西"还是受到人们的抱怨和批评"。换句话说，摩西政权既展示了"自由契约"的元素也展示了神权的高压统治。

　　㉚　不用说，当某位哲学家来这样阐述时，这些表述（本章所讨论的）是很难理解的，这位哲学家认为对上帝进行任何人格化描述都是向大众无知的妥协。

　　㉛　《神学政治论》，第 189 页。

　　㉜　同上书，第 189—190 页。

　　㉝　同上书，第 190 页。

更愿意信赖摩西把他作为上帝意志的解释者,而不是把上帝作为权威试着与上帝直接打交道。在这一点上,"最初契约"(人们可以称之为神权——民主契约)被"废止"了,它事实上被君主(霍布斯式的)契约取代了。摩西成为了"神圣的传谕者",现在主权的绝对权利委托从上帝正式转移到摩西:"在他帐篷里请示上帝的唯一之权……立法与废除法律,讲和与宣战,委派大使与法官,选择继任者的权利。"[34]在叙事的这个阶段,摩西的神权政治看起来与奥古斯都和亚历山大的欺骗性的神权政治没多大区别。

摩西执政之后发生了什么?因为摩西没有让他的继承人具有和他相同的绝对权力,在他之后最高权力被分开了,大祭司(亚伦,之后是以利亚撒)可以"解释法律,颁布上帝的答案",统帅(约书亚)具有"根据法律的解释来治理国家的权利和权力"。[35] 考虑到斯宾诺莎坚持认为这是神权政治,因为大祭司的职能明显处于政治权力的核心,因此新的政权(或政权的改变)相当于建立在分权基础上的"孟德斯鸠式"宪政。考虑到政权的神权政治特征,人们可能会认为,大祭司会占上风(这是霍布斯在对同样政权的解释中所强调的),[36]但斯宾诺莎明确表示情况并非如此。[37] 政权是根据我们说的"联合主权"的安排而组织起来的:两个联合主权的分工在于,一个负责解释上帝的意志,另一个说明法律和命令的含义,在效果上一方安排取决于(并因此受制于)另一方。

斯宾诺莎对《利维坦》第 40 章霍布斯的主张提出异议,霍布斯认为,从摩西到他的继承人之间的过渡不是主权分裂的标志,而是不可分的主权保留在大祭司一人之手。[38] 斯宾诺莎对摩西政权和后摩西政权的关键区别的分析具有重要理论意义,因为它涉及到斯宾诺莎和霍布斯的哲学对话。事实上,关于斯宾诺莎和霍布斯在《圣经》解读上的分歧,即如何将摩西政权的建立解读为希伯来圣经

---

③④ 同上书,第 190—191 页(中译本,第 233 页。——译者)。

③⑤ 同上书,第 191 页。

③⑥ 见《利维坦》,C.B.麦克弗森编(Harmondsworth:Penguin,1968),第 547 页:"摩西和亚伦,以及随后的大祭司是世俗权威";第 587 页:"大祭司是世俗权威";第 597 页:"在以色列人选出自己的王(通过上帝对撒母耳的诫命)之前,追随着其他国家,大祭司是负责世俗管理的。"

③⑦ 与此相反,有迹象表明,该政权的神权元素是次要的:斯宾诺莎指出(第 191 页),尽管利未人的正式地位是唯一的祭司支派,实际上因为他们比其他部族缺少领土利益而世俗地位较低,因此根据摩西的法令,他们的物质生活依赖人民的其他部分。也可见斯宾诺莎的有力主张,希伯来人的"第二政权"(即与第二圣殿相关的政权)明显比最初的(摩西的)政权要孱弱("仅仅是最初政权的影子"),因为"祭司篡夺了统治权"(第 198 页,参见第 203 页)。这也凸显了原初的摩西政权不是完全的神权政治(即第一政权的管理不同于祭司的管理)。参见本章注释 87、89、93、94。

③⑧ 参见我在本书第 5 章,注释 60 的讨论。

对典型的社会契约或立法形式的表述,这在理论上是个关键性的问题。㊴

亚伦继承了摩西作为"神圣预言家"㊵的职位而没有继承他的君主权威,这
看起来确实很奇怪(按照霍布斯的观点)。斯宾诺莎对这个政权最终权威的描
述是模糊的,他们明显反映了后摩西政权自身的模糊性:"只有约书亚在紧急的
时候才有请示上帝之权,"但是他(和摩西不同)请示必须"经过高级祭司"。㊶
这同样适用于上帝命令的颁布:"只有约书亚有权这样做",但这些命令由大祭
司传达出来。谁才是真正的首领?"战争完全由[约书亚]控制",㊷然而他的权
威仍远远低于摩西。当摩西传播上帝的话时,这些话语立即构成了具有约束力
的"法令",但在摩西之后,它需要约书亚和亚伦——以利亚撒共同来保证"命令和
法令"。㊸斯宾诺莎认为后摩西政权的真权威的含糊性与摩西本人故意设计有
关:摩西任命了"国家的官长,而不是国家的主人"。㊹ 整个的讨论让人想起马基
雅维利的专制君主为共和政权奠定基础的话题(在《论李维》第 1 卷第 9 章)。㊺
进一步说,正如约书亚的权威必须通过以利亚撒来请示上帝而受到约束一样,以
利亚撒发布自己神谕的权威同样受到约束,"他与摩西不同,他不能随意什么时
候都可以这样做,而是只有在军队主将,议会或什么类似之权要他这样做的时候
他才能这样做。"㊻军队"宣誓效忠,不是效忠于军队主将或大祭司,而是效忠他
们的宗教和上帝"。㊼ 关键是没有人——不管是军队主将还是大祭司——拥有

129

---

㊴　正如斯宾诺莎在第 17 章结论提出的[《神学政治论》,第 204 页(中译本,第 250 页。——
译者)],"神权或宗教之权起源于一个契约。若没有这样的契约,则只有天赋之权存在。"换句话
说,希伯来圣经和世俗的政治哲学家同意把社会契约看作政治权力的基础。然而,如果真是这样的
话,那么霍布斯把绝对君主制看作是契约的自然结果是否正确呢? 如果霍布斯认为摩西政权在原
则上就是君主制是对的,那么回答(至少就如圣经关注的)就是肯定的。如果斯宾诺莎认为这个政
权原则上不是君主制是对的,那么回答就是否定的。

㊵　《神学政治论》,第 191 页。

㊶　同上书,第 192 页(中译本,第 235 页。——译者)。

㊷　同上(中译本,第 235 页。——译者)。

㊸　同上书,第 193 页。

㊹　同上书,第 192 页(中译本,第 236 页。——译者)。

㊺　马基雅维利关于专制君主创建共和国的主题与 20 世纪政治是有关联的。比如,可参见安
妮·诺顿:《列奥·施特劳斯与美国帝国》(New Haven:Yale University Press,2004),第 135 页:"凯末
尔认为自己带领土耳其从苏丹国转向了更加民主的统治形式。他声称自己是一个独裁者,土耳其
可能永远不会有第二个他这样的独裁者。"(穆斯塔法·基马尔,MustafaKemal Atatürk,又译凯末尔,
1881—1938,土耳其共和国缔造者、第一任总统兼武装力量总司令,元帅。土耳其国父。Atatürk 就
是基马尔"土耳其的父亲"的意思。——译者)

㊻　《神学政治论》,第 192—193 页(中译本,第 236 页。——译者)。

㊼　同上书,第 192 页(中译本,第 235 页。——译者)。

摩西的突出权威来"立法与废除法律,决定战争与和平,选择人以行宗教或政务上的任务。所有这些都是一个统治者的特权"。[48] 这个政权的神权政治特征某种意义上是干扰性的:政体的真正性质从一个绝对的君主政体变化到一个共和国。为什么斯宾诺莎的第 17 章比起早期章节更加同情旧约希伯来人,对这个类似困境的回答是:比起摩西宗教的内容,斯宾诺莎更加欣赏摩西作为立法者的成就。[49]

130　　尽管斯宾诺莎含混地(尽管表达过)认为摩西和后摩西的政权是虚拟的"民主",[50]但他一再坚持认为"它不是民主制,也不是贵族制和君主制,而是神权政治"。[51] 这样的神权政治吸引人的地方在哪?斯宾诺莎认为,要回答这个问题,我们就需要考虑约书亚之后的情况。每一个部族在自己领地上事实上成了一个国家(只通过共同宗教一起聚会),每个部族的首领管理自己的事,而不需要共同的首领。希伯来政权成了联盟国的联盟。[52] 在这个阶段人们有权分散,部族之间也发生冲突。总的来说,人们有一个运转良好的神权体制,它约束统治者和被统治者,这样既防止被统治者反抗也防止统治者成为暴君。[53] 对统治者主要有两个约束:第一,他需要通过利未人来解释法律(这就明确说明他们没有垄断权威);第二,军队吸收了"全体国民"而不是雇佣军的事实。[54] 与之前强调的内容相呼应,这些士兵效忠于上帝,而不是任何一个特定的首领,[55]这是对首领野心的一个重要考验。隐含在这类神权政治中对首领的进一步考验是,先知的兴

---

　　[48]　同上(中译本,第 236 页。——译者);参见第 205 页:摩西是"所有事情上的绝对裁判者。"

　　[49]　参见梅纳赫姆·罗布鲍姆:《斯宾诺莎的神学政治问题》,《希伯来政治研究》,第 1 卷第 2 期(2006 年冬),第 222 页:"《神学政治论》发展了对《圣经》的两种解读法……第一种[第 1 到第 5 章]把摩西看作一位神学家,第二种[第 17 到第 18 章]把摩西看作政治家和政体的创始人。"也有人把摩西看作一位典型的立法者(这其实破坏了摩西的工作),如罗森塔尔:《为什么斯宾诺莎选择摩西》,第 225—231 页。人们一定会想到卢梭在《社会契约论》第 2 卷第 7 章中对加尔文的称赞。称赞加尔文作为一位立法者的贡献是不是可以说明卢梭羡慕加尔文教呢?答案是很明显的。

　　[50]　同上书,第 190 页。

　　[51]　同上书,第 191 页;参见第 194—195 页(在这里斯宾诺莎重申了同样的表述,而不是推翻传统政权的秩序)。根据这个解释,我倾向于认为在这一章中,斯宾诺莎(针对的是霍布斯)的关键问题不是摩西的神权政权与民主制有何不同,而是与君主制有何不同。

　　[52]　见本章注释 61。《斯宾诺莎和哈林顿比较研究》,载《捐款和有关荷兰的历史》第 102 卷(1987 年)第 3 期:第 435—449 页,J.G.A.波考克认为斯宾诺莎是纯粹和单一主权的理论家,与霍布斯非常像;但是波考克只考虑《政治论》而没有关注到《神学政治论》的复杂性。

　　[53]　同上书,第 195 页。

　　[54]　同上书,第 196 页。

　　[55]　同上书,第 192、196 页。

起可能导致民众动荡。(56) 首领只有把国家治理好了，他们才可以应付这些自称的先知对他们权威的挑战。

斯宾诺莎提到了这个神权政治秩序的另外两个长处：它在选取首领时采 131
用的是贤能统治的原则（即它不是贵族制的）；它更偏爱和平，因为它的士兵事实上是公民，在作出战争与和平决定时，人们会考虑谁需要这样的战争。考虑到政权对人民的（而不是对首领的）影响，斯宾诺莎再次令人惊讶地表达了对神权政治的好感。在这里斯宾诺莎主要关注政权的神权特征，把它看作“强烈爱国主义”的支柱，这种德性同时对其他民族表示不屑一顾。在希伯来人看来，“只有他们才是上帝的儿女”，这就难免让非希伯来人成了“上帝的敌人。”(57)献身上帝和献身国家是不可分的，所以爱国主义和虔诚也是不可分的。(58) 这个部分戏剧性地预期到了卢梭在《论波兰政府》第 2 章中对摩西政权的论述，以及卢梭在《社会契约论》公民宗教章节中把摩西的宗教看作国教的论述。(59) 斯宾诺莎事实上是公民宗教反思的宝库，因为由公民宗教问题引起的所有伟大人物——马基雅维利、霍布斯、洛克和卢梭——的主题都是交叉的，并且都被带进了（有时没有解决）《神学政治论》对话之中。对话是“卢梭主义的”，因为斯宾诺莎不仅谴责摩西习俗助长了希伯来人和其他民族的仇恨（因为“各种仇恨之中，以由于极度的虔敬而来的是最为深固的了”），他也赞赏这些同样风俗的力量激发了希伯来人，以公民行动的能力表现出“无可比拟的坚定和英勇。”(60)

从斯宾诺莎观点来看，更令人印象深刻的地方在于如下事实，即神权政权的设计可以支持爱国主义的宗教基础，即建立一套制度让那些献身国家的人得到

(56) 霍布斯在类似的讨论中主要关注先知作为无政府状态的一个来源——正如我在第 5 章中对《论公民》第 16 章和《利维坦》第 40 章讨论过的。很明显，斯宾诺莎把它们（至少在这一阶段的论述中）看作自由的来源。人们可以在 J.S.密尔的《功利主义》、《论自由》和《代议制政府》那里发现类似观点，H.B.阿克顿编（London：Dent，1972），第 200—201 页。

(57) 《神学政治论》，第 197 页（中译本，第 242 页。——译者）。

(58) 同上。

(59) 同上书，第 197—198 页（中译本，第 243 页。——译者）：“希伯来人对他们的国家之爱……用每天的礼仪来养育……已经深入于他们本性之中……效果是他们作为一个民族与其他民族完全不同。”这依据的基础便是卢梭在《论波兰政府》中称赞摩西是一个典型的创始人。

(60) 《神学政治论》，第 198 页（中译本，第 243 页。——译者）。人们忍不住要与当代伊斯兰作类比。可参见伊斯兰法塔赫发言人阿布·萨利·姆塔哈的声明，摘自《环球邮报》2007 年 5 月 24 日，A15 版：“我们已经准备好应对黎巴嫩军队。少数的信徒就足以打败多数的无神论者和十字军。”这便是诉诸卢梭所称赞的“美德”，斯宾诺莎对此也会表示称赞的。

132 可观的物质利益：一个高度平等的财产分配；(61)明确规定慈善援助，再辅之以宗教制裁；并通过法律的“顺从训练”使得日常生活非常有规律。(62) 直到第17章叙述的这一点，人们总体上认为它是一个秩序良好、总体受人羡慕的政权。(63) 斯宾诺莎是否赞同这样的神权政治？在回答这个问题之前，让我先通过图式化的叙述总结一下我的分析——这也许有助于突出这个政权的复杂性，在斯宾诺莎把这个政权看作神权政治这个过分简单的分类中很难体现这个复杂性。

第一阶段（第一个契约）由神来统治，它相当于真正的神权政治，事实上是民主制。

第二阶段（第二个契约）由摩西来统治，它是神权政治的君主制，人们可以把它概述成正式的神权政治，事实上是绝对君主制。(64)

第三阶段是由约书亚和亚伦—以利亚撒共享的联合权威政权。这个政权仍然算是完整意义上的神权政治，大祭司确实本该控制最终的主权（霍布斯的主张就与这个阶段的政权相关）；但是斯宾诺莎明确且果断地拒绝了这一点。

第四阶段由部落联盟组成，权力分散在不同的首领之间，没有人享有任何近乎绝对的（摩西式的）主权。这还是神权政治么？很明显它是的，因为人们认为

(61) 斯宾诺莎可能从彼得·柯奴斯那里借用了希伯来平均主义和希伯来联邦制两个术语。目前围绕《希伯来政治研究》刊物周围有一个非常活跃的学术群体，他们包括亚瑟·艾菲戈、圭多·巴尔托卢奇、法尼亚盎司-萨尔茨贝克、埃里克·尼尔森和利·坎波斯·博拉莱维，他们致力于探索从格劳秀斯和柯奴斯开始的这些主题，并阐释了17世纪“新希伯来共和主义”的传统。显然，斯宾诺莎与这个传统的关系是一个有趣的问题。见彼得·柯奴斯：《希伯来共和国》，(Jerusalem：Shalem Press，2006)；针对这个学派运动的有益介绍，可见美瑞福·琼斯和卡尔曼·诺伊曼在《希伯来政治：近代早期政治思想的犹太教来源》上发表的系列文章。戈登·肖切特、法尼亚盎司-萨尔茨贝克、美瑞福·琼斯主编(Jerusalem：Shalem Press，2008)。哈林顿是斯宾诺莎的同时代人，他可能从柯奴斯论希伯来土地法中得出的启发：见加里·雷默：《追寻马基雅维利和霍布斯：詹姆斯·哈林顿的以色列共同体》，载《希伯来政治》，第212、220页。也可见卢梭：《爱弥儿》，艾伦·布罗姆译(New York：Basic Books，1979)，第313页注释。埃里克·尼尔森全面论述了这个主题，“‘因为土地是我的’：希伯来共同体和再分配的兴起”，该论文提交于2008年9月在普林斯顿大学举行的“政治希伯来精神”会议上（彼得·柯奴斯，1586—1638，荷兰基督教学者彼得·范德坤的笔名。他的书《希伯来共和国》对早期荷兰共和国的共和理论作出了深入研究。——译者）。

(62) 《神学政治论》，第198—200页。

(63) 关于叙述中的这一点（即第200页开头），人们可以正当地发问：为什么古代神权政治不是“有待效仿的模型”（第204页，菲尔德曼：《神学政治论》导言，第18、30、43页）？这不是后面用四五页纸就能够讲清的问题。

(64) 不用说，在时间上区分上帝统治的神权政治阶段与摩西统治的神权政治阶段，这是相当困难的（特别是在斯宾诺莎自己看来）。然而，这恰好也是斯宾诺莎所主张的。很明显，问题在于摩西的绝对君主制不是希伯来社会契约的最初产物，它的前提是一个形式的民主共和制。

它仍然是原来神权政治的延续;否则,通过考察后约书亚政权结构来评价的神权政治的世俗优势将毫无意义。最后一个阶段(冲突和崩溃之前)映射的是与约翰·德·维特相关的 1660 年代荷兰共和主义,斯宾诺莎的叙说也表明了这一点。⑥⑤

　　那么在这个奇怪且出乎意料的分析中会发生什么? 斯宾诺莎的叙述表明,通过自然自由人订立的自由契约建立政治共同体的活动,不应终止于绝对君主制。摩西的绝对君主制(显然源自摆脱埃及的奴役带来的霍布斯式的自然状态)不是它所呈现的样子。在原则上,摩西的神权政治是民主制,至少是一个共和国。也就是说,在第 16 章斯宾诺莎把自己和霍布斯紧密联系在一起,第 17 章的圣经化叙述代表着斯宾诺莎摆脱霍布斯的理论运动的开端。⑥⑥ 与马基雅维利的共和国奠基于暴君(比如,罗马奠基于罗慕路斯)之概念化的说法相类似,摩西就是一位马基雅维利式君主,他创立了共和国(或者说本应该是共和国,如果当时能够让它持久稳固下来的话)。⑥⑦ 换句话说,如果把它转换成政治哲学范畴,第 17 章圣经化叙述的整个顺序开始变得有意义了:斯宾诺莎事实上运用马基雅维利式的主题(由君主来建立共和国)⑥⑧来确保,霍布斯式的自然状态可以发展出霍布斯绝对主权以外的东西。我倾向于假设,整个圣经注释运动背后的目的仅仅是为"神权根据"提供一个社会契约的解释——即,比霍布斯的君主制

133

134

---

⑥⑤　同上书,第 193 页。关于德·维特联邦共和主义的论述,见纳德勒《斯宾诺莎生平》,第254—259 页。正如纳德勒论述的,在从共和主义向民主制的转变中,斯宾诺莎超出了德·维特可接受的范围。(纳德勒,第 256、267 页)。

⑥⑥　参见埃德温·柯利:《基辛格,斯宾诺莎和成吉思汗》,载《剑桥斯宾诺莎指南》,唐·加勒特编(Cambridge:Cambridge University Press,1996),第 330—332 页。柯利是正确的,在第 16 章捍卫完霍布斯主义之后,在第 17 章《我们发现斯宾诺莎收回来了大部分内容》(第 330);他的正确性还在于(正如我在这说明后面要讨论的),"在最后两章思想也有一个类似的运动[即接受霍布斯之后又拒绝霍布斯]"(第 331 页)。把斯宾诺莎在第 16—20 章的观点看作一个在两个矛盾的立场间前后摆动的钟摆,这也许是有益的。

⑥⑦　我在本书别处已经讨论过马基雅维利和卢梭对摩西的接受,摩西在共和主义神话中的形象究竟如何,有一个有趣的例子,见 D.N.德鲁娜第 155 页说明,《回到波考克的新—哈林顿式片段的讽刺专题》,载《历史中的政治想象:关于 J.G.A.波考克的论文》,德鲁娜编(Baltimore:Owlworks,2006),以及德鲁娜第 154 页注释。这是约翰·托兰编辑的哈林顿作品 1700 年版卷首说明,摩西被描绘成共和主义传统英雄(梭伦、莱克古士、努马和孔子!)中的一员。参见托兰在《拿撒勒人》附录一中对"摩西式共和主义"的称赞。也可见乔纳森 I.以色列《激进启蒙》(Oxford:Oxford University Press,2001),第 611 页。

⑥⑧　迈斯特从反共和主义的角度来看问题,得出了同样的观点:见约瑟夫·德·迈斯特:《反对卢梭》,理查德 A.雷布朗编(Montreal:McGill-Queen's University Press,1996),第 68 页("即使各国要成为共和国,也是君主建立的")。

观点更加共和—民主化的观点。⑥ 霍布斯只是这一系列章节起点,诉诸经文有助于斯宾诺莎把霍布斯的契约论转到一个完全不同的方向上。⑦

在列举完秩序良好的神权政体的优点之后,斯宾诺莎需要说明这个政权相应的危险。与积极叙述所表达的相反,希伯来政权还远不是稳固的政治秩序,斯宾诺莎以隐含着不稳定并最终可能带来崩溃的论述结束了这一章。因此,现在的主题转向了政权的缺陷——讨论如果当初的设计"更加持续稳定",⑦政权会有哪些不同。事实上,斯宾诺莎竟然把神权秩序的建构当作神圣愤怒和复仇的表达——这个愤怒可以一直追溯到摩西立法的原初基础。为了说明这一点,斯宾诺莎援引了《以西结书》("我就任凭他们在这供献的事上玷污自己")和塔西佗的话("那时上帝的目的不在犹太人的安全,而在报仇")。⑦ 这是一个令人震惊的颠覆:原来认为这个政权是秩序良好的系统,能产生奉献精神和爱国主义,现在这个政权则成了对罪恶施以神圣惩罚的手段!这里的重点是利未人作为祭司阶层,他们与其余的人之间的深层紧张关系。因为崇拜金牛,"初生子[最初打算充任此职的]因此被玷污了不得从事圣职",⑦利未人只是在此之后才获得

---

⑥　迈斯特的论述恰当地阐明了斯宾诺莎在这里的目的:"这些民族的一切告诉我们,他们的起源说明他们同意在根本上把权威看作神圣的;否则他们就会告诉我们根本不同的传说。他们从没说过自愿联合、多数人深思熟虑的原始契约。没有历史学家援引孟菲斯或巴比伦的原始集会。"(同上书,第 59 页)事实上,斯宾诺莎的观点是,《出埃及记》告诉我们政治社会起源于自愿联合和多数人的深思熟虑。

⑦　这个主题强有力的文本证据出现在第 213 页(参见中译本,第 260 页。——译者),斯宾诺莎写道,希伯来契约"与我们看到的民主发展的过程是类似的,在那里人们共同决定进入这种生活,其中只根据理性来决定"。希伯来民主是独特的,因为它导致希伯来人"权力转移给上帝",但"这是名义上的转移,而不是实际的;在现实中,他们[至少在最初]保留了他们的绝对主权"(第 214 页)。

⑦　《神学政治论》,第 200 页。

⑦　同上(中译本,第 246 页。——译者)。

⑦　《神学政治论》(参见中译本,第 246 页。——译者)。在这个最令人困扰的章节中有一个令人费解的句子,斯宾诺莎写道"国家或许本可以延续下去,如果立法者的公正的忿怒容许的话。"同上书,第 203 页(中译本,第 250 页。——译者),参见第 204 页:"它的持久品质"和第 205 页(第 18 章第一句)"本可以永久延续。"(正如我在本书第四章对《论李维》第 3 卷第 22 章的解释,永久延续的政权形象首先源于马基雅维利,也许这是他尖锐批判古代政治哲学家的一种方式,他们坚持认为,所有政权,即使是最好的,都不可避免地要灭亡。斯宾诺莎在《神学政治论》第 215 页(中译本,第 263 页。——译者)提到曼利乌斯·托克图斯时暗示《论李维》第 3 卷第 22 章)。这句话表明,第一,金牛犊事件既伤害了摩西,也伤害了上帝(究竟谁才算作句子中模糊不清的"立法者"呢?)它提示了整个制度的致命缺陷——利未人的部落被任命为永久的和唯一的祭司阶层;第二,如果特定缺陷是可以避免的(即没有政权是建立在正义的愤怒基础上的),神权政治将会成为它曾经承诺的样子——一个完美的,可能是永恒的政治秩序。斯宾诺莎真的相信这一点么?

了行圣礼的职分。正如斯宾诺莎之前讨论的(但没有提到就此引发的怨恨),利 135
未人和其他祭司阶层一样,由其他非祭司阶层来供养。斯宾诺莎说他们是"懒
散的人"。⑭ 不仅如此,统治者们抱怨他们自己对祭司的依赖,他们非常高兴能
引发人民对"大祭司的疏远"。最坏的是,所有的部族都知道它们在为祭司阶层
提供不劳而获的生活,这个阶层不是它们的亲属,而是对他们的"惩罚"——故
意提醒人们在国家初创时上帝的愤怒。那个先前被描述为功能良好、在服从和
公民的自豪感问题上总体受人羡慕的系统现在则被证明是一个带来屈辱和愤恨
的源头。事实证明,对利未祭司的不满引发了各个部族的分裂:如果所有部族都
有平等的机会进入圣殿,那么各部族将"更加紧密团结在一起"。⑮ 上帝的本意
是让希伯来人感到"被遗弃",上帝选取利未人就是持续而刺痛地提醒他最初的
愤怒。⑯

　　这个普遍流行的不满也指向了摩西自己,⑰对于人民来说,即使是在荒原中
徘徊的那几年,他们都认为推选举利未人这件事"摩西没有遵守上帝的命令办
事,而是为他们自己的快乐行事,因为他尽先推选自己的支派,并且把高级祭司
的职位永久赐给他的哥哥"。⑱ 此前说过神权政治系统之所以被设计成这样,是
要确保统治者不会成为暴君,臣民不会反抗,⑲斯宾诺莎现在却认为它正是一个 136
自然会带来叛乱的(故意的)缺陷。正如他在讨论一开始就强调的,如果"顽固"
和叛逆(正如在金牛犊事件中上帝与摩西的谈话时对以色列人的描述)是希伯
来民族一个持续的特质,这就不是一个偶然的性格缺陷问题了,而是摩西政权制
度设计的问题了。⑳

---

⑭ 《神学政治论》,第 201 页。

⑮ 同上(参见中译本,第 246 页。——译者)。也要考虑到对利未人怨恨也与如下事实相关,
即利未人是摩西屠杀以色列罪人的代理人:见《出埃及记》32:26—28。

⑯ 《神学政治论》,第 200、202 页。

⑰ 关于以色列人怨恨摩西的主题,在斯宾诺莎这里还有一层含义,那就是它成了弗洛伊德主
义的原型。参见福耶尔:《斯宾诺莎和自由主义的兴起》,第 299 页,注释 49(根据弗洛伊德版本的
故事,以色列人怨恨摩西和利未人与摩西和利未人都是外国人有关,他们是埃及人)。

⑱ 《神学政治论》,第 202 页(中译本,第 247—248 页。——译者)。人们不禁要问为什么亚
伦直接参与金牛犊事件,却并未取消他这个摩西裙带关系受益人的资格。然而,这是关于圣经叙事
的一个谜,而不是关于斯宾诺莎的一个谜。亚伦如何在荷兰人眼中成了教权从属于国家权威的标
志,对此有一个有趣的讨论,见罗森塔尔:《为什么斯宾诺莎选择了犹太人》,第 207—208、235—236
页;参见沙马(Schama)《财富的尴尬》,第 116—121 页。

⑲ 《神学政治论》,第 195 页。

⑳ 同上书,第 200 页(中译本,第 246 页。——译者):"如果上帝原来意在他们的主权能更久
远,他是会给他们以别种仪式和法律的,是会建立一个不同的政体的。"

总体看来,这个政权既有吸引力也有缺陷,主要表现在让公民作出承诺、阻止或引起叛乱的能力方面。如果政权在基本方面如其初建那样无法为公民福利提供安全而是带来希伯来人的衰败以取悦于上帝的(或摩西的)复仇,那么这个神权政治一定不是同时代其他政权的典范:因此第18章突出强调的是希伯来神权政治是如何误入歧途的(尤其是转变为君主制带来进一步恶化)。最终,根源于最初神权政治建构的这些问题变得如此严重,以至于人们抛弃了"神圣统治"而选择了普通的君主。⑧ 当然,这不能根本上解决问题——问题根源于神权政治对主权的分隔。国王作为国王要求"绝对主权",如果"立法权不属于他们,而操之于把律法藏之于至圣所、并为人民解释律法的高级祭司之手",⑧这肯定是不行的。国王认为(理应如此)所有这一切与"管辖他的领地"和"皇帝治理他的帝国"是相冲突的,认为这种"统治是难以容忍的"。⑧ 然而在先前的叙述中,这个政权曾被描述为正面的,主权的分享曾被看作是这个政权吸引人的特征,看来斯宾诺莎改变了主意接受了霍布斯式的观点,认为分权对政治秩序来说是致命的。由于同样原因,在斯宾诺莎早先著作中诉诸先知曾被看作是制约权力放肆的措施,现在从霍布斯主义观点来看,这成了混乱的根源。⑧ 这就使得,斯宾诺莎曾论述神权政治具有的正面效果,如今在实际效果上与它最初宣称的效果则完全相反。神权政治最初的许诺便是防止统治者的暴政和民众的反叛,为此赋予牧师矫正与检查统治者的权威与权力;然而,这种权威分隔带来的结果却是多数人的反叛和君主的暴政。⑧ 所有尝试的解决方案都无效:人们只能通过取消"整个制度"来解决问题。⑧ 虽然斯宾诺莎贯穿本章大部分内容的正面叙述对于霍布斯就相同制度的论述是一个挑战,但本章结尾部分的负面叙述则是对霍布斯的辩护。斯宾诺莎与霍布斯一样,终究不相信犹太人的神权政治是可行的制度。⑧

在第18章,斯宾诺莎借用了《君主论》第11章的修辞手段,马基雅维利说

137

---

⑧ 同上书,第202页。正如第5章讨论过的,霍布斯在《利维坦》第40章讲述了相同的故事——即对神权统治的反抗,以及在希伯来君主制建立后神权统治对新政权的持续反抗。

⑧ 《神学政治论》,第202—203页(中译本,第249页。——译者)。

⑧ 同上书,第202、203页。

⑧ 斯宾诺莎在第207页也激烈批判先知,批判的原因和霍布斯批判的原因差不多。

⑧ 参见《神学政治论》第202页关于人们天然倾向于反叛的论述和第203页关于君主制天然倾向于专制的论述。

⑧ 同上书,第203页。

⑧ 如果"第一种政权"作为部分神权政治无法起作用的话,那么"第二种政权"在性质上更为严重,霍布斯所称的第一政权,即是祭司掌握最高权威的政权。这样的政权是绝对的神权政治,斯宾诺莎是如此憎恶它以至于都不去分析它:参见第204页。

他不敢用一个完整的章节集中讨论教会君主国这一主题：与此相似，在第 17 章结束，斯宾诺莎也说他不想讨论"第二种政权"即祭司的统治，然后他说这是第 18 章的主题。⑧ 在第 18 章，斯宾诺莎继续讨论隐藏在第 17 章但没有得到论述的主题：政权的性质从"第一种政权"（主要是一种民主制）⑧变成"第二种政权"（完全的神权政治，实际主权被祭司阶层"篡夺"了⑨）。在宗教上，这意味着它退化为迷信（因为祭司可以宣扬任何他们愿意的无稽之谈），在政治上，这意味着它下降为宗派的冲突（因为神权政治必然带来教派的冲突⑨）。

正如我们在第 17 章的讨论中看到的，霍布斯可能已对他的神权政治最终无效的观点做了辩护，但是斯宾诺莎肯定不愿意为霍布斯做更一般的辩护，而且尤其是，他不想对霍布斯关于神权缺陷的化解方案（即绝对君主制权威）作出任何让步。⑨ 在这方面，第 18 章明显说明了为什么很多内容与斯宾诺莎先前与霍布斯的争论相关：如果大祭司作为大祭司从一开始就有完整的主权，人们就不会谴责第二圣殿为原初政权的变体（"篡夺"）。因为祭司控制立法和发布法令⑨（甚至包括发布法律判决和惩罚！——这对斯宾诺莎不是一个中立话题⑨）代表着他们不再执行神圣仪式这个原始的、制度功能，只解释上帝的旨意和立法。人们

138

---

⑧　第 18 章也受到了马基雅维利关于原始宗教比喻的影响，这个宗教是受古朴和真正的美德推动的，后来祭司的宗教是腐败的，道德上也很无力。参见斯宾诺莎在第 219 页提及"不虔敬的教士"时对宗教腐败的影射。

⑧　参见第 207 页（中译本，第 253 页。——译者）"在人民掌权的整个时期"这个短语，随后一句话用了这个短语"人民……把他们的政体变成了一个君主国"。也可见第 209 页（参见中译本，第 256 页。——译者）"这样的法律其创制……是为了支持人民的统治，或是为了支持从前议会的统治，它们把自己视为主权。"

⑨　《神学政治论》，第 206 页："篡夺政府。"

⑨　同上书，第 206 页（中译本，第 252 页。——译者）："当人们用一股迷信的热诚争吵起来，而有长官为这一方或那一方做主的时候，他们永远不会和解，势必分成党派。"

⑨　斯宾诺莎拒绝霍布斯，特别体现在第 210 页他把克伦威尔取代查理一世仅仅看作是一个暴君取代另一个暴君。的确，斯宾诺莎把查理一世看作"合法的国王"，并把克伦威尔看作比他的前任更糟糕的暴君，但斯宾诺莎在这里所阐述的主题与君主制和暴政是相同的。

⑨　《神学政治论》，第 206 页（中译本，第 251 页。——译者）：在最初宪法下，大祭司"没有权制定法律，只有权给出上帝对首领们或宗教会议所问的问题的回答"。

⑨　同上书，第 205 页（中译本，第 251 页。——译者）：根据政体的最初宪法"祭司无权审判公民，或者把任何人逐出教会"。也可见第 218 页："没有人有权把人逐出教会，除非经过权威作出和主权允许。"显然，正如简·W.沃杰克指出的，"看哪，敬畏耶和华"，载贝尔蒂等人编：《异端，斯宾诺莎主义，自由的思想》，第 357 页注释，这个逐出教会的合法权力的问题成了定义国家至上主义的核心："'国家至上主义'这个术语狭义上讲，指的是教会无权开除教籍，如今广义上讲，指的是主张国家而不是教会对宗教事务的最高权力。"参见约翰·P.萨默维尔：《托马斯·霍布斯：历史语境中的政治理念》（New York：St.Martin's Press，1992），第 127—134 页。

可能会说,对于斯宾诺莎来说,祭司的腐败和君主政权的腐败(已经不是摩西政权最初的样子了)是同步的。在君主国之前,战争是为了保卫"和平与自由"这个高贵的结果,然而随着变为"君主制政权",战争成为一种"荣耀"政治的工具。⑤ 斯宾诺莎暗示,霍布斯最大的错误在于他没有认识到国王是不可能尊重"人民的古老权利"的,因为尊重这些权利将使得国王成为人民的"奴隶而不是他们的主人",这对国王来说是不可容忍的。⑥ 引入霍布斯版本的摩西的创建(至少在圣经故事中)是要说明不存在所谓"古代的权利",因此它成为斯宾诺莎在第 17 章的主要目的之一,并以此提供了另一种版本的摩西的创建。

在第 17 章,斯宾诺莎非常令人惊讶地向摩西政权吸引人之处作出了实质性让步。然而,尽管斯宾诺莎在这一章的工作是称赞这个制度的潜在优势,但是第 18 章的结尾还是明确认为,摩西式政权与非摩西式政权的政治秩序的规范挑战完全不相关,摩西式的神权政治并不能提供荷兰加尔文教徒所确信的——"被模仿的模型"。⑦ 当然,这并不意味着当代政治不能从希伯来故事中吸取养分。第 18 章的道德并非与古希伯来人的神权经验无关,而是恰恰相反,他们神权政治的影响与当代政治是息息相关的:神权国家(特别是在一个完全的君主政体下)导致无休止的内战和流血。事实上,这是一个双重教训:如果谁希望法律被破坏,他就应该把人民的主权让渡给一个国王;⑧如果谁希望整个城市的秩序被破坏,他就应该给牧师们无限的权力。如果说共和主义与民主制的结合带来和平与自由,那么君主制与神权政治的结合必然带来对"荣耀"的追求,"致命的野心",⑨和血流成河。

斯宾诺莎回到《神学政治论》先前部分"法利赛人"的比喻。他区分了"法利赛人的愤怒"与当代法利赛人带来的专横的"暴民的愤怒",前者导致了无辜的基督受难,后者的罪孽在于带来了无辜的受害者(包括柯尔邦和后来的德·维特)。⑩

---

⑤　《神学政治论》,第 207 页(参见中译本,第 254 页。——译者)。

⑥　同上书,第 209 页(参见中译本,第 256 页。——译者)。

⑦　同上书,第 204 页。参见本章注释 20。

⑧　《神学政治论》,第 208 页(中译本,第 254 页。——译者):"在人民当政的时候,法律维持了尊严,严明地为人所遵守。"

⑨　同上。

⑩　同上。见纳德勒:《斯宾诺莎生平》,第 10 章和第 11 章。注释 20 对罗森塔尔的引用特别好地论述了——从斯宾诺莎来看——它对同时代的荷兰共和国重大意义。参见斯宾诺莎在第 20 章中提到那种"腐败"的国家,"那些迷信的野心家不能容忍有学问的人有如此的声誉,以至于普通人更相信他们超过了相信主权者"[《神学政治论》第 225 页(参见中译本,第 274 页。——译者)]。也可见第 227 页,狭隘的法律"迎合……那些不能忍受开明思想的人的愤怒。"斯宾诺莎提到的"暴民疯狂的愤怒"(同上)读上去就像德·维特可怕命运的预言。

在这阶段,暴力的宗派主义不受约束,"宗教领袖"的权威取代了"世俗官员的权威"。[101] 关于叙述的这一点,斯宾诺莎明确说这是对当代状况的直接评论——听从于渴望权力的祭司,[102]对"异教徒的迫害"和即将清除共和主义的首领[103]——在一定程度上这对他当时的读者尚不明显。(纳德勒说得很好:"当代荷兰新教牧师不把自己看成是斯宾诺莎所描述的犹太大祭司,这是非常明智的。"[104])正如希伯来政权最初是建立在"人民古代的权利"[105]基础上,当君主制和祭司的统治接管时,人民就流落在荒漠中了,所以荷兰最初宪法不是君主制的而是赋予了人民最终主权。[106] 反对菲利普二世的起义只在面对君主篡夺时重申财产的"原初主权"。[107] 希伯来政权从以人民主权为基础向以君主原则(即专制原则)为基础的转变——尤其是祭司主导——是一个"彻底毁灭"的方案,[108]斯宾诺莎最后以提出同样的分析也适用于荷兰这一主张结束了本章的内容。

140

经过第17—18章漫长的跋涉,最终我们得出斯宾诺莎的最后论点在于(a)在政治国家权威的领域杜绝教会的权威,和(b)"个人独立判断"[109]的权利。这些都是自由主义的核心原则:第19章主要论述第一条原则,第20章主要论述第二条原则。第16—20章可以看到斯宾诺莎的政治思想在霍布斯、洛克两端之间的来回摇摆。第19章毫无疑问又是属于霍布斯式的章节,那就是,重新赋予政府完整的权力来判定哪些属于虔诚以及宗教的职责要求。纳德勒对外在虔诚和"内在虔诚"做了有益的区分:前者受制于主权者的法令,而后者是"不可剥夺的个人权利,它不可以被法律规定,哪怕是主权者的立法"。[110] 尽管斯宾诺莎致力于个人自由和个人良心的判断等自由主义观点,但在定义宗教与国家之间的关系时,斯宾诺莎不是一个自由主义者。自由主义的观点认为政治与宗教是分

---

[101] 《神学政治论》,第209页。

[102] 参见第228页,他说到了"真正的分裂者"和他们"对无上权力的渴望"。

[103] 在《神学政治论》出版两年后,约翰·德·维特就被欧润桔派残忍地杀害了。

[104] 纳德勒:《斯宾诺莎生平》,第284页。

[105] 《神学政治论》,第209页。

[106] 同上书,第211页:"在财产权问题上主权永远是既定的。"

[107] 同上。

[108] 《神学政治论》。更多相关论述,参见马克·戈尔迪:"詹姆斯·哈林顿的公民宗教",载《早期现代欧洲政治理论的话语》,安东尼·帕格登编(Cambridge:Cambridge University Press,1987),第210页,注释32。

[109] 《神学政治论》,第209页。

[110] 纳德勒:《斯宾诺莎生平》,第284页。斯宾诺莎版本(《神学政治论》第212页)认为这是"虔诚的行为"("宗教的外在形式")与"虔诚本身"("对上帝的内在崇拜")之间的区分。

离的；公民宗教的观点则授权国家根据国家自己的目的和职责来订立宗教规范。根据以上特征，斯宾诺莎明显站在公民宗教一边。⑪ 我们回到了贯穿所有这些章节的问题：如何调和斯宾诺莎的自由主义与他对霍布斯风格的公民宗教的追求？公民宗教要求国家掌管宗教规范与实践。

斯宾诺莎想在祭司权威和国家权力之间建立防火墙，但是这个防火墙只是单向的。其要点是不反对国家对宗教事务立法，但防止神职人员和神学家侵犯行政官员判定"国家事务"的权利——包括决定惩罚谁，开除谁的教籍。⑫ 在这里仍然是霍布斯意义上的公民宗教："君主的职责在于划清我们对别人的义务……君主是宗教的解释者……如果不正确地服从君主的一切命令，他就不能正确地服从上帝。"⑬只有当宗教权威受到约束时，个人才享有自由地思考和判断的领域（自由主义的空间），只有当国家享有超越各教派的权利时，这才是可能的。在这里，再次显示出来强烈的霍布斯主义的特征。

"那些享有主权的人……必须既是解释者还是监护人"不仅包括政治法，还包括宗教法。⑭ 然而，斯宾诺莎在第 17 章似乎表明，首领和高级牧师之间的主权分裂在政治上是有利的，他现在却坚称"主权的分裂"是完全不可接受的，因为主权不能横跨政治—教会之间的界限，它必须完全属于政治一方（包括有关宗教的事宜的规定）。因为主权是不可分的，"上帝没有特别的国，只能通过世俗统治者为中介。"⑮虔诚就是服务于共同体的福利，⑯因此，那些真正关心共同福利的世俗统治者就满足了（事实上这是在下定义）最高标准的虔诚。"在现时

---

⑪　这在第 217 页得到了最明确表达："至于我的对手主张的区分宗教权利与政治权利的观点，认为只有后者属于主权而前者属于普世教会，这些都不重要，如此平淡甚至不值得反驳"（着重强调）。正如我下一节指出的，斯宾诺莎想在教会主权和国家权力之间建立一个单向的防火墙。宗教领域的任何权利原则上都不得与政治权利对立，除了在个人领域内独立思考的权利（公开出版某种意义上是言论自由的"哲学化表达"）。如果由祭司来定义什么是宗教上不可接受的，什么会导致亵渎法律，以及识别异端等等，问题就来了。

⑫　《神学政治论》，第 208、205—206 页；参见第 216 页，他写道"主权者单独负责公共事务"。

⑬　《神学政治论》，第 215—216 页（中译本，第 263 页。——译者）。

⑭　同上书，第 212 页。

⑮　斯宾诺莎有一个非常简单的三段论来"证明"这一命题的有效性。在自然状态下，没有任何可能的正义观念。正义是政治秩序的产物。然而，在同一时期"上帝王国"包括了"正义和慈善的规则"。因此，神的国度和公民主权王国是相连的。斯宾诺莎补充道，这也说明人们不论是通过先知的途径，还是通过理性的途径而信教都具有同样的效力。见《神学政治论》第 213 页。斯宾诺莎还有第二个证明：因为它涉及对上帝的错误概念，上帝"被说成是一个立法者或国君"（参见本书第十章第一条题引），宗教立法的唯一可能的来源是世俗的主权（第 214 页）。

⑯　同上书，第 215 页。

代宗教只属于主权者的权利。"⑰

　　凡想从操纵统治权的人手中夺取此权［决定宗教事务的权威］的人，就是想分裂国家。国家分裂必然发生争辩与争斗，从前犹太国王与高级祭司之间就是如此，并且想办法使争端平息下来也是枉然。不但如此，想办法从统治者剥夺此权的人……其目的是在为自己争权。如果不予统治者以此权，那么统治者又有什么留待它决定呢?⑱

　　然而在第16章，这完全是霍布斯的立场。

　　反驳那些主张神职人员的独立权威之人时，斯宾诺莎回到了这个把他和霍布斯分开的话题：服从于摩西的大祭司是真的主权么? 不，他是"执行祭司职责的权威"，是寄生于摩西政治权威的派生物，所以大祭司既不是单一权威的核心，甚至也不是部分权威的独立支柱；大祭司只不过是一个履行了世俗官长（摩西的第一位也是最重要的一位）⑲赋予他的某些职责的人。不过，这个斯宾诺莎和霍布斯之间的"争论"（与他们在君主制和共和制问题上观点对立相关）并不影响他们在更为根本问题上的一致性：宗教必须严格服从于政治国家绝对的超越性的权威。确实如此，在第二个政权中，祭司享有完全主权，⑳但是斯宾诺莎观点的核心是坚持，根据最初的契约这是对统治的不正当"篡夺"。

　　因此，为什么基督徒很难接受如下说法? 即由世俗主权者来决定如何表达虔诚并把宗教本身转变为国教，即使这样做更有利于共同体的和平。要回答这个问题，就需要了解犹太教的起源和基督教的起源之间的关键区别——其中一个区别从政治角度上会非常赞成犹太教。摩西的宗教是一种国教——是由国家创立者摩西本人进行立法的宗教。同样的道理，是两位国王，大卫和大卫的儿子所罗门，构思并建造了庙宇，还组织了在庙宇中敬拜上帝的所有细节。㉑ 恰恰相

142

-----

　　⑰　同上书，第217—218页。

　　⑱　同上书，第218页（中译本，第266页。——译者）。为什么希伯来制度中主权的分裂被看作是一个致命的缺陷，而在第17章（大部分内容）它曾被看作是关键性的政治优势? 本章我们将回应这个最近几章中的重要困惑，我之前提到斯宾诺莎政治思想一直摇摆于霍布斯和洛克两极之间，就是对这个问题的回答：当斯宾诺莎想表达共和主义对于君主制理论上优越性的时候，他就夸大主权分裂的理论上的优势；当斯宾诺莎要强调神权挑战世俗权力之危险的时候，他就以霍布斯的方式说明主权分裂是一个难缠的问题。这就有助于理解为什么斯宾诺莎认为希伯来政权是一个走钢丝的行为。

　　⑲　《神学政治论》，第217页。

　　⑳　同上。

　　㉑　同上书，第220—221页。严格说来，是大卫设计、所罗门建造了圣殿。《旧约·历代记上》第18章解释了为什么实际上是所罗门而不是大卫建造了圣殿。

143 反，基督教起源于如下教义，它"是由私人来布道的……很长的时期常常是在秘密的教堂中集会……而不顾及国家。"[122]此外，主持这个教会上百年的神职人员坚决不屈服于世俗权威，这在一开始就定义了它的宗教特征。维护神职人员权威的关键是以复杂的神学教条和晦涩的形而上学来包装宗教，[123]对此，斯宾诺莎对"我们时代的君主"的建议便是不要堕入这种"神学化"宗教的陷阱。[124]

第19章在为"虔诚的行为"——即"宗教的外在形式"[125]立法问题上赋予了政治国家完全的主权，现在斯宾诺莎强调的是，这一立法权不适用于"信仰"。"所有这些问题都属于一个人的天赋之权。此天赋之权，即使由于自愿，也是不能割弃的。"[126]斯宾诺莎的论证部分取决于这样一个概念，即如果一个君主实际上无力实现X，那么X的立法就不能成为主权者的合法权利。（"主权者的权利是由他们的权力决定的"[127]）这里阐释斯宾诺莎主义之原则的方式之一是说，如果需要通过违反人性的行为来维护主权者的特定权利，那么这种权利是不存在的。[128] 形成自己的观点、表达观点并与其他人进行沟通是人类的一种自然特性。因此，赋予主权者参与信仰立法事务的权利（极权主义）将是非常错误的。[129] 它源于国家在社会契约中的根据，即它的整个理论根据在于公民的安全（前政治

144 状态缺少这样的安全）。因此，企图对国家成员进行的任何恐吓（即国家有必要

---

⑫ 《神学政治论》，第219—220页（中译本，第268页。——译者）。

⑬ 同上书，第220页。另一个关键设计是要求僧侣独身的诡计，因为按照这个规定，没有国王愿意以独身为代价来谋求兼具君主权威与"宗教最高解释者"的权威。

⑭ 同上书，第221页；参见第229页："关注思辨事务的立法毫无用处。"

⑮ 同上书，第212页。

⑯ 同上书，第222页（中译本，第270页。——译者）。

⑰ 《神学政治论》，第223页。这一表述成了《神学政治论》中契约理论和《神学政治论》中权利等于权力这理论之间的桥梁。不用说，这看上去会很奇怪，因为斯宾诺莎在同一页写下了"国家的真正目的就是自由。"（参见本章注释6，以及第九章注释6）。

⑱ 参见《神学政治论》，第227页：人们应该选择"最符合人性的"政府制度。在斯宾诺莎看来，这个原则与民主制更为亲近，因为民主制形式的政府与"自然状态最为接近"（第228页）。

⑲ 这当然是一个时代的错误。斯宾诺莎说"最暴虐的政府"是试图控制人心的政府（第223页）。无论如何，极权主义这个现代词汇都非常有助于理解斯宾诺莎的观点。

很明显，并不是每一个暴政都是"极权主义的"，但可以说西班牙和葡萄牙的宗教裁判所是。这不足为奇，有出自马拉诺（Marrano指中世纪时在西班牙和葡萄牙境内被迫改信基督教而暗地依然信奉原来宗教的犹太人或摩尔人——译者）背景的人会对这个概念特别敏感，即国家应满足自己的外在行为的一致性，而不是寻求监管内在信念。斯宾诺莎从没有提到宗教裁判所对犹太人和穆斯林所作所为，但是这一历史上传记经历隐含地出现在斯宾诺莎的文本中。通过斯宾诺莎生平这个典型想到马拉诺"典型经历"是非常有趣的，见约维尔：《斯宾诺莎和其他异教徒，第1卷：理性的马拉诺》，（Princeton, NJ: Princeton University Press, 1989）。

决定他们的信仰)都与国家的本质即其规范性基础是矛盾的。一个建立在契约原则上的国家不能践踏我们最神圣不可侵犯的自然权利,而这正是国家剥夺人民信其所信、想其所想之权利必将带来的结果。简而言之,"国家的真正目的就是自由。"⑬⓪

斯宾诺莎承认,言论处于思想(自由)和(合法化)的外在行为之间——"言辞和行为一样都可以带来叛国"——因此,如果思想和行为完全分开的话,提出适当的规范化原则要更为复杂。⑬① "人们的自由判断中有巨大的多样性……不可能所有人同样方式思考,说同一种声音。"⑬② 虽然罗尔斯在他的任何著作中都没有提到斯宾诺莎,⑬③但斯宾诺莎这里预期到的正是罗尔斯的"判断的负担":即认为个人根据自己的想法来判断事情,会自发地产生不同意见的广泛多样性。⑬④如果让十个独立个体自由地表达他们对某特定事件的个人观点,一定会出现十个有趣的观点。主权者的法令必须得到服从,但是通过"向主权者的判断表达观点"来挑战错误的法律正是"好公民的行为"。⑬⑤ 这里的观点是,通过诉诸激情来挑战现有法律是煽动,而在冷静的理性精神支配下提出批评意见则是履行公民责任的一种方式,⑬⑥哪怕批评的是被认为有约束力的、来自主权者的法令。斯宾诺莎从而延伸了思想自由的界限,他认为如果人们具有不可剥夺的"推理和判断的权利",这一权利应延伸到表达——只要人们不是情绪或修辞的表达而是以"理性信念的方式"来表达。⑬⑦ 自然,斯宾诺莎意识到,(在政治上)论证言论自由比论证思想自由更为重要。不仅如此,他坚持认为,如果不允许言论自

145

---

⑬⓪ 《神学政治论》,第 223 页(中译本,第 272 页。——译者)。

⑬① 同上书。在第 229 页,斯宾诺莎说,如果主权者自己不去管制"人们的行为",那么人人都将享有"思考他们愿意思考的事并表达出来的"自由。这明显表明言论属于思想一侧而非行为一侧——尽管斯宾诺莎也考虑到一个人可以通过言论实施叛国。

⑬② 同上书,第 224 页;参见第 228 页,他说道"不可能所有人想法都是一样的"。

⑬③ 实际上这一事实很奇怪,考虑到斯宾诺莎属于理智传统,也即罗尔斯自己说的契约论传统的关键人物之一。

⑬④ 斯宾诺莎的通信 76 提供了一个好的证据,斯宾诺莎声称伊斯兰教为"控制人类的心灵"建造了一个最强大的宗教机器,因为"他们的教会没有发生分裂"。斯宾诺莎:《通信集》,第 343 页,萨缪尔·雪莉译,(Indianapolis:Hackett,1995)。这种说法本身是完全错误的,因为它没有考虑到伊斯兰教的三个分支(逊尼派、什叶派和哈瓦利及派),问题在于,人类会自发地形成意见的多样性,除非有一个强大的教会权威,这个权威目的就是实施统一性(哈瓦利及派,也称出走派)。——译者)。

⑬⑤ 《神学政治论》,第 224 页。

⑬⑥ 同上。

⑬⑦ 同上:行为上"反对主权者的法令绝对是对他权利的侵犯,但这不适用于思想、判断,言论也是如此,它仅仅让人们表达或沟通意见,应通过理性信念来捍卫它"(着重强调)。

由，就不能真正尊重思想自由。

与宗教不一样，对国家的忠诚应该根据结果来判断；因此，人们应该享有最大限度的意见自由。明智的立法者应该知道最好不要试图去监管每一个恶习："凡企图以法律控制事事物物的人，其引起罪恶的机会更多于改正罪恶。"⑬在自由思想（这不可控制）和自由言论（可以控制）之间插入一个楔子，将导致公民成为谄媚者和叛徒。恰恰是最好、最虔诚的公民成了最可恨之人，这在本质上构成了国家的腐败。监管信仰往往针对的不是"恶棍"而是"好人"，⑬实际结果将会滋生那种邪恶的宗派主义，第 18 章曾分析过这个问题。⑭

第 20 章是斯宾诺莎自由主义的完满陈述。即使我们已经把自我保护的自然权利，甚至包括自己"捍卫宗教"的权利让渡给了主权者，我们也没有放弃（也不能放弃）自由思考的权利。如果政治生活就是服从和自由之间的平衡，第 16 章表述的是服从，而第 20 章表述的则是完全自由的主张。第 16 章中提出的社会契约理论把重心放在了绝对的国家主权上（在我们看来，它想对宗教的政治主张进行严格控制），在第 20 章，斯宾诺莎转向平衡的另一边，他集中强调自由和基于良心的判断。甚至霍布斯也在一定程度上认为，服从属于外在行为，而自由则属于内心的信念。⑭

我们应该注意到，第 20 章关于服从和自由的区分，是由第 13—15 章关于虔诚和哲学的区分发展而来的：正如我们在这本书的前一章中看到的，斯宾诺莎主张自由主义的一个关键步骤是他努力在追求真理和实践（传统）虔诚之间打下实质性的楔子。宗教强制服从，但根据国家的管理规则这已完成了；在这两种情况下，关键是要看到斯宾诺莎在多大程度上把自由与哲学等同起来。在宗教领域内，那些没有理性能力的人被规定了如何道德地生活。然而，在霍布斯那里，为了完成这一使命，宗教机构自身要受国家的指导：

政府是宗教法和政治法的守护者与解释者。只有他们有权决定什么是正义

---

⑬　同上书，第 225 页（中译本，第 274 页。——译者）。

⑬　同上书，第 226 页。

⑭　斯宾诺莎特别重提了"历史上希伯来人的教训"（同上书，第 227 页）。在第 228 页，斯宾诺莎把抗辩派—反抗辩派之间的争议看作好像是很久之前的，但正如在本书第十章注释 8 指出的，斯宾诺莎当然知道这种讨厌的宗派主义在他的时代的阿姆斯特丹仍然是非常活跃的。

⑭　正如我们随后在第三部分中将会看到的，卡尔·施密特把斯宾诺莎—霍布斯关系解释为斯宾诺莎在霍布斯思想中撕开了自由主义的可能性，在霍布斯的思想中确实表达过这些，但这仅仅构成自由主义的萌芽。当然，这是一个合理的解释，但施密特试图把它放入一个更大的框架中，这个框架在道德和理智上都是丑恶的。

与不正义，什么是虔诚与不虔诚。[142]

不仅如此，这与最重要的自由是相容的，因为政府"只有赋予每个公民形成自己的意见、说出自己的想法的权利，才能最好地保持这种权利，并保护国家的安全"。[143]

在《神学政治论》的最后几章中有着类似的张力，我在前两章中讨论过这个张力。斯宾诺莎被卷入了微妙的平衡之中：一方面，他试图为个人自由开放更多的空间；另一方面，他试图阻止教士和宗教当局为了利益而利用这种自由来超越国家权威。赋予国家无限的权威来为宗教立法，这相当于霍布斯的公民宗教。至少，这是第16章（也是第19章）倾向的结论。对像斯宾诺莎这样的自由主义者来说，走向这个方向似乎是矛盾的，但如果我们正确地领会到斯宾诺莎的意图，就会发现他受到了同样理论需求的推动，这一需求曾推动霍布斯的公民宗教。

斯宾诺莎政治哲学独特之处在于，它既坚持霍布斯主义的公民宗教，也从脆弱（且相当不稳定）的平衡中开启了自由主义的政治学。尽管他的政治思想中有霍布斯的痕迹，斯宾诺莎还是发起了自由主义运动。这一长期斗争的结果正是斯宾诺莎所希望的。我们如何得知这一点？因为弗洛伊德的《一种幻想的未来》，与霍布斯的《贝希摩斯》和斯宾诺莎的《伦理学》不同，它们不是在作者死后出版的。[144]

---

[142] 《神学政治论》，第7页。

[143] 同上。

[144] 显而易见的是，这种"自由主义的胜利"即使在今天也仅仅是一个部分的、刚及格的"胜利"。正如我在本书别处指出的，当代世界宗教依然十分强大，宗教至今既非常强大也常常非常狭隘。

我非常感激埃里克·尼尔森、欧菲·哈维、和已故的爱弥儿·皮鲁-苏思妮，当我在2008年9月于普林斯顿大学举办的"政治希伯来主义"会议上对斯宾诺莎作出解释时，作为对我解释的回应他们向我提出了非常宝贵的意见。

# 第十二章　约翰·洛克:自由主义的典范

任何权力都不得超越于个人的良心之上。

——托马斯·霍布斯①

我常怪自夸信从基督教的人,以仁慈、欣悦、和平、节用、博爱炫于众,竟怀忿争吵,天天彼此憎恨。这倒是衡量他们信仰宗教最好的标准。

——巴鲁赫·斯宾诺莎②

你应该知道,在精神管辖幌子下染指世俗事务是非常容易的。

——约翰·洛克③

宗教和政治分离的想法是由魔鬼发明的,以阻止基督徒管理自己的国家。

——杰里·福尔韦尔牧师④

不幸的是,适度作为适度或所谓的"温和与随心而安",并没有得到一贯的哲学辩护。这是因为哲学的本质是偏激的。

——斯坦利·罗森⑤

　　适度作为适度是没有得到一贯的哲学辩护,是这样么?不是所有的哲学家都是柏拉图主义者或尼采主义者。事实上,在政治哲学史上有一个牢固的自由主义亚传统,它恰恰也说明了并非所有哲学都是偏激的。很明显,约翰·洛克是自由主义政治哲学传统的奠基人之一,要认真对待作为温和哲学的自由主义,就

---

① 托马斯·霍布斯:《利维坦》,C.B.麦克弗森编,(London:Penguin,1968),第711页。

② 巴鲁赫·斯宾诺莎:《神学政治论》第2版,萨缪尔·雪莉译,(Indianapolis:Hackett,2001),第4页(中译本,第12页。——译者)。

③ 约翰·洛克:《政治著作集》,大卫·伍顿编,(Indianapolis:Hackett,2003),第138页。

④ 1976年7月4日,布道词(杰里·福尔韦尔牧师,Rev.Jerry Falwell,当代美国牧师,曾创办"道德多数派"右翼宗教组织,二十世纪八九十年代曾对美国政治产生过重要影响。——译者)。

⑤ 斯坦利·罗森:《作为政治学的诠释学》(New York:Oxford University Press,1987),第138页。

需要认真对待洛克。

正如本书第五章题引所言,霍布斯问道,如果基督教就是我们的宗教,我们如何才能和平相处。洛克坚信他可以回答这个问题(即基督教教派之间的相互宽容)。很明显,霍布斯是公民宗教传统的代表,也是洛克最直接的对话对象(不管是否出于本意)。⑥ 如果自由主义作为理论传统很大程度上是通过拒绝(或担心)公民宗教来定义的话,那么在政治哲学史上洛克与霍布斯的辩论明显构成公民宗教对话中的重要篇章。⑦ 所以,让我们从重述霍布斯开始。和他们的政治哲学一样,霍布斯与洛克提出了同一个根本问题,虽然他们最终的解决方案也许是截然不同的。⑧ 他们解决政治和宗教问题方法肯定是独特的。和以前一样,我们可以从卢梭对霍布斯观点的概括中得出我们的线索:

> 哲学家霍布斯是唯一一个能很好地看出了这种弊病及其补救方法的人,他竟敢提议让鹰的两个头重新结合在一起,并完全重建政治的统一;因为没有政治的统一,无论国家还是政府都永远不会很好地组织起来。

卢梭与霍布斯一样,专注于主权问题,也就是说,政治共同体需要坚定的统一去维持政治秩序。卢梭和霍布斯对如何巩固政治主权(或政治权威的"一元

149

⑥ 显然,早期洛克("前洛克主义")思想上接受霍布斯主张的"需要绝对的国家权威强化宗教正统"(大卫·伍顿《政治著作集》导读,伍顿编,第28页),这种意图的或隐含的与霍布斯的对话也构成了一个与早期自己的对话。参见理查德·弗农《宽容的事业:约翰·洛克、乔纳斯·普拉斯特及其后》,(Montreal:McGill-Queen's University Press,1997),第25页。

⑦ 马克·戈尔迪认为,甚至在洛克那里也存在明显的公民宗教维度。他写道,因为洛克的政权基于天主教徒是不可靠的爱国者而拒绝宽容他们,这表明"洛克不只主张宗教是自由的、私人化的,而是有公民宗教原则的"。马克·戈尔迪:《詹姆斯·哈林顿的公民宗教》,载《近代早期欧洲政治理论的语言》,安东尼·帕格登编,(Cambridge:Cambridge University Press,1987),第202页。这是一个有趣的观点:人们的确可以这么说,洛克拒绝扩大对天主教徒的宽容有公民宗教的考虑,相对于在他之前的霍布斯和之后的卢梭,洛克认为天主教最有害,因为宗教受两种权威管辖,在这种情况下政治权威服从教皇的权威(参见《政治著作集》中反天主教的争论,伍顿编,第138—139、202—203页)。显然,有许多人并未同情地解释洛克对天主教徒的政策,(比如,可参见爱德华·G.安德鲁的《启蒙的赞助人》第4章坚持认为培尔作为宽容理论家要优先于洛克,Toronto:University of Toronto,2006)。还应该指出,至少有一位重要的洛克研究者,即杰里米·沃尔德伦并不认同洛克(在他成熟的政治思想)是反对宽容天主教徒的;沃尔德伦曾在《上帝、洛克和平等》第218—223页对他的观点作出修正(Cambridge:Cambridge University Press,2002)。但在早期的文章中(《洛克:宽容和理性的迫害》,载《为宽容辩护》,苏珊·曼都斯编,Cambridge:Cambridge University Press,1988,第73页),沃尔德伦坚持标准的观点,而不是他后来修正的观点。

⑧ 参见马克·里拉:《夭折的上帝,宗教、政治和现代西方》,(New York:Knopf,2007),第298页:"霍布斯认为,他的学说已经证明了绝对主权完全掌控公共崇拜的必要性。但追随他的那些人很快就发现,宗教的多样性与包容性也可以达到生活安宁、繁荣与合理这一相同的基本政治目标。"

化"）有着截然不同的观点，但是他们对宗教有相同的看法，即宗教具有"二元性"，终极权威的二元性理念对不可分割的权威是根本性的威胁。正如卢梭所言，霍布斯的解决方案是"使鹰的两个头成为一个"：宗教权威明确隶属社会（即政治）的权威。霍布斯在《利维坦》第31章是这样说的：

> 很多人认为主权者不止一个，他们还提出最高权力与主权对立、提出神律与法律并立、提出神权与世俗权力并存……世俗权力和国家权力既然明显地是同一个东西，而最高权力、制定神律的权力和颁赠宗教特权的权力则意味着一个国家；从而就可以得出一个结论说：一个地如果有一个主权者存在，而又有一个最高权力存在，其中一个可以制定法律，另一个则可以制定神律，那么同一群臣民就必然具有两个国家，这就是本身分裂的王国，无法立足。⑨

正如霍布斯这里极力表达的，相比于政治权威，宗教权威有一个根本的问题。所有的宗教都声称它们的权威是得到神圣权威认可的。相比于主张神圣制裁的权威，世俗官长所主张的、为政权的法律所规定的义务将显得微不足道。正如霍布斯清楚地看到的那样，没有任何好方法可以把这根本冲突的权威主张分开。根本上说，最为危险的是权威之间的冲突："存在两个王国，每一国民都要服从两个主人。"⑩如果遵循的是这样的主权概念，正如霍布斯理解的（卢梭也是赞同这一点），这是不能忍受的。霍布斯的最终理论回应是提出一个"政教合一"，在这个政体中神权—教会权威被划给了政治权威自身，以确保教会和主教所掌握的权威不会提出挑战。如果公民最迫切需要的是政治权威之下的单一共同体，那么必须要通过（政治上）强加一种共同的公民宗教来抵消这种来自宗教的、对政治主权独特性所产生的内在威胁。卢梭是正确的，霍布斯预设了公民宗教的观念，他提出公民宗教的理由与卢梭自己表述公民宗教的动机是一样的。一个根据同样的法律和同样的最终权威而团结在一起的政治共同体根本不是一个政治共同体，而仅仅是一个随时可能爆发教派战争的教派联盟。⑪

对霍布斯和卢梭的再论述就到这里。现在让我们转向洛克，他为不同宗教

---

⑨ 《利维坦》，麦克弗森编，第370页（中译本，第256页。——译者）。

⑩ 同上。

⑪ 对这个原则的有力阐释（即"政权只不过一个人格"），可参上书第405页。然而，如果霍布斯和卢梭强调的是公民信仰的统一性，那么为什么卢梭会以宗教宽容来结束他的公民宗教篇章呢？宗教宽容意味着多种宗教。（人们可以提出同样的问题，正如人们可以认为霍布斯表达过宽容的早期学说。）对这个问题的部分回答是，卢梭和霍布斯不仅要将宗教权威从教会转移到国家，还要缩小宗教本身的范围，为教义和仪式差异留出更多的空间。此外，这也是为什么公民宗教自身显得自相矛盾的原因，作为一个理论传统，它向宗教自由化发展，同时它又聚焦于宣称国家宗教的整体性。

在同一政治空间的共处制定了一个完全不同的方案。是否存在这样一种路径，既尊重宗教团体对其成员的要求，又能抵消它们因分享政治权力而对国家构成的潜在威胁？洛克的《论宗教宽容》对这一问题作出了他的回答。⑫

对于人们后来熟知的"政教分离"的观点，洛克最早作出了彻底的哲学阐释。这正是霍布斯所宣称的不可能完成的任务——在教会和国家的适合的权威之间划一个界限。⑬ 洛克写道：

> 我以为下述这点是高于一切的，即必须严格区分公民政府的事务与宗教事务，并正确规定二者之间的界限。如果做不到这点，那么这种经常性的争端，即以那些关心或至少是自认为关心人的灵魂的人为一方，和以那些关心国家利益的人为另一方的双方争端，便不可能告一结束（第 26 页）。*

在他 1659 年致亨利·斯塔布的信中，关于精神和世俗领域之间的关系，洛克写道，"对于国家中的基督徒，为他们都划定界限，确切地定义圣与俗界限，这是一个不小的困难。"⑭划分"圣与俗的界限"恰恰是洛克在《论宗教宽容》中为自己确立的目标。与霍布斯不同，洛克认为可以在二者之间划出清晰的界限，因为它们都有自己关注的领域，有它们自己的"事务"，由此把自己与对方完全地区分开来：

> 在我看来，国家是由人们组成的一个社会，人们组成这个社会仅仅是为了谋求、维护和增进公民们自己的利益。所谓公民利益，我指的是生命、自由、健康和疾病以及对诸如金钱、徒弟、房屋、家具等外在物的占有权（第 26 页）。

这段文字提出的理论策略是在教会与国家之间建立明确的分工：国家的功能是照顾身体的需要（包括我们对身体安全的基本需要等等），而教会的功能是照顾灵魂的需要。一方侵犯另一方的合法关切是非法的；每一方都必须严格地坚持自己的关注与自己的事务：

---

⑫ 约翰·洛克：《论宗教宽容》，詹姆斯·塔利编，（Indianapolis：Hackett，1983）。此版本依据的是威廉·波普尔 1689 年最初翻译的文本。本章中所有括号中的引用文献均来自该版本。面对（17 世纪和 20 世纪的）批评，应该如何为洛克辩护，弗农的《宽容的事业》给出了有益的建议。

⑬ 虽然很容易得出结论，认为洛克的国家与教会分离的主张与霍布斯的二者合一正相对立，但不应排除它们存在比初看起来具有更多共同点的可能性。J.贾德·欧文提出了一个有趣的观点，即教会和国家之间的分离原则更倾向于天平的国家一边，而不是人们通常认为的那样。"美国的政教分离首先是宪法（即政治）的事务，最终上诉法院为国家最高法院。因此，美国解决方案满足了霍布斯绝对统治者这一核心要求，在政治上精神权威从属于政治权威。"欧文：《宽容的利维坦》，《政体》第 37 卷，第 1 期（2005 年 1 月），第 142 页注释 44。

* 《论宗教宽容》，吴云贵译，商务印书馆 2002 年版，第 5 页。下文引文参照该译本。——译者

⑭ 洛克：《政治著作集》，第 138 页。

既然官长的全部权力仅限于上述公民事务,权力仅限于关怀和增进这些公民权利,他不能、也不应当以任何方式扩及至灵魂拯救(同上)。

作出根本的区分是必要的,即区分"外在事务"(由政府主管)和关于灵魂的内在事务,后者需要救赎(在这方面不同的教会主张人们各自决定自己的信仰),对于洛克来说,这是对宗教本质的正确理解。宗教只是人类经验的一个有意义的领域,在这个意义上,个人向外接受真实地反映内在真实信仰的宗教生活形式。"世俗官长无须负责灵魂事务"(同上),因为"真正宗教的生命和力量只在于内在的心灵里的确信;没有这种确信,信仰就无法成为信仰"(同上),外部权力是不可以染指宗教的。政府可以通过法律来强迫公民服从"外部崇拜",但外部崇拜本身便是对真正宗教信仰的歪曲,因为宗教关心拯救的实现,只有通过反映内心真实信念的宗教实践形式,我们才能得救。"真正可行的宗教在于内心思想的信念"(第27页),然而世俗官长的权力"仅限于外部力量"。比起共同体中公民的外部事务,霍布斯对内在信仰并不是真的感兴趣,但从洛克的角度来看,这正说明霍布斯并不关心宗教的实际目的——如何帮助信徒实现他们的灵魂的救赎。[15] 只要国家强权之手得以侵入宗教的领地,宗教对于个人生活的目的就被否定了。洛克允许国家作为一个首选的教会从事劝说工作,但不允许使用强制:"劝说是一回事,命令是另一回事;前者依靠论证,后者依靠惩罚"(同上)。即使国家与真正的宗教有关,它也不能用强迫的手段提出救赎的前景,因为在人们看来,没有内心的信念与真正的信仰,救恩仍然会拒绝他们。至关重要的是,国家要让个人在自主的空间内来决定自己的信仰——也就是说,根据自己的理性之光去追求救赎。

在这里,洛克区分了他说所的"仁慈的关怀,包括教导、戒勉和劝说"(第35页)和他所说的"威严的关怀",前者合法的,后者"以法律为依据,以惩罚为约束"(同上),但国家以这种方式干预人们的宗教义务是完全非法的。"对灵魂事务的关怀是个人的事,并且只归他个人决定"(同上)。如果这使得个人不再关心灵魂,那怎么办呢? 洛克是这样来回答的:"即使他不关心自己的健康或财产,这些东西哪一个离政府关心的领域更近呢?"(同上)也就是说,每个人都有义务关心自己的得救,但如果他们忽视了这个义务,强迫他们去关心得救也不是

---

⑮ 尽管霍布斯和洛克所发表的神学存在着惊人的相似之处,但这些神学根本上有不同的(实际上是相反的)政治目的;对此有一个很好的论述,见约翰·希金斯-比德尔对洛克《基督教的合理性》的导言,希金斯-比德尔编,(Oxford:Clarendon Press,1999),第78—115页。

政府的职责⑯(考到虑洛克《论宗教宽容》中已经提出的论证,国家事实上也不可以帮助他们获得他们以前会错过的救恩)。"一个不信的人接受另一个人事功的外在表现是没有用的。上帝只接受信心和内在的真诚"(第38页)。因此,"当这些都做到了,就可以把它们留给良心了"(同上)。

洛克以与他构想国家的方式——即个人主义者—契约主义者——相类似的方式构想教会,这构成了这个愿景的一个重要方面。洛克自由主义的基石(任何彻底的自由主义都是这样——这就解释了为什么霍布斯最终不是自由主义者,尽管事实上他思想的诸多方面谨慎地指向了这个方向⑰)是这个观念,即让有良知的个体独立作出判断。宗教生活与公民政治生活都是如此。"教会是人们自愿结合的团体,人们根据自己的意愿加入教会";"它是一个自由且自愿的团体"(第28页)。如果强迫或迫使公民进入某些特定的教会,国家会否定宗教的意义;同样,如果限制信徒的意愿,教会本身也违背了宗教的目的。因此,这一理论的目的既要保持公民在国家的强权威胁面前的自由,还要保持信徒在教会强权面前的自由。个人应该按照自己的真正的内心信念自由进入或退出宗教团体。比如,我不应该受到我父母的宗教的约束——个人应该凭借他们自己的理性之光自由地决定他忠诚于哪一个宗教。国家最终(就其哲学基础而言)是个人自由契约组成的自愿联合,教会也是这样——或者说也应该是这样:它们也是个人自由组成的自愿联合。今天我们可以把这一切都看作是理所当然的,但在17世纪的英国,这显然是一个革命性的学说,洛克以理论的力量清楚地说明了这一点,这一理论的力量继续影响和激发着当代自由主义。

当然,他的整个论证潜藏着双重目的。一方面,洛克想禁止国家插手得救和宗教良心的事务,这方面的目的便是阻止国家染指宗教。另一方面,也是同样重要的,洛克想禁止教会使用政治工具来贯彻自己的信条——也就是,让教会的帝国主义冲动止步于政治之外。正如洛克说的,"在以福音书为指南的基督教国家里,绝对不存在这样的事情"(第44页)。(洛克所说的这一点非常直接也非

---

⑯ 伍顿认为,洛克的《论宗教宽容》有两个续集,即《第二书信》和《第三书信》,洛克从这个激进的观点中"退缩"了:参见《政治著作集》导言,第106页。伍顿的假设是,在这些文本中,洛克正在寻求加强与圣公会自由主义者的战略联盟。这涉及承认国家宗教原则的合法性,这反过来又削弱了洛克先前对国家和宗教的区分,即国家监管纯粹世俗事务而宗教独占纯粹精神事务。

⑰ 参见本章的首条题引。

常特意地否定了霍布斯的政治愿景！[18]）如果我们要避免教会和国家的彻底腐败，那么教会必须保持纯粹的教会（只关注内在事务和灵魂的得救），国家必须保持为纯粹的国家（只关注"肉身"和它们的物质利益）。换句话说，所有的基督教派都必须抵制我们所说的任何形式的"神权政治的诱惑"。从这一点来看，霍布斯所青睐的政教合一的政治既是对政治合法目的的威胁，也是对宗教合法目的的威胁，任何源自基督教本身的政教合一的冲动都既是对基督教的腐败，也是对政治的腐败。

人们也许会说，神权政治的诱惑正潜藏于宗教本质之中。每一个宗教，就其本质来说，都认为自己的信念和实践是正确的，认为他人的信仰是错误的。这也就是说，从教派自身的角度来看，宽容意味着接受其他信仰的信徒走向灭亡。通过拯救这些将要失落的灵魂来更好的扩展自己信仰的仁爱，这样岂不是更好？然而，洛克非常清楚，他的宽容哲学要避免的正是这些引发可怕宗教战争的不二因素。洛克坚持认为，我们每个人都远离我们自己的宗教承诺，以至于认为"每个教会对其自身而言都是正统的"（第32页；着重强调）[19]——也就是说，每个教派都把自己看作得救的唯一来源，把别的教派看作是通向毁灭的道路。如果每个人都承担起用政治强制手段来救赎其他人的任务，那么这个不可避免的变量将直接带来无尽的宗教战争。避免这种不可避免的变量的唯一方法是每个信条和每个教派都放弃政治（强制）路线，政治路线与说服（非强制）的救恩路线相反："劝说是传播真理的唯一正确方式"（第33页）。当洛克说"每个教会对其自身而言都是正统"的时候，这或多或少说明，神权政治的诱惑在每种形式的宗教中都是潜存的（即，仅仅依据自己的信仰和自己的承诺而得救，不把其他宗教看

---

[18]　参见希金斯－比德尔：《导言》，第78页。《导言》提出"在以福音书为指南的基督教国家里，绝对不存在这样的事情"这一主张清楚地表明，任何政治化基督教的努力都是对基督教应该是什么这一理念的根本侵犯。（卢梭说过同样的事，除了对他来说，这对基督教是一个关键性的政治批评。）在本书第十三章中，我将对《基督教的合理性》作出解释，我的根据是使弥赛亚的观念非政治化对于洛克区分"旧约"和"新约"至关重要。这是一个微妙但重要的方式，与他否认基督徒政权这个概念有关。

[19]　斯坦利·费希精辟地指出这段文本是《论宗教宽容》的核心，见费希：《不可能的任务：确立国家与教会之间的正当界限》，载《哥伦比亚法学评论》，第97卷，（1997年12月）第8期，第2255—2333页。费希的观点是，洛克的言论适用于作为一种世俗宗教的自由主义，就像它适用于任何适当的宗教教派一样，因此，多数自由主义者认为这是一种独特的公道，但这一公道是缺少基础的。有意义的是，费希在他对洛克《论宗教宽容》颠覆性解读中展开他对当代自由主义的批评，因为《论宗教宽容》常被看作是当代自由主义哲学的基础，费希花了很多精力来挑战这一观点（他就是一只挑战这个观点的牛虻）。

作救赎可能的来源）。确实，这也是我们必须坚持不懈抵制神权政治诱惑的原因。在洛克看来，抵制诱惑并承认其他教派的信徒同样能够获救的唯一途径是，承认宗教和政治之间具有不可逾越的界限：

> 教会与国家互相有别并绝对分离，他们之间的界限是明确不变的。谁若把 155
> 这两个在渊源、宗旨、事务以及每一件事情上都截然不同并存有无限内在区别的
> 团体混为一谈，谁就等于把天和地这两个相距遥远、互相对立的东西当做一回事
> （第33页）。

　　《论宗教宽容》核心目的是提供一个原则性的基础，以区分政府的目的（生命、自由、健康和疾病以及对诸如金钱、土地、房屋、家具等外在物的占有权）和宗教的目的（救赎，或"灵魂的关照"），使得人们可以明确地、合法地区分政府该做什么和教会该做什么。因此，与政治与宗教的政教合一（或公民宗教）[20]相比，洛克政治哲学的根本立场是政治与宗教的分离。

　　洛克主张，他关于政治领域与宗教领域的绝对分离有一个例外，那就是"犹太人的国家与其他国家的区别就在于它是一个绝对神权政体"（第44页）。他认为"关于崇拜一个无形上帝的法律，就是犹太民族的民法，同时是政府的一个组成部分，其中上帝本人即是立法者"，因此，在这种独特情况下，"国家与教会之间"没有也不会有任何区别。因为这个原因，这个特殊政教合一国家的官长没得选择，只能惩罚那些违背"摩西律法"的"偶像崇拜者"。洛克继续指出："如果有谁能够向我证明，在我们这个时代，什么地方也存在着一个建立于那种基础上的国家，我就可以承认，在那里教会法规势必要成为民法的一部分，而且，按照民权法力，政府的属民们可以并应当与教会严格保持一致。"然而，在前两页（第42—43页）洛克本人事实上提出了一个当代的类似案例，即日内瓦的加尔文教神权政治，但洛克在讨论日内瓦时绝不会主张说，一个声称拥有政教合一的宪法的现代国家本身可以理所当然地不适用《论宗教宽容》所阐述的自由主义原则。

---

　　[20]　如果神权政治因其有违在政府官长和教会之间确立正当的界限这一原则而被排除，那么出于同样的原因，公民宗教也应该被排除。

# 第十三章 "哲学家的上帝"一:
# 洛克和约翰·托兰

上帝是存在的,但是除了自然的理性,我们无法发现也无法判断上帝是什么。

——约翰·洛克①

那些只尊宗教之名却不行宗教之实的人动摇了启示的支柱。

——爱德华·吉本②

当代基督徒告诉你基督教事实上是多么地温和多么地充满理性,却忽视了一个事实,那就是所有基督教的温和和理性主义都归功于那些受到正统教会迫害之人的教导,这听起来很好笑。

——伯特兰·罗素③

摩西、穆罕默德、圣保罗的上帝(耶稣可能是个例外)听起来可不像是自由主义者。

——布莱恩·巴里④

---

① 约翰·洛克:《政治著作集》,大卫·伍顿编(Indianapolis:Hackett,2003),第238页。参见《政府论》上篇把理性看作"人们的唯一的恒星和罗盘"(《政府论两篇》,彼得·拉斯莱特编,Cambridge:Cambridge University Press,1988,第182页)。

② 爱德华·吉本:《罗马帝国衰亡史》,大卫·沃姆斯利编,(London:Allen Lane,1994),第3卷,第439页。

③ 伯特兰·罗素:《为什么我不是一个基督徒》,保罗·爱德华兹编,(New York:Simon & Schuster,1957),第36—37页。

④ 布莱恩·巴里:《约翰·罗尔斯和确定性的寻求》,《伦理学》,第105卷(1995年7月),第909页。

人们认为洛克一共有两个驯化宗教的策略，但这两个策略都没有诉诸公民宗教。⑤ 第一个策略是《论宗教宽容》所追求的，也就是宗教的私人化并为教派多样性提供开放的空间，教派的多样性有助于避免某一教派的统治或者权力过大。第二个策略是《基督教的合理性》所追求的，它推动宗教朝着哲学的理性主义方向发展。后一策略由斯宾诺莎的《神学政治论》首创，后来很多卓越的思想家（尤其如卢梭、康德和黑格尔）都作了进一步探讨。⑥ 这里基本的思想是哲学拉着宗教并且带着它，让宗教朝着少些迷信、少些教条和多些理智、多些道德这一受尊敬的方向发展。

以这样的方式来关注它似乎很奇怪，但这确实让人想到帕斯卡尔及其著名的"亚伯拉罕的神，以撒的神，雅各的神"和"哲学家和学者的神"的对比，后者旨在以哲学的或理性的宗教替代圣经的宗教。⑦ 同样矛盾的事实是，正是休谟这个伟大的宗教怀疑论者以他的论证（我将在本书第十八章作出讨论）对他的哲学事业提出了最严重的挑战，休谟认为没有哪个哲学家的宗教——不管是斯宾诺莎的、洛克的还是卢梭的——能够回应存在主义的渴望或者精神的需要，正是这些引出了传统的宗教。理性无法满足很多东西的需求，如果它们的基础不在

---

⑤ 正如本书第十二章指出的，马克·戈尔迪认为《论宗教宽容》里面表达的对天主教徒和无神论者的非难表现出洛克的公民宗教痕迹：见马克·戈尔迪：《詹姆斯·哈林顿的公民宗教》，载《近代欧洲的政治语言》，安东尼·帕格登编，(Cambridge：Cambridge University Press，1987)，第202页。我认为这一观点在延伸公民宗教思想意义方面有点过了。正如我在这章后面标注的，施特劳斯把《基督教的合理性》解释成公民宗教，因为在他们看来，洛克完全是从政治角度而不是从哲学理性的角度来论述神学的。然而，即使施特劳斯能够说服部分人，认为洛克对基督教的怀疑程度超出了洛克的研究者们所愿意接受的程度，但考虑到洛克着力区分宗教和政治，我们还是很难把《基督教的合理性》算作公民宗教。

⑥ 推动宗教理性化作为一项启蒙的策略，可参见史蒂芬·B.史密斯：《斯宾诺莎，自由主义和犹太人身份问题》，(New Haven：Yale University Press，1997)，第2—4页。很明显，自由的策略、宽容的策略和使宗教合理化的策略都与《神学政治论》有关，事实上它们构成了该书的整个议题。当然，主要的不同之处便是我在本书第九—十一章所强调的，斯宾诺莎的政治哲学包含了公民宗教的维度。在任何意义上都很难说洛克是一个斯宾诺莎主义者，但是，道格拉斯·J.登艾尔和斯图亚特·D.华纳：《自由主义、霍布斯和斯宾诺莎》，《斯宾诺莎研究》第3卷(1987年)第279页提出："福伊尔认为斯宾诺莎影响了洛克，而且洛克为他的'太平洋基督徒社会'的教义规划的教条与斯宾诺莎为普遍宗教规划的信条完全一致。"（引自刘易斯·萨缪尔·福伊尔：《斯宾诺莎和自由主义兴起》，Boston：Beacon Press，1958，第257—258页）。

⑦ 布莱士·帕斯卡尔：《思想录》，里昂·布伦士维格编，(Paris：Classiques Hachette，1963)，第142页；对帕斯卡尔"纪念仪式"的英文翻译，参见《思想录》，A.J.克瑞斯海默编(London：Penguin，1966)，第309—310页。不用说，帕斯卡尔的"纪念仪式"(1654)先于斯宾诺莎、洛克以及之后的哲学家把"哲学家的神"变为一个系统的哲学工程。

理性范围内的话。诚然，康德和黑格尔超越了休谟而继续推进哲学家的宗教，然而，也有可能他们只是证实了休谟的论证而不是驳倒了休谟的挑战。⑧ 斯宾诺莎《神学政治论》的一个主要目的是为政治哲学定义一个新的议题：划分出在犹太—基督教的宗教里在道德上有吸引力的内容，并且通过用理性的或者哲学的宗教来替代圣经宗教的实质内容，从而放弃在道德上没有吸引力的内容。一批顶尖的思想家坚定地采纳了这一议题，只是没敢承认这就是斯宾诺莎的哲学化工作。很明显，这个哲学议题的主要尝试出现在洛克的《基督教的合理性》，卢梭的《爱弥儿》的第四卷，以及康德的《纯然理性界限内的宗教》（当然另一个顶级选手是黑格尔的哲学）之中。⑨ 本章我将梳理出这个共同主题的脉络，并对洛克、卢梭和康德对斯宾诺莎开创的这个议题所作出的努力作出最终评判。⑩

在《基督教的合理性》里，洛克着力表达的是忠实于基督教信仰的神学，而不是自然神论，但是他的同时代人倾向于把它理解为——而且我们今天仍然这样理解它——正在滑向更为彻底的、颠覆性的神学理论，在削弱基督教正统方面它超出了洛克接受的程度。⑪ 接下来让我们进入洛克神学的主题。

---

⑧　要了解对作为斯宾诺莎继承人的摩西·门德尔松、莱辛、康德和黑格尔的介绍，可参见史密斯的《斯宾诺莎，自由主义和犹太人的身份问题》第 7 章。要了解 19 世纪晚期和 20 世纪早期使宗教合理化的努力，以及努力的徒劳无功，参见马克·里拉的《夭折的上帝：宗教，政治和现代西方》（New York：Knopf，2007）第 5 章。可参见与此相关的、史蒂芬·B.史密斯记载的当赫尔曼·柯亨意识到他把上帝降低为"一个观念或者一个思想"而忽视"上帝的创世"时他哭泣的故事：参见史密斯：《如何纪念斯宾诺莎的被驱逐 350 周年纪念》，《希伯来政治研究》，第 3 卷，第 2 期（2008 年春），第 171 页。

⑨　当然，人们也可以在这个名单里加上沙夫茨伯里；参见斯坦利·格里安的《沙夫茨伯里的宗教哲学和伦理学》（Athens，OH：Ohio University Press，1967），第 11 页："沙夫茨伯里的宗教哲学为后来尝试规划一个'单纯理性界限内'的宗教打好了基础。"人也可以把托马斯·潘恩列入其中，他的《理性时代》（1795 年完成，足足比《基督教的合理性》晚了一百年）构成了朝向实现无神论者建立理性宗教而不是启示宗教这一工作的又一里程碑。

⑩　因为培尔构成了斯宾诺莎和卢梭之间关键性的过渡，接下来第十四章—十六章关于培尔的部分将继续讨论这个本章开始的问题。

⑪　约翰·洛克：《圣经基督教的合理性》，约翰·C.希金斯-比德尔编，（Oxford：Clarendon Press，1999）；下文简称《基督教的合理性》。我不会在任何细节上试图通过建立标准来说明洛克疑似索齐尼主义，但在我看来，伍顿提供了一个好的例子说明洛克真的致力于索齐尼主义的观点：见《政治著作集》导言，第 66—72 页。就像伍顿强调的那样，如果洛克是个索齐尼主义者，那么邓恩（认为洛克是加尔文教徒）和施特劳斯（认为洛克是一个秘密的反基督教者）就都是错误的。而且，伍顿做了一个令人信服的讨论证明洛克不是一个正统基督徒，但这并不能说明他不是基督徒。（见第 71 页："施特劳斯派认为洛克诉诸圣经是非常奇怪的，这是正确的，他们却错误地得出结论认为洛克试图破坏信仰。事实上，他在努力暗示一个理性的、索齐尼主义对圣经的理解。"）进而言之，人们开始怀疑 17 世纪同时代的人倾向于这样看：斯宾诺莎是一个异教徒，霍布斯是一个无神论者，培

基督教作为"救赎的学说"首先要对"亚当的堕落"有所说明:"要理解……哪些是耶稣基督在我们身上恢复的内容,首先就得考虑哪些是《圣经》说的被亚当遗弃的内容"。⑫ 一方面,加尔文主义者认为"所有亚当的子孙注定由于亚当的罪而遭受无穷的惩罚。"另一方面,无神论者认为这种观念与天赋正义是如此矛盾从而转向了相反的极端——连救赎的教义一起否定。洛克声称亚当和他子孙事实上为原罪付出了代价,但这个代价是人类必须死亡,而不是永远遭受诅咒。正统加尔文主义者解释说,洛克"似乎以一种奇怪的方式理解律法,后者需要最简单最直接的话语,如死亡应该意味着苦难中的永生。"⑬当亚当从"天堂的宁静和幸福"中被逐出时,⑭他的子孙也被驱逐了;但是从天堂中驱逐出来不至于被扔进地狱。事实上存在一个"耶稣基督的拯救,"⑮但这是从道德境况中拯救出来,而不是从诅咒中拯救出来。

为什么上帝既惩罚亚当又惩罚他的子孙这个行为是正义的呢? 洛克的回答是,没有人可以永生;因此必然死亡本身不是惩罚。⑯ 这并不意味着惩罚不是神设计的一部分,而是说当人类被惩罚时,他们是因为自身道德堕落而遭惩罚,而不是因为源于亚当的原罪而受罚。⑰ 而且哪怕"死亡的状态"也不是惩罚,严格来说,它从死亡中解放出来也是一种善,这正是耶稣所应许的——也就是"所有

159

---

尔比他假装的那样还要不敬神,以及洛克是一个坚定的索齐尼主义者。然而,维克多·诺沃在他的洛克《圣经基督教的合理性》的导言第 5 页至 30 页(Bristol:Thoemmes Press,1997),反对把洛克的神学看作是索齐尼主义;参见诺沃《约翰·洛克和基督教》的导言,诺沃编,(Bristol:Thoemmes Press,1997),第 9—26 页。诺沃的观点是,洛克自认为它成功地找到了真正的正统神学和索齐尼主义神学之间的中道。实际上,洛克在《基督教的合理性》的第 1 页就表达了他的主旨是试图调和"两个极端……加尔文主义者极端动摇了所有宗教的基础,另一个相反的极端是使基督教什么也不是"(《基督教的合理性》,第 5 页);但是这个文本更多的是否定自然神论,而不是否定索齐尼主义。而且,考虑到洛克否认原罪以及他对耶稣(仅仅?)作为弥赛亚而不是神学的一部分的分析,就很容易理解为什么洛克同时代人非得责怪他是索齐尼主义者了。要全面了解洛克时代的人是如何认定洛克之罪的,参见希金斯-比德尔的《基督教合理性》导言,第 15—115 页;希金斯-比德尔跟诺沃一样认为洛克有他自己的独特的神学定位,因此他既不是无神论者也不是索齐尼主义者,当然也不是霍布斯主义者(索齐尼主义,Socinianism,16 世纪基督教神学上帝一位论学说之一,意大利宗教改革家莱利奥·索齐尼所倡导。认为耶稣基督不过是一个从属于上帝的人,而不是上帝。反对教会权力,反对三位一体论。——译者)。

⑫ 《基督教的合理性》,第 5 页。
⑬ 同上书,第 7 页。
⑭ 同上书,第 8 页。
⑮ 同上。
⑯ 《基督教的合理性》,第 10 页。
⑰ 同上书,第 11 页。

160 人的重生"。⑱ 事实上是存在"罪的报应"的，但是罪之所以适用于个人是因为他们自己犯的罪（他们自己的"邪恶"），而不是因为他们是亚当的子孙。⑲ 总的来说，人类并没有继承"有罪的状态"⑳；个人是应受惩罚还是得到永生将"依照各人的行为"来判断。㉑

　　洛克当然并未排除所有人都有罪这一观点，因为《罗马书》3∶23 明确表明所有人都有罪——但它是理性法或者自然法中个人犯罪的能力，而不是原罪。㉒ 如果所有人都有罪，那么人们如何指望得救呢？ 为了回答这一问题，洛克在第 3 章介绍了"立功之法"和"信主之法"的主要区别，这便是允许即使有罪的人也能获救。说到立功之法，要么完全顺从要么犯罪，要么正义要么不正义。然而信主之法让上帝"依据他们对正义的信仰，即是否完全遵从该法"做选择。㉓ 也就是"信仰可以补上完全顺从所存在的缺陷；而且，信徒被看作是永生和不朽的，就好像他们是正义的一样。"㉔摩西的训令中所揭示的立功之法包括"上帝的积极的劝告"，这种劝告（由摩西颁布的律法中公民和仪式的部分）是特别针对希伯来人的，也包括普遍适用的"摩西法的道德部分"。㉕ 正是这个"道德部分"对应于"道德法（这是到处都一样的、永恒的正义规则）"㉖，这是洛克关心的。这是一个所有人都有罪的法，但如果信仰上帝能被当作正义的替代品而被接受，他的罪就会得到宽恕。㉗ 如果人类长期不遵守立功之法所规定的要求，如果信仰就是唯一能让我避免惩罚的希望，那么用什么来定义这个得救信心的信仰呢？"我们因此必须在福音书的启示下［相对于摩西诫命］仔细检查上帝要求我们信161 仰的内容"㉘——洛克在第四章开始了检查。

---

⑱　同上，耶稣作为救世主的观念意味着有一些人需要救赎。因此约翰·爱德华兹在《揭秘索齐尼主义》中提出挑战："我要问，他降临的目的是什么？ 难道不是为了帮助人类，把他们从罪恶中拯救出来并且释放他们吗？"（《约翰·洛克和基督教》，第 212 页）然而，洛克显然认为，他不必接受原罪思想就可以解决这个问题。

⑲　《基督教的合理性》，第 12 页。

⑳　同上书，第 7 页。

㉑　同上书，第 11 页，引自《罗马书》2∶6。

㉒　《基督教的合理性》，第 13 页。

㉓　同上书，第 21 页。

㉔　同上书，第 19 页；着重强调。

㉕　同上书，第 19、20 页。

㉖　《基督教的合理性》，第 20 页。

㉗　同上书，第 21 页："在行为以外蒙神算为义，即上帝不根据事功来估算正义，不看你的功劳，只看是否顺从。"引自《罗马书》4∶6。

㉘　同上书，第 22 页。

　　接下来的几章大量讨论了《圣经》文本,所有这些文本都指向"这一简单的真理——耶稣是弥赛亚;得救或者毁灭取决于相信还是反对这一主张"。㉙ 耶稣死而复生必须被相信,因为没人能够在相信是弥赛亚的同时还相信耶稣是凡人;㉚而且承认耶稣是期待中的弥赛亚意味着将依靠他来实现"免罪"的希望。㉛ 这确实是"最低要求的信条"㉜——这自然让人想起霍布斯构想的与此类似的最低要求的信条。㉝ 洛克最大限度地减少基督教信仰的主要策略是——正如他的主要评论家约翰·爱德华兹所强调的那样——赋予《福音书》(以及《使徒行传》)很强的、超过《使徒书》的主导地位。㉞ 洛克和爱德华兹都很清楚造成基督

㉙　同上书,第31页。洛克在这里以及在第5章的最后都表明"得救需要更多的东西"。第11章和第12章指出,这个"更多的东西"就是"悔改"。根据第111页的解释,悔改"不仅是对过往罪行懊悔,而且……是脱离它们并进入一个新的相反的生活";同时第112页表明"悔改是对我们过去罪行衷心的懊悔,用尽我们的力量真心地决心努力使我们的行为符合上帝的律法"。正如第110页讨论"魔鬼"时表明的,即使相信耶稣是救世主却不在此意义上进行忏悔的罪人也不会得救。

㉚　同上书,第26页。

㉛　同上书,第28、33页,引自《使徒行传》10:43。参见《马太福音》1:21:"他要将自己的百姓从罪恶里救出来",《基督教的合理性》第36页引用了这段话。这个文本中,洛克清楚地表明"自己的百姓和他们的罪恶"指的是"犹太民族。"

㉜　诺沃在托马斯出版社版的《基督教的合理性》导言第25页,总结了约翰·爱德华兹对洛克提出的挑战。

㉝　提出洛克是霍布斯信徒的指控("他以霍布斯的《利维坦》为《新约全书》,而且以马姆斯伯里(马姆斯伯里是霍布斯的故乡——译者)的哲学家为我们的救世主和使徒")是爱德华兹最具煽动性的指控之一:见希金斯-比德尔的《基督教合理性》导言,第126页。希金斯-比德尔决心免除对洛克是霍布斯主义者的指控,但是事实上这依然是(就像希金斯-比德尔毫不犹豫承认的那样:第126页)洛克最为自豪的神学"革新",即把基督教教义的内容简化为耶稣的弥赛亚身份,这看上去与霍布斯非常一致,在第138页,希金斯-比德尔称这个为"他们共同的论点。"(参见希金斯-比德尔对同时代著名评论家理查德·威利斯的引用。关于洛克对威利斯的回应,可参加托马斯出版社版的《基督教的合理性》,第420—421页。)

㉞　洛克主要在《基督教的合理性》的第十五章为解经策略作出了辩护。卢梭在《山中书简》中也坚持认为基督教是由福音书来定义的而不是圣·保罗定义的:参见《卢梭作品集》第9卷,克里斯托弗·凯利和夏娃·格雷斯编,(Lebanon, NH: University Press of New England, 2001),第186—187页。值得注意的是,在降低《使徒书》在圣经中的地位这件事情上,洛克采用了广受认可的斯宾诺莎式的比喻:即《使徒书》是为了"迁就读者的恐惧"而写就的(第166页)。有人会发现整个论辩暗中预料了由约翰·托兰在《拿撒勒人耶稣》里明确提出的观点,也就是说圣保罗阐明的基督教(神学意义上野心勃勃)不同于耶稣启示的简单信仰。洛克主张,如果得救需要掌握复杂的神学教义,基督教就不能成为它所意图的那样,也就是拯救的教义要能被"穷人、愚人、文盲"所理解(第170页;参见第91页提到的圣保罗的"学问"),以此对《基督教的合理性》作了总结。确切说来,托兰在《基督教并不神秘》和卢梭在《爱弥儿》中运用了相同的修辞,艾伦·布罗姆编(New York: Basic Books, 1979),第299页注释和第310页。

162

教派对立的神学教义的争议在于《使徒书》,㉟因此相对于《福音书》,边缘化《使徒书》不仅可以降低基督教团契的门槛,而且(作为结果)可以促进洛克的宽容事业。就像洛克在他的《基督教的合理性》中提到的,首先需要的是"调解基督教会的分歧,这一分歧是如此地巨大和严重,关乎基督教信仰的主题,是基督教宽容教义巨大的耻辱,也是真正的宗教的丑闻",人们更有可能通过回顾原来的"使徒信条"而不是通过爱德华兹的这个基督教正统的"增强"版本来实现这一目标。㊱

在这些章节里洛克一再断言"在那个时代,在犹太人那里,弥赛亚和神的儿子是同一个称号",㊲这就清楚表明耶稣在本性上根本没有超过犹太人的弥赛亚观念(再一次表现出回到霍布斯),而且肯定会引起人们对洛克反三位一体的怀疑。当然,犹太人认为的弥赛亚是政治解放者,而且洛克明确肯定耶稣体现了弥赛亚的这些品质:人们期待弥赛亚"在他将要建立的国中拯救大家";他是从"别的国家""被派来拯救他们的非凡之人"。㊳ 这就是犹太人"根据他们古老的预言"所期待的,㊴而且耶稣就是这些预言的实现。耶稣为犹太人带来政治解放了吗? 他会重建他们的独立王国吗? 洛克从不说他会,也从不解释说即使耶稣不这样做也不影响他弥赛亚身份的合法性。㊵ 他的全部主张就是人们希望弥赛亚

---

㉟ 参见《基督教的合理性》,第 168 页("争议双方")。

㊱ 参见上书,第 169 页。要了解洛克在《论宗教宽容》和《基督教的合理性》的主要动机,以及对这一目标的叙述,可参见《政治著作集》,伍顿编,第 144—145 页。

㊲ 《基督教的合理性》,第 34 页。

㊳ 《基督教的合理性》,第 36 页;参见第 38 页:"犹太人最想寻找、最希望的是王国";当弥赛亚到来时,他将"在以色列中做统治者,"引自《弥迦书》5:2。参见第 44 页,这里他说耶稣是"犹太人期望的王";第 47 页他讨论了"整个犹太人国家在这个时代期待他们的弥赛亚,把他们从外国枷锁的奴役中拯救出来";第 58 页说"应允他们的王和拯救者";第 121 页说"以色列的王";第 139 页说"一位君王,一位他的人民的救世主"。第 72 页把弥赛亚解释成摆脱罗马霸权的解放者,这个有助于说明为什么这激发了祭司和法利赛人(洛克在其他地方所不满的)的敌意,即对民族革命前景的害怕,也可以这么说,它"会导致罗马军队入侵,导致我们以及我们国家的毁灭"。所有这一切都表明,洛克也明确表示(第 38 页)(《基督教的合理性》,王爱菊译,武汉大学出版社 2006 年版,第 32 页。下文引用参照该译本。——译者)"神国"和"天国"这两个词语就是重建以色列人的神权政治国家。霍布斯至少说明,耶稣将重新完成他的政治使命——重建神权政体的王权;相反,洛克从未试图解决与"耶稣就是希伯来人所期盼的弥赛亚"相关的关键难题。也可参见伊曼努尔·康德:《纯然理性界限内的宗教》,艾伦·伍德、乔治·迪·乔瓦尼编(Cambridge:Cambridge University Press,1998)第 96 页,它把基督看作失败的民族革命的煽动者,尽管康德也认为(第 96 页注释)基督真正计划的使命是一场反牧师政治的革命。

㊴ 《基督教的合理性》,第 36 页。

㊵ 在第 40 页,洛克断言耶稣过的生活"非常符合他的预言"。如果犹太人预言弥赛亚的核心是预言一个政治解放者,那么这怎能正确呢? 在第 45 页(中译本,第 39 页。——译者),洛克强调

创造奇迹,而耶稣确实在创造奇迹。

第八章继续长篇讨论耶稣受到犹太公会的迫害,他对过早受刑的担心(在他完成他的使命之前),他从耶路撒冷被流放,以及他对暴露自己弥赛亚身份的忧虑。所有这些叙述很大程度上都在提醒我们洛克自己的故事:迫害、恐惧、受刑、流放荷兰,以及隐藏他这篇文章及其他重要理论作品的作者身份。[41] 第八章的目的是解释为什么那个被期望的弥赛亚会自己采取措施来掩盖他的身份和使命。然而,洛克的解释无疑带来了更多的困惑,这比他解决的困惑还要多:耶稣必须避免给"公民社会和世界政府带来任何不安定",以此证明自己在政治威胁的指控面前是无罪的;他必须避免在渴望弥赛亚的群众中间引起骚乱,结果他不得不否认自己是犹太人的"拯救者",即使这恰恰是成为弥赛亚所要求的。[42] 如果他不愿意挑起本来要求弥赛亚承担的重担来重建犹太人的国,他将如何成为犹太人期待的弥赛亚呢?[43] 洛克在这些章节里坚持认为基督教信仰的核心就是先知所定义的——耶稣是希伯来圣经所预言的弥赛亚("福音书所宣扬的都是基督教信徒所相信的事情"[44]);然而在洛克看来,耶稣摆脱了建立一个新的神圣

164

---

一个出自"世俗官长"的观点,一旦耶稣被处死"并且不会在任何地方再出现",那么将很难"讨论国王的事"。换句话说,他有理由害怕耶稣作为可能的弥赛亚(犹太人意义上的)还活着,可一旦他被处死了,人们就很难再相信耶稣是弥赛亚了。(而且,甚至在他被处死之前,他似乎认为彼得拉是"一个无足轻重的王";参见第46页。)参见迈克尔·S.拉比耶:"洛克的合理性,基督教的困惑",《政治学杂志》第53卷,1991年第4期,第950页,注释14。正如拉比耶暗示的,《基督教的合理性》的一个大的疑惑是,为什么洛克不觉得有义务更多地承认犹太人拒绝耶稣的合理性,因为他"不符合关于弥赛亚的先前预言"(拉比耶,第950页)。霍尔巴赫在《揭穿了的基督教》第35、37页注释中也提出了相似的问题,W.M.约翰逊译,(New York:Gordon Press,1974)。

[41] 特别参见洛克提到耶稣"出于惯常而必要的谨慎"和他最终愿意"再次公开出现在他们中间"[《基督教的合理性》,第44页(中译本,第38页。——译者)]。与此类似,洛克在第67页讨论耶稣"承认……自己就是他",他作为弥赛亚的真正身份"应该死后才被完全理解……那时他已经离开这个世界。"这项讨论让人们注意到这个事实,即洛克也是在死后他的匿名身份才为世人所知。这不仅是推测,而且人们有理由这样猜测,洛克在第8—9章所叙述的耶稣一直不愿透露自己的身份与使命的这一出戏,是对洛克自己经历的一个微妙的评论,这一经历体现了他隐藏他作为一个政治哲学家和神学者的身份的必要性。

[42] 《基督教的合理性》,第50—51页;参见第52页,在此他提出"这就是他,圣经上所说的他,他将是他们的救世主。"

[43] 参见第53页:对耶稣来说,在《约翰福音》4:26中向撒玛利亚女人宣布他的弥赛亚身份是安全的,因为这儿并不存在耶稣"发动暴动成为他们的王使犹太人崛起"的威胁。此外,这难道不是意味着对弥赛亚的渴望吗?

[44] 同上书,第54页;参见第58页(中译本,第50页。——译者):"这便是所宣讲的并要人们相信的所有教义。实际上,他们和我们的救主所教导的,远远不止这些,只不过那些教导涉及的是实践,而不是信仰。"

秩序的政治使命,而就像洛克自己强调的,这恰恰是耶稣担负的弥赛亚身份所要求的。

第九章(第62页)最先指出《旧约》对弥赛亚的解释并不充分:在迦百农训诫时(《约翰福音》6:22—69),耶稣用预言("使用了晦涩神秘的语言")解释了他的弥赛亚使命是阻止"一心寻求在世间建立伟大的世俗之国,并且满心以为这个世俗之国会给他们带来庇护与繁荣之人"的叛乱趋势。耶稣是他们的弥赛亚,但是他关于被期待之国的观念却"明确地阻止他们的期望"。⑤ 希伯来人接受一种与他们原先被引导去期望的不一样的弥赛亚。⑥ 这是洛克第一次暗示,作为弥赛亚的耶稣的重要任务之一就是重新思考成为弥赛亚的意义。

在第89页洛克回到他的首要的主题上:"犹太人对于他们的弥赛亚没有别的想法,只是把他看作是一位强大的世俗君王,以为他能够提升他们的国家,以使之享受到前所未有的权势、领地和繁荣。他们满怀着对一个光荣的世俗之国的盼望。"如果这就是成为弥赛亚所意味的内容,那么耶稣将很难成为犹太人长期期望的弥赛亚(至少像他们构想的那样)。同样,在第101页写道:"他们是如此满怀着现世王国的期望,以至于他们不能接受他的那种王国,也不能接受他作为国王将会是什么样子。"很显然,这一主题与如下事实紧密相连,即耶稣在某种程度上从国家的弥赛亚转变成了普遍的弥赛亚。这一转变在第53—54页就预料到了,当时洛克引用了撒玛利亚女人的故事,而这个女人让她同胞承认耶稣(不仅仅是犹太人的弥赛亚)是"世界的救世主"。⑦ 在第78页和第79页,洛克

---

⑤ 同上书,第62页。

⑥ 特别突出的是在《使徒书》这件事上,耶稣认为他的弥赛亚使命根本上是非政治的(而且需要他受难),这一思想与"他们对弥赛亚的期望"不一致(第65页)。参见第73页(中译本,第63页。——译者):"他们和其他犹太人一样,在心里都认为弥赛亚是世俗的君王和救世主";第89页:"尽管他们以及其他人都期待世上的一个现世的王国";第102页:"弥赛亚,而不是一个国王,你们使徒无法理解……并且假如我直接告诉你我是弥赛亚,假如直接委任你跟其他人说教,我公然声称自己将是弥赛亚,你和他们就将准备发动叛乱来让我登上我父亲大卫的宝座上。"甚至在复活之后,使徒们仍旧没有重新调整他们关于《旧约》弥赛亚的观念,正如我们在第105页看到的,洛克引用了《使徒书》(《使徒行传》1:6),他们问复活的耶稣,"主啊,你复兴以色列国就在这时候吗?"而且他引用了《路加福音》24:21:"但我们素来所盼望、要赎以色列民的就是他![洛克注解道]我们相信他就是弥赛亚,会拯救犹太人国家。"因此,令人惊讶的是,当使徒在耶稣复活之后与他相遇时,耶稣的生命仍然是真实的,也就是"他们关于弥赛亚的观念和其他犹太人是一样的。"(第73页)

⑦ 圣经文本是《约翰福音》4:42;参见第120页洛克把耶稣看作"由上帝许诺给世界"(不仅仅是犹太人的)的弥赛亚。也可参见第169页,洛克说耶稣是被"昭示给全人类的";"他既是主,还是所有人的审判者,是他们的王和统治者。"洛克并未专门说明弥赛亚是如何从一个特定国家的救世主变为所有人类的救世主的。

将耶稣看成异邦王国的弥赛亚,认为这是对犹太人的惩罚,因为他们没能认出他是弥赛亚。⑱　然而,这个解释很让人困惑：正如洛克明确表示的,如果不是耶稣有力地阻止他们对政治叛乱的渴望,犹太大众会相当乐意接受耶稣为拯救者和他们所渴望的新的王。实际上耶稣遭到犹太领导阶层的反对,因为他们更为罗马当局所青睐；但是洛克强调犹太大众整体上乐意接受耶稣作为"他们的王和救世主"。⑲

简而言之,耶稣发现他自己处于复杂的政治大戏之中,尽管他努力不去引发这场政治大火,但是这火早已经蓄势待燃。此外,说耶稣从一个国家的弥赛亚转变为一个普遍的救世主是为了惩罚犹太人,只是因为他们没有承认他的弥赛亚地位,这种说法没什么意义。洛克所描述的耶稣更像他自己：谨慎、精明、对自己的政治背景很敏感,而且,尤其是决不去冒不必要的风险以防危害到他首要的政治使命。⑳　为什么犹太人把这么一个人与许诺给他们的救世主联系在一起呢？在洛克的叙述中——也许也包括圣经自身的叙述——特别令人难以理解的是,推定的弥赛亚应该如何承接大卫王的世系,㉑以及对政治责任的忍受如何让他闭口不提他的国家的政治愿景。一个应允的对现存秩序的颠覆者会害怕被认为是一个革命者么？这个真实的故事更加直接地讲出了洛克的背景了么——也就是对政治秩序的需要如何胜过对革命的渴望？

这就把我们带到了第十章。这里(第95页)呈现给我们的是一个相当令人吃惊的景象,那就是耶稣不再是犹太民族的救世主而是一个报复犹太民族的人,㉒他已经开始"终结他们的教堂,崇拜和国家"。㉓　他"预言了神殿的毁灭","耶路撒冷的毁灭。"㉔他现在是摩西诫命的终结者。洛克对《约翰福音》16:8—14的解释是,

166

⑱　参见康德的《纯然理性界限内的宗教》,伍德、迪·乔瓦尼编,第140页注释。

⑲　《基督教的合理性》,第80页："认他是弥赛亚的观点在世人当中传播。"

⑳　一个典型的洛克式构想是"我们救主的举止谨慎而精明……尽量避免因为有罪犯的嫌疑而导致受刑"(第99页)(参见中译本,第88页。——译者)。所有这些在潘恩看来都是"胆怯"(这是含蓄地回应洛克么?)：参见托马斯·潘恩的《理性时代》,第40页,蒙丘尔·丹尼尔·康威编,(Mineola,NY:Dover,2004)。

㉑　《基督教的合理性》,第92页。

㉒　参见同上书,第70页,洛克认为"他的到来是对犹太人行报复的"。

㉓　终结犹太人国家这一说法让人很是震惊,因为对弥赛亚的向往与期待,都与恢复(独立的)犹太人国家有关。在那个意义上,《新约》直接颠倒了《旧约》的意义(甚至基于《使徒书》对弥赛亚意义的理解!)。

㉔　《基督教的合理性》,第94、95页。

"犹太人的罪在于不相信我将成为弥赛亚。"⑤犹太人有罪,是因为他们期望的是一个政治的弥赛亚而不是一个非政治的或者反政治的弥赛亚吗? 是因为他们看到的弥赛亚太沉默(或者是小心)了,以至于他没有说他自己就是弥赛亚吗? 我不能断言《基督教的合理性》提供的神学是否连贯,但是很难看出洛克从四部福音书里抽取出来的故事如何连贯,这个故事大体如下进行:第一,由于古代希伯来预言,耶稣的弥赛亚身份是可以得到明确确认的。第二,由于耶稣不想引起"骚乱"和"暴动",⑤因此掩盖了他的身份。第三,犹太人应承受他们宗教的"毁灭"和政治抱负的"毁灭",因为《新约》说的弥赛亚与《旧约》许诺的弥赛亚不一致。

我们可以提出什么假设来理解充斥于《基督教的合理性》中的悖论呢? 正如第 103 页暗示的那样("这个王国它应该是什么样子,你还没有完全发现"),而且在第 111 页讲得更加明确与清楚,作为王的弥赛亚是另一种意义上的王:某种意义上,字面(政治)意义上的"王国"已经具有了比喻的意思⑤——信仰者的王国以"教会"为代表(也被描述为"天国",一个"天堂意义上或者彼岸的国"⑤)。如果像《论宗教宽容》里论述的那样,在真正的政治问题和得救问题之间有一个根本的、原则上的界限,那么,不仅对基督教的理解应该祛除有争议的神学教义——对这些教义信徒还可以根据本心自由选择接受与否,而不必因服从牧师权威而被迫接受⑤,——而且还必须祛除它的政治维度。在缺少政治维度(包括某一国家对政治解放的渴望⑥)的情况下,《旧约》就不再是《旧约》了;因此,必须有一个(去政治化的)《新约》。成为一个基督徒就要相信耶稣是一个非政治性的弥赛亚⑥并且作为私人道德典范过着美好的生活。⑥ 虽然仅仅因为

⑤ 同上书,第 100 页。在《卢梭作品集》第 8 卷,第 269—270 页,克里斯托弗·凯利编(Leba-non,NH:University Press of New England,2000),卢梭作出了相似的叙述:基督最初的工作是解放犹太人,但是因为犹太人被证明不配有这个解放,于是基督开辟了一个不同的更加普遍的工作。

⑤ 《基督教的合理性》,第 92、100 页。

⑤ 耶稣作为立法者的形象是一个类似的比喻(见第 120 页)——就好像政治立法者是字面意义的,而道德立法者则是隐喻意义的。洛克在第 151 页详细解释了耶稣作为道德立法者的意义,这相对的是各种古代圣人的道德劝告,他们的处方是劝告而不是命令。

⑤ 同上书,第 117 页。

⑤ 同上书,第 109 页。

⑥ 这与基督王国的普遍性形成鲜明对比;参见第 117 页。在第 14 章,洛克诉诸普遍理性来确立基督教普遍性。

⑥ 作为对比,参见潘恩:《理性时代》,第 28 页。

⑥ 正如我在注释 29 指出的,洛克认为忏悔是成为基督徒的一个必要条件,而且正如他在第 112 页详细说明的那样,忏悔意味着"过一种美好生活。"

犹太人仍然忠实于《旧约》就惩罚他们似乎太严酷了,但很可能洛克还是无法接受耶稣就是应许的弥赛亚,即使他满足了犹太人对弥赛亚的期望。无论如何,去政治化的圣经信仰都最有可能打破《旧约》。[63]

第十二—十五章的主题是作为道德教条(严格意义上)的基督教。如果谁承认耶稣是弥赛亚,那么他就应尊他为"王",并因此无条件服从他的"律法",而且这些律法是道德生活的律法。斯宾诺莎在对圣经宗教的做政治解释还是道德解释问题上摇摆不定;洛克的解释则完全是道德的。《旧约》阐述的教义既是政治的又是道德的;正如洛克着重强调的,《新约》只是道德的。核心的神学教义是"各人要悔改……叫你们的罪得赦"(《使徒行传》2:38),[64]但是这个学说的内容是通过理解那些界定悔改的道德律令来规定的。[65]而对于斯宾诺莎来说,神学从属于道德。[66]

什么地方让我们想到了理性和启示之间的关系? 回答这个问题是第十四章和第十五章的任务。在启示之外必须有独立的理性路径通往道德律法,因为人类存在于启示之前,而且仅仅因为他们没有确立一个对他们并不适合的信仰就否认他们得救的可能性,这是不公平的。[67]因此,洛克在第十三章提出上帝的恩

168

---

[63]　尽管霍布斯和洛克看上去都同意把基督教义简化为承认基督的弥赛亚身份,但霍布斯坚持政治和宗教统一,这使得他对基督教的解释极为接近《旧约》,而洛克决定把政治和宗教分开则需要《旧约》和《新约》明显的分离。根据我之前的解释可以断言,这是他们之间的主要不同。

[64]　《基督教的合理性》,第131页。

[65]　尤其参见第113页:"没人会由于不信仰而遭审判或者惩罚;但是会由于他们的罪行而受罚";在第134页,他指出,"一旦做了或者没做,判决就会随影而至;而不是根据信仰或者不信仰。"信仰带来救赎,但是神圣的惩罚是基于道德的惩罚,不是基于不信仰(或者是基于异教徒)。在那个意义上,道德实践胜过信仰或者教义。

[66]　这当然并不意味着斯宾诺莎像洛克一样是个基督徒。洛克致力于关于拯救的彼岸的教义。相反,斯宾诺莎致力于以德性为回报的伊壁鸠鲁主义教义。《基督教的合理性》的第161—163页专门讨论了来世这个主题。讨论的中心是解释为什么基督徒诉诸来世比古代异教徒哲学家为了自身得救(美德是她本身的报酬)而诉诸美德在促进美德方面更有效。第二个重要的差异是,洛克比起斯宾诺莎对基督教的解释有更多的惩罚性内容,这与第一个差异有关。地狱是洛克"道德"版基督教的一个重要部分。(正如拉比耶在"洛克的合理性"第954页注释16指出的,因为《新约》所引进的天堂和地狱观念在亚当和耶稣期间还不存在,所以活在《新约》下的人比在《旧约》下更糟。在这方面,《新约》成了质疑上帝之仁慈的一个重要证据。)希金斯-比德尔(导言,第122页)指出,洛克的最终观点是来世有惩罚但不是永恒的惩罚(有地狱但不是永恒的地狱)。

[67]　《基督教的合理性》,第135页,正如洛克在第138页讨论的,《旧约》叙述到的义人(亚伯、诺亚、萨拉),这些人是明显不会接受耶稣就是弥赛亚的。这看来可以清楚地说明,即使从基督教的立场(因为它是由圣保罗定义的)来看,非基督徒也是可以得救的。

典是通过"自然之光，或者特别的允诺"来显现的。[68] 第十四章详细阐释了这个问题，以此来回应此类问题更为严重的版本，即：对那些既不接受新约中事实的弥赛亚也不接受旧约中应许的弥赛亚之人，可以要求他们什么？[69] 此外，"上帝已经通过自然之光启示了所有人……他是善良和仁慈的。"[70]在洛克看来，顺从、虚弱、忏悔、神圣宽恕的规则都通过"自然之光"得到启示。[71] 因此那些生活于启示之前的人并没有遭遇不公正。然而，如果"理性之光"或者"自然之光"已经说明了要想被判为正义需要哪些东西，那么启示是多余的吗？很明显洛克将对这个问题给出否定的回答。

洛克认为，"耶稣作为弥赛亚降临到世间不是没有必要。"[72]耶稣出现在一个被僧侣迷信所统治的世界，这是一个理性被排除出宗教的世界。[73] 相对于异教徒的黑暗，以色列是一个充满光明的国家，[74]即使它在把一神教传给其他国家这件事上也没取得什么进步。[75] 唯独基督教启示代表了一神教真理的普遍传播中的决定性转折点。[76] 这是基督被赋予的第一个目的；第二个目的同样重要，那就是传授"自然理性"不足以表达的道德律法。[77] "自然宗教"和启示教导同样的真理，[78]但是启示似乎能以自然理性所无法企及的效果来教导他们。[79] "确实存在自然法。但是曾经把它或者承诺把它作为律法颁布给整个人类的那个人是谁？"[80]因此洛克从来不说那些我们从启示得到的东西，我们从理性中也能够独立且单独获得。（"一些[道德]真理藏得太深，如果没有来自上面光的指

---

68　同上书，第 137 页；参见第 138 页。

69　同上书，第 139 页。

70　同上；着重强调。

71　同上书，第 140—141 页。

72　《基督教的合理性》，第 142 页。

73　同上书，第 143 页。

74　同上书，第 144 页。

75　同上书，第 145—146 页。

76　同上。

77　同上书，第 148 页。

78　参见上书，第 149 页：启示的真理"一旦被听到和观察到……就会发现它们与理性是一致的；而且绝不矛盾。"也可参见第 153 页（中译本，第 136 页。——译者），洛克在那里讨论了"既完全满足，又合乎理性的法则"；第 156 页："启示没有衰弱，理性也赞成启示发现的真理"；第 169 页：上帝的"律法不在理性之外，而应服从理性。"

79　同上书，第 149 页（中译本，第 133 页。——译者）："经验证明，如果只是依靠自然之光去理解道德，那么无论这光如何符合理性，也只能在世上取得缓慢的进展，或者几乎是停步不前。"

80　同上书，第 153 页。

导,我们难以凭自然力量轻易得到它,认识它".[81])在洛克那里,启示和理性没有从属关系,而在无神论者(或者在斯宾诺莎那里)它们有从属关系。而且,洛克的神学代表了迈向新宗教形式之重要一步,它的教条无足轻重、道德成了一切。[82]

洛克通过削减原罪以及基督的神圣性等基督教教义来使基督教"合理化",那么这样做根本上是加强了还是削弱了基督教?[83] 他根本上是基督教的拯救者还是颠覆者? 这似乎是个开放的问题。很明显,在约翰·爱德华兹这位洛克同时代的批判者看来,洛克根本就不是基督徒,[84]而且当今在施特劳斯主义的洛克解释者那里,爱德华兹的观点仍旧有生命力。[85] 然而,人们同样注意到艾尔顿·爱森纳赫的观点,在十八世纪圣公会和清教徒双重危机的背景下,洛克的理性主义策略是保持基督教地位的唯一途径。[86] 尝试解决这一问题已经超出了我的研究范围,但是很明显,相同的问题贯穿漫长的基督教神学自由化的整个传统始终(而且也可能贯穿其他宗教传统自由化的过程)。

《基督教的合理性》究竟在使基督教自由化的道路上走了多远? 在1681年4月3日日记中,洛克写道,"奇迹将由学说的合理性来判断,而不是奇迹的学说

170

---

[81] 同上书,第155页。希金斯-比德尔在他的编者注中(第149页注释1、第155页注释1和第156页注释2)将《基督教的合理性》这一段解释为反自然神论者的论述。

[82] 参见查尔斯·布朗特对自然神论者信条的概括:"宗教所包含的道德内容超出它的神秘主义……相信正统但没有去践行的轻信的基督徒并不安全。"(《约翰·洛克和基督教》,第151页)

[83] 否认耶稣的神性似乎直接暗示了第113—114页中对同为"上帝之子"的亚当和耶稣之同等地位的讨论。洛克的批评者迅速抓住了此处流露出来的索齐尼主义痕迹。

[84] 十九世纪对洛克的批评其严厉性一点不亚于十七世纪的批评者爱德华兹,参见约瑟夫·德·迈斯特的《圣彼得堡对话录》,R.A.雷布朗编,(Montreal:McGill-Queen's University Press,1993),第189页:"一个可怕的教派开始[在洛克的《基督教的合理性》周围]组织起来,此时有幸偶遇了一本书……书中有曾经最可怕最可憎的哲学的萌芽,这本书如今都获得了有价值的名声,甚至位列于《圣经》之侧。"

[85] 尤其参见拉比耶:《洛克的合理性》。要考察对洛克的施特劳斯式解读而引起的更广泛的方法论问题,可参见迈克尔·扎科特:《谨慎的医师和厌烦的读者:对洛克写作方式的讨论》,《独立哲学杂志》,第2卷(1978):第55—56页。

[86] 艾尔顿·J.爱森纳赫:《密尔和自由的基督教》,载《密尔和自由主义的道德特性》,爱森纳赫编,(University Park:Pennsylvania State University Press,1998),第213—215页。参见第221页:"所有那些呼吁未来的基督教应该集中于道德教义和社会正义的人,他们是在颠覆基督教吗? 还是说他们是在认真寻找办法使它在当代继续有生命力?"正如爱森纳赫强调的,这种问题使得宗教的认同问题从洛克到维多利亚的英格兰时期一直"充满争议"。爱森纳赫论证说,这个过程通过"洛克这个索齐尼主义异端,成为下个世纪英国教会护教学的支柱"(第222页),它创建一个为密尔同时代新教—理性主义所复制的模式。

来判断";这个文本作为一个整体根本上断言启示从属于理性。[87] 虽然《基督教的合理性》曾诉诸耶稣表现的奇迹,也认为理性需要启示作为自然补充,但它远没有本刊日记激进。[88] 然而,一部大致和《第一辩护》同时期的作品是约翰·托兰的《基督教并不神秘》,这本书遵循了洛克整篇日记所暗示的启示服从理性之观点,而且托兰的书被 I.T.拉姆齐称为"洛克的后续"。[89] 在此我们似乎已经知道洛克神学目标所向了:一个成熟的理性宗教。在《基督教的合理性》中洛克提到了"救恩的神秘";相反,托兰已经在他的标题里声称没有神秘。[90] 而且,《人

---

[87] 《政治著作集》,伍顿编,第 238—240 页;引自第 240 页。参见本章的第一条题引,它出自同一个文本。洛克说,"服从我们信仰的理性,"表明它最终超越于神圣启示之上(《人类理解研究》,罗杰·伍尔豪斯编,London:Penguin,1997,第 613 页),这看上去与 1681 年文本直接对立,自然神论者是不可能这样说的。参见"信仰的统治"(同上书)之说法。在那些"我们的思想以其自然的能力和观念而不能作出判断"的事情中,理性必须听从启示。然而,"它是不是神圣的启示,却需要理性作出判断。"因此洛克归之于启示的权威是同时兼顾启示权威和理性权威二者的。

[88] 相对于后面的内容,洛克书的标题里所包含的神学的自由主义可能比书本身包含的还要多。参见杰里米·沃尔德伦:《上帝,洛克和平等》(Cambridge:Cambridge University Press,2002),第 104 页注释 54 和第 207—208 页注释 53。洛克书的标题确实比他的神学更加接近自然神论。参见拉比耶,第 939 页:"由于基督教主张对真理的超自然的启示,所以那句'基督教的合理性'似乎是矛盾的。如果基督教相当合理,那么它就接近于自然理性,因而也就不需要启示了。"如果洛克这么想,那么他会因此成为一个自然神论者,但正如我们已经看到的,我们有充分的理由认为洛克已经把自己看成是自然神论的批评者了,他在《基督教合理性》的首页就开始构想他的工作是什么。(洛克在《第二辩护》中就声称"我的书主要是为了让自然神论者"[转变回基督徒]?:见托马斯出版社版的《基督教的合理性》第 375 页;参见第 265 页,和希金斯-比德尔的《基督教合理性》导言,第 27 页。)希金斯-比德尔(第 38 页)认为《基督教的合理性》这标题不是支持自然神论者而是反对自然神论者。

[89] 编者对洛克《基督教的合理性》(Stanford,CA:Stanford University Press,1958)的导言,第 17 页;参见希金斯-比德尔的导言,第 28 页。我已经使用克辛格出版社(Kessinger Publishing)重印的《基督教并不神秘》(伦敦,1702)。托兰的书首次出版于 1696 年,比《基督教的合理性》首次出版晚一年。托兰书的完整标题是《基督教并不神秘:或论福音书里没有与理性对立的内容,也没有高于理性的内容:没有任何一条基督教教义是神秘的》。显然这不是巧合,本章和本书第十七章讨论的四本书中有三本,在它们的标题中提到了理性。洛克、托兰和康德的标题都表明相同的主题,但是托兰声明最为大胆。(洛克的《基督教的合理性》被抨击,康德的《纯然理性界限内的宗教》受到审查,但是托兰的书就像卢梭的《爱弥儿》一样事实上被焚烧了。)

[90] 《基督教的合理性》,第 109 页;参见《基督教并不神秘》第 5 页(这似乎是对洛克不言而喻的批评)。要了解对《基督教并不神秘》的感受,有一个讨论很有帮助,见贾斯汀·钱皮恩的《共和主义知识》(Manchester:Manchester University Press,2003)第 3 章,特别是第 73—76,78—80 页涉及洛克和托兰的关系(既包括私人关系也包括学术关系)。希金斯-比德尔在他的《基督教合理性》导言的第 31—37 页也讨论了洛克和托兰的关系。在第 94 页,希金斯-比德尔提到要对 1697 年的这两本书作出调查(参见钱皮恩,第 70—71 页)。在第 31、35 页,希金斯-比德尔考虑到一种有趣的可能

类理解研究》的第四卷第 18 章还肯定"理性之上的东西"确实存在,然而托兰的标题再一次直接否认了这一点。[91] 所有那些困扰洛克关于理性和启示关系的张力和模糊现在似乎都被扔到了一旁。[92] 然而洛克决定阻止他的理性主义滑向自然神论,[93]托兰的标题给人的感觉是谨慎地推动洛克初步的理性主义,使它尽可能走得远些。正如洛克自己预料到的(尤其是如果希金斯-比德尔的有关洛克构成了《基督教不神秘》的草案这一观点正确的话),[94]正如他标题说的那样,托兰对洛克的激进化使得《基督教的合理性》看起来比洛克打算的那样更具颠覆性。[95] 讽刺的是,如果不考虑标题看上去的颠覆性的话,托兰的文本并没有特别激进的地方。托兰和洛克都不是斯宾诺莎,除了发表一些颂歌式的理性口号来代替神秘,托兰的自然神论的修辞比洛克更要显眼。《基督教并不神秘》代表的只是一个学步的婴儿朝着那种在后来自然神论者的作品——比如潘恩的《理性时代》那种无限制的攻击启示的方向——迈出的一小步。[96]

　　与洛克形成对照的是,托兰很快就鼓起勇气改了他论文标题页的名字[97](事

---

性,那就是洛克在完成《基督教的合理性》之前已经了解到托兰书的部分草稿,以至于后来他声称他的书是写给"自然神论者"的,这也意味着在 1695 年他已经回应了托兰 1696 年的书! 根据这一解释性研究,《基督教并不神秘》其实是《基督教的合理性》有意的目标,而不是它的续集。

[91] 因此托兰的副标题(《福音书里没有与理性对立的内容,也没有高于理性的内容》)表明他既同意又反对洛克的立场:"没有与理性对立的内容"是洛克主义的;"也没有高于理性的内容"是反洛克主义的。然而,需要强调的是,正如托兰呈现的问题那样,不是启示服从理性判断的问题,而是更像理性和启示的相互作用;因此他与洛克类似的见解是"理性从上帝那里得到的并不比启示少"(第 140 页)。参见《托兰先生的辩解》(也收录于克辛格出版的重印版)第 8 页。

[92] 《人类理解研究》第 607—614 页非常生动地描绘了那些张力和模糊。例如,"传统的启示"就其名称来讲它是以传统为中介的,这就掩盖了它的可靠性——这是一个可被后来的自然神论者利用的潜在的破坏性(尽管托兰对启示的挑战比洛克更为激进)。然而,这一观点的激进性并不能阻止洛克提出在有关"信仰的各种事情上"启示高于理性。

[93] 希金斯-比德尔做了一项很好的工作来解释洛克反对自然神论者的工作是如何给他所致力的自然法(也是自然宗教)带来负担的:见导言,第 101 — 158 页。洛克意识到,一方面,如果他过多强调自然理性的完善,那他就容易滑向自然神论;另一方面,如果他过多地抑制自然理性的完善性,那么看上去他就不再信仰自然法了。这似乎是个无法周全的立场。

[94] 参见注释 90。

[95] 因此对注释 90 提到的两本书作了调查。如果洛克"支持的自然神论者"特别意指托兰,这会对洛克造成巨大的讽刺(而且并不有趣),随着托兰的书被控告,他的书也会被控告,从而他的成就也会因他的书被指控而结束。

[96] 洛克和托兰所做的与潘恩有巨大的不同,洛克和托兰认为启示宗教本身是理性的,而潘恩则认为启示是"传说",即"寓言和欺骗"的组合(《理性时代》,第 153 页)。潘恩的副标题(《正确的神学与传说的神学之考察》)把圣经的宗教称为传说。

[97] 参见钱皮恩:《共和主义知识》,第 70 页。

实上,人们想知道他提到的"他是否被迫用悖论的方式,借用了虚构的名字[或者其他化名——作者]向世界表达他的感受"——这与那些"有勇气更正大光明的行动"的人不同——这对洛克是一个微妙的旁敲侧击。⑱)在前言中,托兰像洛克一样表明自己是"天启宗教"、"神圣启示的真理"和"新约神圣性"的捍卫者。⑲ 与其认为托兰通过清除了所有超越于理性之上的神秘性而颠覆了基督教,还不如接受托兰自己的说法,他是通过阐明基督教中彻底的理性来维护基督教。⑩ 然而,无论洛克怎样努力在理性和启示之间保持微妙的平衡,在托兰那里天平都会明确地向理性一边倾斜。⑪ 无论洛克怎样宣布"传统宗教"在认识论上是有问题的——虽然他实际上并没有指出问题,⑫托兰还是把洛克的观点推向了更直接的斯宾诺莎的方向。⑬ 无论洛克怎样对三位一体的教义保持缄默,托兰还是用大段论述来表明他的怀疑。⑭ 无论洛克怎样尝试减轻地狱教义的严酷(实际上并没有放弃这个教义),托兰还是表示要学习霍布斯和斯宾诺莎,来否定这个正统基督教的残酷的惩罚行为。⑮

---

⑱ 《基督教并不神秘》,第4—5页。参见《卢梭作品集》第9卷,第48、219—220页。同时可参见托兰(第9页)提到的,这样的作品看上去"非常的普通平常",但在字面以外是另打算盘的(这与"真诚且朴素"的作品相反)。此外,这毫无疑问可以看作是洛克的小心谨慎。

⑲ 《基督教并不神秘》,第24页("我将证明神圣启示的真理来回击无神论者,回击所有启示宗教的敌人")。在第173页,托兰含蓄但坚决地否认他自己是自然神论者,要了解这一明确的否认,见"托兰先生的辩解",第19页。

⑩ 参见《托兰先生的辩解》,第24页。钱皮恩认为《基督教并不神秘》正如托兰同时代批评者认为的那样,是颠覆性的,认为托兰忠诚于基督教的表白就是一场"化妆舞会"(《共和主义知识》,第70页)。

⑪ 比如在《基督教不神秘》第37页,他认为"如果没有理性的证据,就去相信圣经的神圣性,是该受责备的轻信。"

⑫ 参见注释92。

⑬ 因此托兰在《基督教并不神秘》第18页中说道,"因为我们完全服从欺骗,我们可能经常由于神圣的启示而受到仁慈的欺骗。"参见第42页,那里他说到"欺骗与人类传统。"如果(就像霍布斯开始暗示以及像斯宾诺莎进一步宣称的那样)现有的启示文本是可能的操纵对象,人们如何才能无条件地相信"神圣启示的真实性"呢? 在第43页,托兰说尽管"人类的启示"总是涉及到欺骗,但上帝的启示"总是正确的。""上帝不会像人类那样欺骗我。"然而,对"欺骗"之可能性的提示逐渐变少,我们如何能够确信人类欺骗还没有进入"上帝乐意揭示给我们"的东西之中? 在第111—112页,托兰强烈批评早期教父对圣经意义的裁决,抗议那种"应该由大多数人决定真理与谬误"的思想。正如潘恩有力地强调的那样(《理性时代》第32—33、171—172、173页注释181,第196、204页),圣经文本是以相同的方式被决定的。

⑭ 《基督教不神秘》,第27页。

⑮ 同上书,第29页。然而,在第134页,他似乎同意对没有信仰之人的诅咒仍是基督教教义的一个必要部分。

那些寻找托兰之异端证据的人无疑会注意到在《基督教并不神秘》第二部分中那些短暂的提示,但是所有人都会认为,就像洛克的《基督教的合理性》一样,托兰论文的标题比他的书本身更为激进。主张天启教中没有神秘的事物,没有事情可以超出理性之上,这意味着什么? 依赖教会的权威来担保《圣经》的神圣性是一个循环,因为教会自身的权威来源于《圣经》;因此,如果它需要一个根本性的基础的话,《圣经》的神圣性必须以理性为根据:"我承认,圣经本身是包含最高的神性的:但是理性得找到它们,检验它们,并通过理性的原则来证明和宣布它们是充分的。"[106]当然,回顾托兰认为合理的宗教内容,这有助于填补他对基督教的理解。来世的概念没有疑问。[107] 无限的概念也不神秘。[108] 灵魂也不神秘,因为与它的肉体的性质相比,"它的性质更早为我们所知。"[109]上帝的属性对我们来说也不神秘,因为"他的善良"、"他的仁慈"、"他的正义"以及"他的智慧和力量"并没有超出我们的理解。[110]

什么是耶稣基督的本性? 什么是他的神圣使命? 在这个问题上托兰没有给出特别明确的回答;他倾向于假定《福音书》的教义内容多多少少是显而易见的。"《福音书》表明基督的降临和肉身的复活是真实的事件";"只依靠上帝传授历史事实。"[111]有些事在上帝传递他的启示(也就是新约的启示)之前是神秘的,之后就不再神秘了,比如人们一直困惑于为什么正义似乎与不正义一样可憎。[112] 事实上,托兰在接受原罪教义这个问题上走得比洛克更远。[113] 托兰引用《罗马书》16:25—26 耶稣基督的讲道书,"从创世起就保持神秘的秘密……现在变得明显了。"[114]这就表明在此意义上的启示已经把神秘变成了非神秘了。如果这样的话,这当然意味着他的学说不再有颠覆性,而最初人们常认为托兰的标题就意味着颠覆。为什么托兰认为诸如复活、死者升天、该遭责罚之人的得救之

174

---

[106] 《基督教的合理性》,第 33 页。

[107] 同上书,第 80 页。

[108] 同上书,第 81 页。

[109] 同上书,第 86 页。

[110] 同上书,第 86—87 页。

[111] 同上书,第 90 页。

[112] 同上书,第 89、91 页。

[113] 同上书,第 92 页。托兰比洛克看起来更正统的另一个方面是他没有把《使徒书》边缘化,(尽管托兰从福音书里排除了《启示录》;见第 106 页)。

[114] 同上书,第 94 页。

类的教义并不神秘,现在我们可以理解了。[115]

这就带来了有关奇迹以及它们与理性的基督教宗教的关系这些重要议题。如果我们认为潘恩的《理性时代》确立了纯粹自然神论的最终标准的话,那么潘恩的立场确实是激进的:神秘和奇迹"与真正的宗教并不相容"。[116] 按照这个标准,托兰的观点似乎不是自然神论的;福音书(以及旧约)所记载的奇迹是理性的,而不是超理性的。第5章第3节提出了这个问题。因为托兰排除(主要根据定义)任何事情违反理性或者高于理性的可能性,奇迹的存在(他并没有否认)必须与理性相容。因此"奇迹的行为……它自身必须是可理解而且可能的,虽然实施这一行动的方式会离奇非凡"。[117] 如果一个医生治愈了一个小病,这是根据自然法则的普通的操作。如果这个治愈是"超自然力量的直接结果",那么它就属于奇迹领域。[118] 它们同样都能为人类理性所把握。"没有违反理性的奇迹,因为行动一定是理智的,而且它的表现一定最符合自然的主人,后者按照它的喜好而运用它的准则。"[119]确切来说,奇迹不违反自然法,而且可以借助于奇迹的"超自然力量"服务于这些自然法,让它最后与"普通的操作"所服务的目的一致。[120] 这样人们自然会认为,托兰在这里通过实现理性和与超理性非常轻率的和解,只是简单地回避了问题。

即使托兰追求提供一个比洛克的《基督教的合理性》更具理性的基督教版本,我们还是可以从他诉诸"启示的真理"和对奇迹合理性的辩护中看出,托兰自然神论的理性主义与一个世纪之后的潘恩(非常接近斯宾诺莎的精神)的理性主义完全没有可比性。因此,当我们在二十一世纪再来从事写作的时候,就很难理解为什么《基督教并不神秘》会被看作是革命性的文本(当然与斯宾诺莎的《神学政治论》相比,它是对启示宗教的直接挑战),实际上,如果更大文化背景就是屈从于自然神论者挑战的支配性的秩序,那么,即使很小的一步都将使它进一步滑向后基督教文化的边缘。[121]

---

[115] 在第127页,托兰说上帝"不希望正确地告知他的创造物。"上帝要教导他的创造物关注他的旨意,没有比写就的圣经文本更合适的了,真的是这样吗?

[116] 潘恩:《理性时代》,第75页。

[117] 《基督教并不神秘》,第145页。

[118] 同上。

[119] 同上书,第146页;参见第132页,在神圣奇迹中对亚伯拉罕的信仰被定义为合理的信任。

[120] 同上书,第150页。诚然,托兰反对与"天主教徒"轻信相关的奇迹以及受祭司迷信控制的奇迹(第147—149页),但是他承认《圣经》中所记载奇迹的表面价值。

[121] 参见第110页,托兰描绘了教会权威的控制日趋衰退的感觉。

# 第十四章 培尔的无神论共和国

宗教是上帝使用的关于道德与文明的最伟大的工具之一。

——阿历克西·德·托克维尔①

如果我对虔诚评价不高，那只是因为非常反感那些卑鄙的人在他们的小圈子里做愚蠢的事，他们以各种卑鄙和暴力的行动来虔诚地谈论他们的圣洁宗教。我总是呵斥他们："这不是基督徒，而是行为纯洁的异教徒，请以你的灵魂和干净的双手为荣吧！"

——阿历克西·德·托克维尔②

非常明显，世上大多数人都处于无信仰的可怕阴影之中。

——皮埃尔·培尔③

人们一方面热衷于教条的争论，一方面又不去实践道德。为什么会如此？因为实践道德是困难的，追求关于教条的争论是很容易的。

——孟德斯鸠④

我看到很多信念的表白、教条、崇拜形式都不能带来真信仰，它既没有深入 内心也没有影响理性，它对行为的影响非常小。

——让-雅克·卢梭⑤

---

① 阿历克西·德·托克维尔：《欧洲革命和与戈宾诺的通信》，约翰·卢卡奇编译，（Garden City，NY：Doubleday Anchor Books，1959），第 304 页。
② 同上书，第 306 页。
③ 皮埃尔·培尔：《彗星出现的不同思考》，罗伯特·C.巴特利特译，（Albany，NY：SUNY Press，2000），第 90 页。
④ 孟德斯鸠：《全集》，丹尼尔·奥斯特编，（Paris：Du Seuil，1964），第 1074 页（《我的思考》，第 2112 条）。参见《卢梭作品集》，第 9 卷，克里斯托弗·凯利、夏娃·格雷斯编，（Lebanon，NH：University Press of New England，2001），第 56 页。
⑤ 《卢梭作品集》，第 9 卷，第 53 页。

公民宗教的理论家没有去考虑世俗政治的可能性。正如约书亚·米切尔所言,对霍布斯来说,"选项要么是'基督教国家'(《利维坦》第3部分),要么是'黑暗王国'(《利维坦》第4部分)。世俗化的世界不是真正的可能性;试图拒绝宗教,它带来的不是独立理性所开启的世界,而是一个相当讽刺的、由迷信主导而身陷其中的黑暗王国!"⑥一个世俗化的世界首先成了培尔的一种可能性(当然卢梭是坚决拒绝培尔的)。因此,人们可以说,皮埃尔·培尔是西方传统中第一位彻底的反公民宗教的理论家。⑦事实上,萨莉·詹金森也认为,培尔对公民宗教的拒绝在早期的现代政治哲学家中是独一无二的:

> 自然法哲学家们如格劳秀斯、霍布斯、赛尔登、斯宾诺莎、哈灵顿与洛克和诸如里切尔和波舒哀等高卢派天主教徒,他们都主张……特定的公民宗教,其神职人员从属于世俗的权威,这是确保有序政府内部运作的必要组成部分。虽然他们是出于不同原因而持此观点的,但各方应该都会同意,共同的[宗教]信仰会把社会粘合在一起,神职人员应该组成负责文明教化的队伍。在坚持这一观念——即这样理解宗教对于公共利益是至关重要的——的争论中,培尔发现自己四面临敌——天主教徒和新教徒,俗人和神职人员。⑧

178   在詹金森看来,培尔所做的是"对后—宗教改革时代国家万能论的总体批判",⑨培尔所引用的之前或同时代的思想家们都可以算作不同类型的国家万能论者,也就是公民宗教思想家。人们还可以补充说,卢梭是这一传统的高潮,因

---

⑥ 约书亚·米切尔:《不单靠理性:早期现代政治思想中的宗教、历史和认同》(Chicago:University of Chicago Press,1993),第228—229页,注释6;着重强调。

⑦ 可以说,在《不同思考》第90节对公民宗教的拒绝被认为是一项原则,第90节认为"虔诚的欺骗"是错误的,即使这些谎言的确"助长了虔诚"。参见第91节结尾处提到的奥古斯丁和瓦罗之间的辩论。见奥古斯丁:《上帝之城:驳异教徒》,R.W.戴森编,(Cambridge:Cambridge University Press,1998),第182页。培尔承认"几乎没有政治家,或教会的人"不赞成瓦罗观点的,瓦罗主张有时为了公民宗教的需要可以牺牲真理。(奥古斯丁说了同样的事。)也可见第131节对公民宗教的讨论。在该节,培尔坚持认为,偶像崇拜的宗教在改善人类道德方面是无效的,但承认它们可以有效地支持公民对他们国家的忠诚。因此,讽刺的是,虽然培尔是卢梭公民宗教章节的靶子,但培尔和卢梭都认为"从政治的角度,"公民宗教可以"加强共和国"(《不同的思考》,第162页)。培尔拒绝公民宗教是出于道德原因,而不是政治原因。

⑧ 莎莉·L.詹金森:《宽容的两种概念:为什么培尔没有成为洛克》,《政治哲学通讯》,第4卷,(1996年)第4期,第306—307页。参见爱德华·安德鲁对我的建议(私下交流时的建议),他的建议是"流行的霍布斯主义主张国家掌管教会,这一主张得到了受启蒙影响的绝大多数思想家如曼德维尔、伏尔泰、狄德罗、卢梭的支持"。看来,培尔是启蒙总体趋势中的例外(或有限的例外——参见注释12)。

⑨ 詹金森:《宽容的两种概念》,第310页。

为他用"公民宗教"这个概念总结了这一潜在观念。⑩

对国家万能论的拒绝并不意味着培尔和霍布斯之间没有共同点，或者说只有霍布斯关心、培尔不关心重新调整政治与宗教的关系。正如伊丽莎白·拉布鲁斯在她讲述培尔的政治学时所强调的那样，培尔呼吁政治主权的绝对权威一点都不低于霍布斯，并且出于非常类似的原因：

跟随着霍布斯……，培尔认为绝对的君主制是代表政治权力的至高无上，并且独立于宗教权威，特别是独立于国家神职人员和梵蒂冈。只有主权者，只有法国的绝对君主制才能够保持教会教派各安其所。……培尔断然拒绝了牧师权威在世俗和政治事务中、例如在民事立法中的合法性。……培尔认为，[君主的绝对权力]是应对强大的牧师权力、确保政治权力安全的唯一途径。⑪

这也再次说明，拒绝国家万能论并不意味着培尔和霍布斯之间没有共同点；它确实意味着培尔从霍布斯出发，也认为有必要主张君主对宗教—神学的垄断。⑫

我这里不涉及关于培尔自称虔诚究竟诚不诚实的争论。⑬ 为了我们的目 179

---

⑩　参见詹金森：《宽容的两种概念》，第311页："洛克的宽容理论，也包括[后来的理论]如孟德斯鸠或卢梭，似乎都落入了[国家万能—公民宗教理论]的早期传统之中"；詹金森："激起人们的愤怒和点燃仇恨的火焰：培尔论宗教暴力和'时代新秩序'。"《恐怖主义和政治暴力》，第10卷，（1998冬）第4期，第69页。也可见詹金森为培尔《政治作品集》（Cambridge：Cambridge University Press，2000）写的导言第34页，（培尔"试图重建一个宗教上公正地反对'巴洛克'和国家万能的国家"）。见《不同思考》第111节培尔对公民宗教（包括伊斯兰的公民宗教）的讨论。

⑪　伊丽莎白·拉布鲁斯：《培尔》，丹尼斯·波茨译（Oxford：Oxford University Press，1983），第76—77页。拉布鲁斯不认为培尔倡导绝对主义与他致力于容忍相矛盾；正如培尔理解的，路易十四撤销南特法令"是受他迫害者影响的独断行为，而不是一个国王做自己的决定"（第78页）。

⑫　同上书，第80页："政治当局没有必要、也没有权利来确立一个国家的宗教信仰的方向。"然而，人们在拒绝国家万能论的同时，将不知道如何再信奉霍布斯主义对国家主权的理解，因为国家万能论与霍布斯的主权是分不开的。因此，爱德华·安德鲁认为，培尔"认为宽容的原因也许正是由霍布斯的国家万能论奠定的——'利维坦比托尔克马达的宗教裁判所要好。'"安德鲁：《启蒙的赞助人》（Toronto：University of Toronto Press，2006），第87页，（拉布鲁斯摘引）。看来，培尔实现了霍布斯和洛克的独特的综合（斯宾诺莎也有这个特点，我在第11章也做了讨论）（托尔克马达，Tomás de Torquemada，1420—1498，西班牙的多米尼格修道士，与西班牙检察官一起推动设立了西班牙宗教裁判所。——译者）。

⑬　见迈克尔·海德：《假扮的无神论还是真诚的基督徒？皮埃尔·培尔之谜》，《人文主义和文艺复兴典籍》，第39卷，第1期（1977），第157—165页。在《培尔》卷中，伊丽莎白·拉布鲁斯认为培尔是一名坚定的加尔文主义者。她引用了培尔临终的话："我是一位基督徒哲学家"（《培尔》，第47页）。然而，不仅像拉布鲁斯指出的那样，临终遗言是对阿维罗伊主义不信教的回应，而且更为严重的是，拉布鲁斯自己在她的书中认为，"基督徒哲学家"的概念对于培尔完全是一个矛盾。参

的,更重要的是探讨无神论对道德—政治是否无害这个论题,这也是卢梭和孟德斯鸠认为自己需要回应的问题。正如罗伯特·巴特利特所言,培尔认为"一个无神论的有序的社会在原则上是可能的",这是一种"在他之前的政治思想史上独一无二的观点"——也就是说,培尔的《彗星出现的不同思考》最早对这个问题做了清晰阐释。⑭ 培尔在通信 7 中展开了这个论题。这个论题是对如下观点的回应,该观点认为上帝必须作出非凡的干预来阻止无神论,因为无神论不可避免地导致"人类社会的毁灭"。⑮ 他在第 102—103 节指出无神论不是威胁,因为人类天生是恐惧的,因而天生也是迷信的。哲学家们如阿那克萨戈拉、苏格拉底和伊壁鸠鲁⑯看到了一切都可以根据自然原因得到解释,这倒可以看作是根本上颠覆宗教的威胁。即使这样,由于恐惧和迷信的普遍存在,这依然不构成根本威胁;它只是使哲学家成为整个社会迫害的对象(第 110 节;参见第 200 节)。⑰

---

见乔纳森·以色列:《激进启蒙》(Oxford:Oxford University Press,2001),第 331—341 页,它引发了对拉布鲁斯把培尔看作信仰主义者这一解读的很多质疑。也可参见培尔《不同思考》之编者导言,巴特利特译。巴特利特认为《不同思考》受到了斯宾诺莎的启发,并举了一个很好的例子。特别参见第 37—39 页;其论点是"普遍的神",而不是"特殊的神",根本上是否定神的委婉用法(见《不同思考》,第 104 页)。这最终意味着,培尔的上帝不是圣经意义的神而是斯宾诺莎的"自然神"(在《不同思考》第 91 节,培尔把"自然只是上帝根据特定法则的行动"等同于"健全的哲学"。)卢梭在他1756 年 8 月 18 日致伏尔泰的信中,同样诉诸普遍的而不是特殊的神,追随伏尔泰称赞培尔的"智慧和谨慎的意见":见《卢梭作品集》,第 3 卷,罗杰·D.玛斯特、克里斯托弗·凯利编(Lebanon,NH:University Press of New England,1992),第 116、114 页。

　　还可参见下文对培尔怀疑论的清楚表达:"植根于大多数人心目中的意见更有可能是假的,而不是真的"(《不同思考》,第 39—40 页;参见第 28 页:"如果一方并不比另一方更具有理性,错误肯定更青睐那些更加笃定的人,而不是那些暂缓下结论的人。")。可以肯定的是,培尔在说"信仰的事除外"(第 39 页)的时候做了进一步概括,但是他未能解释为什么信仰的事除外。确实,如果我们考虑到《不同思考》整体所要求的语境,那么就很明显培尔的怀疑主义也适用于信仰的事。参见迈斯特在《作品集》中对培尔的尖锐评价,皮埃尔·格劳德斯编,(Paris:Robert Laffont,2007),第 311—312 页。最后,我补充认为,适用于培尔的那个难题也可追溯到之前的信仰主义传统,正如理查德·H.波普金(Richard H.Popkin)的《怀疑主义的历史》修正版第 5 章也证明了这一点,(New York:Harper & Row,1964)。

　　⑭　巴特利特,导言,第 23 页。与此相反,列奥·施特劳斯认为,培尔在背离霍布斯问题上其观点有闪光之处:见施特劳斯《自然权利与历史》(Chicago:University of Chicago Press,1953),第 198 页。

　　⑮　《不同思考》,第 134 页;参见第 139 页:"人们认识到在任何时候宗教都是社会的纽带之一。"

　　⑯　同上书,第 141、142、134 页。

　　⑰　我们应该注意到,培尔在《不同思考》中计划的工作必定破坏了他论证的这个方面。如果这本书能够成功说服读者摆脱迷信,那么这里念叨的人类长期的轻信和迷信倾向的呼吁将不再作数。哲学家将自然现象归结为自然原因的能力将被普遍化,无神论将确实成为一种威胁。我可以补充指出,不同于斯宾诺莎的作品,培尔的作品是用白话写成的,而不是用牧师或学术精英的语言写就的,因此原则上所有识字的公民都可以阅读。

就在这一节里面，在《圣经》中嫉妒的上帝和对嫉妒的丈夫的期望问题上，培尔两次引入一个让人印象深刻的比喻。丈夫可以接受一个不爱他但也不爱别人的妻子，但他不能容忍一个既爱他又爱别人的妻子。对于上帝也是这样。比起对上帝的无动于衷（无神论），上帝更为震怒的是同时崇拜敌对的神（偶像崇拜）。[18] 在第 113 节，培尔说这个比喻不是他自己想出来的——它是《圣经》里面提出来的：“《圣经》把偶像崇拜看作是妒忌上帝荣耀的通奸。”[19]最后，培尔指出，“魔鬼”更喜欢偶像崇拜而不是无神论；而上帝更喜欢无神论而不是偶像崇拜。

　　在论证的下一阶段，《不同思考》的作者（甚至是作为匿名的作者！）不敢说出他自己的观点。正如培尔反复指出的，[20]已提到的关于无神论和偶像崇拜讨论占据通信 7 一半篇幅和整个通信 8 和通信 9。事实上，培尔在表达观点时是匿名的，培尔主张无神论是相对的美德——至少不是恶。培尔认为无神论在道德上是中立的，这个观点与宗教在道德上是无效的相关。他在第 131 节展开了关键论证。这一论点的根据在于人们常说的宗教习俗的肤浅性与人类道德腐败程度相关。[21] 欲望是“所有罪恶的根源”。偶像崇拜不会成为这种道德腐败的根源，因为它们将自己限定在“外部实践”。偶像崇拜所带来的“对天道的模糊与混乱的认识”比不上人性的道德罪恶：如果没有“比宗教更强大的制动——即人类法律”，[22]无神论者与偶像崇拜者都无法组成社会。不过，在基督教中，情况会

181

---

　　[18] 参见《不同思考》，第 145 页（转述普罗塔克）：“比起认为它什么都不是，迷信地认为它代表他们自己，这是更为严重的错误。”偶像崇拜而非无神论才是真正的不虔诚。参见第 164 页，正如第 240 页对阿诺比乌的摘引。卢梭使用了完全相同的线索，摘引了普罗塔克同一句话，但没有引用培尔；见《爱弥儿》，艾伦·布罗姆编（New York：Basic Books，1979），第 259 页；参见第 277 页。霍尔巴赫《揭穿了的基督教》标题也非常类似，他的题引摘自塞涅卡（阿诺比乌，Arnobius，亦称 Arnobius of Sicca，约卒于 330 年，基督教护教者，享盛名于戴克里先时，曾写作七卷本的护教著作。——译者）。

　　[19] 《不同思考》，第 144 页。

　　[20] 参见第 124 节，第 128 节结尾，第 132 节结尾，第 133 节开始，和第 192 节开始与结尾部分，第 193 节开始与结尾部分。参见巴特利特，导言，第 30 页。

　　[21] 人们肯定没有发现培尔也面临着霍布斯和斯宾诺莎遇到的原罪学说的挑战。培尔本人默默地强调了他与霍布斯和斯宾诺莎之间的这种分歧，另一方面在第 160 节结尾他写道，“我们看不到愿意选择腐败的自由思想家（自由思想家指没有宗教信仰的人——译者）。”参见第 219 页，培尔援引帕斯卡尔对原罪的论述为权威；也可见第 192 节。

　　[22] 《不同思考》，第 162 页；参见第 161 页：宗教“太过微弱无法限制人们的激情”；第 180 页，他说道“抑制人们心中的恶”；第 204 页：“宗教不能抑制我们的激情。”卢梭描绘了同样的情景（《爱弥儿》，第 312 页），虽然他的结论与培尔的相反；卢梭对培尔的全面回应表现在第 312—314 页的脚注。正如培尔在第 137 节结尾指出的，当“相当可怕的世俗惩罚”是遏制这些罪行的更明显的手段时，很难说宗教制裁（包括地狱）在制止各种不道德事件时还有多大的效力。事实上，他的观点很明显，在制止世间罪恶方面真正起作用的是世俗制裁。

有所不同么？不管是偶像崇拜的宗教还是非偶像崇拜宗教，宗教在道德上是无效的这一原理似乎都适用，因为培尔立刻着手提出人的罪恶是如此普遍，以至于"如果没有人类法律带来的秩序，所有的基督徒社会都将很快毁灭"。[23] 在第130节，在对异教徒罪恶的记载中，培尔坦言"基督徒……也会犯同样的罪"。[24] 面对人类的道德堕落，"真正的宗教"和"虚假的宗教"[25]同样无能为力。

182 通信 8 展开的与此相关的论证更广阔更深入。正如通信 7 所言，基督徒总体上并不比异教徒更善良，如果这是真的，那么人们将不得不追问这是怎么回事，因为人们都知道基督教教义在理论上和神学上都是非常崇高的（也是有效和正确的）。通信 8 对这个难题作出了回答。与道德实践或道德力量的真实源泉相比，我们称之为宗教信仰的肤浅理论。[26] 在第 131 节，培尔谈到偶像崇拜体现了"对天命的模糊与混乱的认识"。然而，即使存在这样的宗教（"真宗教"），它能够清楚准确地得知天命，它能够凭借它的教义有效地重塑道德么？这就是通信 8 想要回答的问题。人们越来越受"内心的激情"、"性格的偏好"、"习惯的力量"和"对特定物体的敏感"[27]，而不是受"关于应该做某事的普遍知识"[28]支配。这显然是亚里士多德"无自制力"学说的一个版本：人类可能知道应该怎么去行善，但知道这种道德知识绝不意味着他一定会去行善。换句话说，人类本质上是虚伪的动物，他们并不以所宣称的原则来指导他们的行为。在第 140 节，培尔举了一个特别有力的例子来说明人类对自己原则的视而不见，这个例子就是十字军：事实上，他们用以"献身的事业"并没有阻止十字军带来"闻所未闻的破坏。"[29]在原则层面上，没有哪个宗教像基督教这样谦谦有礼且热爱和平。然而，在把军队锻造得"贪婪、无耻、傲慢、残忍"[30]方面基督教国家已超过了所有其他

---

[23] 《不同思考》，第 162 页；着重强调。

[24] 同上书，第 160 页；参见第 169 页：基督徒和异教徒同样生活在"最大和最恶毒的放纵之中"。

[25] 同上书，第 162 页。真正的宗教根本上要抑制激情并提高德性。也就是说，构成真假宗教之分的是真宗教的道德特质。正如卢梭之后强调的，异教更多地指望公民宗教功能来维护政治，加强公民对国家的依附。判断真宗教的根本标准在于它是否服务于道德。但是基督教是像它说得那样有助于道德呢？对于"最大多数"人来说，答案是明确的，不能。相比于异教，基督教在改善人们道德方面"并不成功"（同上）。

[26] 第 176 节非常好地总结了培尔主张的信仰与行为分离的观点。

[27] 《不同思考》，第 168 页。

[28] 同上书，第 167 页。

[29] 《不同思考》，第 173 页。

[30] 同上书，第 175 页（第 141 节）。

国家。他们的战争技艺炉火纯青却"不关心超越这个残酷的设计的福音书知识。"③培尔认为只有舍弃人类的激情,道德和宗教的原则才能立足,有什么更好的证据可以说明这一点呢? 可以说,就定义宗教的道德原则来说,相比于异教,基督教本应更能提高道德生活能力。但很明显,培尔认为在承诺改善道德方面,宗教最终陷入悲惨的失败,③不仅如此,这个糟糕的失败向我们解释了宗教与道德关系的真相。

论证表达的另一层含义是,真诚的宗教信仰与可恶的恶习是相容的,这说明可以存在有道德的无神论者,这正是培尔从第 145 节开始论述的观点。如果德 183
性不以虔诚为基础,那它的基础是什么呢? 培尔回答说,它的基础是"通过教育、个人兴趣、渴望受到赞美的欲望、理性的本能,或通过无神论者与其他人都有的动机而形成的稳定的习性"。③ 在第 146 节,培尔走得更远,以至于宣称他主张的不得剥夺无神论者道德资格的观点与"圣奥古斯丁的神学"是一致的! 他的思路大致如下:异教在神学上是腐败的,但如果异教徒也有纯洁之人,那么异教徒的美德必定不包含宗教信仰。所以,如果异教徒有美德,那么无神论者也可以有美德。

培尔的下一阶段论证(通信 9)主要为无神论社会之道德生活提供猜想。培尔很快退回到所有人类社会(异教、基督教或无神论)建立严厉法律之必要性这一主题。如果原罪决定了培尔整本书都主张的人之心肠坚硬,那么只有一个解决方法,它与宗教信仰无关:人类的正义才能带来美德,一旦它松懈了,恶习就会滋长(第 161 节)。哪里"国家的正义"没有成为立法,哪里罪恶就猖獗(第 162节)。④ 然而,在第 174 节一开始,培尔就切换至一个完全不同的问题上。现在的问题不再是"无神论的社会"是否和异教徒社会或基督教社会一样善(或没有它们善)。现在的问题是是否存在道德的无神论者。在第 174—175 节,培尔对

---

③ 同上。

③ 在第 160 节,培尔说:"令人痛心的道德堕落降临到基督教身上已经整整一千年了。"如果这确实是基督教的道德记录,那么考虑到基督教认为自己比异教世界更体现道德,在这种情况下基督教却从未怀疑自己的道德特征,这真是一件奇特的事。培尔因此在根本上暗示"那些怀疑我们秘密的人"是有理由这样来怀疑的。

③ 《不同思考》,第 180 页。

④ 正如培尔在第 162—164 节讨论的,"严厉的荣誉法"为国家法律作出了有益补充(至少就"无耻"来说是这样的)。关于"无耻"这个恶,受荣誉这个原则的影响,培尔在第 224 页声称异教的美德高于基督教的美德(尽管异教会宣扬神的无耻形象)。然而,虽然荣誉在遏制"无耻"方面是有用的,但荣誉最多也就是好坏参半。在第 212 页,培尔说基督徒对荣誉的追求也是"偶像崇拜"。

那些作为道德典范的哲学无神论者作出性格研究，认为其优点包括节俭、节制、简朴、严肃、禁欲主义，擅长抽象思维。㉟ 培尔在第 181 节结尾对斯宾诺莎提出了道德批评。斯宾诺莎与他讲的无神论者的美德有何关系？根据第 181 节的观点，斯宾诺莎最大的恶在于孤傲地"坚守"自己的原则，考虑到在《不同思考》中对基督徒没有坚持自己的原则而作出批评是主流，这个批评就显得很奇怪。㊱

正如罗伯特·巴特利特指出的，《不同思考》的核心论证直接提请大家注意"异教崇拜与圣经信仰之间的根本相似之处"，㊲因为如果偶像崇拜只存在于异教社会，那么培尔批驳恐惧彗星的迷信（"今天的人和古代一样盛行过渡无节制的偶像崇拜㊳"）将是多余和毫无意义的。恐惧彗星的迷信说明了异教迷信和犹太或基督教迷信之间的连续性。此外，这也阐明了在通信 7 至通信 9 中暗含的观点，因为如果无神论在道德上优于"偶像崇拜"，那么无神论在道德上也优于基督教，因为异教和基督教共享流行的信仰和迷信的形式。在此意义上，"偶像崇拜"这个术语并不明确：在狭义上它就是指各种异教文化，但是它可以在广义上被解释为各种形式的迷信，无论是异教徒还是基督教。㊴ 在本章的第三条题

---

㉟ 把这些属性列表与第 231 页"真正宗教"的形容词相比较！巴特利特的导言第 42—43 页提示我们，应考虑到这种可能性，即对有道德的无神论者的描述是一种自我描述。在第 215 页，培尔纠正了一个普遍的错误假设——即认为伊壁鸠鲁主义是享乐主义的哲学表达，它的信徒一定没有德性。恰恰相反，伊壁鸠鲁自己和他真正的追随者非常符合培尔的描述，即哲学家虽然否定诸如神的存在与灵魂不朽等宗教信仰的基本教条，但他们一直过着有德性的生活。参见培尔在第 178 节对伊壁鸠鲁主义称赞（在第 178 节培尔更加强调伊壁鸠鲁的虔诚同时也对他的真诚表示怀疑）。

㊱ 第 181 节的标题说明："进一步观察表明，人们并不是依据他们的原则行事。"然而，斯宾诺莎确实按照自己的原则生活。培尔在后文（第 182 节）注释 44 关于瓦尼尼的论述中举了一个更加有力的例子，说明无神论者的道德一致性。也可见于《政治作品集》，詹金森编，第 312—320 页（瓦尼尼，Lucilio Vanini，1584—1619，文艺复兴时期意大利哲学家，被判为无神论和渎神。——译者）。

㊲ 巴特利特，导言，第 30 页；见巴特利特在第 45 页注释 14 的详细阐释。

㊳ 《不同思考》，第 90 页。

㊴ 在第 89 页他写道，"对于上帝，没有什么比偶像崇拜更可怕的了。"犹太人在崇拜金牛犊方面犯了错，从而招致"最严厉的惩罚"，即流放和囚禁。谁能够否认，在斯宾诺莎的理解中，崇拜一个错误的上帝观念不就是等于偶像崇拜吗？如果这样，是不是接受多神教，就意味着它是偶像崇拜的一种方式？正是在这种精神上，培尔写道，那些认为只有通过天才才能得知神的旨意的现代基督徒，已经"不配上帝的智慧和圣洁了"（《不同思考》，第 92 页；参见第 126 页："归因于上帝的行为与他智慧的不配"；第 131 页："不配上帝的恩典和智慧"；和第 261 页）。他们和古代异教徒一样，可以被合法地说成"偶像崇拜者"。参见第 148 页："崇拜一个虚构的想象的上帝是偶像崇拜的行为。"第 101 节注释 d 对马克西姆斯·忒留斯的引用（路边的先知向恰好路过的路人兜售廉价的预言）中，培尔说得非常好，神话所暗示的神的形象配不上神本身（马克西姆斯·忒留斯，2 世纪时期的希腊哲学家与修辞学家。——译者）。

引中,培尔说,"世上大多数人仍然是偶像崇拜者或者说穆罕默德主义者。"[40]培尔本人鼓励我们把这段话理解成针对非基督教信仰的(如印度教[41],它与伊斯兰教不一样,是多神崇拜的宗教)。但是,人们还是会怀疑,培尔的"大多数人仍然是偶像崇拜者"这一主张是包含基督教所传播的迷信在内的。在第73节,培尔提到印度、中国和日本并把它们看作是偶像崇拜国家,但是,如果偶像崇拜和"盲目肆意的迷信"相关,为什么培尔不把天主教的法国也归为偶像崇拜国家呢?[42] 正如培尔在第79节指出的,"基督徒和别人一样,都蔽于一切皆听从预兆。"这就是说,基督徒并不比异教徒(广义的偶像崇拜)优越。[43] 如果基督徒与异教徒一样恐惧彗星(从培尔的观点来看,人们很难说这不是偶像崇拜),那么通信7至通信9对无神论者的道德辩护也可看作是在基督教和无神论之间为无神论进行辩护。

最后,人们一定会问:为什么培尔总觉得他需要为无神论者进行道德辩护?[44]

---

[40] 《不同思考》,第90页;着重补充。

[41] 参见《不同思考》,第91页。

[42] 不仅如此,如果有人认为基督徒的迷信仅限于天主教,培尔在第118页则特别强调加尔文教和路德教都存在迷信。也可参见第306页重要论述,它把早期新教看作"刚从火炉中出炉依然火热的宗教",认为其存在"过度热情"。

[43] 参见《不同思考》,第105页:"基督徒有同样的偏见,……他们和异教徒有同样的弱点";在第118页他说,"现代人的性格和古代人的性格完全相似。"还可见第113页所引用的圣·埃利吉乌斯的话,迷信的基督徒"已经成了异教徒了。"

在第162页,培尔区分了"真宗教"和"假宗教"。然而,正如我先前讨论过的,事实证明,比起偶像崇拜,真正的宗教并不更能让人行善立德。这个问题特别严重,人们认为培尔(和斯宾诺莎一样)根本上是以道德来评判宗教——看它是否能够维护道德实践(参见第184—185页:"既不敬爱上帝,又不服从上帝,就不会有真正的虔诚"[着重强调];在第186—187页:"真正的信仰在于内心的性格,它使我们弃绝一切我们所知道的违背神旨意的事")。没有道德,就没有宗教。如果面对人类罪恶二者都无能为力,那么基督教何以高于异教?这是削弱偶像崇拜与非偶像崇拜宗教的区别的关键举措。

[44] 无神论者的道德辩护这个主题在第182节对瓦尼尼的殉难的叙述中得到了最充分的(尽管是间接的)展开。如果无神论真与愤世嫉俗的非道德主义相关,那么瓦尼尼可做的明智的事就是利用别人的轻信来"让世界虔诚"。恰恰相反,他毫无顾忌地宣讲无神论。培尔可以提出两个可能的解释:要么瓦尼尼在寻求荣誉,在此情况下他超越了狭义的享乐主义;要么他试图无私地将人类从地狱的恐惧中解放出来,培尔称之为"关于慷慨的错误观念"。人们自然会发现这里举例说明的正是为自己而去实践古老而高尚的德性——即实现裘格斯神话中揭示出来的更高标准的正义,这些标准几乎超越了所有的基督徒(见第222页注释a和注释e;参见第221页"身处火焰和水之中女人的故事")。基督徒知道上帝会看穿他们的虚伪,但他们依然行虚伪之事。恰恰相反,瓦尼尼虽然不相信存在全能的无所不知者,但是他不愿违背自己的道德并为此付出了最大代价。因此,瓦尼尼说的"关于慷慨的错误观念"事实上是一套更高的道德。

186 为什么这对于实现培尔的哲学目的至关重要？为什么这个旨在推动宗教宽容的论证——直接的宽容就是胡格诺派和天主教的宽容——似乎更专注于无神论者的道德能力？这里有一个可能的答案。只要人们认为宗教信仰是健全政治和健全道德的必要条件，他们就有动力成为培尔所说的"神圣崇拜的狂热者"。[45] 他们会坚持自己教条和仪式的独特地位，并把不同的信仰看作道德和爱国主义的敌人。[46] 在第 131 节注释 b，有一段对尤维纳利斯讽刺作品的引用很好地说明了这一观点："由于邻居的神，双方都很愤怒，处处讨厌彼此。"[47]这个注释附于对杰罗姆·卡尔丹诺（一位十六世纪的意大利数学家，他不认可信仰的道德收益在于个人不朽）的批评，他承认卡尔丹诺的部分观点"有些道理"，那就是"对灵魂不朽的信仰因其任何时刻都会带来宗教战争从而在世界范围内带来了巨大的混乱"。[48] 宗教战争不是天主教与宗教改革者之间冲突的独特现象；它们与信仰本身共存。如果培尔可以说服读者，没有宗教，道德（最坏情况下）不会变好也不

187 会变坏——不再"信仰灵魂不朽"也不会必然带来道德和政治灾难——那么宗教信仰的利害关系就会大为降低，那才有可能在人类历史上第一次实现没有宗教战争的生活。[49]

---

[45] 《基督教的合理性》，第 168 页；参见第 194 页，在此他提到"伟大的狂热分子"。狂热使得邪恶且迷信的异教徒与邪恶且迷信的基督徒无异。也可参见第 243 页："对基督教的所有教派都保持中立比特别热忱地喜爱某一个教派要好一千倍。"

[46] 参见上书，第 178 页："宗教信仰……经常对那些不同意见者产生灵魂的愤怒。"第 139 节和第 155—156 节还讨论了不同教派之间也常产生"不共戴天的仇恨"。

[47] 参见上书，第 139 节结尾被宗教激起的"愤怒"这个主题，以及第 140 节论述的十字军东征时基督徒带来的"混乱"和"毁坏"。在下一节（第 141 节）培尔批评了马基雅维利的观点（后来卢梭重申了这个观点），该观点认为基督教精神太过消极平和不能增强公民身份的严肃性。培尔对马基雅维利的看法作出了重要让步，但还是认为："地球上绝没有哪个国家比那些信奉基督教的更好战"（第 174 页）（尤维纳利斯，又译朱文纳尔。约 60—127，罗马讽刺作家。——译者）。

[48] 《基督教的合理性》，第 162 页；着重补充。培尔在第 141 节阐述了他批评卡尔丹诺的根据：在原则上，基督教信仰是能够使其信徒在战争中更加勇敢、在遭受困难时"英勇顽强"的。这些可以成为优秀的公民品格也可用来反驳卡尔丹诺的观点，后者认为彼岸的信仰会让此岸的公民变坏。当然，问题在于基督徒的勇气最终还是会发展成残酷和暴力（如之前注释所言），尽管"我们神圣宗教的精神"是爱好和平的，但"地球上绝没有哪个国家比那些信奉基督教的更好战"（第 174 页）。一旦我们认识到这一点，培尔就不是驳斥卡尔丹诺而是为他辩护了。（在第 173 页，培尔引用了关于基督教好战的观点，但试图抵制它，"因为它只是为了表明基督徒不是按自己原则生活。"直到第 140 节，我们都可以看到培尔明显认为基督徒没有按照自己的原则生活。）

[49] 显然，通信 7—9 的主要说明的是宗教未能有效促进美德。恰恰相反，这里的观点是宗教本身也有正面的恶习。如果这一观点是正确的，那么显然培尔对宗教的抨击将比表面看起来更为严厉。

可以肯定的是，这个观点比后来休谟、伏尔泰、卢梭表达的更加严厉，它主张异教社会在宗教上是宽容的，宗教战争只与一神教有关。(50) 培尔这一严厉的观点让人们有了更多理由去实施搁置宗教信仰的实验。正如培尔在第 129 节提出的，我们没有“关于任何无神论国家的记载”。(51) 一个没有宗教的社会将是一个没有先例的实验，我们无法预知，在这样一个后宗教的时代里，“世上的混乱”是否会变少？但我们确实知道的是，迄今为止的人类历史上普遍的宗教社会带来了罪恶和冲突（与此相关，培尔将宗教看作“搅乱人类的最伟大工具”(52)）。冒险进行这样的实验，我们将会失去什么？如果确如培尔在第 136 节所言，“犹太人和穆罕默德，土耳其人和摩尔人，基督徒和不信教的人，印度人和鞑靼人”都一样，都受到“野心、贪婪、嫉妒、报复自己的欲望、无耻和能够满足这些激情的一切罪行”的腐化，那么我们来试验不依赖于上述信仰的社会形式，它会带来哪些更严重的伤害呢?(53) 因为基督徒发现他们和异教徒一样难以摆脱偏见和迷信， 188
这妨碍了它实现本属于基督教的更高的道德，所以无神论政权比基督教政权更有可能实现基督教的道德愿景，培尔会这样想么？

---

(50) 在第 221 节，培尔引用了一些与后来休谟—伏尔泰—卢梭主题相反的例子，说明异教本质上是开放的因而也是宽容的。在随后的部分（第 222 节）培尔认为，虽然“每个人对自己的祖先宗教的热忱”之原则有时在异教世界中消失了，但它总能够被“重燃”。有趣的是，在第 224 节培尔把伊斯兰看作是宗教宽容的典范。在第 243 节，培尔发现，大规模扩张的设计与同时追求宗教迫害相抵触，在第 244 节，培尔以穆罕默德和他的继任者为例来说明了这一原理。培尔认为，穆罕默德是致力于宽容基督教的，他曾更接受这个观念，因为这有利于它的扩张，这与第 243 节的论证一致。而且，他事实上认为穆罕默德和哈里发比起许多或大多数基督教君主更加开明。

(51) 参见上书，第 180 页。

(52) 同上书，第 294 页。

(53) 特别参见《基督教的合理性》，第 194 页：“如果法国的法院是无神论的，那么就绝不会坚持这样的判决。”培尔提到的行为是法国君主制的迫害、屠杀和煽动内战。《不同思考》中没有其他内容如此处这般严厉谴责宗教及其政治影响的了。

# 第十五章　孟德斯鸠的多元化公民宗教

基督教……没有建立新的德性；但它改变了它们的相对位置。一些粗野和半野蛮的德性本来一直在德性顶端的；基督教把它们置于底端了。一些更温和的德性（如爱邻人，怜悯，仁慈，哪怕是对伤害的原谅）在古代德性目录中是处于底端的，而基督教把他们放在首位。

——阿历克西·德·托克维尔①

孟德斯鸠在《论法的精神》第29章开篇即声称此书的目的是要证明立法者须体现温和的精神：他说，政治善永远处于两极之间。这个亚里士多德式的德性是两个极端的中间之思想把我们带回到第25章的开头，在第25章孟德斯鸠突出强调了宗教的两个极端：虔诚和无神论。运用孟德斯鸠的规则就会得出这个观念，立法者的目标应该是区分虔诚与无神论之间的差异。虔诚在这里被定义为对宗教的爱；无神论被定义为对宗教的恐惧。明智的立法者既不应该爱宗教，也不应害怕宗教，而应以第三项原则即宗教可能的效用为指导。或者说，关注宗教的效用应同时欣赏它的优点，这样可以对在特定社会建立的既定的宗教保持敬意，防止宗教统治极端情况下可能引发的罪恶。谨慎的立法者应关心如何同时利用虔诚的人对宗教的热爱与无神论者对宗教的恐惧来维护良好的政治目的。而且，不用说，我们应该同时关注虔诚之人的观点（考察宗教的善）和无神论者的观点（考察宗教的恶），同时考虑两种观点而不必择一而从，既不必成为无神论者也不必成为虔信者。

---

① 阿力克西·德·托克维尔：《欧洲革命和与戈宾诺的通信》，约翰·卢卡奇编，（Garden City，NY：Doubleday Anchor Books，1959），第191页（戈宾诺，Gobineau，法国贵族，思想家，外交官，曾任托克维尔秘书。——译者）。

考虑到卢梭主义对公民宗教的解释构成了本书的中心，人们难免会把孟德 190
斯鸠和卢梭的观点联系起来。② 让我们回顾一下本书第一部分提出的解释。对
《社会契约论》第 4 卷第 8 章的标准解读是，卢梭在该书结尾处宣扬其非自由主
义的国家宗教时彻底暴露了他的非自由主义政治。通过对现代基督教的反政治
本质与古代异教的政治功能进行全面的对比，卢梭似乎指向了非自由主义的方
向。然而，这是一个错误的印象：虽然卢梭通过发挥异教的政治功能尽力凸显基
督教的政治缺陷，但他最终拒绝了异教，指出"公民的宗教"最终带来宗教的不
宽容和神权政治的帝国主义。卢梭在这一章结尾部分所提出的"公民宗教"远
不是罗马模式的公民宗教：卢梭坚持认为"没有也不会再有纯粹的国教"。而
且，不仅是洛克，卢梭也把宽容的教义看作是国家与教会关系的核心。我认为如
下说法并不夸张，即卢梭以称赞自由主义的方式提出了一个据称是反对自由主
义的理论。

现在变得很明显了，卢梭提出问题的方式（就如卢梭的一切）完全是由孟德
斯鸠塑造的。考虑到卢梭自己在对虔诚和无神论作出取舍时的重要历程，他提
到"培尔和华伯登的正相反对立场，一个声称宗教对国家是没有用的，另一个恰
恰相反，坚持认为基督教是国家最坚定的支持者"。很明显，这是卢梭对孟德斯
鸠在第 24 章第 2 节和第 6 节批评皮埃尔·培尔的回应。因此，卢梭的立场是
非常清楚的：国家需要公民宗教，但必须把基督教（虽然它也许神学上是正确
的）从公民宗教的合适选项中排除出去。（换句话说，他接受了孟德斯鸠在第
24 章第 2 节对培尔"政治无神论"的批评，但是他断然拒绝了孟德斯鸠在第
24 章第 6 节对基督教的辩护。）但我们很快就会发现，孟德斯鸠的立场也是非
常复杂的。

第 24 章开篇就让人耳目一新的是，非基督教的信仰被推到前台而基督教信 191

---

② 试图在公民宗教问题上勾勒孟德斯鸠与卢梭的相同之处，可参见谢尔盖·扎宁：《卢梭、孟
德斯鸠和"公民宗教"》，载《孟德斯鸠，国家与宗教》，(Sofia：Éditions Iztok-Zapad, 2007)，第 186—
212 页。公民宗教是孟德斯鸠早期著作的主要主题，在《论罗马的政治与宗教》(《全集》，Daniel
Oster 编，Paris：Du Seuil, 1964，第 39—43 页。)第 41 页，孟德斯鸠引用了圣奥古斯丁在《上帝之城》第
4 卷第 31 章中惊人的让步，即瓦罗的确掩盖了很多真理让人们接受谎言，以此揭示"那些统治城市
和人民的所谓聪明人的全部策略"。这事实上说明奥古斯丁也承认，历史上的政治几乎都与公民宗
教密不可分。与本书考查的其他版本的公民宗教一样，孟德斯鸠的文本中肯定也有反教权主义的
内容：我们也就能够理解，他对埃及祭司的(第 42 页)贪婪、懒惰和反世俗特征的激烈批评是用来含
蓄影射天主教神父的。

仰被放到后台。孟德斯鸠是以"虚伪的宗教"来开始论述的。③ 这些宗教是虚伪的(即它们无法引导人们来世的幸福),事实与它们对人生幸福可能的贡献问题无关,后者是它们的公共效用。同样的原则也适用于基督教和非基督教,在这个背景下,它们对政治的好处以及基督教的神学优势并不重要:在此孟德斯鸠是以"政治作家"身份来写作的,严格按照"人类尘俗的思维方式"去考察问题(而不关心"更崇高的真理")。④ 如果人们认真体会它的实际内涵的话,就会发现第一节最后一句话含义实在深刻。他是这样说的:"基督教……毫无疑问它愿意各民族都有最好的政治法规和最好的民事法规"——也就是说,它是针对"各民族"的,不管他们是基督徒还是非基督徒(因为这句话提到的很多"民族"显然是非基督教的)。⑤ 如果真是这样(正如孟德斯鸠确信的),即依靠这些法律确实比依赖于非基督教的宗教更好,那么——在孟德斯鸠看来——基督教本身就肯定了这些宗教在构建这些非基督教社会的社会—政治生活中的作用。从这个讨论中可以得出的唯一结果是,基督教的优先地位受到了根本挑战(尽管它的神学优势在这里再次显得无关紧要),这意味着非基督教对于人类善的理论意义得到大幅扩展。⑥ 我们可以通过孟德斯鸠在第 2 节首先对培尔的挑战来进一步加深理解,在第 2 节孟德斯鸠挑战了培尔对异教宗教的批判。也就是说,孟德斯鸠首先捍卫非基督教的宗教;只有在第 6 节他捍卫基督教反对培尔。孟德斯鸠重申无神论的传统(前培尔的)观念:没有宗教,人类就是粗野的动物,他们需要宗教来控制他们的激情(特别是对于君主;宗教是"唯一约束那些不惧怕人类法律之人的缰绳")。⑦ 这是宗教履行这个职能的例子,不管它是基督教还是前基督教。

192　　　 在第 3 节和第 4 节,孟德斯鸠开始考察基督教的独特优势,但这些优势不是普遍的或抽象的,而是相比于伊斯兰教的特定优势,伊斯兰教被视为专制的自然

③ 孟德斯鸠:《论法的精神》,阿内·科勒、巴西亚·米勒和阿罗德·斯通编,(Cambridge:Cambridge University Press,1989),第 459 页(《论法的精神》下册,张雁生译,商务印书馆 2005 年版,第 149 页;以下引用参照该译本。——译者)。

④ 同上。

⑤ 同上(中译本下册,第 150 页。——译者)。

⑥ 在《山中书简》中,卢梭突出强调孟德斯鸠学说这一令人震惊的一面,以此凸显自己的观点并不那么的反基督教:见《卢梭作品集》,第 9 卷,克里斯托弗·凯利和夏娃·格雷斯编,(Lebanon,NH:University Press of New England,2001),第 149 页。

⑦ 《论法的精神》,第 460 页(中译本下册,第 151 页。——译者)。正如我在第十四章提到的,培尔自己在《不同思考》第 161 节用过"缰绳"这个比喻。

宗教。相对于好战的伊斯兰教，甚至相对于古代异教徒，孟德斯鸠强调我们应该感谢基督教更加"文明"。判别基督教和伊斯兰教之根本标准是看它们谁能"软化更多的人心"，毫无疑问，根据这个标准，基督教是有优势的。⑧ 事实上，他认为，基于政治理由为基督教辩护会比基于神学理由为基督教辩护更为有力："对我们来说，一种宗教如何使民风淳朴，总要比一种宗教是否是真教，明显得多。"⑨比起它的教义真理，孟德斯鸠更肯定基督教政治上的吸引力。

令人惊奇的是，孟德斯鸠通过把基督教与伊斯兰并列来为它辩护。为此人们自然会联想到马基雅维利对基督教的批评。人们会特别想到《君主论》著名的第六章，我认为其第一部分是对伊斯兰教相对于基督教之地位的含蓄辩护。虽然马基雅维利没有明确说出这一点，伊斯兰教是武装先知的宗教（之典范），基督教则是无武力的先知的宗教（之典范）。马基雅维利高度称赞武装的先知以及严厉批评无武力的先知，这隐含地表明他把伊斯兰教放在基督教之上。孟德斯鸠对基督教优势最初的真实表述，是刻意颠覆马基雅维利的判断。马基雅维利一直认为，相比于异教徒的统治，基督教已经致命地"软化了绝大多数人"，出于这个原因人们应该断然拒绝基督教。作为对马基雅维利的反击，孟德斯鸠指出，软化人心正是基督教了不起的德性（只要它依然忠实于"《福音书》极力提倡仁爱"⑩），并且正因为这一点才应在政治上高度肯定基督教。与马基雅维利正相反对，对于孟德斯鸠来说，现代政治的主要任务在于让人类变得热爱和平，

193

---

⑧　《论法的精神》，第 462 页（中译本下册，第 153 页。——译者），"使民风朴实"（第 24 章第 4 节）；参见第 24 章，第 3 节：《福音书》极力提倡仁爱"；卢梭同样有此主张，可见《爱弥儿》，艾伦·布罗姆译，（New York：Basic Books，1979），第 313 页注释（多看看别的宗教，就会发现它们的狂热，更能体会基督教的温柔平和）。也可见孟德斯鸠《全集》，奥斯特编，第 1079 页（《我的思考》，第 2172 条）："虽然基督教没有做到让更多君主变得善良，但它还是软化了人心：它之后确实没有提比略，卡利古拉，尼禄，图密善，康茂德和埃拉加巴卢斯这样的暴君了。"然而在《论罗马的政治与宗教》（《全集》，奥斯特编，第 41 页）中，孟德斯鸠专门强调的就是罗马异教徒的"温柔的精神"。孟德斯鸠认为基督教（指基督教本身，如果存在的话）明显有助于风俗淳朴，实际上这一观点并不符合清教徒的政治实践，比如，迈克尔·沃尔泽突出强调，战争的中心性和严格纪律构成了人们对加尔文激进主义为代表的基督徒生活的看法：见《圣徒的革命》（New York：Atheneum，1976），第 8 章。在第 289—290 页，沃尔泽明确挑战马基雅维利基于清教徒式的战争和它独特的军人伦理而对基督教的分析（孟德斯鸠多少也有这观点）。培尔在《不同思考》第 140—141 节提出了另一种挑战：孟德斯鸠并没有回应培尔对基督教这方面的批评（虽然孟德斯鸠在本章后面部分论述西班牙征服墨西哥，可以看作是默认接受培尔批评的）（提比略、卡利古拉、尼禄、图密善、康茂德和埃拉加巴卢斯都是罗马帝国的皇帝，通常被看作暴君——译者）。

⑨　《论法的精神》，第 462 页。

⑩　同上书，第 461 页（中译本下册，第 152 页。——译者）。

而不是愈加好战。

我们再来考察一下培尔，这次我们不讨论培尔诋毁异教徒，我们讨论他诋毁基督教：基督徒是天生的无政府主义者，基督徒国家这一称谓本身就是矛盾的。⑪ 这里卢梭明显和培尔站在一边，孟德斯鸠对培尔的批评也可看作是对卢梭的批评。与培尔和卢梭相反，孟德斯鸠坚持认为，不把基督教当作公民宗教是没有道理的——基督教可以让人们做更好的公民、更加守法、更加献身于祖国；简而言之，基督教可以做卢梭所说的公民宗教必须做的一切，而卢梭本人认为这都不是基督教能做到的。孟德斯鸠事实上是说，如果我们回顾一下关于基督教国家的历史记录的话，就会发现培尔（和卢梭）是错的。如果福音书的某些关于彼岸的教义排除了基督教的公民宗教的功能，那么这种错误（培尔的错误）就不是作为忠告对人类完善的（遥远的）可能性提出要求；而是作为法律，它必须根据不完美的世界作出修改。孟德斯鸠的批评者可能会认为，这本身是对基督教彼岸完善主义的原始纯洁性的靠不住的解释（但是孟德斯鸠并不关心基督教神学层面的正确性，而是对其政治吸引力作出最大化的解释）。⑫

孟德斯鸠对基督教的辩护就说到这：然而，这并不是故事的全部。基督所创立的这个宗教专注于贫困、贞洁和自我克制。孟德斯鸠偏爱的国家须具有繁盛的人口、充满活力的商业经济且尊重个人物质利益。基督教最初的规定与《论法的精神》所维护的政治愿景之间必然存在张力。比如第 24 章第 11 节，当孟德斯鸠写道"宗教不应当给人们一种过度的沉思默想的生活"。⑬ 他继续把重点放在论述伊斯兰教是沉思的宗教之典范问题上——他也提到了"佛"（佛教）和"老君"（道教）——但考虑到他之前曾说伊斯兰教"只用剑来说话"，⑭ 考虑到孟德斯鸠整本书对（基督教）修道院的批评，基督教在彼岸性问题上比起伊斯兰教应

---

⑪ 《论法的精神》，第 24 章，第 6 节；参见《全集》，奥斯特编，第 1036 页（《我的思考》，第 1812 条）。孟德斯鸠也许暗指的就是《不同思考》第 141 节，虽然他从未正式引用过该文本。在该部分培尔捡起古代异教对基督教"缺少勇气"以及它是"只适合培养懦夫的宗教"之批评。培尔并没有把自己说成是这一批评的首创者，但他还是对这样异教的批评作出了很大让步。《不同思考》这一部分的主题与马基雅维利在《论李维》第 2 卷第 2 章对基督教的批评直接相关，也直接预示了卢梭《社会契约论》第 4 卷第 8 章对基督教的批评。

⑫ 参见托马斯·L.潘格尔：《孟德斯鸠的自由主义哲学》（Chicago：University of Chicago Press，1973），第 253—254 页。

⑬ 《论法的精神》，第 466 页（中译本下册，第 158 页。——译者）。

⑭ 同上书，第 462 页。

该更受责难。⑮ 潘格尔可能夸大了点,他是这样写的,"孟德斯鸠的工作不可能成功,除非他能够摧毁基督教或者让基督教转型。商贸的发展不可避免地会与基督教产生冲突。"⑯这是一个夸张的说法,因为文本中没有任何内容表明孟德斯鸠的目标是"摧毁"基督教;"转型"似乎更接近。事实上,在孟德斯鸠关注的一些重要方面,基督教新教代表了原始基督教的"转型",对此转型孟德斯鸠是欢迎和肯定的。在随后一章孟德斯鸠介绍他关于戒律与劝说的区别时,我们看得非常清楚。第24章第7节开篇总结了其原则——"人类制定的法律是我们行动的指导,所以应该是戒律,而不是劝说。宗教是我们内心的指导,所以是劝说多而戒律少。"⑰——这就是孟德斯鸠所总结的基督教传统的重要方面:在基督教的历史中,独身制度成了祭司阶层制定的"法律"而不是"劝说"。⑱ 新教改革重新正确地把独身仅仅当作"劝说",对于孟德斯鸠来说,这是衡量新教基督教和天主教基督教相对吸引力的主要考虑因素。这进一步说明,孟德斯鸠偏好新教,主要原因在于他把新教与第24章第5节的"自由的精神"联系在一起了。

现在让我们来回顾一下本章提到的三位,即培尔、孟德斯鸠和卢梭的主要立场:

1. 对于培尔来说,公民宗教没有必要。建立在虚假宗教基础上的社会未必比无神论的社会更加道德。"真的宗教"也好不到哪去,因为基督教是没法成为公民宗教的。⑲ 在任何情况下,神学真理都不能保证道德实践,因为绝大多数人(包括基督徒)都难以把道德原则贯彻到实践行为中去。⑳

---

⑮ 休谟和亚当·斯密明显从孟德斯鸠那里继承了同样的主题;参见本书第十九章,注释52和注释53。

⑯ 潘格尔:《孟德斯鸠的自由主义哲学》,第248页。

⑰ 《论法的精神》,第464页(中译本下册,第156页。——译者)。

⑱ 同上。

⑲ 和卢梭不同,培尔从没有把这作为原则,但是正如我在本章的注释11指出的,培尔的这一观点多少可以归功于孟德斯鸠,这对于《不同思考》第141节是个合理的解释。

⑳ 培尔认为自己否定了斯宾诺莎,孟德斯鸠和卢梭认为自己否定了培尔,但是所有这四位思想家(包括洛克和康德)对于最为重要的事是百分百一致的——即他们都认为包括基督教在内的所有宗教都没有兑现改善道德的承诺,作为改正,人们应该少谈论神学问题,多关心道德职责。特别参见本书第十四章引用的卢梭和孟德斯鸠的题引,这两条题引都准确把握到了培尔《不同思考》的主题;也可见《卢梭作品集》,第8卷,克里斯托弗·凯利编,(Lebanon, NH: University Press of New England, 2000),第262页:"我认为应该根据他的行为而不是他的信仰来评价一个人。"至于康德对于这个哲学共识的讨论,参见:《纯然理性界限内的宗教》,艾伦·伍德、乔治·迪·乔瓦尼编,(Cambridge: Cambridge University Press, 1998),第134页:"基督教的历史,在实际道德效果方面——我们本可从道德宗教方面正当地期望——没什么值得记录的"(在这方面,康德甚至在第135页引用了卢克莱修);也可见第191页,康德也赞同"抱怨宗教对人类进步的贡献太少"。

195

2. 对于卢梭来说,公民宗教是必要的。异教主义作为公民宗教对于古代共和国发挥了很大作用,但今天异教已不再可行也不被接受:"基督教精神征服了一切。"卢梭与培尔一样,都认为基督教无望成为公民宗教。对于那些认为共和国需要公民宗教但同时把基督教排除在外的人来说,这很显然是一个很大的问题,但并不能就此认为卢梭找到了解决这个问题的方法。

3. 孟德斯鸠同意卢梭的观点,也认为公民宗教是必要的,但是他不同意培尔和卢梭共享的观点,他们认为基督教作为公民宗教是不可取的。

我们之前认为,孟德斯鸠的公民宗教学说比卢梭的来得更为复杂,现在我们来进一步说明这一点。卢梭的公民宗教理论无疑具有独特的吸引力,但是在直接拒绝基督教(不管是新教还是天主教)作为公民宗教问题上他的立场并不复杂。孟德斯鸠此处的观点确实不够明确。他确实认可基督教成为公民宗教的可能性,但同时他看到了基督教历史遗产的巨大缺陷(他看到的缺陷未必和卢梭一致)。简单地说,基督教的彼岸性问题曾经引起卢梭的关注,如今也是孟德斯鸠的问题。基督教不应被排除在公民宗教的选项之外,但它各方面又乏善可陈。

孟德斯鸠公民宗教的核心教义是:坚持你已经拥有的宗教。孟德斯鸠认为,每个社会都拥有特定的宗教这是有原因的。他最担心的是鲁莽的宗教修正主义,以及更坏的、宗教帝国主义。[21] 我认为他对卢梭公民宗教的批评与他在第29章结尾对以前政治哲学传统的批评是相似的。与柏拉图、亚里士多德、马基雅维利、哈林顿、摩尔以及很多人一样,卢梭在寻找一种最好的政治。因此基督教坚持了一个现实中的宗教无法满足的哲学上非常完善的标准。我认为,孟德斯鸠可能会批评卢梭未能充分认识各种可能的公民宗教,它们分别具有独特的优点和缺点,它们植根于不同社会的独特地域,气候,民族性格和历史特征。我们来看一下1995年报道的这则故事:

很快在西藏,人们会在佛像面前来摇转那个距今200多年、盛放着三个球的金瓶。球里面是纸,每张纸上都写着一位西藏6岁男孩的名字。一旦两个球从金瓶中落地,人们就打开瓶中剩下的那个球,并大声读出上面写的名字。这将结束对新班禅喇嘛长达六年的找寻,班禅在圣洁等级上仅次于流亡在外的达赖喇

---

㉑ 孟德斯鸠反对宗教帝国主义的观点是非常自由主义的。然而,这个观点的另一面是,它也建议在可能的情况下,国家不要再引进新的宗教(《论法的精神》,第25章第10节),这就不那么自由主义了。早于卢梭,孟德斯鸠就显示出既自由又反自由的两面性。

嘛。这至少说明中国官方也做到了坚持按照"金瓶掣签"仪式来寻找新的班禅喇嘛。②

　　我认为,孟德斯鸠绝对会喜欢这样的事,这个报道说明中国官方保留了西藏的宗教仪式。他会用这样的事情来证明他的观点——宗教不是神学理论问题,而是植根于历史和环境的社会产物,随意篡改是有风险的。在此意义上,卢梭陷入了典型的始于柏拉图的政治哲学陷阱,孟德斯鸠会说,尽管他自己严重怀疑基督教的社会—政治充足性,但卢梭抹去了基督教的宗教功能表明卢梭这样的理论家们没有认识到基督教的社会现实性。㉓

　　尽管孟德斯鸠与卢梭之间存在重要不一致,但在一个关键问题上他们完全可以达成共识。对于他们来说,公民宗教要想在道德上立得住,都必须对其他宗教宽容。㉔ 这是在第24章第8节提出来的,孟德斯鸠此处举了秘古人(生活在缅甸)宗教的例子。孟德斯鸠说,秘古人"相信不管信什么宗教都可以得救",这是他们温柔和慈悲的标志。㉕ 孟德斯鸠强调这是虚假的宗教(秘古人非常不幸地"信奉一种不是上帝赐予的宗教"),这让我们思考,上帝颁布的真宗教是否达到了同样的道德标准。如果"信奉任何宗教"都可以得救这才是真正仁慈的条件,那么这就凸显了基督教在道德方面的问题,因为关于基督教的历史记录在这方面显然不能让人放心。(可对比《社会契约论》第4卷第8章最后一段。)

　　对孟德斯鸠来说,基督教的问题在于它既能带来温柔也能带来严酷。这种双重可能性在第10章第3节、第4节得到了说明。在第3节,孟德斯鸠讨论了征服的权利之不同行使。最温和的方式是将征服者的法律扩展到新的辖区;最严厉的做法是整体灭绝。孟德斯鸠认为,罗马人的做法严厉到极点,而我们"现

197

　　㉒　罗德·米克利堡:《中国坚持选立新班禅喇嘛的仪式》,《环球邮报》,1995年11月15日,第A1、A16版。

　　㉓　正如我在本书第二十章主张的,托克维尔是孟德斯鸠在十九世纪的继承人。孟德斯鸠会这样说(托克维尔也会)来回应卢梭的公民宗教:政治意义上,重要的不是福音书说了什么,而是教会和它的教徒在建构政治秩序过程中发挥的作用。培尔和卢梭也许是对的,福音书是无政府主义的信条,但社会学远比神学重要。在任何情况下,圣经都意味着任何人都可以根据自己来解释:作为基督教福音书充满弹性的证据,参见托马斯·莱恩汉"站在基督一边:1930年代英国的法西斯传教士",《宽容运动与政治宗教》,第8卷,第2篇(2007年6月):287—301页。

　　㉔　孟德斯鸠非常具有启发性地指出宽容从十八世纪才开始取得进展,见瑞贝卡·E.金士顿:"孟德斯鸠论宗教和论宽容问题",载《孟德斯鸠的政治科学》,D.W.凯里瑟、M.A.摩瑟尔和保罗·A.拉赫编,(Lanham,MD:Rowman & Littlefield,2001),第375—408页。

　　㉕　《论法的精神》,第465页(中译本下册,第157页。——译者)。

在的做法"温和到极点。因此，"敬请尊重我们的现时代"，包括"当今的宗教"。㉖ 如果这些是绝对正确的，那么基督教将被证明是绝对优于古代异教的。然而，孟德斯鸠在下一节却有力地提示我们这些并不正确。首先，我们都非常清楚，灭绝被征服民族不是罗马人的风格；相反，罗马帝国通过扩大罗马法律的管辖权和扩大罗马公民身份而扩大版图的。而且，也不是基督教让人们认识到现代社会种族灭绝的罪恶的（如果历史上的基督教一直忠实于福音书的教义的话，它本应让我们认识到这一点。）在第 10 章第 4 节，孟德斯鸠特别提到了西班牙征服墨西哥的例子㉗——这与上一章他认为现代基督教本性温和的说法是矛盾的（也与之前说的必须尊重我们的现时代不一致：在第 3 章，孟德斯鸠说，他会"让人们判断我们的时代已经有多好"；在下一章，他的读者们就能够作出自己的判断了。）西班牙人理应带给墨西哥人一个比他们原始宗教更加温和的宗教，但事实上他们带给墨西哥的绝不是温和的宗教。西班牙人的基督教是"狂热的迷信"，㉘它使得灭绝墨西哥人的行为合法化。孟德斯鸠在第 10 章第 3 节中所称赞的基督教的温和只能说是潜在的，现实的基督教有时做到了这一点，有时根本没有做到。基督教当然潜存着温和以及温和所带来的好的结果，但基督教也潜存着恶习和严酷，研究人类事务的人必须充分认识到"当今的宗教"所包含的双重潜力。㉙

----

㉖ 同上书，第 139 页。

㉗ 同上书，第 142 页。

㉘ 同上（中译本下册，第 168 页。——译者）。

㉙ 在《论法的精神》第 4 章第 6 节，孟德斯鸠把"西班牙人的劫掠"看作"迄今为止人类最大的创伤"。这肯定动摇了人们原来认为的，基督教相对于异教更能"软化人性"并提升人类的道德水平。参见朱迪思·N.施克莱《孟德斯鸠》（Oxford：Oxford University Press，1987），第 61 页："基督教并没有让后来的罗马人不再残忍"；和瑞贝卡·金士顿《孟德斯鸠和波尔多议会》（Geneva：Droz，1996），第 146 页："西班牙征服者大规模屠杀那些事实上并未威胁西班牙的和平的民族。孟德斯鸠感到特别失望的是，他们得以援引神学论证去使得残酷合法化。"一般而言，可参见施克莱，第 84 页："孟德斯鸠认为宗教给人类带来了很多恐惧与痛苦"；正如托马斯·L.潘格尔对孟德斯鸠的引用，《孟德斯鸠，〈论法的精神〉中自由主义道德的神学基础》（Chicago：University of Chicago Press，2010），第 171 页，注释 14："只有用蘸着血和泪的笔才可以描述基督教和伊斯兰教宗教狂热的可怕后果。"我还可以对比一下洛克针对帝国统治本地文化时滥用基督教这一行为的愤慨："除非这些无辜的异教徒……放弃他们古老的宗教，皈依一个新的、完全陌生的宗教，否则他们注定会失去其父辈们的土地和财产，甚至被剥夺生命。由此我们最终可以看到：对教会的狂热加上奴役他人的欲望，究竟可以带来什么样的后果；以及用宗教和关心他人的灵魂作为借口，多么易于成为贪婪、掠夺和野心的掩饰物！"[约翰·洛克：《论宽容》，詹姆斯·H.塔利编，Indianapolis：Hackett，1983，第 43 页（《论宗教宽容》，中译本，第 30 页。——译者）]。

# 第十六章 施特劳斯主义对启蒙以及培尔和孟德斯鸠的拒绝

自由主义者天生具有解谜的倾向,说出它一直暗示并否认的真相。

——亚伯拉罕·安德森①

没有秘密就是最大的秘密。

——安妮·诺顿②

在《启蒙的观念》中,罗伯特·C.巴特利特对培尔和孟德斯鸠的"争论"做了一个有趣的论述,论述旨在说明孟德斯鸠和培尔(在扬弃宗教坏的方面)最终是一致的,他们的区别只在于途径不同,或者说只在于实现目标的策略不同。③ 巴特利特更大

---

① 亚伯拉罕·安德森:《Sallengre,La Monnoye 和三个冒名顶替者》,载安德森:《论三个冒名顶替者和启蒙问题》(Lanham,MD:Rowman & Littlefield,1997),第 105 页。参见第 103 页:"[后笛卡尔的]新哲学带来的后果是……潜存的传统或博学的权威问题……因现代启蒙而消失了,在启蒙看来,旧传统并不重要,理性的讨论与公共的真相才是重要的。"安德森还说过类似观点,"最终,对学者本身的迷恋——他们区分了讨论真理与哲学问题的私人领域与讨论宗教观念与公共信仰的公共领域——沦落为学者们的启蒙。"

② 安妮·诺顿:《列奥·施特劳斯与美帝国的政治》(New Haven:Yale University Press,2004),第 96 页。

③ 罗伯特·C.巴特利特:《启蒙的观念:后现代的研究》(Toronto:University of Toronto Press,2001),第 2 章。特别参见第 30 页:孟德斯鸠和培尔"的目标并没有根本不同……他们只是在实现目标的最佳路径上有区别:两位哲学家都设想有一天,人们不再关注宗教及其后果,只关注政治的好处,关注公民与他人的交往生活,这是更世俗的、严格说来也是更为自然的生活";第 37 页:孟德斯鸠和培尔"在根本问题上是一致的。二人都认为宗教带来的坏处比好处多……宗教可以被安全地降级,如果政治任务在于追求这些善(比如安全、自由)的话,这些善是可以被归结为激情的";和第 38 页:"孟德斯鸠之所以不像培尔走得那么远以至于打起了无神论政治的主意,那也只是因为他更加温和与谨慎,而不是原则分歧带来的。"参见托马斯·L.潘格尔:《孟德斯鸠的自由主义哲学》(Chicago:University of Chicago Press,1973),第 253 页:孟德斯鸠"回应(培尔对基督教的质疑)的方式表明他在根本上是同意他们的"。

的论题——以孟德斯鸠和培尔为代表的现代理性最终注定要失败的——是令人难以接受的,虽然培尔和孟德斯鸠所追求的驯化宗教贬低神权政治在现代社会已经基本实现。巴特利特对现代理性主义的有罪判定是以复杂的、施特劳斯主义的观点为基础的,后者认为现代哲学是对哲学本身最高地位的背离。这同样非常令人难以接受,因为启蒙本身就是哲学与宗教的战争,其结果是哲学的无条件获胜。④

哲学赢得了如此一场胜利,但为什么它没有得到辩护？我认为可以这样看,这场胜利事实上只是哲学对传统宗教的胜利,而它被曲解为所有重要事项的全面胜利了。(也就是说,古代政治哲学在根本上是至高的,因为它仍把公民虔诚看作一个重要选项;而现代政治哲学倾向于在不那么宏大的层面上发挥作用,宗教也只是在人类自我理解这个基础问题上失败了。)⑤我们还可以这样看,如果算上它是"捎带"上自然科学才战胜传统的,哲学对传统的胜利就要打折了。⑥但把哲学对宗教的胜利说成哲学对自身的失败,在任何情况下这种解释都显得多少有点滑稽。⑦

巴特利特对我们刚才所说的施特劳斯式主题并不陌生;相反,它反映了施特劳斯主义的特征(潘格尔就是个明显的例子⑧),现代政治哲学既要挑战宗教也

---

④　正如我之前在本书第九章注释84中揭示的,施特劳斯和斯宾诺莎都认为非哲学的大多数人是非理性的,他们都要求牧师掌控的宗教来指导他们,并且对哲学家都有天然的敌意。但是,他们对如何应对这种状况也有根本分歧。当然,一种策略是让哲学家假装虔诚。另一个策略(也是启蒙的策略)是让哲学家在根本上来改造这个社会,以减少哲学家与非哲学家的冲突。很明显,只有让社会大众大幅降低他们的宗教信仰,才能实现这个目的。这又让人产生了困惑,施特劳斯(他也享有了哲学家群体的特权)竟没有深刻认识到激进启蒙策略的益处(恰恰符合哲学家的利益!)。

⑤　《启蒙的观念》,第68、120、187—193页。

⑥　尼采的《善恶的彼岸》第六部分,第204—207节也表达了这方面的观点。

⑦　启蒙被说成是哲学的失败主要基于以下原因。有观点(这是巴特利特的观点,源自施特劳斯和潘格尔)认为,启蒙超越了传统宗教("洞穴"),同时也超越了古代政治哲学,但如果没有洞穴的继续存在,这是不可能的。然而,古代政治哲学才是真正的哲学。因此,超越古代政治哲学意味着战胜哲学自身。(在巴特利特看来,古代政治哲学家和现代政治哲学家一样是无神论的。然而,如果哲学是把哲学家从洞穴中解放出来的话,那么就要防止哲学家自己的无神论影响到那些不研究哲学的人。这一点也是区分古代政治哲学和现代政治哲学的根据。《启蒙的观念》,第122—123、157—163、185、187—188、190页。)

⑧　参见托马斯·L.潘格尔:《孟德斯鸠〈论法的精神〉中自由主义现代性的神学基础》,(Chicago:University of Chicago Press,2010)。正如潘格尔一贯风格,这本研究孟德斯鸠的新著研究精深,它旨在说明孟德斯鸠挑战基督教治下的整个欧洲之壮举。然而,这本书的修辞在某些方面也恢复了孟德斯鸠的神学迫害者对《论法的精神》的审问。令人震惊的是,书中竟然暗示,重新评估启蒙对宗教的批判意味着要让孟德斯鸠这样的哲学家来再次接受宗教传统的批评(这样,波舒哀就成了评价孟德斯鸠的标准)。当然,施特劳斯也不曾想到要走这么远。潘格尔的解读更关注孟德斯鸠颠覆

要为宗教做辩护,这不是因为宗教本身,而是考虑到这场战斗的结果与古代政治哲学的利害关系。不是因为这样的宗教被认为是神圣的,而是因为古代的政治哲学被认为是神圣的,它们各自的关注点是充分重叠的(比如,它们都要回应死亡问题⑨),因此批判宗教就等于批判古代政治哲学。人们甚至可以说,巴特利特通过解释培尔和孟德斯鸠讲清楚了施特劳斯主义政治哲学的核心。(我认为施特劳斯主义的核心是,它不同意启蒙对宗教的拒斥,虽然它也不反对启蒙对宗教的看法——据说这符合哲学家群体的利益。⑩)在施特劳斯部分作品中启蒙就好像从没发生过,在另外一些作品中,启蒙确实发生了虽然它本不该发生。对于一个思想家而言,这个立场非常奇怪,他既享有哲学家群体的利益,又认为哲学家自然会受到非哲学家的迫害。不管启蒙运动给非哲学家带来了什么好处(好处并不是微不足道的!),启蒙运动肯定让哲学家和其他知识分子生活变得更安全更舒服。

那么,我们应该怎样理解施特劳斯思想中的这个主要矛盾呢？史蒂芬·福尔摩斯给我们提供了思路,他聚焦于宗教问题并把它看作是施特劳斯主义关于人类境况的核心解释。施特劳斯主义认为,启蒙本身误入歧途了,因为它没有看到人与人之间存在的最重要的、"自然的"区别,有些人(哲学家们)面对恐惧时可以不需要宗教,有些人(哲学家之外的人们)做不到——也就是说,有些人是生活在洞穴之外的独立思考者,有些人需要洞穴提供安全感,后者在哲学家才有的精神自由面前简直一无是处。哲学的意义在于有那么些人"他们可以直面事关人类生存的基础问题,哪怕面对死亡也无所回避"。⑪ 为

202

---

宗教的那一面,这也充分说明了反讽这一武器对孟德斯鸠这样伟大的启蒙思想家所带来的伤害。然而,为什么十八世纪除了神学僧侣之外的人,都为孟德斯鸠的缜密推论感到震惊和恐惧呢？这一点潘格尔自己也承认。列奥·施特劳斯并没有感到震惊与恐惧,我们可以从他1946年11月26日写给卡尔·洛维特的信(《哲学独立通讯》,第4卷第115页)中清楚地看到这一点。然而,我并不是主张所有对孟德斯鸠的施特劳斯式解读都像潘格尔这样。有一种解释,至少是一种暗示,有力地挑战了潘格尔的孟德斯鸠解读。参见克利福德·欧文:《"再怎么感恩人性都不为过":论作为基督教继承人的孟德斯鸠》,载《恢复理性:纪念托马斯L.潘格尔论文集》(Lanham,MD:Lexington Books,2010),第269—282页。

⑨　这个问题是潘格尔在《自由主义现代性的神学基础》第136—137页提出来的。

⑩　在我看来,对施特劳斯的宗教"策略"解释得最好的当属劳伦斯·兰贝特的《施特劳斯对神秘主义的恢复》,载《剑桥列奥·施特劳斯指南》,史蒂芬·B.史密斯编,(Cambridge:Cambridge University Press,2009),第63—92页。

⑪　史蒂芬·福尔摩斯:《剖析反自由主义》,(Cambridge,MA:Harvard University Press,1993),第76页;参见第64页《敢于正视残酷的真相而不回避》,第65页《直面残酷现实而不回避的能力》。参见佩里·安德森:《思想的谱系》(London:Verso,2005),第9页,论述了(依据施特劳斯的观点)哲学对"世间混乱的可怕真相"洞悉以及多数人必须"忍受"的、只为少数人知悉的真相。

此,福尔摩斯引用了艾伦·布罗姆的话:"哲学家与普通人的根本区别就在于如何看待死亡。只有哲学可以理解死亡的真相。"⑫真相是什么？福尔摩斯做了精辟深刻的说明:"生命就像从芝加哥110层高的西尔斯大厦落下"⑬——没人可以摆脱这个"悲惨的命运"。人生面临着各种可能。哲学家就是那些不需要宗教慰藉便敢于直面"生存之恐惧"的人;其他人则需要神话来掩盖这个可怕的事实。进一步说,启蒙的错误就在于把第二类人(普通的凡人)当作第一类人(那些过着哲学生活的超人)。启蒙不应该跨越那区分普通人和哲学家的鸿沟,前者愿意被关在洞穴之中,后者希望走出洞穴自由呼吸阳光下的空气。⑭

203　　这是一幅关于政治哲学与整个社会的利害关系的图景。它能够让人信服么？不能,有三点原因。第一,艰深晦涩作为践行哲学的一种方式已经消亡了。⑮ 施特劳斯所解释的哲学很大程度在于说明政治哲学的一流作品中什么是通俗的、什么是艰深晦涩的,如果艰深晦涩在政治哲学传统中依然盛行,他显然不会这样做。即使施特劳斯所说的柏拉图和阿尔法拉比的艰深晦涩完全正确,施特劳斯本人作为一位后启蒙的哲学家,也没有延续哲学之艰深晦涩的传统,只是旁观地把艰深晦涩看作是哲学的实践方式。⑯ 在潘格尔、布罗姆和

---

⑫　福尔摩斯,第65页;文本摘引在艾伦·布罗姆《美国思想的终结》,(New York:Simon & Schuster,1987),第285页。

⑬　福尔摩斯,第64—65页。

⑭　在多伦多约克大学(1978年11月23日)举办的一次"解释学与结构主义:融合视野"会议上,布罗姆和汉斯-格奥尔格·伽达默尔就这个主题展开了辩论。(这个辩论被收录于题为《多伦多的沃格林》的DVD中。)伽达默尔认为,成型于苏格拉底—柏拉图的西方哲学的主要任务是应对"希腊启蒙运动"(即智者的挑战)所提出的挑战,苏格拉底—柏拉图式的哲学与希腊的虔诚之人一起应对了这场挑战。布罗姆认为,从来不存在所谓的"希腊启蒙运动",因为没有一位希腊哲学家——包括柏拉图和高尔吉亚——想过要把普通人从洞穴中解救出来。

⑮　施特劳斯认为孟德斯鸠的宗教批评正是艰深晦涩的;参见之前注释8引用的致洛维特的信,尤其是称孟德斯鸠是"完全反基督的"。不过,施特劳斯主张的哲学家享有自主的理智以及非哲学家需要洞穴的神话,这个观点大概不适合公开传播,只适合私下说给值得信赖的朋友听。不仅如此,后启蒙时代的现实是,即使是哲学家的私人信件都可以公开阅读,原则上自由社会的所有人都可以阅读(或者说在互联网时代全球的网民都可以阅读)。关于艰深晦涩,就说这么多吧。(人们可以认为,施特劳斯符合我在本书第十章说的公民宗教的悖论。)

⑯　这很明显,如果硬说存在好心的欺骗的话,那么好心的欺骗也起不了作用。正如我们在第一部分(第八章,注释8)看到了,这是马基雅维利、卢梭、尼采共同的问题:他们都想让宗教服务于政治目的,并且说这就是他们想要的。这是一项艰深晦涩且不可能完成的工作。有人发现弗里德里希·冯·哈耶克也有类似的问题,至少佩里·安德森的哈耶克解读是这样认为的;见《思想的谱系》,第16—17页。在安德森看来,哈耶克是为了政治目的[比如,一方面人们推定经济主体会遵循

施特劳斯他们看来,好像艰深晦涩才是真正哲学的标志,事实上公众对这些主题(比如洞穴、哲学家与社会大众的区别、启蒙的危害等主题)的讨论本身早已得到了默认,艰深晦涩作为研究哲学的基本方式已经成为过去了。[17]（确实,人们可能会问,苏格拉底是如何有效践行他的艰深晦涩的,毕竟他挑战民众的虔诚最终付出了自己生命的代价。）不管怎样,不管对于普通民众还是知识分子,窃窃私语已经很难再有什么好处了,在后—启蒙的语境下知识分子准则就是做到言行一致。第二,在我们生活的世界,数百万人的生活并不需要哲学或者宗教的安慰,他们也没有变得更糟。第三,在我们生活的世界,对和平、自由和体面生活的可能性构成最大威胁的是宗教,而不是世俗化知识分子的努力。[18] 从第二点和第三点来看,培尔的政治哲学比施特劳斯的更令人信服,

204

---

沙漠法则(沙漠法则说得是中东利益各方会为了石油利益争得你死我活,但都不会去破坏石油基础设施,因为破坏设施会影响双方的生活。——译者),另一方面行为者事实上又不会去做,哈耶克旨在弥合两者的鸿沟]而让宗教工具化。然而,如果谁宣传宗教就是服从这些目的的工具,那么使宗教工具化这件事将很难成功。安德森引用了如下文本:《哈耶克作品集》,第 1 卷,《致命的自负:社会主义的谬误》,巴特利编,(Chicago:University of Chicago Press,1989),第 9 章和附录 G。然而,在哈耶克看来,这是否是过去宗教所具有的功能;在我们目前生活的、更令人失望的时代,是否还需要这种虔诚的欺诈行为来继续维系经济生活模式的合法性,文本依然语焉不详。

[17]　为了进一步对比(更加明确)艰深晦涩与通俗易懂的区别,施特劳斯作为一位政治哲学家一直在根本上反对艰深晦涩,并因此颠覆了——并最终摧毁了——作为践行哲学方式的艰深晦涩主义(这反过来破坏了施特劳斯自己对哲学亘古特性的理解)。参见斯坦利·罗森:《作为政治学的诠释学》(New York:Oxford University Press,1987),第 109、112 页。此外,对施特劳斯工作重大问题的非常有益有启发的讨论,可参见凯瑟琳和迈克尔·扎科特:《施特劳斯的真相:政治哲学与美国的民主》(Chicago:University of Chicago Press,2006),第 4 章。扎克特也承认,从施特劳斯自己的哲学概念的观点来看,施特劳斯揭露艰深晦涩而不是试图恢复它的策略是"确实有问题的策略"(第 133 页;参见第 144 页)。进一步说,扎克特们是正确的,他们认为对于施特劳斯来说,艰深晦涩是一个令人痛心的修辞,它旨在"引诱学生走向哲学生活"(第 289 页注释 57;参见第 135、140 页)。问题在于使艰深晦涩成为哲学核心的知识分子的缺点远远超过了修辞学或教育学的吸引力。史蒂芬·福尔摩斯正确地提出了这个挑战:"施特劳斯低估了他对哲学所造成的不可低估的伤害,他本不该公开表达这些观点";福尔摩斯《剖析反自由主义》,第 86 页。因此,留给我们有两个无法回答的挑战:施特劳斯本人,把艰深晦涩看作哲学的明确主题,承认它与践行哲学不再相关;只要有人认为它仍然是相关的,我们就会陷入无止境的迷宫,这对于哲学来说是非常糟糕的。

[18]　参见彼得·L.贝格:《全球反世俗化:全球概览》,载《全球反世俗化:宗教复兴与世界政治》,贝格编(Grand Rapids,MI:Eerdmans,1999),第 15—16 页:"我们很期待看到,宗教在世界范围内都能成为和平的力量。但很不幸,它现在还不是。现代世界的宗教更多带来的是战争,既包括国与国的战争,也包括国内战争。宗教组织与宗教运动带来了战争,印度次大陆,巴尔干半岛,中东和非洲是最明显的例子。"如果宗教确实是国内国际冲突的长期来源,在此意义上不同启蒙思想家的目的都是为了削弱宗教,那么我就有理由断言这件事非常合理。

这看来是不可辩驳的。⑲

⑲　我们不必否定培尔具有艰深晦涩的维度。正如我在关于培尔的篇章中讨论过的,他就瓦尼尼的命运写了很多。(参见《不同思考》第247节引用的格言:"为了掩盖自己,就得虚张声势。"随后他建议,最好的策略是谨慎回应马基雅利的鲁莽。)不仅如此,培尔对这种状况的反应是试着推进启蒙运动,然而施特劳斯却把启蒙看作(不管他是否真的认为)是一场降低哲学地位的运动。斯坦利·罗森(本章注释17)非常认可施特劳斯与启蒙关系上的矛盾。什么才是施特劳斯认为的启蒙的根本问题。启蒙一方面减少非哲学家对哲学家可能的迫害,另一方面它让哲学家与非哲学家的区分不那么突出。它让哲学家看起来和普通人无别,即使哲学家自己看来也是这样。施特劳斯想提出来的问题是,这个基本的妥协是否最终是哲学家的利益所在。

# 第十七章 "哲学家的上帝"二：卢梭和康德

只要各国人民想利用上帝说话，那么，每一个国家的人都可以叫上帝按他们自己的方式说他们自己想说的话。如果大家都只倾听上帝向人的内心所说的话，那么，在这个世界上从今以后便只有一种宗教了。

——让-雅克·卢梭①

"萨瓦省牧师的信仰自白"……可能有一天会在人们当中引发革命。

——让-雅克·卢梭②

我们的时代是真正的批判的时代，一切都必须经受批判。通常，宗教凭借其神圣性，而立法凭借其权威，想要逃脱批判。但这样一来，它们就激起了对自身的正当的怀疑，并无法要求别人不加伪饰的敬重，理性只会把这种敬重给予那经受得住它的自由而公开的检验的事物。

——伊曼努尔·康德③

在第十三章我开始考察这项理论工作，该工作主要尝试以哲学家而不是先知所设想的自然宗教来代替启示宗教，——它起源于十七世纪盛行于十九世纪。我们现在继续对它做出考察。

在这一传统中（这个传统就是试图以哲学为工具让宗教避开教条、不宽容

---

① 让-雅克·卢梭：《爱弥儿》，艾伦·布罗姆译（New York：Basic Books，1979），第 295 页（《爱弥儿》下卷，李平沤译，商务印书馆 2016 年版，第 469 页。下文引用参照该译本。——译者）。

② 《卢梭作品集》（后文简称《作品集》）第 8 卷，克里斯托弗·凯利编，（Lebanon，NH：University Press of New England，2000），第 23 页。

③ 伊曼努尔·康德：《纯粹理性批判》（London：Macmillan，1980），第 9 页注释（《纯粹理性批判》，邓晓芒译，人民出版社 2016 年版，第 3 页。——译者）。

以及神权正统)，接下来的主要著作就是卢梭的《爱弥儿》。卢梭的作品如此迷人的一个主要原因是，卢梭既是自由主义政治与生活的严肃批评者，他自己又是自由主义传统的一个部分；他既是启蒙的批判者，又是一位启蒙思想家。他既写出了激烈批判现代性的《论科学与艺术》，还写出了《爱弥儿》第 4 卷这样的自由主义神学作品。卢梭的政治哲学不是一以贯之的，而是包含了几个矛盾体。他的作品的主线是："普通读者，请宽恕我的悖论。谁对此作出反思，谁就会发现它们是必要的。"④就是说，生活本身就是复杂的，而理论家主要任务就是阐述其复杂性。正如他在 1756 年 8 月 18 日写给伏尔泰的信中(《论天命的信》)⑤提出的，生活不是单一的教理问答。至少有两种问答法——人的问答法和公民的问答法，根据这两种方法，同时进行两种生活是有可能的。在本书的第一部分我们考察了有关公民问答的文本，现在我们详细考察有关人的问答的内容。

众所周知，《爱弥儿》提出的自然神论的主要目的是要清楚地表述一般的理性宗教，它关注的是所有道德主体都能听得到的内在心声。卢梭对基督教本身的兴趣没有洛克或托兰对它的兴趣浓厚(因此，他更像是斯宾诺莎主义者，而不是什么别的主义者)。由此可见，卢梭的神学代表了对欧洲基督教文化霸权的威胁——他的评论家和迫害者都未能幸免。

"信仰自白"的神学内容非常简单。首先，它对微妙的神学教义和无休止的哲学辩论表达了同等的怀疑。它试图通过诉诸朴素之心以及内在良知发出的直接的声音而越过这一切⑥："让我们问一问内心之光。"⑦"信仰自白"在"牧师心中的敬拜"基础上建立了认识论。⑧ 神圣真理的知识不是来自启示而是来自对人类经验的基本事实的反映："我必须先听一听自己的声音。"⑨我所认识的外部世界是这样的，只有外部原因推动时它才会运动，而我可以随时感受到我们意志的推动。因此，我们直接领会到必须运动的物体和愿意运动的实体(我们也是

---

④ 《爱弥儿》，布罗姆编，第 93 页。

⑤ 《作品集》第 3 卷，罗杰·D.玛斯特，克里斯托弗·凯利编，(Lebanon，NH：University Press of New England，1992)，第 120 页。关于卢梭的自然神论和伏尔泰的自然神论之间的相似性，有一个有益的讨论，参见罗纳德·伊恩·博斯：《卢梭的公民宗教和信仰的意义：对培尔悖论的回应》，《十八世纪伏尔泰研究》，第 84 卷(1971)，第 123—193 页，在博斯看来，尽管卢梭与伏尔泰之间有激烈的个人怨恨，但他们"是真正的同盟"(第 131 页，参见第 154—156、185—186 页)。

⑥ 《爱弥儿》，第 280 页(中译本，第 440 页。——译者)：唯物主义者们"听不到内在的声音"。

⑦ 同上书，第 269 页。

⑧ 同上书，第 270 页(中译本，第 426 页。——译者)。

⑨ 同上。

其中之一)之间的根本区别。谈到物质世界就关涉一个最终的原因,如果没有这个最终原因,那么宇宙将永远被动且静止。物质的被动性以及它对最初意志的依赖正好驳斥了唯物主义。这就产生了牧师所说的"第一个原理",即"意志在使宇宙运动,使自然具有生命"。⑩ 如果运动中的事物证明了意志,那么"根据某一些法则"的事物运动就证明了一个有智慧的意志。这是牧师关于信仰的第二个信条,即"世界是由一个有力量和有智慧的意志统治着的"。⑪

上帝拥有强力和智慧,因为他赋予作为一个有序整体的物质世界以运动。除此以外,我们对上帝的本性一无所知。⑫ 因此,传统神学是浪费时间。然而卢梭给我们带来一种新的神学理论,它不关注上帝属性而关注人类道德经验(这是我们完全可以理解的)。只有当人类拥有自由意志(它不是由物质因果关系的不可割裂的联系决定的)时,道德才是可能的,因此意志的自由是牧师信仰的第三个信条。⑬ 牧师表明他将摆脱叙述者(卢梭)来"推论"信仰的剩余论述,而"不再继续梳理它们"。⑭ 很清楚,信仰的第四个信条是,所有恶行都来自人本身和他们邪恶的激情;恶行不能责怪上帝。这一神正论和它在"有关天命的信"中表达的神正论是一致的,而且《爱弥儿》的说法并不比伏尔泰表达的更有说服力。疼痛是身体功能紊乱的"警告",对此我们应当感恩;死亡是对自己造成的恶行的"补救"。⑮ 如果我们过一种自然而简单的生活,那么由于我们违反天性而导致的疾病就会立刻消失。⑯ 恶行的作者是人类而不是上帝。恶是无序的产物,无序的根源是人而不是自然。⑰

---

⑩ 同上书,第 273 页(中译本,第 428 页。——译者)。质疑牧师的论点是否等同于卢梭自己真实观点的研究者们,应该看一看《给弗朗基·埃雷斯的信》。《作品集》第 8 卷,第 259—270 页,这无疑表明牧师的神学就是卢梭的神学。

⑪ 《爱弥儿》,第 276 页(中译本,第 434 页。——译者)。不用说,正如我们在第 275—276 页清楚看到的,对卢梭说来似乎非常有效的对自然神论真理的论证,被达尔文彻底摧毁了。毫无疑问,在第 278 页受到嘲笑的"堕落的灵魂"最终赢得了辩论。

⑫ 同上书,第 277 页。

⑬ 同上书,第 281 页。

⑭ 同上。

⑮ 同上。

⑯ 同上书,第 281—282 页。

⑰ 同上书,第 282 页,在卢梭以自己的名义写的《致弗朗基·埃雷斯的信》中,也叙述了相似的争论,《作品集》第 8 卷,第 265—266 页,伏尔泰没有追究但也没有实质性地回复卢梭的《论天命的信》,但他很明显没有被卢梭对宇宙的完全和谐的呼吁所打动:"什么能使洪水、地震、地狱、海湾变得和谐一致?"(博斯在《卢梭的公民宗教》,第 154 页注释 10 引用了伏尔泰对"信仰自白"该部分的标注,这也是我们目前讨论内容)。众所周知,在《论天命的信》中,卢梭责备里斯本地震对人类

信仰的第五信条是道德的来世正义（还有对恶人的审判）。很明显，在现世生活中，美德并没有获得回报："坏人是命运亨达，而正义的人一直是受到压迫。"[18]如果这就是全部，良心会愤慨，道德生活的核心会动摇。美德必须获得幸福，这就需要来世，在来世，正义之人是幸福的。正是为了道德理由，牧师才断言灵魂不朽。如果道德之人没有回报，这将造成一个可怕的"在宇宙万般谐和的情景中，出现了一种这样刺目的不调和的现象"。[19]而且因为牧师已经决定通过信仰第二信条论证宇宙和谐，因此必定存在来世。正义之人有好报，那么对不正义之人的惩罚呢？在"信仰自白"中，卢梭认为后者将受懊悔的惩罚：美德之人（当他重生时）记得他们善良的行为，邪恶之人记得他们所犯下的罪行，这就是"善良之人的幸福和邪恶之人的痛苦"。[20]良知的呼声在来世比在今世有更无限的、更大的力量，这将普遍地回报美德惩罚邪恶。的确，这是又一版本的诅咒学说，即使它看上去相对温和。[21]卢梭声称邪恶之人会遭受"痛苦"，即使他们只是因为自己的内疚感而受到折磨，但是他没有正面回答痛苦是否永恒。即使有人对把它称为"地狱"的学说还抱有怀疑；但有一点似乎是没有问题的，那就是神圣惩罚构成了卢梭神学理论的一个部分。[22]

---

城市建造行为带来的毁灭。人们可以看到为什么伏尔泰认为这不值得回应。詹姆斯·伍德在2010年1月24日《纽约时报》第11版《在上帝和困难之间》文中提出，从1755年到2010年，有关卢梭—伏尔泰的自然神学问题讨论，没有多大改变。在这两种神学的启发下（一个是《论天命的信》，一个是《爱弥儿》），人们能清楚地发现《第二论文》（即《论人类不平等的起源和基础》——译者）实际上就是自然神学。《第二论文》中论人类的恶习如何从人类制度中产生便是对自然的辩护，同时也是对自然的创造者的辩护。因此信仰的第四信条直接建立在《第二论文》提出的社会理论基础上。

[18] 《爱弥儿》，第282页（中译本，第444—445页。——译者）；参见第307页卢梭提到的柏拉图《理想国》中裘格斯戒指的故事。由于美德是不足的，因此面对世俗诱惑时，需要宗教信仰加强美德，在《给弗朗基·埃雷斯的信》里也讨论过类似论点，《作品集》，第8卷，第266—268页；在第268页，卢梭坚持认为不凭借宗教概念（即没有人类旁观者的情况下神圣旁观者的思想）的话，便无法回应裘格斯故事里格劳孔的挑战。

[19] 《爱弥儿》，第283页（中译本，第445—446页。——译者）。

[20] 同上。

[21] 在第312—314页（参见中译本，第502页注释——译者）很长脚注的结尾处，卢梭回应了培尔，他坚持哲学家必须给地狱教义提供替代品，比如波斯的报塞桥（poul-serrho）概念（培尔是不赞成的）。这便暗示了卢梭自己已经提供了一个替代物（也就是像洛克认为的，道德律以彼岸惩罚为支撑）。然而，在这里卢梭似乎给了正统派一棒，同时也打击了他自己，因为他自己的报塞桥观点相当无力，似乎没有多少说服力。

[22] 参见第258—259页也建议让不信者下地狱；这些是《爱弥儿》的叙述者讲出来的，而不是萨瓦牧师讲出来的。不可否认，孩子们和那些由于文化背景接触不到神的知识的人不会否认"彼岸有上帝的存在"。然而，任性的信徒实际上会被惩罚，因为他们自愿的"盲目"必将把他们带到"永

在介绍定义他神学的主要信条之后,牧师开始详细说明与他的神学紧密联 209
系的纯粹良知的道德:道德行为规则"是在我的内心深处发现的,因为大自然已
经用不可磨灭的字迹把它们写在那里了"。㉓ 下一段重要篇章表达了卢梭道德
化—主体化的哲学人类学的核心:

> 良心呀! 良心! 你是圣洁的本能,永不消逝的天国的声音。是你在妥妥当
> 当地引导一个虽然是蒙昧无知然而是聪明和自由的人,是你在不差不错地判断
> 善恶,使人形同上帝! 是你使人的天性善良和行为合乎道德。没有你,我就感觉
> 不到我身上有优于禽兽的地方;没有你,我就只能按我没有条理的见解和没有准
> 绳的理智可悲地做一桩又一桩错事。㉔

很多人从这段文字得出一个印象,认为卢梭对情感的颂扬意味着对理性的
放弃,实际上由此得出的感性与理性的对立超出了卢梭的真实意图:"服从感性
而不是理性的规则由理性本身确定。"㉕然而,由于卢梭诉诸的是理性自然之光,
所以非常奇怪在他的神学中会存在一个信仰主义的维度。在 1764 年 11 月 11
日致阿贝·德·卡隆德莱的信中,卢梭写道:"我不信,但我想信而且我全心全
意地想信。"㉖这就近似于说,在哲学和信仰之间,卢梭会选择信仰。人们会说, 210

---

恒正义的门闩之前。"这就跟卢梭曾经声称的他的自然神论中允许上帝和地狱共存的观点接近。当
然,"正直者的幸福,对坏人的惩罚"是卢梭《社会契约论》第 4 卷第 8 章中"公民宗教的教条"里的
一条。不仅如此,还可参见《作品集》第 3 卷,第 117 页,《论天命的信》:"永久惩罚是一个教义,这个
教义不管是你还是我,还是任何一个高度评价上帝的人都会相信的。"如果把这个句子的重点放在
"永久"一词,那么《致伏尔泰的信》中的教义跟《爱弥儿》的事实上就一样了。然而,(说得委婉些)
这里似乎也有些不和谐,卢梭本可以着重说明没有一个信仰上帝的人会相信惩罚的永久性,然而,
他同时又认为"邪恶之人的痛苦"完全符合仁慈的自然神论者的上帝观念。

㉓  《爱弥儿》,第 286 页(中译本,第 451 页。——译者)。

㉔  同上书,第 290 页(中译本,第 459 页。——译者)。

㉕  同上书,第 272 页。也可参见第 295 页对大脑和心灵联合的说明("根据我们的理解来服
侍上帝,他给了我思想和感情,他鼓舞我的内心")。这也就说明了,在第 300—301 页牧师所建立的
对话体系中,牧师(和卢梭)站在"理性者"一边。

㉖  引自博斯的《卢梭的公民宗教》第 175 页注释 11。应该承认,虽然"不信,但强烈地想信"
很难算作是对信仰有信心。参见《论天命的信》《卢梭选集》,第 3 卷,第 121 页:"形而上学的所有敏
锐无法让人相信灵魂的不朽和仁慈的天命。我感受它,相信它,意愿它,希望它,我将为它辩护直至
生命最后一刻。"第 117 页,他承认他确实受到"摇摆不定"的影响(至少当他严格地保持理性的水平
和理性的讨论之"均衡"时是这样)。卢梭选择了信仰,不是因为他没有怀疑,而是因为"怀疑不符
合我的灵魂"。(后者可能是对第 268 页《爱弥儿》的"信仰自白"的逐字复制。)也可参见与卢梭对
话的报道(弗朗基·沃斯豪斯:《对让-雅克·卢梭的采访》,《美国现代语言协会会刊》,第 37 卷,
1922 年,116 期),在采访中卢梭主张(感性的)信仰和(理性的)怀疑之间同样的张力。参见《致博
蒙特的信》,《卢梭选集》,第 9 卷,克里斯托弗·凯利、夏娃·格雷斯编,(Lebanon,NH:University

卢梭提出了一种迎合了所有人要求的神学:满足了不信任理性的信仰主义者,满足了像洛克、托兰这样的神学的理性主义者,也满足了那些寻找一种反神学体系的信奉神学之人。

从这段论述来看就很清楚了,卢梭神学并不缺乏正统神学的内容。他仍致力于如下教义:世界是一个有秩序的创造,造物者是公正和善的,人类实际上是有罪的,[27]这些都是非常坚定的神正论观点。卢梭甚至提供了再概念化的天堂和地狱思想(即使他的地狱观点对正统派来说显得相对温和)。那么,哪些东西是宗教异端拿来证明卢梭也是一个无耻的反基督徒并据此来迫害他的内容呢? 很明显(无疑与洛克和托兰有关),在开始对启示宗教的批判之前,卢梭的神学只有一个地方提及《圣经》。[28] 就像牧师说的,他的神学体系是“根据我

211

---

Press of New England,2001),第49、74 页。在第75—76 页,卢梭坚称牧师的怀疑仅仅适用于启示宗教,与自然宗教毫无关系(对卢梭自己来说也是这样,正如“给弗朗基·埃雷斯的信”相当清楚地表达了这一点)。

[27] 对于卢梭来说,自然状态下人的确是无罪的,这也就排除了“人本恶”的观点(《爱弥儿》,第287 页);毫不奇怪,博蒙特谴责《爱弥儿》的第一点就是卢梭抛弃了原罪(《牧师信函》,《作品集》,第9 卷,第4 页;尤其参见第29—31 页对卢梭的回应)。“人类内心没有原罪”(《牧师信函》,第4 页,摘自《爱弥儿》,第92 页);但同时对卢梭来说,似乎人类激情免不了变得腐败,人类的制度免不了变得不自然了。那样的话,人类自然状态的无罪似乎与人类腐败的准—自然状态就没多大关系了,而(正统观点主张的)亚当最初是无罪的更能说明原罪的事实。卢梭自己似乎在《著作集》,第9 卷,第31 页《致博蒙特的信》中提出了这一观点。圣经的论述和卢梭自己论述都认为人类起先是善的,后来逐渐变得邪恶。卢梭声称他的论述给这个谜团提供了一个更好的解释。关于卢梭对人类邪恶的坚定信念的生平证据,参见沃特豪斯的《对让-雅克·卢梭的采访》,第115 页。

诚然,强调人类堕落与卢梭在“信仰自白”中间部分对先天道德情感的论述之间存在张力,但如果没有哲学的张力,卢梭就不是卢梭了(信仰自白包含三个部分:第一,彻底的自然神论神学;第二,与神学相伴的良知的道德;第三,对启示的批判)。参见《爱弥儿》,第291 页:“既然[良心]向所有的人的心都发出了呼声,那么,为什么只有极少数的人才能听见呢? 唉! 这是因为它向我们讲的是自然的语言,而我们所经历的一切事物已经使我们把这种语言全都忘记了。”(中译本,第460页。——译者)第293 页他说道:“我们固有的倾向也是正直的……而我们的罪恶都来自我们自身。”(中译本,第463 页。——译者)因此,原罪教义既是正确的又是错误的。说是错误是因为自然状态下人是无罪的,说它是正确的是因为人类不可避免地堕入了腐败的本质。

[28] 《爱弥儿》,第284 页,注释(引自《诗篇》115),杰弗瑞·梅西《“上帝帮助那些帮助自己的人”:卢梭的萨瓦牧师信仰自白中神学政治学说的新亮点》,《政体》,第24 卷4 号(1992 年夏),第615—632 页,他把这个(错误的,正如它证明的)对《圣经》的引用解释成“信仰自白”的中心。进一步的论证是,卢梭用脚注暗示他本人对萨瓦牧师自然宗教的中心原则的怀疑。就像洛克的施特劳斯主义的解释者更多地把他当作一位宗教怀疑论者,而不是看作可靠的主流的洛克学者,因此梅西认为《爱弥儿》更多是宗教效用的问题,而不是宗教真理问题。克里斯托弗·凯利和夏娃·格雷斯在他们的《著作集》第9 卷导言中就《致博蒙特的信》和《山中书简》对卢梭的神学承诺提出了类似

的自然之光"㉙得到发展的——也就是说,不考虑启示的优势(或者劣势)。这将置世界的现存宗教(特别是基督教)于何处? 作为一个自然宗教,卢梭的神学意味着(而且经常声称)那些(历史上的,也就是违背自然的)宗教的多余。"我崇拜他至高无上的力量……我不需要别人教我这样崇拜,这是我的天性教我这样做的。"㉚牧师表面上傲慢地声称他能"通过充分利用他的能力……取得"任何宗教所需的事实。㉛ "我们对上帝的深刻的观念,完全是来自理性的。"㉜毫无疑问,这比我们在本书第十三章从洛克或者托兰那里获得的任何东西都要大胆得多。而且,启示宗教不仅是多余的;它还是相当有害的:它们助长了人类的傲慢、偏执和残忍。㉝《圣经》是由人类的启示构成的,而不是上帝的启示。㉞ 正像潘恩提出的那样,在十八世纪末之前,自然是上帝的唯一启示。㉟

然后牧师进一步加码,转向了启示宗教的人类偶然性这个主题。尤其是人们服从了地理上的偶然性;人们选择特定的信条是"偶然性的结果",是"出生在 212

---

的疑惑。如果梅西的解释是正确的,那么问题来了,为什么卢梭没有进一步缓解(甚至是压制)它对启示宗教的挑战。如果现有的宗教神话够用的话,为什么他还特意提出新的自然神论的神学理论? 我可以重复伍顿的评论,我在第十三章讨论洛克的文本时曾引用过这个评论:抛弃正统基督教没必要抛弃基督教本身,而且(对于卢梭来说)抛弃其基督教也没必要抛弃宗教本身。

㉙ 《爱弥儿》,第 286 页。

㉚ 同上书,278 页(中译本,第 437 页。——译者)。在第 295 页(中译本,第 468 页。——译者)对这个多余作出了详细说明:"你以为我所讲的只是自然宗教的信仰,然而奇怪的是,我们还需要有另外的信仰咧!"牧师的陈述是对第 294 页叙述者的观察所作的回应,牧师的自然宗教恰恰是基督徒认为的无神论。也可参见第 313—314 页(中译本,第 502—503 页。——译者):叙述者说牧师的演讲提供了"一个人们和自己学生推理的例子……只要我们不屈从于人的权威,不屈从于我们所生长的那个国家的偏见,在自然状态中,单单凭理智的光辉就能使我们不超出于自然宗教;而我要向我的爱弥儿讲解的,也就是以自然宗教为限"。虽然很多基督徒认为它就是无神论,但卢梭还是认为自然神论是唯一值得教授的宗教。

㉛ 同上书,第 295 页,参见第 297、307 页。

㉜ 同上书,第 295 页(中译本,第 468 页。——译者)。

㉝ 同上书,能做到这一点,不仅要让人们热切关心区分不同宗教信徒的独特信条,而且,不寻常的是,还要传播"上帝是那样的愤怒、妒忌、动不动就要报复,而且又是那样的不公正"这样一个形象[第 299 页,注释(中译本,第 476 页。——译者)]。

㉞ 同上书,第 295 页;参见第 297 页。也可参见卢梭引用的皮埃尔·查伦的话:"不管他们怎么说,各教派都是靠人和人的手段来维持的"[第 296 页注释(中译本,第 470 页。——译者)];以及第 303 页(中译本,第 483 页。——译者)("所有的书不都是人做的吗?")。

㉟ 托马斯·潘恩:《理性时代》第一部分,第 9 章,参见《爱弥儿》,第 306 页(中译本,第 389 页。——译者):"我……把所有一切的书都合起来。只有一本书是打开在大家的眼前的,那就是自然的书。"这种著名的作家(参见沃特豪斯:"对卢梭的采访",第 114 页)对卢梭书籍的敌意很好地说明了卢梭在本章开始时讨论的有关矛盾的必要性。

这个或那个国家"的结果。㊱ 信教者出生在巴黎就会是天主教徒；出生在君士坦丁堡的将会是穆斯林。这就意味着没有哪个信仰会比别的信仰在本质上更有效。每一个启示相对于别的启示来说都被认为是纯粹迷信。㊲ 因此，人们不应承认"人的权威，不应屈从于我们所生长的那个国家的偏见"。㊳ 一个致力于把他们宗教建立在理性基础上而不仅仅是偏见基础上的人会说："我必须……为我们自己检验一切"；"没有哪一个人有依赖别人的判断的权利。"㊴尽管卢梭其他作品也潜在地反对启蒙，但是就他使用"偏见"一词来说，表明他事实上是真正的启蒙之子。如果由于时代和地理这些无足轻重的意外，历史的（非自然的）宗教才赢得了信徒的忠诚，那么这些宗教（包括基督教）将会表现为仅仅是偏见，而通过促使它们走出偏见，卢梭作为启蒙思想家的启蒙程度并不比伏尔泰少。㊵ 卢梭针对这些不可信的奇迹引入了激烈的斯宾诺莎式的论述，而且他断言上帝不可能会允许轻信的人得到真正宗教的真理。㊶ 因此，在"信仰自白"的第三部分，卢梭的异端特征完全表现出来了。

　　然而，正当卢梭的宗教观点看上去开始接近激进的斯宾诺莎主义时，他又退缩了。已经表明，各种宗教既定的启示并不比其他的启示更有权威，他现在认为基督教福音书提供了一种纯粹的道德，让我们有理由把耶稣看作是神。㊷ 在这个阶段，卢梭接受了我在本书第十五章讨论过的，孟德斯鸠式的包容性、多元化的宗教路径。因为对于国家来说，"规定每一个地区崇拜上帝的统一方式"是合

213

㊱ 《爱弥儿》，第258、297页。

㊲ 同上书，第258、303—304页。

㊳ 同上书，第313页（中译本，第502—503页。——译者）。

㊴ 同上书，第305、306页（中译本，第488页。——译者）。

㊵ 这是博斯说的伏尔泰能承认卢梭是同盟者的部分原因，即使卢梭努力谩骂抨击他这位同行。在《作品集》第9卷第84页里，卢梭痛苦地发现伏尔泰凭借他的观点进入科学院并获得荣誉，同样的观点，竟使卢梭收到了逮捕令，而且《爱弥儿》也被烧毁。伏尔泰也看到了不公平："是我的观点让他受迫害"（博斯引用了这句话，《卢梭的公民宗教》，155页）。

㊶ 《爱弥儿》，第298页，参见第301页，卢梭也使用了"骗子"这些煽动性的语言（第299、300页）。卢梭的一个熟人，安东尼·萨巴提亚·德·卡斯特（见注释53），说卢梭对奇迹的批评要完全感谢斯宾诺莎的《神学政治论》。

㊷ 《爱弥儿》，第307—308页，参见《作品集》第8卷，第269—270页。在《山中书简》（《作品集》第9卷，第198—199页）中，卢梭甚至表现出他自己仅仅是基督教福音书的评论者。卢梭对自己忠于基督教最直接的表达出现在《致博蒙特的信》中，《作品集》，第9卷，第47—48页。这使得伏尔泰很生气："你形式上坚持自然神论是纯粹、圣洁的宗教，然而你又想假扮成一名基督徒"（博斯《卢梭的公民宗教》，第186页，引自伏尔泰对《致博蒙特的信》上的标注）。伏尔泰对卢梭的不满甚至先于《爱弥儿》的出版，参见博斯，第155页注释11。

法的,因为事实上在宗教领域重要的是道德行为而不是特殊的教条,人们能够
(像孟德斯鸠那样)接受任何符合该民族"气候、政府、天赋"的做法(只要它们符
合宗教宽容这条神圣原则)。㊸ 人们应该信仰他们生来就有的宗教:土耳其人的
伊斯兰教,法国人的天主教,瑞士的加尔文教。㊹ 事实上道德构成了所有真正宗
教的核心,所有宗教都共享这一道德核心,应该允许有效果的、相对化的宗教实
践。因此,牧师批判启示宗教根本上不是要让他自己背离天主教的忠诚牧师之
职。㊺ 对各种宗教做一个公正的调查来评估它们相对的强项和弱项,对任何人
来说都是一个艰巨的任务:尽量在自己本土(主要是错误)宗教情境里去发现它
所体现的普遍正确的宗教。㊻ 在"信仰自白"结尾处的修辞体现的不是斯宾诺莎
的反抗,而是孟德斯鸠的智慧:"我们不能扰乱(法律)规定的崇拜形式。"㊼ "回
到你的故乡,再信奉你祖先所信奉的宗教",㊽ 即使你祖先的宗教是过去偏见的
残余。牧师在演说结尾处把他自己看作基督教和无神论哲学的调停者。㊾ 这个
说法回到了孟德斯鸠的政治美德的观念,它是对虔诚和无神论之间的调和,对此　214
我在本书第十五章也讨论过。㊿

---

㊸ 《爱弥儿》,第 308 页。

㊹ 矛盾的是,《信仰自白》第 3 部分的讨论兜了一个完整的圆圈。这个部分以天启教的不合
法开始,因为他们仅仅反映出信仰诞生的偶然。这部分结束时,牧师坚持认为"宁愿信奉其他的宗
教而不信我们生来就隶属的宗教,那才是一种不可原谅的冒失行为"[第 311 页(中译本,499
页。——译者)],因为在上帝眼中,选择错误比继承错误更有罪。

㊺ 同上书,第 308—309 页。

㊻ 纵观《信仰自白》第 3 部分的大部分内容,牧师都把自己说成公正对待各种现存宗教之人,
但在第 311 页他声称卢梭出生地日内瓦的加尔文教是"地球上所有宗教中……一个拥有纯粹道德
和最使理性满意的宗教"。不用说,这是令人吃惊的,天主教牧师居然认同这一点! 卢梭在他第 313
页注释里对牧师的论述提出了怀疑,它暗示伊斯兰教的宗教原则比基督教的更仁慈更宽容。

㊼ 同上书,第 310 页(中译本,第 496 页。——译者)。在《作品集》第 9 卷第 149 页,卢梭似
乎批判了孟德斯鸠的宗教相对化:孟德斯鸠对基督教的挑战比卢梭的要"深远",因为孟德斯鸠说:
"对亚洲国家来说,穆斯林宗教是最好的。"牧师认为最终人们会完全信仰他们祖先的宗教,这一原
则暗示了同样的相对化。

㊽ 《爱弥儿》,第 311 页(中译本,第 498 页。——译者)。牧师的最终观点是,人们最好保持
原有的宗教信仰,这观点与强调良知的宗教观点有张力——也和他相对化并挑战原有宗教的努力
存在张力,相对于自然宗教这更加理性,因为它把它从自己的理性能力中分离出来了。

㊾ 《爱弥儿》,第 313 页,哲学家是指他同时代如伏尔泰和狄德罗这些人,还是指早期如斯宾
诺莎和培尔这样的哲学家? 正如我在本书第十四章指出的,先前文章里"克制激情"是对培尔未言
明的引用(与卢梭长期反培尔的脚注有关),这使我倾向于接受两种可能的解释中的第二种。

㊿ 博斯认为伏尔泰分享了相同的主题,这也是为什么伏尔泰认为自己在理性上更接近卢梭,
而不是从个人恩怨中推断他们关系的原因。关于卢梭努力调解无神论者矛盾的两极的案例,参见
霍尔巴赫男爵:《揭穿了的基督教》,W.M.约翰逊译(New York:Gordon Press,1974)。原先这本书出

"信仰自白"自身就是公民宗教，还是因为转化为《社会契约论》结尾处的信条才成为公民宗教的？[51] 在启示宗教遭受越来越大的挑战的时代，某种意义上，卢梭打算把它作为道德和社会生活的一个必要的支柱。[52] 然而，在提供一种根本上剥夺了启示宗教的话语资源的自然宗教之后，卢梭使自己陷于与斯宾诺莎无异的困境。正统基督教对卢梭的反应与之前对斯宾诺莎的反应一样：不要感激那些因为社会效用而捍卫宗教的行为，而要仇恨与蔑视那些无耻地批驳启示宗教的行为。[53] 《爱弥儿》里"信仰自白"的结尾重复了《社会契约论》公民宗教那一章的内容。一旦历史上的宗教由于它们暴力、残忍、不宽容而被排除在外，那么就只剩下极简的信条了，正如休谟正确地看到的，这种信条以被抛弃的历史上宗教的方式来控制人们宗教想象的能力是有限的。[54] 休谟的观点是，仅仅指望一个理性的或哲学的宗教（一个自然宗教而不是启示宗教）来获得普遍人类灵魂的控制是不切实际的。如果认为宗教对于服务社会和道德目标是必不可少

---

版于 1766 年（该书最近一版的编辑大卫·霍洛汉这样认为），但是霍尔巴赫终其一生都隐藏了自己的作者身份。当卢梭在他"致博蒙特的信"里详细解释来世惩罚的教义时，恰恰是具有关于上帝的知识的哲学家们故意拒绝这样做，他们将因他们的骄傲受到惩罚，然而，无知的野蛮人（发达社会的无知民众）应判为无罪：《作品集》，第 9 卷，第 40—41 页。需要补充的是，毫不奇怪，正是卢梭这个自诩调停者，承受了这个典型角色的命运：卢梭在多大程度上同意诸如霍尔巴赫这样的异教徒，正统就在多大程度上受到打击，然而，卢梭在多大程度上同意虔信者，启蒙思想家就受到多大程度的打击。

[51] 就像洛克的施特劳斯主义的解释者把《宗教的合理性》理解成公民宗教一样，梅西也把"信仰自白"理解成公民宗教。

[52] 参见博斯：《卢梭的公民宗教》，多处可见。在第 310 页，卢梭说，一般情况下"人们肯定不会干扰平和的心灵也不会警告一般人的信仰"。然而，卢梭的时代不是普通的时代；因为启蒙引起宗教地位的独特危机，"一切都动摇了"。因此人们必须采取特别措施来"丢车保帅"。自然神论是帅，天启教是被抛弃的车。换句话说，卢梭明确把异端神学作为对早已存在的文化危机的紧急反应。如果这会扰乱普通人不安的信仰，这不是卢梭所为。对此的进一步解释，参见《山中书简》第五封信：《作品集》，第 9 卷，第 227 页。

[53] 有证据表明卢梭赞赏斯宾诺莎的悖论，在他已报道的叙述中，他称斯宾诺莎的《神学政治论》"是一本遭教士抨击最严重的现代作品之一，虽然它可能仅是支持基督教争论的大量作品中的一个"。引用自安东尼·萨巴提亚·德·卡斯特的《斯宾诺莎的辩解和斯宾诺莎主义》（1805）载，沃尔特·埃克斯坦"卢梭和斯宾诺莎：他们的政治理论和他们的伦理自由观"，《历史思想杂志》，第 5 卷，第 3 部分（1944 年 6 月），第 269 页；在萨巴提亚看来，卢梭以他们两人有关《神学政治论》的直接对话的方式作出了陈述。（这一提法我要感谢拉瑞莎·阿特金森。）这并不能说明卢梭把自己当作斯宾诺莎的同盟：《爱弥儿》第 279 页中对一元论形而上学的批评至少可以部分算作是对斯宾诺莎的批评性的（激烈的）回应。在"致博蒙特的信"中，卢梭痛苦地抱怨"无神论的斯宾诺莎"享受了皇家般的待遇，相比之下，他自己忍受了困扰和伤害：参见《作品集》，第 9 卷，第 24 页。

[54] 参见本书第十八章。

的(比如卢梭明确这样做的),那么在人们去除那些导致迷信、狂热和人类冲突的宗教内容之后,宗教是否还有足够的内容服务于社会和道德目标,我们就不得而知了。⑤

在本书的第一部分,我表达过我的疑惑,即《社会契约论》结尾处表达的自然神论信条能否算作公民宗教,特别是用卢梭自己的标准来判别是否是真正的公民宗教。我的观点仍和之前文中观点一样。⑤ 正如卢梭自己在《社会契约论》和《论波兰政府》(摩西、莱克古士、努玛、穆罕默德、加尔文)讨论中所暗示的,⑤ 真正的公民宗教需要有比《爱弥儿》的自然神论更加牢固(也更有争议)的东西。⑤ 即使卢梭与伏尔泰和阿朗贝尔共享了"绝望的希望"之观念,认为有些版本的自然神论是可以成为公共崇拜的,现实却是:仅仅哲学家的宗教无法成为一个可行的公民宗教。⑤

216

---

⑤ 参见博斯"卢梭的公民宗教"第 141 页:使自然神论制度化(就伏尔泰和阿朗贝尔而言)使之成为公共崇拜,以此代替现存的宗教,"这是一个绝望的希望。"人们可以把相同的判断用在卢梭身上。

⑤ 参见保罗·A.拉赫的《温和的专制,民主的趋势》,(New Haven: Yale University Press, 2009),第 136 页:(a)卢梭的公民宗教事业"是在尝试一件办不到的事",并且(b)"卢梭也知道这一点"。正如读者现在也知道的,我认为拉赫在这两点上都是对的。

⑤ 卢梭:《论波兰政府》,维尔默·肯德尔译(Indianapolis: Hackett, 1985),第 8 页:"摩西、莱克古士、努玛三人创建的用独特方法寻找的宗教仪式本质上是排他性的和民族性的。"卢梭想要"国家的崇拜"以此强化人类的文化差异,但是他也想要能促进宽容,能给人类共同虔诚、广泛赞美的一般的自然神教。也就是说,他既想要又不想要公民宗教!

⑤ 很说明问题的是,《论波兰政府》所称赞的国家的特殊神宠论遭到《爱弥儿》的直接批判:"想获得一种独有的信仰,我希望上帝把他向别人没有讲过的话都告诉我[或告诉我的人们——作者]",这表现出神学观念的深深缺陷[《爱弥儿》,第 296 页(中译本,第 470 页。——译者)]。在《爱弥儿》中,卢梭是一个对"我们所生长的那个国家的偏见"的开明的揭露者(第 313 页);在他政治作品里,他热情地宣扬它们。

⑤ 在本书的导言里,我暗示了一种可能性,虽然卢梭没能提供一个可行的宗教,但约翰·托兰在他的《拿撒勒人》里提供了。为什么?人们可以这样回答:认真对待公民宗教思想意味着设计一种新的宗教(至少以全新的方式重组现存宗教)。事实上,这样的工作在政治哲学史上是有先例的。正如我在第一部分探讨的,有人认为马基雅维利和霍布斯的工作就属此类。尼采的《查拉图斯特拉如是说》也提供了另一个例子。卢梭从不这样做。可以肯定的是,斯宾诺莎和本章讨论的斯宾诺莎的继承者(包括卢梭)中有一个自由主义的传统,旨在以符合哲学标准的方式重塑犹太教—基督教。然而,这些都不是公民宗教,因为他们的根本意图是用普遍的、理性主义的、世俗的准宗教替换真正的宗教。(本章的第一条题引清楚地表明《爱弥儿》的宗教与斯宾诺莎距离有多近,而与一些真正的以启示为基础宗教距离有多远。)也许托兰同样属于后斯宾诺莎这一范畴,因为他也打算放宽宗教界限以适用于每个人。一方面,至少很可能是这样的,托兰打算建立犹太教、基督教和伊斯兰教的混合体,这种混合体服务于政治—共和国这一目的(就像詹姆斯·R.雅可比、贾斯汀·钱皮恩和乔纳森·以色列假设的那样)。另一方面,也有可能是这种情况,托兰是在更准确地论述基

最后，让我们把目光转向康德的《纯然理性界限内的宗教》。[60] 康德的《纯然理性界限内的宗教》的基本目标是说明，在宗教范围内，对于那些恪守康德实践哲学所阐明的道德自律愿景的人来说，什么才是人类需要的。康德的问题是：如何设想一种本身充分体现人类自律的宗教形式，而不是举出他律基础上的很多宗教信仰与实践的例子。[61] 这可以构成判断一个宗教是更加自律还是更加他律的标准：犹太教是纯粹他律的宗教，[62] 基督教新教是纯粹自律宗教的最成熟形式。人们很容易把这个自律的修辞（它精辟地概括了在整个启蒙中什么才是至关重要的）当作开启这一段智和文化轨迹的起点，其最后的终点则是弗洛伊德的宗教观。弗洛伊德非常出名地把宗教描绘成一种婴儿期的神经症形式——也就是说，这是一种以个体和集体神经症为基础的发育阻滞综合症（根据典型的弗洛伊德主义原生创伤叙事分析得出）。很明显，康德的宗教观和弗洛伊德的宗教观有很大的不同。然而，这个逻辑却不难理解，康德摆脱自我强加的不成熟状态并上升到成熟状态之比喻直接带来了弗洛伊德的宗教观念，后者认为通常神经症的人是无法达到成熟的。[63] 在卢梭的引导下，康德认为如果真正的宗教有良知来源，那么凭借我们最高的道德和理性能力，人类可以发展出不依赖启示

---

督教的基础文本。（参见托马斯·潘恩：《理性时代》，M.D.康威、米尼奥拉编，NY：Dover，2004，第173页注释。）要了解雅可比—钱皮恩—以色列有关《拿撒勒人》的论述，参见詹姆斯·R.雅可比：《亨利·斯塔布，激进的新教和早期启蒙运动》（Cambridge：Cambridge University Press，1983），第8章；贾斯汀 A·钱皮恩：《立法者，骗子和宗教的政治起源：从斯塔布到托兰的英国"骗子"理论》，载《异端，斯宾诺莎，早期欧洲十八世纪自由思想》，西尔维娅·贝尔蒂等编（Dordrecht：Kluwer，1996），第333—356页；乔纳森·以色列的《激进启蒙》，（Oxford：Oxford University Press，2001），第609—614页。最近有本书讨论了与托兰的思想直接相对的历史争论，见巴里·威尔逊的《耶稣如何成为基督徒》（Toronto：Random House，2008）。

[60] 伊曼努尔·康德：《纯然理性界限内的宗教》，艾伦·伍德和乔治·迪·乔瓦尼编（Cambridge：Cambridge University Press，1998）；后文称为《界限内的宗教》。我要感谢克利福德·欧文，因为他说服我，如果本书的对话忽略了康德将是一个严重错误。

[61] 第164页概括了从"在我们内心"寻找的宗教与"从外部"寻找的宗教之根本区别。对道德自律的强调也造就了康德在《界限内的宗教》第四部分强烈的反教权——以至于康德提到"在所有的教会形式中发现的精神专制"（第170页注释，参见第173页注释和第174页）。

[62] 康德对犹太教的观点主要出现在《界限内的宗教》的第130—132、162—163页，在第139—140页的注释也有所表现。

[63] 参见约翰·弗雷斯特，对西格蒙德·弗洛伊德《梦的解析》的导言，S.A.安德伍德译，（London：Penguin，2006），第24页。

的虔诚。⑥ 那样的话，人们自然会把莱辛的《论人类的教育》看作斯宾诺莎和康 218
德之间的桥梁：莱辛的第三次谈话的纲要超越了基督教的启示，就像基督教的启
示超越了犹太教的启示一样，这不仅是对斯宾诺莎主题的概括，也是对康德主题
的预期。⑥

---

⑥ 康德在第一版的序言中（《界限内的宗教》，第37—39页）对守护“圣经神学”的神学家和
倡导“哲理神学”的哲学家做了区分。这已经暗示了神学家关注的启示宗教与哲学家关注的自然宗
教之间的对立。在第39页，康德指出“纯粹哲理的宗教学说”能“利用包括《圣经》在内的一切”；但
是让神学家掌管“圣经神学”无疑暗示了圣经不是哲理神学的中心。史蒂芬·B.史密斯在《斯宾诺
莎、自由主义和犹太人身份问题》（New Haven：Yale University Press，1997）第183页写道，“宗教意味
着对此类启示的攻击和批判。”尽管如此，人们根本不会期望康德把自己的哲理神学当作对启示的
批评，更不用说攻击了。在《界限内的宗教》第二版序言里[《界限内的宗教》，第40页（参见中译
本，第13页。——译者）]，他提出了合理的构想，启示和哲学的关系不是“两个不相关的圆圈”，而
是两个同心圆，哲学对应的是内圈（限于先验理性而不是经验），启示对应的是外圈（包括理性和经
验）。人们可以认为它们关系“不仅仅是兼容的而且是一体的[理性和圣经]”。不可否认，康德
这么写是知道（正如我引用的他在第一段开头标出的）他写的这本书的标题已经引起了与洛克和托
兰书的标题所引起的同样的质疑。然而，应当指出，在《界限内的宗教》里至少有一处对《圣经》的
直接颠覆（而且事实上是一个潜在的大面积的颠覆）。在第二篇的结尾处，康德写道，如果上帝扮演
了一个“与道德直接冲突”的角色，那么圣经所说的神圣的奇迹（即上帝命令不道德之外观）就不可
能成立。他的例子是《创世记》第22章亚伯拉罕和以撒的故事（《界限内的宗教》，第100页；参见第
180页，以及伊曼努尔·康德的《学科之争》第115页注释，玛丽·格雷戈尔译，Lincoln：University of
Nebraska，1992）。在仅诉诸理性的基础之上，如果圣经中上帝在这个部分展示的真实性受到挑战，
那很明显，这就为圣经中诸如此类的对上帝的挑战敞开了大门。（而且，一个人完全可以这么提
问：耶稣必须受难和要求以撒牺牲二者在原则上有什么不同？）虽然基尔凯郭尔在他的书中从不引
用康德，但是他代表了圣经的宗教，他的《恐惧与战栗》整本书都可看作是对《界限内的宗教》的回
应，是对《界限内的宗教》第100、180页康德的有关亚伯拉罕和以撒的内容的回应。《界限内的宗
教》第118页注释提供了一些圣经中显然不道德的例子，但是在第118—120页说我们不得不用这
种方式来解释圣经，这使我们能够与我们所知道的道德要求相一致，即使这涉及到强制解释。参见
第127页：“我们自身的道德倾向是所有宗教的解释者”（这很容易让人们把这个理解为一种暗示，
即暗示哲学家在解释圣经方面比神学家更可靠）。

⑥ 莱辛通过把《新约》和《旧约》都看作启蒙路上的“导引”把斯宾诺莎激进化了。康德对由
雅可比和门德尔松所主导的泛神论之争的贡献便是他1786年的文本，“从我们的这种正当行为中
究竟将产生出什么？”（《界限内的宗教》，第3—14页）。在该文本中，康德激烈地反对斯宾诺莎的
形而上学（第11页注释）却支持门德尔松的理性主义，后者是所谓的斯宾诺莎主义者莱辛的辩护
人。然而，康德对《神学政治论》的态度是什么？说康德的《界限内的宗教》的观点受到斯宾诺莎的
影响，这似乎令人惊讶，但我们可以看看史蒂芬·B.斯密斯的“如何纪念斯宾诺莎被驱逐350周年”
《希伯来政治研究》第3卷，第2部分（2008年春），第160页：“赫尔曼·柯亨声称斯宾诺莎创造了
一个有关犹太教和圣经宗教的消极的刻板理解，后来影响了康德，康德借鉴了斯宾诺莎的研究。”也
可见史密斯的《斯宾诺莎，自由主义，和犹太人身份问题》第255—256页，注释88；在第181页，史密
斯说《纯然理性界限内的宗教》……读起来像是对《神学政治论》的总结”。在尤根·哈马斯看
来（《人类的未来》，Cambridge：Polity，2003，第110页），康德提供了“世俗化……第一个极好的例子，

"道德……既不为了认识人的义务而需要另一种在人之上的存在者的理念，也不为了遵循人的义务而需要不同于法则自身的另一种动机，……因此，道德为了自身起见，绝对不需要宗教……相反，借助于纯粹的实践理性，道德是自给自足的。"⑥因此，正是从《界限内的宗教》这一开放的句子当中，产生一个明确的挑战。宗教的出场，不是为了激励人类变得道德，而是尊重他们道德表现的结果。我们再次看到康德对卢梭的"信仰自白"的依赖。牧师强调过美德是否得到适当回报的问题；他也论证过如果没有一个负责重新平衡美德与奖赏、罪恶与惩罚之天平的公正的神之观念，那么没有什么是可以期待的。⑥康德用几乎相同的措辞来介绍宗教和道德的关系："我们必须假定一个更高的、更道德的、最神圣的和全能的存在者"来维护"尘世上至善的理念"，反过来，这也需要"幸福和履行义务相称"。⑥人类应该尽责地行动，因为这是道德法的命令，而非因为这是上帝（他律）的命令。然而，他们会因为做了道德法命令的事情而获得回报吗？这对于道德不是无关紧要的；关心他们是否生活在公正或不公正的宇宙中，这恰恰是道德机构的工作。⑥而且，如果有德行的或者负责任的行为得不到好报，就像恶行得不到惩罚一样，人们还会相信道德么？这是卢梭道德神学的关键问题，对于康德来说这也是个核心问题。道德需要宗教，不是因为道德仅仅建立在理性自律的基础上，而是因为美德需要一个保证，这样它才不至于被不公正盛行的宇宙当作傻子一样玩弄。⑦因此，道德需要正义的上帝之理念（"一个有权威的道德立法者"）。⑦

---

但同时也挽救了宗教真理的解体"。很难让人相信康德的事业和哈贝马斯暗示的一样新奇；相反，正如我们从前面的章节所看到的，这个同时挽救与解构启示宗教的事业在康德接过接力棒之前的一个多世纪就已经开始了。

⑥ 《界限内的宗教》，第33页（中译本，第4页。——译者）。

⑥ 见注释18，（包括引用的《给弗朗基·埃雷斯的信》）。

⑥ 《界限内的宗教》，第34页（中译本，第6页。——译者），参见第36页注释，有一种可能性就是"幸福和美德可能从不会一致"，因为没有来世。正如他后来在相同的注释里提出的，对于康德来说根本问题（正如对卢梭来说）是幸福和配享幸福的相称。因为如果没有神圣的"世界统治者"，这一相称就得不到保证，由此"道德不可避免导致宗教"。有人可能会说卢梭和康德都被柏拉图的裘格斯戒指问题所困扰，而且他们对于没有——字面上的——救星的解决方案而感到绝望。

⑥ 在第34页（中译本，第6页。——译者），康德两次使用了"它不可能是无关紧要的"这个句子。

⑦ 康德的公式是，至善的思想"产生自道德而不是道德的基础"（同上）。

⑦ 同上书，第35页（中译本，第7页。——译者）。

把卢梭的"信仰自白"作为样板用来考察康德相同的事业,⑫我们可以发现康德是通过我所说的牧师的第三个信条——也就是人类道德自由公理——来开始他的理性神学。康德并没有把他的自然神学建立在以天命的自然秩序为内容的自然神论基础上;而是继续直接讨论道德形而上学预设。康德哲学词汇表达的思想是这样的:我们的行动反映了我们的准则,我们的准则不是不可还原的自然冲动,而是可以追溯的最终的(也是神秘的)"最初根据"(这是康德论述的关键概念)。⑬ 我们可以选择忠实于道德律(善)或者反对道德律(恶)——最终,人类本 220 身或者被"善良之心"或者被"恶劣之心"感动 ⑭——康德认为,这种对先天善或恶的判断,不仅可以针对个人,也可以针对作为整体的人类物种。⑮ 正如罗伯特·梅里休·亚当斯在《界限内的宗教》的导言中讨论的,康德这本书第一部分的中心目标是给人类有罪这一教义提供一个世俗化的论述。涉及世俗化内容的部分时人们不再叫它"罪"(康德叫它"根本恶"或者"恶劣之心")。⑯ 然而不管人们叫它罪或者其他什么东西,基本的一点是,道德哲学家们划入宗教领域的东西就是通常说的人类的罪。

康德说,对于他的论点"我们可以省去迂腐的证明",因为在他看来,人类意志堕落的自然证据是数不清的。⑰ 考虑到他坚定的自然—自由的二元论,

---

⑫ 《界限内的宗教》的第一部分的第一个引用是卢梭的《爱弥儿》的标题页引用过的塞涅卡的格言(见《界限内的宗教》,第 46 页注释 h),这就非常清楚地表示康德思想很大程度上借鉴《爱弥儿》构建他的理性神学(康德引用的是塞涅卡的格言:"我们患的是可以治愈的疾病,由于我们本性上是生来向善的,所以,只要我们愿意被治愈,本性就会帮助我们。"参见中译本,第 18 页。——译者)。

⑬ 正如康德在《界限内的宗教》第 59 页(中译本,第 37 页。——译者)所说的,一个至上的原理是有缺陷的,会"败坏了所有准则的根据"。在第 64、67 页他把它叫作"我们所有准则的最高根据";在第 68 页他称它为个人邪恶的"普遍的根源";在第 78 页他说它是"首要的最深的基础"。对康德来说,最终只有两种道德可能性:要么道德法成为"我们所有准则的最高根据",要么邪恶成为最高的根据。绝不存在第三种可能性,而且第三种可能性的缺失正是康德整个道德神学的基础。

⑭ 同上书,第 53 页(中译本,第 28 页。——译者)。

⑮ 同上。

⑯ "罪恶"一词出现在很多地方(例如第 54、61 页),因为康德要么引用要么评论《新约》的文本;因此,严格来讲,罪恶不是康德哲学词汇的组成部分。在第 62 页,康德明确反对基督教的原罪教义,因为让代理人自己为罪恶负责是不可能的。在第 63 页他明确指出,罪一词与"违反作为神圣命令的道德律"相关,而不是违反理性自律的道德律;参见第 89 页。

⑰ 在第 56—57 页康德深刻地概括了对人性的谴责。虽然清楚卢梭对自然状态的论述,康德还是坚持认为自然状态的道德败坏与文明社会表现出来的一样(第 56 页)。康德明确地把卢梭对恶的论述看作一个肤浅的认识:问题不是社会生活的败坏,而是"人心"本身的败坏。在这个意义上,康德有关恶的论述(尽管它有世俗化的特性,它还是从基督教的视野转到了哲学的视野)更接近于基督徒的论述而不是卢梭的。然而,在第三部分的一开始[第 105 页(中译本,第 93 页。——译者)],康德就指出"原因和条件环境使得"人类处于一个道德上危险的地位,这与卢梭的论述完全一致。

康德完全清楚对他来说讨论"自然倾向邪恶"有多矛盾。⑦ 与此相应,康德努力提出一套相当复杂晦涩的论述来解释人类恶的"自然"或者"禀赋"如何与他的二元论协调一致。特定的实践准则是"最高准则"的表达,⑦它是如此普遍地支配着人类的道德生活,以至于主张这些恶"是与人的本性联系在一起的,并且植根于人的本性"也是合法的。⑧ 并且,选择这个"最高准则"完全是我们自己的责任,是践行"道德选择能力"纯粹自由的结果。⑧康德最显著、最典型的论述是他在"人的心灵的不纯正"之标题下所论述的内容;这里他的信条是,即使人类在行善事,他们也会表现出恶,因为他们"只是符合义务而不是纯粹出于义务去履行这些行为"。⑧ 认为根本恶直接刻写在人性之中,这个观点直接来源于康德的道德理论,因为康德的实践哲学为普通的道德存在者设立的标准是如此之高,以至于即使是最道德的人也不大可能符合这个标准。⑧

先天恶的学说需要恩典和救赎的教义(康德事业的下一步是世俗化基督教),这就是康德从第一部分结束处"总的附释"开始的一系列论题。康德认为邪恶能够救赎的观点是违反直觉的;如他所言,"一棵罪恶之树怎么可能结出善良之果呢?"⑧然而,康德拒绝用历史叙事的形式来描述我们原始的堕落,⑧但康德确实同意《圣经》中的从善到恶的原始的"堕落"。因此"从恶重新上升为善"

---

⑦　参见罗伯特·梅里休·亚当斯:《界限内的宗教》,导言,第11—15页。正如康德在第54页(中译本,第29页。——译者)指出的,他的论点是"人类趋恶的倾向是普遍的……它与人的本性交织"。

⑦　《界限内的宗教》,第55页。

⑧　同上书,第56页。

⑧　同上书,第54页。正如我已经暗示的,康德的"最高准则"的观念[第55页(中译本,第31页。——译者)把它刻画成"可感的"而不是"经验性的"]恰恰是他的原罪思想的世俗化副本。康德的核心论点是:"恶的根源在于选择的力量,因此我们必须说,它存在于人类的本性之中",这不符合我们作为"自由行动的人"(第58页)的绝对责任。自由和恶(我们无力证明我们自己能坚持道德律)都是人类的根本属性。

⑧　同上书,第53—54页(中译本,第29页。——译者)。

⑧　因此康德坚持主张"即使是在最好的"人类这里,也有他论述的普遍趋恶的倾向(第54页,参见第59页)。卢梭认为耶稣在道德上胜过苏格拉底(《作品集》,第9卷,第269—270页),但道德上讲,苏格拉底和加图与耶稣是不相上下的(第266页)。卢梭给德性设立了一个很高的标准,但他不像康德那样,他并没有致力于一种事实上所有人都无法达到的道德学说。对康德来说,道德是所有人都无法通过的测验。

⑧　《界限内的宗教》,第66页(中译本,第45页。——译者);参见第15—25页(亚当斯的导言)。

⑧　《界限内的宗教》,第65页。

在原则上是可能的。⑧⑥ 要实现这种可能性,就必须有"超自然的协助","我们所无法探究的更高的援助",⑧⑦而且必须通过一个根本的"心灵的转变"来获得这个帮助。⑧⑧ 尽管我们堕落了没有保持住道德的纯洁,但道德的种子还在,对康德来说,"善良的种子"是永远不可能堕落的,⑧⑨我们原始善的残余,如果不是承诺了圣洁,至少承诺了对圣洁的渴望。⑨⓪ 这是基督教的哲学核心,它自己被错误的观念——比如上帝的命令受"幸福原则"支配之观念——腐化了。⑨① 人类永远不是无辜的,但是他们可以不断来减少自己的腐败,可以通过不断地自我革新让自己能够"取悦上帝"。⑨②

康德《界限内的宗教》中的神学就像卢梭《爱弥儿》中的神学一样,主要集中于道德经验问题——实际上比《爱弥儿》更为深入与集中,因为卢梭还要讨论上

---

⑧⑥ 同上书,第66页(中译本,第45页。——译者)。

⑧⑦ 同上书,第65、66页(中译本,第45页。——译者);参见第71页(中译本,第52页。——译者):"更高的协助。"在亚当斯看来,"康德与基督教的中心思想恩典的关系并不稳固。他害怕恩典的概念,因为他认为这是对道德的严厉要求的一种潜在的放松。"(《界限内的宗教》,第21页,引自第71—72页);参见第22页:"对于康德来说,恩典的观念恰恰是有问题的……因为他坚持认为,我们生活中任何有道德价值的东西都必须是我们自己自由的产物。"康德在第77页提到的"懒惰和胆怯的心在等待外来的帮助"。恰恰概括了他对恩典观念持保留意见。

⑧⑧ 《界限内的宗教》,第68页。康德哲理化基督教的学说让人自然联想到洛克的忏悔教义,我在本书第十三章讨论过这个问题。

⑧⑨ 《界限内的宗教》,第66页。

⑨⓪ 同上书,第67页。

⑨① 在第71页,康德把这个"错误责难"当作一个"不纯的宗教观念"的例子。在这个文本中康德(难以置信地)声称基督教是"迄今为止已知的"的唯一宗教,是一个完全意义上的排除不纯活动机的"道德宗教"。换句话说,他(再一次难以置信地)声称现实的基督教已经和他试图清楚表达的纯粹道德宗教一致了。在第69页(中译本,第49页。——译者),康德说"最高的奇迹"是理性能够强制性地命令我们"却既不向我们许诺什么,也不威胁我们"。从这种结论中可以得知将人类和许诺与威胁联系起来的上帝形象没有康德描绘的道德理性让人印象深刻。我们还可以进一步得知,作为宗教,传统的圣经基督教没有康德的哲理化的基督教崇高。康德通过确认(第77页注释)斯多亚派的理性是"唯一立法者"之思想,进一步挑战了关于上帝的错误观念。(在第113页,康德写道:"所有的宗教都坚持把上帝当作立法者是我们的义务。"虽然根据这个宗教定义,即使理性是唯一立法者,人们也能够得出康德的挑战不仅仅是针对启示宗教的,还针对宗教本身。)

⑨② 同上书,第68页(参见中译本,第48页。——译者);有关这个西西弗斯式的"道德劳动"延伸至"无限"而且永不允许自身放松,参见第70—71页。也可参见第105页:"他的自由存在于攻击之下,他今后仍然必须永远武装好准备战斗。"从恶回到善的斗争可能会扩展至来世,但康德对涉及来世从而超出理性限度的学说持谨慎态度,认为这是一种积极的学说(第86—87页)。

帝的天命、上帝的正义等问题。[93] 上帝看上去几乎与康德的宗教论述毫无关系（当然指的是目前的这个阶段）：在康德看来，宗教首先在人类与自己道德律的关系方面起作用，而不是人类跟上帝的关系。正如亚当斯在他的导言中注释的，通过内心的道德革新来努力使自己"取悦上帝"的观点实际上是一个象征（一个替代品？），对此人们更渴望康德所描述的内心的变革——让人们取悦自己内在的良心。[94] 上帝在《界限内的宗教》的第二篇出场的次数要比第一篇多。人类为消除性情中恶的准则而进行的重要斗争既带来了神圣快乐（世俗恩典），也带来了神圣不满（依照神圣正义的惩罚）。[95] 在《界限内的宗教》第二篇中，上帝的根本职能是作为法官端坐在"天国法庭"。[96] 然而，奇怪的是，我们这些自欺的人类内心更容易想起这个法官，而不是唤起"我们内心的评判者"[97]："如果在人心中询问存在于他自己心中的审判者，那么，他就会严格评判自己；因为他不能贿赂自己的理性"[98]相反，在他看来，上帝可以被收买，比如，"通过请求和祷告来打动他。"[99]

耶稣在康德学说中地位如何？ 我们只能通过努力履行道德义务来取悦上帝，因为这个目的，所以我们需要一个纯粹好人的"榜样"。上帝之子就是这个榜样。[100] 尽管如此，可以说，历史人物耶稣是附属的榜样，因为"为了使一个在道德上让上帝喜悦的人的理念成为我们的范本，并不需要什么经验的榜样；那个理念作为这样一个范本已经蕴含在我们的理性之中"。[101] 事实上，如果这个仅仅是

---

[93]　这并不是说康德那里没有上帝正义或者天命的观念（例如，可参见第188页提到的"神圣创世的伟大智慧"，或者第126页的"上帝对人类的爱"）。但是卢梭是以构建这样观念的方式来发展他的自然神学的；相反，在康德那里上帝的这些属性似乎只是附属性的而不是基础性的。事实上，康德把他的自然宗教建立在对上帝属性的论述上也没有什么意义，因为正如他在第153页注释中清楚表达的，上帝不是理论认识的对象，而只是根据实践理性需要而假定的一个"观念"。

[94]　《界限内的宗教》第16页，引自第93页。

[95]　同上书，第89—90页。

[96]　同上书，第92页。

[97]　同上。

[98]　同上书，93页（中译本，第78页。——译者）；着重强调。

[99]　同上。

[100]　同上书，第80—84页；参见康德在第125—126页的讨论。Das Urbild这个词，迪·乔瓦尼把它翻译成"典型"（"prototype"），而T.M.格林和H.H.哈德森把它翻译成"榜样"（"archetype"）。就我来说，"榜样"听起来更响亮。

[101]　同上书，第81页（中译本，第62页。——译者）。

以历史为基础的信仰,比如人们认为的耶稣在经验中表现的奇迹的信仰,[102]那么我们就得承认我们"缺乏对道德的信仰":"只有蕴含在我们理性之中的在实践上有效的信仰才有道德价值。"[103]"所需要的榜样总还是只蕴涵在理性之中。"[104]也就是说,明白易懂的纯粹的道德榜样与经验主义的榜样相比,明白易懂的榜样意义更为重大,但历史人物耶稣是一个经验主义的榜样。康德甚至走得更远:当我们到强调基督的神性和超人性的时候,我们实际上取消了作为榜样的对象与我们的关联,因为我们既不是神人也不是超人。[105] 而且,康德清楚地表明作为救世主的耶稣概念在哲学上是不能接受的,因为它暗示了无辜的人永远不可能偿清自己的"罪债",这个观念在道德上是不合法的。[106] 总体上不难看出,这些文本提出圣父和圣子都是多余的这个观点非常大胆。[107]

"作为伦理共同体的最高立法者"和"作为道德世界的统治者"[108]的上帝是第三篇探讨的主题。人们可能会追问,所有这些如何与实践理性的自律相一致。根据我先前的注释,康德既把理性当作"唯一立法者"(这让我想起洛克的思路是把理性当作"唯一的星辰和罗盘"),[109]而且也指出所有宗教都需要把"上帝当作立法者"。[110] 再一次的,读者会好奇人们将如何平衡这两个看似对立的观点的。尽管如此,康德做了大量的理论转变来重申道德律的优先性。首先,康德区分了"仅仅是规章性的[宗教]法则"和"纯粹道德上的法则",前者与启示宗教

---

[102] 大量的关于奇迹中的信仰如何在真正的"道德宗教"中立足,参见第98—102页。康德争论的要旨是对付奇迹导致的理论理性的无能和实践理性的混乱。因为真正的宗教完全面向道德,而且因为我们依赖道德律比依赖奇迹更容易,因此把奇迹加到道德里面没有意义。

[103] 同上书,第81页(中译本,第62页。——译者)。

[104] 同上书;参见第82页(中译本,第62页。——译者)。

[105] 同上书,第82—83页。他在第82页(中译本,第63页。——译者)写道:"把这样一个圣人提高到超出人的本性的所有软弱性之上,倒是会妨碍我们……把他的理念在实践上运用于我们的仿效。"事实上,我们只模仿那些跟我们本性一样的人;我们不模仿一个"像上帝一样的人"(第80页)。在第二篇第二章,康德转向了《新约》耶稣的历史神话内容——与第二篇第一章里对耶稣作为道德榜样的哲学化解释完全不同——因此康德把耶稣说成"每个人都跟随的榜样"(第97页)。然而,全文是对《路加福音》4:5—7的评论,康德最终用斯宾诺莎主义的比喻来概括他的观点,它是"适合普通人的……生动的榜样"(同上)。这个斯宾诺莎主义修辞也在第120页暗示:"大众……需要神圣的启示"(这也暗示更多的哲学化的个体能够直接从理性当中描绘出他们的宗教)。

[106] 同上书,第89页(中译本,第71页。——译者)。"罪债"这个词并不是康德的词汇,因为他在相同章节再一次强调了,"罪"相当于"神圣命令",它不是康德哲学宗教的思想。

[107] 参见《亚当斯的导言》,第16页。

[108] 《界限内的宗教》,第110页。

[109] 同上书,第77页,注释;洛克的《政府论》上篇,第58节。

[110] 《界限内的宗教》,第113页;参见第118页。

的历史内容相关的,后者与真正宗教联系起来。⑪ "神明的概念本来就只是出自对这些法则的意识和理性要假定一种力量的需求,这种力量能够为这些法则带来在一个世界上可能的、又与道德上终极目的一致的全部效果。"⑫而且,第四篇里康德对启示宗教和自然宗教也做了区分,这一区分在根本上区分了认识神圣命令之责任的两种相反的方式。⑬ 在启示宗教看来,某事物之所以被看作是义务,是因为人们先把它看作是神圣命令;在自然宗教看来,某事物之所以被看作是神圣命令,是因为人们先把它看作是义务。(当然,这个问题实际上回到了柏拉图的《游叙弗伦篇》。)这两种宗教形式哪一个是康德公开支持的已经相当清楚了。这些理论推演的最后结果是把上帝看作立法者,由上帝来颁布道德法已经作出规定的内容。

对于康德来说,相比于理性基础上的宗教,启示基础上的宗教有三个不可回避的问题,这些问题适用于基督教,也适用于其他历史的宗教。第一,以《圣经》经典为基础的宗教依赖于不能证实的古老传说;相反,以理性为基础的宗教其资源是直接的。⑭ 第二,历史的信仰也是教会的信仰,在此意义上,它让牧师阶层得以享有特权来解释定义宗教的神圣文本,这反过来根本上违背了康德的道德自律思想。宗教改革部分提出了但没有完全解决这个问题。⑮ 第三,历史的信仰可以期望赢得整个人类,但它所依赖的独特的文本和独特的叙述不能实现这些愿望;理性可以。这三个问题对康德都很重要,但是第三个问题最重要。

当康德声称信仰可以多样,但真宗教只有一个——即"纯粹的道德宗教"之时,他毫无疑问地踏上了斯宾诺莎主义者的道路。⑯ 从第三篇可以看出,这实际上是康德观点的重要部分:"一种仅仅按照纯粹道德的法则来规定的上帝的意志的概念,使我们只能设想一种宗教,这种宗教就是纯粹道德的。"⑰康德著作第三篇提出的伦理共同体是由具有普遍有效性的道德律来定义的。⑱ 相反,"历

---

⑪ 同上书,第113页(中译本,第104页。——译者)。

⑫ 同上(中译本,第104页。——译者);着重强调。

⑬ 同上书,第153—154页。

⑭ 第162—163页把这个问题讲清楚了。

⑮ 第174页着重强调了这个问题。宗教改革并没有解决康德观点中隐含的问题,即无论教会是否具有"君主的、贵族的或者民主的"制度,这都不改变牧师权威本质上的"专制"特征。

⑯ 同上书,第116、113页。

⑰ 同上书,第113页(中译本,第104页。——译者)。

⑱ 同上书,第122页。

史性的信仰……只有局部有效性，即对于作为这种信仰之基础的历史所能及的那些人才有效。"[119]只有忠诚于道德律的道德实践（与特定教会或特定信仰规定的特殊的"规章法"相反）才是真正侍奉上帝。这也意味着，视上帝为立法者的伦理共同体是一个单一的伦理共同体（一个单一的教会）。普遍宗教可以由特定信仰来表达，[120]但是它不能与特定经文、特定故事、特定传统习俗建立严格的联系。严格意义上讲，只有"理性的宗教"才能满足宗教这些条件。[121] 因此我们可以清楚地得知，康德的《界限内的宗教》与斯宾诺莎的《神学政治论》直接相关。在《神学政治论》的第 7 章，斯宾诺莎把欧几里得几何学看作理性可理解的最终标准：欧几里得的证明概念清晰并且完全能够实现预期的目标，"而且我们认为欧几里得属于这样一类人，他们所写的内容在本性上是可以被理智所接受的。"斯宾诺莎的观点是，《圣经》里先知的预言明显不能满足这个标准。康德对圣经神学的反对（事实上暗示了他看到了首先需要哲理神学）提出了相似的观点。正如斯宾诺莎和康德都强调的，《圣经》由那些在（仅仅是）经验主义领域产生的历史故事（即使它们能够被可靠地证明）组成。相反，哲理神学处理的——用康德的术语——是"可理解的"（本体）而不是经验主义的（现象）。[122] 康德坚持认为他在《界限内的宗教》里的理智事业目的是试图补充而不是替换圣经神学，但是贯穿他作品的哲学主张是，理性主义王国明显高于经验主义王国，这方面他跟斯宾诺莎是一致的。康德既不是第一个也不是最后一个看到宗教存放于哲学家手里要比存放于教士或者神职人员手里更安全的西方哲学家；从康德以及之前的斯宾诺莎、洛克、培尔那里我们可以得知，这个斯宾诺莎主义（柏拉图式的？）的传统为自由主义的历史作出了非常重要的贡献。

康德思想中隐含的斯宾诺莎主义这个话题通过如下斯宾诺莎式的主题得到表达，即从犹太教转向基督教是否满足哲学的普遍性需求。相对于犹太教的偏狭，基督教看上去是提出了普遍信仰（斯宾诺莎和康德是这样认为的），[123]但它是完全普遍的吗？ 康德相当明确地作出了否定的回答。就像犹太教和伊斯兰教一

226

---

[119] 同上书（中译本，第 116 页。——译者）。

[120] 这是康德在第 118—119 页的观点。

[121] 同上书，第 119 页；参见 120 页："为了获得普遍性，一个宗教必须总要以理性为基础。"也可参见第 121 页：只有理性宗教"对整个世界来说是可靠的和有效的"。

[122] 见《界限内的宗教》，第 99 页，康德着重强调只有道德，而不是"历史记载"的信仰，才能使我们很好地取悦上帝。

[123] 同上书，第 131、132 页。

样,基督教是一个"历史性的信仰",也就是说,是一个"以作为经验的启示为基础"的信仰,因此只有"局部有效性"。<sup>⑫</sup> 这个独特的启示,不管它是向一个特定民族还是更向更多民族传播,它都必定要规定一个独特的信仰和一个独特的(不普遍,因此也不是真正的)教会。"只有完全建立在理性基础上的宗教的纯粹信仰,才能被视为必然的,从而被视为唯一标志着的真正的教会。"<sup>⑫</sup>也就是说,建立在基督教启示基础上的基督教教会不是真正的教会。目前,我们可以满足于把历史性信仰看作是"纯粹宗教"的"工具",<sup>⑫</sup>我们甚至把它看作是真的宗教,但只有借助于"纯粹宗教信仰"、"我们最后借助的是那个工具"<sup>⑫</sup>才能通往上帝之国。这就很清楚地说明了最终超越基督教的步骤(就像先前莱辛的《论人类的教育》提出的那样),它将为更启蒙(更成熟)的宗教所代替。<sup>⑫</sup> 康德重要的论述是:"人们可以让真正宗教信仰的种子……完全不受阻碍的日益萌发起来,以便由此不断地接近那个把所有的人永远联合起来的教会,它构成上帝不可见的国在地上可见的体现。"<sup>⑫</sup>如果目前存在的基督教仅仅是将要到来的更具普遍性信仰的"种子",那么现存的基督教就明显不是康德说的通往上帝之国的尘世的"真正宗教的信仰"。他论述宗教的基本结构跟莱辛的一样:第一个阶段的

---

⑫ 同上书,第122页(中译本,第116页。——译者)。在第119页康德宣称世上各宗教(包括基督教)的经书里的历史元素"本质上是一些冷漠的东西"。

⑫ 同上书,第122页(中译本,第116页。——译者)。"完全以理性为基础"这个短语只能被解释为对以启示为基础的宗教的一个非常严峻的挑战。在开始这个讨论时,我就提出疑问康德是否会承认像史蒂芬·史密斯所说的那样,《界限内的宗教》是对启示的批判。在第136页康德要求人们要避免对圣经作出"无用的或者恶意的攻击",这暗示出成熟的斯宾诺莎主义的影响(他对启示的立场更包容,考虑到那些需要启示的人,对待它就比较平和了)。然而,尽管有第二版序言中的两个同心圆的图式(见注释64),但毫无疑问康德思想中包含的斯宾诺莎主义可能比他想公开的部分要多。

⑫ 参见《界限内的宗教》,第123、125、128页注释。

⑫ 同上书,第122页;参见第31页(《亚当斯的导言》)。也可参见第127页(中译本,第123—124页。——译者):"宗教最终将逐渐地摆脱所有经验性的规定根据,摆脱所有以历史为基础的规章……圣洁的传说……逐渐地成为多余的,最终成为桎梏。"还可进一步参见第152页,他认为"最终人类能够摆脱教会信仰",第170页他认为"未来的某一天……我们能够完全摆脱规定的规章"。

⑫ 参见康德(第128页注释)提到的"真正的启蒙"。可能康德对作为历史信仰(它将"停止并且进入"一个纯粹理性宗教)的基督教最终被取代这个主题最有力的论述便是第138页的第一个注释。

⑫ 《界限内的宗教》,第135页(中译本,第134页。——译者);补充强调。繁衍传播种子的比喻也出现在第128页;也可参见第130页(基督教作为真正宗教的"萌芽")。在第127页,康德使用了脱去最初胚胎借以形成为人的比喻。在第138页的第一个注释里,使用的比喻是即将脱落的"外壳"。

童年(犹太教);第二个阶段的童年(基督教);以及最后的成熟阶段。⑬

　　对政治来说,宗教要想显得安全,必须经历一个大幅度自由化的过程。⑬ 本书第十三章和本章的思想家们都紧跟斯宾诺莎的脚步,他们代表了对自由化进程负责的伟大自由主义传统的关键片段。然而,使宗教服从哲学理性这项工作 228 并不仅仅针对建立在启示基础上的宗教。可以说,这一主题首先是由柏拉图提出的,他要求像荷马这样的诗人在入籍城邦之前要先"道歉"(《理想国》606e—608b)。⑬ 我们看到,斯宾诺莎、洛克、卢梭、康德和黑格尔的共同事业都有一个相似的要求,即让启示宗教符合公民社会的哲学标准,这不是现代政治哲学的产物;它的起源与政治哲学的历史是一致的。

---

⑬　参见康德在第127页(中译本,第124页。——译者)对《哥林多前书》13:11的引用。

⑬　有关这个主题的更进一步的讨论,见第23章。

⑬　在《作品集》第9卷,第84页,卢梭设想了相同的比喻,像柏拉图严格排除诗人那样,卢梭要把神职人员排除在他的共和国之外。当洛克写道"辩论……是传播真理包括宗教真理的唯一正确的方法"(《论宗教宽容》,詹姆斯·塔利编,Indianapolis:Hackett,1983,第33页),这可以看作柏拉图要求诗人给出一个符合哲学标准的道歉的现代版本。康德坚持认为,神学家和哲学家的争论必须在理性的基础上展开,这也暗示了相似的观点:见康德的《哲学通信1759—1799》,阿努尔夫·茨威格编(Chicago:University of Chicago Press,1967),第205页(1793年5月4日致C.F.圣奥德林的信)。

# 第十八章　作为培尔继承人的休谟

　　疯狂的精神把一切都变为安逸、安全、利益,也消解了所有道德和政治责任。许多大众领袖所表现出来的勇气和行为,通常都倾向于让他们追求更多的荣誉,像有能力的政治家一样,他们为了自私的目的,嘴上喊着那些自己心里并不信服的借口。然而,如果不是绝对的,但至少也有可能,他们是自己热情的受骗者……所以与人类心灵相适应的就是宗教信仰,但凡性情未受哲学怀疑主义影响之人,必定最为冷静也最为坚决,人们不可能一直假装他具有神圣的热情而不为人察觉到。

——大卫·休谟①

　　那些教人理性和反思的哲学家们不需要宗教动机来保持他们的道德约束;那些普通人也许需要宗教,但他们完全不能确立纯粹的宗教信仰,神也只对人们的道德行为感到高兴。

——大卫·休谟②

　　宗教导致的愚蠢,它来自于统一的命令,它得以向所有国家和所有年龄的人强加废话。——大卫·休谟③

　　不真实的信仰最终不会带来什么好结果。

——爱丽丝·默多克④

---

　　① 大卫·休谟:《大不列颠史:詹姆斯一世和查理一世的统治》,邓肯·福布斯编,(Harmond-sworth:Penguin,1970),第502—503页。

　　② 大卫·休谟:《自然宗教对话录》,载《宗教作品集》,安东尼·费罗(以下简称费罗)编,(La Salle,IL:Open Court,1992),第285页。

　　③ 《大卫·休谟通信集》,J.Y.T.格雷格编,(Oxford:Clarendon Press,1932),第2卷,第197页(致休·布莱尔牧师的信,1769年3月8日)。

　　④ 爱丽丝·默多克:《钟》(伦敦:Vintage出版社,2004),第186页(爱丽丝·默多克,爱尔兰女作家,《钟》是其代表作,发表于1958年。——译者)。

休谟认为"迷信"和"热情"带来异常的"真正宗教的腐败"。⑤ 尽管如此,粗 230
心的读者可能不会想到,休谟实际上认为这两个外表类似的极端反映了宗教可
能性统一体的典型特征,这个可能性涵盖了整个历史上已知的全部宗教。"迷
信"赋予祭司权力,以弥补自己本不配和上帝进行的沟通;"热情"让人们坚信他
们的信仰可以与上帝直接互动,而不依赖于祭司的更高能力。所有已知的宗教
都处在这个统一体的两端之间。⑥ 即使人们相信休谟的观点,认为存在假想的
"哲学的宗教"并且它高于虚假的宗教,⑦休谟也非常清楚,这样一个哲学的宗教
在道德、政治、文化和历史上都是无关紧要的:宗教就是(一种或多种)虚假的宗
教。⑧ (休谟也许已经认识到,从历史上来看,完全世俗的社会在世上是不可想
象的;他写道:"也许说服未来世代的国家,它的民众——所有两条腿的被造物,
来接受诸如圣餐是耶稣的化身这样荒诞的学说是相当渺茫的,但这些未来国家
的信条中也一定存在同样荒诞的内容。"⑨)

休谟直接挑战公民宗教的观念。(当然,也可以说休谟不是特别的"直接", 231
因为他采用了一系列巧妙的文学手段来掩饰他挑战的直接性。⑩)在《人类理解

---

⑤ 《论迷信和热情》,费罗,第 3 页。对这个区别稍有不同的论述,参见康德:《纯然理性界限
内的宗教》,艾伦·伍德编,(Cambridge:Cambridge University Press,1998),第 169—170 页。

⑥ 我认为欧内斯特·盖尔纳(《犁、剑和书:人类历史的结构》,London:Collins Harvill,1988,第
114 页)虽然正确地看出"平等对待圣经的热情"便是"热情",但他错误地认为"放任多元化的万神
殿"便是"迷信"。在我看来,这是对休谟在《宗教的自然史》中对异教的迷信之论述的误解,它不是
"论迷信与热情"关心的内容。在后面的文本中,"迷信"指的是天主教(因此强调的是祭司的统
治),然而"热情"(即狂热)指的是激进的新教徒群体。休谟对十七世纪英格兰历史的分析清楚地
说明了这一区分:比如,可参见《大不列颠史》,第 71—72、96—99 页。这样说来,英国圣公会就更接
近于迷信了(这也说明了,为什么清教徒对主教制度的坚持与教皇制度并无差异)。

⑦ 参见《论迷信和热情》,费罗,第 5 页,休谟说:"只有哲学才能完全征服那些起源于宗教迷
信的难以名状的恐怖。"参见《自然宗教对话录》,费罗,第 287 页。

⑧ 休谟确实引用了贵格会,贵格会原是一群狂热主义者,并成了"世上自然神论的唯一体
现",他同时提到了儒家的学术传人(《论迷信与热情》,费罗,第 8 页)。然而,这也许是规则的例
外。(关于贵格会,霍尔巴赫和潘恩也有同样的看法:参见霍尔巴赫:《揭穿了的基督教》,W.M.约翰
逊译,New York:Gordon Press,1974,第 91 页注释;以及托马斯·潘恩:《理性的时代》,M.D.康威编,
Mineola,NY:Dover,2004,第 185、204 页)参见《宗教的自然史》,费罗,第 143 页:"人类确实都是普
罗大众,只有少数例外。"也可见《宗教的自然史》,费罗,第 157 页:"不幸的是几乎没有旁观者。"

⑨ 《宗教的自然史》,费罗,第 155—156 页。此外,休谟在《宗教的自然史》中认为,大众的宗
教是"本性虚弱"的表现,它"源自人类普遍而根本的本性"(费罗,第 179 页),这也意味着它不是人
类成长的条件。

⑩ 我接下来要讨论文本——《人类理解研究》第 6 部分——有两个主要"技巧",安东尼·费罗也
指出这一点(费罗,第 53 页):第一,休谟让"朋友"表达自己的观点(甚至他自己也会反对他朋友的观点);
第二,他的朋友把他的观点当作伊壁鸠鲁对雅典人的演讲,这可以映射整个前基督教背景下的辩论。

研究》第 6 部分，他提出了这样的问题，即伊壁鸠鲁这样的无神论哲学家能否与他生活的社会"和睦相处"。[11] 休谟用自己的口气提出伊壁鸠鲁是否颠覆公民信仰（"既定的迷信"）[12]这个问题，颠覆公民信仰将"在很大程度上使得道德联系变得松弛，并可能因为这个原因危害到公民社会的和平"。[13] 休谟借"喜欢怀疑论的朋友"[14]之口回答了这个挑战。这个所谓的朋友主要想说明"在我的哲学论文中，当我否定天命和天国时，我并不会动摇社会的基础"。[15]

我们可以大致了解下这位朋友的观点："宗教的假说"就是自然造物主的假说，这就让人们可以假定一个理由来说明自然是什么样子。（"现在的事情充满了病态和混乱"[16]；"世界上充满了罪恶与混乱"[17]）。然而，宗教假说并不能保证超世俗的世界，比如把这个超世俗世界看作是比现存世界更好的世界，认为这个世界中善良获得特别的奖励，恶受到特别的惩罚，此岸世界的不公会在更高的正义中变好。朋友论证的核心是，如果造物主上帝作为最终原因是从它所创造的世界而得出来的推论，那么去推测造物主上帝也会为其他未知和不可知的目的而设计出一个更美好的世界，这将是一个非常大胆的设想。"当我们从结果来推导原因时……原因与结果一定是相称的；在我们实现原因与结果的相称后［即假定一个足以引导自然世界的神］，我们就不能就其特质、设计或表现作进一步的推论了。"[18]

232　　　　没有天命和来世奖惩之教义的有神论显然不足以支持道德和政治生活。实际上，休谟（也就是所谓的"朋友"）坚持认为，诉诸天命和彼岸的奖惩在维护共同道德方面是多余的。世俗的考察就已经足够了：

> 事情的过程本身接受每个人的询问与考察……按照目前的顺序，美德比恶更能让人心灵安宁，更受到外界的欢迎。……友谊是人生主要的乐趣，温和是安宁和幸福的唯一来源。……［在善和恶之间，］要保持头脑清醒，好的东西都属于前者。[19]

---

[11] 费罗，第 90 页。
[12] 同上。
[13] 费罗，第 91 页。
[14] 费罗，第 89 页。
[15] 费罗，第 92 页。
[16] 费罗，第 94 页。
[17] 费罗，第 95 页。
[18] 费罗，第 93 页。
[19] 费罗，第 96 页。

存在"出于理智和设计"的道德秩序之假设在道德上是多余的："我们的幸福或苦难取决于我们的天性本身,因此我们生活中的行为举止依然如故。"[20]"世上所有的哲学,所有的宗教,都是一种哲学,它们都不能让我们超越日常经验,它不会给我们提供不同于普通生活反思的行为的尺度。"[21]

休谟从没有真正解释为什么朋友对彼岸奖惩概念之不正确性的说明反倒成了对伊壁鸠鲁主义及其信徒道德的辩护。错误的推理永远不能为道德提供有益支持。因为宗教学家并不能得出哲学上受到尊重的结论("宗教假说不能得出新的事实;人们无法预知事件,因而也无法预知奖惩,恐惧超出了人们实践中的认知范围"),[22]因此宗教学家的道德必定同样可疑,这样就为伊壁鸠鲁主义的道德提供了消极辩护。然而,休谟在他给朋友最后的回应[23]中用他自己的口气对这个前提表达了重要反对意见。他朋友认为理智上有缺陷之物必然不具备实践功效。但他为什么会那么想呢? 休谟正确地反驳了那个朋友的观点:

> 宗教教义和推理对生活可以没有影响,因为它们本该没有影响;不要去设想,别人推理的方式会与你有所不同,但对神圣存在的信仰却可能带来很多不同后果,神会对人们的善恶分别施加奖惩,它是超越于一般自然过程之上的。这种推理是否公正,这是无关紧要的。它对生活和行为的影响是一样的。[24]

"善于运用理性的人"也许并不是"好公民和好政治家",因为"他们不再受激情制约,不会违背社会的法律,也变得更加轻松和安全了"。[25] 简而言之,公民

233

---

[20]　同上。假定朋友在这里代表休谟本人观点,那么这便是一篇休谟明确表达培尔主义观点的论文,即认为道德是自足的,它不需要宗教的支持。

[21]　费罗,第101—102页。主张"宗教是一种哲学",这一观点令人吃惊。它完全把宗教限定为哲学上合法的观念并进而抛弃那些不符合哲学标准的观念。(一旦宗教真的必须服从于哲学判断,那么在休谟看来,还有多少宗教观念能够经受理性的审查呢?)关于道德以"共同生活"为基础这个重要观念,它与道德来自于对共同生活的超越(在那里我们"就像生活在奇怪国家中的外国人")这个观念相反,参见《自然宗教对话录》,费罗,第194页。

[22]　费罗,第102页。

[23]　费罗,第102—103页。

[24]　费罗,第102页。

[25]　同上,休谟在本章的第二段题引中提出了类似的观点(普罗大众需要宗教信条的约束)。顺便提一下,休谟对普罗大众的刻画也提示了休谟的"柏拉图主义"特征。如果认为休谟哲学与柏拉图哲学漠不相关便是犯了一个极大的错误。在对政治生活哲学化的过程中,休谟和柏拉图在他们深度悲观中显示出类似的特征,他们温和的玩世不恭,他们讽刺般的超脱与公正,他们都认为理性和哲学管不了激情,激情支配了非哲学家的灵魂。两人都是坚定的理性主义者,虽然他们都写了哲学对话,但对理性的功效都比较失望。西方政治哲学传统中的大多数思想家可能都是这个意义上的柏拉图主义者。

宗教信仰的益处尚未遭到驳斥！

休谟以自己的口气对为什么"国家应该容忍哲学的每一个原则"[26]作出了更加温和的论证。我们可以称之为从无害性出发的论证："哲学家很少具有宗教狂热；他们的教义对于普通大众不是很有吸引力。"[27]最终，谁会关注哲学家在他们自己圈子里（也是伊壁鸠鲁说的，他们自己"花园"范围内）[28]究竟在研究什么，关注他们研究有没有用呢？狂热者确实是危险的，但真正的哲学家都是反狂热者。[29]正如休谟所言，他和他的朋友都赞同"支持自由的一般观点"[30]（包括哲学家颠覆宗教信仰的自由）——朋友说"不能说明社会的政治利益与关注形而上学和宗教问题哲学争论有关"，休谟说"也没有任何实例可以说明，政府的政治利益会因为哲学家的放纵与他的学术自由而受损"。[31]但是如果像休谟和他的朋友这样的哲学家的理智追求颠覆了休谟自己所承认的宗教是对人类激情的一个必要的约束（通过彼岸之奖惩的教义及永恒正义），那么哲学怎么可能无用或者无害呢？

234

宗教是否有利于维持社会的道德，这一争论似乎没有结果。朋友认为他已经讲清楚了关于天命和未来惩罚的信条没有走向更高的道德，其根源在于哲学上的不健全。然而，休谟在对朋友最后回复中表达了强烈的反对：理智上不健全的信仰在实践中可以是有效的。这一观点有没有背离公民宗教呢？人们是否应该为了道德利益而诉诸宗教呢？

归根到底，我们从中唯一能够得出答案便是休谟的知识实践：无论是用自己的口气，还是假借哲学对话中的其他人之口，休谟都无所畏惧的批驳不合理的哲学—神学观点——他动摇了各种形式迷信和热情的基础，正是它们迷惑与奴役了人类。[32]因此，他最终一定不会认为，我们需要依靠理智上不可靠的宗教信仰

---

[26] 费罗，第 102 页。

[27] 同上。

[28] 费罗，第 96 页。

[29] 对国家和公民的真正威胁是"迫害与压迫"（费罗，第 102 页），这种威胁不可能来自怀疑主义和各种伊壁鸠鲁主义的自由知识分子。

[30] 费罗，第 102 页。

[31] 同上。

[32] 在《宗教的自然史》（费罗，第 120 页）中，休谟使用了一个精辟的短语"跪在地上"（"人们经常因为忧愁而不是其他愉快的激情而跪在地上"）来总结人们服从于宗教权威的倾向。休谟的《宗教的自然史》远不如《自然宗教对话录》激进，这也解释了为什么《宗教的自然史》在休谟活着的时候就出版了而《自然宗教对话录》在休谟死后才出版。纵观《宗教的自然史》，一方面它主张"纯粹的有神论"（即自然神论）构成判定"偶像崇拜"（异教主义）和不纯粹的有神论（犹太教，伊斯兰教

来抑制激情。如果这样,他也会同意他朋友的观点,认为好的道德不需要公民宗教便可奏效。我们从 1751 年 3 月 10 日休谟给吉尔伯特·艾略特的一封信中可以得出同样的结论:"我所知的最坏的怀疑论者,也要好过最好的宗教迷信支持者以及独断论者。"㉝

235

当然,问题在于,宗教不仅"抑制激情","抑制激情"在道德上是有积极意义的。宗教还助长激情,这在道德上是非常具有破坏性的。比如,罚入地狱(从最好的角度来看,人类能够判断这样的事情,无罪之人被罚入地狱)就是非常坏的教义。㉞

可以确定的是,每一个宗教,不管对它神圣性的描述是多么崇高;它的选民中的很多人,甚至是最大多数的人,都会去寻求神恩,而不是凭借美德得救,对此人们是可以接受的;但人们不能接受依靠无价值的仪式、过度的狂热、得意忘形、神秘而荒谬的信条得救。㉟

对于休谟来说,他确实不理解为什么人们没有按照"美德"来定义"所有宗教,或大部分宗教";因为"没有人会如此愚蠢,以至于他不认为美德和诚实是任何人都能拥有的最有价值的品质,这是从他的自然理性便可得出的"。㊱ 休谟引证了伊斯兰教在斋月期间禁食的做法,以及与此相关的印度教、佛教、俄罗斯东正教和天主教的苦行,他指出人类能够履行"比履行任何道德义务都更严格"的

---

和天主教)之为迷信的理性标准。另一方面,在《自然宗教对话录》中,作为休谟代言人的斐诺给自然神论以及理性神学带来了致命的挑战。在《自然哲学对话录》中,调和宗教和理性的工作不是打击偶像崇拜和迷信的手段,而是一个巨大而无望的错误。《宗教的自然史》通篇呼吁设计一种真正"哲学的宗教",相比之下"大众的宗教"(特别是异教的大众宗教)成了被取笑的对象;这明显不是休谟《自然宗教对话录》的观点。因此,《宗教的自然史》(休谟的主要靶子是相对安全的异教的迷信,他对有神论的批判就显得相对温和)可以很容易地掩盖休谟的激进主义观点。莱昂·威斯提对丹尼尔·丹尼特在《国际先驱论坛报》(2006 年 2 月 18 日至 19 日)上所发表文章的评论就是一个很好的例子。否定丹尼特继承的就是休谟的思想,威斯提摘引了休谟《宗教的自然史》之自然神论的篇章并由此得出休谟的"神是一个非常虚弱的神,但依然是神"。然而,这只是显示出休谟的特别之处,他可以让易受骗的读者读不出他的无神论;正如我已经指出的,《宗教的自然史》所宣称的自然神论本身在《自然宗教对话录》中已经被揭穿了。

㉝　费罗,第 22 页。参见克里安提斯和斐诺在是否"宗教虽然腐败,但仍然比没有宗教信仰要好"这个问题上的重要讨论:《自然宗教对话录》,费罗,第 283 页。斐诺(休谟)梳理并谴责历史上宗教给人类带来的苦难。

㉞　参见休谟引自安德鲁·迈克尔·拉姆齐的严厉的起诉书:《宗教的自然史》,费罗,第 171—173 页。

㉟　费罗,第 175 页。

㊱　费罗,第 176 页。

迷信仪式。这是为什么呢？人类更愿意接受"恶心而繁重"的迷信,而不是"令人愉快的"道德实践,这真是一件奇怪的事。[37]

休谟对这个难题作出了如下的回答。正因为道德生活是自然而然的,道德对于虔诚之人在宗教信仰上就没什么用处。"迷信的人认识不到,侍奉上帝最好的办法是促进上帝所造之物的幸福",而不是指望那些不自然的东西"向他提供上帝的恩宠与保护"。[38] "在还钱或付账方面,神性好像并不起作用;因为这些道义行为是他必须要做的,那些不信神的人也会这么做。但如果他禁食一天,或者鞭打自己",他就会把这些行为想象为"献身的明显标志",把这些想象为"神圣恩宠"的证据。[39] 由此,休谟得出的结论是,"仅仅从一个人参加宗教活动的热心程度与严厉程度来判断他的道德水平,这是靠不住的",而且事实上,"在许多情况下,最大的罪恶都与过度的虔诚与奉献有关"(包括"穷凶极恶的罪行")。[40] 休谟坚持认为,我们更喜欢"男子汉的、稳健的德性",它可以带来"心灵安宁的阳光",而不是喜欢宗教,宗教通常将人从他们的道德职责中转移出来,而不是保证他们的道德表现。[41] 简而言之,休谟与培尔的意见是一致的:一方面,无神论者可能是正直可信任的公民;另一方面,宗教徒也可能是(总体上是?)残忍无知的人。[42]

---

[37] 费罗,第 176—177 页。

[38] 费罗,第 177 页。

[39] 同上,着重强调。

[40] 费罗,第 178 页。

[41] 休谟在死前不久与博斯威尔展开的著名的对话中,他提出"如果他知道一个人是教徒,他会认为这个人是坏蛋",参见詹姆斯·博斯威尔:《与大卫·休谟的最后一次会面》,载《早期对休谟的回应》,詹姆斯·费舍尔编(Bristol:Thoemmes Continuum,2005),第 9 卷,第 288 页。休谟确实也允许这个规则存在例外。

[42] 根据休谟自己的自我观念,颠覆宗教是他思想的核心,休谟编造的模仿卢锡安与卡伦(卡伦,冥界船夫——译者)的对话《死亡对话录》明确说明了这一点;大卫·休谟临死前曾把它当作一个笑话讲给亚当·斯密听,亚当·斯密在 1776 年 11 月 9 日给威廉·史泰翰的著名的信中详细记载了这件事。休谟试图延长他抵达冥界的航程,并给出了可以允许他多活一会儿的理由:"我一直在努力唤醒民众。如果我可以多活几年,我会欣慰地看到很多迷信制度的垮台。"卡伦回答道:"最近几百年都不曾有人像你这样流氓耍无赖。你觉得我会给你这么长的时间么? 给我立刻上船,你这个无赖流氓。"在伊恩·辛普森·罗斯看来,"看到很多迷信制度的垮台"这个用语代表了斯密完全无法缓和休谟的反教权主义的攻击,《亚当·斯密生平》,(Oxford:Clarendon Press,1995),第 303 页。正如斯密在 1776 年 8 月 14 日写给亚历山大·威登伯恩信中提到的,休谟的用语是"看到教会闭嘴,僧侣们做自己该做的事"。关于这个故事的两个版本,可参见《亚当·斯密通讯集》,E.C.摩森纳和 I.S.罗斯编(Oxford:Clarendon Press,1987),第二版,第 219、203—204 页。关于休谟对培尔的继承关系,可参见阿拉斯代尔·麦金太尔:《谁之正义,何种合理性?》(Notre Dame,IN:University of Notre Dame Press,1988),第 288—290 页。麦金太尔也引用了(在第 282 页)休谟表达遗憾之情的临终陈述,因为他的死亡将阻止他把苏格兰人民从"基督教的迷信"中解放出来"这一伟大的工作"。

# 第十九章　亚当·斯密对休谟（和霍布斯）的继承

科学是迷信和狂热之毒的解毒剂。

——亚当·斯密①

大教派的教义得到了政府官员的支持，在帝国或王国广阔的疆域范围内几乎所有民众都尊重这些教义；相比之下，[大量小教派的传播]使他们大部分教义，不再受谬论、谎言、狂热支配，而成为纯粹、合理的宗教。古往今来的贤哲都希望建立这样的宗教。

——亚当·斯密②

正如我们在本书第十八章看到的，休谟是以"迷信与狂热"来指称宗教信仰的（他把它们看作"真正宗教的腐败"，当他们排除了宗教经验的表象时，他认为他们恰恰再也不知道到哪去找"真正的宗教"了）。斯密在《国富论》第5卷尖锐地批判了宗教，随后他通过"沉溺于迷信与狂热"③之用语细致地（也许不那么细致）分析了休谟分析宗教问题的基本逻辑。（根据休谟的说法，如果迷信代表天主教，狂热代表新教，那么再提迷信带来腐败时也得考虑到狂热带来的问题。）然而，仔细分析下来，在休谟的话语中，比起如何区分迷信与狂热，腐败并不重要。正如我们后面将会看到的，斯密和休谟一样都重点讨论如何区分迷信

---

① 亚当·斯密：《国富论》，R.H.坎贝尔和A.S.斯金纳编，(Indianapolis：Liberty Classics，1981)，第2卷，第796页。

② 同上书，第793页(《国富论》下卷，郭大力、王亚南译，商务印书馆2015年版，第359—360页，有改译。下文引文参照该译本。——译者)。

③ 同上书，第788页。斯密在第793页有一次、在796页有两次(其中一次便是本章开头引用的第一条题引)同时提及狂热和迷信。

与狂热。

238　　《国富论》第 5 卷第 1 章第 3 节第 3 项用了很大篇幅介绍历史上国家与教会在财富与权力方面平衡的变化。斯密在叙述财富与权力实现时所表现出来的理智，完全符合霍布斯和休谟等反教权传统的伟人的精神。④ 事实上，斯密描述了宗教改革前和宗教改革后基督教世界权力动态史。宗教改革前的大部分情况都是权力和权威的集权化。最初规定由牧师和民众联合选举主教。但民众的选举权很快让位于神职人员这个"更容易"的布局——选举只在神职人员当中进行。⑤ 当选后，主教就依次获得了所有次一级教区任命权。"教会都使用这种方式来处理重要事务"，主权者们"没有足够的手段来管理教会了。神职人员的野心自然导致他们形成了类似的司法权，这个司法权不仰仗君主，而仰仗他们自己，唯其命是从"。⑥ 然而，巩固僧侣权力的过程还没有结束。主教的大部分权力被教皇拿到手中了，不仅主教的权力被剥夺了，"君主的境况，也变得比以前更糟。"⑦教皇的政权组成了一支"精神军队"，它分散在整个欧洲，"由一个首领指挥，并按统一计划进行。"因此，教皇成了一个拥有军队的"外国君主"，那是"可以想象的最强大的"。这些富有的牧师就像"了不起的贵族"一样对其封地享有领主权。⑧ 和贵族一样，神职人员在其封地上享有政治和经济权力。在政治方面，神职人员被赋予独立的司法管辖权，这种权力"同样是独立的，和那些世俗大领主一样，它独立于国王的法院"。⑨ 在经济方面，"欧洲所有国家地产之地租的很大一个部分"都归了僧侣们，这带来了"大量盈余"——这些盈余被用于救济穷人和款待流浪骑士。⑩ 其结果是产生了新的封建制度，僧侣的权力超

239 过国王的权力，导致神职人员"完全不受世俗权力的管辖"。⑪ 斯密认为这是十世纪到十三世纪这一时期教会的主要特点，教会"成了反对政府权力与安全，反对自由、理性和人类的幸福的最可怕的组织，而这些内容的发展离不开政府

---

④　斯密在第 810—812 页的精彩分析反映了他对财富变化的深刻洞见，他讨论了既定国家的教会是如何为"知名的文人"提供简朴（比如苏格兰）或奢侈（比如法国）待遇的。在苏格兰这样的国家，教会比较穷，大学就能蓬勃发展，而在英国法国这样的国家，"教会富裕且资金充足"，大学就"流失"了很多知识分子。（换句话说，如果在英国，休谟就不做大学教授而去做主教了！）

⑤　同上书，第 799 页（中译本，第 367 页。——译者）。

⑥　同上书，第 800 页（参见中译本，第 368 页。——译者）。

⑦　同上（参见中译本，第 368 页。——译者）。

⑧　同上。

⑨　同上书，第 801 页。

⑩　同上。

⑪　同上书，第 802 页。

的保护"。⑫

这个"精心打造的巨大的联合组织"是怎样开始解体的？——因为"人类理性的微弱成效"并不足以驱散它。⑬ 随着"技艺、制造业、商业"的进步，僧侣阶层受到并最终屈从于"自己独占全部收入"的诱惑。正如斯密提到的，在十四、十五世纪，神职人员越来越成为典型的腐败寡头，他们更关心如何从地产中收获额外利润，而不是像以前那样把巨额盈余花到慈善与款待上去，他们对"满足他们的虚荣与愚蠢"更感兴趣。"下层人员"也都看到，僧侣阶层对"安慰苦恼者"和"救济贫困者"等传统职能不感兴趣，于是也就不再追随他们了，人们对僧侣阶层的尊重也下降了。⑭ 这就削弱了僧侣的精神权威和他们的世俗权力。欧洲各国君主都试图利用这一新形势来重新确立他们对选举主教的影响力。特别是，法国教会宣称他们相对于罗马教廷具有独立权，从而开启了教皇权力衰退（国家的权力相应得到增长）的进程。⑮ 教会权威的"衰退"之际正是宗教改革的争论全面展开之时。⑯

毫无疑问，宗教改革打破了权力的平衡。大多数民众喜欢新教教义，这使得欧洲各国君主们在与教会的争吵中占得上风。在权力回归君主的过程中僧侣阶层也衰弱了，而由宗教改革所代表的对教会权威的事实上的反叛，进一步推动了权力的再平衡。"在他们自己领土内进行宗教改革"是一个手段，这样"那些碰巧与罗马教廷交恶的君主"就可以"报复"教皇了。⑰ 在德国北部、瑞典、丹麦、瑞士等地，都发生了这样的事情，虽然它们的路径不一。英格兰和苏格兰也发生了类似的故事。⑱ 在那些宗教改革获胜的国家，因为过去不存在相当于罗马教廷的正统的集权执行者，教会—国家的不同政权形式也就应运而生了。在那些路德新教占优势的国家和英国国教下的英格兰，人民建立了"服从世俗主权"的教会政府制度：主教制度的政府，在其中神职人员处于从属地位，君主得以或多或少的"处置所有的主教"。这个路德—圣公会制度"使得君主成了教会的真正首领"。⑲ 在英格兰，这是一个带来"和平与良好秩序"的制度，因为牧师们"会

240

---

⑫　同上书，第802—803页。

⑬　同上书，第803页。

⑭　同上书，第803—804页（参见中译本，第371页。——译者）。

⑮　同上书，第804—805页。

⑯　同上书，第805页。

⑰　同上书，第806页。

⑱　同上书，第806—807页。

⑲　同上书，第807页。

努力博取君主,宫廷及过重贵族巨绅的欢心"由此获得"他们所期待的升迁"。[20]这些等级的牧师专注于"讨好上流阶级",但下层人民对他们的印象却不好,他们"清醒而温和的教义"容易招致"无知的狂热者"的攻击。[21]

斯密对加尔文教盛行的国家中更为民主的秩序作出了负面的评价。它的"牧师之间最完全的平等"这一原则的效果并不好,但是,不管在哪实践让民众选举自己牧师的这一规则,它都带来了"无序与混乱",它带来了教会的分裂和政治的派别林立,并在神职人员与选举他们的会众中激发了狂热。[22] 这并不是说斯密认为路德—圣公会制度只有德性没有恶,比如他也指出,为博取领主的欢心(这是牧师政治如何运转的重要部分)有时也带来"最下流的阿谀奉承"。[23]然而,显然加尔文主义的恶(当时是世俗政治的角度)更为严重:永无休止的派系主义,相互攀比"谁最好胜最狂热"。[24] 随后斯密讨论了苏格兰"领主权利"的重建以及如何让教会制度的统治"更加高贵和更有技艺",[25]这个讨论得出了令人惊讶的更加合意的结论,"在欧洲的任何地方,都很难找到比荷兰、日内瓦、瑞士和苏格兰的大部分牧师更加博学、体面、独立且值得尊敬的人。"[26]也许在斯密看来(虽然他没有说出来),长老会主义才能促进德性,因为在现有的教会当中,它建立在"普通大众"基础上,并且把"收益"(僧侣的职能)限定于民众捐献的范围内。[27]

241

---

[20]  同上书,第807—808页(参见中译本,第375页。——译者)。

[21]  同上书,第808页。斯密认为,改革者们擅长于"所有流行的技艺",运用"粗鄙的辩才"(第806页;参见第809页对长老会的讨论),在此人们可以读出尼采激烈批评宗教改革的味道。然而,斯密对待路德宗和对待加尔文派截然不同的态度表明,他是把加尔文派和长老会看成"流行的(即粗鄙的)技艺"的。在他看来,对于路德派来说,尽管宗教改革推动了民主化,但仍不失其高贵。

[22]  参见第809页,对苏格兰"旧的迷信精神"的论述。

[23]  同上书,第808页;参见第809页。斯密在第810页认为长老会制度(神职人员的"道德示范",谦卑和"生活规划"自然不造作)之"圣职的平凡"多少是具有德性的,这也意味着等级的僧侣制度代表着恶习:"虚荣","傲慢与轻蔑"。

[24]  同上书,第808页。

[25]  同上书,第809页。

[26]  第810页(参见中译本,第378页。——译者)。参见第813页论述,长老会的神职人员所确保的"大多数民众信仰的一致性、奉献的热情,齐整规则的精神、简朴的道德"。这"无论是对于政治还是对于宗教,都有好的效果"。"瑞士的新教教会在更高程度上带来了这些影响。"

[27]  斯密的全部分析倾向于认为,既定的教会通常会在过度回报他的神职人员方面犯错,从而导致"过失"、"懒惰"、"虚荣"和"放荡",所有这些都会使得"在普通人看来"(第813—814页)神职人员变腐败了。苏格兰教会虽然是既定的教会,却并不如此。正如斯密看到的,它成功的关键在于它的财产:它缺少资源,这阻碍了僧侣们的腐败。

教会的经费事实上反映了公共支出的分配制度("花费"),因为"每个既定教会的收入是国家总收入的一个部分,它被转用于"某个特定目的而不是别的目的。[28] (在此意义上,教会的经费与教育的经费是类似的;正如第 2 项和第 3 项分别表明的,学校提供"教育青年人的机构",而教会提供"教育所有年龄人士的机构"。)

这是一种真正的土地税,如果教会不将它收去,土地所有者就可以为其他[公共目的]贡献更多。……给予教会的越多,显而易见,留给国家的就越少。……其他事情也是这样,教会越富有,君主或者人们就会变得越贫穷。[29]

因此,教会在特定社会中的地位是政治经济学的直接主题,这个问题绝不是无足轻重的。

在政治哲学史上,斯密直接讨论了公民宗教所提出的核心问题(比霍布斯讨论的更为直接真切)。国家的核心是"主权者"和"神职人员"权威的正面博弈。主权者当然具有重要的权力工具可以"影响"一个既定教会的教义传播——即利用对"免职"的恐惧和对"升迁"的渴望[30]——但在关键方面,如果教会选择最大限度地发挥权力,这些工具也不是教会权力的对手(就像"因希腊神职人员动荡引发的在君士坦丁堡的持续革命"以及"几个世纪来欧洲的每一个角落发生的罗马神职人员引发的动乱"一样)。[31] 即使主权者决定诉诸武力来重申其最终权威,这"也不能给他带来持久的安全",因为他所依赖的士兵本身受到了那些带来麻烦的"教会教义的腐蚀"。[32]

在思考国家最终权威这个关键问题时,斯密运用了霍布斯的分析。问题的关键在于教会与国家之间潜在的权威竞争,如果推到极致它是有利于教会的,因为它的权威来源是超过国家的:"宗教的权威胜过其他一切权威。宗教所提示的恐惧超过了其他一切恐惧。"[33]如果"被授权的宗教教师"决定"向大众宣扬颠覆主权权威的教义",[34]他们一定会胜利而主权者必将会失败。霍布斯以如下方式表达了同一观点:"因为基督说过,'那杀身体不能杀灵魂的,不要怕他们;惟有能把身体和灵魂都灭在地狱里的,正要怕他。(《马太福音》10:28)'没有谁会

---

[28] 同上书,第 812 页。

[29] 同上。

[30] 同上书,第 798 页。

[31] 同上。

[32] 同上。

[33] 同上书,第 797 页(参见中译本,第 365 页。——译者)。

[34] 同上书,第 797—798 页。

傻到不去服从那个可以保留或者赦免他罪的人,而去服从强大的国王。"㉟

正如斯密所言,主权者受到了很多并不舒服的约束。斯密把"基督教牧师的圣俸"说成是"终身享受的不动产。其享有,非凭借授予者一时的高兴;只要行为端正,即不得随意褫夺。"㊱然而,如果主权者试图让牧师的任期"更加岌岌可危",比如,每当发生"不服从"时就剥夺他们的永久业权,这并不能解决主权者的问题,反而使问题变得更糟:"他会受到如下困扰,被迫害的牧师及其教义陡增十倍的声誉,因而对于君主自身,也会陡增十倍的麻烦和危险。"㊲"几乎在所有情况下,恐惧都可算作政府最坏的工具",然而"权术和劝说永远是政府最简单和最安全的工具",这一原则特别适用于主权者和神职人员的关系:"对既定教会受人尊敬的神职人员施加强制和暴力,其危险或导致毁灭的可能性,远远超过施之于他人。"㊳原则上讲,应由主权者通过运用"赐予他们升迁"这一手段来"管理"神职人员的秩序,他能否成功地管理他们是对主权者技能的一个关键考验。㊴

的确,如果主权者非常娴熟的话,既定的神职人员是可以被"管理"的,但是,对斯密来说,真正的解决方法就是让神职人员的命令不成其为"命令",因为"命令"不应由既定教会来主导。教派的迅速扩散可以解决这个问题。在这里斯密对休谟的立场有所质疑。斯密称休谟为"迄今以来最伟大的哲学家和历史学家"并大幅引用了休谟的《英格兰史》,㊵该书的目的是论证虽然国家总体上从公民的勤劳和竞争中获益,但这一原则不适用于宗教。在教派的自由市场上,各个教派卖力地兜售自己的教义,但这与政治社会的和平及良好秩序背道而驰。"每个魔鬼代言人"都会竭尽全力利用宗教狂热来招募更多的人。"顾客"受这个或那个"锻炼其激情和信誉"的信条吸引。因此,"每位明智的立法者都应该研究并阻止神职人员的勤奋。"休谟总结道,对于国家来说,一个既定的教会就是最好的投资:

最后,政治长官会发现,他为其虚假的节俭付出了代价,它为神职人员准备了现成的产业;而在现实中最体面最有利的想法是,给神职人员的职业发工资,

---

㉟ 托马斯·霍布斯:《人和公民》,伯纳德·格特编,(Garden City, NY: Anchor Books, 1972),第357页。可以断定,斯密仔细考虑过霍布斯对这个问题的分析,见亚当·斯密:《道德情操论》,D.D.拉斐尔、A.L.麦克菲编,(Indianapolis: Liberty Fund, 1982),第318页。

㊱ 《国富论》,下卷,第798页(中译本,第365页。——译者)。

㊲ 同上书(参见中译本366页。——译者)。

㊳ 同上书,第798、799页(参见中译本366页。——译者)。

㊴ 同上书,第799页。

㊵ 引自第790—791页。原文可见大卫·休谟:《英国史》(Indianapolis: Liberty Classics, 1983),第3卷,第134—137页;斯密摘引的文本在第135—136页。

工资要足够激发他们,而不是激发他们去开辟新的生财之道;这样既可以最大限度让自己成为精神引导,又可以贿赂他们的慵懒。

在休谟看来,领固定薪水的神职人员就会不那么勤奋而更加慵懒,这才是协调"教会的产业"与"社会的政治利益"的最佳途径。[41]

正如我们之前看到的,斯密随后分析的重要内容也指向了类似的方向。虽然在这一点上,他拒绝了休谟的观点。事实上,他所采纳的观点与他所引用的休谟的观点正相反对。斯密认为国家干涉人们的宗教选择是非法的与错误的。特别是,国家不得强行赋予一个特定的教派(即,建制组织)以特权。斯密承认休谟说的"感兴趣的积极的目标可能是危险的有麻烦的",但他认为这只适用于那些"只宽容一个教派"或者只存在"两三个大教派"的地方。[42] 解决办法是将这种垄断或接近垄断地位的宗教分裂成为无数宗教企业法人的自由市场[43]:

244

---

[41] 也可参见伏尔泰把英国国教称为"英国真正的宗教,人们得以成功立业":《哲学通信:关于英国的通信》,约翰·雷编,普鲁登斯·L.施泰纳译,(Indianapolis:Hackett,2007),第15页。我认为,下面的报纸评论很好地把握了休谟所说的"贿赂慵懒":"有过一段时间,乡村牧师是英国戏剧人物的主菜。他们喝着茶、温和古怪、皮鞋锃亮、举止文雅,他们代表了一种并未招致非宗教人士反感的宗教。他不会刨根究底追问存在问题,也不会把你逼到墙角问你是否得救,更不会在讲坛边发起圣战或者以更高权力的名义来扔路边炸弹。虽然他曾经是安全的,但这些优雅的乡村牧师影响了很多英国人反对基督教。一个关于就医和养花的宗教,同时以遗产保护取代了信仰某个人的有风险的信仰,后者要求他的信徒们拿起他们的十字架跟随他。……在一个被宗教战争毁掉的乡村,非宗教牧师的发明是英国人创造力的杰作。……在遏制宗教权力方面同样天才的发明是建立英国国教的工作。世俗主义者认为这种安排使得教会对国家的影响过大,但反过来:它是教会的世俗化。当美国的清教徒定居在教会和国家之间建立防火墙时,不是为了保护国家免受教会的伤害,而是要保护他们的教会不受国家的影响。……这一设置驯化了宗教狂热主义潜在的危险。"(吉尔斯—弗雷泽:"复兴的宗教废除了乡村牧师",《卫报》,2006年4月13日,星期四,第33页。)对于休谟来说,贿赂慵懒的想法是有局限的。在斯密摘引的文本之后,休谟继续讨论他的原则如何适用于天主教。休谟论证的逻辑似乎证明了以罗马为中心的天主教教阶制度绝不亚于英国国教的等级制。因此,休谟继续解释为什么天主教的恶到了这样的程度,它的"不便"远远掩盖了它的"好处"。特别是,天主教的牧师是如此贪婪,他们从教会获得的薪水并没有买到他们的慵懒(《英国史》,第3卷,第137页)。

[42]《国富论》,下卷,第792—793页。

[43] 人们可以表扬一下L.罗恩·贺伯特用最精致的语言表达了宗教企业法人的理念:"我想创办一个宗教。那可是一个赚钱的买卖!"(《星期日时报杂志》,2006年4月16日,第21页)。我们可以用斯密的分析来解释韩国灵恩派的成果,这很有趣,参见"以上帝之名:宗教与公共生活特别报道",《经济学人》,2007年11月3日,第6—11页。《经济学人》提出,像灵恩派这样的宗教,它鼓励它的宗教指数型的扩张,与此同时,别的宗教(如佛教)的"市场份额"逐年下滑。伊丽莎·格里斯沃尔德的《上帝的家乡:尼日利亚的穆斯林和基督徒》(《大西洋》,2008年3月)第40—55页提出了类似的观点。另见克利福德·欧文在"向前的基督教推销员"中对"深谙市场的教派"的讨论,载《美国利益》,2009年9月/10月,第91—95页。

如果一个社会分为二三百个乃至数千个小教派的势力范围，那其中就不会有一个教派的势力能够搅扰社会。在这种场合，各宗派教师见到围绕他们四周的，敌人多于朋友，于是就必须学会那常为大教派教师所漠视的坦诚与节制了，他们的教条得到了政治官员的支持，他们也别无选择只能服从了。[44]

有了自由放任的政策，人们便有理由相信，这些教派将"自己分化得足够快，很快就会出现足够多的教派"，因此是无害的。[45] 虽然不赞成他们的狂热，斯密还是认为英国清教徒没有建立教会建制是正确的，斯密认为"虽然它们的起源是非哲学的"，但它原则上为"各种宗教中最哲学化最温和的宗教"奠定了基础。[46] 斯密认为的典范是宾夕法尼亚，尽管那里明显有一个数字上占优势的派别（即贵格会），"但现实的法律对于各个教派并不厚此薄彼。"[47]

人们由此会认为，教会与国家的关系问题得到了妥善的解决。然而，当人们将这种规范分析与斯密在其他文本中的历史叙述中提出的经验进行比较时，就会发现事实上后者在很大程度上取代了前者。加尔文主义和路德主义教会制度的对比告诉我们，一个更加民主、更少教阶的教会秩序更可能带来颠覆。对上层"升迁"的英国式制度带来了"和平与秩序"并把主权者确立为"教会的真正首领"（或者说实现前者是因为它把教会的最终权力集中于世俗主权者之手）。正如我之前说过的，斯密所主张的否定教会建制与大范围扩散为多个小教派，能够消解既定的、分层级的、教会国家制度的所有重要优势。[48] 如果斯密真的认为"数千个教派"

---

[44] 《国富论》，下卷，第 793 页（参见中译本，第 359 页。——译者）。

[45] 同上书，第 794 页；参见《联邦党人文集》第 51 篇对作为宗教少数群体权利保障之"教派多样性"的呼吁。也可参见伏尔泰《哲学通信》，第 20 页："如果英国只有一种宗教，专制就是一个威胁；如果有两种宗教，它们将彼此仇视；但如有三十种宗教，它们彼此就会相得愉快和谐。"瑞贝卡·E.金士顿在"孟德斯鸠论宗教和宽容问题"，载《孟德斯鸠的政治科学》，凯里瑟、摩瑟尔和保罗·A.拉赫编，(Lanham, MD: Rowman & Littlefield, 2001)，该书第 394 页提请我们注意这个事实，即孟德斯鸠的《波斯人信札》第八十五封信中曾论证"多元宗教"的政治优势，这可能影响了后来的论证。史蒂芬·B.史密斯：《斯宾诺莎、自由主义和犹太身份问题》的第 3 页(New Haven: Yale University Press, 1997)，把伏尔泰和麦迪逊看作提倡"不同教派竞争性市场"的学者并引用了他们的观点，但是他没有提及斯密。

[46] 《国富论》，下卷，第 793 页。

[47] 同上书。伏尔泰也对贵格会法律之下的宾夕法尼亚作出了高度评价，孟德斯鸠也是如此（《论法的精神》，第 4 章，第 6 节："佩恩先生是真正的吕库古"）。也可参见托马斯·潘恩：《理性时代》，M.D.康威编，(Mineola, NY: Dover, 2004)，第 185 页："唯一没有迫害他人的教会是贵格会；对此唯一的解释是，他们是自然神论者而不是基督徒"；和第 204 页："除了贵格会，每个教派都是迫害者。"（威廉·佩恩，宾夕法尼亚的立法者；吕库古，斯巴达政体的创建人——译者）。

[48] 参见我之前讨论到的第 809—810 页苏格兰长老会的亲建制派。参见第 813 页提到的"一个既定的教会应该带来好的效果，既包括政治方面也包括宗教方面"。

的扩张能够解决这个问题,那么他的这个分析如何与随后的分析——即更加民主的加尔文主义(和长老会)⑭会众只会带来混乱——相一致呢? 斯密为什么认为 246 这个问题是可以得到解决的,这恰恰是留给我们的一个不小的难题。

斯密和休谟争论关注的是,一个受薪消极的神职人员(既定的宗教)和一个积极"创业"的神职人员(宗教自由市场)相比,谁更有优势,为此我们回到休谟说的"迷信与狂热"以及这一区分的理论重要性。人们自然会把休谟说的"迷信"与既定教会即它的稳固且享特权的神职人员联系在一起,会把"狂热"与教派市场上的创办人联系在一起。斯密引自《英国史》(强调一个既定教会的政治优势,并表示希望采取必要措施,来避免那些在英国内战时发动骚乱的不同教派)的亲建制的论证事实上与休谟在"论迷信与狂热"中的重要论述是存在张力的。在那个文本中,休谟已经指出狂热的宗教长期来看更有利于自由,英国的自由很大程度上归功于狂热分子,他们在英国内战中代表了狂热。"迷信是政治自由的敌人,狂热倒是它的朋友……迷信跪拜于牧师的统治,而狂热却可以破坏一切神权。"由此我们可以认为,斯密和休谟两人关于迷信与狂热相对优势的看法都是复杂且矛盾的。⑩

无论如何,斯密与休谟的对话一直在突出这个重要问题:我们是需要积极有为的神职人员来竭力赢取信徒,还是需要慵懒且有点腐败的神职人员来让社会更有秩序? 对于休谟来说,这个问题不难回答,但是斯密的立场更为复杂。他称赞认真的苏格兰神职人员,薪水低廉,道德严谨。休谟还假定,人们在其他生活部门,同样是越勤劳收入越高。不仅如此,根据休谟对神职人员论述,勤劳带来更大的热情,这反过来会带来更大的国内冲突,偏好勤劳而不是偏好慵懒带来了问题。⑪

---

⑭　然而,正如我们之前看到的,一旦苏格兰教会成了既定教会并且通过任免而不是民众选举来重建官职任命制度,那么就要收回对作为加尔文主义之一种的长老会制度的负面评价了。

⑩　参见欧内斯特·盖尔纳:《后现代主义、理性和宗教》(London: Routledge, 1992),第 92—93 页非常风趣地讨论了休谟分析迷信与狂热的矛盾——主要矛盾刚刚说过,即休谟作为温和的社会秩序的受益者,有充分理由喜欢迷信的宗教而不是狂热的宗教,但(至少在这一重要文本中)他捍卫的是狂热的十七世纪的清教徒教派,因为他认为他们在相当长时间内是"自由友好的"。(正如我在本书第十八章注释 6 指出的,盖勒误解了休谟的迷信概念。)

⑪　《国富论》下卷(第 5 篇,第 1 章,第 3 节,第 3 项)对宗教的讨论紧随对教育(第 5 篇、第 1章、第 3 节、第 2 项)的分析,相互并行,所以人们自然要对神职人员与教师作比较。一般的原则是,有保证的收入会削弱一个人的职业热情。因为很明显,我们希望教育工作者对他们的工作投入尽可能多的热情,斯密毫不怀疑教育尤其是大学教育是受到损害的,因为教师们知道不需依据他们的具体表现就可以获得保证的收入(第 796 页:"给教师们发工资将使他们疏忽和闲置")。但如果仔细分析休谟的观点,他没有讲出来部分是,神职人员的最大勤奋也是有益于社会的。

247

同样的问题(勤劳还是慵懒)在宗教的早期阶段还不那么直接。斯密引用了马基雅维利在《论李维》第3卷第1章对圣方济各会和圣多米尼格会的讨论，这个问题在本书第一部分我对马基雅维利的讨论中也很突出。

马基雅维里注意到，十三世纪和十四世纪圣方济各会和圣多米尼格会的设立，复活了天主教日益衰微的信仰与献身精神。[52]

可以肯定的是，那些创立这些新宗教机构的人把新的生活重新融入基督教——重新复活了一些"衰微"的东西。但是，马基雅维利是否希望基督教得到振兴，他真的想称赞发布振兴修道院之命令的创始人吗？斯密也是这样的么？[53]只有当基督教事实上最吸引人、并成为良好政治生活秩序的基础的时候，一个由虔诚和善良的神职人员管理的充满活力的教会才是可取的。这个问题再次与休谟提出的问题相关，即那些热心于"贿赂神职人员慵懒"的各种形式的教会政权

248 能否实现社会最大利益？

---

[52] 同上书，第790页(中译本，第356页。——译者)。休谟还强调了马基雅维利对基督教禁欲主义的批评(在《宗教的自然史》第10章结尾)，载《宗教作品集》，安东尼·费罗编，(La Salle, IL: Open Court, 1992)，第150页，休谟明确提到《论李维》第2卷第2章，但是他在前一页对圣弗兰西斯(以及圣安东尼和圣本尼狄克特)的讨论是对马基雅维利在《论李维》第3卷第1章中修道院命令的建立如何将新的生活融入基督教之叙述的默认。下一个引自《道德情操论》的注释明显回应了《论李维》第2卷第2章。

[53] 与此相关的是斯密一贯鄙视基督教的禁欲主义，特别是修道院生活的禁欲主义。比如，他提及英国圣公会人员令人钦佩地"蔑视荒谬和虚伪的苦行，迷信者灌输并实践苦行"(第808页)；他还提到基于"只有简朴和忏悔、只有苦行和僧侣的赎免才能进入天堂，而不是依据一个人的自由、慷慨、有精神追求"的哲学观念(第711页)；他还抱怨欧洲的大学变得面向"教会教育了"，并因此灌输了一种"完全不适合培养绅士，不能改善理解或安慰心灵"的禁欲道德(第722页)。在第771页注释22，编者们提醒我们注意《道德情操论》的第134页，斯密非常愤怒的回应所谓"僧侣与修士"("修道院徒劳无功")的自我牺牲高于各种世俗美德。这段文字反过来被下一卷的编者追溯到休谟的《道德原则研究》(《道德情操论》，第133页注释15；参见附录二，第401页)。人们还应该把斯密的反修道院论题与自由主义传统的几个重要文本联系起来。比如，可参见孟德斯鸠：《论法的精神》，第23章，第29节；休谟：《英国史》，第3卷，第31章(第255—256页)和第3卷，第29章(第136页："修道院是慵懒和无知的收容所")；康德：《纯然理性界限内的宗教》，艾伦·伍德和乔治·迪·乔瓦尼编(Cambridge: Cambridge University Press, 1998)，第134、168页。参见金士顿：《孟德斯鸠论宗教与宽容问题》，载《孟德斯鸠的政治科学》，第390页。休谟和孟德斯鸠都预先表达了詹姆斯·乔伊斯的"牧师带来贫困"之说法。(《尤利西斯》，Harmondsworth: Penguin, 1986，第526页)。正如在本书第二章至第四章看到的，马基雅维利实际上把兴建修道院的命令看作是共和德性的一种。正如我在本书别处讨论的，孟德斯鸠在《论法的精神》第5章第2节对共和德性和僧侣德性(关于两种德性的极端)的比较事实上接受了马基雅维利的意见，但是他把共和主义看作政治愿景。不用说，这些都被提高到对修道主义的自由主义批判之高度了。参见史蒂芬·福尔摩斯：《剖析反自由主义》(Cambridge, MA: Harvard University Press, 1993)，第220—221页，如何拒绝"修道院的苦行伦理"有助于我们界定自由主义传统。

　　虽然我们不应急着把斯密和休谟等同起来,[54]但在关于宗教带来的政治混乱这个问题上,斯密的确分享了休谟的观点,他的观点甚至让人联想到霍布斯的观点,霍布斯认为强大的神职人员本身有能力颠覆世俗政治秩序的基础。

---

　　[54]　D.D.拉斐尔非常精彩地说明了在斯密和休谟的关系问题上,为什么斯密总是背上怀疑论的阴影,见《道德情操论》,附录二(第383—401页)。斯密"性情上厌恶公开议论宗教事务"(第400页;参见导言,第27页,在此编辑们引用了《道德情操论》的一位同时代的评价家,他特别认同"整个过程都严格考虑了宗教的原则,以至于严肃的读者不会发现任何能让他挑剔的理由")。不仅如此,在他的著作中还有好些休谟特点的表述。最明显的是《道德情操论》的第6版,斯密删除了关于"救赎和赎罪"的大段论述,代之以"一个充满休谟语气甚至可以称为祭奠休谟亡灵的句子"(第400页;关于实际文本参见第91—92页)。尽管与休谟保持友谊,但斯密坚持公开表达虔诚——这并没有阻止他在《道德情操论》中通过引用伏尔泰非常虔诚的诗句而得出关于宗教的重要观点(第134页;斯密对伏尔泰的高度评价,参见《国富论》下卷,第811页注释30)。在他们写的《道德情操论》导言第19—20页,编者们认为斯密从未接受过休谟的宗教怀疑论(参见附录二,第400页)。尽管如此,在编者们摘引的斯密(1776年8月14日)致亚历山大·威登伯恩的信中,还是有一些休谟精神的痕迹:"可怜的大卫·休谟死得非常早,他充满欢乐、非常幽默、真正服从那些必要的事,比那些爱诉苦的假装服从上帝的基督徒好多了。"(导言,第19页)拿斯密在休谟死后对他的辩护和沙夫茨伯里在皮埃尔·培尔死后对他的辩护作比较确实非常有意思。见斯坦利·格里安:《沙夫茨伯里的宗教哲学与伦理学》(Athens,OH:Ohio University Press,1967),第16页,"培尔毫无疑问具有这样的德性行与品质,它可以为我们时代最正统的品质增辉。"

# 第二十章 作为公民宗教的基督教：
# 托克维尔对卢梭的回应

> 在这里，政治与宗教一开始就协调一致，而且以后从未中断这种关系。
>
> ——阿力克西·德·托克维尔①

很多当代思想家都认为托克维尔为美国人解决卢梭提出的政治需要公民宗教这个问题提供了理论资源。② 确实，托克维尔的经典之作《论美国的民主》似乎说明了实际的政治社会是如何与基督教共和国相协调的，这在卢梭看来本是不可能的。然而，仔细考察托克维尔著作的张力的话，就会发现他很容易陷入与卢梭相同的困境，由美国政治信仰所提供的表面的解决方案，在某种意义上与《社会契约论》结尾看起来犹如痴心妄想的公民宗教同样难以落地。

---

① 阿力克西·德·托克维尔：《论美国的民主》，哈维·曼斯菲尔德和德尔巴·文斯普顿（Harvey C.Mansfield and Delba Winthrop）译，（Chicago：University of Chicago Press，2000），第 275 页（《论美国的民主》，董果良译，商务印书馆 2007 年版，第 333 页。以下引文参照该译本。下文引文参照该版本——译者）。

② 以下列作品为例，罗伯特·N.贝拉：《美国的公民宗教》，载《代达罗斯》，第 96 卷，第 1 期（1967 年冬），第 1—21 页；罗伯特·N.贝拉、理查德·曼德森、威廉·M.沙利文、安·斯威德勒和史蒂芬·M.提蓬：《心的习惯：个人主义与美国生活的承诺》（Berkeley：University of California Press，1985），第 219—249 页；威尔森·凯莉·麦克威廉姆斯：《民主与公民》，载《民主如何成为宪法？》，罗伯特·A.戈尔德温和威廉·A.夏博兰编，（Washington，DC：American Enterprise Institute，1980），第 79—101 页；威廉·A.高尔斯顿：《自由主义与公共道德》，载《自由主义者论自由主义》，阿方索·J.达米科编，（Totowa，NJ：Rowman & Littlefield，1986），第 129—147 页；托马斯·L.潘格尔：《自由主义者的悖论》，《危机》第 10 卷，第 5 期（1992 年 5 月），第 18—25 页；史蒂芬·G.萨尔克：《自由主义民主的危机：尊重与民主化的公民身份》，载《自由主义民主的危机：施特劳斯主义的视角》，肯尼特·L.多切、瓦尔特·索弗编，（Albany，NY：SUNY Press，1987），第 245—268 页；史蒂芬·萨尔克：《寻找中道：亚里士多德政治哲学的理论与实践》，（Princeton，NJ：Princeton University Press，1990）第 245—262 页。

让我们先来看看托克维尔对卢梭的批判。③　当然，卢梭在《社会契约论》第 250
四卷第 8 章中的基本论述是，健全的政治一般需要与基督教信仰的崇高要求之
间存在根本冲突。托克维尔的批判在于，既表明美国宗教满足卢梭在他书中提
出的自由共和主义愿景的所有条件，同时表明美国的公民宗教理所当然就是基
督教。我们可以看下《论美国的民主》上卷最后一章：

在美国，甚至大多数人信仰的宗教也是共和的，因为宗教使来世的真理服从
于个人的理性，犹如政治让个人对私人利益的关心服从于人之常情；而且宗教同
意每个人可以自由选择引导自己走向天堂之路，犹如法律承认每个人都有权选
择自己的政府。④

因此，美国的民主公民已经把卢梭在《社会契约论》最后一段所提出的宗教
自由主义付诸实践了。不仅如此，托克维尔所描述的美国公民的宗教生活恰恰
是卢梭认为公民宗教应该做的：它提倡良好的公民身份，依据法律和宪法机构来
评价公民，只服务于爱国的目标。⑤　美国的宗教生活恰恰就是卢梭所定义的公
民宗教。不仅如此，托克维尔坚持认为，美国的公民宗教根本上就是基督教，对
此不可否认。"在美国，基督教派林林总总不断修正，但是基督教本身是既定的
不可抗拒的事实，既没有谁来攻击它，也不需要谁来捍卫它。"⑥在托克维尔看
来，最早的美国人"给新大陆带来了基督教，他们信奉民主与共和"。⑦　因此，卢
梭所宣称的本不可能的基督教共和主义，现在被托克维尔证明它不仅概念上是
可能的，还成了新教美国的历史现实。

托克维尔批评卢梭的更深维度在于，他与洛克主义更为一致，这至少隐含凸
显出卢梭《社会契约论》结尾唯一接受洛克之处时所固有的张力。事实上，托克 251
维尔并不同意卢梭（虽然他的文本中从未提及卢梭），如果卢梭像他书结尾提出
洛克式宗教自由与宽容那样希求的乃是自然神论的话，那么他的大部分公民宗
教章节中就不应该鼓励暧昧的准神权主义。卢梭本应全心全意肯定洛克的政教

---

③　我们是有根据的，托克维尔自己就认为自己终生都在与卢梭对话："我经常面对帕斯卡尔、
孟德斯鸠、卢梭这三个人。"阿力克西·德·托克维尔《全集》第十三卷：《托克维尔与路易·德·柯
国瑞（Louis de Kergorlay）的通信》，迈耶编，（Paris：Gallimard，1977），第 418 页。

④　《论美国的民主》，第 381 页（中译本，第 463 页。——译者）。

⑤　同上书，第 277 页（中译本，第 335 页。——译者）："可以说，美国没有对民主共和制怀有
敌意的宗教学说。那里的所有神职人员均有共同的语言，他们的见解同法律一致，可以说统治人们
灵魂的只有一个思想。"

⑥　同上书，第 406 页。

⑦　同上书，第 275 页（参见中译本，第 333 页。——译者）。

分离并为宗教自由而清除神职，而不是在神权问题上偏向霍布斯。正如托克维尔正确地认识到的那样，人们不可以同时拥有两者——神权政治与自由宗教、霍布斯式教会和国家的融合与洛克的宽容——所以卢梭最终以矛盾收尾。托克维尔通过选择更彻底的洛克式政治与宗教关系模式而避免了张力。卢梭徘徊于霍布斯与洛克之间，托克维尔明确站在洛克一边而反对霍布斯，这样就确保了政治同时是自由主义的和共和主义的。⑧

　　然而，这并不是说托克维尔在定义他对美国公民宗教立场时不存在张力。《论美国的民主》中所称赞的自由的宗教总体上当然是新教的。然而，托克维尔既在实践上也在理论上都坚定地支持天主教。⑨ 因此就有了托克维尔弥合自由主义与天主教主义关系的努力，这比起卢梭弥合霍布斯主义的政教合一与洛克主义的宽容之努力一点都不轻松。

　　托克维尔在《论美国的民主》中关于宗教的论述主要有三条。第一条论述——与卢梭相反——基督教在政治上是有用的，尽管卢梭阐述了"基督教精神"的彼岸性，但它也可以支持和促进对此岸的关注，⑩因此任何公民宗教都应具有基

────────────

　　⑧ 托克维尔对卢梭公民宗教教义的含蓄回应试图表明可以有一种政治的宗教，它既是基督教的又是比较世俗的；它既是在精神上宽容的，又是在政治上对于维护民主国家所需要的思想有用的。对于托克维尔这个温和的公民宗教，卢梭将毫无疑问地回答说，这是用稀释了的基督教来服务于稀释了的共和主义。

　　⑨ 在说到托克维尔"在理论上和在实践上"对天主教主义的责任时，我并不是想暗示他信奉天主教信仰的教条。正如托克维尔自己提出来的[《论美国的民主》，第 280 页（中译本，第 339页。——译者）]，"我不知道全体美国人是否真信仰他们的宗教——谁能钻到别人的内心深处去看呢？"事实上，《论美国的民主》中关于宗教的讨论就暗示他是一个困扰于内心疑虑的人（特别参见第 286—287 页他对那些令人失望的不信教者的描述）。也可参见他 1857 年 1 月 14 日给戈宾诺的信："唉！很多那些真诚地寻求对基督教绝对信念的人并没有幸运地找到它"（阿力克西・德・托克维尔：《欧洲革命与和戈宾诺的通信》，约翰・卢卡奇编，Garden City, NY：Doubleday Anchor Books，1959，第 306 页）。我的意思是他参加天主教弥撒，不管他私下是否相信，他都没有向外表露，他也捍卫天主教的政治优先地位。有传记记下了托克维尔与他自己天主教信徒身份这个麻烦的关系，参见安德雷・亚丁：《托克维尔传》，(New York：Farrar, Straus & Giroux, 1988)，第 61—64、384—385、512、528—532 页。关于孟德斯鸠，梅尔文・里希特写道，"孟德斯鸠临死时要求一位倾听者，这样他才能得到教会最后的圣礼。他选择了曾帮助他出版《罗马盛衰原因论》的耶稣会士。在耶稣会与这位著名的作者之间发生了争辩。孟德斯鸠，这位否认自己曾陷入无信仰状态的人，最后同意很多条件，比如同意公开他最后的讲话……孟德斯鸠相信他的教会的教条到何种程度我不得而知。到最后他拒绝了耶稣会掌握他手稿的要求。这个故事的大部分内容在托克维尔去世前重演了。"里希特：《孟德斯鸠的政治理论》，(Cambridge：Cambridge University Press, 1977)，第 16—17 页。

　　⑩ 托克维尔似乎先于马克斯・韦伯提出关于清教徒主义矛盾的世俗性之观点。参见《论美国的民主》，第 43、423、429—430、505—506 页。鉴于某些新教教派"内在—世俗的禁欲主义"，卢梭只关心基督教的彼岸性明显是错误的。

督教的特定特征。第二条论述——还是与卢梭相反——支持严格的政教分离。⑪第三条论述是天主教主义相对于新教主义或者其他基督教派或者准基督教派的政治优势,因为天主教能够稳定地制衡民主制的缺陷,因此出乎通常意料的是,它与民主制更为亲近,当然,这也是反卢梭主义的论断。很明显,这三条观点都表明托克维尔在反对法国大革命之后,与关心美国的民主一样非常关心法国的政治。

关于第一条论述,我认为:正如罗伯特 N.贝拉正确地指出的,法国革命"试图去确立一个反基督教的公民宗教"⑫(当然,他们是深受卢梭鼓励才有这想法的)。托克维尔毫无疑问把它看作是法国革命所受到的诸多误导中的一个,在这方面,他对美国共和的基督教的描述表明,即使接受公民宗教的理论也不必处处遵循卢梭的教导。

关于第二条论述,我认为:托克维尔受公民宗教激发形成了政教分离的观点,这很奇怪。宗教对公民身份的支持是有益的。为了服务于这个有益的功能,宗教必须避免不必要的纠缠,防止破坏自己的公正或玷污自己在民众中本想塑造与影响的声望。⑬更具体地说,宗教必须尽力避免天主教会在法国犯下的这种错误,在政治上支持失败的一方,即革命前的旧政权。对于宗教信仰来说,在政治上下错赌注是败坏自己的最佳方式。法国天主教等级制度是它自己最坏的敌人,而美国的教会和国家分离为解决法国天主教的这场政治灾难提供了最安全的手段。公民宗教要发挥作用,它在其追随者眼中必须做到圣洁无暇,要做到这一点,在政治上它的双手就不能有所沾染。因此,宗教超然于国家官员和机构就显得至关重要。美国人由衷的宗教信仰证明了这一政策的效果(而欧洲天主教的危机证明天主教会在抵制 1789 年爆发的平等主义革命时所采取的政策是非常危险的)。⑭

253

---

⑪　托克维尔不同意卢梭的一个明显标志是他对伊斯兰教的拒绝;同上书,第 419—420 页。托克维尔拒绝伊斯兰教的原因正是卢梭称赞伊斯兰的理由。参见《欧洲革命和与戈宾诺的通信》,卢卡奇编,第 212 页。

⑫　贝拉:《公民宗教在美国》,第 13 页。贝拉的文章提供了宝贵的历史证据来支持托克维尔所主张的"基督教共和主义"比马基雅维利的和卢梭的建议要可行。

⑬　对于类似的论证,比如美国宪法传统所阐发的论证,可参见迈克尔·桑德尔:《民主的不满》,(Cambridge,MA:Belknap Press,1996),第 61 页。

⑭　这个论证是在《论美国的民主》第 275—288 页提出来的。参见阿力克西·德·托克维尔:《旧制度与大革命》,斯图亚特·吉尔伯特译,(Garden City,NY:Doubleday Anchor Books,1955),第 5—7 页。当代对托克维尔观点有力的再主张,参见罗尔斯:《公共理性再思考》,载《作品集》,萨缪尔·弗里曼编,(Cambridge,MA:Harvard University Press,1999),第 604 页,注释 76;以及《〈公益〉杂志对约翰·罗尔斯的访谈》,《作品集》,第 621 页。

最后，关于第三条论述，我认为：在主张天主教不是像人们预想的那样而是更有机会在民主的美国获得支持方面，托克维尔同时想证明天主教可以（也应该）让自己与民主相适应，它这样做并不会背离自己。那么，托克维尔的目的就有两个：既要说明选择天主教而不是保持新教最符合美国民主的利益，还要说明选择民主制度而不是保持阶层制与专制制度最符合法国天主教的利益。从这两个角度看，一个是美国的民主制，一个是法国的天主教，托克维尔正在督促民主制与天主教这一对不大可能的联合。托克维尔明显希望利用美国的榜样来教导法国的天主教徒接受民主化运动，而不是继续沉沦于过去的失败之中。⑮ 也正是在他论证的第三条当中，托克维尔思想的张力表现得最为明显。

托克维尔是如何判定天主教的美国的？我们可以看看他在《论美国的民主》上卷第 1 部分第 2 章对美国清教徒来源的论述与《论美国的民主》下卷第 1 部分第 5 章、第 6 章对天主教的许诺的描述之对比。他在上卷第 1 部分第 2 章明确指出，美国的清教徒开创者依靠的是民主—共和的新教主义。⑯ 正如他在该章指出的，"英裔美国文明的品格"归因于宗教精神和自由精神的独特结合，⑰美国宗教精神完全是清教徒的。"清教的教义……不仅是一种宗教教义，还是一种政治理论，"在政治方面，英国清教主义对美国生活方式产生的影响在于"在几个方面融合了最坚决的民主与共和的理论。"⑱考虑到其宗教的特殊性，毫不意外美国人成了热情的共和主义者。正如托克维尔在上卷第 2 部分第 9 章坚

---

⑮ 关于托克维尔联合天主教与"新社会"的愿望，参见亚丁：《托克维尔》，第 364—365、476—477 页。在《论美国的民主》第 10—13 页，托克维尔明确表示，他之所以分析民主化的美国，其目的是调和法国教权主义和自由主义之间的冲突。从某些角度来看（例如，谢尔登·沃林的视角），托克维尔似乎远不是完全致力于民主的人士。然而，从 19 世纪保守人士占优势的立场来看，就更能理解托克维尔中途遭遇民主时的焦虑了。比如，戈宾诺就曾写道："将来，当你对本世纪失望的时候，也许你会同意我的观念"——对此，托克维尔是这样的回应的："是的，有些时候我是对人类比较失望。但谁不是呢？即使他像我一样避世而居。但是我对这个世纪并不失望。"（《欧洲革命和与戈宾诺的通信》，卢卡奇编，第 249、252 页。在同一卷中引自克诺斯（第 27 页）的一段声明事实上很好的说明了戈宾诺的主张："很长时间我没和托克维尔争论过；他看上去很迅速、很廉价地与民主派和解了。"关于托克维尔致力于民主的出色声明，参见他 1857 年 1 月 24 日致戈宾诺的信（同上书，第 308—310 页）。顺便说一句，编者认为（《欧洲革命》第 16、19—20 页）托克维尔—戈宾诺对话与发生在同一个世纪里的尼采—布克哈特对话很相似，与发生在几个世纪前的马基雅维利—圭契尔迪尼对话也很相似，这个观点很有意思。

⑯ 《论美国的民主》，第 32—39 页；参见第 429—430 页。

⑰ 同上书，第 43 页。

⑱ 《论美国的民主》，第 35、32 页。政治理论这个概念是不是托克维尔提出来的？我不清楚在政治理论经典中之前有谁曾经使用过这个术语。

持认为的,"在每一种宗教之旁,都有一种因意见一致而与它结合的政治见解,"⑲在美国,只能依据激进的新教来识别它的宗教—政治观点:那些居住于美利坚的人们摆脱了教皇的权威并且"把一种我只能称之为民主的和共和的基督教带到了新大陆。这一点,当然大大有助于在政治活动中确立共和和民主制度。在这里,政治和宗教一开始就协调一致,而且以后从未中断这种联系。"⑳如果有什么可以用来定义美国这个民族的话,这将是一个奇怪的悖论,一个相当狭窄与僵化的宗教派别的教义居然可以成为一个相当开放与自由的政治的基础。㉑ 美国人如果没有清教徒思想还成其为美国人吗? 此外,托克维尔也一定知道,美国的民主平等主义主要指新教主义;正如他在上卷开篇处承认的,"新教认为,所有的人都可以平等地找到通往天堂的道路。"㉒

尽管如此,纵观《论美国的民主》上下两卷,托克维尔都煞费苦心地想去说明天主教并不必然与美国人的情感相对立,对于天主教信仰的经验,美国人也不必然是反对的,在某些方面,它们可以比现在合作得更加适合彼此:即民主与新 255 教主义;天主教与反共和主义。在下卷第 1 部分第 6 章,托克维尔认为天主教徒只需要放下牧师政治的沉重包袱,就可以释放出天主教对民主文化的巨大的潜在的吸引力:"我几乎毫不怀疑,这个看上去与它相抵触的时代精神,不仅不会对它极为不利,反而会使它立即获得巨大的成就。"㉓然而,正如他在下卷第 1 部分第 5 章明确指出的,托克维尔这里推荐的"天主教"是一个奇怪的新教化的天主教,它降低了仪式的要求,放弃了圣徒的(被他归为新异教!)崇拜。㉔ 这两章的分析多少显得相互冲突:美国成功的天主教必须严格限制它外部的仪式活动,让自己符合美国民主人士对简朴、普遍的宗教偏爱,然而托克维尔又坚持认为天主教对他们具有潜在的吸引力,因为"他们内心对它的纪律表示钦佩"。㉕ 换句话说,天主教必须新教化,以迎合民主人士对新教简朴特征的偏好,然而他同时又告诉我们,天主教相对于新教教派具有特别的文化优势,特别体现在那些天主教所独有而新教不具备的方面。

---

⑲　同上书,第 275 页(中译本上卷,第 333 页。——译者)。

⑳　同上(参见中译本上卷,第 333 页。——译者)。

㉑　同上书,第 43—44 页。

㉒　同上书,第 6 页;着重强调。

㉓　同上书,第 425 页。

㉔　同上书,第 421—423 页(中译本下卷,第 546 页。——译者)。

㉕　《论美国的民主》,第 424 页(中译本下卷,第 546 页。——译者)。这句话接下来内容是,"而它的牢固团结也在吸引他们。"

在上卷第2部分第9章，托克维尔作出了同样支持天主教的分析。这肯定是令人震惊的，托克维尔关于公民宗教在美国是如何起作用的最有力的例子居然是天主教的例子(一位牧师在波兰天主教徒聚会上的演说)，[26]这就表明天主教不仅可以作为欧洲的公民宗教，也可以作为美国的公民宗教。托克维尔强调天主教的民主诉求再次到了一个令人震惊的程度。令人震惊的是，他告诉我们天主教是各种基督教教派中"最主张身份平等的教派"。[27] 只要祭司们放弃将会使得天主教在欧洲彻底毁灭的政治野心，"就再也没有一个人能像天主教徒那样以其信仰将身份平等的观念输入到政界"。[28] 此外，托克维尔还非同寻常地提出新教带来了不平等，因为它"主要使人趋于独立自由，而不是使人趋于平等"，这就好像人们可以合理地从天主教得到比新教基督教更平等的世界观一样。[29] 然而，正如我说过的，这些奇怪的论断可能与托克维尔希望看到法国的天主教民主化有关，也与所有关于美国的描述性主张有关。[30]

256

当我们仔细考察他对这个主题的公开论述时，就会发现托克维尔宗教论述中的张力表现得更加严重，我们看到，在私下里他对天主教的吸引力是相当模棱两可的，正如他在1831年6月29日致路易·德·柯国瑞不同寻常的信中所显示的那样。[31] 同样的私人通信(但是《论美国的民主》没有，除了部分暗示)也揭示了，托克维尔深入地分析了为什么美国人也许需要更严格的天主教纪律，据说

---

㉖ 同上书，第277页(中译本上卷，第335页。——译者)。

㉗ 同上书，第276页(中译本上卷，第333—334页。——译者)。

㉘ 同上书(中译本上卷，第334页。——译者)。

㉙ 同上书(中译本上卷，第334页。——译者)。

㉚ 正如我已经注释的，托克维尔毫不掩饰地认为应该利用美国的经验，为欧洲民众提供指导。上卷第一部分第九章他全面回溯了欧洲的状况，特别是法国教权主义与世俗主义的斗争。在托克维尔看来，美国的经验证明了法国文化斗争的双方都陷入了错误：僧侣一方错误地认为民主是无信仰的，世俗一方错误地认为哪怕没有宗教精神的熏陶，民主制也能生存并繁荣。重新定位基督教与自由主义和民主制的关系是一直困扰托克维尔和他政治哲学前辈们的问题，比如康斯坦、斯塔尔夫人和基佐：关于相关历史背景的说明，参见拉里·西登托普：《托克维尔》，(Oxford：Oxford University Press，1994)，第27—28、31—33、49—51、97—100页。关于托克维尔坚定认为宗教对社会不可或缺之观点，有一个特别有力的论述，参见梅耶编：《全集》，第9卷，第68页："我宁愿相信新宗教的到来，也不相信现代社会在缺乏宗教的情况下能实现伟大和日益繁荣。如果基督教消失了，那么将像很多人宣称的那样，最后结果就像前基督教的古代一样——长期的道德衰退，罪恶与困扰充盈，人生没有方向。"(卢卡奇编的《欧洲革命和戈诺宾的通信》提供了这封信的删减版——也许在信中托克维尔思考的是一个后基督教的时代，但这不符合卢卡奇的想法，他认为托克维尔与戈诺宾的通信是以自信而坚定的天主教视野来写作的。)

㉛ 阿力克西·德·托克维尔：《政治与宗教通信集选》，罗杰·柏舍编，(Berkeley：University of California Press，1985)，第45—59页。

这样可以确保对基督教的信仰。㉜ 托克维尔信中的相关部分始于以下建议:任何形式的新教都只是被稀释了的天主教,新教演化得越多,它就被稀释得越严重:"天主教信仰是一个不可移动的原点,每个新的教派都逐渐远离这个点,同时逐渐靠近纯粹的自然神论。"㉝按照这个逻辑,美国的新教最终将导致基督教的自我耗尽。㉞ 这很可能促使托克维尔在《论美国的民主》中强调美国天主教新的爆发可能性,并强调它与民主生活方式毋庸置疑的关联。它隐含的意思是美国需要天主教来拯救在其社会中依然重要的基督教。"所有派别的新教徒,"他写道,"都浑浑噩噩的生活,不曾去深入思考。"㉟与天主教的牧师不同,新教的长老们仅仅是"宗教的生意人。"㊱然而,天主教"直达灵魂深处,"新教教义让人充满不确定。㊲ 他声称,新教仅仅是一种过渡性宗教,是一个临时的妥协,它正在"接近它的终结。"㊳《论美国的民主》中论述的新教与天主教的竞争——在致柯国瑞的信中认为新教无论如何都无法赢得这场竞争——解释了一个隐藏的困境,他在书中只是隐含的暗示这个困境,但在信中他坦率地分析了这个困境,即在美国民主统治下基督教消亡的前景。《论美国的民主》对美国信仰表面的称赞隐藏着这个黑暗的前景,而且托克维尔还不切实际地幻想在美国建立天主教,这就让我们看到他对基督教从民主习俗中获救根本不抱希望,民主习俗让人们不喜欢"深入思考"。因此,美国的基督教必须要么更多、要么更少的基督教化。新教把美国人民带到了这个交叉口:他们将作何选择? 他们是选择回归浓郁的基督教(天主教),还是选择完全稀释的宗教权威(准自然神论的一神论)? 托克

257

---

㉜ 虽然在《论美国的民主》中托克维尔相当谨慎地不去讨论这个问题,但是含蓄的分析还是足以看出,他在下卷第 1 部分第 7 章以及下卷第 1 部分第 6 章的关键的结尾句(中译本下卷,第 547 页。——译者)("我还是相信……我们的后代将来必然日益分化,但最后只能分成两大类:一类完全脱离基督教,另一类皈依罗马教会")还是对泛神论作出了简短的讨论。

㉝ 《通信集选》,柏舍编,第 49 页。

㉞ 爱德华·吉本在 18 世纪就先于托克维尔关注到基督教思想的这个方面,在他看来,新教改革的长期效果很有可能是带来普遍的"无动于衷,冷漠无情"。吉本:《罗马帝国的衰亡史》,大卫·沃姆斯利编,(London:Allen Lane,1994),第 3 卷,第 437 页。(我这一观点得益于伽比·巴特利特)。参见吉本在第 439 页提到的"现代僧侣的标志"。

㉟ 《通信集选》,柏舍编,第 50 页。

㊱ 同上。

㊲ 同上书,第 51 页。

㊳ 同上书,第 49—50 页。我在本章注释 32 页摘引的《论美国的民主》下卷第 1 部分第 6 章的结论处提出了这个强烈的前景。尽管美国新教似乎仍有活力,但美国新教真的没有前途。美国的基督教要么变得更加基督教(天主教),要么只剩下一个基督教的影子("泛神论")。

维尔承认，"在这里我自己也完全没有方向。"㊴这是《论美国的民主》下卷第 1 部分非常精炼的第 6 章第 7 章隐藏的剧情。

258　　　最后，托克维尔遇到了关于人类境况相同的矛盾，这个矛盾曾带给卢梭困扰：

> 但你难道不为我们的苦难感到惊奇吗？一个宗教的意志力很强，它支配想象，带来真实而深刻的信仰；但是它把人类分为被拯救者与被诅咒者，带来了世上本应只存在于其他生命中的分裂，让孩子变得不宽容与狂热；另一个宗教宣扬宽容，自身依附理性，实际成了理性的符号；它不占有权力，它没有活力，没有力量甚至没有生命。这个问题到此为止，我的想象力不断把我拉回来，如果我一直纠缠于这个问题会让我变疯。㊵

在自然神论与天主教的竞争中，托克维尔看上去明显选择了天主教；然而正如这段文字清楚揭示的，对于托克维尔来说，天主教的美国既有吸引力又没有吸引力，换句话说，美国本质上已经是基督教化了。然而，要留住基督教，它必须天主教化，如果变得天主教化，它就必须更加欧洲化而更少美国化，因此就要失去淳朴而自由的精神，这个精神让新教的美国比起天主教的欧洲更吸引托克维尔这样的人。总之，你怎么做都不对。

虽然在《论美国的民主》中托克维尔所称赞的自由化的美国公民宗教看上去是为卢梭问题提供了一个解决方案，但在这里我们还是应该承认新教无法弥合自然神论与天主教的分歧，这一张力会推动它要么趋向狂热要么趋向冷淡，这也揭示了这个问题——无论是对于托克维尔还是对于卢梭——都无法得到最终解决。

---

㊴　《通信集选》，柏舍编，第 52 页。

㊵　同上书，第 53 页。在读到这一页时，人们自然会想到卢梭在自然宗教篇章中对天主教的指责，在他看来天主教的根本特征是将人类分为被拯救者与被诅咒者。（托克维尔在这方面比卢梭更有理由来选择天主教，虽然托克维尔遇到的美国的新教教派毫无疑问更加温和与宽容——虽然不是一贯如此——卢梭家乡日内瓦的加尔文主义在这方面比天主教表现要好一点。）

# 第二十一章　约翰·斯图亚特·密尔把无神论变成宗教的努力

我们当今最熟悉的无信仰是冷漠与没有信心，这样是无力区分神学真理与神话的。这种无信仰是不是比马基雅维利那样的无信仰更伤害信仰？后者呼吁启示宗教的真理，非常重视真理问题，因此它怎么都不是冷漠的无信仰。

——列奥·施特劳斯①

如果我们世俗的人文主义者有我们的方式，那么自由民主将最终融进社会，这方面的描述首推约翰·斯图亚特·密尔的著作。

——理查德·罗蒂②

如果公民宗教的目的是根据政治要求来驯化宗教，那么作为整体的自由主义传统在某种程度上就与这工作密切相关。如果人们以驯化宗教本身来定义公民宗教，那么人们也许会认为自由主义传统和公民宗教是一致的。然而，如果把驯化宗教算作公民宗教，那么它必然来自于通过运用宗教自身来驯化宗教这个观念。有点出乎意料的是，正如我们在本书第二部分前几章看到的，好些自由主义的政治哲学家跨入了在此意义上的公民宗教。③ 谁只要读过约翰·斯图亚

---

① 列奥·施特劳斯：《对马基雅维利的思考》，(Glencoe, IL: The Free Press, 1958)，第 51 页。

② 《公共领域宗教的再考察》，《宗教伦理学杂志》，第 31 卷，2003 年第 1 期，第 144 页。

③ 在我们看来，孟德斯鸠是最接近于公民宗教的自由主义者之形象的人物。托克维尔的理论毫无疑问具有强烈的自由主义色彩，但是托克维尔与其他的自由主义者不同，驯化宗教并未带来公民宗教的理论。恰恰相反，托克维尔关心的是民主社会将会导致宗教的萎缩从而破坏公民的德性。因此，托克维尔关心的不是如何控制各种形式的、强大的宗教，而是在信仰（可能）衰落的时代如何发挥宗教的政治优势。

260　特·密尔在《宗教的功用》一文中提出的人性的宗教之建议，④他一定会首先想到把密尔也视为"公民宗教的自由主义者"之一员。但进一步的考查会发现，人性的宗教并不像我们之前所定义的公民宗教。密尔想赋予民众可信奉的东西，以替代他敦促大家放弃的"旧的宗教"，他认为这个宗教信仰可以轻松过渡到更彻底的人文主义的信仰。无论旧的宗教满足的是哪些生存的需要——为了安慰丧失和死亡，为了人类目标的绝对基础，为了支持我们所秉持的人类行为具有意义而不是无关紧要的这一直觉——当旧的宗教失去光泽时，它们都能因此继续得到满足。最终，虽然他认为的人性的宗教在人类目标意义上是没有基础的信仰——这个信仰在自身以外没有任何基础——但这个"宗教"可以做到不依赖于人类经验和宗教历史之意义连续性并可以打破这种连续性，它表明人类发展已经到了不需要宗教而与世界打交道这样的阶段。

　　密尔认识到旧宗教（包括基督教）在历史性上已被取而代之，⑤主要是因为
261　现代科学已经证明，这种旧信仰结构的关键支柱并不可信。宗教与科学不可避免地发生冲突，两者发生冲突时必定是科学占优。⑥ 那么什么是密尔的人性的宗教？它是在超越性信仰缺位的情况下人类在感受个体命运与道德职责方面准一超越性的能力，人类高尚的职责与命运本是由超越性的信仰提供的。

　　在《宗教的功用》中，密尔指出古罗马人已经具有了"伟大的灵魂"，尽管他们

---

　　④ 约翰·斯图亚特·密尔：《论宗教的三篇论文》，第3版，(London：Longmans，Green and Co.，1923)，第109—122页。后面所有关于这三篇论文（《自然》、《宗教的功用》和《有神论》）的引用都出自这个版本。对这三篇论文充分而富有启发的讨论，可参见伯瑞斯·科瓦斯基：《希腊主义与希伯来主义：约翰·斯图亚特·密尔思想中科学与宗教之争的道德与社会影响》，多伦多大学（2000年）博士论文。正如詹姆斯·菲茨詹姆斯·史蒂芬指出的，密尔从奥古斯特·孔德那里借用了"人性的宗教"这一术语，虽然没有使用它的内容：史蒂芬《自由平等博爱》，斯图亚特·华纳编，(Indian-apolis：Liberty Fund，1993)，第3页；参见编者前言，第19—20页，理查德·弗农的《宽容的事业》，(Montreal：McGill-Queen's University Press，1997)，第99—100页。还可参见《自由平等博爱》第167—168、170、175—176、179、182—184页。正如史蒂芬书中第6章明确指出的，人性的宗教这一观念是含蓄的，在密尔的《功利主义》中是明确的。在一个有趣的讨论中，艾伦·梅吉尔指出密尔不仅拒绝了孔德版本的人性的宗教，还担心自己版本中可能的反自由思想：见《密尔的人性的宗教与写作〈论自由〉的第二个原因》，载《密尔和自由主义的道德特征》，艾尔顿·爱森纳赫编，(University Park：Pennsylvania State University Press，1998)，第301—316页。在第313、314页注释31，麦基称赞史蒂芬认识到了密尔的这个问题。与麦基对密尔的解读最相关的密尔的文本是：《功利主义》、《论自由》和《代议制政府》，阿克顿编，(London：Dent，1972)，第31页；以及密尔：《密尔自传》，(London：Oxford University Press，1924)，第139—141、215—216页。

　　⑤ 《有神论》，第126页，人类历史上关于宗教的开明的观点是认为"宗教或有神论曾经很有价值，但现在没有了。"

　　⑥ 同上书，第129页。

的政治宗教并未促进他们的人类目标意识。⑦ 也就是说,他们通过自己的生活方式表明,仅依靠人的内在手段也可以实现绝对强烈的人类目标感;在这里,我认为密尔的人性的宗教这个根本谜团开启了自己的解决方案。密尔在他的书中从未提及托克维尔,但是,我认为只要人们一想到它和托克维尔的关系,便可理解为什么密尔把自己的社会—道德理想看作一种新宗教了。托克维尔写了如下一段话:

> 我不知道……宗教的这种巨大功用,在身份平等的国家是不是比其他任何国家都明显。应当承认,平等虽然给世界上的人带来了很大好处,但使人养成了一些非常危险的禀性。平等使人们彼此独立,使每个人自顾自己。平等还为人心敞开了喜欢物质享受的大门。宗教的最大功用,就是唤发与此相反的禀性。没有一个宗教不是把人的追求目标置于现实幸福之外和之上,而让人的灵魂顺势升到比感觉世界高得多的天国的。也没有一个宗教不是叫人不能时时只关注自己。即使是最虚伪的和最危险的宗教,也莫不如此。⑧

如果人们接受我在本书第二十章对托克维尔的解读的话,托克维尔认为宗教在自由民主化政权中占有重要地位,不是因为他自己可以持久的解决公民宗教问题,而是因为他看到一个抛弃宗教的社会,其道德与理智的健全性是堪忧的。那么约翰·斯图亚特·密尔的人性的宗教在根本上告诉我们,密尔也担忧同样的问题,虽然比起托克维尔他很少相信超自然宗教的政治德性。

《有神论》结尾处的一个重要段落也回应了托克维尔。这里的背景是这个问题,即为什么宗教怀疑论者——宗教怀疑论者并不排除上帝存在的可能性,但把他存在的证据"降低到相当低的可能性"⑨——超越了"信仰",却仍然对关爱的和积极的(干预主义者)上帝观念抱有希望? 这是密尔对这个问题的回答:

> 对我来说,人的生命看起来是微小而且有限的,也只有现在才受到关注,即使哪一天物质进步和道德改善能将它们从大部分的灾难中解放出来,它仍然非常需要在更大范围和更高层次上实现自己的目标,这些目标出自想象却并不违背经验事实;在这个主题上充分利用任何哪怕很小的可能性都是一种智慧,它可

⑦ 《宗教的功用》,第107页。

⑧ 阿力克西·德·托克维尔:《论美国的民主》,哈维·曼斯菲尔德、德尔巴·文斯普顿译,(Chicago:University of Chicago Press,2000),第419页(中译本,第539—540页。——译者)。托克维尔的观点可以追溯到卢梭:"无神论……导致生命的依附,让人的灵魂衰退,将所有激情集中在私人利益,集中于人类的卑劣,从而悄悄地破坏了每个社会的真正基础"(《爱弥儿》,艾伦·布罗姆译(New York:Basic Books,1979),第312页注释)。

⑨ 《有神论》,第242页。

以用各种方式来支撑自己的想象。⑩

简而言之，人类要实现他们全部的人性，就需要接受世界各种宗教的"最高愿望"⑪的鼓励。这里的背景是对传统"超自然领域"⑫的持续渴望，所以并不清楚"宗教的功用"中提出的人性的宗教能否满足这个目的。这里的证据更倾向于表明，密尔并不同意托克维尔主张的完全世俗化的自由化社会在其根本意义上是人为贬低的或"庸俗的"。（我们在本书的第四部分将会看到，尼采对于这一相同话题有更激进的观点。）

人们可能会认为，密尔把托克维尔的论证转向了相反的方向。不是说只有宗教才能赋予人类绝对崇高的目的感（"灵魂的伟大"），事实上只要能赋予崇高的目的感、赋予个人伟大的灵魂的东西，我们都称之为宗教。通过这种重新定义的手段，密尔化解了托克维尔对普遍存在的、现代的、自由的、怀疑的、大众民主化的文明的巨大挑战。如果只有宗教才能拯救现代文明的平庸，才能把它提升到更高命运的宏伟问题上，那么我们就得考虑在严格的、人性的、此岸的范围内思考我们最高的道德和社会目标，并称之为宗教。

263 　　我们很难说密尔的人性的宗教是公民宗教。⑬ 密尔自己坚持认为它"有资格被称为宗教"⑭——它是"真正的宗教"⑮——但他的论证并不是很有说服力。密尔的新宗教（与"旧宗教"⑯形成鲜明对比）与历史上的世界宗教几乎没有任何关系。用密尔无所不包的术语就是，一切"超自然因素"都被放逐了。没有神会发布超验的命令。人类没有彼岸的使命；我们最终的使命就是把世界建得更宜居，更适合我们这样的生命过上舒适快乐的生活。密尔人性的宗教让我们失

---

⑩　《有神论》，第 245 页。

⑪　参见第 250 页，他提到了"高贵的愿望。"

⑫　同上书，第 244 页。

⑬　从重要意义上来说，密尔在他关于宗教的三篇论文中赋予自然宗教超过超自然宗教的优先地位，这已经暗示他不是公民宗教理论家的这一事实了。参见艾尔顿·爱森纳赫所写的关于霍布斯的内容："霍布斯否认了那些缺少理性基础之宗教的所有功效（即自然的宗教）。正如霍布斯早在《利维坦》的第 11 章、第 12 章就清楚指出的，过去没有哪一种公民哲学或者道德哲学能够在没有超自然神的帮助下走上正路；在人类过去，是先知而不是哲学家提出了在人类中间创造权力的想法。"爱森纳赫：《自由主义的两个世界：霍布斯、洛克和密尔的宗教与政治》，（Chicago：University of Chicago Press，1981），第 14 页，这就解释了为什么霍布斯是而密尔不是一位公民宗教理论家。

⑭　《宗教的功用》，第 110 页。

⑮　同上书，第 109 页；参见《有神论》第 255—256 页，密尔说到，"真正、纯粹的人类的宗教……称自己为人性的宗教"。

⑯　比如，可参见《宗教的功用》，第 89、111 页。

去了"被造"感——受到仁慈的更高权力的照看。唯一信仰的对象是我们这个物种不断积累的能力（包括道德能力）。它是对进步、科学和我们道德性质本质善的信仰。最终，它是对自由主义的信仰。自然不是命定的。⑰上帝或者诸神不会对他所造之物的需要作出特别规定，对他们的福利也不感兴趣。⑱

　　自然在某些方面因其律法而给人类留下了深刻印象，但是在很多方面它带来的是恐惧和灾难。动物相互同情，其中大部分（包括人类）都死于可怕的毁灭。⑲

264

　　⑰　这篇关于"自然"文章的全都在讨论这个论题。在结束的部分他写道"大自然的整体上的计划被认为是不可能的，因为它的唯一或者主要对象，是人类或其他有感知之物的善。"（第65页）与《宗教的功用》相同的论述，特别参见《关于宗教的三篇论文》，第112页："任何经常思考与喜爱探究的人，都不可能把绝对完美的东西赋予那些如此笨拙的作者和统治者，并认为他创造并统治这个星球和它的居民。……盲目偏爱、暴虐残酷和肆意的不公正在大自然中都是最常见的现象。"然而，正如下一个注释表明的，这种强硬的反宿命论的学说在"有神论"中得到了很大程度的缓和。

　　⑱　然而，在《有神论》的论文中，密尔对宿命论意义上的上帝观念给予了更多宽容。《有神论》的理念是，假定上帝具有明智的心灵是合理的，他将促进被造物的福利，如果他有足够的能力这样做的话；可惜的是，他的权力并没有上升到这个水平。比如，可参见《有神论》第243页：鉴于我们能够推断出这种假定的神性（特别是关于他无所不能的限制），当下的宇宙秩序反映了创造者"他对被造物的爱不是他唯一的行动诱因，而是希冀他们的好处"；"它仍然具有简单的可能性，如果人们认为普通人力不能实现的，那么它可能会给人带来安慰，可以从超越人类的智慧中不断地关爱人类。"密尔没有用它自己的术语来确切地肯定这种信仰（即信仰只是对上帝的关爱，它不是全能的），但是从不可知论的理性出发，他一定会让这种准宿命论信仰合法化的。在《有神论》的第247—248页，密尔说明了（尽管是含蓄的）这篇文章和表达反宿命主义的"自然"文章之间为什么会有这么大的差异。（参见约翰·莫利：《19世纪论文》，彼得·塔斯基编，Chicago：University of Chicago Press，1970，第214—215页：密尔在《有神论》中主要目的是揭示神"部分仁慈"的证据，其结果是"大量观点与第一篇论文'自然'相冲突，必须删除和取消这种冲突。"）密尔写道，"为了实现这个目的，确实需要我们想象人和事之不可爱的一面么？"（第247页）。如果我们关注于"降低而不是提升联想"，那么"想象力和感觉就会降到一个低点"（第248页）。认识到我们都会死，却不必"一直沉思死亡"（第247页）。我们必须确保"诗不是对全部生活的断章取义"（第248页）。所有这一切都表明，无情的、冷眼的自然观将使人类陷入彻底的沮丧和绝望。解毒剂支撑人类的希望——包括神学希望，如果它有助于实现预期目标的话。（在这里我们可以看到与康德明显的矛盾：人们应该允许神学的空间不是因为认识到它是真实的，而是因为没有它，道德生活所需要的希望可能难以维持。）正如我在下一章约翰·莫利对密尔的批评中将要讨论的，允许宿命意味着净收益，传统的信徒们对此表示欢迎是没有错的。

　　⑲　参见大卫·休谟：《自然宗教对话录》（载《宗教作品集》，费罗编，La Salle，IL：Open Court，1992，第257页）："斐诺，相信我，整个地球都受到诅咒和污染。被造物之间爆发了永恒的战争（参见第274页）……虚弱、无能、痛苦伴随人生每一阶段：终于在痛苦和恐怖中结束了。"迈斯特的《圣彼得堡对话录》的第7篇对话也有类似论述，但是对迈斯特来说，这与宿命论者关于世界的观点是一致的，然而对于休谟和密尔来说，它代表着对所有宿命论的拒绝。可比较库切（库切，2003年诺贝尔文学奖获得者——译者）《慢人》，（London：Secker & Warburg，2005），第96—97页："我们生活的这个世界，看似宁静实则充满恐惧，保罗和你一样不能为自己设想很久。比如，大洋深处，海底所发生的一切都超过了你的想象。"

265

大自然用洪水、瘟疫、地震同时毁灭了善人和恶人。[20] 当然不存在公正和全能的上帝,因为全能的上帝会创造一个不那么残酷的世界。[21] 要理解和掌控环境,我们只能依靠自然科学。我们利用自然科学来"修正"自然,让它更加接近正义与全能的上帝所创造的世界。[22] 当无神论变成了宗教,启蒙的轨迹肯定要接近终点了。

但是密尔(最终)是无神论者么? 在他后来《有神论》(比《关于宗教的三篇论文》中另两篇要晚了 10 年)论文中,他把自己看成"最低限度的有神论者。"("自然秩序充分说明了造物主是存在的,⋯⋯但所有这些存在的证据都说明他并非全能。"[23])这就带来了"宗教的功用"论证与"有神论"论证之间令人惊讶的差异。前者的目的是确认"宗教"决不是超自然的。后者的目的是在"自然宗教"(神学上无需诉诸启示)的基础上,确立一个"最低限度"的上帝的概念(善、强大,但不是无所不能肯定不是全能的。)[24]在确立(至少没有排除)这个以"自然现象"[25]的指示为基础的上帝之后,甚至启示宗教的上帝某种程度上也得到了证实——至少不是那么不可信了。(自然宗教教导我们理性不要误认为"信息的传递者"——即启示的上帝"完全是发明出来的"。[26])因此又要争论"超自然的宗教"问题了,虽然密尔很明显对启示宗教的任何主张都是高度怀疑的。在"有神论"接近结尾之处,密尔总结了他的观点:"不管是自然宗教还是启示宗教,思想对待超自然的理性态度应是怀疑论,它既不同于信仰,又不同于无神论。"[27]与"宗教的功用"一文不同,在"有神论"中,超自然的领域并没有被放弃,

---

[20] 参见本书第十七章注释 17 伏尔泰对卢梭天命论的挑战。

[21] 参见休谟:《自然宗教对话录》,费罗编,第 261—262、264—265 页。在《对话录》中,克里安提斯最终承认神不是无所不能的(第 266 页),但是休谟对斐诺的言辞并不满意,因为斐诺在对话录的第十一部分坚定地认为,我们所知道的那个"拙劣的"(第 228 页)世界只反映了神圣造物主的坏的意志和无能。

[22] 参见罗蒂:《公共领域中的宗教》,第 142 页:"左派政治学——它的神圣文本是《论自由》和《功利主义》——得到了增强,只是因为人们不再相信宿命论的上帝会提供馅饼。"

[23] 《有神论》,第 240 页。

[24] "自然"一文为造物主(如果存在造物主的话)具有有限力量这一教义埋下了伏笔。比如,可参见第 58 页:"如果我们没有被迫相信创造动物是恶魔的事,那是因为我们不需要假设它们是由无限权力创造的";第 65 页:"无论这个设计有多好,这个设计也只具备有限的力量。"有趣的是,詹姆斯·菲茨詹姆斯·史蒂芬在《自由平等博爱》的第 198—199 页作出相反的论述:上帝是全能的,但不一定是善的。

[25] 《有神论》,第 213 页。

[26] 《有神论》,第 213 页。

[27] 同上书,第 242 页。

而是"从信仰的领域被移到了单纯希望的范围。"㉘密尔的人性的宗教之概念的
转变在"有神论"的最后一句表现最为明显："超自然的希望可能还不足以让这 266
个宗教[未来的宗教,即人类的宗教]在人的思想中占有优势。"㉙在"宗教的功
用"一文关于人性的宗教的表述中,密尔认为当人们可以把超自然观念置之脑
后时,他们对这个新宗教㉚就已经准备好了。

　　艾尔顿·爱森纳赫提出一个观点,他认为密尔不同于霍布斯和洛克,人类不
仅是理性和利益的产物,也是责任的产物;不仅"生而自由"还"生在各项束缚之
中"(也就是,受到《圣经》和神圣历史的支配,这对信徒具有先在的约束力)。换
句话说,借用后来迈克尔·桑德尔发明的术语,自由主义政治哲学(与通常假定
的相反)要解决的不是不受阻碍的自我而是受阻碍的自我——宗教是让这些受
阻碍的自我免遭不受阻碍自我侵犯的一个关键维度。㉛但是爱森纳赫论证的问
题在于彻底的非历史理性,这也适用于包括"宗教的功用"在内的密尔论宗教的
三篇论文。㉜密尔最终没有对宗教作为自由社会的堡垒(比如托克维尔)作出正
面论述,而是论述了托克维尔所担心的彻底世俗化的社会能否维系人类的最高
目标——这是爱森纳赫对密尔的解读,我也是这样理解的。但当爱森纳赫写道,
"一个引入'传统故事'与新预言的人性的宗教将把人类从精神奴役中解放出来
并带到功利主义所打造的世界,"㉝这绝对是误导。超自然的元素已经从密尔的
宗教中清除出去了,密尔的人性的宗教恰恰也不再提供故事与预言。

　　约翰·斯图亚特·密尔的政治思想在根本上是综合的;这和黑格尔没什么

---

㉘　同上书,第244页。约翰·莫利用一个非常优美且犀利的短语表达了这个观点:在密尔的
理性主义有神论版本中,宗教的主要议题"从威严的确信降到了神圣的可能性"(《十九世纪论文》,
第165页)。同样,莫利称密尔为"迟暮的希望与失落的可能性"(第167页),还说到"密尔先生对
低可能性和微乎其微潜能的信条"(第168页)。莫利在第187页中的表述相当尖锐:"将完全和任
意的可能性虚拟地提升为理性的或然性。"我在本书第二十二章莫利对密尔的批判中会做进一步
讨论。

㉙　《有神论》,第257页。莫利是对的,"非常奇怪,第三篇论文最重要的方面是成功地恢复了
超自然设想。"(《十九世纪论文》,第201页)。

㉚　参见《有神论》,第255页,他在那里说到了"纯粹人类的宗教"。

㉛　之前注释13曾引用过爱森纳赫的书。

㉜　参见莫利:《十九世纪论文》,第169页:密尔的"具有18世纪精神特色的训练,阻止了他把
观念的历史放到观念之前。"正如莫利正确强调的,密尔"很有历史意识,这让他注意到了边沁的不
足"(同上书),但它并没有带来历史主义,历史主义会降低问题的理智重要性,这对还不对? 正如
莫利指出的,存在一个"明确判断的义务"(第170页),这个义务是密尔在思考宗教问题时首先考虑
到的。

㉝　爱森纳赫:《自由主义的两个世界》,第213页。

不同,他吸收反对的观点并试图把它们塑造为一个整体。最典型的是,密尔把自己看作是边沁和柯尔律治的综合,或者边沁和孔德的综合。然而,我更愿意把密尔对人类历史上宗教角色(可或缺或不可或缺)的反应看作是休谟和托克维尔的综合。密尔所包含的休谟色彩会认为宗教是一种迷信的残留,必须最终被更科学的世界观所取代。而密尔所包含的托克维尔色彩则担心极力祛除宗教的观点最终会让生命变得浅陋粗俗。人性的宗教是密尔对休谟—托克维尔难题的解决,因为它保留了宗教的圣洁功能而排除了宗教的超自然主义。然而,解决方案并不是特别稳定有效,因为休谟清楚地看到,凡是能吸引到哲学家的宗教,会因为同样的原因绝对无法吸引到大多数人的感情。㉞

---

㉞ 参见卡尔·W.布里顿:"约翰·斯图亚特·密尔论基督教",载《詹姆斯和约翰·斯图亚特·密尔:一百周年纪念大会论文》,约翰·罗布森和迈克尔·莱勒编,(Toronto:University of Toronto Press,1976),第33页:密尔"缺乏这种语言也缺少空间来论述可能的上帝是如何要求尊重和爱的。对于这个可能的上帝的存在,证据是有但并不充分。这还不能让人满意么?"

# 第二十二章　对密尔的批评

当祭司们，不管是依据什么信条，声称他们手中握有通往天堂和地狱的钥匙，并能够创造不可见的奇迹，那么出于多种考虑，必须在实践中搞清楚他们是否真的是上帝的代表，或者他们是不是骗子，因为这些问题不可回避。

——詹姆斯·菲茨詹姆斯·史蒂芬①

我们被带回到了这个问题，这些教义是真的么？

——詹姆斯·菲茨詹姆斯·史蒂芬②

密尔于 1873 年逝世；次年《论宗教的三篇论文》出版。同一时期（1872 年底到 1875 年初）的出版物，从两个相反的方向，对密尔的宗教观点提出了严厉挑战。通过讨论两派如何围绕密尔的作品展开争论的，也许有助于说明密尔试图在宗教与人文主义之间建立的妥协，一派是坚定的自由的人文主义者如约翰·莫利，另一派是同样坚定的宗教的政治捍卫者如詹姆斯·菲茨詹姆斯·史蒂芬。③

我们从约翰·莫利对《三篇论文》④尖锐且诙谐的评论开始。莫利是一位学

---

① 詹姆斯·菲茨詹姆斯·史蒂芬：《自由平等博爱》，斯图亚特·华纳编，（Indianapolis：Liberty Fund，1993），第 41 页（《自由平等博爱》，冯克利、杨日鹏译，广西师范大学出版社 2007 年版，第 62 页。以下引文参照该译本。詹姆斯·菲茨詹姆斯·史蒂芬，1829—1894 年，英国维多利亚时代著名法学家，曾长期在印度工作，生前推动了英国刑法改革。——译者）。

② 同上书，第 50 页。

③ 丹尼尔·S.马拉库克的《完美、国家与维多利亚自由主义》（New York：Palgrave Macmillan，2005）激起了我对约翰·莫利的兴趣；特别参见第 154—155 页。我要感谢艾尔顿·爱森纳赫让我注意到了史蒂芬的重要性（约翰·莫利，1838—1923，英国政治家，曾任印度事务大臣等职——译者）。

④ 约翰·莫利：《密尔先生关于宗教的三篇论文》，载莫利：《十九世纪论文》，彼得·斯坦斯基编，（Chicago：University of Chicago Press，1970），第 164—223 页。

者,后来成了一位杰出的政治家,且与密尔私人关系很近,他非常尊敬密尔并把密尔当作学术和政治上最好的榜样,他改变自己的观点"很大程度上是因为看了《论自由》。"⑤由于莫利自我定位是密尔的"追随者",⑥毫无疑问他对密尔的宗教论文(尤其是第三篇)是相当失望的。⑦ 说莫利认为《三篇论文》是理智上的背叛,这种说法也许过分了,但是他的反应明显倾向这个方向。⑧

即使在他最初评论中,也能清楚看到,莫利不禁感慨这本书是密尔的理性主义不可知论的严重倒退。信徒们"私下将心怀感激,因为密尔先生为他们打造了盾来防卫固执的无信仰者投出的矛。"⑨"那些知道他们交易的神学家们……一定会从密尔先生的总结中打造出一个比之前期盼的更加像样的防卫。"⑩密尔考虑到,在排除理性一神论可能性问题上不能走得太远,以防为如下立场打开大门,该立场"对于超自然主义来说,根本不可能是一个新的和有害的反应的泉源。"⑪"我自己忍不住认为这本书最引人注目的地方就是失常,这种失常与他对孔德的正确指控同样严重。"⑫而且最糟糕的是:信徒们"都将兴高采烈地把詹姆斯·密尔坚定的不信仰与他儿子急切的心情和他最重要的门徒恢复超自然的领域作对比。"⑬最重要的是,密尔认为一个有爱心的存在才是真实的可能性,即使它不是全能的造物主,人们从他那里寻求现世的安慰和确认,这个上帝并不因违背世俗理性而有罪,它为人们的信仰提供了合法的要求。诚然,这种做法是把信仰从确定的信念降级为仅仅是希望的主题,但这足以让超自然主义者得以死灰复燃了。在莫利看来,无论是有意还是无意,密尔已经愚蠢地把攻克理性主义怀疑论之堡垒的钥匙交给了他的敌人。

---

⑤ 《编者导言》,载《十九世纪论文》,斯坦斯基编,第 8 页。斯坦斯基指出,莫利把公司与基督教分开的那一年——1859 年——正是《论自由》出版的那一年(这并非巧合)。

⑥ 莫利,第 188 页。史蒂芬"某种程度上"也把自己描述成密尔的弟子:参见史蒂芬:《自由平等博爱》,第 4 页,以及华纳的前言,第 21—22 页。尽管如此,《自由平等博爱》的修辞完全是一个成熟的对手,而不是失望的追随者。

⑦ 人们应该对莫利表达失望的精辟语句留下深刻印象:"无论密尔先生得出哪一个结论,以及这个结论的精神会是什么,对我们来说,都是相当厉害的惊喜"(莫利,第 187 页)。

⑧ 马拉库克认为,莫利认为密尔不彻底的有神论会"适得其反",因为进步主义者会认为它失去了胆量,并因此只会促进社会与宗教保守派的士气(《完美,国家与维多利亚的自由主义》,第 155 页)。斯坦斯基认为,莫利把《三篇论文》看作是向基督教"温和"的投降(《编者导言》,第 16 页)。

⑨ 莫利,第 167 页。

⑩ 同上书,第 165 页。

⑪ 同上书,第 168 页。

⑫ 同上。

⑬ 同上书,第 167 页。

莫利非常同情"自然"一文的主旨,也难怪他没有真正的去批评它。⑭"宗教的功用"的核心问题是培尔式的,即能否从宗教中移出道德。为什么欧洲的知识分子很担心动摇宗教的基础会影响道德的稳定性,莫利承认这是有可理解的历史原因的。他引用了法国大革命的经验,它曾带来"对真理引发社会混乱的担心"(认定真理与宗教信条同等地位)。文中暗示,伯克和迈斯特之所以担忧"揭示真理(再次假定真理就是不信仰)会对人性和组织化的社会都带来不可弥补的道德伤害"⑮,这并不奇怪。和密尔一样,莫利假定这是道德进化的过程,它以如下方式牢固地确立了道德习惯,即道德越来越少地依赖于宗教训练和宗教惩罚。⑯ 然而,在假定道德生活对于宗教信仰承诺具有真正优势的同时,密尔还是提出"人们能否在不超越人类生存界限的前提下,得到宗教的这些好处?"⑰当然,也是在这个意义上密尔才提出人性的宗教,莫利也为此提出了很好的挑战。他承认自己"得不出密尔关于宗教本质的明确清楚的看法。"⑱"密尔先生认为宗教表达的渴望和吸引人的诗歌一样:都渴望'比人类平凡生活更加宏伟和漂亮的理念。'"⑲如果我们被激发去接受它,人性的宗教将会带来"同样适合于高贵感情、更高尚行为的诗歌"。⑳

我们是否考虑到这一点? 没有什么东西把宗教看成超出生命能力的独特理解,并进而理解成关于道德经验的令人振奋的诗歌。人们可以严格地讨论此岸的宗教么,还是说此岸的宗教本身就是一个自相矛盾的观念? 莫利正确地表达了这些问题并断言密尔的人性的宗教"并不高于高度诗化的道德。"㉑把宗教说成是诗歌,这让密尔得以回避所有重要问题,宗教本身有一个明确的定义,它是

271

---

⑭　莫利提出的唯一"批评"是,"自然"一文没有回应达尔文主义对密尔道德与社会愿景提出的挑战。鉴于密尔论文写作的日期,这算不上真正的批评。在第216—217页,莫利回到了达尔文理论是如何改变我们自然观念的这个问题,特别是密尔在《有神论》中对理性设计的怀疑能否经受进化理论的检验;参见第218页。密尔自己提到他在《有神论》中的论证可能无法经受进化论的检验,可参见《三篇论文》,第174页。

⑮　莫利,第188页。莫利认为詹姆斯·菲茨詹姆斯·史蒂芬也是如下一员,他们"通过损害宗教来破坏道德的唯一支柱,宗教最初是和道德相适应的"(第194页)。

⑯　同上书,第193—194页。

⑰　同上书,第194页。

⑱　同上书,第195页。

⑲　同上书,第195页,引自《三篇论文》,第103页。

⑳　莫利,195页,引自《三篇论文》(略作改动),第105页。

㉑　莫利,第196页。

不能从其与道德生活的关联中得到充分实现的。㉒ 莫利恰当地追溯了密尔关于宗教的本质是否应由"超越人类存在界限"的东西来定义这个问题上论述的不一致之处。与密尔的观点相反，"道德不是宗教的本质；也不是它的关键或组成元素；也不会在人的内心深处留下秘密……宗教在根本上与行为原则毫不相关。"㉓密尔决定严格从道德角度来考察宗教，因此歪曲了对意义的领会和人们对宗教的呼吁，他也是由此设想非超自然主义版本的宗教这一不可靠的实验的。

在他论述"宗教的功用"的结尾，莫利再次回到真理与功用的关系问题。自然而然，密尔总体上赞成真理与功用之间存在天然的和谐。然而，正如莫利花了很大力气指出的，密尔自以为是地认为宗教不适用于这个原则。在宗教的范围内"唯一可确定的真理就是我们一无所知"；因此，这不一定会带来信徒们对宗教的"指导—标志"失去信心，它"虽然是错误的"，但是它也许"能更清楚和明显地"指出正确的（道德）方向。㉔ 这里的看法是，宗教的领域受威胁的仅仅是"消极真理"（揭示谬误），而不是建立"积极真理"（因为神学上的积极真理在原则上是不可接近的）。正如莫利清楚地看到的，更深的问题是密尔的区分能否缓和真理与功用的关系。莫利承认单纯的取消信任并不带来积极真理，但是他着力驳斥了密尔主张的在挑战神学谬误时没有什么正面利害关系之观点："在寻找更值得信任的指导—标志时，做到'去除过去错误的指导标志'是好奇与力量的首要条件。"㉕

莫利认为像密尔这样坚定的理性主义者能够承认宗教"虽然在理智上并不充分但道德上非常有用，"㉖这是"相当了不起的"。虽然密尔本人喜欢非超自然形式的宗教要甚于一般的超自然主义版本，但他还是愿意"简化"宗教的理智基础，只要它能够对道德生活有所帮助。作为回应，莫利给我们带来了一系列严峻挑战。让我们假定在宗教有时可以促进"慈善、谦逊、兄弟般的爱"问题上密尔是对的；但如果它所担保的道德收益依赖于"虚弱、减缓、扭曲"㉗的动机，怎么办？如果以"削弱思想的理性习惯"㉘为代价来支持道德，那么在功用上是否有

272

---

㉒　同上。

㉓　同上书，第 197 页。

㉔　同上书，第 198 页，引自《三篇论文》，第 73 页。

㉕　同上。

㉖　莫利，第 199 页，引自《三篇论文》，第 73—74 页。

㉗　莫利，第 199 页。

㉘　同上。

总收益？密尔宽容具有道德功用的超自然信仰，这一行为只有在如下情况下才有意义，即宗教危机带来"推理能力的衰弱，精神自我放纵的恶习，对智力和道德诡辩的鼓励。"㉙如果道德能从可疑的神学信仰中获得支持，"随着神学信仰变得站不住脚，那些有用的真理也有被遗弃的风险。"㉚最重要的是，道德应归功于"对现实的有力辩护，而不是对迷信虚弱的防卫。"㉛简而言之，莫利比密尔更加坚定地致力于本书第十八章引自爱丽丝·默多克《钟声》中的格言："不真实的信仰最终不会带来什么好结果。"㉜

虽然莫利因第二篇论文对宗教的让步显得多少有点担心，但他还是明确把第三篇论文看作更为根本的塌陷。莫利把密尔的论述看作"可能性和潜能的重要方案"；不可否认，他说这是"一个非常温和不坚固的结构，"但即使如此，他还是认为它提供了"能够支持更复杂结构"㉝的原则。正如我们已经看到的，这是莫利以前所描述的信徒们应该对密尔"私下感恩"的来源。㉞ 在他关于"有神论"的讨论中，莫利一直关注于基督教信仰的三主德，在密尔那里它们作为可信的可能性重新被接纳。首先，正如我们在本书第二十一章结尾看到的，一个有爱心的（虽然不是全能的）造物主上帝的观念又重新登场了。㉟ 其次，我们所认可的基督的使命，不仅仅是像苏格拉底或孔子一样的"道德改革家"，而是"上帝赋予的、特殊的、独一无二的使命之人。"㊱这本身会把自然观颠覆为"政府的一般制度"，它通过理性可理解的"自然发展"的过程而发布命令，这便是重新诉诸奇迹的介入——至少打开了大门（"这是与世上政府的一般制度是相背离的"）。㊲

273

---

㉙　同上书，第 198 页。

㉚　同上书，第 199 页。

㉛　同上。

㉜　在《论三个冒名顶替者》中有一个类似的思路："真理，不管它性质如何，都不会犯错；然而错误，尽管是无辜的甚至是有用的，从长远来看必定会带来灾难。"亚伯拉罕·安德森：《论三个冒名顶替者和启蒙的问题》，(Lanham, MD：Rowman & Littlefield, 1997)，第 14 页。马拉库克声称，密尔和莫利关注的问题是宗教的社会—道德角色，它是"非常重要"的（《完美、国家与维多利亚时代的自由主义》，第 155 页）。然而，如果我是对的，即莫利最终比密尔更加坚定地认为唯一应当认真考虑的便是真理，那么莫利解决宗教问题的方法也就不那么重要了。

㉝　莫利，第 202、201 页。

㉞　莫利，第 167 页。

㉟　同上书，第 201—202 页。正如莫利指出的，这不是真正的造物主上帝而是一个"创造世界"的上帝：第 212 页。参见莫利在第 215 页对《三篇论文》第 191 页的引用，密尔把设想的神看作是"发明者"而不是"创造者"。

㊱　莫利，第 203 页；第 202 页，引自《三篇论文》，第 255 页。

㊲　莫利，第 203 页，引自《三篇论文》，第 236 页。

这是莫利和密尔之间的明显的界线，即使承认基督的神圣的独特使命只是一种可能性，这也会让他站到界线的另一边去。"我怎么也想象不出这样一个人物（即《论道德科学的逻辑》的作者）居然认可基督的使命有可能是独特的，这比约书亚所要求的太阳止与亚伦河谷可要容易得多。"[38]正如莫利在讨论密尔的第三篇论文一开始时就指出的，密尔整篇论述针对的都是"超自然假设的有条件恢复，"[39]这就不可避免地影响了密尔把对自然和历史的理解限定在坚实的自然主义基础上之理论事业。

无论如何，《有神论》认为福音书的道德是无法超越的，[40]这就使得密尔对自己的观点作出重大修改成了必要，也促使密尔进一步完善了基督的道德典范意义（莫利称之为密尔对基督生平的"过度赞扬"）。[41] 莫利热心地提醒读者们注意《三篇论文》，"甚至福音书中基督的主要动机也从升入天堂之回报转向了"道德，密尔一直认为，基督教道德"相比于人性的宗教，根本上是低级的。"[42]这里的问题在于密尔主张的人性的宗教目的在于，通过净化现存宗教的超自然力量来改进它们；[43]通过回溯基督教在道德上无法超越的地位，密尔不再期待某一个宗教会在认知和道德上都高于历史上的宗教。密尔重新推动的第三条信念是灵魂不朽学说，莫利认为密尔在质疑"思想与物质大脑的关系"时根本没有考虑到现代科学已经对"灵魂和身体的关系"作出的研究。[44]

莫利的观点是，如果密尔发现他已经卷入神正论的话，那么就会发现密尔整

---

[38] 莫利，第 204 页。

[39] 同上书，第 201 页。

[40] 参见密尔把基督教看成"人类进步的一个部分"，与此相反，比如印度教和伊斯兰教就是宗教中"停滞不前的一个部分"，见密尔：《女性的服从》，载《宗教平等论文集》，爱丽丝·S.罗丝编，（Chicago：University of Chicago Press，1970），第 176—177 页。不仅如此，莫利的论点在于，尽管基督教比其他宗教更重视道德，密尔在《宗教的功用》中仍提出，人们应该设想一种在道德上很多方面都优于基督教的人道主义宗教。

[41] 莫利，第 207 页。

[42] 同上书，第 208—209 页；《三篇论文》，第 111 页。这呼应了我在本书第九至十一章讨论斯宾诺莎时的一个重要主题。

[43] 参见艾伦·D.梅吉尔：《密尔人性的宗教与对〈论自由〉的第二个证成》，载《密尔和自由主义的道德特质》，艾尔顿·爱森纳赫编，（University Park：Pennsylvania State University Press，1998），第 304—305、308 页。

[44] 莫利，第 220—222 页。正如莫利说的，如果把情感和思想从大脑器官中分离出来是合理的，那么人们就将处于"所有人类知识"都会轻易"失效"的状态（第 222 页）。

个理性工作严重出错了。⑤ 不仅如此,《有神论》一文也说明存在更宽泛的准神学的冲突。最终,莫利是这样批评的:对于密尔来说,要权衡哪个神学"假设"看上去更加合理,就要混淆科学与那些根本违背科学原则之事的区别。针对支持或反对假设的"证据",人们可以把科学领域的方法运用于神学假设么? 莫利希望密尔做到的是"提醒人们他们的假设是相当随意的,并明确忠告他们。"⑥认为神学好像能够经得住科学推论的检验,这是让人们把虚假的知识看作宇宙的终极起源——它在原则上是不可知的("这些假设都是很任意的")。⑦ 也就是说,通过尝试确立神学和科学彼此开展理性对话的领域,密尔只不过建起了一门伪科学(类似于前苏格拉底哲学家们宇宙论的猜测)。⑧ 密尔的工作与康德一样,是重新定位"信仰"与"希望"的神学理论,⑨认为他可以利用宗教资源来增强维持非常高的道德理想所需的高度目标感;但是莫利给出了一个很好的例子说明关于假设与猜测只带来了"一个非常谦逊且无实质内容框架",密尔实际上对他承诺的科学的整体性作出了妥协,也没有过多考虑道德。密尔的《关于宗教的三篇论文》,尤其是"有神论"论文明显站在妥协的立场上。可以说莫利挑战密尔的主要着力点在于来论证宗教问题和世俗文化都不容许妥协:人们无法拆分神学与人文主义之间的区别并希望它们能产生一致的东西。

在詹姆斯·菲茨詹姆斯·史蒂芬的保守色彩的经典之作《自由平等博爱》

275

---

⑤ 可参见莫利对柏拉图《理想国》第 2 卷论述的引用:"人类生活中的善远低于它的恶"(第211 页)。这是关于人们熟知的恶的问题的一个版本,在面对这个问题时,挽救上帝之仁慈的唯一办法是限制他的权力(这说明密尔恰恰是为了神义论的需要而运用他的理智的)。然而,莫利抱怨道,对于密尔(不同于传统的信徒或真正的神学家)来说,要让他的论述与神义论的考虑相一致,就要屈从于"无法经受考察并假扮成科学的论述"(第212 页)。

在第 215—216 页,莫利非常好地突出了"自然"论文中的反天命论与《有神论》中假设的天命论之冲突。莫利对密尔之"造物主也有喜好"、只有无可奈何时才会容忍痛苦等观点的应对很好地反映了他对后者的观点(第 215 页,摘自《三篇论文》第 191 页);莫利总结道,这个结构"自始至终都有任意与拟人的痕迹"(莫利,第 216 页)。

⑥ 莫利,第 213 页。

⑦ 同上。

⑧ 同上书,第 214 页。

⑨ 密尔:《三篇论文》,第 244 页;参见莫利,第 205 页。卡尔·W.布里顿对密尔试图将希望与信仰分开的做法提出了一个合理的挑战:"除非我们有一些完全超越经验的信仰,否则我们如何希望完全超越经验的东西?"比如说,人们并没有足够的理由相信来世,但这依然是宗教甚至是宗教替代品的可靠基础。参见布里顿:《约翰·斯图亚特·密尔论基督教》,载《詹姆斯和约翰·斯图亚特·密尔:一百周年纪念会议论文》,约翰·M.罗布森和迈克尔·莱恩编,(Toronto:University of Toronto Press,1976),第 32—34 页。

中我们遇到了一个完全相反的对密尔的挑战。⑤ 对于史蒂芬来说，问题不在于密尔不敢明确支持他所提倡世俗主义的自由主义；问题在于自由主义自身。在史蒂芬看来，像密尔这样的自由主义者是想在秩序良好的社会中把宗教移除出它的位置。但正如史蒂芬指出的，人们能否在不对自由主义本身造成伤害的情况下来解决这个问题，这是有疑问的。

史蒂芬在书的一开始就惊人地预料到即将在《三篇论文》中发表的人性宗教的观点。史蒂芬说，"自由平等博爱"的口号涵盖了一种世俗宗教（"它具有宗教的信条"），这个宗教部分地吸收了基督教，部分地取代了它，并且部分地与之冲突。史蒂芬非常担心，这将使基督教最终转变成"一种乐观主义的政治制度"。⑤ 他事实上也称之为"人性的宗教"，⑤这就直接预料到密尔的观点，如果他在写文章时能够看到《三篇论文》的话，那么毫无疑问他会批判这些论文，因为它恰好促进了密尔所致力（史蒂芬认为是这样）的基督教的稀释化与柔弱化。史蒂芬反对的是进步主义的基督教，但基督教更显强壮的版本会是什么呢？

从一开始，史蒂芬就把他所赞成的宗教与强制性制裁联系在一起，他认为后者是秩序良好的社会所必须的："全部现有的宗教，只要致力于影响人类的行为，它们就得诉诸希望或恐惧，并且需更加强调恐惧而不是希望。"⑤首先，宗教被认为是让人们难以摆脱道德制裁的一种手段。正如我们之前看到的，莫利强调了如下事实，在坚决拒绝彼岸惩罚这一教义方面，密尔的人性的宗教旨在超越现存的宗教。然而恰恰相反，史蒂芬毫无保留地接受了"在未来的生存状态下

---

⑤ 莫利也是史蒂芬著作第二版的重要谈话者，因为史蒂芬不断回应莫利论文中对密尔的辩护，即《密尔先生关于自由的学说》（这在《十九世纪论文》中也重印了）。史蒂芬与后来保守党人对密尔的批评是什么关系，对此有一个有益的讨论，参见梅吉尔：《密尔的人性的宗教》，第313—315页；理查德·弗农：《朋友，公民，陌生人：我们属于哪一种》，(Toronto：University of Toronto Press，2005)，第144—145页。关于密尔—史蒂芬的辩论与两个世纪前洛克—普罗斯特辩论之对比的有趣论述，参见理查德·弗农：《宽容的事业》(Montreal：McGill-Queen's University Press，1997)，第5章。

⑤ 史蒂芬，第3页。

⑤ 史蒂芬是这样来定义人性的宗教的，"只要废除对人类行为的一切限制，承认全人类实质性的平等，奉行博爱或普世之爱……它就是我将'自由、平等、博爱'视其为信条的那种宗教"［同上书，第3—4页（中译本，第22页。——译者)］。参见第5页，密尔的学说将自由变成"宗教信条。"也可参见第48、203、243页讽刺性地提到"在宗教的各种美之中，难以捉摸的云［即'人性'］就是上帝"。

⑤ 同上书，第8页（参见中译本，第27页。——译者）；参见第47页："所有的经验表明，几乎所有人都需要希望的激励与恐惧的约束，宗教的刺激与约束是最有效的激励与约束。"正如我们之前看到的，密尔希望保留"激励"而取消"约束"。

害怕受到惩罚"的教义,并把它看作是宗教对道德的第一个也是最重要的贡献。[54] 史蒂芬暗示[55]他本人也不相信这个教义,或至少认为是可疑的("我没说这个教义是真实的"),[56]但这绝不会妨碍他接受恐惧来世是道德生活的基本支持这一思想。史蒂芬在第 6 章(该章旨在批评"博爱的宗教"[57])回到了彼岸的惩罚这个主题。史蒂芬再次坚持宗教,特别是惩罚性和强制性的宗教,是道德的不可或缺的支柱。[58] 没有彼岸奖惩的教义,道德将会崩溃或严重衰退。仅仅是互爱或互利的宗教不能以"旧的方式"[59]维持道德。

277

史蒂芬书的第二版不仅与约翰·莫利展开辩论,还与同时代的孔德、弗里德里克·哈里森展开辩论。哈里森曾给史蒂芬的政治哲学贴上"非人性的宗教"之标签,并且夸大了史蒂芬对罚入地狱之恐惧的倚重。[60] 在第二版的前言,史蒂芬明确说明他拒绝地狱的教义("事实上,我并不坚持这个教义,因为我没有充分证据说明它")[61],同时对来世的教义持有更开放的态度。[62] 不仅如此,他与哈里森辩论的主要目的是摧毁史蒂芬所认为的执迷不悟的且感性化的宗教替代品,它与密尔、哈里森都持有的博爱信条相关。

史蒂芬关于宗教和道德的观点,与他们一样坚定,也存在显著张力。斯蒂芬的基本观点是,我们必须相信宗教,因为我们必须相信未来状态;我们必须相信未来状态,因为道德不可能在这种信仰缺位的状态下幸存下来。因此,"如果存

---

[54]  同上书,第8—9页。在第 14 页他写道,"源于对未来状态恐惧的权力……是我们实践经验中宗教权力最常见和最独特的形式。"在史蒂芬看来,"密尔先生并没有[推定关于彼岸惩罚的教义在道德上是不可接受的],但我认为他的理论包含了这层意思"(第 9 页)。正如莫利强调的(参见本章注释 40),密尔的这层含义确实在《宗教的功用》一文中得到明确体现。

[55]  这些都是第一版的提示;在第二版的前言中,史蒂芬的观点表达得非常明确了——参见本章后面的讨论。

[56]  史蒂芬,第 9 页;参见"是否真的存在末日审判这不是一个问题"(同上)。参看第 71 页第一段倒数第二句的"如果它们是真的"之用语。在第 193 页,他提到"那些相信明确的天堂和地狱的人,"这意味着他并无此信仰。同时,史蒂芬强烈质疑高贵谎言之学说的可行性:"一个希望基于谎言来说服他邻居的人,首先要对自己说谎,否则他是不忍心继续说谎的"(同上书,第 50 页)。

[57]  同上书,第 183 页。

[58]  同上书,第 175—176 页。

[59]  同上书,第 165 页。

[60]  特别参见第 176 页注释;第 193 页注释;第 235—244 页。

[61]  同上书,第 236 页。

[62]  同上书,第 238 页。对史蒂芬观点更好的表达,可参加第 238—239 页:"很自然的会认为只有人生中最永恒的东西才能够经受死亡……即思想,自我意识,良心和对自己的看法。"这也意味着死后不存在肉体的折磨与肉体的幸福,因为"肉体已经分散为各个元素。"如果死后有折磨,那也只是良心的折磨。

257

在上帝而不存在未来状态,那么上帝对我们来说就什么都不是"。⑥③ 史蒂芬坚持认为,"主张基督教道德能够经历基督教关于未来奖惩之教义自身的崩塌而幸存下来",⑥④这完全是错觉。所有这一切似乎最终表明,他本人一直致力于把彼岸的奖励和(特别是)惩罚看作"真正道德制裁"⑥⑤的有效措施。但是他真的坚持这个观点么,这个观点的核心主张是什么? 第 6 章用了相当长篇幅专门论述"人类的永久因素"和"未来状态学说",⑥⑥但史蒂芬对这个话题的反思似乎太模糊了无法支撑他所希求的道德所需要的制裁。史蒂芬强烈认为哈里森对他的批评是不公正的,但正如哈里森所言,情况似乎是这样的:史蒂芬试图以彼岸的奖惩作为"真正的道德制裁",同时"对未来折磨的形式保持沉默"⑥⑦——也就是说,这或许因为他并不真正相信包含于坚定且朴实宗教学说中的那些教义,并不真正相信那些轻信道德制裁之人会接受这个版本的学说。如果没有神圣执法者,道德是没有基础的,因为"没有立法者,就没有法律;没有法律,就没有责任"。⑥⑧ 然而,如果上帝的法是伴随着直接制裁的法,史蒂芬将如何一方面坚持这个观点,一方面又对他拒绝的"关于天堂地狱的一般教义"观点作出让步?⑥⑨哈里森基本上是对的,史蒂芬想从基督教中吸取最可怕的道德制裁,它能够颁布教义但缺少真理性的说服力。人们可能会说,斯蒂芬的核心观点是道德生活缺乏维系自身的资源:如果生命只限于此岸的存在,那么德性的激励就会相当可怜无力。⑦⓪ 当然,人们还会说,相比于主张宗教教条可以提供所需要的东西,史蒂芬更认为道德需要宗教。⑦①

也许更深的张力在于史蒂芬对基督教的认可与他对博爱信条的猛烈批判之

---

⑥③ 同上书,第 204 页;参见第 194 页:"没有对未来状态的信仰,对上帝的信仰就没有实践意义。"

⑥④ 同上书,第 227 页;参见第 241 页。

⑥⑤ 同上书,第 193 页。

⑥⑥ 同上书,第 188 页及以下。

⑥⑦ 同上书,第 193 页,注释。

⑥⑧ 同上书,第 194 页;参见在同一段结尾特别强调的观点:"除非上帝就是立法者并且道德是法律应有之义",否则无法说明美德的存在(某种意义上,惩罚只针对那些违法之人)。

⑥⑨ 同上书,第 238、236 页。

⑦⓪ 同上书,第 195—196 页:"很明显,眼前利益的最低要求是不断蚕食道德的边缘,如果没有更深入的支持还将最终消灭它。"史蒂芬解决这个问题的方案是:"基督教是一种手段,它与道德相关,通过它道德才有超验意义。"

⑦① 《自由平等博爱》的第 7 章是对这个终极问题缺少确定性的反思。亚历山大·拜恩当然是对的,当他写道史蒂芬"坚持对上帝和不朽的信仰与我们现存的伦理法规存在重要联系;但他本人却努力说明基督教的证据并不充分,这就是我们目前有神论的体现"。拜恩:《对约翰·斯图亚特·密尔的一个批评》,(London:Longmans,Green,and Co.,1882),第 112 页。

间是否存在一致性这个问题。⑫史蒂芬对密尔和哈里森这样的"人道主义者"毫无耐心,但他希望基督教(以及它关于普遍的兄弟情谊的教义)成为道德的核心支柱。人们可能会提出如下的问题:在很大程度上,人们不就是用史蒂芬在第6章所反对的普遍博爱和对人性的爱来定义基督教为宗教的吗?⑬事实上,史蒂芬自己提出了相关的挑战:"这些事[即对普遍兄弟情谊的拒绝]和基督教什么关系? 你如此鄙视的人道主义与登山宝训和神的寓言之间难道没有历史上和理论上的密切联系吗?"⑭因为这个问题的答案明显是肯定的,史蒂芬明确表示,他以他的名声担保,他会很快抛弃登山宝训,而不是反对博爱的理想。

279

　如果基督教真是我们经常听到的许多说法所暗示的东西,那么它就是错误的、有害的。……例如,如果我们听到有人说,一个自称相信"登山宝训"的民族,每年却把大量的金钱用于军事开支,一想到这事就觉得可怕。对这种人的回答是,如果用军力捍卫国家的独立、荣誉和利益不符合"登山宝训",那么任何一个民族都不曾或不可能相信"登山宝训"。如果"登山宝训"真的意味着禁止这种事,那就不应把它当回事。⑮

　史蒂芬清楚地认识到,基督教的某些方面可以为当代自由主义的人道主义提供借鉴,但是他认为我们不必过于看重那些方面,而应更加强调宗教把英国塑造成为"一块已经磨损掉很多铁锤的铁砧"⑯的那些内容。"基督教固然热烈表达着温柔仁慈的情感,但它也有令人恐惧的一面……地狱则是整个基督教学说的本质部分……温柔与恐怖是相互暗示的。"⑰人们会说这是极端的

---

⑫　与此相关的是,哈里森抱怨(第195页,注释)说,史蒂芬认为的基督徒的严酷的人生观事实上早就被基督徒抛弃了。

⑬　可以说,史蒂芬在第180页间接回应了弥尔顿提出的著名的界限:"新长老只是大写的旧祭司。"史蒂芬非常敌视的"博爱的宗教"事实上只不过是基督教理想的世俗化版本。新祭司所宣讲的与旧祭司所宣讲的没有根本不同。

⑭　史蒂芬,第200页(中译本,第239页。——译者)。

⑮　同上书,第202—203页(中译本,第241页。——译者)。

⑯　同上书,第195页(中译本,第232页。——译者)。

(歌德曾有"不做铁砧,就做铁锤"之语,铁锤指统治他人的统治者,铁砧是屈服的被统治者。——译者)

⑰　同上书,第201页(中译本,第240页。——译者);那么为了得到恐惧我们是否应该忍受基督教的温柔与仁慈呢? 在第67页,史蒂芬认为他的原则与迈斯特主义并不一致(他想把自己看作一位严肃的、道德保守的自由主义者而不是一位迈斯特主义者);但是,似乎不可否认,迈斯特具有重要的理智影响力(参见沃纳的注释,第67页注释11)。也可参见理查德 A.雷布朗:《约瑟夫·德·迈斯特在英语世界》,载《约瑟夫·德·迈斯特生平、思想和影响》雷布朗编,(Montreal: McGill-Queen's University Press,2001),第277—278页。

公民宗教。

　　与密尔的"自由作为宗教信条"相反,史蒂芬根深蒂固的观念是,要维持道德生活,强制是必须的;宗教就是这种道德强制的主要手段之一。密尔显然希望实现自由与强制之间根本的平衡。史蒂芬的反驳集中在,强制不仅是道德生活的中心,而且是与道德生活相关的宗教生活的中心。没有强制的法律明显毫无意义——但存在没有强制的道德么? 实际上,存在没有强制的宗教么? 史蒂芬有力地说明了,虽然道德和宗教强制的方式不同于法律制度的方式,但是它们都重在执行特定的人类行为:如果只有对他人造成威胁才来限制其行为,否则就给予他们自由,他们将无法实现我们通常归之于宗教或者道德的目标。("宗教和道德都是并且本质上也应该是强制系统。"⑱)关于宗教,史蒂芬还说了如下一段话:"如果始终采用密尔先生的自由观,并让它全面发挥作用——如果它是最早的基督信徒或穆罕默德信徒的观点——我们就会发现,世上根本不会出现有组织的基督教和穆罕默德主义。"⑲"使人们的生活确实得到改进的人是最具有强制力的。"⑳史蒂芬的问题是,"一个有活力的信条"㉑是如何建立自身的;那些没有活力的信条在历史上明显毫无影响。"宗教[包括基督教]不是建立在温柔和仁慈基础上",而是建立在恐怖与恐吓基础上。㉒"有一条原则是放之四海而皆准的,即宗教的成长从本质上说是一小群热忱的信徒征服人类中那些冷漠麻木的人以及自愿的无知者的过程。"㉓宗教管理人类生活的能力类似于排水通过排水管道系统:它的根本运作模式是限制,而不是自由。㉔有观点认为,除了对"他们的原则甚至品味和感觉"㉕能发挥相当影响之外,宗教对人类的生活没有影响,这个观点对史蒂芬来说完全是胡扯。

280

---

㉘　史蒂芬,第13页(参见中译本,第32页。——译者);参见弗农:《宽容的事业》,第95页。

㉙　史蒂芬,第13页(参见中译本,第32页。——译者)。

㉚　史蒂芬,第13页,注释(中译本,第32页注释——译者)。

㉛　史蒂芬,第14页。

㉜　同上书,第15页,注释。在这个注释里,史蒂芬非常赞同吉本的一段话,吉本认为基督教因为设置了"永久拷打的威胁"所以能够战胜异教的多神论(14页注释)。也可参见第67页:基督教宣扬自己就是"特殊的人道"但同时"承认地狱并建立在地狱基础上"(着重强调)。在第80—81页的讨论暗示,没有哪个有组织的宗教可以希冀把自己建成一个没有地狱的宗教。正如我们在本书第十七章看到的,卢梭在回应培尔关于波斯的报塞桥(poul-serrho)的注释中,提出了相同的观点(尽管他"信仰的事业"中存在神学的自由主义)。

㉝　史蒂芬,第14页(中译本,第33页。——译者)。

㉞　史蒂芬,第14—15页。史蒂芬在第23、118、119页用了类似的描述。

㉟　史蒂芬,第14页。

最重要的是,史蒂芬做了一件相当出色的工作,他指出密尔偏执于个人经验而远离了关于"生命最核心最本源之处"[86]的讨论。密尔对宗教的论述说明"仅仅依靠自己的特殊经验,最敏锐的头脑也有可能被欺骗。"[87]密尔是一位知识分子,所以他假定所有人对待宗教问题都会和知识分子一样——通过推理来决定赞成与反对。[88] 他假定,如果可以理性且自由地辩论,宗教信仰问题就有了活力,如果没有自由的辩论,它就会变得陈腐。然而,这个理智化的论述完全大错特错:"如果新教徒和天主教徒或者基督徒和异教徒都把自己局限于争论之中,那么他们也许会一直争论下去,但天下人是不会在意他们的。"[89]对宗教活力的真正考验不是辩论,而是如何"面对车磔、火刑和绞刑。"[90]与密尔设想的相反,"一个问题受到自由讨论的程度,是与人们对它失去兴趣的程度成正比的。"[91]一方面,如果密尔是对的,人们很可能"在摆脱他们不信任的宗教之后,才保留现代自由主义者所喜爱的道德,"[92]如果宗教被视为理智辩论——只不过是史蒂芬所说的"好奇心",[93]那就什么也没有失去。另一方面,如果史蒂芬是对的,即宗教概念关乎整个道德和整个政治秩序,那么很多事情就是宗教冲突的结果,它们仅仅是理智竞赛塑造的投影。[94]

---

[86] 同上书,第 54 页。

[87] 同上书,第 55 页。

[88] 在第 22 页,史蒂芬以如下方式提出问题:上百万虔诚的穆斯林接受穆罕默德的方式和独立的学者们接受亚当·斯密一样么? 仅仅是理智上的同意就可以让人们全身心地崇拜穆罕默德么? 参见《卢梭作品集》,第 7 卷,斯考特编,(Lebanon, NH: University Press of New England, 1998),第 317 页。也可参见摘自卢梭"道德通信"的如下段落:"听听他们的演说,波斯毛拉,中国和尚,鞑靼喇嘛,印度婆罗门,英国贵格会成员,荷兰拉比,他们每个人都会赋予荒谬的教义以惊人的说服力。有多少像你一样聪明的人被说服了呢? 如果你不愿意听他们的,如果你嘲笑他们无效的论证,如果你拒绝相信他们,抵制他们偏见的不是理性,而是你的偏见。你要花十倍的努力才能对其中一个问题追根究底。"《卢梭作品集》,第 12 卷,克里斯托弗·凯利编,(Lebanon, NH: University Press of New England, 2006),第 183 页。

[89] 史蒂芬,第 56 页(参见中译本,第 79 页。——译者)。

[90] 同上(参见中译本,第 79 页。——译者)。

[91] 同上(中译本,第 79 页。——译者)。

[92] 同上书,第 48 页。

[93] 同上书,第 53 页。

[94] 确实,主张宗教与政治秩序不可分的风险有点高,以至于史蒂芬在这个观点的基础上,甚至对本丢·彼拉多钉死基督的政策也表示同情:他的论证是,要承担最重的法律—政治责任,就不容许过分宽容扰乱现存社会秩序的邪教。他在第 58—64 页进一步为彼拉多"辩护"。史蒂芬并未掩饰如下事实,他对彼拉多和基督的分析,就是对英帝国在印度维护宗教和政治和平时遭遇挑战的评论。事实上,英国印度帝国秩序的严厉要求就是本书一个衍生的主题。参见第 28 页的讨论,亨利八世和伊丽莎白一世是如何"钳制"警告宗教抗议者的,以及第 38—39 页类似讨论,英国在印度

282　　现在看来很清楚了，莫利和史蒂芬都认为（反对密尔）密尔对自由进步主义和（稀释的）基督教作出的综合并不稳当。他们从相反的方面都来批评密尔，他们看到了密尔工作中特别试图让后基督教及基督教派的信条服务于自由主义，这在理智上和政治上都存在风险。⑤ 这并不是说史蒂芬特别严格的基督教政治神学版本一定是最有说服力的基督教版本；也不是说所有自由主义者都必须成为莫利式的不可知论者。然而，它告诉我们，如果密尔谋划让有信仰的人和无信仰的人快乐共处于自由主义旗帜下之事业事实上会比他预期的要棘手很多的话，我们也不必惊讶。

---

对待伊斯兰教和印度教的政策（本丢·彼拉多，公元 26—36 年间担任罗马帝国犹太行省总督。曾多次审问耶稣，在仇视耶稣的犹太宗教领袖的压力下，判处耶稣钉死在十字架上。——译者）。

　　⑤ 人们可以说，这两个批评都可以归结为对密尔感伤的指责：莫利指责密尔为宗教在社会生活中的作用而伤感，史蒂芬指责密尔为自由主义原则而感伤。虽然两个批评走向了相反的方向，但是两个批评的目标都在于成为一位比密尔更冷静的思想家。

# 第二十三章 约翰·罗尔斯的 自由主义谱系

［罗尔斯的政治观念］本质上以卢梭政权的公民道德和公民宗教为其合理性教条。

——谢尔登·沃林①

公共理性把公民的职责及其公民义务看作是可以与法官岗位及其判决案例的责任相类比的。正像法官要依据预先的法律根据、已获批准的法律解释原理和其他相关根据来审判案件一样，公民也要以公共理性（而不是通过引用他们对学说的个别理解）来推理，并接受相互性标准的指导，不论宪法根本和基本正义问题是否发生危机。

——约翰·罗尔斯②

避免选择某一种政治，这在理论上是不可能的。如果我们试图成为非宗派主义者，我们最终将什么都没说。

——杰里米·沃尔德伦③

---

① 谢尔登·S.沃林：《政治和愿景：西方政治思想的连续性和创新性》，增订版（Princeton, NJ: Princeton University Press, 2004），第 540 页；参见 548 页：《罗尔斯建立了作为政治崇拜的平等》。

② 约翰·罗尔斯：《再论公共理性理念》，载罗尔斯的《论文集》，萨缪尔·弗里曼编，（Cambridge, MA: Harvard University Press, 1999），第 605 页（《政治自由主义》，万俊人译，译林出版社 2013 年版，第 38 页。以下引文参照该译本——译者）。从这个公民身份的观点来看，当 2007 年 10 月贝拉克·奥巴马在爱荷华州跟宗教领导人说"他保护环境的承诺受他跟耶稣基督关系的影响"时（http://www.thestar.com/article/268433），他背叛了他作为公民的职责。的确，罗尔斯把公共理性限制在"宪法的根本和基本正义问题"方面的应用，但是他并没有真正讲清楚如何在"宪法的根本问题"和其他政治问题之间划定界限，也没有真正讲清楚人们如何能够划定这个界限。参见马克·克拉迪斯："宗教没什么特别"，http://www.ssrc.org/blogs/immanent frame/2008/06/25/nothing-special-about-religion，第 3 页。

③ 杰里米·沃尔德伦：《上帝、洛克和平等》，（Cambridge: Cambridge University Press, 2002），239 页。

284　　　与沃林在第一个题引里提出的观点相反,约翰·罗尔斯那里根本就没有公民宗教的工作。然而他有一个使宗教通俗化的工作,这个工作对于定义罗尔斯自由主义目的至为重要。可以说,正如作为自由主义哲学家的约翰·洛克真正伟大的地方可能不在于他关于财产和个人权利的观点,而在于他对宗教的理论回应,约翰·罗尔斯也是如此。本书第二部分描述的整个知识轨迹通过罗尔斯《政治自由主义》的导论得以完善。自由主义实际上是通过宗教来定义的,是通过非自由的宗教对世俗政治秩序发起的挑战来定义的(公民的联合是为了公民身份这一利益)。今天已达成普遍共识的是,罗尔斯的政治哲学代表了自由主义传统的最高表达,至少到二十世纪末为止是这样的。(谁知道自由主义在将来会有哪些进一步的发展呢?)因此通过考察罗尔斯的关于公民身份和宗教的观点,来考察第二部分的自由主义并得出结论似乎是合适的。我对沃林的回应是,罗尔斯事实上可能已经对他的自由主义哲学提出了更可行的解释了,即使他曾在他的自由主义学说里论述过"公民崇拜"。简要来说,我的这一章的论点是罗尔斯是如此反对宗教神权政治以至于他极力避免让(他所认为的)"自由主义的神权政治"合法化——这会削弱他的自由主义。

　　　《政治自由主义》已经在当代自由主义学说中令人惊讶地引发了一系列讨论。④ 这很好理解,因为后罗尔斯主义的讨论引发的话题对当代社会(也就是,目前激进的种族的、文化的和宗教的多元主义)具有深远意义。我认为罗尔斯提出的关于自由主义公民身份以及它如何与宗教的自由主义形式相适应等问题都非常值得政治哲学家去关注。然而,我认为在《政治自由主义》里有一个突出的文本——即罗尔斯努力为自由主义下定义的文本,特别是他的导论中⑤讨论十六世纪和十七世纪的宗教战争的文本,它在罗尔斯的著作里没有得到应有的关注。当然,追溯自由主义回到他的历史主义文本也不新奇;相反,说自由主义

285　起于宗教战争,事实上都老套了(当然,这并不是说它不正确)。因此,罗尔斯选

---

　　④　约翰·罗尔斯:《政治自由主义》,(New York:Columbia University Press,1996),后文《政治自由主义》引用均出自这个版本。

　　⑤　《政治自由主义》,第23—30页。在《政治自由主义》的第148—149、159、303—304页也有简要的讨论,在第154页(中译本,第143页。——译者)有重要的论述:"倘若公平正义能使一种重叠共识成为可能,那么它就可以使肇始于三个世纪以前的通过人们逐步接受宽容原则,并导致出现不支持某一特定教派的国家和平等良心自由的那种思想自由运动得到完善和扩展"(着重强调)。另见他去世后出版的《政治哲学史讲义》第11页,萨缪尔·弗里曼编,(Cambridge,MA:Harvard University Press,2007),在那里罗尔斯列出了对宗教改革和宗教战争的回应,它构成了建构现代自由主义的"三个主要历史起源"的第一个,其他两个是立宪政府和普选制。

择用这种类型的故事来介绍他自己版本的自由主义之关键部分是很有趣的。罗尔斯是如何编织他的故事的——也就是说，他是如何选择并充实（尽管显得简明扼要）这个陈词滥调或老生常谈的，这尤其有趣。它对我们理解《政治自由主义》引起的其他讨论也很有帮助。

宗教战争与现代自由主义者仍然有关系吗？在对罗尔斯的讨论中我认为应该考察他在《政治自由主义》导论中高度精简地对自由主义起源的解释，并探究这个谱系的叙述是如何塑造晚期罗尔斯的更大理论议程的——这个做法很有问题（我会尽量去解释原因）。在《政治自由主义》的导论里，罗尔斯的自由主义谱系太过精炼，但是我认为掌握它提出的哲学结构的本质和它的活的原则至关重要。

在转向罗尔斯的谱系之前，我们简要了解一下罗尔斯的观点，即把自由主义国家建立在"完备性学说"（包括自由主义的完备性学说）基础上不仅是不必要的，而且是不合法的，这一点毫无疑问是《政治自由主义》的核心观点。在重要意义上，罗尔斯在《政治自由主义》里让他自己与自由主义历史相分离，与此相反，在《正义论》当中，他跟自由主义历史相一致（或者至少与历史上某个版本的自由主义相一致）。现在罗尔斯坚持认为，要成为一个自由主义者，没有必要提出类似于人类是什么这样的宏大观念——或者什么目标是人类的特殊的目标——也没有必要让自由主义者献身于这些观念。康德和 J.S.密尔以不同的方式都同意这一观点。这表明他们都对"作为一个完备性学说的自由主义"作出了共同的承诺——因此罗尔斯在自由主义的"完备性"版本和（仅仅是）自由主义的"政治的"版本之间作出了著名的区分。在罗尔斯看来（《政治自由主义》如此主张），不仅没有必要提出一个如此宏大的观点，而且事实上人们即使不主张这个观点也可以成为一个更好的自由主义者——因为他可以对周围的公民表现出更多的尊重。

不过，罗尔斯为什么如此反对诉诸完备性学说来为自由主义辩护呢，这很让人困惑。他真正的底线是，如果国家把诸如自由的自治作为生活中的完备性学说而赋予它特权，那么这个国家就不会公正地对待那些不持有这一独特生活观的人。这就是"宏大的自由主义"。实际上，罗尔斯认为，要求自由主义国家所有成员都选择宏大的自由主义，这隐含着不公正，这就促使他转而选择我们所谓的"适度的自由主义"。适度的自由主义限制自身以把共同的公民身份降到最低限度：（仅仅是）公民身份的自由主义而不是存在主义的世界观方面的自由主义。

这里就是困惑所在。罗尔斯之后的自由主义哲学可能不再主张个人自治是政治上优先的人生观。但公民身份很重要——它是如此重要，宗教承诺都不应该超过对普遍公民权的承诺——这一观点的确是首要的。在何种意义上赋予公民身份的特权并不意味着人生观？⑥ 在何种意义上这样的人生观并不意味着如下观念？即共同的多元化共存应该规范地予以肯定以及神权政治（或者神权政治的野心）应该规范地予以否定之观念。事实上，公民应该相互尊重这一理念表达的观念已经相当丰富了。如此看来，虽然宏大的自由主义好像已被罗尔斯挡在的适度自由主义前门，但其关键因素已经悄悄溜入了后门。⑦

我现在准备比原计划用更多篇幅来讨论关于罗尔斯政治自由主义标准的争论⑧（尽管我本章会论及它后来所面临的挑战），我们先讨论谱系问题。在罗尔斯看来，由谱系引起的问题是，自由主义根本上是否是一个与历史无关的理念系统——这是一个受道德和理智强制的理念的系统，因为它在哲学上是连贯的（罗尔斯两本主要政治哲学著作提出了这种连贯性）；还是说，自由主义的强制是否产生于我们对历史经历的独特领会；如果是后者，那么宗教如何在历史上占据一席之地？罗尔斯最直接提出这个问题的地方是《政治自由主义》的导论，而且相比于人们对他主要政治哲学著作的期望，他给的答案更多的是面向历史（接近于历史哲学）。⑨ 接下来我特别感兴趣的是，为什么罗尔斯觉得这是被迫进入自由主义起源的浓缩的历史，以及这个谱系的故事如何有可能偏离了罗尔

⑥　为了说明这一点，我认为是"公民政治"而不是个人自治才是罗尔斯应全身心投入以使他的自由主义与之完全一致的"完备性学说"。然而，不用说，以这种方式彻底重塑罗尔斯的自由主义，意味着全面消除罗尔斯在《政治自由主义》第205—206页提出的公民共和主义和公民人道主义二者之间的区分。更进一步的观点是：罗尔斯的标准线是把某个完备性学说变成公共领域的，而不是让它们成为门挡破坏政治统一体。然而，如果进入公共领域的完备性学说就是对共同的政治生活的承诺，那么说这个完备性学说是公民联合的解决方案就没什么意义了。

⑦　罗尔斯谱系的结尾[《政治自由主义》，第30页（中译本，第14页。——译者）]写道："道德哲学的普遍问题不是政治自由主义所关注的，除非这些问题影响到背景文化及其完备性学说对一立宪政体的支持方式"（着重强调）。这似乎恰恰是通过后门清扫"宏大的自由主义"的邀请。

⑧　帕特里克·尼尔：《政治自由主义敌视宗教吗？》，载《对罗尔斯的反思》，肖恩·P.杨编，（Farnham, UK: Ashgate, 2009），第153—175页，对与宗教相关的"标准的讨论"做了很有益的总结。尼尔给出了一个有说服力的例证，最后，罗尔斯对宗教家的政治排斥远没有牢固到能够对他的批评者提出的责难进行辩护的程度。然而，人们会问这个问题：如果在实践中罗尔斯允许在政治辩论中表达宗教的完备性学说，那么要让这个完备性学说服从公共理性，还需要做些什么？

⑨　用这种方法说明问题就表明《政治自由主义》导论与《政治自由主义》是并行的，而不是《政治自由主义》争论所设计的一个部分。我意识到这是一个很大的悖论，但我认为我提出的观点足够清楚了。

斯成熟著作中自由主义的核心概念。

罗尔斯声称他的政治自由主义理念不是一个哲学发明，而是对特定历史塑造的现代民主政治文化的特征作出的理论表达——该历史展示了古人和现代人之间的关键分歧，这样罗尔斯就引入了谱系。罗尔斯强调他自己叙述的观点仅仅是一个"推测"（《政治自由主义》，第23页），但是他明显认为这些论述肯定对现代政治的议程发挥了重要影响。罗尔斯的谱系故事是什么？这个故事始于古希腊。他认为希腊人给"公民宗教"提供了一个正确的模式——这个宗教以融入社会实践和履行公民主要职责为中心，而不是关注于教义或信守圣经文本的训诫。它不是让一群牧师来主持救赎，而是教公民如何成为公民。⑩ 希腊世界范围内最高善的观念是通过"功名，权力和财富，社会地位和声誉"（《政治自由主义》，第24页）来定义的，荷马时代的宗教没有挑战这些思想的最高地位而是强化了它们：荷马时代的神基本上是具备这些最高善观念的人类的复制品，尽管这个观念是以诸神而不是芸芸众生的形式体现出来的。因此，对这一生活愿景的挑战（表达古代武士阶层伦理）不是来自宗教而是来自苏格拉底和后苏格拉底的道德哲学（《政治自由主义》第23—24页）。罗尔斯认为苏格拉底的传统挑战的并不是公民宗教，而是解决了公民宗教并不关注的问题，而且在解决这些不同问题时它更多直接诉诸理性。⑪

罗尔斯迅速跳进现代性，关注三个关键的进展：宗教改革，中央行政管理的发展，现代科学的兴起。三个进展当中，罗尔斯明显最感兴趣的是宗教改革，关注它如何改变中世纪的基督教，它最终如何成为后十八世纪令人震惊的宗教、文化和社会多元主义的来源。因此，罗尔斯的谱系所展示的不是两阶段的历史（古代和现代），而是真正的三阶段历史（公民宗教，前宗教改革时期和后宗教改革时期，其中自由主义是对第二阶段和第三阶段的冲突的回应）。第二阶段是如何与第一阶段相关的？罗尔斯阐述了很多重要区别：中世纪的基督教是专制的，而希腊的公民宗教不是；前者是一种"救赎的宗教"，承诺得救之人可得永生；它是有教条的宗教，要求接受特定的强制性的信条；就像霍布斯和卢梭两人

288

---

⑩　要了解对罗尔斯关于希腊宗教之论述的尖锐批评，参见丹尼尔·A.东布罗夫斯基：《罗尔斯和宗教：以〈政治自由主义〉为例》，（Albany，NY：SUNY Press，2001），第3—4页。东布罗夫斯基在这本书中的论点是，应对宗教问题不是《政治自由主义》所独有的，而是贯穿了罗尔斯的全部作品，某种意义上人们还没有充分认识到这一点。

⑪　柏拉图在《理想国》里提出的对荷马明显的挑战让人们不禁要问，荷马传统和苏格拉底传统是不是没有罗尔斯所认为的那么多的直接对抗。

强调的那样,它是"牧师的宗教";而且最后也是最重要的一点,它是帝国主义的宗教,它提出了很多普世性的主张,远远超过了那些古代特定城邦的政治的宗教(《政治自由主义》,第25页)。中世纪基督教的这些不同特征形成了一个整体,尽管罗尔斯没有引用卢梭,但他所有关于基督教这些特征的论述都印证了卢梭公民宗教篇章的分析。然而,定义宗教改革和支配性宗教之间关系的关键性因素是,它完全没有清除前任宗教这些专制的、非自由的、帝国主义的特征。相反,宗教改革带来了中世纪基督教的复制的双胞胎:同样是教条的,同样不宽容(《政治自由主义》,第25页)。⑫ 随着这两个救赎主义的、教条的且帝国主义的宗教相互对抗,毫不奇怪会出现长达几个世纪的可怕的宗教战争。⑬

宗教改革不仅要面对一个教条的不宽容的专制的教会,还要面对一系列教条的不宽容的教派;它也带来了世界观的巨大的多元化,这些世界观作为符合理性标准的重叠共识的对象最终为政治自由主义提供了舞台。宗教改革的最终结果是多元论成为可能——只有在"基督教世界产生分裂"的基础上,多元主义才有可能——这反过来也促进了宗教自由,尽管这远非路德和加尔文(他们仍然全心关注一个独特的有约束性的神学真理观念)的初衷。⑭ 考虑到它直接导致了战争,人们很容易把基督教世界的分裂全然看作一个"灾难",但是从长远意义来看这是不对的:理性的多元主义建立在自然的"自由条件下的理性的运作"

---

⑫ 要了解关于如下问题的另一个重要讨论,即中世纪天主教和宗教改革新教在宗教不宽容方面如何相似,参见罗尔斯:《正义论》,(Oxford:Oxford University Press,1973),第215—216页。另见罗尔斯:《再论公共理性》,第603页,注释75:"迫害的狂热一直是基督教巨大的诅咒。它被路德教,加尔文教和其他宗教改革新教所沿袭,在天主教会里直到梵二会议都没有发生根本改变。"参见康德的有关"极端普世性的新教徒"观点:伊曼努尔·康德的《纯然理性界限内的宗教》,艾伦·伍德和乔治·迪·乔瓦尼编,(Cambridge:Cambridge University Press,1998),第117页。托马斯·潘恩对宗教改革代表天主教重要的改善的怀疑(《理性时代》,M.D.康威编,Mineola,NY:Dover,2004,第62页)。吉本对天主教狂热和新教狂热的关系给出了一个形象的概括:"老虎的本性是相同的";爱德华·吉本:《罗马帝国衰亡史》,大卫·沃默斯利编,(London:Allen Lane,1994),第3卷,第438页。对于新教神学是否不如天主教神学残暴的问题,吉本讽刺地说道,"许多冷静的基督徒相比于接受上帝是残酷且反复无常的暴君,他们更愿意承认圣饼就是上帝"(第437页)。

⑬ 《政治自由主义》,第27—28页(中译本,第12页。——译者):"救赎主义的、信条化的和扩张主义的宗教之间的冲突……将一种超验的不容妥协的因素引入了人们的善观念。……政治自由主义一开始便把这种不可调和的潜在冲突牢记在心。"这就是说,如果人们坚持审判这个涉及善的观念的世界观战争,宗教战争将永远不会停止。自由主义的社会通过阐明从这些善的冲突的观念中抽象出来的政治的正义(或者公民正义)这一独立的观念,最终成功地从这个困境中脱身了。

⑭ 罗尔斯(《政治自由主义》,第26页)恰当地引用了黑格尔的观点,正是因为基督教会的分裂,"国家才能够完成它作为自觉的合理性和伦理生活之使命[*Bestimmung*;T.M.诺克斯把它翻译成'完成使命']"。

的基础上(《政治自由主义》,第26页)。政治自由主义"假定理性多元论为一种诸完备性学说的多元论事实,既包括诸种宗教学说,也包括诸种非宗教学说"(同上),也因此宗教改革得感谢它自身的可能性。罗尔斯承认在一个有效的多元社会的历史经验之前,假定"社会的统一协和需要对一种普遍而完备的宗教学说、哲学学说或道德学说达成一致"(《政治自由主义》,第27页<sup>*</sup>),这并不是非理性的或者非自然的——这些学说指的是某些神权政治,或者至少是公民宗教。只有"在具有自由制度的社会中才能成功且和平地实行宽容",这就说明稳定不必建立在不宽容上(同上)。即使宗教鼓励我们相信那些不是同一教派的人应受诅咒,但"相信那些与我们长期有效合作、一道维护正义社会"(同上)的普遍合作的行动也会说服我们。即使宗教改革者们仍然相信稳定需要神权政治,但长期以来努力处理由宗教改革产生的多元主义的历史经验已经让自由社会认识到,激烈的多元主义中的真正稳定需要有对立面(宽容和尊重良心自由)。

问题的解决办法在于把政治正义从"至善"(《政治自由主义》,第27页)中分离出来。⑮ 古代人不必处理这些政治正义问题,因为"救赎主义的、信条化的和扩张主义的宗教之间的冲突"(同上)是他们从未经历过的。中世纪基督教也没经历过,因为那时教会在神学上是垄断的。在此意义上,宗教改革带来的独特之处就在于:人们可以进行政治合作却不必共享一个完备性学说。那些共享公民权的人不大可能因"深刻的教义冲突而发生分化"(同上),直到某个人偶然想起区分正义与"善"。罗尔斯认为,"善"是通过他们的宗教为现代人定义的(同上),因此,当一个人成功地把善(完备性学说)的问题从正义范畴中分离出来时,现代自由主义才有可能解决宗教改革带来的问题。这恰恰是历史性的转变,政治自由主义声称要在理论层面对它实现概念化。

在谱系的最后部分(《政治自由主义》,第28—29页),罗尔斯通过"道德知识"去神权化和去教权化对理智运动(由英勇的休谟和康德这样的理智人物组成)作出了一个简要但深刻的论述。对道德秩序的忧虑被认为是来自内部而不是外部,大众普遍感到忧虑而非仅仅牧师精英阶层感到忧虑。而且,伟大的启蒙思想家们掀起了一个道德革命,这就表明人类不因神律的强制而去做道德上正确的事情是可能的。罗尔斯在道德哲学方面与伟大的自由主义运动结盟了吗?

290

---

\* 中译本,第11页。——译者
⑮ 这个表述是对霍布斯的回应。在本章快结束时我会再来讨论这个问题。

没有。尽管这些思想家有可能是正确的，但如果他们采取了"立宪民主政体的政治之正义观念"（《政治自由主义》，第29页）所要求的立场的话，他们实际上就通过寻求"确立一个独立于教会之外的、适应于日常有理性和良心之个人的道德知识基础"（《政治自由主义》，第28页*；着重强调）而提出了不自量力的自由主义版本——也就是，建立了一套新的道德真理，即在哲学分析的层面上去回答敌对的救赎主义者也会冒昧去回答的问题。只要最终真理关注到这些问题，我们原则上依然会陷入那个我们试图逃离的十六世纪的污水池。相反，政治自由主义坚持"在各完备性学说之间保持公正无偏"（《政治自由主义》，第30页）[16]，不对以下两种观点做评判，一方认为道德秩序内在于人类本性，另一方认为它是神圣命令的产物。

谱系追溯的（即便相当简洁）就是如下历史进程，即从坚持政治垄断和反对妥协的完备性学说变成了理性的完备性学说。什么是理性的完备性学说？一个理性的完备性学说不会断言真理（罗尔斯会自然倾向于说成是它的真理）足以强力排除其他公民的完备性学说。[17] 这便呼吁我们回到卢梭的公民宗教那章的结论：在卢梭看来，如果我们认为那些献身其他救赎教义的人是应受诅咒的，那么很明显我们不能跟他们分享公民权。[18] 罗尔斯这一谱系的目的是展现前自由主义宗教的历史（包括天主教和新教），说明它们在此意义上都不是合理的。为了变得合理（也就是向全体公民开放），这些宗教必须经历一个自由化的过程。

291

---

* 中译本，第12页。——译者

[16] 这是罗尔斯的调和：拒绝融入重叠共识的宗教将会在政治上失去效力，反之，那些融入的将免遭任何道德或哲学的挑战。一些批评家会攻击调和的一面；另一些批评家则会攻击另一面。罗尔斯的妥协既不会使那些致力于宗教的人满意，也不会使那些敌对宗教的人满意（中译本，第14页。——译者）。

[17] 参见《政治自由主义》，151页（中译本，第140页。——译者）："平等的良心自由……将宗教真理排除在政治议程之外。"

[18] 让-雅克·卢梭：《社会契约论》，R.D.玛斯特编，J.R.玛斯特译，（New York：St.Martin's Press，1978），第131—132页（中译本，第187页。——译者）："有谁要是胆敢说：教会之外，别无得救，就应该把他驱逐出国家之外"（第四卷，第8章）。在罗尔斯《正义论》的第215—216页对卢梭的公民宗教一章有个简要评论，但是罗尔斯集中讨论的是卢梭自己的不宽容——批判卢梭因为它不对天主教宽容。有人试图用卢梭第2卷第3章中对公意的表述"除掉这些个别意志间正负相互抵消的部分而外，则剩下的总和仍然是公意。"[《社会契约论》，玛斯特编，第61页（中译本，第39页。——译者）]来解释罗尔斯"重叠共识"这个关键思想。卢梭和罗尔斯的并列暗示一个有趣的想法，在他们两人那里，政治共识不是通过把它建立在积极的东西上，而是通过政治减少使公民相互分离的承诺来实现的。进而言之，布莱恩·巴里非常有趣地认为罗尔斯是站在卢梭传统中来思考社会秩序的，可参见巴利的"约翰·罗尔斯与稳定性的寻求"，《伦理学》，105卷（1995年7月），第880页。

当自由化的需求面对其他宗教相同的自由化需求时,宗教战争当然极富教育意义。政治自由主义只有在这一自由化过程(这个谱系)自身已经展开时才有可能。[19] 我们有理由把罗尔斯的政治自由主义当作一个"密涅瓦的猫头鹰"式的学说——当自由化工作已经通过特定的历史过程完成时,它才作出哲学的阐释。这一谱系揭示出罗尔斯的自由主义是"黑格尔式"的,只要它不是理智独立的(也就是非历史的),而是依赖与一个必要的(古代的)自由化历史。[20] 换句话说,它是罗尔斯政治哲学结构的一个部分,正如黑格尔的学说那样,它提出的是一个怀旧的或者倒退的自由主义,而不是向前看的自由主义(像斯宾诺莎、洛克、孟德斯鸠等的自由主义那样)。

292

　　但是接下来有人会问:这个"密涅瓦的猫头鹰"式的哲学在历史已经完成的基础上又增加了什么? 人们可能会说,那就是不要试图去做任何事;只承认已经展开的自由化的历史。由于宗教没有参与自由化的历史,它不能提供"真正的"论据或鼓励自由化的"规范性基础"。它只能提醒他们这个不文明的宗教历史已经教导的故事:非理性的宗教带来了血流成河,反之,理性的宗教收获了普遍公民权的这个好处。

　　说完所有这些,仍然要承认远没有说清楚为什么宗教战争与当代自由主义者关心的事情直接相关。罗尔斯自己在几个地方承认这一点。就在他结束《政治自由主义》导论中谱系的叙述时,他写道(第 30 页[*]):

　　我强调宗教改革和有关宽容的长期争论是自由主义的渊源,就当代政治生活问题而言,这样做似乎不合时宜。在我们最基本的问题当中,种族问题、种性

　　⑲　参见布兰登·奥利里:《自由主义、文化多元主义、丹麦漫画、伊斯兰的欺诈和不敬神的权利》,《国际迁移》,第 44 卷,第 5 期(2006),第 24 页:目前一神论宗教的自由化版本"当然不再是,至少对于现在来说已不是它们本来所是的宗教。许多基督教和犹太教的鼓吹者已经缓和或者修改了他们信仰的历史上的核心教义,正是因为科学的证伪、文本的批判和西方核心地带的嘲讽。"在这个文本中,奥利里提到"约翰·罗尔斯关于所有宗教'重叠的多元共识'这个可笑的主张,他认为这个主张可以与自由主义兼容";人们可以补充说,罗尔斯似乎默许了一个假设,这些宗教已经经历了自由主义化的前过程。参见奥利里,第 32 页:"受到认真对待的自由主义原则冒犯了受到认真保存的历史上各种版本的一神教。"奥利里第一次引用的"至少对于现在来说"这句话可不是个好兆头。

　　⑳　参见《〈公益〉对罗尔斯的采访》,载罗尔斯的《论文集》,弗里曼编,第 621 页:"我会作出一个历史性的回答,我不会作出一个理论性的回答。"这有助于解释为什么理查德·罗蒂与罗尔斯、黑格尔、杜威联盟,而不是与康德联盟:参见《民主对哲学的优先性》,载罗蒂的《客观性,相对主义和真理》(Cambridge:Cambridge University Press,1991),第 180—181、184—185 页。在杜侃·伊威深的《后殖民的自由主义》(Cambridge:Cambridge University Press,2002)第 7—8 页中对罗尔斯学说的黑格尔因素,还有过暗示性的评论。

　　＊　中译本,第 14 页。——译者

问题和性别问题是最突出的[然而他想说的似乎是,那些宗教大多数已经解决了——作者]。

而且,在他的《政治哲学史讲义》关于密尔与洛克的宽容学说关系的讨论中,罗尔斯写道:

宗教战争期间,人们理所当然地认为信仰的内容是最重要的。一个人必须相信真理和正确的教义,否则他将很难得救。宗教错误被恐惧地当作一件可怕的事情;而且那些传播错误的人引起了恐惧。然而,到了密尔的时代,人们对问题的看法有了明显的改变。争取宽容原则的斗争很早之前就取得了胜利。[21]

如果罗尔斯认为宽容问题在"争取宽容原则的斗争很早之前就取得了胜利,"[22]那么为什么他认为要通过使宗教战争回到自由的议程上来而重新激活它呢?

293

一方面,很难说宗教战争与建立当代自由主义理论如何相关。另一方面,也很难说宗教战争与它不相关(或者再一次变得相关)。我们可以参考马克·里拉在最近的一本书中所写的:

两个世纪以来,从美国和法国革命到苏联共产主义的破产,西方政治生活反复出现突出的政治问题。我们争论战争和革命,阶级和社会正义,种族和国家身份。今天,我们已经进步到再次反对十六世纪战争的地步——关于启示和理性、教条的纯洁性和宽容、灵感和同意、神圣义务和共同标准。我们混乱而困惑。我们难以理解为什么神学思想仍然掌控人们的头脑,激起的救赎主义热情使社会破败不堪。我们曾假定这个战争不再可能了,人类已经学会把宗教问题与政治问题分开,迷信灭亡了。但我们错了。[23]

正如从后9·11事件的有利位置来看,这可能史蒂芬在某些方面对我们现状是一个有说服力的描述。(毕竟,这个世界有可能出现拥有核武器的神权国

---

[21] 罗尔斯的《政治哲学史讲义》,第309页。有趣的是,史蒂芬·B.史密斯在这本书的评论里批评罗尔斯没有将他所知道的关于16—17世纪背景知识纳入到他对经典自由思想家的解读中:参见斯密斯的《我们时代的哲学家》,《纽约太阳报》2007年5月11日(http://www.nysun.com/article/54265,第3页)。

[22] 此外,当罗尔斯写道:"平等的良心自由……将宗教真理排除在政治议程之外"(《政治自由主义》,第151页)之时,有人可能把这个解释为历史完成的总结:因为17世纪为良心自由而斗争是成功的,宗教真理已被排除在政治议程之外。

[23] 马克·里拉:《夭折的上帝:宗教、政治和现代西方》,(New York:Knopf,2007),第3页。里拉在他的论证的总结中(《上帝的政治》,《纽约时代杂志》,2007年8月19日,第30页)正确地强调了伊朗总统阿玛迪·内贾德致乔治·W.布什(2006年5月8日)的公开信是在当代世界继续恢复(或者重新开始)神权政治的明显证明。

家——我们的世界！——世界的安全并不像看上去那样掌握在世俗主义手中。㉔）然而，罗尔斯不可能是本着这种精神来叙述宗教战争的。那么，对于罗尔斯的哲学主题来说，十六世纪的相关性是什么呢？

在这里我可以试着对这一问题提供几个可能的回答，同时我也试着重构谱系是如何为《政治自由主义》设置更大议程的。我们总的论题是，罗尔斯追溯自由主义的起源，认为它是对宗教战争导致的毁灭的回应，因为它用相当戏剧性的方式说明了为什么政治自由主义必须摆脱所有的完备性学说（在可能的范围内）。稍许有争议的是，有人可能说宗教战争的说法太过夸张了，只要一个自由政体的公民想要把他们的完备性学说（特别是宗教完备性学说）作为公共交流的主题，就不会太糟糕。《政治自由主义》导论中强调的宗教战争告诉我们，将某个完备性学说引入政治领域就意味着十六世纪神权国家所做的用国家权力强制实行完备性学说。我会把这看作是对罗尔斯主义议程的偏移，但是罗尔斯主义的学者将对这个问题有明显不同的看法。

罗尔斯在接受《公益》采访时再次回顾了宗教战争问题，而且我们也能从那个讨论当中看到一直提到的十六世纪竞争的宗教国家（天主教的和新教的）与罗尔斯公共理性观念反对完备性学说直接相关。人们对《政治自由主义》核心论点（也就是在罗尔斯诉诸公民理性时"隐含地论证世俗主义"）提出了普遍的反对，罗尔斯回应如下："美国有多少宗教？它们是如何共同相处的？历史上常见的方式就是一决胜负，就像十六世纪的法国那样。它虽然只是一种可能性。但是你如何避免这种情况？……除了公共理性我找不到其他办法。"㉕这里又出现了夸张的强制成分：在政治领域中人们都应该放弃他的或她的完备性学说，如果做不到这一点就意味着重回十六世纪人们必须"奋战到底"的状态（这也意味着，一旦完备性学说进入国家权威领域，这就是不可避免的结果）。

对前自由主义宗教战争问题的处理是为了禁止天主教把天主教人生观作为公民权的条件；为了禁止新教把新教人生观作为公民权的条件；等等。然而，我认为这也暗示了罗尔斯一个深层神学困境：如果天主教徒不得坚持天主教的人生观，新教徒不得坚持新教的人生观，那么自由主义者可以坚持自由主义的人生观吗？如果我们允许我们自己把自由主义作为一种世俗宗教，也就是说，当天主

294

---

㉔　"拥有核武器的神权国家"要么通过伊朗拥有核武器成为可能，要么通过巴基斯坦成为远超它目前程度的神权国家而可能。目前没有一种可能性得到了排除。

㉕　《〈公益〉对罗尔斯的采访》，第619、620页。

教和新教神权政治被禁止了，一个"自由主义的神学政治"应当得到允许吗？㉖所有完备性学说，不管是宗教的还是哲学的，它们在原则上都是"宗教主义的"，人们不能诉诸它们来帮助一个正当的自由主义政体。因此（尽管有矛盾），诉诸一个自由主义的人生哲学来建立一个自由主义政体是不合法的。

人们完全能看出这一思想的线索，但是它也引起了很严重的问题，一个人是否可以为了政治目的而不去关心人生的结果，同时明确把公民权的需要置于信仰的要求之上（至少在信仰反政治的情况下）。在《政治自由主义》导论中，罗尔斯写道，"为了在各完备性学说之间保持公正无偏，政治自由主义不具体讨论那些学说对之持有分歧的道德课题。"（第30页）他同样写道"对整个真理的热情"代表了一种诱惑，诱惑人们去建立一个比宪政政体更理想的哲学理想化的自由社会，而政治自由主义成功地抵制了这一诱惑（《政治自由主义》，第42—43页）。然而，一个坚定地平等的、"公民主义的"（致力于共同的公民权的强大的学说）、并且完全世俗的社会观能够按照罗尔斯说的那样"在各完备性学说之间保持公正无偏"吗？

为什么罗尔斯如此反对他的自由主义被说成是按照完备性学说建立的？在很多地方，如此做法将导致他的哲学事业简单化。这也可以让他免除批评者的指责（这写指责不是没有道理的），批评认为他在表明中立的背后隐藏着强大的哲学主张。㉗罗尔斯自己似乎有点相信所有追求完备性学说——包括那些追求完备性的自由主义版本——的人都潜藏着将这一学说强加给所有社会成员的野心。在《政治自由主义》第37页 *，他写道：

---

㉖　人们可以把这个和前面第二十一章和第二十二章的有关密尔试图把自由主义当作一个新的普遍纲领这一分析联系起来。参见理查德·弗农的《朋友，公民，陌生人：论我们属于哪里》(Toronto: University of Toronto Press, 2005)，第144页："如果自由主义是一种宗教，它如何增强那些甚至不同意该学说之人的义务？"当然与此相关的是，斯坦利·费希有力地论证了自由主义无法从洛克的那种每个教会都以自身为正统的原则当中获得豁免：《不可能完成的任务：在教会和国家间设立恰当的界限》，《哥伦比亚大学法律评论》，第97卷，第8期（1997年12月），第2255—2333页。罗尔斯如他之前那样开始深化《政治自由主义》的论证，恰恰是因为他开始赞同费希的观点，所有的完备性学说（包括自由主义）原则上都是教派主义的；尽管如此，费希似乎不会相信《政治自由主义》的论证，即罗尔斯的自由主义不再把自己看成教会的正统了。

㉗　参见乔治·克洛斯科《罗尔斯的公共理性和美国社会》，《对罗尔斯的回应》，杨编，第32页："以保护公民免于另一个完备性学说的伤害为幌子，中立主义者站在他们的立场来确保他们的学说会赢"；克洛斯科表达的正是迈克尔·麦康内尔的观点，但是克洛斯科明显也认为这个批判相当有力。不用说，一大批批评罗尔斯的人也面临类似的挑战。

＊　中译本，第34页。——译者

　　只有靠压迫性地使用国家权力，人们对某一种完备性国家学说、哲学学说和道德学说的持续共享性理解才得以维持下去。如果我们把政治社会当作以认肯同一完备性学说而达到统一的共同体，那么，对于政治共同体来说，压迫性地使用国家权力就是必需的……宗教裁判所的产生并不是一种偶然，它对异教徒的压制，是保持那种共享的宗教信仰所需要的。我相信，这一解释同样适用于任何合乎理性的完备性哲学学说和道德学说——无论是宗教的，还是非宗教的。一个统一在合乎理性的功利主义基础上的社会，或者，一个统一在康德或密尔之理性自由主义基础上的社会，同样需要有国家权力的制裁，以保持该社会的统一。

　　在随后一个注释里（第37—38页，注释39），罗尔斯承认这一切（即康德式或者密尔式专制的概念）似乎都是矛盾的；然而他再次重申整个社会都认肯某一种哲学包括自由主义的哲学，并要求把这种哲学强加于整个社会（以及康德式或者密尔式的审查者等），这个观念在原则上跟中世纪天主教的政治强迫没有什么不同。他再次申明，坚持一个完备性学说，不管是宗教的还是哲学的，都意味着要强迫整个社会来接受那个学说——即通过"独裁地使用国家权力"的方式强加正确的哲学（《政治自由主义》，第304页）。[28] 这里所展示的思想实验实际上很是奇怪。那些投身哲学事业的人典型地致力于在完备性学说层面上作出反思（也就是，作为一个纯粹理智活动），而不期望（潜在的或表达出来）在政治上被强加那些学说。如果不考虑柏拉图的哲学王构想，为什么有人甚至会相信像康德或者密尔那样的哲学概念是作为国家宗教而强制性地强加给整个社会的呢？

　　在《政治自由主义》第134—135页有一段相关文本：罗尔斯说他提供了一个"占支配地位的传统"的替代品，从柏拉图和亚里士多德一直到西季威克和（我们时代的）拉兹和德沃金，哲学家们都企图确立关于善的正确的概念。与政治自由主义相关的理智突破在于意识到"占支配地位的传统所试图回答的问题并未真正得到解答：任何一种完备性学说都不适合于作为立宪政体的政治观念"（第135页*）。这再一次表明，主导性的传统目标在于提供国家强制的正

296

---

　　[28]　参见在《作为公平的正义：政治的而非形而上学的》中重要论述，载《论文集》，弗里曼编，第394—395页："宽容原则的唯一替代性选择是国家权力的排他性运用。因此，从哲学上来说，作为公平的正义有意继续停留在表面。……哲学追寻的是有关独立形而上学和道德秩序的真理，我认为，它不能为民主社会中正义的政治观念提供一个可行的和相同的基础。"理查德·罗蒂的《论民主对哲学的优先性》第175—196页也有类似的观点。

　　*　中译本，第125页。——译者

统神学。为什么人会因为"对整个真理的热情"(第42—43页)而愉快,却不会同时因为政治强制贯彻这条真理的热情而感到愉快?㉙

需要补充说明的是,人们可能会质疑罗尔斯主张的完备性学说与政治学说的区分与宗教无关。但假定某个人是马克思主义者或者说是环保主义者。他能区分政治承诺与关于生命终结的宏大观点吗?问题不在于是否应该允许把这些"教派的"观点强加给整个社会(以神权政体的模式),而在于这些观点是否应表明它们企图覆盖的范围的并由此接受合法性的审查。看来,我们的结局似乎是政治反思和辩论领域的普遍收缩或扁平化。㉚ 如果大多数非自由主义的政治观点——不仅那些宗教主义者所持的观点——与政治上有危险但更为宏大的观点建立联系,那么只有那些不放弃政治承诺的公民才是罗尔斯主义的政治自由主义者。事实上,相同的挑战也发生在自由主义者身上(比如克里斯托弗·希金斯),他们致力于以罗尔斯主义所不允许的以政治指控的方式挑战宗教主义者。丹尼尔·东布罗夫斯基关注的是回应罗尔斯的批评,批评认为"罗尔斯的逃避策略剥夺了政治哲学兴奋性与重要性。"㉛人们更为担心的是这个理论策略将会剥夺政治的兴奋性和重要性。罗尔斯的"理性多元论"试图平息多元主义,它假定一个并不太平的多元主义,政治上来说,这个多元主义将很容易导致恢复十六世纪风格的刀枪之上的政治(它在二十世纪相当于黎巴嫩,在二十一世纪相当于伊拉克)。

罗尔斯公共理性学说之所以不连贯,似乎是因为它试图同时具有包容性与排他性:它是一个大的帐篷,欢迎所有"合理的"完备性学说,但是必须排除那些不合理的完备性学说。但是,如果合理和不合理的界限是根据是否存在某个人希望但尚未成为共识的完备性学说去影响政治生活来定义的,那么将很难看出政治审议的范围是不是被非自由地缩减了,因为很多政治可能性在获得机会之

---

㉙ 罗尔斯(罗蒂也是)对这一问题的观点和汉娜·阿伦特的对政治和真理之间关系的观点之间存在明显的相似之处。要了解阿伦特对这些思想观点的评论,见罗纳德·贝拉的《重读"真理和政治"》,《哲学和社会批判》,第34卷,第1—2期(2008年1月—2月),第123—136页。显然不能说所有的哲学家都潜藏着成为哲学王的野心。

㉚ 东布罗夫斯基:《罗尔斯和宗教》,第116页:通过指出"如果跟其他人说话完全以跟其他人的完备性学说不同的方式进行,就涉及政治不尊重",罗尔斯主义的学者们应该搞清楚为什么我们需要"由公共理性提供的共同语言"。绿党的活动家通过跟别的人生哲学的深入交流而试图扩大现有政治的讨论空间,他们是不是显得不尊重其他公民?如果允许政治与这些哲学相互竞争,我们是不是冒着宗教战争的风险?

㉛ 同上书,第112页。

前就被定义为不合理。如果（再一次）假定马克思主义者必须遵循与原教旨主义的基督徒相同的约束的话，他们将被禁止作出基于马克思主义者身份的政治许诺。只有在所有的公民能够接受他们观点的前提下他们才能表达观点，马克思主义作为一种政治可能性也将不复存在；它只能作为一种个人信仰的形式而被人接受。这里的矛盾是，尽管罗尔斯的政治自由主义意图避免强迫人们接受生活的自由主义哲学，但是排除自由主义主流思想之外的规范，正是在跨越政治和世界观的生存承诺过程中所取得的成就。[32]

政治自由主义并不存在——它只是罗尔斯想象出来的幻影。[33] 正如我在本书第二十四章以较长篇幅讨论的，自由主义的制度总体是反应和包容自由主义的人生观，即使它没有以康德式的或密尔式的自律实现出来。如果自由主义者认为普遍的公民权优于一些更狭隘但总体上更突出的事物，它自身便是自由主义的人生观。罗尔斯越是强调人们需要服从完备性学说需要服从我们所说的"泛政治的公民身份"，他越是情愿或不情愿地宣称他自己的（相当有吸引力的）完备性学说——它应该得到这样的辩护。把这个叫作"政治自由主义"仅仅是掩盖了应该被认为是原教旨主义原则的东西。[34]

这里还有另一个途径解释了为什么罗尔斯不厌其烦地强调宗教战争持续的相关性。正如罗尔斯在《政治自由主义》（第 26 页，注释 10）中赞同朱迪·施克拉时所暗示的，罗尔斯同意许多自由主义者认为的自由主义的吸引力不在于对积极的人生哲学的阐明，而在于尽力避免了"最大的危险"（从这个观点来看，成为一个自由主义者最吸引人的理由是消极的，而不是积极的）。宗教战争很好地体现了最大的危险（霍布斯也是这样认为的）的具体化。这就回到了罗尔斯的基本策略，那就是避免自由主义成为一个完备性学说，它也带来了新的问

298

---

[32]　参见斯坦利·费希在《作为排斥手段的相互尊重》中的类似的典型辩论。载《审慎的政治：论民主与不同意》，史蒂芬·马赛多编，（New York：Oxford University Press，1999），第 88—102 页。费希的目标是古特曼和汤普森，但是他的挑战也适用于罗尔斯。

[33]　参见罗伯特·奥迪、尼古拉斯·沃特斯托夫：《公共广场上的宗教》，（Lanham，MD：Rowman & Littlefield，1997），第 97—98 页。

[34]　政治自由主义，以及它的"把宽容原则运用于哲学之中"、让自由主义在哲学上保持通俗等等观念（《政治自由主义》，第 10、152、154、242 页）——即把政治建立在这些哲学上本应非争论性的观念之上，这似乎是可能的——这只是罗尔斯"正当优先于善"以及《正义论》中所强调的中立主义的一个激进版本。（在两种情况中，善良的概念都指的是罗尔斯自由主义试图提升自身的宗教和哲学争论领域。）早期罗尔斯提倡的中立主义在哲学层面看起来并无道理，晚期罗尔斯提倡的中立主义则相当合理了。（在我看来，人们遭遇了哈贝马斯设想的相似的问题，那就是今天政治哲学必须在"后形而上学"模式里被实践。）

题——在面对来自非自由主义的完备性学说的挑战时，这是否是确立自由主义的最佳策略。

在我看来，罗尔斯对完备性学说和政治学说的根本区分仍然存在一个简单的、几乎无法消除的挑战。为什么一个"非理性的"完备性学说的倡导者认为对共同的公民权的需要会超过这个包罗一切的承诺呢(它正是"完备性"这个形容词意图设想出来的)?[35] 如果答案是我们不得不公平对待那些要求不一的联合公民，我们可以再次追问，为什么这个意义上的公平应该有力地胜过那个对生命目标无所不包的解释。换句话说，为什么一个非自由主义的完备性学说的支持者会遵从对相同公民权的理解? 这个相同公民权甚至没有声称自己是一个完备性学说的道德和哲学权威。[36] 就好像罗尔斯设想的政治学说不是完备性学说一样，就好像他在公民权哲学的核心位置留下了自我决定的道德—政治哲学真空一样。为什么它应该被认为是实践政治的优势呢? 因此，有关"为什么公民权应该超过 x"[37]之类的问题让我们倾向于认为，公民权只有把自身也阐释成完备性学说才能回应这些挑战。如果成为公民群体中的一员是过完满、繁荣的生活的一个重要部分，那么我们如何才能够回答为什么只有政治义务能够胜过(根据定义，它们是更抽象更有野心的)完备性学说呢。[38] 然而，转向这个方向会要求罗尔斯不仅要放弃他的关于政治学说与完备性学说的区分，还得接受政治至善论——因此，这就是承认它的核心概念没有实现目标，罗尔斯的自由主义将被迫另起炉灶。对公民的承诺限定在此生思考的范围内，这不会把自由主义变成

[35] 参见《论文集》，弗里曼编，第 617 页："一个完备性学说，不管是宗教还是世俗的，都渴望涵盖生活的一切……它的目标是涵盖一切。"

[36] 诚然，有人会说，"忘记那些致力于反政治的完备性学说；而不是投入政治力量来培育已经具有公民权之人的公民权。"尽管如此，从理论上说，如果把公民身份作为一种人类的善，如果人们对自由主义有不同的理解，就有可能对这一点不太满意。

[37] 如果有谁来考虑这个"x"可能的内容，罗尔斯把宗教和哲学都看作完备性学说这看起来就很没有说服力了。对于功利主义者或康德主义者来说，让他们的生活哲学服从于相同公民权的必要性，这看上去并不难。而对于阿米什派的成员或者一个伊斯兰主义者，这样做的含义就完全不同了。非自由主义的宗教对罗尔斯的公民身份哲学提出了挑战，哲学的完备性学说却没有。

[38] 威廉·A.高尔斯顿的《政治理论的现实主义和道德主义》对罗尔斯(依据罗尔斯自己对问题的承认)提出了类似的挑战，《对罗尔斯的回应》，杨编，第 116 页，注释 20。参见《自由主义社会的政治资源：自由主义"厚"版与"薄"版》，载罗纳德·贝拉编：《自由主义，民族主义，公民权：论政治共同体问题》，(Vancouver:University of British Columbia Press,2003)，第 58—59 页。我在那篇论文中提出的论点是，史蒂芬·马赛多能够提出一个比罗尔斯的更坚固的自由主义的政治版本，因为，尽管马赛多说他自己信仰罗尔斯的政治自由主义，但他不允许自己受到罗尔斯学说上区分的影响，尽管某种程度上罗尔斯自己这样做了。

一种世俗的神权政治。

无论如何,约翰·罗尔斯都不会提供希尔顿·沃林提出来的、卢梭式的政治崇拜。㉟ 然而,至少在一个意义上罗尔斯确实提供了公民宗教——正如所有自由主义者所做的那样——即已经被政治化的宗教(与其他宗教种类相反,它们是非政治的并且有时候还积极地反政治),它尊重并最终服从政治权威。这有助于我们肯定罗尔斯的工作,他跟随自由主义历史上重要前辈们回应长期以来宗教提出的政治挑战:由此可见,罗尔斯在自由主义的历史中获得了自己的地位,自由主义根本上是由哲学上遏制宗教的理智传统来定义的。

300

---

㉟ 很难理解为什么沃林在《政治与愿景》的扩展版中会如此严厉地批评罗尔斯,因为罗尔斯认为自由社会的成员应该接受一个"关于他们自己的政治概念",它定义了作为公民的更加包容的身份——也就是,比非公共的身份更有包容性——这对沃林来说应该很有吸引力。根据其最有吸引力的方面(在我看来,也是早期沃林的观点)来解释,政治上说,罗尔斯的公共理性的基本意义是,公民(法官和政府官员更是如此)在最终意义上有义务在公民与公民的基础上向其他公民发表观点,而不是向其他教派或可能的改宗者发表观点。这就要求,所有的公民作为公民都具有政治身份,但在特定的政治领域内,要优先考虑他们的非政治的身份。这一系列思想似乎相当接近沃林自己的观念,至少在《政治和愿景》的原始版本是这样。事实上在这一章我也公平评论了罗尔斯。现在我来明确表明我自己的态度:我认为公共理性学说存在着健全的和不健全的方面。通过假定公民之间的身份认同特别重视公民参与,这一观点看来相当健全(沃林再一次没有发现罗尔斯在这方面很有吸引力,这很让人困惑)。然而,罗尔斯公共理性观念严重偏离轨道的地方在于他令人难以置信的观点,他认为生活中有价值的东西应该从合法的公共论述中排除出去,这是为了最大限度建立公民共同基础。参见《〈公益〉杂志对约翰·罗尔斯采访》,第 622 页:"这种政体……它有自己辩论的公共形式。"在《政治自由主义》的第 242 页(中译本,第 224 页。——译者),罗尔斯说到"接受采取某种形式的公共辩论的义务"。他承认排除完备性学说能给予公共辩论一个浅显的要旨,但是他也坚持认为,这个浅显是我们忠于"对其他公民的政治义务"的一个可以接受的代价。同样可以参见第 152 页(中译本,第 141 页。——译者)重要表达:"通过回避各种完备性学说,我们力图绕过宗教和哲学之最深刻的争论,以便有某种发现稳定的重叠共识之基础的希望。"我承认,为了一个强有力的公民身份,必须强调公民的共同点,但为什么我们必须把重点放在我们所共享的东西上呢?(参见奥迪和沃特斯托夫:《公共广场上的宗教》,第 109 页。)再次,这似乎是对罗尔斯构建的宗教战争之场景的过度反应。

# 第二十四章 平淡的自由主义：孟德斯鸠对马基雅维利、卢梭和尼采

尼采自己有基督徒的历史观，把当代看成是危机，是古典伟大的衰落，是有待拯救的堕落与罪恶。我认为这也可以称为基督徒。

——索尔·贝娄①

事实上我认为，这个世上关于社会生活的组织最终都显得很平淡。

——雷蒙·阿隆②

不同于马基雅维利、卢梭和尼采的思想家们有什么共同之处？绘制一个现代政治哲学传统中自由主义的亚传统的轮廓有助于回答这个问题。相对于自由主义政治哲学的传统，我们可以说上述三位思想家都认为生活在资本—商业愿景中，生活显得懦弱和柔弱——显得缺少伟大，道德英雄主义才能成就完满之人。③ 在本书第一章，我讨论过孟德斯鸠在《论法的精神》第 5 章第 2 节对共和

---

① 索尔·贝娄：《赫索格》（New York：Penguin，2003），第 61 页（索尔·贝娄，美国当代文学家，1915—2005，《赫索格》是他 20 世纪 60 年代作品——译者）。

② 雷蒙·阿隆：《回忆录：五十年的政治反思》，乔治·贺赫译，（New York：Holmes & Meier，1990），第 224 页。

③ 参见卢梭把爱国主义称为"所有激情中最英勇的"：《论政治经济学》，载《社会契约论》，R. D.玛斯特编，J.R.玛斯特译，（New York：St.Martin's Press，1978），第 219 页；《卢梭作品集》，第 9 卷，克里斯托弗·凯利和夏娃·格雷斯编，（Lebanon，NH：University Press of New England，2001），第 68 页："正如拉普兰人错误地把四英寸确定为人的自然身高，我们自己竟然也错误地根据我们看到的周围人来确定人类的灵魂"。卢梭关于这方面的论述还有一个重要文本，《论波兰政府》，维尔莫·肯德尔译，（Indianapolis：Hackett，1985），第 7 页：吕库古的法律"让斯巴达人远超出一般人之上。"关于尼采渴望的英雄般生活方式，人们会说，批评尼采哲学最多的是它惊人的无辜——能够用骑士的方式写出下一个世纪的意识形态战争，而丝毫没有透露这些战争将是多么的阴森恐怖。（相关的文本摘自昆特·鲁道夫·费希《作为尼采"试验品"的纳粹》，《尼采研究》，第 6 卷，1977 年，第 116—122

德性和僧侣的"苦行"做的比较。孟德斯鸠的说法是，古代共和国公民的德性与生活清苦的僧侣的苦行一样，"他们的教规禁止那些满足普通感情的东西。"文中提到的"普通"这一概念值得我们进一步思考，实际上它进入了自由主义社会生活概念的核心。在这方面，孟德斯鸠把自己看作是自由主义传统的典范，他与马基雅维利、卢梭、尼采这三位虚拟的"同盟"相对立。

毫无疑问，孟德斯鸠的著作可看作是针对马基雅维利理论挑战的持续的批判性对话——正如卢梭对孟德斯鸠展开了持续的批判性对话。（有趣的是，人们在尼采的著作中找不到与孟德斯鸠的对话；在尼采全部出版著作中只有一处提到了孟德斯鸠。④）对这个隐含的哲学对话所做的惊人的辩白，可参见孟德斯鸠对"温和的风俗"理念的表达："我们今天的风俗已经不像过去那样野蛮了，这是毫不奇怪的。"（《论法的精神》，第 20 章，第 1 节）。文中提到的凶残让人忍不住想到孟德斯鸠本意是回应马基雅维利在《论李维》第 2 卷第 2 章中对基督教的批判（引用了让人印象深刻的罗马血腥的祭牲。）马基雅维利和孟德斯鸠都迷恋古代政治超越个人生命的伟大，但是孟德斯鸠最终遵循的是按照现代的、自由的、后基督教"柔情"的、尊重彼此人性的标准献身法律去评价古代政治，⑤而马基雅维利绝不追求上述思想。

为什么马基雅维利对完全世俗化的政治愿景不满意？我认为，答案与马基雅维利所开创的政治共和主义的特殊性质有关，这个特殊性质是相对于亚里士多德的政治共和主义而言的。因为旧的政治共和主义以《政治学》提出的共和主义为

303

---

页。）好像再没有什么比第一次世界大战更体现英勇主义的了！这些意识形态战争的实际经历会把尼采变成自由主义者么？人们不得不表示怀疑。（显然，尼采在普法战争期间的短暂服役并没有让他关于战争的观点趋向自由化。海德格尔在 20 世纪的战争经历也没有让他变得自由化；但是尼采与海德格尔有个很大的不同，尼采不像海德格尔，尼采对民族主义的诱惑无动于衷。）

④　只在《快乐的科学》第 101 节一处提到，并且没有下文。在尼采的《遗作》中也有两处提到孟德斯鸠，其中一条是从孟德斯鸠那里抄来的颇具启发性的引语："一个人要想超越人性，他就要付出别人难以承受的代价。"《批判研究版》乔治·科利和马莉齐诺·蒙蒂纳里编，(Berlin：de Gruyter，1988)，第 12 卷，《遗作残篇：1885—1887》，第 222 页；也可参见第 11 卷，第 257 页（带有奉承地提到了孟德斯鸠）。下一卷也带有奉承地提到了托克维尔（第 422 页）。

⑤　我们可以认为孟德斯鸠的整个理论事业彻底扭转了马基雅维利[《君主论》第 12 章（中译本，第 57 页。——译者)]的名言，马基雅维利说，人们可以放弃"良好的法律"转而关注"军队"，因为"如果没有良好的军队，那里就一定没有良好的法律，而如果有了良好的军队，那里就一定会有良好的法律。"对于孟德斯鸠来说，军队（以及人类政治活动中的一切）必须始终服从于法律，法律是人性的象征。当然，在坚持法律对于塑造政治秩序的重要作用方面，孟德斯鸠对马基雅维利的回应不仅代表他自己，而且代表了整个现代自由主义传统（也许在柏拉图—亚里士多德政治哲学与现代自由主义共有的思想方面，他还代表了古代政治哲学）。

范本,成为一名公民意味着天生人性的完善。马基雅维利所表达的更加激进的政治共和主义与此相反,成为一名公民在最高意义上意味着改变本性和对人性的"再自然化"。卢梭和孟德斯鸠都着力重申了马基雅维利的立场。因此孟德斯鸠说僧侣的苦行压制了"普通的激情",卢梭在《论波兰政府》第6章说到"应该受到抑制的激情":激情必须受到"抑制"或"窒息。"⑥马基雅维利—孟德斯鸠—卢梭共同认可的政治共和主义公民必须超越的激情是什么？过一个舒服的生活;有权使用各种便利和享受;拥有自己的家,拥有自己的空间;没有为"存在的"行动而不断地被动员,动员让人的生命处于风险之中。总之,不要求过英勇的生活——英勇的生活负责确保人类生存的最高意义。⑦ 马基雅维利期待的不仅是一个狡诈的君主更是一位摩西式的"救世主"(《君主论》,第26章),⑧我们有理由认为他预计到了十九—二十世纪把世俗民族主义当作宗教替代品的倾向,但马基雅维利在某些方面宗教多于政治。总之,马基雅维利不会满足于严格世俗化的政治生活恰恰是因为,人们不能放弃宗教所能提供的特殊的纪律,如果他完全符合这个高贵的公民生活概念的话(正如孟德斯鸠对共和德性与僧侣的自我克制的对比也说明了这一点)。

回到本章的两个题引,我们可以说在贝娄的意义上,马基雅维利、卢梭和尼采都是基督徒。但是,孟德斯鸠不是基督徒。马基雅维利、卢梭和尼采是我们政治境况的诗人,然而孟德斯鸠以其对政治诗歌的敏锐感受最终成为阿隆说的"现实的平淡"⑨之佼佼者。可以说,人们对作为生活方式的自由主义最深刻的

---

⑥ 卢梭《论波兰政府》,第30页;参见第23页,"拔除那些逃避法律的激情"。肯达尔对第6章这句话的翻译("激情将被连根拔除")更加自由也很有帮助。不清楚还有没有别的翻译(即使字面上是准确的)可以有效地捕捉卢梭在本文中所提出的激进态度,虽然"扼杀了激情"这一说法也许更为接近。

⑦ 这样表述马基雅维利想法也许受到了汉娜·阿伦特政治哲学的影响。相反,人们会说,她用这些术语来考察政治生活说明她思想根本上是吸收了马基雅维利的思想。阿伦特政治理念中毫无疑问有明显的浪漫主义痕迹,这是服从于它自身利益的(如被其他公民关注和谈论、成为行动的中心的愉悦)。但是,它是浪漫主义问题而不是其他问题么? 如果是这样,人们一定会得出结论,马基雅维利的生活愿景没有什么规范性的吸引力,在我看来,这个结论对马基雅维利和阿伦特都不公平。

⑧ 这是尼采表达自己是马基雅维利直接继承者的一种方式——即这个世俗的强权政治被看成是"救赎"的手段。在《敌基督》中,尼采认为"救赎者"这个词"应该等同于虐待,代表犯罪"(参见《敌基督》、《看这个人》、《偶像的黄昏》和《其他作品集》,亚伦·瑞德和朱迪思·诺曼编,Cambridge:Cambridge University Press,2005,第67页)。然而,在《道德的谱系》,第二篇论文,第24节最后一段,尼采等待着它自己的"救赎人"。

⑨ 阿隆:《回忆录》,第221页。诗歌对"现代散文"的主题也出现在列奥·施特劳斯对孟德斯鸠的解读中:参见《什么是政治哲学》(Chicago:University of Chicago Press,1988),第50页。参见里多尔菲对圭契尔迪尼与马基雅维利关系的刻画:"圭契尔迪尼从不喜欢诗人,对他来说,他们在政治

拒绝就在于它非英雄或反英雄的生活态度，它让人的生存变得平庸化——即使是自由主义的拥护者如托克维尔也很好地归纳了这个主题，更何况自由主义的激进批判者们如卢梭、尼采和索雷尔。[⑩] 自由社会照顾生活的必需品（健康、身体安全、物质舒适、驯化自然、政治和平），但它并不试图去满足人民的灵魂或者人类精神的需要（这些可能是激励人成为一名真正的艺术家、修女或者一位排爆专家的必要条件[⑪]）。尽管如此，人们永远不要忘记，在反对神权宗教的斗争中，自由主义有过英勇的表现——这场斗争还没有最终胜利（也许永远不会）。[⑫] 它所带来的有点类似于尼采关于绷紧的弓之比喻，自由主义的持续斗争能够摆脱宗教的挑战并帮自己洗去平庸化的指责么？

305

---

上看起来很危险。"罗伯托·里多尔菲：《马基雅维利生平》，塞西尔·格雷森译，（London：Routledge & Kegan Paul，1963），第 188 页；参见第 241 页：圭契尔迪尼对马基雅维利对应的是文学对诗歌。圭契尔迪尼的一篇《回忆》很好地说明了他在把马基雅维利设想成政治生活的诗人之时的所思所想，马基雅维利把自己想象成佛罗伦萨公民，他事实上的公驴，想让自己变戏为罗马的战马。见弗朗西斯科·圭契尔迪尼：《格言与反思》，马里奥·多曼迪译，（Philadelphia：University of Pennsylvania Press，1965），第 69 页，C 系列，注释 110。人们必须谨慎对待马基雅维利在《君主论》第 15 章中对"想象的共和国和君主国"表面上的猛烈抨击。在圭契尔迪尼看来，马基雅维利自己仍然是一位哲学的空想者。因为圭契尔迪尼一直批判马基雅维利的"理想主义"，参见弗朗西斯·圭契尔迪尼：《对马基雅维利〈论李维〉的思考》，载《权力的甜头：马基雅维利的论文与圭契尔迪尼的思考》，詹姆斯·阿特金森、大卫·西斯译，（DeKalb，IL：Northern Illinois University Press，2002），特别是第 388 页（参见第 402 页）马基雅维利与"依照哲学生活的城市"之间隐含的联系——就好像马基雅维利比他自己承认的更接近于柏拉图式的乌托邦主义。正如本书别处标注的，圭契尔迪尼和马基雅维利的关系与布克哈特和尼采的关系相当类似。可以说，最愚蠢的人也能看出，马基雅维利和尼采理智上最大的类似之处就是政治学：正如布克哈特正确地看到尼采是一个鲁莽的革命家，圭契尔迪尼也正确地看到马基雅维利是一位失望的浪漫主义者。

⑩ 参见理查德·罗蒂坦率地认为，自由主义意味着接受人类"平淡、算计、渺小、非英雄"之特征，以此来维护珍视个人自由的社会。罗蒂：《哲学论文集，第 1 卷：客观性、相对主义和真理》，（Cambridge：Cambridge University Press，1991），第 190 页。

⑪ 电影《拆弹部队》曾讨论过这个生存的选择。

⑫ 有人非常有趣地诉诸自由主义英雄主义的感觉，参见布兰登·奥利里：《自由主义，多元文化主义，丹麦漫画，伊斯兰的欺诈和不虔敬的权利》，《国际移民》，第 44 卷，2006 年第 5 期，第 22—24 页："已故的欧内斯特·盖尔纳认为，自由主义是一个'奇迹'，他的意思是说，我们很难解释它的出现，它不是人类的'自然'境况。……他将我们的自然（或默认）境况描述为'兄弟的专制'［家族统治］，或者是'意识形态统治'的专制［神权领袖或者意识形态垄断者］，并庆祝这些精神压制的退场。……许多自由主义者在加拿大、美国海岸和伦敦城市呼吸自由的空气，他们刚刚生活在这个自由的氛围中时间并不长。……我发现，当代自由主义者太容易接受共产主义的垮台，接受那些声称'亚洲价值观'的人的安静地退宿，认为别处都没有加拿大值得自满（这可能伤害到我的同事了——作者）。这种自由主义者并没有经历艰苦的考验来赢得信仰。……因此，他们不明白刚刚从非自由的环境出现的人，或者刚刚在非自由地方工作和生活的人，为什么更关心的是在某些事情上，特别是在自由主义的家乡画出自由的'红线'。红线之一就是批判各种宗教的权利。"

# 第三部分
# 神权政治对自由主义的回应

# 第二十五章　约瑟夫·德·迈斯特： 神权政治的典范

人们痛苦地卑躬屈膝就像一只后背被打穿了的爬虫。

——约瑟夫·德·迈斯特①

我们将把我们的祭司保持在他们寺庙的范围内，就像我们将我们的职业军队保持在兵营的范围内一样。

——西奥多·赫茨尔②

真正的神权政治不是公民宗教。在霍布斯的启发下，人们甚至可以说神权政治是与公民宗教相反的，因为公民宗教试图出于政治目的而工具化宗教，而真正的神权政治则以政治从属于神权告终。公民宗教因此必须一方面反对世俗制度，另一方面反对神权制度；在此意义上，相对于宗教—政治的可能性，公民宗教代表了真正的神权政治与真正的自由主义政治这两个端点之间一个并不固定的中点。

今天我们为什么还要研究约瑟夫·德·迈斯特？迈斯特在政治思想史上是一个改变信仰的人物，所以人们觉得有必要问这个问题。一个答案是，如果我们要考虑当代神权政治的挑战，我们也许需要学会在自由主义视野之外思考问题。毫无疑问，当我们进入迈斯特的理智世界时，我们已经把自由主义的世界远远抛在身后了。当我们看到神权政治或潜在的神权政治兴盛于世界各地时，我们认识到我们需要开始在哲学上思考这个问题了。像罗尔斯这样的自由主义哲学家

---

① 约瑟夫·德·迈斯特：《反对卢梭》，理查德·雷布朗编，（Montreal：McGill‑Queen's University Press，1996），第 38 页。

② 西奥多·赫茨尔：《犹太国》，第 6 版，西尔维·阿维格多译，（London：H.Pordes，1972），第 71 页。

不会认为这些浸染了非自由的心灵能有（根本没有，真的）什么帮助。③ 这里与民族主义形成的对比在于：相对于民族主义和神权政治，自由主义怀有虔诚的希望，希望这些政治现象会消失并在政治上变得无关紧要，希望它们变得私人化或者被祛除危害。如果我们准备接受这些挑战，我们就需要进入理智的视野（至少需要发挥我们的政治想象力），在这个视野内自由主义曾把宗教驱除出公共领域，这看起来很疯狂———一点都不理智，对任何自由主义者来说这似乎都是必然的，但事实上，它违反了自然的规定。

要应对这个神权政治的挑战，我们需要承认我们的（自由主义的）世界不是一个开放的视野（虽然它通常认为自己是开放的）；它是被限制的。史丹利·费希的著作有力地公开讨论了这个主题。④ 费希认为宗教并没有从公共领域中被驱除出去；事实上，所有的政治（自由主义也不例外）都是神权政治（"每个教会都以自身为正统，"这本是洛克的说法，费希认为它也适用于"自由主义的正统"）。这与迈斯特主张的不存在宗教中立主义达成了基本的一致；一个人要么是信仰的捍卫者要么是信仰的敌人。不管他属于哪一种，他的政治都是一种神权政治。⑤ 这是一个严肃的论证，不会被轻易驳倒。费希向我们展示了相对于宗教，中立性如何成了自由主义自我图景中的绝对中心的，但他认为这个中立性是虚伪的。而且，好些自由主义的（通常是最好的）捍卫者都坚决主张自由主义

311

---

③ 我并不是说，当代的自由派思想家们完全忽视了迈斯特。对此有两个值得注意的例子，一是以赛亚·伯林在《约瑟夫·德·迈斯特与法西斯主义的起源》中对迈斯特的解释，载伯林：《扭曲的人性之材》，（New York：Vintage，1990），第 91—174 页；二是史蒂芬·福尔摩斯的《剖析反自由主义》，（Cambridge，MA：Harvard University Press，1993），第 1 章。促使伯林研究迈斯特的原因与促使福尔摩斯研究迈斯特的原因对比是惊人的。对于福尔摩斯来说，它只是通过使二者牵连来表达他不喜欢社群主义的一种方式。（这一目的在福尔摩斯《剖析反自由主义》第一部分题引中表现的非常清楚；题引认为，这一帮社群主义者都是软弱无知的迈斯特主义者。）对伯林来说，有一个更严肃的理智目标：这是强调启蒙理性主义和普遍主义的不足之处的一种方式——当然，他并不承认自由主义有致命缺陷，查找这些不足只是为更广泛、更负责的自由主义提供案例——它并不涉及十八世纪理性主义/普遍主义的前提。这也是查尔斯·泰勒的工作，但是泰勒并没有走的这么远，他不会把直面迈斯特并试图把它同情地融入生病的自由主义作为扩展自由主义视野的一种方式；试图这样去做的，那得归功于伯林。

④ 特别参见：《不可完成的任务：为教会与国家设界》，《哥伦比亚法律评论》，第 97 卷，（1997年 12 月）第 8 期，第 2255—2333 页。我非常欣赏费希挑战自由主义中立性的猛烈程度，但是我决不会以任何方式赞同我所看到的他反对理性和普遍主义的固执论证。欧文的《宗教与自由理性主义的毁灭》（Chicago：University of Chicago Press，2001）对费希的哲学也提出了很好的挑战。

⑤ 正如我们在本书第二十三章看到的，约翰·罗尔斯把各个版本的自由主义而不是自己的自由主义看作是隐含的教派或者神权政治。在此意义上，费希和罗尔斯有一个惊人的广泛的重叠。当然，关键的区别在于，罗尔斯认为这不适用于他的自由主义。

相对于宗教的非中立性。

比如,史蒂芬·福尔摩斯在他对自由主义的辩护中,他在以下几个基础方面承认了这种非中立性。首先,在列举所有自由主义者共同的基本原则方面,他摘引的第一个事项便是:"他们都相信在世俗规范的基础与共享合作成果方面……整个社会可以团结而不必再惧怕上帝。"⑥其次,福尔摩斯把自然状态的自由图景描述为"一个反基督教神话的巧妙片段,取代了《圣经》关于政府与社会起源的说法。"⑦第三,他作了如下陈述:"要主张政府的中心目标是保护财产,首先就要否认政府的中心目标是拯救灵魂。要根本上保护财产,就要推动政治世俗化并解除宗教的权威和服从。"⑧第四,在福尔摩斯看来,自由主义对自我利益的尊重是为了反对"宗教的自我怨憎和自我牺牲,只服从上帝高深莫测的意志。"⑨简而言之,在自由主义的核心方面不存在宗教上或神学上的中立。我认为福尔摩斯会说,在揭露自由主义中立性幌子方面他与费希并无分歧。所以人们会说,实现自由主义—非自由主义的对话或者自由主义—神权政治对话的第一步是承认相对于宗教的中立性,自由主义主张本身是虚伪的。⑩ 这再次构成了对迈斯特的重大让步。

如果这件事作为政治哲学是可能的,那么原则上人们应该能够策划罗尔斯与约瑟夫·德·迈斯特的理论对话(或者罗尔斯与尼采)。那些从罗尔斯主义的视野来实践政治哲学的人很可能认为这毫无意义且非常牵强:像迈斯特这样的人远算不上合法的哲学对话者。⑪ 尽管如此,可以说,哲学的这一理念要求我们努力超越自己的视野。在这个意义上,人们可能会说,这种理解的关键在于哲学本身的可能性。这里的基本理念就是探索别的领域。⑫ 在罗尔斯(或者洛克)

312

---

⑥ 福尔摩斯:《剖析反自由主义》,第 188 页。

⑦ 同上书,第 299 页,注释 7。参见伯纳德·雅克对孟德斯鸠恢复对古典共和主义的兴趣以达到类似的目的之策略的讨论:雅克:《期盼整体性革命》,(Princeton,NJ:Princeton University Press,1986),第 39 页。

⑧ 福尔摩斯:《剖析反自由主义》,第 213 页;参见第 218、221 页。

⑨ 同上书,第 255 页。

⑩ 贾德·欧文正确地指出:"当代自由主义者认为,自由主义需要以严格中立的态度来处理所有的意见……这样有利于与已经被启蒙改变的各种观点开展合作。当代自由主义可以这样认为自己是中立的,因为大众意见的视野已经明显自由化了。"欧文:《宽容的利维坦》,载《政体》,第 37卷,(2005 年 1 月)第 1 期,第 141—142 页。

⑪ 参见理查德·罗蒂:《客观性、相对主义和真理》,(Cambridge:Cambridge University Press,1991),第 187—188 页。

⑫ 这也是福尔摩斯挑战当代自由主义批评家的一种方式,这也是他们害怕面对的、反自由主义传统最丑陋的一面。好的! 让我们揭开它们这一面。

与迈斯特这样的神权主义者之间开展对话的理念,是进入对方最深处了解他致力的社会总体愿景的一种方法。要了解自己,我们需从相当远的距离来看自己;简单地阅读罗尔斯或者阅读洛克并不能登堂入室。如果我们(情愿地或不情愿地)认识到自由主义不可能也永远不会是一种普遍的例外,那么与神权政治的对话就特别有用。此外,如果要适当地实现这个目标,就得走很远的路;要抵达我们自由主义的边界并不容易(至少对于我们)。这和阅读尼采的理由是一样的(尽管今天有许多人在阅读他的书,好像他们能不走出自由主义的世界之外便能阅读似的——这种观点完全错了!)。正如本书别处所暗示的,神权政治又回到了政治的议程。因此我们可以从与迈斯特这样的思想家对话中获益,他不仅捍卫神权政治而且发现他无法设想非神权的政治形式:正如霍布斯认为绝对主义和混乱是唯一的二选一选项,迈斯特也认为神权政治和混乱是唯一的二选一选项。

　　进入这个异国领地的最好办法就是仔细阅读迈斯特的权威著作,《圣彼得堡对话录》。[13] 阅读迈斯特著作首先感受到的便是他作品的优雅与雄辩。这么说吧,因为他的名声,人们满以为他会把我们带进一个黑暗、残酷、丑陋的地牢,地上流淌着血液,天花板上布满蝙蝠和蜘蛛网。[14] 他的作品完全不是这样。迈斯特写作的风格与孟德斯鸠或者卢梭一样活泼风趣,当然,虽然在内容上他们完全不
313　一样。(说到不能因风格的轻快而误导内容的严肃,尼采则是又一个例子。[15])

---

　　[13]　约瑟夫·德·迈斯特:《圣彼得堡对话录:关于出于天命的世俗政府的对话》,理查德·雷布朗译,(Montreal:McGill-Queen's University Press,1993)。

　　[14]　可参考自称的迈斯特的门徒——卡尔·施密特,他的政治愿景和迈斯特一样残酷,但是他悲情的散文更接近于人们对迈斯特可能的预期。[关于施密特声称自己是迈斯特主义者,有一个重要考察,参见格拉姆·格拉德:"约瑟夫·德·迈斯特和卡尔·施密特",载《约瑟夫·德·迈斯特的生平、思想和影响》,雷布朗编,Montreal:McGill-Queen's University Press,2001,第220—238页;要对施密特作品的特征做进一步评估,可参见马克·里拉:《鲁莽的心灵》,(New York:New York Review Books,2001),第61—62页。]迈斯特在第6篇对话中表达了对行文风格重要性的看法,他认为洛克的《人类理解研究》"相当令人厌烦就像一个绝对缺少天赋和风格的人所创造的东西"(第190页),并指出书本要以"年鉴的雄辩"(第192页)表达了它的理性哲学。培根的哲学同样是可疑的,但他作为一个文字上的文体家(第190页)还是得到了很多好评,休谟也是如此(第180页)。当然,对尼采哲学和文字风格关系的也可作出类似判断。

　　[15]　为什么当代读者喜欢尼采而不喜欢迈斯特? 尼采发现了诗歌,通过诗歌让迈斯特的政治学变得可以接受,还特别诱人。也许尼采的秘密是这样的:人们需要激进无神论的掩护——借用霍布斯的比喻,它就是一个特洛伊木马——来让神权政治有吸引力。(人们会说,回顾克利福德·欧文的表达,正如霍布斯带来了没有神圣性的神圣权力,尼采也带来了没有有神论的神权政治。)无论如何,追问尼采的政治学与迈斯特的政治学的真实区别并没有跑题。(我认为对柏拉图也可以作出同样的判断;一个人可以用一种既好玩又有艺术天赋的方式写作,但却致力于政治的严峻前景。)科里·罗宾在"垃圾和庄严"中也指出了尼采和迈斯特的联系(http://www.thenation.com/article/garbage-and-gravitas)。

对话由三个角色组成：(1)伯爵——对话的叙述者，人们认为这其实就是迈斯特本人的自我描述；⑯(2)议员——一位俄国政治家；(3)骑士——一位法国流亡者。根据迈斯特的名言，不存在普遍的人性，⑰这三个角色代表三个不同的民族。⑱ 对话由伯爵主持。这里我们根本上有两位保守的政治家，他们偏爱形而上学地刨根究底。骑士很年轻——是一位实干家，而不是一位学究。⑲ 这场柏拉图式的对话有一个基本结构：骑士多少受到了其他两位宗教玄思的吸引，但他同时有所保留。⑳ 简而言之，要能够说服骑士才行。对话是对迈斯特苏格拉底式技艺的检验——人们能够看到人们明显对他留下深刻印象，但人们没有被完全说服，人们也不能完全确定伯爵就是一个对宗教的角色和现代道德与文化的衰退具有重要观点的老蠢货。伯爵真正关心的不在于赢得议员，议员已经老了，观点已经固定了；关键的教导关系在伯爵与骑士之间展开。㉑ 因此，这里存在着苏格拉底式的张力，没有它，我们将会真的生活在一群老顽固派之中，他们整天诅咒他们所不满意的世界。

在对话开始前要注意的几件事是：首先，很引人注目的是迈斯特在这本书的第一句话就提到了法国大革命。同样值得注意的是，迈斯特在这本书第一页就援引了"在场的主权者"(即，俄国的沙皇)。㉒ 三位朋友在前往伯爵官邸的途中驶过背景设置的另一部分——彼得大帝的雕像："看着他，人们不知道这只青铜手对他来说是保护还是威胁。"㉓这是对话中戏剧性的两极——一方面它是圣彼得堡主权者受人尊敬的座席，另一方面，巴黎的革命彻底地颠覆了主权者。这两个原则之间的战争——主权者与反主权者——尚未终结。它们不能共存。要么革命获胜并摧毁整个欧洲，要么反革命实现自我重建，基督的敌人也将被摧毁。直到更大的历史戏剧的出现，这场对话的大戏仍不完整（因此，零碎的"最终对

314

⑯　迈斯特事实上在第67页注释68中承认了这一点。迈斯特当然是一位伯爵，所以并不需要仔细识别就可以认出这位"伯爵"。在第264页之后，我们见到一个奇特的文学写法，迈斯特是以一位匿名作者恭敬地引用伯爵为幌子而出场的。

⑰　约瑟夫·德·迈斯特：《论法国》，理查德·A.雷布朗编，(Cambridge：Cambridge University Press，1994)，第53页。

⑱　参见上书第197页，强调伯爵在国籍上不是法国人，即使法语是他的母语。

⑲　参见上书第164页，该处他承认他没有读过洛克。

⑳　参见上书第197页，该处骑士明确说他发现伯爵并不是很有理性；他说他认为议员更有说服力。

㉑　参见上书第310页，关于文化代际传播的话题。

㉒　同上书，第3页。

㉓　同上书，第5页。

话梗概"预示着反革命的完成。)正如迈斯特在《论法国》中所言,"当代人是一个前所未见的最重大场面的目击者,这便是基督教与伪哲学之间展开的极端剧烈的战斗。……正如荷马史诗所说,众神和人类之父手托天平,权衡着两大阵营的利弊,秤盘升沉立见分晓。"㉔一句话,这就是迈斯特!

对话录以与柏拉图《理想国》第一卷相同的问题开始:正义问题。坏人能够幸福么? 只有好人才有好报么? 这也是(或者说主要是)神圣正义的问题:天命的问题。上帝是否惩恶扬善? 正义问题与天命问题相关,同时与惩罚问题相关。当他将对话看作哲学研讨会这一古代传统的延续时,柏拉图作为迈斯特的榜样就更加明确了。㉕ 他们哲学研讨会的主题是"坏人的幸福与正义之人的不幸。"㉖议员说,"这是人类理性的耻辱。"㉗从对话的一开始,伯爵就说,"堕落的心灵永远不会有美丽的夜晚或者漂亮的白天。"㉘这是真的么?

在议员称正义之人的不幸是"人类理性的耻辱"之前,伯爵谈了他自己的幸福与不幸。他提到自己的不幸是"两次被雷电击中"(他的财富在法国革命中被打翻了,并且忍受在俄国的准流亡生活),他说,"我不再具有俗称的幸福的权利。"㉙他是神圣不公正的受害者么? 还是说,他也是有罪的,因此正确地遭受了不幸与不快乐? (在迈斯特的世界中根本不存在不应当的不幸这个观念。)在伯爵看来,主题是"天命的世俗政府"㉚——也就是,上帝不仅仅在死后惩恶扬善,而且依据善来命令这个世界。骑士认为,伯爵的神正论离不开永生的理念——并正确地指出这是不够的:我们如何知道公正之人得奖赏邪恶之人受惩罚? 除非我们可以看到这发生在我们的世界,此岸的世界,或至少有一些世俗的证据证明它是彼岸世界的结果。而且,伯爵特地提到天命的世俗政府——此岸世界的统治者。

议员以如下方式表达了相同的担忧:死后的奖赏与惩罚没有问题,但是它们无法恫吓那些无信仰者。因此,仅仅诉诸死后天命的正义是"相当危险的":要想真正有效果,无信仰者需确信神圣正义也适用于此岸;因此他赞同骑士说的真

---

㉔ 迈斯特:《论法国》,第45页(《论法国》,鲁仁译,上海人民出版社2005年版,第66页。下文引文参照该译本。——译者))。

㉕ 迈斯特:《圣彼得堡对话录》,第6页。

㉖ 同上书,第7页。

㉗ 同上。

㉘ 同上书,第5页。

㉙ 同上书,第7页。

㉚ 同上书,第8页。

正的主题是"在此岸是否存在真正道德的政府。"㉛作为回应,伯爵说,"福分与不幸的分配就像抽奖一样。"㉜然而,这并不是回答对神圣正义的挑战,这仅仅是复述问题。当然,坏人也没有免于不幸,好人也没有被剥夺福分。但为什么好人会受苦? 为什么坏人得幸福呢?

伯爵是这样来回答天命的不正义所带来的挑战的:只有好人因为善良而受难,坏人因为罪恶而兴盛,这才是不正义——但情况并非如此。相反,"善恶无差别地分属于所有人。"㉝这是幸运或者不幸的问题,而不是正义或非正义的问题。骑士表示反对,认为人们讨论的不是外部的不幸。"犯罪的人不受惩罚……是一个巨大的丑闻。"㉞伯爵承认在这一点上他没有取胜;事实上,人们并不清楚外部不幸是不是随机分布的。"世界受总体的法支配。"㉟人们不能指望每次好人遭受不幸坏人得以繁盛时上帝都会干预。如果正如骑士所承认的,善与恶的区别是超越道德判断的,那么人们就不能抱怨"有罪不罚"。㊱ 做人就得承受各种不幸。没有谁(尽管是善良的)可以摆脱这个命运。

在这一点上,这个论点与迈斯特的启蒙敌人的自然神论宇宙观存在惊人的相似。上帝使世界动起来,但不干涉每一个具体故事中的正义。然而,很难看出伯爵是如何坚持这个立场的;那些试图维护人类历史天命特征的人是很难接受不干涉的自然神论观点的! 所以,伯爵在他更微妙的论证中作出了退让,他也应该这样:德性与回报当然也是有关系的。然而,如果行为与回报或惩罚的关系太过密切,人们将不会为了德性而去行善,只会为了回报去行善。"道德秩序将会整体上消失。"㊲这并不意味着行为和回报之间没有联系,只是不能太明显太接近(它们不是一对一的关系)——否则,人们只会因算计而不会因道德考虑而被打动。

我们随后转移到一个明显是迈斯特喜欢的主题:不是对善的回报而是恶的惩罚。"整个人类都因惩罚而井然有序;因为很少有无罪的人。"㊳他说,惩罚是

316

---

㉛　同上书,第 9 页。

㉜　同上书,第 10 页。

㉝　同上书,第 12—13 页。

㉞　同上书,第 14 页。

㉟　同上书,第 15 页。

㊱　同上。

㊲　同上书,第 16 页。

㊳　同上书,第 18 页。

"主权者神圣且可怕的特权。"㊴这也许是伯爵回应他面前挑战的最终回答：如果所有人都是有罪的，那么没人可以宣称自己遭受了神圣的不公。如果假定的好人与坏人之间的区分最终消融于普遍罪恶之中，那么确实我们都得服从于共同的命运。在第16页，伯爵说到他对"普遍和必要法律"的呼吁，这就假定了人类状况的基本平等——平等地承受多少有点随机的不幸——这是为了辩论而假设的，但实际上它是一个虚假的前提。不仅如此，正如迈斯特反复宣称的那样，如果所有人都有罪，那么我们确实回到了某种基本的人类平等。这就产生了迈斯特描述刽子手的著名篇章："他是人类社会的恐怖之源，也是维系社会的纽带。从世界上消除这个不可理解的力量，秩序立刻会代之以混乱，王权立刻就会倾覆，社会也将随之消失。上帝是统治者权力的来源，也是惩罚的来源。"㊵上帝把我们的世界悬于这两极之间：主权与惩罚。

这里明显存在悖论。迈斯特在这一段文字中明显是在为断头台喝彩。然而，如果我们想到迈斯对法国大革命的仇恨，那么他应该对断头台以及行刑的狂欢记忆犹新才对。这就好像是说，迈斯特着迷于法国大革命恰恰是因为他和法国革命者们都着迷于刽子手。事实上，毫无疑问，当迈斯特痛恨革命者对待主权者之方式的时候，他同时是赞许他们坚定不移行使主权者原则的。只要有人保持了行刑的权力，主权就保持了完整，至于革命者们，不管他们对教会和王位造成了多大的伤害，至少他们懂得有效维护主权的基本原则。如果谁去读《论法国》，便会发现迈斯特明确且毫不犹豫地称赞了他们这一点（这可不是件小事）。

在第一篇对话伯爵最后的演讲中，他对惩罚（因犯罪而如此）与疾病（被看作是一种不幸）的区分作出了挑战。他认为，事实上疾病通常是对犯罪的惩罚：它是我们道德堕落的身体后果。如果我们能免于道德无序，我们也就可以免于疾病。他的基本要旨是：罪可以解释一切。在第一对话中我觉得有趣的事情之一便是他对尼采的政治哲学提出的挑战（当然这指的是后人可发挥的对尼采的批判，因为迈斯特是在十九世纪初写作的，而尼采是在十九世纪末写作的）。人们也许会说，尼采希求权威感和等级感——当然，人们也可以把它说成人类使命的严肃感，对人类命运风险之高的感受——这些感受都出自神权政治传统。㊶

---

㊴ 同上。

㊵ 同上书，第20页（参见《论法国》中译本，第40页。——译者）。

㊶ 顺便说一下，迈斯特和尼采的强烈联系出现在第一篇对话第17—18页伯爵呼吁中，伯爵认为《摩奴法典》是神权政治中道德的典范——在尼采的《敌基督者》中有同样的内容（我在本书第四部分会讨论这个问题）。我很震惊的是，迈斯特对《摩奴法典》的呼吁与尼采所做的在精神上是

因此尼采的思想中是具有强烈的"神权政治"元素的。然而,尼采想要所有的这一切却不需要基督教神权政治的罪恶和内疚。看上去,尼采从没有提到迈斯特。为什么没有呢?为什么他没有利用迈斯特来攻击启蒙,来攻击自由平等主义文化的浅薄和乐观主义呢?

答案看上去很明显了,他不应一直强调罪、恶和惩罚。尼采追求的是尚未堕落的神权政治。[42] 然而,在迈斯特那里没有清白无罪——只有内疚和服从。因此,很奇怪的是,尼采在反自由主义的战争中与迈斯特完全站在一边,但是尼采不得不同时对基督教进行不妥协的斗争。有趣的是,迈斯特的立场就非常一致且毫无张力(虽然,尼采著作的魅力主要在于张力和不一致之中)。迈斯特说这是个一揽子交易:一边是秩序和权威,一边是罪恶和内疚。迈斯特会对尼采说,如果你想要方程式的一边,另一边就必不可少。把方程式两边联在一起的是惩罚和主权。神权政治认可的惩罚就是主权的标志(按此标准,雅各宾派是合法的主权!)。主权是上帝对人类罪恶表达愤怒的工具——因此第一篇对话中突出强调刽子手。这不仅是一个可怕的想法或者迈斯特人格扭曲的体现;它事实上是迈斯特政治(神权政治)秩序体系的核心。

尼采将如何回应迈斯特?我想我们在《善恶的彼岸》序言中可以得到一个含蓄的回答。在那里,基督教义和启蒙运动实际上是站在同一边的。在尼采看来,基督徒和哲学家们都在"把弓绷紧"——抹平了西方经验中的富有创造性的张力。两者都在密谋反对更加激烈的新体制。这也许可以用来回应伯林批判迈斯特是法西斯主义原型。其实不然,迈斯特不需要任何激进的新事物。实际上,在面对二十世纪法西斯主义时,他也许会这样说:看,放弃了基督教什么都可能发生! 与尼采相反,迈斯特仅仅需要回到被法国大革命毁掉的旧秩序:刽子手代

318

---

一样的:对绝对道德权威的肯定。很难相信这只是一个巧合;参见迈斯特在"对牺牲的阐明"中对《摩奴法典》的引用,《圣彼得堡对话录》,第369—370页。与尼采的《敌基督者》第56节一样,迈斯特提到《摩奴法典》是如何定义女人的道德统治的。然而,迈斯特作出了一个相当合理的论述:与尼采不同,他清楚地看到,这种古老的道德与所有其他古代道德一样,都是以断言妇女的"虐待"和"堕落"为基础的。恰恰相反,尼采在《敌基督》[《尼采口袋书》,沃尔特·考夫曼编,(New York:Viking Press,1954),第643页]中断言(完全难以置信地),摩奴法体现的女性观充满柔情、优雅、和无与伦比的礼貌。

[42] 因此,迈斯特强调的和尼采强调的《摩奴法典》之间存在明显的冲突。正如有人会预料到的,迈斯特强调罪和惩罚;恰恰相反,作为与基督教道德相反的模式,尼采是这样描述的:"一种完美的感觉,一种对生活的肯定,一种对自己和生活中胜利的喜悦——太阳照耀着整本书。"(《尼采口袋书》,考夫曼编,第642页。)

表了教会认可的君主主权,刽子手代表的不是贵族和牧师痛恨的无神论者。与此相反,尼采的目标更富野心——这是前所未有的东西。㊸（尼采在《偶像的黄昏》中,"低声向保守派说","向后走"是不可能的,㊹必须极其严肃地对待这件事。）

第二篇对话始于是否要喝第二杯茶这个问题,三位对话者大约只花两秒钟时间就开始讨论天命的本质和可见世界与不可见世界之间的关系。议员宣称,"世上没有什么事情的发生是偶然的"㊺（一切都是天命的）,他说如果只有一个世界,那个世界便是不可见的世界,"因为物质等于无。"这与伯爵的观点相一致。"每一种恶都是一个惩罚。"㊻正因为如此,所有恶都可以通过精神手段得以避免:要么通过精神变革,要么通过祷告。然而,骑士对此表示怀疑。他提出通过原罪传播罪（有罪,因此有责任）的正义问题。他说,实际上这很糟糕,我们必须继承亚当和夏娃的罪——我们是否也必须继承我们祖父母和曾祖父母的罪呢？伯爵回应了这个挑战并捍卫了罪是可传播的这一理念:"堕落是可以传播的。"㊼整个种族都可以被"传染"。㊽在这段文本中,伯爵提到了卢梭（因为他对野蛮人的热情态度）,并把卢梭看作"我们这个时代最为危险的思想家之一"。㊾骑士没有去追问原罪的问题,而是对伯爵关于野蛮人的言论提出了挑战。

伯爵的观点是,所有的被造物（河狸、燕子、蜜蜂）在本性上都是堕落的;人类只是因为有了关于堕落的自我意识才与它们不同。㊿这是一个奇怪的坦白,因为它对造物的善提出了尖锐的问题。以前他将罪归于人的自由意志（虽然这看上去与原罪的教义存在张力）;但如果甚至燕子和蜜蜂都会堕落,那么生存的苦难就不是人类自由带来的了。这看上去真的把迈斯特的"基督教义"的整个巧合论的宇宙观置于一个令人困惑的境地。"人整体只是一种疾病。"51如果事情真的这么坏,上帝怎么能让自己在这件可憎的事情上赐予恩典呢？除了用疾

319

---

㊸ 当伯林写以下内容时,他对这一点有所让步:"像尼采一样,他憎恶平等,认为普世自由的概念是一个荒谬而危险的幻想,但他并没有反抗历史过程,也没有希冀打破人类迄今为止痛苦的方式"（《约瑟夫·德·迈斯特和法西斯主义的起源》,第173页）。

㊹ 《尼采口袋书》,第546—547页。

㊺ 迈斯特:《圣彼得堡对话录》,第32页。

㊻ 同上书,第33页。

㊼ 同上书,第35页。

㊽ 同上书,第34页。

㊾ 同上。

㊿ 同上书,第36页。

51 同上。

病来理解上帝的恩典之外,人类不需要某些别的东西吗? 主张迈斯特的愿景完全是基督徒的愿景,这再次显得多少有点可疑。

伯爵认为,这些本性的行为(人类生存的堕落,人类要对这种堕落负责)是非常明显的,原罪的学说可以追溯到异教哲学(包括柏拉图和亚里士多德):"我们在这个世界要赦免另一个世界的部分罪行。"(52)伯爵认为关于本性的著名的康德式图景源自西塞罗,在关于人类善的可怜规定中,本性不是母亲般的而是"后妈式的"。然而这些都没有削弱恶的观念,难道不是因为它已经植根于人类的自由之中么? 如果本性是"后妈式的"而不是仁爱的,那么为什么所有责任都要人类来负担呢? 我们从以下三段论的争论中得出一个精辟的总结:"既然所有的堕落都可以成为一种惩罚,所有的惩罚都假定了犯罪,那么理性自己[恰恰是世俗的理性,而不是基督教信仰所引导的理性]便可发现是它带来了原罪。"(53)所 320
有的恶都是惩罚;所有的惩罚都包含着内疚;所以,我们继承了原罪。

"在你发现祭坛的地方,那里一定有过文明。"(54)伯爵完全拒绝了卢梭的自然状态论。我们不是从无罪的自然状态(野蛮人)开始并走向了堕落的文明状态。相反,我们从文明状态(它是由直觉和宗教真理定义的)开始并走向了堕落的野蛮状态。"现时代的哲学……用野蛮人来支撑它对社会秩序虚荣且有罪的论断。"(55)这就导致对语言起源的长篇讨论——这是十八世纪哲学非常重要的关键话题。迈斯特坚决反对孔狄亚克把语言看作是人类的发明。(他勉强地承认,这使得他更接近于卢梭对语言的理解(56)——当然是勉强地,因为他痛恨卢梭一点都不亚于痛恨十八世纪其他领先的启蒙思想家。)语言不是发明而是天赋。(57)这反过来又带来了对十七、十八世纪经验主义的批判。(58)

这篇对话的主要进展在于伯爵与骑士在哲学上出现了一定程度的张力。骑士明显更倾向于给予经验主义一定的哲学尊重,但伯爵反经验主义是坚决的。(这种哲学张力明显表现在伯爵影射骑士曾效力于拿破仑军队。(59)骑士激烈地否认了这一点。这看起来很奇怪,如果骑士是一位法国革命的流亡者的话,他怎

(52) 同上书,第 37 页。
(53) 同上书,第 38 页。
(54) 同上书,第 44 页。
(55) 同上书,第 45 页。
(56) 同上书,第 47 页。
(57) 同上书,第 55 页。
(58) 同上书,第 59 页。
(59) 同上书,第 54 页。

会效力于拿破仑军队。也许伯爵这里的意图是巧妙地抨击骑士反启蒙的资质。）

第三篇对话是以原罪的正义问题及是否所有受难的人都应受惩罚开始的。虽然是议员提出了这个问题，但却是骑士挑战了伯爵在这些问题上的坚定立场。我们由此得知骑士和伯爵之间存在的更多张力。伯爵和议员是老的道德主义者；相反，骑士是一位年轻的实践家，偏爱"社会"和充满社会乐趣的世界，[60]而不是对罪恶的阴沉的反思和内疚。骑士把伯爵和议员看作"同伙"，他们督促他去阅读他所不喜爱的那些宗教上虔诚的作家（所以骑士对议员说，"你想引诱我让我卷入你喜爱的读物"）。[61]

321　　几乎贯穿第三篇对话全部，议员和伯爵一直进行柏拉图式的论证，论证德性就是自身的回报，如果相对于公平，不公特别繁盛，这种现象是因为人们对真正的幸福和生活中真正的善理解有误。然而，恰好在对话结尾，伯爵转换了方向并开始论证人不能抨击天命的不公，因为没人是无辜的；因此没人可以宣称相对于他的应得，天命对他不公。[62] 很明显，如果每个人都是有罪的，那么便没人可以利用他所忍受的苦难来反对天命。（这种论调之前出现过。）然而，伯爵自己以一个遭受可怕癌症的年轻女孩的故事结束了对话，这看起来与他的"所有的恶都是惩罚"的学说明显冲突。[63]

第四遍对话开始时，三位对话者转向了祷告问题。对话从所有恶都是惩罚这个观念开始。一个人可能因其行为也可能因别的原因而受到惩罚。这意味着自由意志。祷告是恳请主权者息怒的行为。上帝是惩罚犯罪的主权者。那些犯错之人必须寻求上帝的恩典来减轻他的惩罚。

当骑士引用伏尔泰时，[64]第四篇对话到了一个关键时刻。伯爵并不支持这一点；这也证实了他对骑士最坏的猜测。人们自然会想到《论法国》中的论证，那些被法国革命家打败的人应该遭受失败；失败构成了对其道德软弱的惩罚。骑士，即使他（与伯爵一样）是革命的受害者，仍然成了伯爵眼中被启蒙毁了灵魂（至少在某种程度上）的人。骑士把伏尔泰看作"一项了不起的法国财产"，这实际上是迈斯特在解释为什么法国统治阶级注定失败。伯爵的应对是捍卫指

---

[60]　同上书，第27—28页。
[61]　同上书，第93页。
[62]　同上书，第98页。
[63]　同上书，第101页。
[64]　同上书，第108页。

示:像伏尔泰这样的作家应该被审查。[65] 骑士因为随后引用了卢梭,罪变得更严重了。[66] 这更说明了他的腐败! 在伯爵长篇大论地批判伏尔泰之后,议员开始回应骑士对祷告思想的挑战。中心问题是骑士呼吁"永恒的自然法则"[67]之概念。如果有人接受了这个理念,那么启蒙就获胜了,虔诚就被打败了。骑士是对的,如果自然的法则是永恒的,那么祷告就毫无意义。所以议员开始应对这个挑战。议员论证的关键在于,相信祷告有效果是合理的,因为世界各地的人一直都 322 信——这看上去是回避了问题。(强调祷告问题还有一层含义,它把自然神论从有神论领域排除出去了:没有人向自然神论的上帝祷告。没有祷告就没有宗教。即使伏尔泰也会说,"没有一个宗教不祷告的"。[68] 因此,自然神论等于无神论。)

祷告是不可或缺的这个主题也许有一定的误导性,因为它可能体现对私人信仰的强调,然而事实上迈斯特更倾向于神权政治式的有组织的崇拜(这与霍布斯强调的公共崇拜有点相似)。"如果公共崇拜不能抵抗普遍堕落(我们不需要其他证据来说明它的不可或缺性),我真的认为我们最终将退化为真正的动物。"[69](很可能这里的"公共崇拜"意味着俄国的东正教,因为议员是一位在场的对话者。)议员说,祷告的功效可以"从所有人的先天信仰"[70]中得出。如果所有人都相信上帝是回应祷告的,那它就是这样——伯爵也提出了相同的观点,"这样说吧,这是对所有人直觉之真理的感受,在它面前所有的诡辩都消失了"。[71] 不仅如此,祷告是需要捍卫的,因为很明显,不是"所有人"都知道它的

---

[65]　同上书,第 109 页。下面这一段文字恰当地概括了迈斯特关于伏尔泰在理智上有罪的观点:"伏尔泰的有害著作腐蚀基督教大厦的接缝处长达六十年,大厦的倒塌震惊了整个欧洲"(《反对卢梭》,雷布朗编,第 106 页)。也就是说,允许伏尔泰这样的人腐蚀基督教,法国大革命就是一个自然的后果。

[66]　《圣彼得堡对话录》,第 111 页。

[67]　同上。

[68]　同上书,第 112 页。

[69]　同上(着重强调),参见第 128 页注释五,康德对公共祷告的厌恶。康德对"寺院"(与公共崇拜相关)和"教会"("教导和激励道德意念的场所")的对比,可参见康德《纯然理性界限内的宗教》,艾伦·伍德和乔治·迪·乔瓦尼编,(Cambridge:Cambridge University Press,1998),第 115 页。虽然迈斯特有时认为最重要的是对宗教的承诺,而不是这个宗教或那个宗教的内容,但显然这不是他的真实立场:公共宗教(比如在他们寺院中的古代的公共崇拜)高于康德的虔敬主义预设的私人宗教。在这个注释中康德和毕达哥拉斯的冲突实际上表明古代异教高于各种版本的基督教新教!

[70]　《圣彼得堡对话录》,第 116 页。有趣的是,议员认为他的对话者祈祷的是"返回法国的恩典"——那就是复辟。

[71]　同上。

效果:启蒙以后(更不用说前现代的怀疑主义可以追溯到古代原子论者和伊壁鸠鲁主义等等流派),祷告的意义是一个完全开放的话题;因此,诉诸人类普遍的共识依然是逃避问题。

伯爵回到了永恒的自然法问题:他宣称现代哲学家提出永恒的自然法是为了"阻止人们祷告"。[72] 也就是说,现代科学并不代表对真理的善意要求;它仅仅是阴谋颠覆宗教的一种(道德的,而非认知的)武器。随后,伯爵开始正面回应对神正论最有影响的挑战:即伏尔泰关于里斯本大地震的著名的诗。赫尔德对伏尔泰的回应是错误的,他断言上帝对永恒的自然法则不负责任。[73] 然而,伏尔泰是对的:上帝是自由的,他可以根据自己的喜好施加或阻止地震。对于伏尔泰的问题,"为什么我们要忍受一位不公的主人?"有一个更直接的回答:"因为这是我们应得的。"[74]就像一位人类的主权者,在惩罚一位不守规矩之人时,会不加区分地把拳头打在成年人和儿童身上,神圣的主权也会这样做,这与不正义无关。(但是一个人类的主权者把他的愤怒落在一位无辜的儿童身上,这为什么不是不公呢?)骑士非常清楚这一整个论证都很难让人信服。[75]

伏尔泰问,为什么发生地震的是里斯本而不是巴黎?难道巴黎人比葡萄牙人的罪要少么?伯爵回答说:看看法国大革命!上帝的确给了这些罪人应得的惩罚。[76] 这实际上再一次重述了《论法国》的论证:法国大革命好的一面是它证明了坏人没有躲过惩罚。骑士安静地听完这一切,并没有试图对伯爵的神正论故事提出更多的挑战。[77] 在讨论神正论的背景下,有必要考察一下迈斯特和莱布尼兹的关系:一方面,他称赞莱布尼兹为整个理智的神正论事业作出的贡献;[78]另一方面,他尖锐地批评莱布尼兹,因为他否认祷告的效果。[79]迈斯特在这里是走钢丝;他想论证世界就是它本该是的样子来为上帝辩护;但是他不想进一步去论证自然法统治的世界相当完美,祷告根本是多余。

---

[72] 同上书,第117页。

[73] 很明显,迈斯特把赫尔德的观点与"斯宾诺莎主义"联系在一起了,参见第117页,注释16。

[74] 同上书,第118页。

[75] 同上书,第119页。这个讨论明显的讽刺在于,它将迈斯特和卢梭看作是共同反对伏尔泰的隐秘的盟友(虽然卢梭的天命主义,地位上远不及迈斯特强调的地位)。

[76] 《圣彼得堡对话录》,第121页。

[77] 参见议员在第122页的干预,看上去要让他闭嘴:骄傲"通过鼓舞我们不幸的争论精神来误导我们,使我们难以得到辩论的乐趣,而不是给予我们确定的原则"。我认为这是企图侮辱和恐吓骑士。

[78] 同上书,第92页,注释15。

[79] 同上书,第124页,注释28。

书中大部分引人注目的冲突集中于以骑士为一方和以议员与伯爵为另一方的微妙的张力上。然而,我们不应忘记,议员和伯爵并不是亲密无间的盟友。要看到,议员和伯爵之间的争论等同于基督教的希腊版对决拉丁版[80]:这提醒我们,伯爵和议员的关系远不像目前对话所暗示的那样。事实上,他们分别忠于基督教的两个对立的翅膀。[81] 伯爵拒绝接受这个分离;他认为基督教需要重新统一成一个一元的宗教。他承认他会毫不犹豫地与东正教会签署和平协定。[82] 324 (但是他会与新教签署和平协定么? 罗马天主教与东方的东正教之间有可能达成和平仅仅突出了天主教与新教之间更深层次的裂痕——确实,仅靠自由主义的宽容是不能解决文化战争的——它也不仅仅是一场动用理智武器的"文化"战争。[83])

在继续下文之前,我们稍做停留,让我来重新强调一下第四篇对话的关键点:不是任何宗教或推定的宗教都会服务于迈斯特希望服务的政治(神权政治)目标的。对于迈斯特来说,自然神论等同于无神论。(新教主义也好不到哪去!)这直接来自没有祷告就没有宗教这个首要观点。人们需要的正是天命的上帝,他关心人类命运并准备运用他的意志来引导历史的结果。人们很难不折服于这种旧约形式的宗教信仰,即神权政治的宗教——上帝时时刻刻都在看着他的人民,每当他们越界时都会以他的愤怒来打击他们。《新约》中很难看到任何"神权政治",很显然,它充斥于《旧约》之中。这也是尼采极度偏爱《旧约》而不喜欢《新约》的原因,这可以说是一个明确的标志,尼采的思想在根本上也是"神权政治的"。没有这种上帝(神权政治的上帝),宗教就死了,而且迈斯特认为,没有它政治也无望实现良好的社会秩序。

第五篇对话始于重启反对洛克经验主义的辩论,这个论题在第二篇对话中讨论过。这个论题是由议员和伯爵共同提出来的,论题的关键是动物的本能问题,经验主义不能解释这个问题。令人惊讶的是,议员选择了狗能够行刑这个例子。在无数个迈斯特可以举的例子当中,行刑对他来说是信手拈来的,这当然也透露出迈斯特思想的很多特征。

---

[80] 同上书,第 123 页。

[81] 参见第 224 页,伯爵提请注意他和参议员属于不同的教会这一事实;议员在第 237 页则提到了"你的教会"/"我的教会"。

[82] 同上书,第 124 页。

[83] 参见第 327 页,在那里迈斯特回应了自由主义—新教的宽容学说,这与阿尔斯特的保皇派回应爱尔兰共和军的停战协定一样:宽容只不过是一种掩护,在这种掩护下,敌人可以继续武装起来,更有效地与你进行战争。

议员和伯爵随后扩大了他们对自然科学的批判并在总体上把它看作是关于物质因果性的科学。议员说，"我读过很多关于古代人无知的妙语，古人到处都可以看到精神：我认为我们更愚蠢，因为我们从来看不到精神。"[84]在这里骑士再次出面捍卫自然科学和十八世纪的启蒙的荣誉。像以往一样，多少都是由骑士来打破沉默的，人们自然地会怀疑他并没有信服于伯爵的论证。随后，伯爵辩论的目标从洛克转向了培根。他说，培根对所有精神观念充满了无思想的仇恨；培根竭尽所能来提倡物理学，最终让人们不再喜欢别的东西。"培根不遗余力地让我们远离柏拉图哲学，柏拉图哲学是福音书的人类前言。"[85]启蒙哲学带来的是"一个真正的实践的无神论的体系"。[86] 在迈斯特看来，推动十八世纪哲学的正是"对上帝的恐惧"（"这个奇怪的疾病"）。[87]

纵观整篇对话，与前面的对话相关的是启蒙对祷告理念的挑战这个主题。这是整个讨论中真正的重点：启蒙哲学的唯物主义抨击祷告毫无意义。然而，请注意，根据迈斯特的概念，这里人们所祷告的上帝不是赐予人类祝福和基督教爱人类的上帝；相反，他是一个行惩罚的上帝，人们为了避免应得的惩罚，必须寻求上帝的恩典。在启蒙哲学看来，设想上帝"会亲自向你复仇，你太渺小了"，这确实毫无意义；"来自上天的惩罚"似乎不符合启蒙的自然神。[88] 祷告被遗弃了，因为那个本该具有宽恕精神的愤怒的上帝也被遗弃了。人们再次会很自然地发现整个旧约都是这些内容；新约中爱的上帝似乎没有出场。

迈斯特反对自然神论是因为自然神论的上帝从不施惩罚，谁都不能来恳求以使自己免除必要的惩罚。在对话的结尾，迈斯特非常清楚地说出，对他来说神圣惩罚行为的典范便是《旧约》中上帝降下的大洪水。迈斯特的神学理论可以简要为，对于迈斯特来说，上帝和罪与罚这个主题具有不可分割的联系。[89] 任何从上帝属性中抽离掉惩罚的神学都等同于无神论。法国大革命一代的所有政治罪行都可以用如下事实来解释，那就是上帝在惩罚人类越轨行为，启蒙哲学是不

---

[84] 同上书，第133页。

[85] 同上书，第142页。这与沃格林关于柏拉图的观点形成了对比。有趣的是，一些最著名的基督教批评者（我想到的是霍尔巴赫与尼采）也有同样的看法：参见霍尔巴赫《揭穿了的宗教》，约翰逊译，(New York：Gordon Press，1974)，第18页（特别是第一个注释），第41页第一个脚注。

[86] 《圣彼得堡对话录》，第148页。

[87] 同上。

[88] 同上。

[89] 参见第149页：18世纪的哲学家们"宣称他们是启示的捍卫者；但是对于上帝、对于罪行、对于惩罚，他们不置一词"。

会接受这个观念的。

第六篇对话对祷告的性质展开了连续的讨论。这一次是议员受到了伯爵的训斥，因为他引用了一位启蒙哲学家——洛克。[90] 为什么从启蒙的角度看祷告是可疑的？举例来说，在一场战争中，A 方祷告他们能胜；B 方也祷告他们能胜。祷告的双方都不会得到应允，也不清楚祷告对于谁胜谁负能有什么帮助。[91] 在伯爵看来，我们首先需要问的是，真正的祷告是什么？仅仅是人们要这要那，这是否足以构成祷告？不，祷告的根本特征在于信仰。然而，人们需要深入到一个人的内心深处，才能判定这些祷告者是否真有信仰。[92] 绝大多数崇拜者看上去是在祷告但实际上不是。骑士说伯爵无论如何都不能算作在祷告，因为他专注的是对祷告本质的哲学思考！[93] 伯爵注意到，"只要人们凡事都以理性为根据，他就不再祷告了"[94]；但是正如骑士注意到的，这个对理性的批判也适用于作为哲学家而不是纯粹信徒的伯爵本人。（纯粹的信徒只会祷告；他们不会在哲学上追问祷告的意义。）无论如何，真正的问题不在于各个个人的祷告以及他们的祷告能否被听到，问题在于各个国家的祷告以及它们是否有权被听到。[95] 换句话说，祷告是一个政治问题，而不仅仅是个人信仰的事。这里所暗示的是，真正推动迈斯特作出这些讨论的是接下来这个问题：为什么上帝没有答应欧洲的贵族祷告者恢复法国王位？法国真正的代表自从 1789 年以来就一直在祷告，但上帝看上去对他们的祷告不闻不问。迈斯特需要回答这个问题——即无神论者（他们当然不祷告）看上去已经获胜的事实。祷告的意义在于说明为什么不应该屈服于绝望和放弃对雅各宾派和他们继承人拿破仑的斗争。

在第 163 页，骑士终于把自己看成是洛克的支持者。第六篇对话的其余内容都是针对洛克的辩论。第 171 页介绍了迈斯特敌视洛克的真正根源：不（仅）是他的经验主义，也不（仅）是他对法国启蒙的影响，而是他的新教主义。或者说，是所有这些东西加起来！（从迈斯特的角度看，说经验主义和启蒙思想只是新教分裂的副产品，这一观点并没有走得太远。因此，诸如经验主义的哲学问题与神学上对新教教义的反感有着密不可分的关系。进一步说，迈斯特与培根和

---

⑨⓪　同上书，第 157 页。

⑨①　同上书，第 155 页。

⑨②　同上书，第 159 页。

⑨③　同上书，第 159—160 页。

⑨④　同上书，第 161 页。

⑨⑤　同上书，第 162 页。

洛克这样的思想家在哲学上的争论与他不能接受新教是密不可分的。)正如迈斯特在第 186 页提出来的，洛克"被其他教派的精神欺骗了"。换句话说，真正推动他的不是一套特定的哲学信仰，而是对天主教本能的敌对。因此，在把哲学辩论与神学斗争联系起来这方面，迈斯特只是把哲学问题带回到宗教—神学问题上，整个问题最初是由后者挑起的。"最重要的是，洛克想反对他的教会，我比他更有理由恨这个教会，但我仍然崇敬它，因为某种意义上我把它看作不合理的东西中最合理的一个。"⑯迈斯特在这里似乎说的是，如果他被迫在各种新教教派中做选择，他宁愿选择英国圣公会而不是别的，因为它还有某种神权政治的残留。洛克不仅是一个新教徒，更是一个超—新教徒："他是所有道德权威的敌人，他想反对所有的既定观念。"这里是迈斯特对洛克所接受的道德—理智背景的描述："新教为它做了充分准备，人们的思想开始摆脱自己的胆怯，并大胆地设想十六世纪提出的各项原则的所有后果。一个可怕的教派开始组织自身。"⑰

迈斯特发现洛克的政治学与他的认识论一样危险。在这里我们可以关注一下迈斯特和伯克之间一个有趣的差异。伯克描述了洛克(他声称他忠于洛克的学说)的"旧辉格党主义"和法国雅各宾派之英国同行的"新辉格党主义"(这个论断非常引人注目的出现在他的《从新辉格党到旧辉格党的呼吁》中)。与此形成强烈对比的是，迈斯特看到洛克的经验主义和新教主义与法国启蒙的唯物主义和准无神论之间存在非常牢固的联系。在这方面也值得一提的是，伯克在他早期哲学作品中(比如《崇高与美丽概念起源的哲学探究》)把自己看作一名坚定的经验主义者；迈斯特从未(据我所知)说过伯克的洛克主义或他的经验主义，也没说过这是否会动摇他作为反革命知识分子的权威地位。⑱(人们推测，迈斯特会把这个看作伯克没有深挖雅各宾派病根的表现，他经由法国伏尔泰这样的亲英人士，回到了像培根、洛克这样的英国思想家那里。⑲)洛克的《人类理智论》"可以看作是十八世纪哲学的前言，它完全是否定的，在结果上也是无效

---

⑯ 同上书，第 187 页。

⑰ 同上书，第 189 页。请注意，对于迈斯特来说，新教(以及它不够虔诚的分支)仅仅是一个"教派"。

⑱ 参见理查德·雷布朗：《约瑟夫·德·迈斯特和埃蒙德·伯克》，载《约瑟夫·德·迈斯特生平、思想和影响》，雷布朗编，第 169 页。

⑲ 很让人意外的是，培根和洛克，而不是其他大陆哲学家，成了《圣彼得堡对话录》的两个主要靶子。现代性最坏的政治后果发生在法国，但是哲学上讲，问题的根源在英国经验主义。

的"。⑩ "洛克的写作只是反对既定的观念，特别是侮辱那个他深受震动的权威"⑩——即教皇。换句话说，反天主教是洛克整个哲学背后隐秘的推动力。"洛克一直被他的主要偏见牵着鼻子走；服从于拒绝所有权威这条原则"——那就是他的反天主教主义。⑩ 对天赋观念的驳斥是为了解放"他们自己理性和判断力的用途"。⑩ 迈斯特强调这是刻意地、新教的——也就是，反天主教的——修辞学。在试图反驳天赋观念时，洛克"希望引导他的攻击更直接地特别指向天主教学说"。⑩ 尽管如此，英国圣公会主教也有理由害怕洛克，因为"他攻击了所有的精神权威"。⑩ 所有这些文本都清晰地说明，迈斯特把 18 世纪的哲学看作仅仅是洛克播下种子的果实。

不难理解，为什么反驳——或者诋毁——洛克的经验主义哲学会是迈斯特哲学工作的首要任务。为此，可以读一读下面摘自洛克《人类理解论》（第 4 卷第 18 章第 2 节）的文本：

因此，理性如何与信仰对比起来，则我的分别是这样的：就是说，理性的作用就在于发现出人们内心各种观念所演绎出的各种命题或真理的确实性或可然性。这里所说的各种观念是人心依据其自然的观能——感觉或反省——得来的。至于信仰则是根据说教者的信用，而对任何命题所结合的统一；这些命题不是由理性演绎出来的，而是以特殊的传递途径由上帝而来的。

很明显，对于迈斯特来说这些篇章足以表明，经验主义者的理性概念就是插向启示神学心脏的匕首。毫不奇怪，沉迷于这种教义的一代思想家们会变成怀疑主义者和无神论者。⑩ 因此，接下来的二选一选项就很清楚了：要么允许这个

---

⑩　《圣彼得堡对话录》，第 193 页。

⑩　同上。

⑩　同上书，第 201 页，注释 11。

⑩　同上书，第 203 页，注释 31。

⑩　同上书，第 204 页，注释 32。

⑩　同上（着重强调）。

⑩　参见乔纳森·以色列：《激进启蒙》（Oxford：Oxford University Press，2001），第 8 页，摘引了保罗·马蒂亚·多利亚的观点："所有的洛克追随者们，他们要做的就是进一步在中间地带撕裂一道缺口。……他们只是向可怕的第五纵队，向激进分子或者伊壁鸠鲁—斯宾诺莎主义分子打开了大门，尽管是无意的。"以色列在"温和的主流的"启蒙和激进启蒙的严格区分中也提出了相同的观点，《启蒙的争议》，（Oxford：Oxford University Press，2006），第 808 页："洛克、伏尔泰、孟德斯鸠、休谟和康德的保守的社会和道德理论，都避免在哲学理性和自然基础上打造道德哲学体系并进而拯救传统、风俗和神学的主要元素。而像斯宾诺莎、培尔、布兰维利耶、狄德罗、霍尔巴赫等道德哲学家们则设计一种与连续的自然主义传统完全相反的东西……杜马尔赛、狄德罗、达尔让、爱尔维修、霍

理性的概念彻底败坏启示，要么彻底败坏经验主义来维护启示。

第七篇对话讨论人们对战争的困惑。人类为什么会打仗？骑士回答说，人们之所以会打仗是因为他们都听从主权者的，议员不同意这个回答，认为它很肤浅。有很多事情主权者是不敢发布命令的（议员以对不准确的日历进行改革为例说明了这一点），然而战争是易于发布命令的。对这个困惑还有一个可能的回答，那就是人们都爱荣誉。然而，这里有两个问题：首先，普通的士兵得不到荣誉——荣誉归功于将军。第二，它没有讲清楚为什么战争赋予荣耀，只是重申了最初的困惑。士兵比刽子手更有荣誉。但为什么呢？士兵杀死的是无辜的人；刽子手杀死的是罪犯。刽子手（"这个崇高的存在！"）"是社会的基石……一个没有刽子手的世界，一切秩序都将荡然无存"。[107] 这里提出的问题是高贵本身的不可理解性。（什么是高贵？尼采的《善恶的彼岸》最后一章也提出了同样的问题。）士兵是高贵的，刽子手是不高贵的，但是，这和正义或者客观的社会目标毫无关系。

这里的问题是骑士说的"不可定义的荣誉的光环"。[108] 议员再次提出一个核心问题：为什么在整个人类看来，让无辜者流下无辜的血毫无例外是全世界最荣耀的事？[109] 在卢梭这样的契约论思想家看来，个人可以从前社会的自然状态过渡到社会状态，然而国与国之间依然彼此处在最初的自然状态之中。如何解释这个秘密？在这里议员除了说"神秘而可怕的法律需要人类的鲜血"[110]之外别无解释。

从对话可以看出，迈斯特对战争的立场是相当复杂的：一方面，相当厌恶；另一方面，认为这是在执行神圣的天命，是对人类罪恶的惩罚。正如议员在第215页说的，"士兵的职能是可怕的，但是在必要性上他们从属于精神世界中伟大的法，我们不要惊讶，世界各个民族都认为可以从这个灾难中发现比别的

330

---

尔巴赫、孔多塞等法国高级启蒙的铁杆分子追随斯宾诺莎和培尔，他们的道德理论以'共同善'、平等、公平为基础，是一套完全世俗和普世的伦理。"以色列在这一页中没有提到卢梭，但是我在本书第十七章讨论过，卢梭宣称的目标是调和正统神学而与无神论，虔诚和非虔诚，这就让他与第一群体（温和的主流的）有了明显区别；这个调和计划（至少在以色列看来）在某种意义上是他们所有人的目标。显然，在迈斯特看来，这样一个调和的工作在原则上是不可能的。目前，人们可以像以色列那样区分两种启蒙，但温和的主流的启蒙必然会使自己滑向激进的启蒙。

[107] 《圣彼得堡对话录》，第207页。
[108] 同上书，第208页。
[109] 同上书，第210页。
[110] 同上书，第211页。

东西更特别神圣的东西,这是有伟大且深刻的原因的,圣经的每一页都写着
'万军之主'这个称号。"(很惊人,甚至很让人吃惊的是,他这里说的"每一
页"不仅仅是《旧约》。人们可能会问,《新约》的神什么时候把自己说成万军
之主了。)迈斯特在结尾的附注中增加了一段引文:"上帝不是给了自己万军
之主这个最荣耀的称号吗?"[11]我们也可看看如下这段话:"我们必须永远向上
帝求得成功并永远因此感激他,因为世界上没什么事像战争这样更直接取决
于上帝了。既然他限制了人的自然力量,既然他喜欢被称为战争之神,当我们
遭受战争这个可怕的灾害时,我们更应该加倍地祈求于他。"[12]人们在这里就
像在《圣彼得堡对话录》别处一样会得出一个深刻的印象,那就是迈斯特的宗
教信仰更多归因于《旧约》而不是《新约》。(人们可以想象《新约》的上帝"喜
欢被称为战争之神"么?[13])

在迈斯特看来,战争毫无疑问是可怕的;它是对人类罪恶的残酷确认。不仅
如此,战争越是可怕,越能深刻地表现出上帝正义的严厉要求。议员接下来的陈
述很敏锐地揭示了这个双重评价:"如果你仔细地审视战争,就会发现,基督教
从未显得这般崇高,这般神圣,这般适合人类。"[14]我们怎么解释这个论述? 根据
基督教的一种似是而非的解释,人们可以假定《新约》的宗教作为一个极度的和
平主义和来世的信仰,它强调人类的暴力和残忍是多么的可怕。可以肯定的是,
这是议员所说的一个部分,但是它肯定没有排除迈斯特的基督教真理更阴暗的
愿景。首先,基督教作为和平的宗教,这一观念很难与议员在第212—213页关
于军事职业与美德的相容性以及兵役与虔诚的相容性之论证相协调:"这个世
界上没有什么比宗教精神和军事精神更一致的了。"[15]在这里他引用了伏尔泰的
"时刻准备着为了上帝而献身的军队是不可战胜的"。[16] 这恢复了早先对卢梭的
反驳,卢梭认为基督徒不能成为士兵或好公民。肯定有一些宗教主张宗教精神
和军事精神是相通的(人们自然会想到伊斯兰的起源并把它看作征服与帝国主
义的信条),但是将福音的宗教看作一种依靠自己去启发别人服兵役的宗教,这
似乎很奇怪。然而,这不是故事的全部。迈斯特关于战争与宗教关系观点之复   331

---

⑪　同上书,第240页,注释7。

⑫　同上书,第224页。

⑬　参见齐奥兰引用的格拉德的观点,《约瑟夫·德·迈斯特和卡尔·施密特》,第236页。

⑭　《圣彼得到对话录》,第215页。

⑮　同上书,第213页。

⑯　同上。

杂性的另一个重要方面在于,战争的流血很好地补充了迈斯特关于基督教福音书的观点——血祭是必要的。(我在"对牺牲的说明"作简短讨论后会尽快回到这个主题)第217页的论述很好地概括了这个愿景:"整个地球永远都沉浸在血液中,只不过是个巨大的祭坛。"[117]

真正的宗教是为赎罪而牺牲无辜的宗教,在这个意义上战争(即提供牺牲的"祭坛")就是迈斯特宗教愿景的核心。正如伯爵在第225页说的,"在所有的语言中都能找到罪行、罪犯这些字,但是罪和罪人是基督教特有的词汇"(尼采也会同意这个说法!)。如果罪人未受惩罚,那这就是不存在神圣正义的故事;因此,战争作为罪恶的惩罚,构成了战争的"神圣"。这就让第215页引用的那段话有了意义,"世界上各民族都认为在这场灾难(战争)中可以发现更多的神圣而不是别的。"议员在第218页概括了他的观点:"战争是神圣本身,因为它是世界的法则。"[118]战争既是一场"灾难"又是"神圣本身"——比任何其他取决于人类状况的诅咒更神圣。[119]

要解释这个对话有一个关键问题:为什么第七篇对话中是议员而不是伯爵对战争作出"称赞"?事实上,当对话录中的对话从议员转向伯爵时,主题就从战争转向了祷告。我们可以把对祷告的讨论作为窗口,来了解不同历史文化的特征:"每个国家的祷告都是一个指示符,它用数学的精度显示了我们国家的道德地位。"[120]比如说,古代祷告观念的不足揭示了异教徒经验的局限性,因为"古代没人知道如何在祷告中表达悔改……他们从不知道祷告时如何请求原谅"。[121]在讨论祷告的文本中,伯爵捍卫《旧约》反对启蒙对《旧约》的批判。如果我们能考虑到迈斯特是如何一贯坚决反对任何形式的新教的话,我们也就能理解迈斯特对犹太教(甚至是伊斯兰教!)的称赞[122]——比如,他把宗教改革看作"人们对上帝犯下的最严重的罪行"。[123]像尼采一样,如果迈斯特必须要在摩西和路德之

332

---

[117] 参见第290页:"断头台是一座祭坛!"

[118] 参见第217页:暴力毁坏生物是一项"普遍的法"。

[119] 参见第240页注释8,引用了欧里庇得斯:战争的目的是"净化被泛滥的罪恶所污染的地球。"迈斯特还引用了穆罕默德("从敌人那里学习东西是对的"):"如果上帝没有激起国与国的战争,地球早已经被腐化了。"

[120] 同上书,第224页。

[121] 同上书,第225页。

[122] 参见第240页,注释8。

[123] 同上书,第311页。迈斯特在这个问题上的关键文本是他《对新教主义与主权关系的思考》(1798),参见《作品集》,皮埃尔·格劳德斯编,(Paris:Robert Laffont,2007),第311—330页。

间作出选择的话,他会作出怎样的选择是毫无悬念的。⑫

骑士和伯爵的交流进一步揭示了迈斯特对《旧约》的态度。交流始于骑士坦白承认他很欣赏大卫(作为《诗篇》的诗人),他也很欣赏品达论传闻。⑬ 伯爵反对把大卫和品达等量齐观——后者已经逝去,并且属于我们过去的世界。"在另一方面,大卫不属于时间与空间,因为他不与具体地点情境相联系;他只吟诵上帝和他不朽的真理。耶路撒冷没有消失;它就在我们身边。"⑯希腊宗教时间上是有限的,但是圣经的宗教(不管是犹太的还是基督教的)是永恒的。伯爵提出的证据关注的是新约和旧约原罪教义的连续性。大卫"很了解关于我们堕落本性的可怕的法;他知道每个人都被认为是邪恶的。"⑰迈斯特提供了如下原始基督教引自《诗篇》的话:"我是在罪孽里生的,在我母亲怀胎的时候,就有了罪。""恶人一出母胎就与神疏远,一离母腹便走错路,说谎话。"⑱在回答为什么骑士不能辨别《诗篇》之美时,伯爵重申了柏拉图的真理回忆说和天赋观念的学说,这个观念认为人不可能掌握那些非内在于他们的理念,它体现在"理智气质"⑲之中。如果谁遵循这个学说得出它的逻辑推论,谁就很难理解伯爵、议员和骑士争论的意义。也许伯爵可以推动骑士的观点与他的"理智气质"相一致,但是这种同样天赋的精神素养为这种可以完结的对话设置了很多不可移动的限制。(对于迈斯特来说,不用说,男人和女人在这个问题上的对话是无意义的,因为他们各自代表的理智气质之间的鸿沟太宽而不能弥合。⑳) 333

正如我之前暗示的,这篇对话中最大的困惑在于为什么伯爵把话题从战争转向了祷告。令人惊讶的是,这是头一次出现主要不是由伯爵来主导对话过程的情况。迈斯特的这种方式是不是说明伯爵和议员正在玩一出好警察—坏警察

---

⑫ 参见伯爵在第 277—280 页对犹太教的辩护。在第 280 页,他认为犹太教是"高贵的礼拜"。迈斯特对摩西的更多看法,参见格拉德《约瑟夫·德·迈斯特和卡尔·施密特》,第 235—236 页。这与尼采(尤其是对宗教改革的敌意)的对比是惊人的,这个对立使得我的观点不那么特别了,我在本章注释 15 中把尼采看作一个准神权政治。(我将在本书第四部分以更大篇幅来讨论这个问题。)当然,这也构成了我研究迈斯特的另一个理由:要理解尼采思想的"准"—神权政治特征,就得首先了解真正的神权政治。

⑬ 《圣彼得堡对话录》,第 226 页(品达,希腊抒情诗人。——译者)。

⑯ 同上书,第 227 页。

⑰ 同上书,第 230 页。迈斯特强调人们被"认为"是邪恶的(他们"一离母腹便开始反对神圣法"),这带来一个结果,那就是把天主教的原罪学说转回到旧约之中。

⑱ 同上书,第 230 页,注释 41。圣经文本在《诗篇》51：5 和《诗篇》58：3。

⑲ 《圣彼得堡对话录》,第 234 页。

⑳ 同上。

的游戏？看上去议员的世界愿景远比伯爵的严峻。[131]

接近第八篇对话开始的地方，骑士对目前为止的整个对话过程做了概括。在骑士看来，"不存在正义的人。因此上帝在这个世界而不是在来世施行惩罚，这是一个相当特别的善行。"[132]这话可以直接出自伯爵之口。骑士也确认"我最坚定相信的就是炼狱"。[133]

在对话下半部分，伯爵对他的神学理论核心观点做了长篇阐述：明显的无序预示着一种宇宙终极秩序的概念（因为人们不能在没有标准做参照的情况下对无序进行判断，从而使我们能够理解无序的概念），这反过来预示着一个最高的终极智慧——他也是秩序的来源。宣称上帝的非正义毫无意义，因为他们是想把自己提升到上帝之上，有了更高的标准人类就进入了本应上帝负责的领域，也可以和他对话。对迈斯特来说，这一切完全是胡说八道。

第八篇对话的总结性讨论关注的是十八世纪启蒙的无神论。启蒙后的政权要求由有识之士进行统治，以至于精神错乱地赋予知识分子以道德和精神判断的权力："这些权力本属于先知、贵族和国家的官员，他们是真理的保管人和守护者。"[134]"对于那些通过演讲和写作来破坏国家宗教信仰的人，应该像对待盗贼一样把他吊死。卢梭自己也同意这一点，如果不考虑这个要求会对他自己带来的影响的话。"[135]也就是说，尽管卢梭在《社会契约论》第四卷第 8 章中假装要保卫宗教（甚至看上去要对那些背叛国家教条的人处以死刑[136]），他实际上做的恰

334

---

[131]　参见第 235 页结尾和第 236 页开始，议员责备伯爵对"祷告的效果"太过乐观！在这一篇对话中伯爵不是真正的强硬派。

[132]　同上书，第 248 页。

[133]　同上书；参见第 260—261 页，注释 1 和注释 2，关于天主教和新教关系的论述。特别是，新教徒拒绝炼狱是一种非自然的宗派偏见。（天主教是"自然的"宗教信仰，新教"教派及其教育都充满偏见。"）异教的思想家对炼狱敞开大门，某些新教徒也是如此，但这违背了他们的新教教义。请注意，即使是更自由开明的骑士，他（相对于议员和伯爵）近乎是启蒙的同路人，但仍然坚定地坚持这些令人不快的学说。

[134]　同上书，第 260 页。参见第 282 页，注释 3 关于基督教对哲学（文本攻击了伏尔泰并把斯多亚主义与基督教相提并论）的讨论："讨论对上帝的爱不是问题，问题是如何拥有它，如何通过触及人心的制度来激发它。……这是基督教做的事，哲学从来没有也永远不能做到这一点。……哲学根本不能触及心灵。……它只在心灵周围打转；它从未进入内心。"当基督教受到知识分子攻击时，哲学并未对那即将被毁灭的东西伸以援手。基督教具有维持制度的力量，而哲学永远不是他的对手。

[135]　同上书，第 260 页。

[136]　《社会契约论》，玛斯特编，（New York：St.Martin's Press，1978），第 131 页。也可参见玛斯特的编者注，第 154 页，注释 140。

恰相反:他应该算作启蒙运动中社会秩序破坏者的一员,而不应算作他们的对手。

在第九篇对话中,伯爵再次成为了对话的主导者。对话很快与政治更直接相关。世袭君主制被说成是我们能想到的最好的政体,他声称我们从经验中知道这一点(尽管理论上的论证都反对它)。对人民主权的争论"毫无意义。"[137]"国家治理最好的是宪法写得最少的,所有成文的宪法都是毫无意义的。"[138]不仅如此,在接下来几页中我们又被带到了神学深处。特别是,讨论的重点是自我牺牲的问题(这个教条"对于人们来说是很自然的,虽然在理性看来难以实现")。伯爵提到了"很多宗教所要求的可怕的苦行"(想必他已经想到了更严厉的寺院纪律),伯爵接着补充说,基督教"完全基于无罪者为犯罪付出代价这相同教条的扩展"。[139] 如果自我牺牲的教条是毫无意义的,那么基督教就毫无意义。(总之,基督教通过鼓励殉教来扩展自己的权力,首先说明了自己是一种历史的力量!)

这让我进入了与"对牺牲的说明"相对应的那部分对话中,它构成了这部书的附录。"鲜血有赎罪的力量。"[140]迈斯特在评论"不可理解的割礼风俗"时也引用了"牺牲理论"。[141] 割礼的含义是这样的:"对人类生殖行为的厌恶,通过鲜血得救。"[142]基督的牺牲只不过是这个普遍教条的延伸("人们随处可见对生殖器官施行痛苦血腥的手术")。人们"一直希望通过流血来获得再生"。[143]"古代的整个学说[即去神论的理念——比如,埃斯库罗斯的《被缚的普罗米修斯》]仅仅是对人类宣称的用鲜血来拯救作出的预言式呼喊。……基督教通过现实来代替这些学说证明了这个预言的正确性。"[144]伯爵称这个教条是"异教主义一团黑暗中的明灯"(异教包括柏拉图[145]),这是基督教的核心,即牺牲具有赎罪的能力。

335

---

[137]　《圣彼得堡对话录》,第263页。

[138]　同上。

[139]　同上书,第267页。这页的特色是对《论法国》"匿名作者"的引用(所以伯爵实际上是引用了自己,只是没有透露他做的这件事)。

[140]　同上书,第268页。参见第270页:"这个世界是一次远征,一场永恒的战斗……最伟大的荣誉归属于受伤的人。"

[141]　同上书,第268页。

[142]　同上书,第269页。

[143]　同上。

[144]　同上。

[145]　参见第267页,注释6。柏拉图与通过鲜血牺牲而得救之教义的联系,让我想起迈斯特之前(第142页)把柏拉图哲学看作"福音书的人类和平"。

如果没有流血，人类的罪恶就没有得到救赎。

第十篇对话始于议员对各种准泛神论形而上学的阐释。（"我们相互团结因为我们团结在上帝身上……斯多亚派泛神论、斯宾诺莎的泛神论，是对这伟大理念的玷污。"[146]）这种包罗万象的精神统一的形而上学似乎是含蓄的，实际上它是对世俗科学的全盘否定。议员在这段文本中引用了圣保罗论知识的自负："知识带来虚荣，而仁爱带来熏陶。""知识带来分裂而不是团结。"[147]议员也借用了奥古斯丁式论证，认为人性是一个整体因为人类恶起源于亚当单一恶的行为。恶是"一种根本违法行为的遗传后果，人类众多传统也支持这个观点"。[148]"人类的堕落可以被列在人类团结的证据之中……得救同样来自于一个人。"[149]令人相当惊讶的是，伯爵驳斥了议员对人类团结来源的思考，认为这是"徒劳的推测"。[150]为什么伯爵如此抵制（或者说感到不安）议员的形而上学呢？

在促请议员对宗教更加谦卑和服从方面，伯爵是一贯的："我们所有的知识都应服从宗教……我们通过祷告而学习……每一个不从基督教教条出发的形而上学的命题，只不过是一个有罪的奢侈品。"[151]然而，伯爵自己的哲学也充斥着形而上学。为什么现在他要遏制过度的形而上学？（当然，这很可能是在反对神学承诺的层面上的微妙冲突；也许从伯爵的天主教立场看来，俄罗斯东正教太容易陷入基督教的过于形而上学的版本中去。）我们很难讲清到底发生了什么，但是（把神学放在一边）先让我假设另一种可能性。我们仔细研究第 291 页讨论议员学说的这段文字，他认为人类的精神联系是通过"物质联系"来实现的，我们可以看到议员实际上讨论的是亲吻，[152]但是很容易把这一观点扩展到适用于性行为。讨论性的精神性质（而不仅仅是恶的性质），这与迈斯特书中前面的观点很接近，因此，从这段文字来看，毫不奇怪，伯爵虽然承认议员的虔诚，认为虔诚赋予他的动机以活力，但他还是指责议员因为形而上学的怀疑论而走得太远了。伯爵说的是（根据这个解读），议员尽管有虔诚的动机，但正徘徊在危险的领地上。在这个辩论中，骑士基本与伯爵站在一边："对我来说，议员您的宗教

---

⑭⑥ 同上书，第 291 页。
⑭⑦ 同上书，第 293—294 页。
⑭⑧ 同上书，第 294 页。
⑭⑨ 同上。
⑮⓪ 同上。
⑮① 同上书，第 301 页。
⑮② 参见第 314 页，注释 1。

观点太宽泛不确定了。"⑬

　　议员认为伯爵的挑战根源在于科学与宗教的对立(虽然看上去很奇怪,伯爵居然与别人一样都支持科学反对宗教)。作为回应,伯爵坚持认为,他们在宗教与科学之间关系问题上并没有分歧。他们都认为宗教是科学之母。欧洲具有伟大的科学文明正是因为它具有伟大的基督教文明。⑭ 然而,如果科学从自己的神学起源中解放出来,就会导致我们陷入深渊。科学需要受到神学和宗教的约束。(伯林在他对迈斯特的评论中,认为他是如此直接地反对科学。⑮)但是正如这段话说明的——《圣彼得堡对话录》别处也有类似篇章——迈斯特对待科学的态度要比伯林认为的更加复杂。⑯)伯爵提出,科学将会成为巨大的恶,除非它通过必要的宗教安排得到控制:"在年轻人具备宗教和道德之前就教导他们物理和化学,或者在派出传教士之前派出新的国家院士,这样下去会有你好看的。"⑰再说一次,说科学需要宗教戒律和说科学本身就需要被压制和反对的,这是有很大区别的。他还说,他反对"所有超越人类世俗范围的好奇性的研究",⑱这意味着科学要保持在合适的界限内,不侵犯宗教的管辖权这才可以被接受。伯爵引用了培根的言论,"宗教是防止科学被污染的香料",并表示赞成,说他唯一反对的是培根自己作为科学思想家的做法背叛了自己的精神。⑲ 这再次暗示了一种不受污染的科学的可能性。　337

　　不仅如此,在同一篇对话中还有些其他论述也表明他更直接反对科学事业的立场。在第 302 页,他说"知识知道的越多,越可能有罪";在第 303 页他说道,"我主要是因为自己无知而不是有知而感谢上帝,因为我的知识是我自己的……在结论上我不能确定这些知识是不是善,然而无知源自上帝,所以我对这一切都有信心"。最后,在第 300 页,他说到科学,"如果不是完全从属于[着重强调]国家的教条,"它将使人恶化并腐化他的公民身份。(他说,卢梭抓住了这

　　⑬　同上书,第 303 页。参见第 304 页(骑士对议员说):"你希望一种不同寻常的解释,这可能会使你和其他人陷入非常严重的危险之中……我认为你有点走远了"。

　　⑭　同上书,第 300 页:"科学的权杖属于欧洲,只是因为它是基督教的。"

　　⑮　比如,可参见《扭曲的人性之才》,第 142 页:迈斯特"对自然科学的方法并不感兴趣;他对斯韦登伯格的预言和自然现象的神秘主义解释感兴趣;与他同时代的威廉·布莱克一样,也会同意神秘科学比现代化学或物理手册中包含着更多的智慧"。

　　⑯　参见《反对卢梭》,雷布朗编,第 109、110 页注释 1。

　　⑰　《圣彼得堡对话录》,第 300 页。

　　⑱　同上书,第 302 页。

　　⑲　同上书,第 302 页。

个真理的一半,但只是一半。)很难看出"从属于国家教条"的科学如何还是科学:比如,如果伽利略必须服从他的牧师,那么谈论科学将毫无意义。

这一篇对话还包含了一些关于宗教与政治关系的重要论述。伯爵声称,学者本身就是糟糕的政治家和无知的管理人员。[160] 牧师才更为高级:这个神圣的制度比其他社会制度产生更多的政治家。主教生产君主就像蜜蜂生产蜂巢![161]这是迈斯特神权政治的核心:如果祭司成了政治生活的中心,政治才是健全的;如果科学家和知识分子成了政治的中心,政治就腐败了。迈斯特关于政治事务的判断都遵循这个二选一的方案。

在这一篇对话中,很奇怪的是,伯爵把他自己看作形而上学的怀疑论者,试图阻止他的两个对话者的过度的玄思。这与以前的对话相比当然是一个微妙的逆转。十八世纪的经验主义试图摧毁所有的形而上学,伯爵明显因为这个原因反对经验主义;但是在这里,伯爵强调说,人们有可能在相反的方向上犯错——这种玄思的热情超越了宗教正统的严格信条。正如议员在第 291 页承认的,他的包罗一切的形而上学近乎泛神论,是很难与基督教正统相协调的。当然也有可能,这里的目的是对迈斯特自己早期身陷神秘的共济会的异端邪说中的经历提出自我批评,但是我假定还有另一种可能。阅读这整个对话的非传记式的方法是认为它表达了伯爵教导工作的成功。伯爵扮演的角色与苏格拉底在柏拉图对话中的角色是相同的。正如苏格拉底试图预防他年轻的对话者接触诡辩,伯爵也试图预防年轻的骑士接触经验主义和无神论唯物主义。(正如伯爵对骑士说的,"你将把从我们这里得到的文化传给下一代。"[162])伯爵的这项努力取得如此成功,以至于在该书结束处,他不得不重新引入一个怀疑主义的注释,以限制他的两个同伴过度的形而上学。如果现在的危险是形而上学的"过度放纵"[163]而不是否定它,那这也就证明伯爵的教导是相当成功的。

在第十一篇也是最后一篇对话中,伯爵再次把自己看作约束议员对神秘和预言过度热心的宗教温和派。现在最大的风险是"光照派教义"的诱惑,这种教派在伯爵看来近乎新教的异端。他甚至走得更远以至于写下这样一段话:"如

在左侧页边标注：338

---

[160] 同上书,第 301 页。

[161] 同上书,迈斯特提出的牧师相对于君主就像蜜蜂相对于蜂巢这一原则有助于解释,为什么像哈林顿这样的致力于共和主义的思想家同样致力于消灭教权主义。当然,这没有解释霍布斯的反教权主义,但是它确实解释了为什么霍布斯对共和主义思想家有如此吸引力。关于这个主题的全面考察,请参见保罗·拉赫:《反对王位和祭坛》,(Cambridge:Cambridge University Press,2008)。

[162] 《圣彼得堡对话录》,第 310 页。

[163] 同上。

果不借助注释和解释去阅读《圣经》，《圣经》就是毒药"；私人化的解释是"新教最根本也是最愚蠢的教条"。[164] 新教改革的蔓延与基督教的彻底破坏是相生相伴的。[165] 光照派教义也指向相同的方向，在某种意义上它解放了人类对教会规章的解释能力；伯爵说，它代表着"对所有权威和祭司集团的厌恶"。[166] 因此，光照派"完全消灭了那些仍然支撑我们制度的权威"。[167] 再次，迈斯特在这里仅仅是提供一个公共的批判学说，并把它当作一位不正经的青年来调情。伯爵同意议员说的他们处在"一个伟大的事件"[168]的边缘——第348—349页的"对最后的对话概述"似乎宣告了欧洲命运巨大逆转的完成——但是他拒绝议员求助预言和死后天命的过分依赖。人们必须皈依天主教正统，任何脱离正统的人，甚至是以宗教热情为动机的人都必须受到抵制。任何提供未受天主教统治集团认可的解释之尝试都等于加入了宗教改革，这反过来使得他与宗教改革串通一气破坏所有权威。

与第十一篇对话相关的还有最后一件事值得提一下。在第325页，我们那个贯穿全书的谜题终于得到了一个解释，即为什么迈斯特一直把十八世纪称作"我们的世纪"，即使他的书实际上写于十九世纪。他写道，"十八世纪今天依然屹立不倒，因为确切的说，理智的世纪不像其他世纪遵守日历。"这就是说，迈斯特拒绝承认十九世纪的开始，直到反革命的成功（反革命是在迈斯特动笔写《圣彼得堡对话录》之后成功的），[169]正式结束那个理智和精神灾难的世纪；只有当新的时代埋葬了十八世纪哲学家／无神论的学说的时候，十八世纪才会过去。

最后让我们转向"对牺牲的说明"，它通过迈斯特在第九篇对话中提出的血牲详细说明了赎罪的核心教义。[170] "上天只能用血液抚慰……血液的流淌具有

---

[164]　同上书，第335页。

[165]　同上书，第327页。

[166]　同上书，第331页。

[167]　同上书，第333页。

[168]　同上书，第334页。

[169]　自从迈斯特在1809年开始动笔之后，这本书就跨越了拿破仑和后拿破仑时期，当他1821年去世时，这本书没有完成。

[170]　对这个文本有一个有趣的讨论，参见欧文·布拉德雷：《迈斯特的牺牲理论》，载《约瑟夫·德·迈斯特生平、思想和影响》，雷布朗编，第65—83页。在劳伦斯·兰贝特看来，对于迈斯特的这个学说，尼采有他自己的一套学说："人的灵魂中的深刻力量要求牺牲……《善恶的彼岸》第55节描述了宗教残酷性上三个最重要的阶梯：第一步，是人类的前道德牺牲；第二步，'人的'本能、'人的'本性对反自然、超自然上帝的道德牺牲；最后的残酷牺牲那些神自己［这是虚无的牺牲］，因为它是为了人类的其他牺牲而牺牲了他们。"兰贝特：《尼采的任务》（New Haven：Yale University Press，2001），第115页；也可参见《道德的谱系》，第二篇，第21节。

赎罪的力量。"[171]对于迈斯特来说，这里的核心教义就是他说的替代的教条："无辜的人要为有罪之人付出代价……生命是有罪的，一个不太有价值的人要为另一个人作出牺牲。"比如，我们可以看一下摩西法：在所有其他方面，摩西法律都脱离了异教徒的仪式——但是不包括牺牲。事实上，摩西不仅顺应了"民族的基本仪式"，"他还冒着使民族性格变得粗暴的风险加强了这些仪式。""没有什么礼仪不是这位著名的立法者规定的，尤其是，所有的洗涤都需鲜血。"[172]

迈斯特坚持认为，牺牲不仅仅是对神的奉献。"恰当地说，这既是一个流血的问题，也是一个供奉的问题。"[173]问题的关键不是提供祭肉，而是将血液作为赎罪。正如迈斯特在第九篇对话中强调的，这是人类宗教的普遍性质。[174] 基督教的独特之处并不在于强调血液的赎罪性质，而在于将牺牲的重担完全放在基督一个人身上，从而使人类摆脱了所有人都要牺牲的普遍命运。在第367页，迈斯特说，只有基督教才能成功地结束人类牺牲的实践。它暗含的意思是，如果说启蒙运动的无神论哲学家要成功地摧毁基督教的话，那么所有前基督教宗教也将适应后基督教的存在。因此，他宣称基督教本身就是使人类摆脱同类相食的状态，他把法国大革命看作他如此观点的一个证据。[175]

迈斯特说，正是其他宗教教义的腐败"产生了对人类牺牲的可怕迷信"。[176]除了基督教，这种"可怕的迷信"几乎是普遍的。人们可能会认为，这种可怕的人类信仰的普遍性或近普遍性将会淹没绝大多数宗教，如果不是全部宗教的话。迈斯特在与卢克莱修辩论的文本中接受了这个挑战。作为对启蒙的古老的期盼，卢克莱修指责这些（同类相食、人的牺牲等）是对宗教的滥用。"他没有注意

---

[171] 《圣彼得堡对话录》，第358页。

[172] 同上书，第359页。对作为文化符号的血液流淌（特别是犹太教仪式，其他地方也很普遍），有一个生动的描述，参见菲利普·罗斯：《愤怒》（Toronto: Viking Press, 2008），特别是第157—161页。诚然，与基督教血腥的"去神"相比较，屠杀动物是这个主题中非常温和的版本。不仅如此，布拉德雷在"迈斯特的牺牲理论"中还论证说，在迈斯特看来，动物的牺牲和基督的牺牲共享了同一个"替代性与可逆性"的逻辑——即希望上帝能够接受无辜者流淌的鲜血来代替有罪之人的血。（迈斯特这个强迫性的主题让人们不禁发问，对于今天伊斯兰教狂热分子选择可怕的斩首作为青睐的执法手段，迈斯特的分析是否有所帮助。）

[173] 《圣彼得堡对话录》，第372页。

[174] 参见第354页："没有哪个基督教条不是植根于人的内在本性和古老传统的"；第359页，注释2："牺牲一直是各种宗教的基础，不因地方、时间、观点、环境不同而不同"；第359页："精神通过血液重生的观念"对于异教和圣经的宗教是一样的。

[175] 同上书，第371页。毫无疑问，一个当代的迈斯特主义者是有可能引用尼采来说明这一点的。

[176] 同上书，第364页。

到对人类牺牲的滥用虽然很不对,但是与完全的不虔诚所带来的恶相比,它不算什么。"[177]纯粹宗教带来的人类牺牲要好过无神论和雅各宾派带来的牺牲！迈斯特本可采用的简便方法便是对真宗教与古代错误的宗教作出深刻对比,由此说明没必要为非基督教信仰所产生的恐怖辩护。然而,迈斯特拒绝了采用这种懦弱的方式。相反,卢克莱修受到了批评,因为他没看到"没有也不会有完全错误的宗教"。[178] 所有的宗教,不管他们的做法有多可怕,都期盼着基督教的真理。与不虔诚的罪恶相比,宗教的罪恶总是微不足道的。比如说,迈斯特并不认为葡萄牙宗教裁判所的行为非常过分,因为"一些非常有罪的血时不时地合法地流淌"。[179]

因此迈斯特的目标不仅仅是维护基督教,还要维护宗教在政治上不可或缺的地位。不仅是基督教(即天主教)国家,而且所有治理良好的国家(包括异教徒的国家)都认为宗教是"政治结构的粘合剂"。[180] 迈斯特指出,伊壁鸠鲁主义的教条通过破坏宗教促成了罗马暴政的发生。[181] 人们很容易忽视这里所暗示的与当代法国情况的对比:启蒙的教条因其对宗教的破坏是有助于拿破仑暴政的。哪里的宗教被削弱了,哪里就会出现混乱或者专制或者二者的混合。然而,如果所有宗教都建立在血性观念的基础上,即"精神通过流血获得重生的观念",那么人们就清楚维持宗教意味着什么了。为了巩固宗教的政治利益,人们或者需要真正的东西(真正的流血),或者需要最好是基督教的替代性版本(象征性地参与基督的献祭)。那些不能深入到神性深处的宗教是无法实现政治效果的。迈斯特在第一章结尾"对牺牲的说明"中是这样说的:"如此非凡、如此普遍的信念其根源必定是非常深入的。如果它一点都不真实不神秘,为什么上帝自己会在摩西律法中保留它呢？ 此外,为什么无论何时何地,人们都选择尊敬神以获得神的恩惠,并且会通过一种理性并不支持甚至反对的仪式来让上帝息怒呢？"[182]

在"对牺牲的说明"最后一章,我们得到一个惊人的说法,说明罪恶的统治延伸得有多远。在第 382—383 页,迈斯特写到,根据天主教教义,基督的救赎

341

---

[177] 同上书,第 371 页。

[178] 同上。

[179] 同上书,第 376 页,注释 28。参见第 374 页。正如特雷斯·B.斯聪在他对卡尔·施密特的《霍布斯学说中的利维坦》(Chicago：University of Chicago Press,2008),第 24 页前言中强调的,这显然是施密特证明自己是忠实的迈斯特主义者的一个方面。

[180] 《圣彼得堡对话录》,第 371 页。

[181] 同上书,第 371—372 页。

[182] 同上书,第 359 页。

不仅救赎了人类,而且救赎了整个宇宙。迈斯特引用了奥利金的话:"那只羊自己独自承受了全世界的罪恶";"祭坛就在耶路撒冷,但是受害者的鲜血流淌到整个世界"。他还引用了耶稣受难日的圣歌:"地球,大海,星星;/所有这些被造物都被这血清洗了。"对于那个试图深入论述天命世界的哲学,这似乎是一个了不起的结果。为什么这位造物主上帝会造出这样一个沉浸在罪恶之中的世界呢? 其中"地球、海洋、星星及一切被造物"都需要鲜血的牺牲才能得到洗净。这不是削弱迈斯特在别处的观点吗? 他认为只是人类需要上天的命令来对其罪恶施加惩罚。如果整个世界都需要救赎,这不会导致对上帝创造的天命之特征产生怀疑吗?[183]

342　　接下来我通过对迈斯特和尼采的比较来表达我对《圣彼得堡对话录》的看法;让我以总结(也是重构)迈斯特-尼采的争论来结束。迈斯特和尼采对于基督教的本质看法完全一致——他们都认为,它是一个充满罪、血和恶的宗教。"对牺牲的说明"最后一句说的非常清楚,迈斯特写道,人们需要上帝通过基督为人类根本的邪恶而赎罪,这个需要证明了人类"本性的堕落"和"通过无辜人的鲜血为有罪的人赎罪"(在迈斯特看来,这是基督教教条的核心)这些教义的真理性。[184]"这些圣餐礼上神人之血;神人是基督身上神性和人的肉身的结合,它渗透进有罪的内脏并吞噬他们内部的污秽。"[185]人们沉陷在罪中,因此鲜血必须流动才能洗去人们的罪:这是基督教的本质。但对尼采来说,这是对人类状况的一种完全错误的看法,它使任何对自身无辜或善良意志的体验都变得绝对不可能;它更普遍地毒害自己和世界的关系。恰恰相反,对迈斯特来说,它是人类高贵性的一个条件,任何其他的生活经验都是纯粹的堕落。

―――――

[183]　参见第 267 页,伯爵在那里摘引了迈斯特自己《论法国》中的篇章:"世上只有暴力……我们已受到了现代哲学的破坏,它告诉我们一切都是好的,而邪恶已经污染了一切,在真实的意义上,一切都是恶。"不用说,在旨在为世界的"天命"愿景辩护的背景下,这段话看上去很突兀。很明显,它看上去像是反神正论而不是神正论的表达。

[184]　同上书,第 385 页。

[185]　同上。

# 第二十六章　迈斯特的政治学

政治权威并不神秘,并不通过那些公民依据其共同目的所无法理解的象征和仪式来神圣化。

——约翰·罗尔斯①

好的政治需要关于国家教条的绝对和普遍的规则。……如果每个人都让自己成为政府原则的法官,你将立即看到政治无政府主义的崛起或者是政治主权的垮塌。政府是真正的宗教;它有自己的教条,它的神秘,它的祭司;让它服从于个人的意见就是要毁灭它。

——约瑟夫·德·迈斯特②

所有最有趣的思想家都是毫不妥协的激进分子,准备按照他们各自的思想路线去做。毫无疑问迈斯特也属此类。看一看以赛亚·伯林对迈斯特激进主义的描述:"迈斯特类似于卢梭。正如卢梭把一件加尔文主义逻辑紧身衣套在自己这个私下里激情燃烧的狂人身上;同样,迈斯特也为他自己那种本质上极狂暴、极具革命性的内在激情,罩上了一件严刑酷法的天主教外衣。"③人们有理由认为,对卢梭来说,这可能是非常不公正的诽谤,而对于迈斯特来说,这可能是公正的,伯林的论述很好地捕捉了迈斯特思想的彻底激进主义。

为了进一步深入迈斯特的理智世界,我们先来看一看《论法国》。迈斯特这

---

① 约翰·罗尔斯:《政治自由主义》(New York:Columbia University Press,1996),第431页。

② 《约瑟夫·德·迈斯特作品集》,杰克·莱弗利编,(New York:Macmillan,1965),第108—109页。

③ 约瑟夫·德·迈斯特:《论法国》,"导言",理查德·A.雷布朗编,(Cambridge:Cambridge University Press,1994),第33页(《论法国》,鲁仁译,上海人民出版社2005年版,第22页。下文引文参照该译本。——译者)。

344

本书以捍卫法国大革命的天命特征开始。对于那些彻头彻尾憎恨法国大革命的人来说，这绝对非同寻常！迈斯特写道，"上帝的意志从来没有像在这场革命中那样显现得如此清楚明白。如果说上帝也使用了那些最卑劣的人做工具，那么，它是通过惩罚使之获得新生"④；那么，"人们对于下面这一点就不应感到惊讶了：须用骇人听闻的方式使之重归正道。人们已经好长时间没见过如此令人惊恐的惩罚了，竟有那么多的罪人受到处治"。⑤ 这远远出乎大家的意料——这场革命不是由一群疯子和罪犯强加给无辜者的，而是对一个有罪民族的合理的惩罚。迈斯特喜爱恐怖统治——因为它在惩罚罪人（每个人都是罪人）。再说一遍，这些思想非同寻常地出自一个终生都痛恨革命的人。对于迈斯特来说，政治属于神圣的权威，在发生反叛的情况下，上帝藉此施加神圣惩罚。惩罚是政治的核心，一切惩罚都是神圣的。

迈斯特怎么能把恐怖统治正义化呢？ 他的论点是，如果紧随弑君事件其后的就是反革命的话，那就绝不能赦免大多数的罪犯了。⑥ 通过允许革命来施加惩罚（通过恐怖统治），天命的正义得到了实现。在这段文字中，他提到了《旧约》中种族灭绝的惩罚："过去曾有一些民族就像罪犯那样被判了死刑。"⑦雅各宾派既是杀人的恶棍又是天命的代表："革命政府把法国人浸入血泊。……对断头台的恐惧……从而提供了抵御外寇的兵力；这头统治巨兽总为流血和胜利而欣喜若狂。这种过去人们从未见过，无疑也永远不会再见的可怕景象，既是对法国人的可怕惩罚，同时也是拯救法兰西的唯一办法。"⑧这个弑君者实际上是拯救了法国接下来的君主制！⑨ 反革命的胜利将带来善意、宽恕、正义和所有温和和平的美德。这与"革命政权的阴森严酷"⑩完全相反。迈斯特正好把孟德斯鸠颠倒了过来：拥有更加嗜血的共和主义者，要好过拥有一个复辟的君主，后者"只

---

④ 《论法国》，第 8 页（中译本，第 28 页。——译者）；卢梭的观点是，基督徒无法抵制暴政，因为他们自然会将暴君理解成"上帝惩罚他的孩子的手杖"；《社会契约论》，第四卷，第 8 章。

⑤ 《论法国》，第 9 页（中译本，第 29 页。——译者）。

⑥ 同上书，第 14 页。

⑦ 同上书（中译本，第 34 页。——译者）。

⑧ 同上书，第 16 页（中译本，第 35—36 页。——译者）。

⑨ 同上书，第 16—17 页（中译本，第 36—37 页。——译者）："这场革命产生的所有那些庞然怪物全都只是为王权而工作……多亏他们，国王将带着他全部的辉煌和权势重登御座，甚至可能拥有较前更大的权力……这一切都是为了法国君主制的利益……这种恐怖措施对未来的国王倒很有益。"（《论法国》出版于 1797 年，即复辟的七年前。）

⑩ 同上书，第 17 页（中译本，第 36 页。——译者）。

会用人道的手段"。⑪

对于迈斯特来说,定义政治的是争取宗教生存的世界—历史战争:罗马和日
内瓦站在一边;站在另一边的是"不要宗教信仰的当权集团"⑫(即法兰西共和
国)。迈斯特说,法国是基督教的大本营;因此它自然成了基督教敌人的攻击目
标。⑬ 然而,罗马和日内瓦对这场伟大斗争的参与是非常有限的。新教教会被
他描述成寄生植物,"比如不结果的槲寄生,只能靠从支撑它们的树上吮吸养分
为生,从而使被寄生的树木日渐枯瘦"。⑭ 在第 3 章他写道,"凡此种种(即路德、
加尔文)不过是人类所受最大灾难之一显露出的冰山一角……以及我们现在终
于爆发的法国革命,这都是由同样的根源产生的。"⑮(新教最终应该为法国大革
命负责么?⑯)迈斯特政治哲学的基本原理就是,政治必须在神权政治上得到解
释;人们也许会说,在迈斯特看来,相比于神权政治这个更为根本的角色,政治是
"附带性"的,前者总在指挥政治事件。他写道,"人们曾经试图相信,这次革命
不过是以一种可怕的危险展现在我们面前的伟大目标的次要计划。"⑰他提到荷
兰新教教会政治上的政教分离,并这样评论道:"上帝擦掉旧字迹,大概是为了
写新的。"⑱换句话说,宗教遭受的任何政治挫折必须被理解成更大神权政治设
计的一个部分。他在第 2 章结尾说,法国大革命"这种方法同样是一种处
罚"⑲——也就是说,它是实现更加良好的神权政治的一种手段。

只有两种真正的可能性:加固宗教精神或者彻底摧毁社会联系。⑳ 从"法国革
命标志着一个伟大的时代"㉑这个观点来看,因为它代表了历史是指向重新巩固神
权政治还是指向超越破坏性的世俗主义之最终考验。"不可轻看耶和华的管教。"㉒

---

⑪ 同上。

⑫ 同上书,第 20 页(中译本,第 39 页。——译者)。

⑬ 同上书,第 21 页。

⑭ 同上书(中译本,第 40 页。——译者)。

⑮ 同上书,第 27 页(中译本,第 47—48 页。——译者)。

⑯ 因此,迈斯特认为新教的特征是"无套裤汉的宗教":约瑟夫·德·迈斯特:《作品集》,皮
埃尔·格劳德斯编,(Paris:Robert Laffont, 2007),第 330 页。参见《论法国》第 27 页,注释 35,编者
注释(无套裤汉,sansculottes,当时法国贵族男子盛行穿紧身短套裤,膝盖以下穿长筒袜;平民则穿长
裤,无套裤,故称无套裤汉。原是贵族对平民的讥称,后来成为革命者的同义语。——译者)。

⑰ 《论法国》,第 20 页(中译本,第 39 页。——译者)。

⑱ 同上书(参见中译本,第 39 页。——译者)。

⑲ 同上书,第 22 页(参见中译本,第 42 页。——译者)。

⑳ 同上书,第 21 页。

㉑ 同上书(中译本,第 41 页。——译者)。

㉒ 同上书,第 21 页,注释 27,摘自旧约(《旧约·箴言》3∶31——译者)。

仿佛与革命有关的一切血迹和破坏，它们只是突出这重要时刻中宗教命运之历史重要性的一种方式；对于迈斯特来说，一切都是平衡的。基督教的命运正在被决定，如果十八世纪90年代的革命动荡不能带来一个复兴的神权政治，那么欧洲作为基督教文明的场所就完了。

在第5章迈斯特论证说，法国大革命在政治上故意排斥宗教（"这个国家不赞助任何宗教仪式"），在"历史上是独一无二的。"[23]也就是说，一个国家自己来否定自己的宗教裁判资源是史无前例的，后者在历史上对政治行为者似乎一直是不可或缺的。"我们所有能想象到的社会制度都建立在宗教思想基础上，否则必然转瞬即逝。可以说，各种制度正是伴随着其逐步被神化而变得长久不衰。"人类理性"不能提供上述基础"。[24] 他再次说道，"反正这种思想构成（真的或假的）任何持久制度的唯一基础。卢梭也许是个上流社会人物了吧，可他大错特错了；他碰到了这种现象，却不愿从中作出推论。"[25]迈斯特引用了《社会契约论》第二卷第7章对摩西和穆罕默德这样大立法者的论述，认为卢梭"只顾进行逻辑推理。"[26]卢梭错过的逻辑结论是什么？很明显，那便是政治事实应该在"神权政治上"或者"天命上"得到解释，而不是将政治神学世俗化，或者把它仅仅看作政治科学的一个部分。迈斯特不时亲切地引用马基雅维利（参议员在《圣彼得堡对话录》称马基雅维利为"这虔诚的作家"！），[27]但很明显，卢梭只在如下方面追随马基雅维利：即在政治和宗教的天平上绝对尊重政治一侧。迈斯特的观点是，摩西和穆罕默德教给我们的不是政治立法者（如马基雅维利）的强大能力，而是上帝的政治意图（即人类注定应受神权政治统治）。虽然卢梭赞赏包括日内瓦在内的各种神权政治，但他肯定没有考虑到这么远。卢梭与马基雅维利及他的现代政治哲学传统中的继承者一样，把关注点转向了人类立法者，然而迈斯特坚持神圣立法者是社会秩序的基础。卢梭自己也许把他的公民宗教教义看作是对启蒙的批评，然而迈斯特（不是没有理由的）认为卢梭与启蒙并无差异！[28]

---

[23] 同上书，第41页。

[24] 同上（中译本，第62页。——译者）。

[25] 同上书，第42页（中译本，第63页。——译者）。

[26] 同上书（中译本，第63页。——译者）。

[27] 约瑟夫·德·迈斯特：《圣彼得堡对话录》，理查德·A.雷布朗译，（Montreal：McGill-Queen's University Press，1993），第325页。

[28] 参见《论法国》，第57页，注释8，迈斯特声称，卢梭在《社会契约论》第2卷第7章中"不经意讲出了真相"，即关于世俗立法者对上天制裁和彼岸象征的依赖。也就是说，卢梭尽管自己承认了这个道理，但这违背了他自己的自然倾向，他更接受更具世俗性的政治版本。

在初步讨论完卢梭之后,迈斯特讨论了卢梭提出的基督徒能否成为战士的问题。 347
显然,在《社会契约论》第四卷第 8 章,卢梭曾断言,共和主义尚武的美德在根本
上是超越基督教的:"真正的基督徒被造就出来就是作奴隶的……这短促的一
生在他们心目之中是太没价值了[投入巨大的能量来保卫自由]。"㉙迈斯特提
到了十字军的命令,"这个僧侣和士兵奇怪的混合物",也提到了作为准军队的
耶稣会士。特别是,迈斯特认为,耶稣会士驳斥卢梭认为世俗政治领袖足以建立
社会制度的观点:"全世界所有的统治者将永远无法成功重建"圣伊纳爵开创的
修会。㉚ 他写道,"虔诚的传教士将[在政治家失败的地方]获得成功,人们一直
在他们死后两千年都遵从他。"㉛

对于迈斯特的论证来说,提及基督教十字军命令非常重要,因为它不露声
色地把卢梭对基督教的挑战给顶了回去。卢梭写道,"我根本就不知道有什
么基督教的军队。有人会向我指出十字军来。关于十字军的勇敢这里不必争
论,我只要指出十字军远远不是基督徒,他们乃是牧师的兵士,他们乃是教会
的公民;他们是在为他们的精神的国家而作战的,但是这个精神的国家却不知
怎么回事竟被教会弄成尘世的了。很好地明了这一点之后,这就又回到异教
主义去了;福音书从不曾建立过什么民族的宗教,因此在基督徒之间,任何神
圣的战争都是不可能的。"㉜迈斯特是如何应对这个挑战的呢? 这里卢梭开启
了一个巨大的难题,即福音书的正宗基督教与徒有其名的有组织的基督教之
间的关系是可疑的,而据我所知,迈斯特从未充分应对这一挑战。迈斯特从未
正视教会权威的世俗结构与福音书的无政府主义之间的张力,他绕开了卢梭
的质疑来解决这个问题。迈斯特声称,"欧洲的各项制度……全部被基督教
化了。……宗教信仰融入社会的一切方面,并激励和支撑着一切,"㉝这是神
圣的启示原则的证据。然而,他从未说出制度的"基督教化"意味着什么,而
且事实是,比如,马耳他骑士团已经苦苦支撑了几个世纪但自身也没展示出什
么神圣的功效。

迈斯特未能应对卢梭挑战的另一个表现是,他把基督教称为"旧的国家的

㉙ 《社会契约论》,玛斯特编,玛斯特译,(New York:St.Martin's Press,1978),第 130 页(中译
本,第 183 页。——译者)。

㉚ 《论法国》,第 43 页。

㉛ 同上书,第 44 页。

㉜ 《社会契约论》,第 130 页(中译本,第 183 页。——译者)。

㉝ 《论法国》,第 42 页(中译本,第 63 页。——译者)。

宗教"。㉞ 这可以看作是直接责难卢梭提出的"福音书未能建立起国家的宗教"。然而，基督教福音中表达的那种彼岸的宗教如何与神权政治秩序的世俗结构（牧师是政治代理人，正如迈斯特自己也多次强调的，牧师作为政治代理人才是本意）相一致？这是卢梭的挑战，但是我没有看到迈斯特在任何一本著作中能直接回应这个挑战。（人们可以认为托克维尔是在回应卢梭的同一挑战，正如我早前在第二十章讨论过的。）

这里的关键问题是，是否有可能建起非神权政治的政权，以及尝试建立这个事物的观念是不是一种非自然的怪物。在此意义上，恢复基督教神权政治是一个次要的问题；首要的问题是政治上的神权政治（不管是基督教的还是非基督教的）对政治上的世俗主义。迈斯特是这样说的："每一个真正的哲人贤士均应从这样两个假设中择其一而行之：或构建一种新宗教，或者以某种特别方式复兴基督教。"㉟也就是说，政治世俗主义不是选项。神权政治是不可避免的。人们要么复兴基督教的神权政治，要么遮蔽基督教并让位于后基督教的宗教。很明显，迈斯特把他的宝押在了第一种可能性上。

我们现在进入了迈斯特神权政治观念的核心——他所提到的卢梭"不经意间流露出的真相"——即所有社会秩序都是宗教秩序的产物。迈斯特肯定会说，卢梭正式承认了这个真相，只是他并未追随这一点，而是在政教合一方向上重塑了社会愿景。或者说，卢梭仅仅在他政治思想的范围内利用这个概念，但是他的政治思想的核心依然仅仅是自由主义—世俗化—启蒙。我认为，迈斯特以这种方式来刻画卢梭的政治哲学是正确的，因为不管卢梭在他公民宗教篇章中潜在的意图是什么，他的思想肯定更接近于启蒙视野而不是任何神权政治的目标。现在我提供一些文本来说明迈斯特的基本神权理念：

1. 在第 51 页*，他写道，"政治和宗教建立在同一个基础上，人们很难区分教士和立法者。"立法者"只是命人收集民众的习惯和性格中早已存在的材料；而这种很快形成的、好像是创造的法律制度，只能以上帝的名义贯彻落实"。

2. 在这一页，针对卢梭以及马基雅维利以来所有的现代政治哲学家（随附的注释引自马基雅维利），他说了这段话："并不是一些人随便聚集在一起就能

----

㉞　同上书，第 48 页。参见第 48 页，注释 15：基督教是用来定义法国国籍的；在第 101 页注释 22，论述了维科论"国家的宗教"。可以看出，在该文本和其他文本对"国家教条"的强烈呼吁似乎与迈斯特激进的反加尔文主义之间存在张力。

㉟　同上书，第 45 页（中译本，第 66 页。——译者）。

*　中译本，第 72 页。——译者

构成一个国家"。

3. 在第 63 页*,迈斯特认为,牧师参与政治政府是确定法国古老宪政秩序的 349
重中之重:"法国君主制度特有的特质在于:它具有神权政治的某些因素,这使它
独树一帜,并使它 1400 年长盛不衰"。英国也是如此:"倘若有一天英国从其政治
术语中剔除了'教会'和'国家'这两个词,则其政体也会像它的对手法国一样消亡。"

4. 在第 10 章,迈斯特写道:"宗教,在向政界提供统治权的同时,还给它以
力量;政治只能从宗教这个庄重的姊妹那里获取力量。……历史上稍微有效力、
维持稍久的任何制度,无论其性质如何,皆基于上帝的思想,因为不存在完全错
误的宗教制度。"㊱

5. 在关于维科的一个重要注释(第 101 页,注释 22)中,迈斯特认为继承国
家宗教的贵族性乃是社会秩序的关键。"贵族一旦抛弃本国的宗教,国家就走
到尽头了。"㊲持久的社会秩序需要的乃是贵族和祭司联合;启蒙使之变得不再
可能。它引起了基督教—欧洲社会秩序的"哲学化"——"这是万能溶剂"——
其根本后果是欧洲贵族失去信仰。继维科之后,迈斯特坚持认为,没有社会可以
幸免于这场灾难。迈斯特在接近第 5 章结尾时说:"哲学蛀蚀着连接人民的纽
带,人与人之间不再有精神凝聚力。"㊳

6. 在第 6 章开始的一个注释中,迈斯特引用了阿尔杰农·西德尼:"有人准
是疯了,居然要求给斯巴达、罗马等城市以自由。这些共和国并没有接受人为的
宪章。上帝和大自然已经把宪章给了他们。"㊴也就是说,宪章制度不是人类的
发明;它们一直就是"上帝和大自然"的礼物。迈斯特自己的观点是"任何宪章
制度都不是讨论协商的结果。"㊵这就是说,美国人不可能完成他们认为自己正 350

---

＊　中译本,第 84—85 页。——译者

㊱　同上书,第 84—85 页(中译本,第 106—108 页。——译者)。

㊲　同上书,第 101 页。关于迈斯特对维科的继承,参见马克·里拉:《维科:反现代主义的形
成》,(Cambridge,MA:Harvard University Press,1993),第 13 页。

㊳　《论法国》,第 47 页(中译本,第 69 页。——译者)。

㊴　同上书,第 49 页,注释 1。

㊵　同上书,第 49 页。格拉姆·格拉德指出,"迈斯特承认他的原则只有一个'伟大的'例外",
即古代以色列的摩西立法。参见《约瑟夫·德·迈斯特和卡尔·施密特》,载《约瑟夫·德·迈斯
特生平、思想和影响》,理查德·A.雷布朗编,(Montreal:McGill-Queen's University Press,2001),第
235—236 页。迈斯特说的这段话出自《论上帝和社会:论关于政治宪法和其他人类制度的产生原
则》,爱丽莎·格雷夫编,(Chicago:Henry Regnery,1959),第 41—42 页。如果谁拒绝公民宗教传统
所认为的摩西法是摩西作为立法者的作品,并坚持认为这些法是上帝颁布的(正如迈斯特强调的),
那么摩西法作为典范当然反映了迈斯特拒绝人类立法的思想。

在做的事：为自己设计一套政治制度。因此迈斯特一定会认为，美国宪法实际上是一种伪造的宪法，可以预期它迟早会崩溃。事实上，这基本上是第7章结尾处迈斯特所说的内容："在（设置华盛顿为美国的首都）这项事业中有太多的磋商讨论、太多的人情味。有人可能会以千对一打赌：这个城市建不成，要么不会叫华盛顿，要么国会不会驻在那里。"[41]不用说，这种荒谬的预测对迈斯特社会理论的总体合理性带来了致命的后果。和马克思一样，迈斯特为他的事业承诺了光荣的胜利。[42] 如果历史不能兑现他的诺言，那么他就被驳斥了。[43]难以避免的结论是，迈斯特将不得不承认，两个世纪以来，像美国和法国这样世俗政权的存在就驳斥了他的神权政治主张，即使神权政治本身没有从现代世界中消失。

再说一次，我并不是说《论法国》中提出的政治思想完全没有自由主义的成分。恰恰相反，该书的第8章惊人地称赞了古代政权的自由主义。迈斯特以自己的方式来彰显国王服从法律的统治。在这本书中，迈斯特所捍卫的君主制是立宪君主制，而不是绝对君主制。[44] 在第10章末尾的"论报复"一节中，迈斯特表示自己是温和的保皇党：他鼓励赦免和大赦，而不是执着于报复。他坚持认为革命者将受到法治和君主宽恕的保护。"法国已被动荡和恐怖弄得精疲力竭，它不愿意再流血。"[45]"确凿的罪行和篡夺窃取行为应受到审慎、严厉、冷静、公正的处理，这属于合法政权机关的职责范围。国王将伸出父亲般的战战兢兢的手，去抚平国家的伤口。"[46]迈斯特与伯克一样（至少在这本书中），是一个自由主义的保守分子：可以肯定的是，他希望恢复旧秩序，但他对定义旧秩序的东西有相当自由主义的理解。

351　　迈斯特《论法国》中的"自由主义"在该书最后一章他对休谟的倚重中可以得到证实。迈斯特这样的神权政治家怎么会把休谟看作所有人的权威呢？而迈

---

　　[41] 《论法国》，第61页（中译本，第83页。——译者）。

　　[42] 参见《圣彼得堡对话录》结尾处《最后一篇对话概览》。

　　[43] 参见《论法国》，第48页，迈斯特实际上是说如果无神论赢了，他将承认失败。只有一方或另一方能胜出，如果是"哲学家"这些基督教的敌人能够立住阵脚，人们必须清醒地面对基督教已经被关键性击败的事实。

　　[44] 立宪君主制也是迈斯特的《反对卢梭》的一个主题，理查德·A.雷布朗编，（Montreal：McGill-Queen's University Press，1996），第69—73、85—86页。

　　[45] 《论法国》，第103页（中译本，第124页。——译者）。

　　[46] 同上书，第105页（中译本，第127页。——译者）。这里涉及前面讨论的国王的人道手段（"善意，宽恕，正义和所有温和和平的美德"）（同上书，第17页）。革命者（和国家作为一个整体）流的血，对于神圣的天命和上帝正义的愤怒来说正是应得的惩罚。

斯特把法国的一切问题都归咎于启蒙,我们又怎能否认休谟和启蒙的关系呢?[47]
第 11 章的目的就是表明,休谟对克伦威尔的批判性分析预料到了法国大革命的
病理。多少有点奇怪的是,他没有把克伦威尔的革命看作是神权政权,而是把它
看作与法国大革命同一级别的对宗教的攻击。[48] 这似乎表明,激进的新教与无
神论一样,二者的政治后果也是一样的。[49] 本章另一个有趣的方面是休谟对克
伦威尔的讨论似乎预料到了拿破仑。[50] 就好像迈斯特能看到帝国的到来一样。
选项不是君主制和共和国,而是(合法的)君主制和(篡夺的)帝制! 这事实上再
次具有把迈斯特当作真正的立宪主义者、真正的自由主义者的效果。否则只能
选择克伦威尔—拿破仑的独裁。[51]

最后,我想提出的问题是,《论法国》这本书的什么内容让迈斯特远离了现
代传统中最重要的政治哲学家。他走得有多远? 可以肯定的是,他总体上以他
的方式揭穿了现代政治理论。真正的宪法不是建立在理论基础上,所以培根、洛
克、休谟和孟德斯鸠建立政治秩序的观念是一个疯狂的观念:"政治理论与制定
法律之间的差别,犹如诗歌理论和诗歌创作之间的差别。在全部才智之士中,力
主法治的著名学者孟德斯鸠之于立法者利库尔戈斯,亦如语法学者巴托之于诗
人荷马或拉辛,天壤。况且,这两类有才华的人总是实实在在地互相排斥,洛克
就是明证。"[52]人们不必成为神学政治家,然而,必须认识到理论和实践之间的关
系。对于这个问题,人们从伯克那里将一无所获,事实上这是一个合理的立场: 352
尽管孟德斯鸠在《论法的精神》第 29 卷结尾提出了相反的观点,但哲学家并不
是立法者。(实际上,即使孟德斯鸠在本文中也引用哲学家作为典型的立法者

---

　　[47]　在第 50 页,注释 2,迈斯特提到"明智的休谟"。关于休谟更符合迈斯特期待的观点,参见
"对牺牲的说明"见《圣彼得堡对话录》第 373 页,提到休谟的"可恶的"《宗教的自然史》,在第 378
页注释 39,提到休谟的"不虔诚"。也可见《圣彼得堡对话录》,第 180 页,休谟被看作"最危险的,也
许是死去的作家中最有罪的,在后人看来他们一直指责过去的这个世纪,他是以最冷血的方式伤害
最多人的最有才的人"。

　　[48]　见《论法国》,第 111—112 页。二十世纪的对手对这个论证的看法,可参见埃里克·沃格
林《新政治科学》第 5 章对克伦威尔革命(以及更广泛的革命)的尖锐争论,(Chicago:University of
Chicago Press,1952)。

　　[49]　沃格林的分析似乎指向同一个方向。

　　[50]　《论法国》,第 115—116 页。

　　[51]　第 11 章充满了矛盾:在第 108 页,迈斯特引用了休谟对宗教的称赞(即使是十八世纪最著
名的无神论者也能认识到宗教的政治利益!)更为矛盾的是,整个第 11 章就是激进批判现代欧洲真
正神权政治的典范。根本上说,迈斯特作为神权政治家在本章做的工作就是抄袭一个宗教怀疑论
者对神权政治的批判!

　　[52]　同上书,第 52 页(中译本,第 73 页。——译者)。

也只是表明他们是相当糟糕的立法者！）

那么究竟是什么使得迈斯特与同时代的政治哲学家分道扬镳了呢？正如迈斯特自己在这本书不同地方所承认的，像马基雅维利和卢梭这样的理论家对宗教的政治重要性作出了巨大让步。这在孟德斯鸠那里是一个更显眼的主题，托克维尔——尽管他的写作晚于迈斯特——在这个方向上也是更进一步。迈斯特的独特之处在哪呢？在我看来，关键的问题在于，一个人能否作为一个世俗政治学家来分析彼岸信仰、仪式和习俗对于世俗政治秩序的优势（毫无疑问，马基雅维利、孟德斯鸠、卢梭和托克维尔就是这样对待政治与宗教之间关系的），或者说一个人能否作为神权政治家非常激进地把宗教的政治重要性降低到仅仅是工具主义者的维度。迈斯特是为了君主制而需要宗教，还是为了宗教而需要君主制的？毫无疑问，迈斯特自己会把这看作一种错误的二分法；对既定的政治秩序和现有的宗教之间的关系进行工具化，这既会毁了宗教也会毁了他所喜爱的政治制度。正如迈斯特在《论法国》关键章节中清楚表达的，在当前的政治斗争中真正处于危机之中的是两种精神秩序的你死我活的搏斗：基督教和"哲学主义"。[53] 它是"一个前所未见的最重大的场面"。[54]（尼采也会同意的。）把重要性降低到仅仅是可选择的政权之间的竞争，在迈斯特看来，这似乎是对十八世纪末十九世纪初政治真实主题的一个致命的误解。在迈斯特看来，最重要的是谴责从马基雅维利到托克维尔的现代政治传统——不管它如何肯定宗教的政治效用。

---

[53] 《论法国》，第45页。对于如下主题的深刻阐述，即主要的政治问题是欧洲统治政权实际上是哲学家统治的政权，可参见《反对卢梭》，第76—77、102—107、109—112页。参见第105页："在现代意义上哲学是什么？它是个人的理性取代国家的教条"；第103页，他说"个人理性就像污秽的虫子。……它自我膨胀，它只是毒液。"如果哲学是一种有毒的蜘蛛，"只能从事摧毁"，那么恰恰相反，宗教是"无辜、和平的蚕"，它织成了国王的外衣。在第110—111页，迈斯特提到了斯宾诺莎、卢梭、伏尔泰等哲学家，他写道，法国大革命的罪行"就是他们的作品，因为罪犯都是他们的门徒"。

[54] 《论法国》，第45页（中译本，第66页。——译者）。

# 第二十七章　迈斯特和卢梭：神权政治对公民宗教

"需要神为人类颁布律法。"而且，只需要一个神。

——约瑟夫·德·迈斯特①

所以这是他们将人与神性分开时所考虑的。……他们并没有花费多少精力把他们的目光转向存在的源头，但是这样一个简单、确定、并且给人安慰的哲学化方式并不符合作家笔下的这个不幸的世纪。

——约瑟夫·德·迈斯特②

如果卢梭坚持认为"国家从来都是以宗教信仰为基础的"，这不正是卢梭的公民宗教和迈斯特的神权政治关键的共同点么？③ 确实，正如我在本书第二十六章引用过的，迈斯特在《论法国》中承认卢梭提出宗教思想"构成任何持久制度的唯一基础"④是对的。他重申卢梭在《社会契约论》第二卷第 7 章中的教导，

---

① 约瑟夫·德·迈斯特：《反对卢梭："论自然状态"和"论人民主权"》，理查德·A.雷布朗编，(Montreal：McGill-Queen's University Press,1996)，第 63 页。

② 同上书，第 51 页。《论人民主权》写作于 1790 年代中期，所以"这个不幸的世纪"明显指的是 18 世纪。

③ 参见《反对卢梭》，第 18—19 页（雷布朗的导言）。

④ 约瑟夫·德·迈斯特：《论法国》，理查德·A.雷布朗编，(Cambridge：Cambridge University Press,1994)，第 42 页。雷布朗注释道，"在《论法国》中有六次专门提到卢梭，只有一次引用卢梭来支持迈斯特自己的论证"（《反对卢梭》，第 20 页）。（参见杰克·莱弗利：《约瑟夫·德·迈斯特的作品集》，莱弗利编，New York：Macmillan,1965，第 44 页："尽管迈斯特有几次引用卢梭表示赞同，他还是惊讶地发现，这个人应该如此有意义，他比任何其他人都更能代表他那个时代的自我意志和自豪感。"）雷布朗也突出强调一个事实，那就是迈斯特声称的"宗教思想'构成任何持久制度的唯一基础'"，并且"如果不是以宗教为基础，没有什么制度能够长存"这段话可以理解为对卢梭国家主张的归纳（《反对卢梭》，第 20 页）。雷布朗把这段话看作是"他们共同观念的发展"。

354 即在历史上伟大的立法者当中，人们应该首先想到诸如摩西和穆罕默德这样的神权政治的立法者。（迈斯特显然对加尔文不感兴趣！）⑤卢梭"只顾进行逻辑推理"。⑥ 当然，逻辑结论是，政治根本上是神权的——为此人们会补充说，卢梭没有得出这个结论不是一个简单的疏忽，而是卢梭的政治与迈斯特的政治原则冲突的结果。

迈斯特未完成的论文"论人民主权"没有直接论及《社会契约论》第四卷第8章。⑦ 然而，它确实对第二卷第7章作出了进一步讨论，这是《社会契约论》中与公民宗教章节联系最为紧密的一个部分。这个讨论对于突出卢梭——迈斯特在神权政治与公民宗教方面的关系有什么意义呢？首先，对迈斯特来说，人类立法者这一说法本身多少是有点误导的，因为任何社会最终的立法者都是上帝。上帝是主权的来源，因为是主权者颁布法律，所以立法的权威根本上可以追溯到上帝那里。"既然上帝决定社会，他也决定主权和法律，没有它们就没有社会。因此法律源自上帝，在这个意义上，他希望有法律并得到人们的遵从。"⑧"社会

355 不是人类的作品，而是造物主意志的直接结果。"⑨当然，迈斯特并不否认神圣的法律是以人类立法者为中介的。然而，把人类的立法者从主权抽象出来并把他看作是上帝意志的产物，这对他正确理解社会秩序是一个巨大的错误，这是迈斯

---

⑤ 迈斯特称他为"可憎的加尔文"。约瑟夫·德·迈斯特：《作品集》，皮埃尔·格劳德斯编，（Paris：Robert Laffont，2007），第314页。在《反对卢梭》第60页，迈斯特明确表示他反感卢梭把加尔文提升为典范性的立法者。

⑥ 《论法国》，雷布朗编，第42页（中译本，第63页。——译者）。

⑦ 参见雷布朗：在卢梭对基督教的政治批判方面，"迈斯特并没有挑战卢梭"。（《反对卢梭》，第18页）。

⑧ 《反对卢梭》，第46页。参见第54页："社会和主权的建立……是大自然的直接成果，或者更好的说法是，是造物主的直接成果。"不仅是主权，而且"主权的每一种形式都是造物主意志的直接结果"（第57页）。也可参见第58页，他提出"神性直接干预了特定主权［特定国家］的建立"，和第84页："就像一般的主权一样，每一种特殊形式的政府都是一个神圣的作品。在哲学意义上，宪法只是各个国家中归因于更高权力的一种政治存在模式"。这个迈斯特主义的观点有助于解释为什么他在《论法国》中有必要对法国大革命提出"天命"的解释。如果主权在每个社会都是造物主的意愿，那么人们自然会认为雅各宾政权也是神圣意志的产物。为什么上帝要造出这么一个卑鄙的主权？回答是：要惩罚不虔诚的法国人所犯的罪。在第75—76页，迈斯特非常愤慨地拒绝了雅各宾派的观念，即他们的《人权宣言》能够得到至高存在的祝福："上帝不会选择一群被邪恶和狂热的激情所鼓动的、狂暴的群众，成为他行使世界上最大权力的愿望的工具：国家的政治组织"。同时，人们会说——迈斯特或多或少也会这样说——雅各宾派自身也对如下原则作出了邪恶的确认：所有的法律都受到神性的约束。

⑨ 《反对卢梭》，第49页。《论上帝与社会：论关于政治宪法和其他人类制度的产生原则》更加充分地阐释了这个迈斯特主义的学说，爱丽莎·格雷夫编，（Chicago：Henry Regnery，1959）。

特与卢梭之间永远无法被填平的鸿沟。

这个观点的不同塑造了迈斯特对待卢梭立法者学说的方案。对迈斯特来说,摩西和穆罕默德的首要地位不是(对卢梭来说,他们是)人类立法者,他们宣称的先知地位使得他们的立法工作更有效率更加持久。相反,迈斯特把这些卓越立法者⑩的先知地位看作是对政治的神权特征的见证。正如我们在《论法国》中看到的,这就是迈斯特说的卢梭没有推导出来的"逻辑结论"。对于迈斯特来说,《圣经》中对扫罗王加冕的记载——"由神直接祝圣的"——被看作所有社会建立政治权威的典型:

世界各国的历史记载了他们特定的政府同样的起源。……这一切都告诉我们,主权的起源与奇迹是分不开的;神的干预是帝国的基础;最初的主权者至少是上天所喜爱的:他从神的手中收到权杖。神与他沟通并鼓励他;它在他的额头上雕刻着它的力量的标志;他为他的同胞所颁布的法律只是他与上天交流的结果。⑪

卢梭是不会以同样的倾向来写作的,但他清楚地指出,这些故事对他与对马基雅维利或霍布斯来说是一样的,只是用来巩固政治秩序的政治神话。⑫ 对于迈斯特来说,恰恰相反,必须完全按照字面意义来理解,它们代表了上帝直接创造主权的最真实的象征。要理解政治秩序的真正基础,我们必须回到"那些神话时代,其真实历史比别的更能指导我们"。⑬ 把它们仅仅看作是神话肯定是错误的,因为"所有民族的神话……都掩盖了很多真实内容"。⑭"每一个普遍的理念都是自然的";因此"关于主权神圣起源的普遍教条"证明了它的真理性。⑮　356
这不是出于虔诚的欺骗:"认为这种普遍的偏见[即主权概念本质上是神圣的]出自主权者,这真的很愚蠢。"可以肯定的是,不择手段的君主有时会滥用对主权的神圣起源的一般信念,但是如果主权者的形象不是"建立在人们内心同意

---

⑩　迈斯特称他们为"世上两个最著名的立法者":《反对卢梭》,第 69 页。在摩西和穆罕默德开创的文明进行有力辩护方面,人们可以说,卢梭和尼采之间也有共同点,参见第 88—89 页。

⑪　同上书,第 58 页。

⑫　参见马克·里拉:《夭折的上帝》,(New York:Knopf,2007),第 41 页。尼采对同样的现象很感兴趣——古代法典借助"神圣起源"的权威——出现在《敌基督》第 57 节,这背离了尼采思想中的公民宗教内容,为此我将在本书第四部分作出讨论。

⑬　《反对卢梭》,第 58 页。

⑭　同上。

⑮　同上书,第 59 页。

的基础上,主权者是无法构想这样的欺诈的"。⑯ 对卢梭来说,关于上帝参与国家起源的神话是公民宗教的事,而对迈斯特来说,情况并非如此。

在《论人民主权》第一卷第 6 章中,迈斯特关注于他自己和卢梭的关键区别,即政治上诉诸神的喜爱,这到底是神权政治的概念还是公民宗教。在《社会契约论》第二卷第 7 章,卢梭的论证是真正的立法者必须表现出自己是受神启发的,因为建立有德性的政治共同体的任务是如此伟大以至于在人类自身范围内可用资源是不够的。当然,任何人都可以宣称他的行为是基于神圣制裁的,但只有最卓越的人才能够善于提出这种说法,从而表现出他或她超人的品质。⑰世上有很多自吹自擂的人,但这并不意味着谁都可以成为立法者。"谁都可以去刻石碑",但这并不会让他成为摩西。"假装与神性有密切的关系[或]训练一只鸟在他的耳边说话"并不能使他成为一个帝国的潜在创始人或一位皇帝。"立法者伟大的灵魂就是证明他伟大使命的真正奇迹。"迈斯特支持这一切("卢梭精辟地说明了所有立法者为什么以及如何以神性的名义发声"),⑱虽然他仍然坚持卢梭的最终立场是完全错误的。为什么是这样? 对这个问题的回答有助于我们理解迈斯特《论法国》的观点,即卢梭关于政治与宗教的关系有着了不起的洞见,但是没有从这个洞见中得出正确的结论。《社会契约论》第二卷第 7 章的首要结论应该这样来理解:

我们不能像华伯登那样,从这一切中得出结论说政治和宗教对我们来说有共同的对象,而是说在国家起源问题上,一个是另一个的工具。

公民宗教坚持为了政治目标而工具化宗教,这正是卢梭在驳斥华伯登时所

⑯ 同上。迈斯特没有解释"人们内心的同意"如何证明他们不是欺骗。迈斯特在第 80—82 页再次承认虔诚的欺骗或者伪宗教谎言的问题,但是迈斯特在第 82 页强调的是"对宗教的滥用毫无意义":政治和宗教的联合是至关重要的,不能因为政治有出于欺骗的目的而操纵宗教的可能性而阻止联合。

⑰ 迈斯特指出,卢梭从普罗塔克关于吕库古生平的记载中借用了作为准上帝的立法者概念("一位神而不是一个人"):同上书,第 64 页。参见第 68 页,关于"上帝赐给卓越之人、赐给真正选民的权力。几个世纪来散落在各地,他们像时间路上的方尖碑一样升起"。

⑱ 同上书,第 64 页。迈斯特提到的段落是,将真正的立法者与"培养一只鸟在他耳边说话的人"区分开来,那将是"明智的甚至是意义深远的"。参见第 68 页,迈斯特再次对卢梭的观点表示赞同,即不能把伟大创始人的魅力降为诡计或吹牛。卢梭对把摩西和穆罕默德的看作"幸运的骗子"之观点的关键性回应可以看作是针对《论三个冒名顶替者》的(迈斯特在第 68 页似乎也想到了这篇论文);参见第 106 页引用伏尔泰提到的"伪造的宫殿"。然而,卢梭事实上一点都不输于迈斯特,他很快着手论证,认为宗教在这些伟大的建国行为中对政治有重要作用,这让卢梭回到了通常认为的他所反对的观点那一边。

表达的观念。在迈斯特看来,如果卢梭他只是想区分那些假扮神恩的骗子与像摩西和穆罕默德那样天赋不能被模仿的"真正的正品"立法者,他就应该同意华伯登的政治与宗教互相帮助的观点。[19] 而事实是,卢梭明确表明他不同意华伯登,这就以最清晰的方式说明了卢梭这样的公民宗教和迈斯特这样的神权政治之间的鸿沟。

在《论人民主权》第一卷第 8 章,迈斯特对卢梭立法者学说的关键篇章做了他自己的修正。当他试图为其事业确立不言而喻的理由时,迈斯特提到的"人类权力的弱点"更大的问题是:这是一个迈斯特认为卢梭已经看到、但他觉得还有欠缺的概念。

真正的立法者都意识到人类的理性不能单独存在,并且没有纯粹的人类制度可以持续。如果可以这样说的话,这正是政治和宗教交织在一起的原因;因此人类的弱点通过超自然的支持得到了增强,也可以通过它得以维持。[20]

真正的政治其"政治是神圣的;并且人类的理性受制于宗教的优先地位,不能将其孤立,也不能让腐蚀性毒物侵入政府机制"。这也是为什么摩西和穆罕默德能够成就伟大的原因,因为他们"同时是大祭司和立法者"。[21] 最根本的政治现实是"人类理性无足轻重的话题消耗了它自己的资源。"[22]因此,人们要求公民"既要做到忠诚高于信仰,又要服从热情和狂热"。[23] 在改写《社会契约论》第二卷第 7 章的关键结论时,迈斯特坚信"伟大的政治机构达到的完美和持久的程度,与政治和宗教在它们内部的联合程度相称"。[24]

358

这里事实上有一个文本,在该文本中迈斯特直接把卢梭的"公民宗教"术语

---

[19]　通过引用贺拉斯,迈斯特说卢梭的论证"虎头蛇尾"(第 65 页,注释 8)——也就是说,像一条美人鱼,上身很漂亮,但是下身"又黑又丑"。正如迈斯特强调的那样,问题不在于政治和宗教是否有共同对象,而在于政治对宗教的依赖能否被降低到工具关系层面。

[20]　同上书,第 78 页。

[21]　同上。

[22]　同上书,第 77 页。参见第 87 页:"人类的理性消耗自己的资源绝对是无价值的。……要好好引导自己,人类需要的不是问题而是信念。他的摇篮应该被教条包围。"

[23]　同上书,第 78 页。回想一下本书第一章题引中卢梭对培尔的回应。这是卢梭表明自己迈斯特主义倾向的一个例子,迈斯特告诉我们卢梭真正关注的内容。

[24]　《反对卢梭》,第 79 页。在第 1 卷第 8 章剩下的内容中,迈斯特反对人们通过马基雅维利得以熟悉的公民宗教主题:吕库古的斯巴达需要神谕,努马的罗马需要神的名,等等。迈斯特从没提及马基雅维利,但是通过对比,他暗示李维是虔诚的,马基雅维利是不虔诚的(同上)。迈斯特还在一个重要的手稿中隐含地回应了霍布斯(或者说是卢梭所描写的霍布斯),这个手稿重新收录于第 81—82 页的注释 24。

用于自己的目的，雷布朗在《反对卢梭》的导言中正确地突出了这个文本。它出自迈斯特1798年的论文，"对新教及其与主权关系的反思"（仅仅写于论卢梭的两篇论文的几年后）。迈斯特是这样说的：

> 基督教是欧洲的宗教：欧洲的土壤甚至比其发源地更要适合它；它在这边已经深深扎了根；它渗透进了我们所有的制度：对于北欧的所有国家，对于那些取代了罗马人成为这个世界中心的国家，基督教就像它本身的文明一样古老。这些新国家都是宗教之手塑造的；所有的王冠上都有十字架；所有的符号都始于它的象征；所有的国王都受洗；所有的祭司都掌管行政事务；圣职发布命令；帝国是神圣的，宗教是政治的；两种权力合在一起；一个权力都在增强另一个的权力，尽管这两个姊妹也会有争吵，但她们分不开。㉕

这确实是一个解决卢梭提出的把鹰的两个头变成一个之问题的明显方案，但是卢梭和本书出现的大部分思想家都不会同情这个方案的。

---

㉕ 《反对卢梭》，第19页。我使用了雷布朗的绝大部分翻译，但也补充了他所省略的翻译内容。对于完整的文本，可参见《作品集》，格劳德斯编，第312页。迈斯特把基督教称为公民宗教，我们可以掌握他的部分意图，他想说明新教不仅是宗教异端，而且同样是政治异端（同上书）。也就是说，宗教和政治是不可分割的，所以宗教上健全之物本身在政治上也是健全的，宗教上不健全之物在政治上也不健全。杰克·莱弗利写道，"迈斯特的思想既不是严格神学，也不是神权政治，尽管他捍卫教皇。……只有在一部著作中他发表了类似于呼吁教会控制世俗政府之主张。"（《迈斯特著作集》，莱弗利编，第40页。）然而，为此人们可能回应说，如果政治秩序与神圣秩序政治愿景之间没有区别，并且以祭司的形象来塑造政治官员，那么它便是完全的神权政治。

# 第二十八章　卡尔·施密特对霍布斯的 "神权政治" 批判

就像描述完亚当和夏娃的田园生活后旋即出现了爬行的蛇一样,霍布斯的《利维坦》也出现了爬行的蛇并且似乎扼杀了基督教。

——A.P.马丁尼奇①

在施密特1938年发表的《霍布斯国家学说中的利维坦》(下文简称《霍布斯》——译者)一书中,②卡尔·施密特和托马斯·霍布斯之间的理智对话是政治哲学史上最为独特的一章,书中提出了对于三方辩论(公民宗教,自由主义和神权政治)都非常核心的问题。施密特正确地看到了霍布斯公民宗教中的自由主义片段,根据施密特独到的解读,霍布斯要为施密特说的世界主义、自由主义和启蒙的"犹太"理性—政治传统负责。人们可能会说,施密特的霍布斯解释,就其独到性来说,首先非常符合我在本书中提出的公民宗教观点——即公民宗教和自由主义之间的共同点比它们任何一方与真正神权政治的共同点都要多,因为公民宗教和自由主义都代表国家来驯化宗教(这也是施密特说的"公共理性")。③

---

①　A.P.马丁尼奇:《霍布斯生平》(Cambridge:Cambridge University Press,1999),第236页。也存在霍布斯的自由主义版本,包括迈克尔·欧克肖特和理查德·费里德曼;但卡尔·施密特向我们呈现的是利维坦的纳粹版本。施密特是否想吞噬基督教,我们不得而知,但是施密特版本的霍布斯主义的确是一条爬行的蛇。

②　卡尔·施密特:《霍布斯国家学说中的利维坦:政治符号的意义与失败》,乔治·施瓦布和爱尔娜·希尔施泰因译,(Westport,CT:Greenwood Press,1996);芝加哥大学出版社2008年重印:关于施密特及其影响的一般观点,参见马克·里拉:《当知识分子遇到政治》,(New York:New York Review Books,2001),第2章。

③　施密特,第55页(《霍布斯国家学说中的利维坦》,朱雁冰译,华东师范大学出版社2008年版,第92页。下文引文参照该译本。——译者)。

一个完全神权政治化的公民宗教,除了毫无保留地尊重国家绝对主权所体现的公民宗教的统一之外,没有任何别的空间。施密特解释的核心是霍布斯背叛了自己的神权政治哲学,并染上了将在十八至十九世纪充分展开的自由主义病毒。他称之为"在内部播下了导致利维坦死亡的种子"!④

这种古怪的解读如何与施密特自己的政治哲学相关? 接下来,我将对此作出回答。然而,为了从霍布斯书中描绘出一个核心的政治哲学,很有可能我已经赋予了施密特的政治思想比实际更多的一致性。《霍布斯》的合编者施瓦布引用了赫尔穆特·拉普夫的观点,认为《霍布斯》存在根本的不一致:"因为施密特的表述可以被解读为对极权主义制度的批判,也可以被解读为'极权主义对霍布斯的批评',所以很难断定施密特的真实立场。"⑤确实,这本书的反自由主义精神在可恶的宣泄中表现得最为明显,而实际的哲学立场却非常模糊不清。人们会说,只有当他夸夸其谈时,施密特理智才是清楚的。

人们通常用决断论来定义施密特的政治哲学,因此霍布斯所说的"伟大的决断论者,"⑥肯定可以算作是理智上的英雄。然而,霍布斯政治思想中既有决断论又有自由主义,施密特则必须把小麦从谷壳中分开。也许正是由于下述原因才促使施密特写下《霍布斯》来回应列奥·施特劳斯对他的挑战:作为一个霍布斯主义者,施密特在根本上仍然是一位自由主义者。⑦ 通过区分霍布斯的纯粹的决断论("政治上")和自由主义的"种子",施密特可以承认霍布斯的决断论,同时拒绝(相当激烈地)潜在的自由主义。⑧

---

④ 同上书,第57页(参见中译本,第94页。——译者)。

⑤ 乔治·施瓦布:《导言》,第21页。

⑥ 施密特,第55页(中译本,第91页。——译者)。施密特补充说:"权威而非真理。这里没有正确与否:这里命令就是一切。"

⑦ 列奥·施特劳斯:《对卡尔·施密特〈政治的概念〉的评论》,载卡尔·施密特:《政治的概念》,乔治·施瓦布译,(New Brunswick, NJ: Rutgers University Press, 1976)。

⑧ 书中明显暗示了另一个、更加个人化的事项。当前的讨论告诉我们,"他本国人民"是如何反对霍布斯对国家的激进概念化的(比如第79—81页)。在他对霍布斯的最后致敬中称他为"伟大的老师",施密特把他看作是"和每个道路开拓者一样孤独;所有人都误解了他,在他本国人民中没有得到应得的接受"[第86页(中译本,第125页。——译者)]。这些段落明显表明施密特是把自己投射到霍布斯身上,以此表明他自己对纳粹政权的看法——或者相反,施密特把自己看作一位英雄,在二十世纪30年代的德国,他作为霍布斯式的人物受到了不公正地排斥和边缘化。(虽然他1933年加入了纳粹党,纳粹仍然高度怀疑他;对此有一个有益的讨论,参见特雷斯·B.斯聪的著作2008年版前言,第20—21页。)和霍布斯一样,施密特认为对国家总体看法也是"他本国人民"拒绝取代现行意识形态。显然,海德格尔并不是那个时代唯一对自己与这个邪恶政权的可能关系有着傲慢观点的哲学家!

史蒂芬·福尔摩斯认为《霍布斯》这本书"既吸引人又令人厌恶"。⑨"吸引人"更多是因为施密特,但"令人厌恶"是它本来的特征。该书的基本观点是,霍布斯与马基雅维利、维科、尼采和乔治·索雷尔看得一样清楚——政治生活最基础的媒介是神话,因此,他借鉴了可怕的利维坦(是个像鲸或龙一样的动物)的圣经图像以此建立他的独特愿景——不受限制的国家决策权的象征性权威。⑩不幸的是,这个愿景在英国没有引发共鸣,最终在整个欧洲,它屈服于自由主义的多元化政治愿景。特别是,它被一连串的犹太思想家颠覆了,从斯宾诺莎开始,也包括摩西·门德尔松和十九世纪的法理思想家弗里德里希·尤利乌斯·斯塔尔—约尔逊这个知识分子的阵线,施密特坚信犹太人"阉割"利维坦的阴谋延续了几个世纪。⑪不仅如此,霍布斯本人通过赋予其公民宗教合法管辖权(正如卢梭在自己的公民宗教方面也是如此)颠覆了自己的国家理论,即要求主权把自己的权限限制在公民信条的外在事务上,不得试图干涉人们的灵魂事务。这个对外在行为与内在信仰的自由主义的区分带来了霍布斯的失败——主权无法实现对它们的联合,它是一个特洛伊木马,霍布斯的决断论最终带来了自由多元主义的胜利。⑫

决断论是一种主张绝对主权的政治哲学,在严格意义上说,主权意味在关系生死问题上权威的统一性。这是霍布斯的国家概念所体现的伟大愿望,它需要由公民宗教来统一政治和教会权威。从施密特的视角来看,人们会说这构成了

霍布斯工作的伟大性。这本书的开篇处很好地总结了这项工作,施密特还概括了霍布斯提出的基本选项。他以引用列奥·施特劳斯的观点开始,在施特劳斯

---

⑨　史蒂芬·福尔摩斯:《导言》,霍布斯:《贝希摩斯:或长期议会》,斐迪南·滕尼斯编,(Chicago:University of Chicago Press,1990),第45页,注释87。

⑩　参见施密特,第11页;更多细节,可参见第84—85页对马基雅维利和维科的讨论。

⑪　施密特,第70页(中译本,第110页。——译者):"在从斯宾诺莎开始中经门德尔松再到'立宪体制'这个宏伟历史路线合乎逻辑的统战过程中,斯塔尔做了他作为一个犹太思想家该做的事情,也就是说,参与阉割一个充满生机的利维坦。"参见第81—82页(参见中译本,第120页。——译者):霍布斯的国家理论体现在利维坦的形象上"它本可被看作恢复权力活力与政治统一的信号。……因为犹太传统对利维坦的解释,这个形象消亡了。……它们['间接权力']成功地排除了国家的绝对主权]猎杀它,并挖出其五脏六腑"。

⑫　关于霍布斯这个主题的一个有趣的讨论,后来从斯宾诺莎开始的自由主义者特别强调霍布斯的思想自由,参见艾伦·莱恩:《霍布斯,宽容和内在生活》,载《政治理论的本质》,大卫·米勒、拉里·西登托普编,(Oxford:Clarendon Press,1983),第197—218页。莱恩的讨论很好地克服了以确定的方式来限定霍布斯立场的困难,他至少敞开了这种可能性,他认为霍布斯比普遍认为的更加自由主义(从而支持了施密特认为的霍布斯是自由主义的萌芽之观点)。不用说,莱恩认为的霍布斯思想中挽回他政治哲学的东西,正是施密特激烈批评的基础。

看来，"霍布斯认为是犹太人开启了宗教与政治之革命，这一革命对国家是摧毁性的。"⑬然而，这也说明在严格意义上这不是施密特的观点。

霍布斯反对典型的犹太—基督教对原始政治统一体的割裂。[在这方面，施密特同意施特劳斯的解释。]霍布斯认为，在异教徒那里不存在世俗权力与精神权力的分离，因为对他们来说宗教是政治的一部分；而犹太人则从宗教的角度促成了两者的统一。只有罗马教皇教会和贪求权力的长老会或小教派才依赖世俗权力和精神权力的分离，这一分离对国家是摧毁性的。迷信和滥用外族因害怕和幻梦而生的灵异信仰，摧毁了原始而自然的异教世界的政教统一体。与罗马教皇教会区分'光明王国'与'黑暗王国'之行为做斗争——也就是说，重新恢复原始的统一体——如施特劳斯所言，这是霍布斯政治理论的本来之义。⑭

换句话说，我们有三种根本的可能性：(1)公民宗教——"自然"、"上天"(异教的)来统一宗教和政治；(2)犹太人的神权政治，"从宗教这一边"实现了它的统一；以及(3)基督教—神权政治对政治—宗教统一性的根本拒绝。也就是说，比起异教主义和犹太人的神权主义，基督教肯定反对霍布斯的主权观念(并且鉴于我们在本书第一部分对霍布斯的解读，这肯定是对他观点的正确表述)。人们不能将这种分析的强烈相似性误认为是卢梭的公民宗教分析。根据他自己对上述方案的分析，施密特在这里并不是想说明，霍布斯应该偏爱一神教的异教，马基雅维利和卢梭也该如此；他也不是想说明，犹太式神权政治虽然逊于异教徒的解决方案，但在政治上优于基督教；他也不是想说明，基督教在根本上是与霍布斯的工作不协调的。相反，施密特继续探讨，霍布斯在他的公民宗教学说的微妙之处是如何破坏自己的事业的(并为更具破坏性的自由主义打开了大门)。

施密特正确地看到公民宗教是霍布斯统一政治主权之工作的核心。然而，在施密特看来，这项工作有一个致命的阿基琉斯之踵：霍布斯担心的是，主权者让外在事务绝对服从的正当要求不能超越他自己这样的知识分子思想自由的要求。(在这里，霍布斯显然预期到了一个世纪后启蒙对宗教的反叛。)比如，如果主权者声称通过他所代表的奇迹来治愈他的臣民，霍布斯作为公民必须承认奇迹，但是作为知识分子必须保留知识分子的自由判断的私人空间，在私人空间中

363

---

⑬  施密特，第10页。
⑭  同上书，第10—11页(参见中译本，第50页。——译者)。

可以持有怀疑的态度。⑮ 施密特最迫切的问题是为什么霍布斯的决断主义最终让位于自由主义,或者说后者是如何背叛前者的。这部分属于霍布斯自己的(早期)自由主义发生的自我颠覆,部分属于后来的自由主义者之机会主义的颠覆。这是施密特的知识分子合谋理论得以产生之处。

施密特用"间接权力"⑯这个说法给他自由—多元政权命名,这个政权拒绝国家具有专制的权力,他的《霍布斯》主要目的是列出那些该受责难的一群知识分子(始于斯宾诺莎)——他们诋毁国家威权主义并推动了自由多元主义的合法化。毫不意外,被排在这一个序列中的思想家都是犹太人,施密特一直想突出强调的也是犹太人。⑰ 而且,施密特叙述的重点是论述霍布斯本人如何为这些

364

---

⑮　施密特在第 54 页讨论过这个有趣的例子(比如,查理二世所称的 23000 宗皇室用奇迹来治疗的例子)。参见第 53 页(中译本,第 90 页。——译者):"根据其主权全权决定什么东西国家臣民应该作为奇迹亦即神迹来相信";第 55 页(中译本,第 91 页。——译者):"奇迹就是拥有主权的国家权力命令其臣民要相信的奇迹"。霍布斯从彻底的神权政治退了回来,并相应地背叛了他自己的主权概念,霍布斯反复要求为知识分子的判断保留空间,在私人空间里知识分子可以对奇迹说不,施密特发现了霍布斯的这个迹象。正如施密特在第 53 页所言,"信仰和奇迹问题"是关键问题,从施密特角度看,它成了霍布斯整个事业"不幸"(即关键性的垮塌)。参见约瑟夫·德·迈斯特在《反对卢梭》中对"治病的力量"之讨论,理查德·A.雷布朗编,(Montreal:McGill-Queen's University Press,1996),第 58 页。

⑯　比如,可参见第 86 页:霍布斯作为"一位无与伦比的教师",他教给我们最重要的是当前必须坚持"反对间接权力的斗争";他作为不受约束之思想的"得胜者",其伟大之处在于他"摧毁了间接权力的模糊的界限"。霍布斯的目的是"以理性集权国家的理性的统一对抗中世纪的多元主义"("附录:霍布斯和笛卡尔思想中作为机械装置的国家",第 96 页),施密特的一贯主题就是现代自由多元主义代表着霍布斯工作的最终失败。

⑰　《霍布斯》这本书的合译者,乔治·施瓦布声称"反犹主义的指控是无法成立的。施密特复兴的是狭隘的、排他的神学,虽然它与纳粹反犹主义有重叠,并融入进有毒的氛围中,但它缺乏纳粹意识形态的基石,是种族理论的大杂烩。无论形式还是内容,施密特的国家理论在本性上都不是极权主义的而是威权主义的"(《导言》,第 22 页)。这明显是试图为施密特辩护。施瓦布的工作是论证在他写作《霍布斯》之时,施密特(作为一位天主教徒)是纳粹政权的目标,因此他的思想不可能与纳粹意识形态是一致的。然而,这并不能为施密特的反犹主义指控开脱——特别是因为论霍布斯一书第 5—7 章的整体修辞是彻头彻尾反犹主义的。施瓦布为施密特的反犹主义的洗白是令人厌恶的——参见第 20 页声称的"1938 年,施密特中和了他在 1936 年针对犹太人的有害言论"。不仅如此,它还是一个可怜而无效的洗白:本注释中引用的施瓦布为施密特辩解的第一句话直接与下一句话矛盾!至于施密特的天主教主义,这是该书的一个主要难题,在面对霍布斯咄咄逼人的反天主教主义,施密特无处回避。参见格拉姆·格拉德:《约瑟夫·德·迈斯特和卡尔·施密特》,载《约瑟夫·德·迈斯特的生平、思想和影响》,理查德·A.雷布朗编,(Montreal:McGill-Queen's University Press,2001),第 233—234 页。比如,可参见施密特书的第 83 页,霍布斯因为勇敢地领导了"英国人反对罗马教会和耶稣会士主张世界霸权的斗争"而受到拥戴;参见《附录:霍布斯和笛卡尔思想中作为机械装置的国家》,第 94 页。施密特也没有站在天主教立场上对霍布斯思想中这个明

恶毒的自由主义者提供了重要的动力，尽管他本人没想这样。在施密特的论述中，霍布斯在神权国家的统一性中插入了一个重要楔子，斯宾诺莎、摩西·门德尔松等利用了这个楔子最终带来政治与宗教的关系的完全"破裂"，施密特把这些看作是自由主义的罪。[18] 霍布斯的错误在于为这个破裂打开了可能性，即自由主义化他的政治哲学，这就为斯宾诺莎和门德尔松这样的犹太自由主义者提供了便利。[19]

霍布斯的潜在的自由主义是如何发展成斯宾诺莎的成熟的自由主义的？在施密特看来，斯宾诺莎对霍布斯的败坏主要包括下面这个"倒置"：霍布斯侧重强调的是"公共和平与主权者的权利"以及思想自由这个"附带条件"，斯宾诺莎自由思想首要关注的是把"公共和平所需要的主权者的权利"减少到

365 "仅仅是必须的"。[20] 简而言之，犹太人耍花招把霍布斯的决断主义变成了自由主义：

一个小小的、源自犹太人生活的本性的思想运动，在短短几年的时间里，以最简单的逻辑，完成了利维坦命运的决定性转折。[21]

---

显的核心问题作出回应：如果政治主权的统一是最重要的关切，天主教会的政治主张怎么可能是完全非法的呢？参见第10页："罗马教会开启的精神权力与世俗权力的分离，具有摧毁国家的作用。"施密特如何调和他对霍布斯主义过度主权的挚爱与他自己的天主教立场，我们不得而知。在这方面特别引人注目的是施密特认为（第14—15页，注释12），霍布斯打击"渴求权力的牧师"是正确的，他的"野蛮人—基督教—国家万能论的论证"服务于真正的"公民基督教徒，其中主权者不得染指耶稣是基督这个唯一的基本教条"。这里的矛盾是，埃里克·沃格林——另一个基督教神权政治思想家也同情（至少在某种程度上）霍布斯的工作，霍布斯把基督教作为神学大全来应对基督教本身带来的政治混乱：参见沃格林的《政治新科学》，（Chicago：University of Chicago Press，1952），第5章。施密特的政治神学中的各种复杂的张力在特雷斯·斯聪给霍布斯一书最新版本（2008）的前言中得到了很好的体现。斯聪认为施密特既和霍布斯一样是基督教的怀疑者，也和迈斯特一样献身于教皇。当然，这需要思想家具有不寻常的精力来同时坚持这两个立场。

[18] 依照这几章我们自然会认为，施密特的反自由主义在今天的伊斯兰神权政治中有其最接近的政治对手。在《恐怖与自由主义》（New York：Norton，2003）的第87页，保罗·伯尔曼写道："［尽管沙伊德·库比有明显的反犹太主义，］他争论最多的是现代自由主义中的神圣与世俗之间的分裂，这不是犹太人的创造。"有趣的是，施密特在《论霍布斯》这本书中的观点正是，这个分裂是犹太人的创造。

[19] 第55—57页是批判霍布斯的核心。"破裂"这个词出现在第55页。史蒂芬·福尔摩斯在《剖析反自由主义》（Cambridge，MA：Harvard University Press，1993）第50—53页作出的解读与施密特的意图很类似。

[20] 施密特，第58页。

[21] 同上书（中译本，第95页。——译者）。

可以说,从施密特的角度来看,自由主义是犹太人"耗尽利维坦生命"的阴谋,㉒它是由一个对自由主义有特别利害关系的民族利益引起的。㉓ 斯宾诺莎也会同意:

> 行使主权的国家权力可以制定外在崇拜的准则,每个公民都不得不遵守这个准则……不过,国家权力只决定外在的崇拜[着重强调]。霍布斯奠定了利维坦内部与外部分离的基础,外部处理关于奇迹和忏悔的信仰。犹太哲学家则促成这一萌芽的完全发展,直至达到相反的情况,于是利维坦的活力从内部被消耗直至完全耗尽。㉔

> 绝对王权的国家可以要求一切,但它只着眼于外在。谁的领地,谁掌管宗教已经实现,但同时宗教也落入了一个完全不同的、出乎意料的新地盘,亦即自由思考、自由感觉、个人想法绝对自由的私人自由领域。㉕

"各种教派"(玫瑰十字会,共济会,光照派,神秘主义,和虔诚主义)进一步发展了这种"容许保留内在意见"的新的政治制度,但是,

> 最重要的是犹太人永不安分的精神,犹太人知道如何最好地利用这一形势,直到公共与私人、行为与信念的关系被颠倒过来。18世纪,门德尔松在其著作《耶路撒冷:论宗教权力和犹太教》中提出了内在与外在、伦常与法律、内在信念与外在行为的分离,并从国家那里要求良心自由……[这里提出来的]是削弱和侵蚀国家权力是瘫痪异族、解放他自己的犹太民族的上佳办法。㉖

换句话说,霍布斯政治哲学中有足够的自由主义,这样"犹太"思想家才可以捕捉到霍布斯思想中的自由主义痕迹,并将其变成主导性的哲学,从而将霍布

366

---

㉒ 尼采《敌基督者》中吸血鬼的形象浮现在我的脑海中。我将在第四部分对尼采的解读中来讨论这个问题。也可参见《瞧,这个人》中对吸血鬼主题的探讨:尼采:《敌基督者》、《瞧,这个人》、《偶像的黄昏》和《其他作品》,亚伦·瑞德和朱迪思·诺曼编,朱迪思·诺曼译,(Cambridge:Cambridge University Press,2005),第150页。

㉓ 霍布斯与斯宾诺莎的根本不同在于,"英国人并没有因为这一个保留条件而寻求立于其民族信仰之外,而是反而置身其中。与此相反,犹太哲学家则是从外部来靠近一个国家宗教,因此带着外来的保留条件。"[第57—58页(中译本,第95页。——译者)]参见第8页施密特说的"犹太人对所有其他民族独特的、完全异常的境况和态度"。

㉔ 施密特,第57页(中译本,第94页。——译者)。参见第59页提到"斯宾诺莎将国家降格为纯粹外在的崇拜",歌德也认可这句话。值得注意的是,施密特的叙述中并没有出现卢梭,但这当然也是卢梭的观点。事实上,它构成了他的公民宗教学说的核心——这也是为什么卢梭的批评者未能发现的隐秘的自由主义会在霍布斯的学说中变得非常明显的原因,一旦我们承认霍布斯对他的影响的话。讽刺的是,施密特可以帮助我们更好地看清卢梭的这种自由主义。

㉕ 施密特,第59—60页(中译本,第97页。——译者)。

㉖ 同上书,第60页(中译本,第98页。——译者)。

斯对国家的神化转化为有效颠覆国家权威的学说。斯宾诺莎所犯的罪就在于"把这个思想[即霍布斯的内外之分]扩展为思想自由、认知自由、表达自由的普遍原则",㉗其中包括他对霍布斯的自由主义化。施密特坚持认为,霍布斯的利维坦国家不是极权主义的,而是有着健全的个人主义基础。不过,他谴责霍布斯因为霍布斯未能兑现"统一"的承诺——未能统一内在和外在(即内在信仰与外在行为)。㉘ 施密特似乎想说的是,对内在和外在、道德和政治的区分最终无情地带来了康德的自由主义(以斯宾诺莎的自由主义为中介)。㉙

在该书最后一章即第 7 章,在施密特政治思想的令人不寒而栗的世界中,理智因素变得更加清晰。虽然人们自然会将利维坦的形象与斯图亚特的"君主专制主义"联系在一起,但奇怪的是,当英国国家真的成为利维坦国时,"简短的历史时刻"就是克伦威尔的独裁统治时期。㉚ 相反,在政治上得到发展的是基于海权和商业(大都会)生活的自由主义(洛克)的、反绝对主义的国家。霍布斯自己的人民背叛了他的愿景,大陆国家、特别是法国和普鲁士发展了绝对主义国家的观念。"英伦岛国和它征服世界的航海事业不需要绝对王权君主制、常备陆军、国家公务体制、法制国家的法律体系,这些都是大陆国家的特色。"㉛简言之,英国变成了孟德斯鸠式的国家而不是霍布斯式的国家:这个国家是"开放"而不是"封闭"的,是商贸的而不是自给自足的,㉜是"混合的"而不是"绝对主义的"。

367　　绝对王权思想的决断论与英国人的精神气质格格不入。王权国家的主权概念作为"概念"的纯粹形式——也就是说,避免与其他国家形式相混合和平衡——在英格兰的公共权力那里找不到任何回响。㉝

最终检验一个政权是不是霍布斯式的就看它暗含的敌人概念是什么:我们说过英国拒绝了决断论,因此,它偏离了"王权国家那依靠大陆的、取决于内阁战争和战士战争的陆战概念"。㉞

---

㉗　同上书,第 57 页。

㉘　这显然很是矛盾,一方面要捍卫霍布斯的个人主义,另一方面要谴责霍布斯撕开了"几乎看不见的裂缝",这一裂缝后来扩展成神权政治统一性的"断裂"(第 55、57 页),这是注释 5 引用的赫尔穆特·拉普夫提出的重点。

㉙　参见施密特在第 59 页,《论康德"政治与道德的分离"》。

㉚　同上书,第 79 页。

㉛　同上书,第 80 页(中译本,第 118 页。——译者)。

㉜　可关注施密特热情地引用了 1938 年的《自给自足国家的概念》( Der Begriff des autarchischen Staates)论文:第 76 页,注释 7。(参见中译本,第 112 页。——译者)

㉝　同上书,第 80 页(中译本,第 118 页。——译者)。

㉞　同上书,(中译本,第 118 页。——译者)。

在这个独特叙述中最为清楚的是,施密特把霍布斯版的国家愿景——以利维坦这个神话般的形象呈现出来的——看作本性上非常高贵的愿景,他认为这个愿景后来被不那么高贵的愿景取代了。在二十一世纪,利维坦国家的形象不再那么重要了,因为我们根本上生活在一个"总体技术化"的世界之中,正如恩斯特·尤根[35]强调的,这个已经变得无害的动物形象已经无法胜任国家职责了:"命令和风险承担,权力和责任。"[36]相反,我们得到的是"间接权力"的统治——"反对间接权力的标记和伪概念,这些权力要求人们服从却不能提供保护,要发号施令却不想自己承担政治危险"[37]——这种形式的"统治"根本上是不高贵的。在第6章,施密特把这些"间接权力"归为诸如"现代政治权力,工会,社会团体"(他在这段文字中也提到了教会),他认为这一切都深深地反国家主义,并且是"驾驭利维坦"。[38] 也就是说,利维坦国家被社会和政治多元主义的世界——自由主义世界抛在脑后了。他把霍布斯的利维坦的愿景(或者说是利维坦的神话)被歪曲看成一个"悲剧"——悲剧在于没人欣赏霍布斯的"虔诚";人们对他"英勇地站在他的人民一边"——"基督教的民族"一边——也视而不见。[39] 正如施密特看到的,"悲剧"在于绝对—责任决断论国家的高贵性让位于自由—多元国家的非高贵性,霍布斯政治愿景中的自由主义"种子"被作为不高贵的自由多元主义之代表的犹太思想家刻意利用了。人们可以得出结论,施密特的政治思想是马克斯·韦伯关于集中在官员身上的责任伦理观念之夸张版本的一个例子,它对政治责任是如此的迷恋以至于变成了一种自我模仿。这就好像施密特除了主张战争的道德性之外,看不到任何其他形式的政治行为,[40]除了主张专制的高贵特征之外,看不到任何其他形式的国家权威。

368

施密特的政治哲学是理智的耻辱,但它有助于我们把霍布斯的公民宗教看成自由主义的不大可能的来源。(人们可能会说,卢梭公民宗教的自由主义直接来源于霍布斯公民宗教的自由主义。施密特自己也许注意到了这一点,如果他不是如此专注于把自由主义归为犹太人的阴谋的话。)[41]施密特观点的正确与

---

[35]　同上书,第82页。

[36]　同上书,第83页(中译本,第122页。——译者)。

[37]　同上书(中译本,第122页。——译者)。

[38]　同上书,第73页。

[39]　同上书,第82—83页。

[40]　施密特在第102页注释14关于诺伯特·君克的论述中表达了施密特的核心理论。

[41]　唯一提到卢梭的地方是第68页引用斐迪南·滕尼斯的观点,滕尼斯认为卢梭的政治哲学(很合理地)是霍布斯和法国大革命之间的中介。

深远之处（这本书中体现的）在于，公民宗教，因为它试图将宗教信仰用于政治目的，最终比反自由主义更加自由化。这可能也是这个激进的神权政治家部分地，也仅仅是部分地接受霍布斯的原因。㊷

---

㊷ 施密特真的是神权政治么？如果我们把神权政治定义为牧师的统治，那么施密特认可的霍布斯针对"渴求权力的牧师"的政策就表明，他和霍布斯一样都是反神权政治的。然而，如果我们在更宽泛的意义上把神权政治理解为对自由主义——始于洛克的一系列人物的绝对对立的话，那么，迈斯特，甚至包括尼采，因他对祭司的所有的敌意，都可以被解释为一种神权政治。在洛克这个系列中，个人被给予相当大的空间，根据自己的理性之光来阐明存在的意义，然而在迈斯特的这个系列中，很少或者没有这样的空间，因为社会秩序的要求会命令社会成员根据集体强加的强制性的脚本解释其存在。根据神权政治的这个宽泛意义，施密特明显接近迈斯特，然而霍布斯，作为一位出色的公民宗教家，他处于中间位置。

# 第四部分
## 后现代的"有神论":尼采和
## 海德格尔对自由主义的持续反叛

# 第二十九章　尼采、韦伯、弗洛伊德：二十世纪如何面对上帝之死

耶和华已经不再要求处处行割礼了。

——詹姆斯·乔伊斯①

在本书的最后一个部分，我主要目的是要说明尼采对公民宗教传统的恢复（和终点？）。在开始介绍尼采之前，我先简短地梳理一下他与他两个主要继承者——西格蒙德·弗洛伊德和马克斯·韦伯的关系也是有益的。某种意义上，弗洛伊德和韦伯都把尼采作为他们的起点。两者都接受了尼采的基本前提，即我们生活在一个没有上帝或上帝退场的世界——也就是说，一个彻底的后基督教、后犹太教的道德世界。不仅如此，他们对尼采的世界作出了主要基于尼采立场的哲学反应。在这三位思想家当中，弗洛伊德与经典的启蒙思想最为接近。在弗洛伊德的《一种幻想的未来》中，他的基本立场是这样的：我们生活在一个上帝已死的世界，我们以现代、科学的思想方式杀死了他。太好了！总算摆脱他了。那些关于伟大的神圣救主的宗教思想真的只是婴儿的神经质，是面对成人世界的恐怖懦弱的产物。② 我们现在长大了，我们终于可以（在科学的帮助下）

---

① 詹姆斯·乔伊斯：《尤利西斯》，(Harmondsworth：Penguin，1986)，第165页。

② 尼采首先提出了宗教是"神经质"的观点：见《善恶的彼岸》，第47节。劳伦斯·兰贝特对《善恶的彼岸》第3章做了一个有价值的评论，该评论补充了下一章所提供的解释，正如他正确地指出的，对于尼采来说（与弗洛伊德直接相对），"宗教冲动可以采取健康的形式也可以采取神经质的形式"。兰贝特：《尼采的任务》，(New Haven：Yale University Press，2001)，第112页。因此，尼采既是宗教的捍卫者，也是宗教的破坏者。因为兰贝特把尼采看作一位思考问题非常全面的哲学家，他怎么会认为尼采可以免于我在本书第十章所说的公民宗教悖论呢？这里的问题是当宗教遭到无情的揭穿之后，宗教如何可能再成为公民宗教；或者说在无法确信其真理的情况下，我们如何才能为了效用而接受宗教。我认为，兰贝特的回答是，尼采的宗教是一种新的宗教，是永恒轮回的宗教，它包括对新神话（或者旧神话的复兴）的引入，但是不包括宗教信仰本身。尼采在《善恶的彼岸》第3章最后一部分特别强调对宗教的工具化（宗教作为哲学统治阶级手中的工具），这就表明公民宗教的悖论继续适用于尼采。

372 接受成人的责任了。我们作为个体主要的挑战是放下俄狄浦斯情结,而且作为一种文明或者一个物种我们也是如此——即超越我们共同的与圣父相关的俄狄浦斯情结,这正是上帝之死的意思:长久的成年状态。③ 不用说,这不是尼采的立场。可以确定的是,尼采预期到了这种庆祝性的修辞,或者"普罗米修斯式"的修辞,但他认为上帝之死的遗产在文化上是相当模糊的,也是相当危险的,他当然不会像弗洛伊德那样兴高采烈地来庆祝启蒙运动。④ 弗洛伊德的《一种幻想的未来》是以对逻各斯上帝的赞歌而结束的。然而,这显然不是尼采的上帝!

韦伯的立场也很复杂。他同样接受尼采的基本前提,但是与尼采不同,他以比弗洛伊德对启蒙的欢呼更加冷峻的笔墨描述了现代性的祛魅。这里相关的文本是《以学术为业》。过去以安全作为生活的重心,这种科学带来的不是解放,它更多的是道德灾难(又一次,非常接近尼采的悲情)。不过韦伯与尼采存在根本区别。在韦伯看来,他也同意弗洛伊德,科学告诉我们,宗教信仰要求"知识分子的牺牲"(即放弃理性)。然而,韦伯坚持认为,根据既定的旧的(虽然被抹黑的)宗教的规范而不是将哲学家视为新预言、新宗教的来源,牺牲一个人的理

373 性也许是可取的。⑤ 非常明显,这是对尼采的直接回应,尼采鼓励新先知(或者说是"后现代"版的旧先知:查拉图斯特拉!)的观念并以此作为应对旧宗教衰退的方法。(人们可能会认为韦伯的论证也意味着预期到了海德格尔,海德格尔也邀请了新上帝的先知。)韦伯清楚地看到尼采正致力于对世界的重新魅力化,并赋予哲学家或现代知识分子以指导与策划这个重新魅力化工作的责任。韦伯对这个工作的回应是说,我们最好还是保留古老的迷信,而不是赋予当代的哲学

---

③ 迈克尔·伊格纳菲耶夫的以赛亚·伯林的传记故事中描述了弗洛伊德理性主义的不妥协特征。伯林1938年曾访问弗洛伊德的家。弗洛伊德夫人提到了一位伯林知道的亲戚,并称他为严守教规的犹太人。"她继续说道,'每个犹太妇女星期五晚上都想点燃安息日的蜡烛,但这个怪物',这时她指着她的丈夫,'不允许我这样做,说这是一个迷信。'弗洛伊德重重地点点头说,'宗教就是迷信。'这显然是他们婚姻中的一个笑话。"伊格纳菲耶夫:《以赛亚·伯林生平》(Toronto: Viking Press,1998),第91页。

④ 很有趣的是,在列奥·施特劳斯与弗洛伊德的潜在争论中,最能表达他反对弗洛伊德的是,他认为尼采对最后一个人的描述被弗洛伊德搞丢了。这意味着,对尼采来说,宗教仍然是一个值得尊敬的重要对手,在与它斗争过程中,人们正提升到更高的存在层次,而弗洛伊德的宗教只是一个有待分析的神经症,这就体现了他现有立场的平庸性。参见《弗洛伊德论摩西和一神教》,载施特劳斯《犹太哲学和对现代性的批判》,肯尼斯·哈特·格林编,(Albany,NY:SUNY Press,1997),第305—306页。

⑤ 马克斯·韦伯:《以学术为业》,大卫·欧文和特雷斯·B.斯聪编,(Indianapolis:Hackett,2004),第30—31页。"知识分子的牺牲"也可指尼采在《善恶的彼岸》第229节对帕斯卡尔的描写。

家们以权威，让他们来发明现代的、后基督教的迷信。所以，很明显，我们对现代后基督教的状况有三种截然不同的反应。尽管观点显著不同，但每一位思想家都认为如何应对这场文化危机是我们文明的一个重大挑战；不管怎样，理论思考无法回避解决如何应对宗教基础崩溃这个问题的任务。

要理解哲学意味着什么，某种意义上，就要把握哲学的关键隐喻是什么。在尼采的哲学中，正如我们下一章也会看到的，关键的隐喻是"绷紧的弓"。虽然尼采欢迎基督教的失败，但是他对现代西方世俗化更加普遍地挫败宗教信仰和有神论更持保留意见，因为他把自由主义世俗化、启蒙运动刚好与松弛的弓（也就是整个西方文化—精神张力的松弛）联系在一起了。这本书的主要目的是自由主义者和反自由主义者之间在一个重要主题——宗教问题上的对话。一般说来，自由主义对宗教感到紧张不安并试图驯化它。反自由主义认为这种自由主义冲动的后果比它试图打击的对象更糟糕。尼采是一个不合格的反自由主义者，他的反自由主义是如此的激进，因此如果我们发现他卷入了通过捍卫宗教来反对自由主义世俗化，这一点都不足为奇。当我们仔细研究他的一些相关著作时，我们看到事实确实如此。

# 第三十章　尼采的公民宗教

永恒轮回的思想阻止了人们陷入盲目的世俗化。

——卡尔·洛维特①

在"天上和人世间"的基本的东西，——再说一遍——就是：要长久地并且在一个方向上服从；在同时，在现在和过去持续总有某种东西产生出来，为此就值得在人世间生活，例如德行、艺术、音乐、跳舞、理性、精神类的东西，——某一种使人焕发光辉的东西、精致巧妙的东西、奇妙的东西、神圣的东西。精神的长期不自由、在思想的交流中带有猜疑的强制，思想家使自己担负的培养工作，都意味着在教会的和宫廷的准则内或在亚里士多德的前提下思考；长期的精神的意志对一切发生的东西按照基督教的一个模式加以解释，并且还在任何偶然事件中重新发现和辩护基督教的上帝，——所有这些粗暴的东西、专断的东西、严酷的东西、令人战栗的东西、反理性的东西，把自身作为手段使出来，通过这手段，就为欧洲的精神培植出它的强大的、它的肆无忌惮的好奇心和微妙的敏捷性。

——费里德里希·尼采②

我们常把尼采和海德格尔看作英雄般的无神论者。这是一个相当错误的观点；事实上，他们根本上反对自由主义以及与自由主义生活哲学有关的一切，这使得他们接受了相当于反自由主义的神权政治之激进化版本。我们可以理解，

---

① 卡尔·洛维特：《尼采同一者的永恒轮回哲学》，哈维·罗曼斯译，(Berkeley：University of California Press，1997)，第86页。

② 弗里德里希·尼采：《善恶的彼岸》，霍尔夫-彼得·霍斯特曼、朱迪思·诺曼编，(Cambridge：Cambridge University Press，2002)，第188节，第78页(《善恶的彼岸》，程志民译，华夏出版社2000年版，第94页。下文《善恶的彼岸》参照该中译本。——译者)。

为什么像乔治·格兰特这样的尼采的读者会把尼采看作"最伟大的明确的右翼无神论者"。③ 然而,这一观点并没有把握尼采思想的全部,特别是基督教教义的复杂立场。 375

如果想在公民宗教的背景下来考察尼采,我们可以从这个难题开始:为什么尼采不喜欢新教改革到了这样的程度("精神上不洁且无聊"、"精神陈旧"、"懒惰"、"基督教的顺势疗法"、"基督徒野蛮主义的复兴")?④ 此外,尼采并没有通过区分更柔弱的与不那么柔弱的基督教来"拯救"基督教。那么为什么他把天主教向新教的转变看作是基督教有神论的内在腐败呢("天主教的事实优势")?⑤ 简要的回答是,尼采和之后的马克斯·韦伯一样,看到了新教与现代性之间的关键性联系,他对现代性的仇恨是如此的强烈,以至于他无法克制自己不去憎恨与现代性相关的新教——即使新教有助于加快基督教本身的衰退。⑥ 本章的目的是更加详细地论述这个有趣的、充满悖论的尼采主义的宗教观。

我们可以把这看作是乔治·格兰特对尼采的(表面上的,似是而非的)总 376

---

③　乔治·格兰特:《1974/75 尼采讲座,上半部分》,第 1 卷,打印版,第 13 页。格兰特继续指出,在尼采之前,右翼指的是忠诚于"王位和祭坛"的人。如果说尼采不同于德·迈斯特,人们基本还是同意的。然而,"右翼无神论者"的描述却错过了尼采政治哲学的"迈斯特主义"的成分。我感谢亚瑟·戴维斯让我查阅了本文中引用的乔治·格兰特论尼采的各种未发表的文章。部分格兰特的尼采讲座节选最近出版于《乔治·格兰特选集》,第 4 卷。亚瑟·戴维斯和亨利·罗珀编,(Toronto:University of Toronto Press,2009),第 962—1018 页。

④　弗里德里希·尼采:《权力意志》,沃尔特·考夫曼编,沃尔特·考夫曼和 R.J.赫林达勒译,第 54—55 页。需要强调的是,正如我们在第一部分看到的,马基雅维利就教皇腐败问题作出了激烈批判,他根本不会同意尼采主张的(比如,《道德的谱系》,第 1 章,第 16 节)宗教改革破坏了文艺复兴时期的美德;参见圭契尔迪尼:《权力的甜头:马基雅维利的论文与圭契尔迪尼的思考》,詹姆斯·B.阿特金森、大卫·西斯译,(DeKalb,IL:Northern Illinois University Press,2002),第 404、405 页注释 1。马基雅维利会私下同情、圭契尔迪尼则会明确同情路德;毫无疑问的是,马基雅维利和圭契尔迪尼二人都离文艺复兴时期的教皇足够近,他们亲眼目睹了教皇是如何之腐败。然而,在《道德的谱系》第一部分第 16 节,尼采写道,宗教改革最应受谴责的是它引起了"教会的恢复"——这显示出尼采与马基雅维利之间可能的和解。

⑤　《权力意志》,第 54 页。

⑥　正如欧内斯特·盖尔纳在《犁、剑和书:人类历史的结构》(London:Collins Harvill,1988),第 100—112 页指出的,即使人们不接受韦伯关于联系之性质的具体论题,人们还是很容易看出"新教与现代性之间的重要联系"(第 105 页)。比如说,"现代社会本质上是一个高级文化成为整个社会文化的社会:依赖于扫盲与正规教育、程序和措施的标准化(在广泛的和字面的意义上),一切都需要它。生产方式是创新的,它涉及无数人的合作,如果没有共享的、标准化的措施与规范,互不认识的人无法进行合作。早在现代性到来之前,新教就为人类指明了这样的社会秩序作为方向"(盖尔纳,第 107 页)。简而言之,现代性是新教的,因此尼采基于其彻底的反现代性立场要使出全力来反对这场社会意识的革命,他和韦伯、盖尔纳一样,最终追溯到宗教改革。

结,他认为尼采是直白的无神论者和超现代主义者。在他1974—1975年的尼采讲座中,格兰特指出,没人比尼采更为尖锐地嘲笑源于基督教的世俗化的现代意识形态(自由主义与社会主义),虽然"他不是出于虔诚的思想去这样做——而是以更大的[即更激进的]现代性的名义这样做的"。格兰特特别指出,尼采是激化而不是挑战西方的无神论转向。因此,表达价值的语言、代表尼采思想的语言,"毫无疑问是无神论的语言"。⑦ 在格兰特看来,尼采的价值语言的(成功的)成绩足以使他成为现代性先锋——作为激进现代性的先锋,他的成功还在于对无神论的超越。在这个观点里面,有一个重要的真理衡量标准,但是,尼采对现代性或者无神论的立场不是真理的全部。首先,这种解释的有效性面临着三个主要挑战。第一,尼采非常明确地表明,有神论在实践上和政治上都优于无神论。第二,尼采同样非常明确地认同天主教对新教的实践与政治优势。最后,尼采评价基督教的总体标准不是后基督教现代性,而是一系列前现代宗教:印度教、异教、犹太教和伊斯兰教。(显然,现代性没有成为标准恰恰因为它是后基督教的——也就是说,它完全被基督教的价值观渗透了。)尼采认为每一个前现代的选项在实践—政治上都优于基督教,不管是现代的新教还是不够现代的天主教。很难看出,一个致力于刚才提到的这三个命题的人,怎会成为现代性的激进倡导者;也很难看出,尼采怎会被认为是现代无神论的全心全意的先锋。再说一遍,尼采还是明确支持这三个命题的。

要理解尼采对宗教的强烈呼吁——这些宗教不仅是前现代的,甚至是古代的完全非自由的——我们必须首先在更广泛意义上说明,尼采的意志的自由与实践是什么意思,因为他经常使用听上去很现代的、创造性的、唯意志论的词语,这使得他看上去是超自由主义的,而他最深层次的文化—政治目标往往是极端的非自由主义。比起尼采在西方思想史上把人类意志提升到前所未有的程度,尼采思想更多具有超现代特征:他既不从自然出发也不从历史出发,而是从意志的纯粹创造力出发把意志从自然和历史的限制中解放出来。我们几乎不需要提到很多文本即可说明这一点。比如说,可参见《权力意志》第1011节*:"我们应该明白,我们作为自身价值的创造者的程度——也就是说,能把'意义'植入历史的程度。";第495节**:"对创造和改造的爱好——原始的爱好! 我们只能

---

⑦ 格兰特:《1974/75尼采讲座》,第4页。

\* 《权力意志》,张念东、凌素心译,商务印书馆1996年版,第701—702页;以下引文参照该译本。——译者

\*\* 中译本,第117页。——译者

认识我们亲手造就的世界"。或者第 605 节 *:"介于'真理'和'非真理'间的论断,对全部事实真相的论断与寓于哲学本质中的创造性设定、建立、塑造、制服、愿望等有着根本区别。赋予意义——这项任务是多余的……更高的阶段乃是设定目的,并且继而给予实际以形式。"⑧阅读上述章节,人们自然会得出这样的印象,尼采的理想是意愿个体的绝对权威,就好像尼采热衷于一种极端夸张的自由主义一样。⑨ 人们可能会根本上误解,因为事实上,尼采的意图与鼓励个体选择自己目的的自由相距甚远。正如尼采正确地指出的,"我的哲学着眼于等级制:而不是着眼于个体的道德"(《权力意志》第 287 节 ** )。虽然尼采有很多超个人主义的修辞,但是他最终的工作是培育或者"孕育"整个文化。这一目标所需要的与自由主义现代性理解的自由恰恰相反。

尼采强调激进的意愿的后果不在于开启了让我们随心所欲做选择的视野,而是恰恰相反:它关闭了这个视野,使得整个社会无法重新获得遭到现代性无情破坏的文化目的感。因此他在《善恶的彼岸》第 188 节写道,"要长期地并且在一个方向上服从。"他继续写道,"'你应该长久地服从某一个人,否则你就灭亡,并且丧失对你本人最后的尊敬'——这在我看来是道德本性的命令。"在同一段文本中,他强烈谴责了无政府主义者要求的自由放任;"符合本性的"道德(与基督教带来的现代性的"不符合本性的"道德相反)"教导要仇视放任的自由、仇视伟大的自由,并且植入了有限视野的需要"。这个矛盾的后果——尼采的意志自由需要严格限制自由⑩——在一个重要文本中得到了非常好的呈现,即《权力意志》第 144 节 ***:"道德和宗教乃是人们用来指导称心人的手段:前提要具有充盈的创造力和长期贯彻自己意志的能力——以立法、宗教和风俗的形式表现出来。"在尼采看来,现代性正是这种形式社会组织(或者说是社会混乱)的名

378

---

*　中译本,第 274 页。——译者

⑧　参见乔治·格兰特:《作为历史的时间》(Toronto:CBC,1969):"我们必须生活在这样的知识之中,我们的目标在于人类意志的创造,它根本没有植根于事物本性之中。但是当规定意义的视野消失之后,落在意志身上的就成了巨大的负担"(第 30 页);"大多数人,当他们发现他们的目的不是永恒的,发现黑暗落在他们的意志身上之时。这便是尼采说的现代世界的危机"(第 31 页)。

⑨　格兰特对尼采和康德之间的关系暗示了这样一个概念:"尼采的权利意志与柏拉图的厄洛斯相反,它来自于康德的意志,它缺乏需要。……对于康德来说,人类个体的主权就假定了贫穷或需要的缺位。"乔治·格兰特:《笔记 K:Kant 1977—78》,打印稿,第 3 页。

**　中译本,第 688 页。——译者

⑩　在现代人看来,这至少是对自由的严格限制:参见《偶像的黄昏》"不合时宜之人的斗争",第 38 节,第 41 节。

***　中译本,第 612 页。——译者

字,它完全不具备这种立法的能力。因此他在《偶像的黄昏》中是这样说的:"整个西方不再拥有从中产生机构和产生将来的本能:也许没有什么如此地违背它的'现代精神'了。人们为了当下而活,人们活得非常敏捷,人们活得非常不负责任:人们恰恰称此为'自由'"(《一个不合时宜者的漫游》,第39节*)。他补充说,"我们现代人,虽然非常脆弱,非常敏感,互相给予和接受关怀,事实上自己产生了错觉,以为我们展现的这种脆弱的人性,在爱护、帮助、互相信任方面那取得的一致,似乎是一种积极的进步"⑪(《一个不合时宜者的漫游》,第37节**)。支持现代性的人怎会写下这样的句子? 诚然,尼采重视意愿在前现代制度中文明化的可能性,这在根本上是现代的:人们可能会说这也是一种矛盾,即尼采通过牢固的现代词汇来捍卫激烈的反现代生活方式。然而,没有人会在读过"一个不合时宜者的漫游"第37—39节之后,还会将尼采视为现代性的捍卫者。

《善恶的彼岸》第262节重点阐释了尼采思想关注意志的核心问题(即尼采关于自由和限制的辩证法):现代自由松弛了弓弦,然而尼采迫切地希望绷紧弓弦。⑫《权力意志》第961节***表达了同样的观点:"长期专横跋扈的道德意味着:它们绷紧了弓弦。""自由"是按照尼采的意志概念来定义的,它与自由主义的自由相对立,因此也与现代性设想的自由相对立。

现在让我们转向宗教仪式问题。在我看来,尼采的关键文本是《权力意志》第151节****:"宗教会因信仰道德而灭亡。基督教的道德上帝是不可靠的:因此产生了'无神论'——似乎其他类的诸神是不可能有的。"这段文本暗含的意思是什么? 无神论不像我们想的那样是个体成熟的必然产物,比如说,一些启蒙场景所设想的从无知跳跃到真理;而是说,无神论是由基督教带来的,即它是由错误的有神论带来的。进一步说,如果像尼采认为的那样,基督教有神论的一些

---

\* 《偶像的黄昏》,卫茂平译本,华东师范大学出版社2007年版,第162页。下文引文参照该译本。——译者

⑪ 《尼采口袋书》,沃尔特·考夫曼编,(New York:Viking Press,1968),第543、540页;参见第544页,尼采区分了现代制度与前现代制度(比如婚姻家庭制度),其标准是这个社会是否"把自己看作一个整体,直到最遥远的世代"。也可参见第543页:"为了这样的机构,必须有一种意志,本能,或者是命令,它反自由主义到了怨恨的程度:对于传统、对于权威、对于数世纪来的职责、对于前后多少代的整体性,意志循环往复。"

\*\* 中译本,第156页。——译者

⑫ 值得注意的是,在《善恶的彼岸》第262节和《偶像的黄昏》第38节,尼采都提到"贵族政权",威尼斯或希腊罗马的古代城市在这方面是典范。

\*\*\* 中译本,第611页。——译者

\*\*\*\* 中译本,第204页。——译者

最重要特征要对西方的无神论负责,这可不是基督教值得庆贺的地方;恰恰相 379
反,它使得我们对基督教作出了极为不利的判断。在尼采看来(正如我对文本
的解释),基督教有神论最终不可避免地下降(而不是上升)为无神论——它由
以下降之处本可以发展为一种新的可能的有神论的。因为它的道德主义,基督
教成了一种破坏性的宗教,它是破坏我们"造神精神"的力量(正如尼采在《权力
意志》第 1062 节提到的宗教)。要恢复"造神的本能"(第 1038 节*),必须废除
基督教。如果我们不再执拗地认为上帝一定是道德的上帝,那么我们就可以解
放我们的创造力来设想一种新的形式的有神论。"还能出现多少诸神呢!"尼采
在第 1038 节两次这样说。由于基督教的枯竭,作为文化滋养神圣性来源的创造
性也已经枯竭了,它需要重新被补充。⑬

　　认识到尼采不是这样简单地谴责基督教,这很重要;他也关心对基督教的竞
争性版本进行排名。如果谁把尼采设想为激进现代性的先知,那么他对尼采主
张天主教根本上高于新教一定会感到吃惊。而且,人们越是思考尼采对现代性
的态度,越会认识到这层意思。这里的关键文本是《权力意志》的第 87 节到 89
节。在第 87 节**尼采是这样写的:"新教的没落。因为它在神学上和历史上都
被认为是不彻底的。实际上,天主教仍占据优势……根本就不存在什么新教。"
在第 88 节,他再次称新教是"半拉子工程"。⑭ 在第 89 节***,他提出了这个问
题:"难道还有一个精神上比平庸的德国新教还要迟钝、还要懒散、还要松懈的
基督教信仰么?"尼采批评新教精神迟钝、懒散、松懈,这意味着他所赞成的基督

---

　　*　中译本,第 606 页。——译者

　　⑬　海德格尔坚持认为,我们必然会想到《敌基督者》第 19 节文中的话:"近两千年过去了,没
有一个唯一的新上帝!"这反过来让我们想到马基雅维利的《论李维》第 2 卷第 5 章,该处认为经过
了两千年,人们期待宗教的改变也是合理的。

　　**　中译本,第 245 页。——译者

　　⑭　把新教看成半拉子工程,参见《尼采口袋书》,第 654—656 页。也有类似的观点认为新教
是对现代性的妥协,参见马丁·海德格尔:《尼采》,第 4 卷:《虚无主义》,D.F.克莱因编,F.A.卡普茨
译,(San Francisco:Harper & Row,1982),第 99 页。然而,对于海德格尔来说,谴责新教改革并不典
型,更不用像尼采那样一贯对它抱有恶意。确实,正如我们从海德格尔学生那里得知的,青年海
德格尔在思想上迷恋于青年路德:参见卡尔·洛维特:《海德格尔存在主义的政治含义》,载《海德
格尔的争论》,R.沃林编,(Cambridge,MA:MIT Press,1993),第 172—173 页;汉斯-格奥尔格·伽达
默尔:《始于海德格尔的回忆》,载《狄尔泰哲学年鉴:哲学和精神科学的历史》(1986—1987),第 4
卷,第 22 页。然而,如下观察是有关系的,海德格尔试图摆脱天主教的教育,路德本来是可以以尼
采明显拒斥的方式来解放自己的,尼采生来是路德教徒。我在下一章会再来讨论这些问题,讨论
"半拉子工程"的修辞。

　　***　中译本,第 545 页。——译者

380 教版本是不松懈、不懒散、精神淳朴的。在第 87 节中，他提到"天主教的实际优势"也有这层含义。如果尼采认为基督教是坏的东西，他应该不欢迎那些陈腐且精神枯竭的基督教版本吧？⑮

对尼采来说，没有回去的路，人们必须尽力向前；当然，从尼采的立场来看，从新教回到天主教并没有解决我们当前的困境。在向前的路上，我们可以从过去的可能性中学到很多，而尼采最大的目标是从古代宗教的教导中得到最大的指引。的确，人们从近代基督教现代性中越是往后退，人们希望从各种宗教传统中吸取的教训就越有价值。（这不是说，尼采不认为我们可以从基督教的经验中学到很多；他有时对基督教歇斯底里的爆发常常让我们无法完全判别他与基督教遗产的复杂关系。）因此，尼采不仅要对不同版本的基督教相互关系进行等级排序，还要对基督教有神论总体上相对于非基督教和反基督教（包括前基督教）的有神论的关系进行等级排序。显然，对于基督教来说，最明显的替代方案是异教，尼采给我们很多理由认为他的最终目标是恢复异教的可能性。他的晚期作品反复提到希腊神狄奥尼索斯。比如，在《权力意志》中，他称他喜爱的读者为"我们异教徒"（第 1034 节），他说他的任务是"要证明为什么希腊宗教比犹太基督教更高级。"（第 1042 节 *）。然而我们很快就会看到，尼采作为公民宗教理论家的野心并没有被复兴异教视野的工作所耗尽。⑯

有证据表明，相对于基督教，尼采对犹太教有神论（至少是它的其他版本）的态度要更为友善。⑰《道德的谱系》第 22 节第 3 段 ** 很清楚地说明了尼采站
381 在犹太人一边反对古代基督教的态度，他呼喊道，"我不喜欢《新约》，它该受责

---

⑮　参见：《敌基督者》，第 10 节：《新教的定义：半身瘫痪的基督教》。（《敌基督者》，余明锋译，商务印书馆 2016 年版，第 13 页。下文《敌基督者》引文参照该译本。——译者）在《敌基督者》第 61 节结尾，尼采提到德国新教是"最不洁净的基督教形式"。如果说新教是最不洁净的基督教形式，那么尼采随后就会认为天主教具有理论上的优势。

*　中译本，第 619 页。——译者

⑯　卡尔·洛维特在一篇关于《尼采复兴永恒轮回学说》非常有启发性的文章中，突出了该教义的异教先知，同时也说明了为什么尼采的版本必定会成立，原因在于他的犹太—基督教因素超出了异教徒的视野。正如洛维特所说，尼采是一位想要复活异教的思想家，但是——尽管他如此——由于他不自觉的身处圣经传统之中而未能成功。卡尔·洛维特：《历史中的意义》，（Chicago：University of Chicago Press，1949），第 214—222 页（尤其是第 220—222 页）；还要注意的是，这本书的标题似乎回溯到了《权力意志》，第 1011 节。

⑰　也许尼采对《旧约》的主要偏见最为戏剧性的说明就在于如下事实，只有通过探索路德与犹太先知之间的亲和力，他才能让自己对宗教改革发表正面观点：《尼采口袋书》，第 688 页（《尼采反对瓦格纳》）。

**　《道德的谱系》，周红译，三联书店 1992 年版，第 120 页。以下引用参照该译本。——译者

难……《旧约》就是另外一回事了，我非常钦佩《旧约》，在那里我找到了伟大的人、英雄的境地，还有某种罕见的东西，这就是强健心灵无可比拟的天真。"尼采在《敌基督者》第 45 节<sup>*</sup>更加尖锐地表示反对基督教盗用《旧约》："无耻的流氓！已经在和先知相比较了。"[18]在《敌基督者》第 16 — 17 节，尼采的分析也深刻抨击了基督教，他区分了国家的神（他体现了人民的自豪感，充满感恩，信仰自己）和世界的神（他失去了自己与特定民族的有机联系，处于无根的状态，是一种神圣的出游）。尼采完全是毫不妥协地站在前者一边，因此他称赞《旧约》的神与它的选民联系在一起，他谴责《新约》的神，他的世界主义是他颓废的标志。世界主义是基督教的遗产，[19]尼采宣称"基督教不是'国家'的"，[20]这便是对基督教最严厉的责备。也正是根据"国家的"这条标准，尼采表现出对《旧约》根本性的偏爱："我发现一个国家"（《道德的谱系》第三章，第 22 节）"尚且自信的国家也还有它自己的上帝。"（《敌基督者》，第 16 节）；因此，以色列人的上帝，作为一个国家的神，是远远高于基督教的上帝的，后者是世界性的神，因而也是不自然不健康的神。[21]

　　《权力意志》第 145 节概括了尼采对宗教的排序，宗教被归为不同的等级。《摩奴法典》、《穆罕默德法典》和《旧约》早先部分所展示的宗教被认为是积极的宗教；《新约》和佛经展示的宗教被看作是消极的宗教。提到"《旧约》的早先部分"暗示了尼采对希伯来圣经评价的根本复杂性。尽管尼采相当慷慨地称赞《旧约》相对于《新约》的优势，但是在《敌基督者》和其他很多文本中，尼采宣称犹太教对西方有神论的贡献，看上去就像在严厉批评基督教的遗产。正如《权力意志》第 145 节明确暗示的，对这个难题有一个简单的解决，因为尼采对《旧约》的"英雄"书和《旧约》后面的内容做了明确的区分，对他来说，前者体现了一

382

---

　　*　中译本，第 68 页。——译者
　　⑱　参见《善恶的彼岸》，第 52 节。
　　⑲　参见卢梭：《只有基督教才能充分推广世界主义观念》。《日内瓦手稿》，收于《社会契约论》，R.D.玛斯特编，J.R.玛斯特译，（New York：St.Martin's Press，1978），第 162 页。
　　⑳　《敌基督者》，第 51 节（中译本，第 79 页。——译者）："基督教不是'国家'的，不以种族为界"。这段文本是尼采对基督教兴起于"国家衰落"（即基督教是罗马国家衰落的结果）之命题的否定："它表现的不是一个国家的没落"。这里的问题在于基督教聚集了所有国家的弱点，而不是表达一个特定国家的衰弱。在尼采看来，世界主义带来的衰弱比仅仅是国家的衰弱要严重得多。
　　㉑　严格说来，犹太教既是又不是卢梭意义上的"国家的宗教"。弗洛伊德恰当地指出了犹太教的特点：参见《摩西和一神教》（New York：Vintage，1958），第 55 页。"上帝突然'选择'一个民族、使他们成为'他的'人民，他自己成为他们的神，人们对这一说法感到惊讶。我相信这是人类宗教史上唯一的例子。在其他情况下，人民是和他们的神不可分割的联在一起的；他们从一开始就是一体的。"

个贵族的战士信条，与印度教和伊斯兰教相类似，后者反映了祭司所掌握的霸权。《敌基督者》第26节讲述了犹太史上这个关键性转变，尼采写道："在犹太教士的手中，以色列历史上的伟大的时代变成了一个堕落的时代；流亡，这长久的不幸变成了一种对这个伟大时代的永久惩罚——在这个时代，教士尚且不值一提……从现在开始，所有生活事物都被如此安排，以至于无处可以缺少教士。"㉒这场祭司对犹太人的"劫持"将希伯来宗教变成了最初的基督教。这解释了《敌基督者》中尼采有时强烈支持希伯来圣经，有时又强烈谴责希伯来圣经这两个现象之间的张力。㉓

很显然这一切都指向立法制定后基督教政权，并且《敌基督者》中的所有内容与他分析不同宗教的其他著作一样，都是为这样一个后基督教政权做准备。正如尼采在《权力意志》第361节 * 指出的，"我向贫血的基督教理想宣了战，我的用意不在于消灭它，而且要了解它的专横统治，为新的理性，一种更加粗野的理想赢得地盘。"（然而，在第1051节语气则较为和缓，他寻求的是"超基督教的东西来克服一切基督教的东西，而不只是一弃了之。"）在《敌基督者》的第20—23节，尼采区分了两种虚无主义的宗教：佛教，它代表了耗尽精力的文明的终点，其虚无主义（作为一种老年镇静剂）是可以接受的；和基督教，它有助于消化年轻的欧洲野蛮人的精力，因此它的虚无主义是不可接受的。疲惫的文明允许自己服药入睡，但是基督教缺少这个借口。不仅如此，在第22节结尾，尼采对佛教的分析得出了如下令人震惊的说法："基督教还未遇到过文明，——它或许在为文明奠基。"他肯定不是说基督教为文明打下了充足的基础。他的意思是也一定是，像他这样的坚决的反基督教的思想家可以调查基督教遗留的瓦砾，以便在这个颓废的基础上建立一个完全不同的后基督教文明。

《敌基督者》并没有把自己说成是公民宗教，而是提供了评价后基督教公民

㉒ 《尼采口袋书》，第596—597页；着重强调。尼采要讲一个类似的关于印度教的故事。在《权力意志》第145节，他区分了宗教的好的阶段，其时权力属于战士种姓；以及宗教的坏的阶段，其时权力转移到祭司。这完全符合他对《旧约》的叙述，这个论文解释了尼采对《摩奴法典》的类似的矛盾判断。

㉓ 弗洛伊德关于犹太教双重起源的理论（作为起源阿托恩的埃及宗教和耶和华的犹太教宗教的融合）与尼采在《敌基督者》中关于两个《旧约》的论述有一定的关联，两个《旧约》指的是，一个是高尚的战士的宗教（相对于耶和华）和无耻的祭司的宗教（相对于阿托恩）。如果尼采有机会了解弗洛伊德理论的话，尼采可能会看到它对自己论述的重要意义，因为弗洛伊德认为，阿托恩宗教的优先性（最终的盛行）根源于耶和华宗教信徒所不愿意分享的被奴役的经历。特别参见《摩西和一神教》，第64—65页。

* 中译本，第324页。——译者

宗教(《查拉图斯特拉如是说》?)㉔必须满足的标准。《敌基督者》的第 16——17
节告诉我们,国家的神要高于世界主义的神。第 59——60 节则告诉我们,完全男
性的战士的宗教要高于女性的爱和仁慈的宗教。㉕ 第 20——23 节告诉我们,即使
在虚无主义宗教之中,排序也是必要的:表现出伟大文明黄昏的虚无主义形式,
如佛教,高于反对仍然充满活力的文明、消灭一切活力的虚无主义形式(基督
教)。(与此相关的是第 49 节、第 58 节、第 59 节和第 62 节吸血鬼主题。)㉖《敌
基督者》第 56——57 节提供了尼采的神权政治或公民宗教学说的更多重要线索。
在第 55 节,尼采提出所有宗教,不管是健康的还是颓废的,它们的共同之处在于
说谎:如果谁去研究一下异教,孔子学说,《摩奴法典》表达的宗教,伊斯兰教或
者基督教,其普遍的规律是祭司在说谎。柏拉图的神学是一样的,但他在主张说
谎的权利时明确认为自己和别人不一样;确实,主张"哲学王统治"的必要性就
是建立在谎言基础上。而且,在第 56 节＊一开始,尼采就强调他不反对说谎:
"*最终*取决于出于什么目的而说谎。"㉗

　　在这里,尼采的首选是运转良好的公民宗教,印度的《摩奴法典》可以算作
一例。对此,我们很难说尼采选择印度教种姓制度作为对基督教的首选替代方
案仅仅是巧合。另外,在《偶像的黄昏》中"人类的'改良者'"一节相关讨论中,　384
尼采似乎对印度律法持批判态度;在《权力意志》中有几段(特别是第 142——143
节),他更具批判性(虽然在有些章节,比如第 145 节,他看上去不那么批判)。
在《权力意志》第 116 节,我们似乎找到了解决这个难题的答案:《摩奴法典》将
社会分为种姓并没有错;它的错误在于把祭司放在金字塔塔顶并赋予他们统治

---

㉔　这就是尼采在《权力意志》第 462 节提到永恒轮回时建议的替代性的宗教。参见乔治·格
兰特,《1974/75 尼采讲座,下半部分:关于〈善恶的彼岸〉的讲座》,打印稿,第 22 页:"查拉图斯特拉
是超越基督教之新宗教的创立者。这个新的圣经——这个新的讽刺性的圣经在嘲笑圣经的同时还
在超越它或声称超越它"。也可参见洛维特:《尼采同一者的永恒轮回哲学》,第 61——62 页;《查拉
图斯特拉如是说》作为"第五福音"(引自致弗朗茨·奥弗贝克的信);第 83 页:永恒轮回"作为一个
无神论的宗教和物质的形而上学";第 86 页:"一部无神论的福音书"。

㉕　《敌基督者》第 59 节最后一句话最有力地表达了尼采的判定标准:"伊斯兰教要是藐视基
督教的话,它有千万个理由这么干:伊斯兰教以男人作为前提。"参见《权力意志》,第 145 节。

㉖　因此,与尼采在《敌基督者》第 51 节(中译本,第 79 页。——译者)中的论述相关的是,古
罗马不是强弩之末,而是由于自己的颓废而消失的("对于那些今天还持有这种观点的白痴学者们,
无论怎样尖刻的反驳都不为过")。它是被基督教"战胜"和颠覆的——正如尼采在第 59 节(中译
本,第 97 页。——译者)指出的,"不是被战胜,而是被吸干了"。

＊　中译本,第 88 页。——译者
㉗　斜体字是尼采的,虽然考夫曼编辑的时候忽略了它。

所有人的权力。正如尼采在第 142—143 节坚持认为的，在这方面，它给宗教带来了灾难性的影响，因为它建立了一个从此被普遍模仿的祭司政权模式。㉘ 如第 116 节所言，尼采的处方是保留种姓制度但颠倒其内容，要让祭司成为新的旃陀罗阶级（被排斥者、不可接触者），㉙"渎神者、非道德家、流浪汉、艺术家、犹太人、街头吟游诗人"则处于最顶端。㉚ 这就表明在《敌基督者》中对《摩奴法典》的赞美和《偶像的黄昏》对它的谴责是可以实现完美和解的。一方面，因为它牢固地确立了祭司的统治，印度律法成了宗教史上一个可怕的先例，它为各种宗教所仿效。另一方面，作为对种姓社会的观念作出宗教认可之法律中最激进的例子，它提供了对基督教平等主义最令人印象深刻的替代方案。㉛ 事实上，关于印

---

㉘ 对这个主题最富野心的论述出现在给彼得·加斯特（1888 年 5 月 31 日）的一封信中，尼采在这封信中指出，他一直在阅读《摩奴法典》的法文翻译本，并描述了对他的影响：

这绝对是雅利安的工作，基于吠陀的祭司的道德规范，关于种姓和非常古老的传统——不悲观，虽然非常神圣——以最明显的方式补充了我对宗教的看法。我承认有这样的印象，我们通过道德来规定的一切，在我看来这似乎是一种模仿或者是讽刺——主要是，埃及人这样做了；但在我看来几乎柏拉图的所有主要观点都受到了婆罗门的指引。它使得犹太人看起来像是旃陀罗种族，他们从他们的主人那里学到了让祭司和种姓成为社会主人来进行统治的制度。……中国人似乎也是在这种古老的经典法律的影响下产生了孔子和老子。中世纪的组织看起来像一个奇迹般的摸索，摸索恢复所有构成原始印度—雅利安社会基础的思想。

参见《弗里德里希·尼采书信》，克里斯托弗·米德尔顿编，（Chicago：University of Chicago Press，1969），第 297—298 页。

㉙ 旃陀罗是被遗弃的或者是不可接触的，因为他们是不同种姓通婚的结果。严格说来，旃陀罗并不是一个种姓，而是一个亚种姓，也就是说，它处于祭司、武士、农民、仆人四个种姓之下或者之外。见路易·杜蒙《等级的人》（Chicago：University of Chicago Press，1970），第 52—53、66—71、284 页，注释 32f。关于种姓关系的规定，参见《摩奴法典》，G.布勒译，（Delhi：Motilar Banarsidass，1964），第 13—14、24—28、399—430 页。关于旃陀罗的的规定，参见第 92、119、141、183、192、343、404—405、407—409、414—415、425、466—467、496 页。尼采在《敌基督者》第 56 节中的引文对应于布勒版第 192 页 V：130、V：133 和 V：132；他很可能是凭记忆引用的。无论如何，尼采显然慷慨地赞扬了摩奴教义对妇女"柔弱"的看法（参见布勒版，第 195—197、327—332 页）。尼采多次使用"旃陀罗"这个术语来描述犹太—基督教。这样来使用印度词汇在他的马基雅维利式的"重估一切价值"工作中很明显是一个故意的策略。在 20 世纪 30 年代，纳粹也是挪用印度教词汇来追求重新评价价值观，想到这一点，我们自然感到不寒而栗。

㉚ 德语把它说成"渎神者、非道德家，各种形式的自由人、艺术家、犹太人、吹鼓手"。我修改了考夫曼的翻译，联系上下文来说这里应该强调失败，但是他的版本没突出这个意思。不用说，由马戏表演者和街头吟游诗人统治的社会将构成一个非常奇特的政权！

㉛ 尼采想让我们偏离平等主义有多远呢？古印度的如下规范为我们提供了一个标准："死刑是对一个想接受教育的不可接触者的惩罚。正统的印度教追随摩奴法典规定了执行死刑的具体方法。如果一位不可接触者偶然听到梵文这种讲述经文的语言，那就要把铅融化在他的耳朵中把他杀死。"参见吉塔·梅塔：《蛇与梯子：现代印度一瞥》，（New York：Anchor Books，1997），第 120 页。

度法律的自相矛盾的判断,事实上可以完全一致。奇怪的是,尼采对柏拉图《理想国》的判断并没有类似的张力,因为虽然他在许多段落中指出印度的婆罗门统治与柏拉图的哲学家统治之间的相似之处(事实上,他一再声称柏拉图——通过亚洲或埃及的来源——借用了印度法律的基本概念),[32]但他从不会让柏拉图去为以种姓为基础的政治立法。相反,尼采始终专注于柏拉图的一个方面,即尼采所仇视的基督教的一切正源于柏拉图播下的种子。[33] 虽然柏拉图《理想国》的哲学与尼采的哲学是完全对立的,但是它的政治学与尼采自己的政治学存在惊人的相似,这真的非常讽刺,只是尼采没有承认这一点。[34] 尼采《敌基督者》第56—57节论述的他对《摩奴法典》的赞赏最清楚地说明了这种相似性。

尼采发现,如果不将柏拉图作为讨论的中心,我们就无法讨论这些问题。当尼采说,"无论是摩奴,柏拉图,孔子,还是犹太人和基督教的老师,都从不怀疑他们说谎的权利。"(《偶像的黄昏》,"人类的'改善者'",第5节),他暗示柏拉图的《理想国》提供了一种公民宗教。此外,尼采致力于说明,柏拉图的公民宗教比起印度的种姓制度在精神上更接近基督教的平等主义,尽管外表看来并非如此。如果我们回到我们由以开始的文本,即《权力意志》第151节,我们便可以更清楚地看到为什么柏拉图在尼采的公民宗教论证中显得如此重要。大家可能记得,尼采在第151节认为,杀死犹太—基督教有神论的正是据称是道德神的圣经中上帝的观念。那么与此相反,如果能有一个后基督教的有神论,这将是太

386

---

[32]　除了注释28所提到的那封信,还可参见《权力意志》,第143节。

[33]　比如,参见《尼采口袋书》,第557—558页:"柏拉图是预先存在的基督徒。…… 柏拉图使古代的高贵精神成为可能……这样才能踏上通往十字架的桥梁。"也可见《权力意志》,第427节,"为基督教准备土壤"。

[34]　在他早期文章《希腊国家》结尾有一处,尼采确实承认他与柏拉图《理想国》的政治学有很多共同之处,弗里德里希·尼采:《道德的谱系》,基思·安塞尔-皮尔逊编,卡罗尔·迪特译,(Cambridge:Cambridge University Press,1994),第185—186页。也可参见:《快乐的科学》,第18节,尼采把古代哲学家的政治思想概括为奴隶阶级的扩张,它把哲学家之外的每个人都当作奴隶。这不就是对尼采自己政治学说的刻画么? 人们会说,揭示尼采政治思想这一面的一个关键方式是跟踪它与十九世纪最初法西斯主义者如戈宾诺的惊人的密切关系(对于戈宾诺,尼采和瓦格纳二人的态度都很暧昧可疑)。比如,戈宾诺认为人类是需要无情牧羊人的颓废的羊。正如托克维尔精辟地指出,戈宾诺认为,人们需要用鞭子来统治,但是他并没有志愿裸露自己的后背接受鞭打;参见阿力克西·德·托克维尔:《欧洲革命和与戈宾诺的通信》,约翰·卢卡奇编,(Garden City,NY:Doubleday Anchor Books,1959),第309页。生活在真正的光明中的人们无法体会到尼采的政治思想,也不会认识到"高贵"这个想法在十九世纪民主超级敌人戈宾诺和尼采的手中是多么的可怕。

好了，或许这还是不可或缺的，因为后基督的神绝对是非道德的神。㉟ 这显然是对柏拉图的直接倒转。在《理想国》第 2 卷结尾第 3 卷开始处的柏拉图神学体系中，柏拉图拒绝了荷马的神因为他们不道德——由此可以预计基督教的上帝必定是道德的。可以说，希伯来的神在这方面更像荷马的神，这显然是尼采喜爱《旧约》的神而不喜爱《新约》的神的原因。㊱ 在此意义上，正如尼采理解的，基督教对西方有神论犯下的罪最终可以追溯到柏拉图，因为基督教满足了柏拉图想要的那种有神论，这种有神论清除了那些不道德的神。㊲ 在尼采看来，恰恰是这种柏拉图—基督教的（也就是反荷马的）有神论，促使西方走向了无神论。

尼采在《敌基督者》第 16 节提出了更为精致的版本。虽然这一部分看上去讲的是基督教并提出了"重新评价"旧约，但实际上它是与柏拉图《理想国》的 377d—391e 开展隐秘的对话。当苏格拉底对阿得曼托斯说，"最重要的是，绝不能说是神挑起了诸神的战争，神互相密谋互相作战，"㊳尼采对此作出回应："一个不知愤怒、报复、嫉妒、嘲讽、诡计和暴力的神有什么重要可言？ 一个或许不曾了解胜利与毁灭之醉人火焰的上帝有什么重要可言？ 这样的上帝会让人无法理解：我们要它何用？"* 与荷马相反，柏拉图坚持认为，"神既然是善者，它也就不会是一切事物的原因……至于坏事物的原因，我们必须到别处去找，不能在神那儿找，"㊴为此尼采代表荷马作出了如下回应：

> 宗教是一种感恩的形式。人对自己心存感激：为此需要一位神。这样一位神必须能有助益、也能够损害，能做朋友，也能做敌人，——无论好坏，人们都赞赏它。此时，对一位神进行违逆自然的阉割、把他阉割成以为纯然善良的上帝的

---

㉟ 对这个思想的进一步阐释，参见《权力意志》，第 1034—1038 节，也可参见第 1011 节。在第 1034 节，尼采相当清楚地表明自己偏爱的是异教神。因为人们需要圣经的上帝这样的东西，毫不奇怪尼采在第 1037 节会指出，至少应该根据他的力量而不是根据善或智慧来定义一位这样的神。参见霍布斯：《利维坦》，第 31 章。

㊱ 这是尼采写如下一段话时所暗含的意思："伟大的道德家也必然是出色的表演家……其实，根据传闻，道德家所效法的榜样没有比上帝更渺小的了。因为，上帝乃是最大的非道德家。"[《权力意志》第 304 节（中译本，第 437—438 页。——译者）]。这段文字表明，尼采这里提到的是马基雅维利在《君主论》第 6 章把上帝描述成了摩西的"导师"。

㊲ 参见《权力意志》，第 438 节：《道德狂热（简而言之：柏拉图）消灭了异教》。也可见尼采在《道德的谱系》第 2 卷第 23 节对荷马神的评论。

㊳ 柏拉图：《理想国》，艾伦·布罗姆译，（New York：Basic Books，1968），第 56 页。

* 中译本，第 21 页。——译者

㊴ 同上书，第 57 页；参见第 58 页（中译本，378C—D。——译者）。

做法,是毫无吸引力的。邪恶的神和善良的神同样是必需的。*

希伯来民族的神高于《新约》的神,出于同样的理由,荷马的神高于柏拉图的神,也就是说,一点都不知"愤怒、报复、嫉妒、嘲讽、诡计和暴力"的神是人类无法理解的,因此最终败坏了有神论。⑩

人们可以通过分析它们的文化和政治含义,更深入地谈论尼采在评价宗教方面的成见。出于这个目的,我们有必要引用《权力意志》第 144 节**:"道德和宗教乃是人们用来制造称心人的手段:前提,要具有充盈的创造力和长期贯彻自己意志的能力——以立法、宗教和风俗的形式表现出来。"《权力意志》第 1051节清楚地表达了人们从事这份令人敬畏的事业之精神:"等待和准备,期待新源泉的喷涌。在孤寂中,准备迎接陌生的音容;从当代集市的风光和喧嚣中,把人们的灵魂冲刷得更加纯洁;一切基督教的东西都会被基督教的东西所克服;而不只是一弃了之。"所有这一切总结起来就是归为海德格尔的名言,"只有一个上帝可以救渡我们",这也以可接受的尼采的模式("等待和准备")回应了我们当前的宿命——除非在尼采的思想中,追求等待已久的神会找到更直接的政治表达。

冒着使得尼采的神权政治或准—神权政治学说丧失复杂性变得过于简单的风险,我试着来总结一下尼采的理论维度。我从等级排序的思想、特别是有可能把基督教排在有神论的最底层的思想开始:"基督教的上帝概念……是这个世界上所达到过的最腐朽的上帝概念之一;它也许本身就标志着主神类型退化的顶点。"⑪关于定义这个排序的标准,尼采指出,第一,国家的神要好于世界主义的神;第二,不道德的神要好于道德的神;第三,更加男性化的神要好于女性化的神。这种分析显然预设了建构后基督教文明的理念,这个理念首先是哲学的其次是实践的。正如我之前指出的,这无疑是尼采《敌基督者》第 22 节的独特表达中所考虑的,"基督教还未遇到过文明,——它或许在为文

388

---

* 参见中译本,第 21 页。——译者

⑩ 正如我们在第 9 章看到的,旧约上帝的拟人化对斯宾诺莎来说是一个大问题。在一个有趣的讨论中,哈罗德·布罗姆将耶和华的"人性—太人性"的特征追溯到"J"或"耶和华主义者"的人格与文学天赋;他还讨论了对"规范的犹太教"的担心,因为它接受了令人惊讶的对神的描述。参见《主体J》,载《关于J的书》,大卫·卢森贝格译,(New York:Vintage,1991),第 1—55 页。

** 参见中译本,第 165 页。——译者

⑪ 《敌基督者》,第 18 节(中译本,第 24 页。——译者)。比如,参见《权力意志》第 200 节:"基督教是目前存在的最致命的诱人的谎言。……是已出现的最令人讨厌的衰退的文化。"《善恶的彼岸》,第 62 节(中译本,第 64 页。——译者)"基督教迄今是最灾难性的一种自我骄傲。"

明奠基。"㊷尼采在这里的建议是令人难以置信的——好像我们还在等待基于基督教的文明的出现！这一独特话语的意思是，对尼采来说，"基督教文明"之用语是矛盾的（就好像，对他来说，"自由的文明"和"民主的文明"之用语是矛盾的一样。）因此，他的目的是把基督教的整个遗产变成一个基石，在此基础上建立一个不仅是后基督教的，而且是反基督教的新文明。最后，尼采的公民宗教论证教导我们，正如《敌基督者》第19节所指出的那样，基督教最受谴责的是它扼杀了人类的"造神能力"。欧洲已经忍受基督教的神两千年，并没有试图处罚他（虽然它不是没机会这样做）。我们期待着各种迷人的新的后基督教的神，它将唤醒我们身上基督教使之沉睡了多年的"创造精神"。㊸

为什么尼采如此痴迷于古代印度法典如何规定了人类生活的一种特殊方式这个问题呢？为什么他最后两本书如此关注这个看上去明显过时的可能性呢？很明显，答案是尼采不相信宗教会一直放弃把人引向具体方向的能力。恰恰相反，很明显，对他来说这仍然是一个现实的选择；只有假定尼采认为公民宗教可以在西方复活，我们才能理解他的理论的这一维度。它赋予了他对人类宗教作出比较判断的独特能力，并且，他也这样做了，以哲学为基础对这些宗教等级秩序进行排序。在完成了排序之后，然后对它们进行立法："哲学家，像我们的自由的精神对他所理解的那样，作为有最广泛责任心的人，他对人的全部发展具有良心：这位哲学家将为了他的培养和教育事业而使用宗教，就像他利用当时的政治的和紧急的状况那样。"㊹同时，"如果宗教不作为培养和教育的手段掌握在哲学家的手中，而是从自身出发并且至高无上地支配着，如果它本身想充当最后的目的而不想充当在别的手段之旁的手段。"㊺正如列奥·施特劳斯正确地指出的，"根本的选项是，要么哲学统治宗教，要么宗教统治哲学。"㊻

---

㊷ 短语不是很明确，但是基本含义似乎是：尽管佛教是和宏大文明的终点有关，但是基督教从一开始就是并将继续是"前文明的"。不过，在合适的环境下，它还是可以为真正的文明作出贡献的。

㊸ 比如，参见《权力意志》第1038节和1005节结尾。在《善恶的彼岸》第53节，尼采区分了"宗教的本能"和满足这一本能的神学途径，但是完全没有讲清楚它的含义。

㊹ 《善恶的彼岸》，第61节（中译本，第60页。——译者）。

㊺ 同上书，第62节（中译本，第62页。——译者）。

㊻ 列奥·施特劳斯：《对尼采〈善恶的彼岸〉计划的说明》，载《柏拉图政治哲学研究》，（Chicago：University of Chicago Press，1983），第176页。康德的著名文本也提出了类似的权威之争（本书第十七章的题引之一）：宗教希望把自己包裹在神圣的光环之中，但是在批判的时代，合法性的要求不允许它这样做——在这个时代，宗教必须"服从"批判理性的判断。参见《纯粹理性批判》，Axi，注释。

尽管尼采在《权力意志》第 116 节提出，"我们引以为傲的是，我们不必再当骗子了，"但如果尼采坚持认为(正如他在《敌基督者》第 56 节结尾和第 58 节开端都提到的)重要的不是谎言，而是出于什么目的而撒谎，那么他(按照他自己的论述)一定会在原则上接受整个公民宗教工作。他打算在两个关键方面修改历史上既定的宗教：第一，人们会为了积极向上的生活而不是消极的生活去撒谎；第二，人们要确保不能让祭司阶层来负责发布谎言。然而，在这方面尼采完全忠实于现代公民宗教传统，正如我们在本书第一部分看到的，马基雅维利、霍布斯、卢梭开创了这个传统。他们接受的乃是这样一种政治，既是"政教合一的"又是根本反教权的。用莱谢克·克拉科夫斯基的话就是，公民宗教的现代理论家选择的是政教合一(霍布斯称为"国王的祭司")而不是教权统治(霍布斯称为"祭司的王国")。[47]

人们可能会认为，尼采这样一个坚定的祭司统治的反对者，他应该非常同情启蒙运动的愿望。[48] 当然，尼采相当清楚他自己的打击基督教的工作就预设了 　390
启蒙在解放基督教对我们文明的控制方面具有重要贡献。然而，尼采作为教权政治之敌人的事实并没有让他成为启蒙的朋友。虽然尼采准备原谅过去几千年的精神失常("我要避免让人类为其精神疾病负责")，但认为完全不能容忍的是"现时代，我们自己的时代。我们时代对知识的追求"(《敌基督者》，第 38 节)。[49] 对于尼采来说，人们不能将现代性与自由主义的政治遗产、平等主义、民

---

　　[47]　莱谢克·克拉科夫斯基：《对现代性的无休止的审判》，(Chicago：University of Chicago Press，1990)，第 179 页。关于霍布斯对政教合一与教权统治的区分，参见《利维坦》第 35 章；参见《论公民》，第 16 章。

　　[48]　有一个有益的论述讨论了尼采对启蒙态度的演变——从他中期的启蒙的同情者到他成熟的作品中成为反启蒙的理论家——参见格拉姆·格拉德：《反启蒙：从十八世纪到当代》，(London：Routledge，2006)，第 5 章。正如加拉德强调的，尼采思想这一转变的关键在于《善恶的彼岸》前言提到的"民主的启蒙"。只要尼采认为启蒙运动是贵族式的(以伏尔泰的形象为中心)，他就可以也的确接受它。只要尼采对启蒙的看法更倾向于卢梭的民主化影响，他必定会反对启蒙。

　　在《施特劳斯对艰深晦涩的恢复》，载《剑桥列奥施特劳斯研究指南》第 91 页，史蒂芬·B.史密斯编，(Cambridge：Cambridge University Press，2009)，劳伦斯·兰贝特提出的尼采观点是——尼采在他早期的作品"提出艰深晦涩论以促进健康，如果人类只有在错误的视野中才能蓬勃发展的话"，然而在他晚期作品中他成了激进的启蒙者——这观点很令人惊讶，但并没有得到太多文本支持。正如兰贝特肯定知道的，在尼采晚期的哲学中，立法上错误但使人快乐的视野之主题并没有消失；更多在晚期作品而非早期作品中，尼采的观点是，因为它批判基督教，启蒙也许值得赞许；但因为它促进理性主义和民主，启蒙应该被彻底否定。

　　[49]　参见《敌基督者》、《瞧，这个人》、《偶像的黄昏》和《其他作品集》，亚伦·瑞德和朱迪思·诺曼编，朱迪思·诺曼译，(Cambridge：Cambridge University Press，2005)，第 67 页："人们应该对新教徒比对天主教徒更苛刻，应该对自由派新教徒比对正统派更苛刻。越是接近科学，基督徒的罪恶性

主、人道主义等等区分开来，这并非毫无缘由的。进一步说，所有这些理性主义者启蒙的果实都与基督教的遗产不可分割。在此意义上，在根本上反对基督教就意味着在根本上反对现代性。

《善恶的彼岸》的前言*中最清楚地表达了尼采对启蒙的立场：

　　两次在重大的风格中尝试放松弓，第一次靠耶稣会教义，第二次靠民主的启蒙运动；作为启蒙运动，并借助于新闻自由和报刊阅读，实际上就会达到精神不再如此轻易地感到自身陷入"困境"。⑩

391　　在尼采看来，以如此宏伟的方式拉开欧洲精神之弓弦的是"对基督教教会上千年压力的反抗。"然而，他不是跟随启蒙一起来参与到反抗基督教的斗争之中，而是恰恰相反：他指责启蒙运动试图使它明白，反对基督教的斗争只带来最微弱和最平庸的结果——仅仅是民主。尼采如此批判启蒙的事实说明，他对我们在科学、理性、技术进步等定义现代性的东西上面所付出的文化上的代价并不满意（不过，尽管如此，他还是诉诸科学权威来谴责基督教）。如果给尼采两个选择，一个是生活在一个祛魅的世界之中，这个世界已经通过科学而彻底的合理化了；而在另一个世界，宗教神话和神秘主义可以继续提供可靠的视野，人类可以为自己定义一个有意义的存在；那么毫无疑问，他会选择后者。为此，我们再重复一下之前引用的那句话，"最终取决于出于什么目的而说谎。"

　　尼采的著作为我们呈现了一位急切地创建新宗教的无神论者。⑪ 如果不是因为尼采深刻憎恶自由主义传统所期待的社会政治秩序的话，怎么会有如此矛

---

越是增加。"正如亚伦·瑞德在本卷导言和"进一步阅读"一节中所说明的，尼采1888年的作品往往被尼采学者不公平地忽视了。然而，这里也有重要的例外。比如，参见加里·夏皮罗的"墙上的写作：《敌基督者》和历史符号学"，载《解读尼采》，罗伯特·C.所罗门和凯瑟琳·M.希金斯编，（New York：Oxford University Press，1988），这篇文章试图把《敌基督者》看成一篇严肃的哲学文本。因此，它对这本书的各个维度做了很多的阐述，如尼采与19世纪神学语言学的关系。对《敌基督者》还有一种重要的解读，参见彼得·贝尔科维奇：《尼采：非道德学家的伦理学》，（Cambridge，MA：Harvard University Press，1995），第4章。

　　*　中译本，第2页。——译者

　　⑩　尼采引用相同隐喻的其他篇章，可见《善恶的彼岸》，第206节和第262节；《道德的谱系》，第1章，第12节；《权力意志》，第961节。

　　⑪　在《瞧，这个人》中，尼采写道："我就是一个宗教创始人，别的一无所是"（《尼采主要著作》，沃尔特·考夫曼编译，New York：Modern Library，1968，第782页）。尼采这样说，但他的作品说的是别的。参见洛维特在《尼采同一者的永恒轮回哲学》对尼采的查拉图斯特拉"圣经化"特征的讨论，比如第103页："查拉图斯特拉的中午更像是使徒和先知的末日，而不是陷入到自然的全部生命中的孤立存在的中午。"

盾的工作?[52] 从自由主义观点来看,自由主义社会的基本结构是完全合理的,因此尼采对它的坚决拒绝看起来就是对根本合理的社会和政治生活组织的歇斯底里反应。对于那些更同情尼采理论维度的人,他对自由主义生活方式的怀疑和焦虑本身是值得考察的,即使对那些最终选择自由的社会和政治观点的人来说,尼采仍然应该受到尊敬,因为他对自我反思作出了必要贡献,也为那些身处自由秩序中的人做进一步深入的自我反思作出了贡献。我认为可以对尼采强烈的反自由主义政治哲学作出第二个回合的回应,在对尼采的解读中我已经提出,即使是坚定的自由主义者也可以从尼采对自由主义全面挑战中获益。

392

我们可以感谢尼采对自由社会秩序挑战的深度,并感谢他对这种挑战所作出的自我质疑,但这并不意味着尼采本身没有重要的理论挑战需要回应。在他追求公民宗教过程中,人们也许会指责尼采违反自己对颓废现代性的批评。在《瓦格纳事件》的第 7 部分,尼采告诉我们,颓废是一种近似于"原子的无政府状态"的风格,其中部分战胜了整体:"整体不再具有生命:它是复合的、人造的、人工的、人造物。"这段话一定会让我们想到当代的后现代主义,它以切入—剪接的方式来继承文化传统。然而,尼采的工作不就是一个新的后基督教的综合体么? 它综合了异教主义、印度教、无神论,甚至基督教和初始的后现代主义。确实,人们还有可能会指责尼采在《查拉图斯特拉如是说》中试图构建伪圣经。这就不难理解为什么尼采在《瓦格纳事件》的前言中承认,"我和瓦格纳一样,都是这个时代的孩童;换句话说,都是颓废之人。"不仅如此,他还告诉我们,作为一位哲学家,他理解自己的颓废并抵制它;他最希望得到的是创造一种比一堆由旧宗教碎片组成的复合的、人工的和人造物更为重要的东西。

不用说,尼采的公民宗教工作有一个真正的悖论(也许在此意义上,尼采才是现代公民宗教理念的最后终点)。距离现代视野越是遥远的宗教,对尼采的吸引力就越大——因此他喜爱《摩奴法典》超过福音书,喜爱伊斯兰教超过《新约》,喜爱天主教超过新教。大多数现代性的批评者(包括海德格尔)都把现代性看作是意愿的疯狂引擎;恰恰相反,尼采把基督教人道主义和启蒙理性主义塑

---

㉒ 尼采的布克哈特主义非常厌恶这种商业—技术狂热,他明确把它与社会—政治秩序联系在一起,《权力意志》第 33 节很好地总结了这一点。因此,正如尼采指出的,这些是欧洲虚无主义的"原因":"不能感受痛苦、不安,局促和忙碌持续增长——整个频繁的活动即所谓的'文明'日益变得容易,面对这种庞大的机体,个人会变得气馁、屈服。"参见《权力意志》第 1051 节"把人们的灵魂冲刷得更加清洁,远离当代集市的风光和喧嚣中。"

造的现代性看作是对真正伟大之物、至少非短暂之物的可悲的无能为力。（尼采的判断不容易反驳。有谁可以想象，现代社会可曾制造出足以与中世纪大教堂或古印度寺庙遥相媲美之物?）⁵³确实，从尼采的观点来看，现代性对所有事情都无能为力：按照权力的标准，现代性代表着无能为力，而不是无所不能。因此，正如尼采看到的，要真正解放人类意愿的能力，人们必须超越现代性，也就是说，创造一种超现代的文明，这就需要恢复尼采所羡慕的前现代文明的部分特征（等级制，尊重祖先，植根于数世纪的传统）。然而，我们事实上是从一个独立的哲学立场来审视世界宗教的整体并对它们进行评判的——这意味着脱离一切特定的宗教传统——这看上去根本上是现代的。这就好像我们真的能够按照纯粹的意志行为来制定一个新的宗教体制一样，它恰恰导致了尼采"有神论"的高度现代性特征。这是尼采现代主义和反现代主义矛盾的显著标志：我们必须接受现代唯意志论的最激进版本，这样才能彻底地反现代!⁵⁴

当然，一个更直接的现代性的批判者可能会坚持格兰特式的观点，认为尼采是激进的无神论的先锋，除非尼采确实相信他所提出的有神论，而不是简单地把它看作政治发明的对象，或者把它看作后基督教的开国君主权力的工具。对此，可参见《权力意志》第 972 节尼采的观点，穆罕默德唯一的错误就是相信他成功地建立在新的制度基础上的有神论。如果谁可以像努玛或者穆罕默德那些开国君主那样去做而没有掺杂信仰因素，那是最好了。然而，再一次，如果尼采的"有神论"是可以归结为超人无限创造力的有神论，或者归结为新宗教的先知，人们便不会主张这是尼采激进的现代主义特征，反而会主张这是他反现代的证明。⁵⁵这一点很重要，但它不足以确立尼采作为一个不妥协的现代主义者的愿

---

⑤③ 我只能想到一个现代的反例：安东尼奥·高迪的圣家堂。然而，即使高迪表明现代社会有造出类似于中世纪大教堂的能力，这也不能说明世俗的现代性能够造出这样的东西。参见列奥·施特劳斯：《海德格尔存在主义导读》，收入施特劳斯《古典政治理性主义的重生》，托马斯·潘格尔编，(Chicago：University of Chicago Press, 1989)，第 42 页（在介绍海德格尔思想的文本中，施特劳斯认识到了这一点）："没有宗教基础不可能有高度的文化。"（安东尼奥·高迪的圣家堂，西班牙神圣家族大教堂，设计者高迪，罗马教皇封为圣殿，目前尚未完工。——译者）

⑤④ 尼采的现代主义—反现代主义的矛盾与他的无神论—有神论的矛盾相一致。参见施特劳斯：《柏拉图政治哲学研究》，第 179 页。

⑤⑤ 正如我们从马基雅维利这个有力的例子中看到的，人们不必成为现代社会的哲学家以后才会相信，宗教是开国君主政治创造力的此岸成果。我们这里可以回忆一下本书第一部分中《论李维》第 2 卷第 5 章的学说，带来新宗教的革命"起源于人"，而不是"起源于上天"。这同样并不要是证明尼采不是激进的现代主义者，因为人们会像施特劳斯做的那样提出来，尼采只是完成了马基雅维利提出的运动轨迹——这正是定义理智现代性的东西。

景,因为同样有理由认为,尼采与布克哈特一样领导了反现代性的文化战争。⑯　394
在尼采对现代性布克哈特式的敌意中,我们可以找到其语句的深层意义——否
则会显得非常令人费解,甚至无法理解——有神论高于无神论,天主教高于新
教,犹太教和伊斯兰教高于基督教,神权政治高于启蒙。

---

⑯　参见理查德·西古德松:《雅可比·布克哈特的社会和政治思想》,(Toronto:University of
Toronto Press,2004),该著作非常有益地讨论了尼采对布克哈特的继承(布克哈特几乎不能算作无
节制的现代性的捍卫者)。特别与此相关的是,西古德松注意到,布克哈特"对宗教改革精神的攻
击"先于尼采(第223页)。在西古德松的博士论文(University of Toronto,1991),第303—315页提
出了布克哈特的新教改革的关键性分析。

# 第三十一章　海德格尔对尼采的继承：
## 期盼新的上帝

从来都不缺少空虚。

——萨缪尔·贝克特①

　　为了说明海德格尔是尼采公民宗教关注点和主题的继续，我来重新说明一下尼采与公民宗教问题的关系。尼采在《敌基督者》提出"仍然相信自己并保留自己神的国家，"②这可以很好地透视其公民宗教理念。这相当于卢梭在《社会契约论》结尾处提出的"国家的宗教"，卢梭这样做似乎是为了阐述自己的公民宗教观念但他最终抛弃了这个观念（正如我们在本书第一部分所看到的）。当然，尼采的中心目的是要说明为什么在此意义上基督教不可能成为"国家的宗教"，在这里，他的分析与卢梭的分析又非常接近。对于尼采来说，基督教的罪恶不在于它本身没有提供这样的国家的宗教，而在于它带来的西方文明的发展趋势，它使得根本不可能有国家的宗教。③ 因此，它在西方的历史命运中引发了巨大的精神危机。《权力意志》的一段重要论述有力地说明了这一点。"宗教会因信仰道德而灭亡。基督教的道德上帝是不可靠的。因此产生了'无神论'——似乎其他类的诸神是不可能有的。"④尼采不是庆祝西方有神论的终结， 而是指责基督教把我们带入了无神论的死胡同！ 在尼采看来，这是反对基督教

---

　　① 萨缪尔·贝克特：《等待戈多：两幕悲喜剧》，(London：Faber & Faber，1956)，第66页。

　　② 《尼采口袋书》，沃尔特·考夫曼编，(New York：Viking Press，1968)，第582页。

　　③ 因为尼采把自己说成是民族主义的严厉批评者，他如此强调宗教作为"一个民族"的自我表达，这看上去就很奇怪了。当然，这只是尼采政治哲学诸多矛盾之一。

　　④ 弗里德里希·尼采：《权力意志》，沃尔特·考夫曼编，W.考夫曼和 R.J.赫林达勒译，(New York：Vintage，1968)，第151节，第95页（中译本，第204页。——译者）。

的最大论点，它破坏了我们作为一个文明"保留我们自己的神"的能力。

马丁·海德格尔的全部文本中有两个单独的文本提示我们，海德格尔关注同样的问题。一个文本是他死后出版的他与《明镜》记者谈话的名言，"只还有一个上帝可以救渡我们。"⑤第二个是海德格尔两卷本《尼采》前言中的格言，这段话海德格尔引自尼采的《敌基督者》："近两千年过去了，没有一个唯一的新上帝！"⑥这两个重要文本非常清楚地说明，海德格尔完全同意尼采所坚信的，将西方从目前的精神昏迷中唤醒过来将以找回自信、感受自己命运为特征，——尼采会说，是意志——这将会召唤新的（后基督教的）神。⑦

正如汉斯-格奥尔格·伽达默尔正确地看到的，从被让—保罗·萨特这些人普遍化了的海德格尔的形象来看，人们永远都不会想到海德格尔的思想有这个"有神论"的一面："在他对海德格尔的称赞中，萨特完全把他和尼采一样看作是我们时代无神论思想家的代表。……这样来理解海德格尔，只能出自于他自己依然肤浅的哲学。"⑧的确如此；但正如我在本章将要说明的，萨特所偏爱的无神 397

---

⑤　这一段的全文是这样的："只还有一个上帝可以救渡我们。留给我们的唯一可能是，在思想与诗歌中为上帝之出现做准备或者为在没落中上帝之不出现做准备；我们瞻望着不出现的上帝而没落。"（《海德格尔选集》，孙周兴选编，上海三联书店 1996 年版，第 1306 页。——译者）威廉·J.里查德森在《海德格尔：人与思想者》中，托马斯·希恩编，（Chicago：Precedent Publishing，1981），第 57 页，把这一页的 Untergang 翻译成"衰落"（decline）。可以肯定的是，这个翻译很好地回应了奥斯瓦尔德·斯宾格勒的《西方的没落》，但是我不能确定这个翻译是不是把握到了 Untergang 的全部意思：垮台、毁灭、陷入沉没。玛利亚 P.阿尔塔和约翰·D.卡普托提供了一个更好的翻译，《海德格尔争论：一个批判性读者》，理查德·沃林编，（Cambridge，MA：MIT Press，1993），第 107 页："留给我们的唯一可能性是通过思考和诗歌来准备一种准备就绪，准备上帝的出现或者准备在创世的时候上帝的不出现；准备面对我们的创始人上帝的缺席。"

⑥　马丁·海德格尔：《尼采上卷：作为艺术的强力意志》，大卫·法雷尔·克雷尔编，（San Francisco：Harper & Row，1979），第 1 页（《尼采》上卷，孙周兴译，商务印书馆 2004 年版，第 3 页。下文引用参照该译本。——译者）；《尼采口袋书》，第 586 页。

⑦　参见凯瑟琳·H.扎科特：《后现代的柏拉图们：尼采、海德格尔、伽达默尔、施特劳斯、德里达》，（Chicago：University of Chicago Press，1996），第 268 页："现代哲学家们在对启示进行不懈的攻击时，破坏了人类自我克制（或自我管理）的最有效、最普遍的基础。……尼采和海德格尔都指出了这个解决方案的令人不满意的特点，当他们的职业生涯快结束时，他们都期待着新神的启示。"

⑧　汉斯-格奥尔格·伽达默尔：《海德格尔的宗教维度》，载《超越与神圣》，阿兰·M.奥尔森和劳瑞·S.卢勒编，（Notre Dame，IN：University of Notre Dame Press，1981），第 193 页。可以确定的是，并不存在海德格尔的准有神论的基督教。虽然海德格尔在 1920 年代早期仍然把自己（正如洛维特和伽达默尔宣称的）看成一位"基督教神学家"，但到 1920 年代晚期他就完全背离了基督教。与此相反，他的有神论，受到了荷尔德林的影响，则有新异教的色彩（尼采的"有神论"也是这样）。参见奥托·波格尔：《海德格尔政治的自我理解》，载《海德格尔的争论》，（MIT Press edition），第 243 页，注释 21：海德格尔试图从荷尔德林"显现为人民或家乡的神"那里汲取神性（即，海德格尔希望

论的海德格尔与伽达默尔主张的相距甚远（理性使得海德格尔与尼采更为接近，他们二者的亲近关系超出了伽达默尔愿意接受的程度）。

尼采和海德格尔共享了共同的分析框架。我认为，他们共享的内容可以用这个术语来表达："西方的去精神化"。⑨ 这暗含着对"重新精神化"的需要，当然，这反过来暗示着需要一个新的神（因此他们的著作都包含着对新的文明所创造的神性的绝望的祈盼）。这里论证基本结构是诗歌精神比理性逻各斯更深刻，因此如果不表明与它自己神的亲密关系，没有哪个文明可以声称触及最深的深度。对于尼采和海德格尔来说，韦伯所说的"世界的祛魅"可以追溯到柏拉图。在海德格尔看来，对存在的遗忘这一术语表达了这个意思。即使基督教也卷进这个祛魅的过程之中了，因为它是贯穿于西方形而上学历史的。这解释了为什么西方杀死上帝的理性主义是如此的一场灾难，因为它使得我们对存在的深渊体验过于肤浅。⑩ 尼采和海德格尔都认为西方理性主义本体论上的浅薄应该追溯到希腊哲学——因此海德格尔在"关于人道主义的书信"中评论说，索福克勒斯悲剧比亚里士多德保存了更多地质朴的精神。⑪

398

---

的是一个德国的神）。从后柏拉图哲学的普遍观点来批判"国家的神"之观念，就好像在海德格尔预料之中一样，参见埃蒙德·胡塞尔：《现象学和哲学的危机》，昆廷·劳尔译，（New York：Harper & Row，1965），第173、176—177页。在胡塞尔的论述中，国家的神必定是前哲学的；人们会说，海德格尔关注的是将国家的神复活为一种后哲学的可能性。

⑨ 在德里达看来，海德格尔很强调精神上这个术语，特别是在他1930年代作品中，海德格尔背叛了它自己在早期和晚期著作中对形而上学范畴（包括精神这个术语）的"祛魅"。参见雅克·德里达：《论精神：海德格尔与问题》，杰弗里·本灵顿、瑞秋·鲍比译，（Chicago：University of Chicago Press，1989）；德里达："哲学家们的"地狱：采访录，载《海德格尔的争论》，理查德·沃林编，（New York：Columbia University Press，1991），第264—273页。我对它的解读会有所不同：我会说德里达忽视了海德格尔批判形而上学的政治—文化关注点，即目前文化现状的非精神特征。对德里达的"解释策略"，有一个很好的批评，参见理查德·沃林：《法国的海德格尔战争》和《MIT版前言：关注遗失文本》，载《海德格尔的争论》（MIT版），第272—300、9—20页。正如沃林指出的，德里达完全错误地将胡塞尔论精神与海德格尔论精神搞混了。比如，当胡塞尔写道，"只有精神是不朽的"（《现象学与哲学的危机》，第192页），他的意思是精神就是理性，理性就是精神；然而当海德格尔写道，"精神力量的聚集越来越紧迫"（致卡尔·施密特的信，Telos，1987年第72期，第132页），他的意思是理性永远无法指挥精神力量。"去精神化"这一修辞如何属于反自由主义与反现代性的意识形态，有一个很好的观察，参见伊恩·布鲁玛和阿维沙·马格利特：《西方主义：反西方主义简史》，（London：Atlantic Books，2005）。

⑩ 参见马丁·海德格尔：《形而上学导论》，拉尔夫·曼海姆译，（New Haven：Yale University Press，1959），第46页："人类的生活开始滑向缺少深刻性的世界，而深刻性是深入人心的必备条件。"

⑪ 马丁·海德格尔：《主要著作集》，大卫·法雷尔·克雷尔编，（New York：Harper & Row，1977），第232—233页。

人们会认为尼采的口号"上帝死了"提供了一种社会学假说:我们形式上致力于一系列信仰、道德实践和文化符号,但我们不再把它们看作一个文明。如果真是这样,这绝对代表了最大规模的文明灾难。一个社会文化空间的开启,需要一个"政治的"反应。政治("大的政治")必须填补空虚,这一空虚以继续效忠犹太教—基督教的宗教—文化的视野为掩饰。尼采的政治假设形成了针对这一社会现实的新视野。当他在《作为艺术的强力意志》中写下如下一段话的时候,即"'上帝死了'这句话不是一个无神论的宣言:它是对西方历史事件根本经验的表达",[12]我认为这或多或少就是海德格尔要说的内容。

表达这种分析的另一种方式是说我们的叙事资源已经枯竭或者说正在枯竭。我们需要通过讲故事来赋予文明以命运、以存在的理由、以自身的意义,如果缺少这种讲故事能力,文明将无法生存。同样,文明的自我解释能力的最重要标志就是它赋予自己神的能力。[13] 最后一个人"一眨眼"就这样做了,因为他们没有意识到他们失去了对自己的存在赋予意义的文化资源。[14] 超人就是有能力重新收集我们文化叙事资源的人。尼采写查拉图斯特拉就是要证明,如果叙事资源枯竭了,我们可以凭借纯粹的创造性的权力意志发明新的资源。这里,海德格尔再一次把这个分析转化为自己的语言,他在《作为艺术的强力意志》结尾处重述尼采的基本论题时很好地总结了这一点:

我们需要根据这种原始性来估量创造本身。能够根据存在的尺度进行评价,也就是说,能够根据存在的尺度行动,这本身就是至高的创造了。因为这是对诸神之预备状态的准备,是对存在的肯定。所谓"超人"就是那个重新为存在奠基的人——以知识的严格性,以伟大的创造风格。[15]

值得注意的是,在书的倒数第二句,海德格尔是如何强调尼采的创造力在于"为新的神做好了准备"的。(因此这本书以渴望新的神开始,也以此结束。[16])

---

[12] 海德格尔:《作为艺术的强力意志》,第156页。

[13] 参见海德格尔在《荷尔德林和诗的本质》中对诗的论述,收于马丁·海德格尔《存在与时间》,(Chicago:Henry Regnery,1949),第270—291页。根据这个论述,诗是历史的基础(第283页)。这正是因为诗人是人和神之间的中介(第288页)。诗歌创造了一个新的历史时代,因为当古老的神逃遁之后,是诗人预料到新神的到来(第289—290页)。

[14] 《什么召唤思?》,格伦·格雷译,(New York:Harper & Row,1968),第82—85页,海德格尔对这最后一个人的"眨眼"给出了更为形而上学的解释。

[15] 海德格尔:《作为艺术的强力意志》,第220页(《尼采》,孙周兴译,商务印书馆2004年版,第243—244页。——译者)。

[16] 同上。诚然,《作为艺术的强力意志》是一本英文版只有四卷的"书";在其德文本源头,它仅仅是《尼采》第一卷的前半部分。

只要考虑到尼采和海德格尔在它的"宗教"或寻求神的维度上的想法，人们就一定会认识到这个悖论：尼采，生于路德派的牧师家庭，居然如此激烈地谴责新教改革，尤其是路德改革，人们会认为就其反新教主义来说他是"假惺惺的天主教徒"。（当然，正如我们看到的，在《权力意志》第87节，尼采明确主张天主教的优越性。）恰恰相反，海德格尔生来是一个虔诚的天主教徒并接受了天主教神学的训练（海德格尔有一段时间实际上是耶稣会神学院的学生），然而，他的第一部主要哲学著作却与如下新教的感受产生了强烈共鸣——基尔凯郭尔主义的恐惧，奥古斯丁主义的堕落，良知的呼唤，个人与他/她自己死亡面对面的真实性——人们很容易认为这些是提升到哲学表达的"超新教主义"（人们也可以称之为"包含复仇的新教主义"）。[17] 更加彰显悖论的是，尽管尼采和海德格尔都专注于基督教的遗产，但他们在可能的再神化过程中都无法抵御异教思维范畴。（当海德格尔回应尼采"近两千年过去了，没有一个唯一的新上帝！"之呼吁时，他表示同情尼采的结论，即基督教走进了形而上学的死胡同，并且需要新神似乎宣告着异教的复兴。）

400 　　马丁·海德格尔在关于欧洲虚无主义演讲第15部分清楚地表明了他自己是一位公民宗教理论家，他这篇演讲标题是"主体在近代的支配地位"。

　　基督教继续存在于现代历史的展开过程中，以新教教会的形态参与推进这个展开过程，在德国唯心论和浪漫主义的形而上学中发挥作用，总是通过相应的转变、适应和调整而与时代精神相和解，并且总是为了教会目的利用现代的成就。这一切比所有其他东西都更有力地证明了一点：基督教是多么确定地丧失了它在中世纪所具有的构成历史的力量。它的历史性意义不再在于它能够塑造的东西。[18]

　　这是海德格尔对基督教在现时代根本意义最精练的阐述。现代基督教的意义在于妥协（或者说平衡，区分差异）。自从宗教改革以来，基督教不是坚持它在世界上的使命，而是主动适应现代性的形而上学。在这里海德格尔回应了尼

---

　　[17] 参见卡尔·洛维特：《海德格尔存在主义哲学的政治内涵》，载《海德格尔的争论》，（MIT Press edition），第172—173页："首先是年轻的路德吸引了海德格尔"。在海德格尔的"路德主义"中，参见汉斯-格奥尔格·伽达默尔：《回忆海德格尔的开端》，《狄尔泰哲学和精神科学历史哲学年鉴》，（1986—1987）第4卷，第22页。这个故事的另一个重要部分是，卡尔·巴特对新教神学末世论的复兴及它对20世纪20年代德国文化的广泛影响。有一个有益的论述，参见马克·里拉：《夭折的上帝》，（New York：Knopf，2007），第6章。

　　[18] 马丁·海德格尔：《尼采，第四卷：虚无主义》，大卫·法雷尔·克雷尔编，F.A.卡普茨译，（San Francisco：Harper & Row，1982），第99页（中译本，下卷，第776页。——译者）。

采的基本论述(《权力意志》第87—88节)：新教是原始基督教和世俗现代性之间的"一个半拉子工程"。[19]如海德格尔指出的,基督教不仅适应了现代历史的发展,而且事实上"助长了发展"。[20] 因此,基督教在其精神深处放弃了"塑造历史"的主张。恰恰相反,它产生了更为重要的历史动力,而不是继续试图把自己的世界观作为反现代性的原则来坚持。

　　可以肯定的是,海德格尔坚决拒绝尼采自己的解决方案,海德格尔认为这是一个混合,认为它根本上进一步推动了西方占主导地位的形而上学倾向——尽管尼采自认为他是在对抗或克服西方形而上学：尼采在他权力意志的形而上学中,摆脱了现代性的巅峰,却没有提供反对的原则。(因此,例如,海德格尔将尼采的后基督教等同于作为精神军队的耶稣会士之想法与现代性追求"对整个地球的绝对统治"联系起来。)[21]然而,这里的重点在于,海德格尔和尼采完全同意现代基督教本身已经不可逆转地妥协了,从而放弃了在西方塑造意义和目标的权利。如下推论也是必然的：如果基督教不再行使塑造历史的能力,那么就应该让位给另一个世界—文明的力量来接管并填补空白。(对尼采和海德格尔来说,自由化、世俗化、启蒙的人道的理性主义显然都不能完成这个任务!)这让我们处于海德格尔所说的境地：在一个被遗弃的地方,被旧神抛弃,等待新神的到来。

　　作为对我阅读海德格尔的挑战,我们也许应该停下来考虑一下汉斯—格奥里格·伽达默尔关于海德格尔"新的神"的观点。虽然伽达默尔在别处承认海德格尔令人遗憾地扮演先知的倾向,但他在海德格尔谈论新神的特定背景下淡化了海德格尔思想的这个方面;伽达默尔认为,海德格尔在这些神谕中的意图实

401

---

　　[19]　参见《尼采口袋书》,第324页:"为我粉碎吧,粉碎那些好心肠、半心半意的人们的此等辞藻['契约']!"[《查拉图斯特拉如是说》,第三部分:"旧牌和旧牌",第25节。(《查拉图斯特拉如是说》,孙周兴译,上海人民出版社2009年版,第271页。——译者)]。此外,参见尼采把现代性描述成"懦弱妥协"(《尼采口袋书》,第569页),以及他说最困扰欧洲的是"不彻底性,八分之三主义。"[《敌基督者》,第61节(中译本,第102页。——译者)]。还可见《伽达默尔论伽达默尔》,载《伽达默尔和诠释学》,休米 I.西尔弗曼编,(New York:Routledge,1991),第15页:"年轻的海德格尔受到宗教怀疑和存在问题的推动",他受到了基尔凯郭尔的"激烈批评他故乡丹麦的温和的基督教"的启发。

　　[20]　人们可能辩称,尼采对天主教矛盾地"接受",与他自己尽可能斩断他自己的新教遗产是一致的;然而与此相反,海德格尔在《虚无主义》中对新教的批判,与他同样尽力斩断(比如:《存在与时间》中的"超—新教"主题)自己的天主教遗产就显得很不一致了。海德格尔可能如此作答,新教的实际历史记录决不符合像路德这样的人物的激进主义思想。在这个意义上,海德格尔可以声称,新教改革背后存在的冲动比实际发生的更为激进;在我看来这是个一贯的立场。

　　[21]　海德格尔:《虚无主义》,第100、99页。参见尼采《权力意志》,第757节,第398页;第783节,第411页;第796节,第419页;第1057节,第545页。

际上比看起来要温和得多。在一个采访中，伽达默尔做了如下评论：

> 这是神或者即将拯救我们的神的观念吗？这是完全模糊的。海德格尔不是说策划者不能拯救我们？[22]

在另一篇采访中。伽达默尔的说法内容与此类似：

> 当海德格尔首次秘密暗示神的回归的时候，我们真的很震惊。我再次与他联系发现那不是他的真实想法。这是一套托词。即使他著名的论述，"只有一个上帝可以救渡我们"，也只是在表达，算计的政治学无法把我们从即将发生的灾难中解放出来的。[23]

因此伽达默尔试图把海德格尔与尼采分开，伽达默尔认为尼采是认真地提出期待新神的预言。当然也有可能如伽达默尔所言这仅仅是一套托词，不过我认为海德格尔非常频繁且明确地提到"准备迎接新的神"，这不可能仅仅是一套托词。海德格尔所具有的尼采主义超过了伽达默尔愿意接受的程度。

海德格尔似乎以自己方式坚持认为哲学问题不能受到宗教动机的驱使。因此他在《作为艺术的强力意志》中写道，"基督教哲学"是一个矛盾的术语，因为"真正的哲学只能是内在因素决定的，而不是外在因素。"[24]所以，在涉及哲学与宗教问题的相关问题上，哲学对待这些问题的方式完全是"从自身内"来决定的。这意味着神的问题是从严格的哲学视野中产生的；也就是说，对于海德格尔和尼采来说，宗教根本上服从于哲学。正如尼采在《善恶的彼岸》第三部分（第61节）指出的，宗教只是哲学立法者掌握的工具之一。这是尼采表达公民宗教理念的另一个方面：即宗教是文化上再造文明这更大的（政治的）工程的工具，对此基督教已经无能为力了。[25]（如果我们将公民宗教定义为出于政治目的而

---

㉒　汉斯-格奥尔格·伽达默尔：《1920 年代，1930 年代和当代》，载《汉斯-格奥尔格·伽达默尔论教育、诗歌和历史：应用诠释学》，迪特·米斯戈尔德、格雷姆·尼克尔森编，L.施密特、M.罗伊斯译，(Albany，NY：SUNY Press，1992)，第 152 页。

㉓　《伽达默尔论施特劳斯：访谈》，《解释》，1984 年第 12 卷，第 11 页。参见汉斯-格奥尔格·伽达默尔：《海德格尔的道路》，约翰·W.斯坦利译，(Albany，NY：SUNY Press，1994)，第 134 页。相比之下，参见伽达默尔提到海德格尔的《"国家宗教"之梦》：《马丁海德格尔和国家社会主义：问答录》，君特·海思科和爱弥儿·肯廷恩编，(New York：Paragon House，1990)，第 142—143 页。

㉔　海德格尔：《作为艺术的强力意志》，第 5 页。参见《形而上学导论》，第 7 页；《"基督教"哲学是一个方的圆》；《虚无主义》，第 88 页；《"基督教哲学"甚至比方的圆还要矛盾》。还要注意以下几点："在思想的范围内，我们无法完成那些可以为信仰和恩典的发生做准备或做贡献的工作。如果信仰以这种方式召唤我，我应该停止工作。"J.格雷斯：《海德格尔和上帝问题》，(Paris：Grasset，1980)，第 335 页；摘自德里达：《论精神》，第 115 页，注释 3。

㉕　参见海德格尔明确提到基督教神的"软弱无力"：《虚无主义》，第 8 页。

将宗教工具化,那么在这个意义上将马丁·海德格尔和尼采看作公民宗教理论家,这也并不过分。)无论如何,这里的基本观点是,海德格尔与尼采的共同之处在于,海德格尔关于新的神和救恩的神之谈话——与尼采的论述相应——并没有引入新的宗教;它是严格的形而上学—政治化的,某种意义上它还有待进一步说明。

　　表述海德格尔与尼采理智上深刻一致性的一种方式是说,两位思想家都聚焦于哲学上的一个重要维度,这个维度既是"政治的"也是"形而上学的"。(有趣的是,也许令人惊讶的是,尼采和海德格尔在这方面实践了一种与柏拉图惊人相似的理论模式。)㉖当尼采宣称虚无主义是所有站在门口的客人中最神秘的一位的时候,㉗这是一个形而上学的主张还是一个政治主张? 很显然,它同时是两者。当海德格尔说精神力量最后耗尽的时候,"世界变得黑暗","众神逃离",地球毁灭,人类的大众化等等,㉘这些是形而上学的主张还是政治主张? 这再次说明,这些声明是无法区分政治与形而上学的。正如刚刚引用的海德格尔的文本说明的,神的问题处于尼采和海德格尔经典理论政治与形而上学交汇处。

　　正因为如此,主张海德格尔把西方本体论的历史从政治中抽象出来的观点没有意义。对海德格尔来说,形而上学就是政治学。他声称"存在"已经从"西方世界的精神命运"下降为无意义的语词;然后他立刻从中得出一个政治结论:"就形而上的方面来看,俄国与美国二者其实是相同的:即相同的发了狂一般的运作技术和同样肆无忌惮的民众组织。"㉙这恰恰就是"世界上的精神衰落"和"诸神的战争"的含义。很显然,海德格尔这里使用"形而上学的"这个术语的方式截然不同于别的哲学家的使用方式。我的观点是,它与尼采的形而上学并无区别(像我之前说的那样,与柏拉图的意思也没有根本区别)。尼采和海德格尔借用了杀死老神和等待新神的场景,因为这是召唤出"形而上学的"(即政治—精神的)理论维度的一种引人关注的方式,后者也是他们最关心的。

　　当海德格尔宣称俄国和美国在"形而上的"方面是一样的——而且暗示德国国民的民族自决至少提供一种"形而上的"不同的存在方式,他是什么意思?

　　㉖　我这个说法的意思是,诸如《理想国》第6—8卷或《高尔吉亚》等文本中形而上学的判断与政治判断之间的密切关系,就类似于诸如《形而上学导论》或《什么召唤思?》等文本中形而上学的判断和政治判断之间的密切关系。

　　㉗　尼采《权力意志》第1节,第7页(中译本译为:虚无主义是迄今为止对生命价值解释的结果。中译本,第199页。——译者)。

　　㉘　海德格尔:《形而上学导论》,第38、45页。(《形而上学导论》,熊伟、王庆节译,商务印书馆2007年版,第38、45页。——译者)。

　　㉙　海德格尔:《形而上学导论》,第37页。

404

显然，他是以涵盖或包含历史的—政治的方式来使用"形而上学"术语的。这又在《尼采》的多个章节中得到了明确的表达，海德格尔提出需要一个决不承认妥协或者折中的形而上学决断。㉚ 能够在形而上学上或政治上避免"折中的手段"么？（海德格尔在这里提到"理性，进步，政治和经济的'社会主义'或者单纯的民主"都只是试图扭转虚无主义，而不是直面地克服它；他以轻蔑地语气称他们是"救援行动"：Rettungsversuche。㉛）我认为细心的读者一定能看出，这些声明在形而上学上和政治上是不可分的。和以往一样，海德格尔认为因为我们在形而上学上搞砸了（或者说本体论上搞砸了），所以我们在政治上也搞砸了（"欧洲，在其彻底的盲目性中，割断了自己的喉咙"，㉜等等）。毫无疑问，海德格尔所作所为具有巨大的修辞上的冲击力，因为它与尼采共享同一种跨越形而上学和政治的论证模式。（当彼得·斯特森提出海德格尔是针对那些"喜欢他们的布道和他们的愿景黑暗"之人的判断时，㉝他显然是对的。一个人除非他是精神上的聋哑，否则他定会体验到这种海德格尔式修辞的力量。）

　　事实上，对于海德格尔来说，神是否存在的问题超越了宗教信仰或单纯的神学问题，以下这段文字非常清楚地说明了这一点：

------

　　㉚ 比如，参见马丁·海德格尔：《尼采》，第 3 卷，《作为认识和作为形而上学的强力意志》，大卫·法雷尔·克雷尔编，(San Francisco：Harper & Row, 1987)，第 6、204、207 页；马丁·海德格尔：《尼采》，第二卷，《相同者的永恒轮回》，大卫·法雷尔·克雷尔译，(San Francisco：Harper & Row, 1984)，第 179 页；参见《只有一个上帝可以救渡我们》，载《海德格尔争论》，沃林编，(MIT Press edition)，第 104—105 页；和海德格尔《什么召唤思？》，第 67 页。

　　㉛ 在《明镜》的采访中，海德格尔挑战他的采访者并说他所说的民主只是一个折中措施。答案是《相同者的永恒轮回》，第 179 页。也可参见《什么召唤思？》，第 67 页，摘引了《偶像的黄昏》中尼采称德国是现代民主的半拉子工程之篇章。在阅读这些海德格尔文本时，人们自然会想到本章注释 19 所引用的尼采的文本——即尼采称新教是一个半拉子工程（《权力意志》，第 87 节：作为一半；《权力意志》，第 88 节，一半的东西），他在《敌基督者》第 61 节谴责当代欧洲是半心半意，他声称社会契约论的话语是半心半意的概念（《查拉图斯特拉如是说》，第三部分，《旧牌和新牌》，第 25 节）。这一尼采—海德格尔式的关于需要避免"折中方案"的修辞，可以追溯到马基雅维利在《论李维》第 1 卷第 26 章的最后一句话（《论李维》中译本，第 116 页：有些人，由于不知道如何运用大善大恶，便想采取某些极其有害的中庸之道。——译者）。

　　㉜ 海德格尔：《形而上学导论》，第 37 页。

　　㉝ P.F.斯特劳森：《乘坐 B 列车》，《纽约书评》，1979 年 4 月 19 日，第 36 页。参见尤根·哈贝马斯：《人类的未来》，(Cambridge：Polity, 2003)，第 113 页：自我放弃的理性"很容易受诱惑，只能借用一个被剥夺其内核而变得匿名的神圣的权威和空气。"也就是说，像海德格尔这样的哲学，因为它失去了对理性承诺的信心，对宗教的滥用被伪装成伪宗教。哈贝马斯称之为一种"宗教媚俗，"他对阿多诺和德里达也提出相同的批评。哈贝马斯还进一步指出，它自己的理论，正是因为它对理性坚持不变的（"不会失败的"）承诺，才能更好地尊重宗教的自主权。

上帝是活着还是死了,这不是由人们的宗教信仰所决定的,更不用说哲学和自然科学的神学愿望。上帝是否是上帝这个问题显然来自于这些存在者。[34]

上帝不是存在的来源;相反,存在是上帝的来源(因此海德格尔提到了"存在的神")。[35] 这里"存在"的意思是:它给予我们在既定历史时期能够体验到这个或那个的能力;或者那种允许我们以一种或另一种方式来体验我们命运的视野。要说上帝的出场或者缺位是"形而上学的",还不如说宗教的天命意味着一种形而上的概念,它包含了"精神的"(精神—文化)和政治的可能性。

这些神消失了;我们等待新的神。[36] 对海德格尔来说,这依然是形而上学命题,而不是宗教命题;在某种意义上,它是形而上学的,涵盖了我们可以使用或赋予我们的东西,或者在精神上和政治上的可能性视野内向我们开放的东西。神在场或者缺席,离开或者到达,海德格尔之所以对这些问题感兴趣,不是因为神本身或者宗教问题,而是因为它是"形而上学的",他是想论述在一个特定的时代政治—历史共同体的精神可能性。只有就不同时代历史命运范围内精神—政治可能性话题,海德格尔才来讨论存在;在此意义上存在与时间是不可分离的。

海德格尔论文"世界图像的时代"开篇句子清晰地阐述了形而上学的概念:

> 形而上学沉思存在者之本质并决定真理之本质。形而上学建立了一个时代,因为形而上学通过某种存在者阐释和某种真理观点赋予这个时代以其本质形态的基础。这个基础完全支配着构成这个时代的特色的所有现象。[37]

正是在形而上学的意义上,人们必然会把神的退场(现代命运)或重现(超越现代性的前景?)说成是需要一个形而上学的决定。在同一篇文章的另外两段中也清楚地表明了这一点。在第一段中,海德格尔说,定义现时代的第一个现象便是神的退场(逃遁——更文雅的说法,是世界的去神化)。

这个表述的意思并不是彻底地把神消除,并不是粗暴的无神论。弃神乃是一个双重的过程。一方面,世界图像基督教化了,因为世界根据被设定为无限、无条件、绝对的东西;另一方面,基督教把它的教义重新解释为一种世界观(基

---

[34] 马丁·海德格尔:《转变》,载《关于技术问题和其他论文》,威廉·劳威特编,(New York: Harper & Row,1977),第49页。

[35] 海德格尔:《作为知识的强力意志》,第182页。

[36] 很明显,海德格尔对韦伯关于理性意图成为"新宗教","学术预言"和"新先知新救主"的警告视而不见。《从马克斯韦伯起:社会学论文》,H.H.格斯、C.赖特·米尔斯编,(New York:Oxford University Press,1958),第155—156页。

[37] 《关于技术的问题》,劳维特编,第115页(《海德格尔选集》中译本,第885页,孙周兴编译,上海三联书店1996年版。——译者);着重强调。

督教的世界观），从而使之符合于现代。弃神乃是对于上帝和诸神的无决断状态。基督教对这种无决断状态的引发起了最大的作用。但弃神并没有消除宗教虔信。毋宁说，唯通过弃神，与诸神的关系才转化为宗教的体验。[也就是说，对神的体验可以归为"审美经验"和对艺术作品的经验，即把本体论话语模式简化为主体的功能，简化为主体性的一个方面。——作者]一旦到了这个地步，诸神也就逃遁了。由此产生的空虚被历史学和心理学的神话研究所填补了。[也就是说，神的体验仅仅是满足人类学家好奇心的体验——作者]㊳

在第二段文本中，海德格尔从神的退场转向神的可能的再现问题。

因为现在，自我完成的现代的本质进入了不言自明的东西中的融合过程正在实行中。唯当这种不言自明的东西通过世界观而得到了确证之际，适合于一种原始的存在之疑问的可能温床才能成长起来；这种存在之疑问开启出一个领地，由此得以决定存在是否依然能够胜任一个上帝，存在之真理的本质是否更原初地要求着人的本质。唯在现代之完成达到其特有的伟大性的毫无顾忌的地步之际，也才为未来的历史做了准备。㊴

随着现时代的来临，神退场了。当我们再次发现自己有能力庇护神的时候，这也许是我们超越现代性的标志。（在此意义上，"后现代"还未到来！）在形而上学的领域内我们可以检验我们的时代是否有能力庇护神了。现代性是一种产生于存在的历史的命运；我们等待着现代性退场。"人的本质是成为他所期待的那个人。"㊵

对海德格尔来说，"世俗化"一词几乎没有提到对西方现代性本体论上可能

---

㊳　同上书，第116—117页（《海德格尔选集》中译本，孙周兴编译，上海三联书店1996年版，第886页。——译者）。

㊴　同上书，第153页（《海德格尔选集》中译本，孙周兴编译，上海三联书店1996年版，第922页。——译者）；着重强调。

㊵　海德格尔：《转变》，第42页。让我进一步补充一下，海德格尔作为纯粹的反现代主义者的概念需要得到进一步论证。当然，人们熟悉的是，比如他在《明镜》采访中对现代技术的谴责。然而，仅仅看到他的文化呼吁的广度，不能得出海德格尔作为一个保守的现代批评者的形象。海德格尔的哲学本身就是理智现代主义的完美表现；因此，毫不奇怪，例如，像1994年电影《现实的创痛》中的伊森·霍克所扮演的一个流行叛逆的当代英雄，也会在咖啡馆中阅读《存在与时间》的复印本。当然，我们也不可能忘记，海德格尔是从萨特到德里达到福柯的历次当代知识分子运动的根源，无论是现代的还是超现代的。这正是海德格尔这个天才的双重的特征——既是完全现代的，也是完全反现代的——这是他对当代文化的无与伦比的影响。为了用图表来表示这一点，人们可以画出一条从奥斯瓦尔德·斯宾格勒出发的线和另一条通往萨缪尔·贝克特的线，然后想象一下，海德格尔的文化影响正像平行四边形这两个矢量的交叉点。

性的限制。㊶ 海德格尔被尼采所吸引，因为尼采说了同样的事：因此，在尼采关于疯子的比喻中，谋杀上帝的凶手与他们自己的本体论处境是如此的隔离，他们 407
不知道他们行为的暴行；他们甚至不知道上帝死了，更不用说上帝的血正从自己的弑神的手中滴下来。㊷ 当然，海德格尔和尼采的兴趣不在于从宗教的角度或宗教信仰的角度对此作出评定。相反，他们从政治—精神或政治—形而上学的角度，共同对现代世俗化感到恐惧：这意味着西方失去了对自己深刻性的感知，也可以说，失去了体验深刻性的可能性。㊸ 用海德格尔的术语来说，这就是"存在被遗忘"。借用尼采的词汇，这是最后一个人的时代，在现代西方社会生活着一群眨着眼的白痴，他们生活在一种错觉中，认为即使没有宏伟的目标、宏大的激情、宏伟的视野，也可以过上令人满意的生活。（要把尼采"最后的人"这个词翻译成当代术语，人们会说，这是一个每个人或几乎每个人都要服用百忧解的社会。这个社会与我们现在生活的社会有什么差别呢？）㊹

正如海德格尔指出的，尼采那里宣布上帝死亡的疯子，在集市上爆发了，他哭喊着寻求上帝；因此尼采对神性消失的诊断是基于寻求新神的背景下作出的。㊺ 与此相反，疯子说自己不知道上帝被杀害了，正是因为他们对追求神漠不关心。海德格尔与尼采一样期待神（最好是新神），因为只有在害怕上帝缺席的恐惧中，我们才能达到真正思想的深度，与工具理性相反，这是一种"面对恐惧的恐惧"。㊻ 对

---

㊶　参见尼采：《虚无主义》，第 100 页。

㊷　弗里德里希·尼采：《快乐的科学》，沃尔特·考夫曼译，（New York：Vintage，1974），第 125 节，第 181—182 页。

㊸　参见注释 10。

㊹　然而，如果不讲清楚尼采明确提出的自由的平庸之选项的性质，这是不负责任的。尼采的选项是社会集体目标是如此伟大、如此显赫，以至于个人的福利与幸福完全不算什么。换句话说，如果最终的选项是自由主义（最后的人的社会）和法西斯主义（超人的社会），我们将很难看出理智和体面的个人如何选择后者。这里与本·拉登主义的意识形态有些类似，后者被克里斯托弗·希金斯称为"伊斯兰法西斯主义"，特别是尼采对西方颓势的批评与本·拉登对西方颓废的批判之间有很多相似之处。关于当代伊斯兰教圣战主义是二十世纪极权主义运动的继承者，有一个较充分的论述，参见保罗·伯尔曼：《恐怖与自由主义》，（New York：Norton，2003）；伯尔曼将伊斯兰教视为最近的一系列"反自由主义的启示录"（第 154 页）。参见伯纳德—亨利·利伟：《留在黑暗时代》，本雅明·莫塞尔译，（New York：Random House，2008），第 184 页。如果考虑到 9·11 事件的话，阅读沃尔泽的《圣徒的革命》（这本书最初在 20 世纪 60 年代中期出版）第 317—319 页，将让人非常震惊：沃尔泽在这些章节中总结出，"激进主义作为一般历史现象"（第 317 页）的模式，直接适用于当代伊斯兰教圣战。

㊺　马丁·海德格尔：《尼采的话：上帝死了》，载《关于技术的问题》，罗维特编，第 111—112 页。

㊻　同上书，第 112 页；参见马丁·海德格尔：《早期希腊思想》，D.F.克莱尔和 F.A.卡普茨译，（New York：Harper&Row，1975），第 78 页："回避了面对思想的焦虑。"

于海德格尔来说,形而上学等同于政治,政治等同于荷尔德林的"有神论。"自由主义,民主,基督教不能拯救我们;拯救只能来自于神,这些神是诗人所召唤来的并用来表达人民重新掌握自己的命运——"人民的神或家乡的神"(波格尔)——新的神重新充满活力、重新把存在的经验精神化,他拒绝作出妥协、拒绝遵守"折中方案。"(对海德格尔来说,究竟纳粹是"折中方案"还是自由民主主义是"折中方案",这并没什么区别;因此,在他看来,第二次世界大战"什么也没解决"。[47])

让我总结一下我的观点。正如我们在《权力意志》第 151 节看到的,尼采谴责基督教不是因为它是有神论而是因为它败坏有神论。根据我的解释,海德格尔完全赞同尼采的"有神论"维度,所以海德格尔对尼采的"有神论"的支持并不仅仅像伽达默尔说的那样仅仅是一种托词。当然,尼采说的旧神死了和海德格尔的只有一个上帝可以救渡我们,这些都不是神学主张;它们可以被归结为我们说的"社会学"模式。海德格尔和尼采在追寻同一样东西——也出于同样的原因。"西方的去精神化"需要一个"政治的"应对。只有宗教(或准宗教)才能维护意义的视野。如果没有这样的视野,人们将过着一种空虚、无目标的生活。基督教耗尽了自己的文化活力。[48] 西方需要一种新的宗教(或者很多宗教)来对它重新精神化,为它补充新的文化活力。尼采和海德格尔"准备迎接新的神"是非常强烈的,因为他们采取了"文化政治"的严肃态度,这在西方意识史上或许是无可匹敌的。[49]

---

[47] 海德格尔:《什么召唤思?》,第 66 页。这一文章最吸引人的地方是,对于海德格尔来说,唯一值得我们认真思考的政治事件是战争带来的"形而上学"的意义,战争使得祖国分裂(撕裂了它的中心)为两个德国——即西方美国化的德国和东方苏维埃—俄国化的德国。身处东西方的钳子下,欧洲的精神心脏被分割成两块,一边被去精神化的美国主义占领,一边被去精神化的苏俄主义占领。波格尔对这一段的讨论,参见"海德格尔政治的自我理解",第 207 页

[48] 参见海德格尔提到的"基督教的历史性失败":波格尔:《海德格尔政治的自我理解》,第 206 页。波格尔摘引的这段话出现在《全集》第 55 卷《赫拉克利特》,(Frankfurt am Main:Vittorio Klostermann,1979),第 209 页。

[49] 显然,对尼采来说,不同于文化的政治观念是不可思议的;参见谢尔登 S.沃林:《政治和愿景》,扩展版。(Princeton,NJ:Princeton University Press,2004),第 19,472—273 页。在 1871 年 6 月 21 日致卡尔·冯·格斯多夫的信中(《尼采书信精选》,克里斯托弗·米德尔顿编,Chicago:University of Chicago Press,1969,第 81 页),尼采描述了他在听闻巴黎公社已经烧毁了卢浮宫(实际上是虚假的)之传闻后,他被"彻底击溃了好多天"。这种他所说的大众文化野蛮的创伤的经历,几乎把尼采认为的现代政治中大部分关键风险都概括在一起了(也说明了为什么要采取极端措施来扭转方向)。

# 结　论

他发现，在黑暗中，有一件事是令人兴奋的，就是你不知道接下来会发生什么。他认为，它可以让你保持警觉，这没有害处，是吧？保持清醒随时待命，准备迎接接下来可能发生的一切。

——保罗·奥斯特①

读者应该和书独处，如果有人敢对此说些什么，他们就会当场被枪毙或监禁。是的，枪毙。……你应该让人们自己与书交流，从而发现它们是什么、不是什么。

——菲利普·罗德②

我这本书的主要目的是，考察西方政治哲学最近 500 年来一大批顶尖思想家们的思想，并试图从中考察他们关于宗教的思想之复杂性、困境、讽刺、张力和矛盾。我用这两个题引来表达我在上面的篇章中所把握到的精神。这种精神包括，第一，不要假定一个人预先知道文本将走向何方，要对文本中所有意想不到的迂回曲折敞开大门——也就是说，要接受人们总是不可避免的"处于黑暗之中"，不仅对于文章作者最深刻的意图是这样，而且对于他们（和我们）最关心的哲学问题也是这样。提高理解力的不二法门便是勇敢地进入无知的领地。第二，我对理论的理解是追求与文本直接的、很大程度上不经中介的联系。根据很多人对学术实践的理解，这似乎是非学术性的，但根据我对政治哲学基本实践的 410

---

① 保罗·奥斯特：《纽约三部曲》，(London: Faber & Faber, 2004)，第 154—155 页（保罗·奥斯特，1947 年生，美国作家、诗人、剧作家、译者。——译者）。

② 马丁·克拉斯金：《我不再认为必须死亡是个巨大的不公》，(《对菲利普·罗斯的采访》)：《守护者》，2005 年 12 月 14 日，G2 版，第 16 页。这个文本是对书评和文学批评的反击。

理解,现有的学术传统可能既会分散注意力,也有帮助。③ 当然,文本肯定是第一位的,政治哲学所要求的对话首先是与文本本身(不仅仅是关于文本)的对话。

最重要的是,在这项研究中,我曾想用直接对话来考察这些政治哲学的传统中的大师,伟大艺术家之间经常开展这样的对话——这场对话中不容许借助任何无关紧要的中介。比如,我想到埃里克·费奇尔在与马蒂斯对话中对自己的艺术关注点的强调。④诚然,艺术家或者思想家之间的对话不能完全满足这个纯粹直接性的要求;但我们还是要把它提到开辟一种理智可能性的新维度的高度上去理解政治哲学家之间的关系,而这种可能性在其他研究政治哲学的方法中是不存在的(而且,政治哲学中最伟大的参与者某种程度上几乎都想尽力这样做)。⑤

在政治哲学史上引导这些研究的第三条原则是,要特别注意所有思想体系中的张力和矛盾,正是通过这些张力与矛盾点,一个思想家的内心深处的想法才会得到淋漓尽致地表达。如果我们需要有所警惕并保持准备的话,这就是我们最需要警惕的地方。第四条原则是让文本本身(彼此对话)来说话——来讲述文本的逻辑,并设法跟上它们修辞的节奏而不插入自己的实质性观点。这并不411 意味着一种绝对的中立,因为,选择特定作者和强调特殊主题本身都是一种积极的行为。

第五条原则是不允许关于规范文本的理智议程被实用性或实用性问题所过

---

③ 在第一部分我试图挑战的对卢梭公民宗教篇章的标准解读为这提供了一个很好的例子。他们接受了一系列极其丰富的哲学问题,并把它们变成了平淡无奇的政治答案。

④ 《看着马蒂斯》,载罗伯特·恩莱特:《旅行:与当代艺术家的对话》(Winnipeg: Bain & Cox, 1997),第 340—344 页。另一个非常好的例子是《与卢西安·弗洛伊德的深夜对话》,载《工作中的弗洛伊德》,(New York: Knopf, 2006),第 11—42 页,这清楚地表明弗洛伊德对他喜欢和讨厌的特定艺术家(亨利·摩尔、蒙克、克林姆特、埃贡·席勒和马蒂斯)的反应与他自己作为一个艺术家的自我意识直接相关。

⑤ 再次,正如我们的前言中所暗示的,马基雅维利在 1513 年 12 月 10 日致维特利的著名的信中,仍然是这个概念的典范形象(以及在前言中引用的在地狱中与柏拉图对话的死后梦想)。在对阿尔弗雷德·卡津传记的书评中,布莱恩·莫顿讨论了传记作家对卡津的批评,认为他"坚持与他的作者——一对一、作家对作家的相处",因此扼杀了其他同行批评者的贡献。"读到这一段,读者可能会提出类似的评论'该死的,他应该干嘛?'与作家独处正是批评家该做的,也是好的读者该做的。"莫顿还引用了卡津自己的话:"最重要的是,作家不需要与谁共事;他不是合作者,他是无需合作的。"《纽约时报书评》,2008 年 1 月 27 日,星期日,第 16 页。卡津所践行的这种一对一、作家对作家的交流不是阅读和批评的唯一途径,但很显然,我同意莫顿的观点,认为它是典范而不是缺陷。

度主导。如果我们允许我们的哲学探究受到实践的直接关注所"牵连",我们的理论思考可能无法发挥它们应有理智效果。我们必须从最迫切的实践问题中抽离出来(如果遇到的是政治和宗教问题,那么绝对应该这样),如果理论的传统还想要获得完整的果实的话。实际上,我们需要"暂停"(不是取消)当前的实际关注倾向,并采取更长远的观点,因为持有更长远的观点,正是对很久以来的政治哲学传统的反思。⑥　与此相关的是,符合此标准之作品的主要贡献可能不在于提供答案;更大的贡献也许只在于提出问题,从而促进与提出(正确)问题相关的理智上的解放。第六条原则是要始终意识到,对于大多数思想家来说,在这个主题上表达他们的真实想法是相当危险的,为此要始终在理智上对他们的自由思考作出声援。

　　对于第六条原则我再说几句。像霍布斯的《贝希摩斯》、斯宾诺莎的《神学政治论》和休谟的《自然宗教对话录》这些作品都是基于宗教不是无辜的这个知识背景而写就的,几个世纪以来基督教和其他宗教都是双手沾满了鲜血——并且我们可以补充说,这种罪恶一直延续至今。霍布斯、斯宾诺莎和休谟这样的思想家决心要为此做些事——决心改变(通过理智的斗争)宗教和政治关系的根本性质。我的观点是,当我们思考政治与宗教问题时,我们作为知识分子的首要责任是,尊重那些斗争并在道德和智力上声援那些伟大启蒙者。⑦　正如我在第 412 二部分结尾表明的,人性上说,反对自由主义的第一条理由便是它的平庸,它作为人生观是平淡无奇的。(这也生动地说明了尼采和马克思都认为自由主义是为小店主提供了一种哲学!)然而,越是考察自由主义与宗教的关系,我们越能

---

　　⑥　对这一点我们可以稍作展开。我认为,如果人们认为把自己放在标准文本中的唯一原因就是为了获得当代困境的见解或指导,那么它会妨碍人们变成政治理论家。对此,有一个很好的讨论,参见杰里米·沃尔德伦:《柏拉图会允许什么》,载《Nomos 第三十七卷:理论与实践》,伊恩·夏皮罗和朱迪思·瓦格纳·德库编,(New York:New York University Press,1995),第 138—178 页。

　　⑦　参见劳伦斯·兰贝特在《施特劳斯对艰深晦涩的恢复》中对启蒙的辩护,载《列奥·施特劳斯剑桥研究指南》,史蒂芬·B.史密斯编,(Cambridge:Cambridge University Press,2009),第 92 页。乔治·凯笛批评西方理论的作品,因为"最主要的虔诚就是宗教虔诚"——也就是说,因为理智上的懦弱。"典型的理论家自身要么是信仰的异端要么是无信仰者,但他们直到启蒙都没人敢于承认。"参见《作品的充分性》,载凯笛:《爱国主义与其他错误》,(New Haven:Yale University Press,2006),第 395 页;参见第 403 页。这是一个非常严重的指责,即使它是有根据的,它也许本该加深我们对那些出于理智的勇气设定新标准的启蒙思想家们的钦佩。人可以补充说,对于凯笛来说,谈论前启蒙时期思想家文本上的懦弱是容易的,但是施特劳斯说的肯定是正确的,对哲学家的迫害并不是凭空想象的。参见:《迫害与写作的艺术》,(Chicago:University of Chicago Press,1988),第 33 页。(本书提到的不少于七位思想家都列于施特劳斯的受迫害的哲学家名单上!)

领略到自由主义英勇的一面：因此，在反对宗教正统和僧侣权力的长期斗争中，自由传统的这个英勇方面代表了对这些挑战最有力的回应。

应该如何定义政治与宗教的关系？政治哲学史提出了三种可能性：（1）政治与宗教应该保持分立（自由主义）；⑧（2）政治与宗教应该保持统一，但应该由至上的宗教来统治（神权政治）；（3）政治与宗教应该保持统一，但应该由至上的政治来统治（公民宗教）。⑨ 乍看之下，似乎第二种和第三种的关系比与第一种更为接近。然而，正如本书已经指出的，人们稍作深入考察就会发现，事实上第一种和第三种存在潜在的同盟关系。⑩ 不用说，这场争论中存在各种各样的复杂性。比如，根据这一分类，尼采（按照我们对他的解释）应该属于公民宗教理论家，但他的政治哲学中显然没有自由主义的痕迹。⑪ 无论如何，我希望，试图揭示公民宗教和自由主义潜在的姻亲关系——并试图判别这种关系的复杂性——可以让这项工作充满意义，并推动了理智水平的进步。

在对当代政治哲学的研究中，我们能够从这些思想家身上学到什么？⑫ 第一，我们可以从公民宗教的理论家——马基雅维利、霍布斯和卢梭——那里学到，国家作为政治权威的核心必须意识到宗教在主张自己的权威。霍布斯的如下论述最集中的说明了这个问题："人不能同时侍奉两个主人。"⑬正如霍布斯再三着重强调的，如果涉及终极权威最高竞赛，国家权力或多或少是可战胜的，仅

413

---

⑧ 参见理查德·弗农在《朋友、公民、陌生人：我们属于哪里》中对"典型的自由主义模式"的论述，（Toronto：University of Toronto Press，2005），第 143—144 页。

⑨ 参见孟德斯鸠在《论罗马宗教与政治》中对罗马公民宗教的概括（《全集》，丹尼尔·奥斯特编，Paris：Du Seuil，1964，第 39 页）：罗马人的立法天赋在于"让诸神服从政治"，并且"让宗教服从国家利益"而不是"让国家服从宗教"。

⑩ 伯兰特·罗素在《为什么我不是基督徒》（New York：Simon & Schuster，1957）第 5 页对国家至上主义的实践给出了一个鲜明的例子：在英国，因为一个枢密院的决定，相信永恒的地狱之火"不再是必不可少的，虽然坎特伯雷大主教和约克大主教反对这项决定；但是在这个国家，我们的宗教是通过议会的法案来解决的，因此枢密院能够凌驾于他们的恩典之上，而对基督徒来说，地狱不再是必要的。"

⑪ 为什么尼采痛恨宗教改革甚于痛恨改革前的基督教？提示：并不是因为他反对改革的神权因素（例如，加尔文教的改革）。这告诉我们很多关于尼采与神权政治及自由主义的关系。

⑫ 马克·里拉对查尔斯·泰勒针对《夭折的上帝》的批判做了很好的回应，他对如何使这些文本超越直接历史背景来发声作出了非常有益的论述。参见里拉"游戏规则"（http://www.ssrc.org/blogs/immanent frame/2008/02/14/the-rules-of-the-game），对泰勒的回应，"两本书，奇怪地组合在一起"（http://www.ssrc.org/blogs/immanent_frame/2008/02/two-books-oddly-yokedtogether）。

⑬ 托马斯·霍布斯：《利维坦》，C.B.麦克弗森编，（London：Penguin，1985），第 600 页。

仅因为在原则上,信徒在宗教权威领域的利益要高得多。[14] 所以必须非常重视权威冲突这个问题。当然,这并不是说,人们应该走公民宗教的路线——也就是说,直至走上侵夺宗教的道路,使之成为政治权力的直接工具(用里多尔菲的话[15]就是,一个工具的领域)。在政治领域中,宗教是一个危险的工具,把它用于直接的政治目的似乎是对三个公民宗教理论家共同发现的困境的极端反应。[16] 人们可以认真对待公民宗教对这个问题的论述而不必接受公民宗教的方案。

斯宾诺莎显然代表了通往自由主义道路上的重要一步。尽管在他的理论中存在大量公民宗教的成分,但他还是很好地看到了公民宗教充满张力的特征。斯宾诺莎的观点是政治和道德需要宗教——这便是他思想具有公民宗教特征的一面。然而,他也认为政治需要从宗教中解放出来——这是他思想的自由主义一面。显然他的这两个观点存在明显的冲突;因此,斯宾诺莎的政治理论一直在公民宗教立场和自由主义立场之间来回变动。然而,事实上所有的公民宗教理论家都存在同样的张力——马基雅维利、霍布斯、卢梭、甚至包括尼采,只要我们把他看成是一种公民宗教理论。他们中的每一个人都设法将宗教信仰用于政治—道德目的,也试图让人类摆脱宗教信仰的束缚。人们可以从这一消极的判断中得出,公民宗教是一种内在不稳定且冲突的政治思想模式,人们也可以用更积极的观点来表达同样的想法:正是这种充满张力的特征解释了公民宗教作为

414

---

[14] 托马斯·霍布斯:《人和公民》,伯纳德·格特编,(Garden City,NY:Anchor Books,1972),第357页:"谁都不会疯了,不去服从可以赦免或保留他们罪的人,而去服从最强大的国王。"霍布斯在《法律原理》中更加有力地表达了同样的观点:"如果国王凭借死亡的痛苦来发布命令,而祭司凭借罚入地狱的痛苦来发布命令,那么宗教就不可能带来和平了。"托马斯·霍布斯:《人性和身体政治》,J.C.A.加斯基编,(Oxford:Oxford University Press,1994),第162页。大卫·约翰斯顿在《利维坦的修辞》(Princeton,NJ:Princeton University Press,1986)第149页,称之为"霍布斯论证的最终根源。"也可参见皮埃尔·培尔《政治著作选》,莎莉·L.詹金森编,(Cambridge:Cambridge University Press,2000),第87—88页;以及孟德斯鸠:《论法的精神》第4卷第14章,"对那些相信在来世肯定可以得到报偿的人们,立法者是无能为力的。他们过于轻视死亡了。"正如我能在第二部分关于亚当·斯密的篇章指出的,斯密也表达了同样的思路:"宗教的权威高于其他任何权威。它所暗示的恐惧征服了所有的恐惧。"参见亚当·斯密:《国富论》下卷,第797页,R.H.坎贝尔和A.S.斯金纳编,(Indianapolis:Liberty Classics,1981)。

[15] 罗伯托·里多尔菲:《马基雅维利生平》,塞西尔·格雷森译,(London:Routledge & Kegan Paul,1963),第253页。

[16] 萨尔曼·拉什迪于2008年12月14日在CBC广播电台播放的埃莉诺·瓦赫特尔的采访(参见 http://www.cbc.ca/wordsatlarge/blog/2008/12/ salman_rushdie_ speaks_with_ele.html)中,提供了一个特别有用的例子,说明公民宗教是如何玩火的。在阿拉伯反对殖民主义的斗争中,埃及和北非的世俗民族主义者将伊斯兰教视为解放的工具。最终事与愿违的是,穆斯林兄弟会和其他形式的神权运动强调伊斯兰教不仅仅是一个服务世俗的政治工具。

一种理论模式为什么如此的深刻和有趣。

再次回到这个问题，我们可以从政治哲学史上的整个延伸对话中学到什么呢？指望我们研究所涵盖的每一位思想家都可以在知识的权威性和观点的全面性中胜过所有其他人，这是不切实际的，在理智上也是不负责任的。我们必须以不同的方式向他们学习。我们可以从霍布斯—卢梭主义的学说中发现教权主义的政治危险，即神职人员本身对政治权威是一个威胁。[17]霍布斯尤其可以教导我们（休谟也可以教导我们这一点），在所有受制于宗教政治野心的社会中，"私人的狂热"（《论公民》第16章）[18]是永远存在的危险。斯宾诺莎可以教导我们，没有任何东西可以强迫我们的内在思想自由。托克维尔可以教导我们，自由主义和公民宗教相结合是可能的（在某种程度上，孟德斯鸠也可以教导我们这一点），但这种结合（原因本书已做阐述）是非常不稳定的。我们可以从约翰·斯图亚特·密尔那里学到，对人类幸福的关爱只能来自于人类自己的努力而不是来自于超自然的神。像詹姆斯·菲茨詹姆斯·史蒂芬这样坚决的保守派可以在一定程度上帮助我们认识到，宗教是通过强制而不是自由来维持的。我们可以从尼采那里学到，即使上帝死了，人们对富丽堂皇和更崇高的文明事业的期待也不会结束，这是世俗化的社会无法提供的。我们也可以从他那里得知，如果以最高的文化—政治标准来判断的话，即使当前占统治地位的宗教在人性上看起来并没有给人留下深刻印象，但这并不意味着，如果以同样的标准来判断，世俗的、掏空神的文明会给人留下更深刻的印象。事实上，尼采认为，这样一个世俗化的文明（通过浇灌宗教直到最后一无所有）可能远远未能让人印象深刻。进一步

---

⑰　参见伊曼努尔·康德：《纯然理性界限内的宗教》，艾伦·伍德、乔治·迪·乔凡尼编，（Cambridge：Cambridge University Press，1998），第134页，论部分牧师"成为统治者"的永久诱惑；和第153页注释，论"有野心的神职人员"。正如我们在本书第二十八章看到的，这也是施密特的一个主题（相当令人吃惊）。我认为，尼采和施密特的例子告诉我们，反教权主义不是自由主义思想家的特有主题，在激进的反自由主义思想家中也有反教权主义的主题。爱弥儿·皮鲁-苏思妮在他非常不幸地逝世之前不久，对我这本书作出了一个深刻的批评性评论。在他的批评中，他指出把上帝之城看成是更高的权威，这究竟是好是坏，关键取决于世俗之城的正义与否。如果我们面对的是像希特勒这样的邪恶政权，或者面对的是美国前公民权利时期的种族主义政治，那么不去欢迎对现有政治权威施加压力的祭司干预就是错误的。这一点相当公允，他似乎强调了本书没有特别留意的政治与宗教关系的一个方面。与此同时，皮鲁-苏思妮的奥古斯丁式的论证让我有一种挥之不去的担忧，因为这些在政治领域的僧侣干预意味着存在一个比政治权威更高的权力，它们不就可以既对不公正的政治权威也对政治权威本身构成挑战？因此这就变成了这个问题：我们如何在公共领域中利用宗教偶尔的有益效果，而不打开神权政治的大门？

⑱　"私人狂热"的非法性也是《利维坦》中一个值得关注的主题，麦克弗森编，第723—725页。在这段文字中，霍布斯支持法治高于"正确的狂热者"（"狂热的权利"）。

说,我们从神权政治的思想家们那里得知,自由主义对于神权政治并未一战定胜负。⑲ 我们既可以向"真正的"神学政治家如迈斯特学习;也可以向尼采这样的后现代神学政治家学习,为什么在神权政治看来再神权化的观点至今并未落伍;我们还可以向培尔这样的思想家学习,人类不必陷于各种形式的公民宗教,因为人类有能力(至少在某些社会)以完全独立于宗教(在这一点上,培尔是正确的,卢梭是错误的)的方式来组织他们的道德和政治生活。尤其是,我们还可以从孟德斯鸠和其他启蒙的自由主义者那里学到,不允许对自由主义作出哪怕是最有启发性的批评,这些批评会使我们忘记一些重要的社会德性,这些德性可以对各种版本的神权政治保持独立。整个自由主义的传统教导我们,不仅要坚决抵制神权政治,还要抵制准神权政治的诱惑,准神权政治包括从马基雅维利到尼采的公民宗教传统,以及摩西崇拜或穆罕默德崇拜所建立的政治。⑳

有两种解释公民宗教理念与自由主义的关系的方式。第一种解释认为它使得政治永久受宗教束缚,或者说把二者混同了。在这种方式看来,公民宗教本质上是非自由主义的,因为大多数版本的自由主义旨在使政治和宗教分开。这就 416
是阅读卢梭公民宗教传统所得到的解释。㉑ 而在第二种解释看来,公民宗教的

---

⑲　虽然他既没有讨论迈斯特,也没讨论尼采和海德格尔,马克·里拉在《夭折的上帝:宗教、政治和现代西方》(New York:Knopf,2007)中还是提出了本质上相同的论证;尤其参见第 7 章。对文化倒退这个主题一些有趣的(尽管有些过时)思考,参见康纳·克鲁斯·奥布赖恩:《威胁下的启蒙》,载《进步的观念与历史》,A.M.梅泽尔、J.温伯格和 M.R.泽曼编,(Ithaca,NY:Cornell University Press,1995),第 155—166 页。

⑳　可以从这个角度来解释培尔对伊斯兰的严厉拒绝:参见皮埃尔·培尔的《彗星出现的不同思考》,第 72 节。这并不是说,即使在自由主义传统中,人们对于放弃公民宗教的优势没有犹豫过——大家可以看到,我在第二部分就是这样讨论斯宾诺莎、孟德斯鸠、托克维尔的,某种程度上也包括 J.S.密尔。

㉑　比如,如下表达说得就是常规的解读:卢梭拒绝了"世俗的、理性国家的启蒙观念。卢梭希望打破哲学家试图建立的教会和国家之间的界限,仿照古代斯巴达和加尔文日内瓦来捍卫公民宗教并反对宗教的多样性"(格拉姆·格拉德:《反对启蒙:从十八世纪到当代》,London:Routledge,2006,第 27 页)。对于常规解释的另一种概括,参见彼得·盖伊对让-雅克·卢梭《导读》:《基本政治著作选》,唐纳德·A.克雷斯编译,(Indianapolis:Hackett,1987),第 17 页:"卢梭的公民宗教学说提出的一整套严厉主张,这对卢梭的政治思想不是偶然的或意外的补充:它正好反映了他内心作为真诚的加尔文主义者对待德性的承诺。"对于各种常规解读版本,有一个完整的目录,参见特雷斯·保尔:《重新评价政治理论:政治思想史上的修正式研究》,(Oxford:Clarendon Press,1995),第 5 章。诚然,人们必须承认传统的解读中,认为应该对那些宣扬政治信条却不相信的人实行死刑(《基本政治著作选》,克雷斯编,第 226 页),这一观念既没有吸引力,也不是自由主义的观点。罗纳德·伊恩·博斯把卢梭政治信条的这个方面看作公民宗教的核心矛盾:卢梭希望宽容和尊重神圣,但同时提出对那些致力于政治信条却又不信的人处以死刑。参见博斯:《卢梭的公民宗教和信仰的意义:

目标是让宗教服务于政治或公民身份——让后者来掌管前者。很让人意外的是，卢梭自己说他转叛了新教，这种转变不是宗教驱动而是政治驱动的，这进一步说明了宗教可以服务于（而不是支配）公民权利。㉒ 因此，从政治的角度来看，也可以把第二个解释看作为对宗教的驯化，从而指向自由主义的方向。自由主义仅仅是以不同的方式（通过政治与宗教的分离而不是一个服从另一个）追求同一个目标。即使我们认为卢梭的论述超越了这两种完全对立的思考公民宗教的方式，这赋予了他公民宗教理论的开放性，这与传统的假设是完全不同的。我在本书中的做法是不把卢梭的公民宗教看作是卢梭发现的政治问题的明确的解决方式，而是更加温和地，把它看作开启与马基雅维利、霍布斯和培尔（卢梭在他关于公民宗教的讨论中明确提到这三位思想家）进行重大对话的方式，当然也包括和现代政治哲学传统中其他理论家的对话。

回到我们故事的开始，我们会看到，在卢梭看来，公民宗教是一个无望的事业。如果公民宗教真的是无望的，那么也许政治共和主义也是无望的——因为，马基雅维利所启发的共和主义传统坚持认为，健全的政治共和主义需要一个公民宗教。那么其他选项会是什么？

洛克和迈斯特代表了政治与宗教的关系问题上的两个极端——自由主义的极端和神权政治的极端。其他绝大多数思想家都持中间的立场，也就是说，公民宗教的立场。我们甚至可以在休谟与斯密的辩论的启发下来考察一下休谟，他看上去几乎成了一位公民宗教的理论家，因为他看到了继承下来的、既定的教会对于社会秩序的吸引力。人们还可以补充说伯克同样代表了自由主义和神权政治之间的（不连贯的？）中间立场。他非常同情孟德斯鸠的温和的自由主义，但是当他看到启蒙自由主义失控时，他感到恐慌——因此他试图重新对旧政权神圣化。㉓ 托克维尔以其卓越的社会学理解力，回到了孟德斯鸠的自由主义。

---

对培尔矛盾的回答》，《伏尔泰和十八世纪研究》，1971 年第 84 卷，第 152 页；参见第 181 页。卢梭思想中最严重的张力根本上使得博斯总体认为卢梭的公民宗教是失败的："他未能成功解决源自宽容和国家全能论的社会宗教的张力，他在两者之间摇摆不定"（博斯，第 180 页）。

㉒　参见让-雅克·卢梭：《忏悔录：卢梭作品集》，第 5 卷，C.凯利、R.D.玛斯特、P.史提曼编，（Lebanon, NH: University Press of New England, 1995），第 329 页：因为"每个国家的一切形式和纪律都在法律的权限范围之内……这就使得，要为一名公民，就要是一名新教徒，回到我们国家建立的崇拜。"（着重强调）。

㉓　如果谁注意到伯克关于"永恒社会伟大的原始契约"的著名段落，它不仅将过去和将来结合在一起，而且将"可见世界和不可见的世界"联系起来，就会认为伯克的政治哲学中也有一个隐含的神权政治维度。然而，将神权政治看作是保守政治的专有传统，这也是一个错误。对于当代左派

　　本书中自由主义对公民宗教回应的历史也包含着自由主义对政治共和主义传统回应的历史。因此在这个双重叙事中孟德斯鸠再次成了关键人物，因为他是第一位以自己的方式对待政治共和主义愿景的自由主义者，他认为真正的人性吸引力是人生的愿景，但不屈服于它。（也许，康斯坦特是孟德斯鸠在这一努力中的继承者。）洛克从未参与和政治共和主义的辩论（他另有事做），霍布斯对他所认为的政治共和主义者的浪漫主义不屑一顾。㉔

　　在卢梭—托克维尔关于基督教能否成为公民宗教的辩论中，虽然孟德斯鸠 418 站在托克维尔一边，但当他强调判别宗教的依据不在于宗教标准而在于政治标准时，他多少反应了公民宗教的传统（这一点要超过托克维尔）。阅读孟德斯鸠可以——某种意义上阅读托克维尔也可以——使人们更清楚地认识到，公民宗教和自由主义并不是完全不同的理智传统：自由主义的公民宗教是有可能存在的，虽然它作为一个理智的可能性存在乍看起来似乎是矛盾的。不仅如此，孟德斯鸠和托克维尔强调的也非常不同。孟德斯鸠在驯化宗教方面更接近公民宗教的核心传统，它要严格服从政治目的。（托克维尔看上去更关注宗教的再生而不是驯化。）特别是，体现在孟德斯鸠—卢梭的关系上（人们甚至会发现，在对卢梭的公民宗教问题的启发上，孟德斯鸠是与马基雅维利和霍布斯齐名的），即人们最欣赏的是自由主义与公民宗教在根本问题上的亲近关系——即目标都在于驯化宗教。公民宗教作为一个政治工程当然会存在误导，但公民宗教的理论家们（马基雅维利，霍布斯和卢梭）推动公民宗教理论的出发点绝对没错：他们对宗教威胁公民生活之完整性的深刻程度深感焦虑。

　　让我们再次回到卢梭：如果卢梭真的完全同意政治共和主义者的政治共同

---

神权政治挑衅的例子，可参见乔治·舒尔曼：《公民宗教、预言和奥巴马》，(http://blogs.ssrc.org/tif/2009/06/11/civil-religion-prophecy-and-obama/)，它诉诸美国的先知传统以捍卫耶利米·赖特牧师的政治。（耶利米·赖特牧师，Rev.Jeremiah wright，美国前总统巴拉克·奥巴马的牧师。他曾公开发表一些带有种族色彩的煽动性言论，引起各方争议。——译者）托马斯·潘恩站在自由主义传统中，将神权政治描述为教会和国家非法结合的"骡子动物"时，这可以看作是同时对伯克和卢梭的批评；参见克里斯托弗·希金斯：《托马斯·潘恩的人的权利：传记》，(Vancouver：DouglasMcIntyre，2006)，第99—100页。（参见《理性时代》第一部分，第1章，潘恩提到"政治与宗教不贞洁的结合"。）

　　㉔　因此，众所周知，在《利维坦》第21章霍布斯曾蔑视卢卡公民引以为豪的政治自由（中译本，第167页，译为路加城——译者）。在同一章，他还责备亚里士多德和西塞罗因为他们受到了政治共和主义错误的诱惑。虽然他没有明确提到马基雅维利，但霍布斯一定认为马基雅维利至少同样有罪，因为他不负责任地感情用事。（虽然托马斯·胡格林在《二十一世纪的经典辩论：政治思想的再考察》(Peterborough，Ontario：Broadview Press，2008)，第99页指出，霍布斯在《利维坦》第21章所抨击的自由概念，在根本上因为它导致一个反常的"偏爱动乱"，这可以默认为指的是马基雅维利。）

体愿景,他应该接受他所反对的、而马基雅维利同意的"国家的宗教"。卢梭认为自己是一个坚决的反世界主义者,但是他拒绝公民的宗教是因为它最终意味着一个民族自我确认自身是政治神的"选民",从而排除了人类的其他部分。卢梭作为马基雅维利之后最积极的政治共和主义者,他真的通过了公民宗教的测试了么? 没有。㉕ 卢梭承认基督教普遍主义的真理性,也就承认了他自己政治共和主义学说的非真理性或有限真理性,因此,它构成了插入卢梭政治哲学中的一个开放的楔子,如果进一步撕裂它,他的政治共和主义将无法立足甚至使得他不管情愿不情愿都要走向自由主义。虽然在马基雅维利—孟德斯鸠的争论中卢梭会毫不犹豫站在马基雅维利一边,但是公民宗教的问题再次成了卢梭哲学的楔子,如果对它多加思考,它最终将迫使卢梭放弃对马基雅维利的承诺,并参与到孟德斯鸠对现代性的确认之中。

　　最终,休谟代表了同时竭力反对神权政治和公民宗教的自由主义版本,因为休谟是最坚定地相信爱丽丝·默多克所言之"不真实的信仰不会带来什么好结果"的哲学家。㉖ 霍布斯,尽管痛恨祭司并且认为宗教对政治生活是真实的威胁,但他还是认为可以出于政治目的而驯化宗教,如果不对宗教进行驯化和工具化,政治秩序就无从可能。休谟同样认为,从人类生活中消除迷信是不大可能的,㉗然而休谟并没有去打磨宗教使之适合于此岸的目标。在这里,我们遇到了自由主义和公民宗教之间的根本冲突,霍布斯站在公民宗教一边,休谟站在自由主义一边。如果休谟认同"不真实的信仰不会带来好结果"是对的,那么公民宗教就是一个被误导的政治工程。在我们这本书看来,公民宗教意思是对宗教的

---

　　㉕　我们在第四部分阅读"尼采"时遇到的更大悖论是,尼采(虽然他不是政治共和主义者)在《敌基督者》中称赞旧约的"国家"神的时候,却通过了这个考验! 至少在这个意义上,尼采是一位比卢梭更忠实的马基雅维利主义者。

　　㉖　正如我们在本书第二十二章看到的,这个问题是约翰·莫利与约翰·斯图亚特·密尔争论的核心。在他对可疑的信仰可能产生的效用的怀疑中,与其性格不相符的是,密尔根本上为了实现效用而牺牲了其追求真理的承诺。莫利的坚定立场是,这不是任何坚定的自由主义者应该考虑涉足的道路。

　　㉗　人们显然也会这样说斯宾诺莎。有人对霍布斯、斯宾诺莎、休谟这样的世俗主义知识分子的悲观主义做了很好概括,参见孟德斯鸠《全集》,奥斯特编,第 1074 页(《我的思考》,第 2110 条):"对我来说,考虑到人类的恐惧与迷信,启示的必要性就在于自然宗教的不充分性:因为,即使你今天把人类放到完全的自然宗教中,明天他们就会重新陷入到迷信之中。"霍布斯在《利维坦》第 12 章说了同样的内容:"不可见的、超自然的力量……永远无法从人类的本性中移除,新的宗教也由此生长出来。"正如大卫·约翰斯顿在《利维坦的修辞》第 206 页评论的,霍布斯"与后期启蒙运动的乐观主义不同,即使理性赢得了启蒙与迷信之间的战争,胜利也不牢固,敌人也未消失。"

419

文明化/政治化——为了政治目标而驯化宗教。如果谁真想去驯化宗教,那么采取自由主义的路径将更有意义:或多或少地把宗教逐出公共领域。㉘

　　尽管如此,这个理智的事业不是通过一个思想家或一组思想家反对对手而得以建立的,而是建立在作为一个整体的哲学对话的传统上——也就是说,对话的传统与作为整体的政治哲学史相关。霍布斯写道,"我们好好考虑一下的话就会看到这,对古代著作家的称扬并不是出于对死者的尊敬,而是出于生者的竞争与相互妒忌。"㉙如果本研究能达成以下唯一目的,即说服一些读者可以"出于尊敬"而不是"出于竞争和妒忌"来参与政治哲学传统的对话,那我就很满意了。㉚

420

――――――――――――

　　㉘　人们可能会说,公民宗教就是尼采和海德格尔说的"折中方案"("半拉子工程")。如果谁真的想驯化宗教,他就应该完全接受自由主义(虽然在本书看来,不同的自由主义者——孟德斯鸠、托克维尔,甚至 J.S.密尔,以及无数当代自由主义者——他们都希望让宗教在道德上和政治上起作用)。

　　㉙　《利维坦》,麦克弗森编,第 727 页(中译本,第 576—577 页。——译者)。

　　㉚　参见《约翰·斯图亚特·密尔作品集》,第 18 卷:政治与社会论文集》,J.M.罗布森编,(Toronto:University of Toronto Press,1977),第 7 页。

# 索引①

---

① 索引中所标页码为本书边码。

## H

407

# 中英文人名对照表

## A

阿贝·德·卡隆德莱　Abbé de Carondelet

阿布·萨利·姆塔哈　Fatah al-Islam

阿尔弗雷德·卡津　Alfred Kazin

阿方索 J.达米科　Alfonso J.Damico

阿吉斯·孔托,Alkis Kontos

阿克顿　H.B.Acton

阿兰·布鲁德　Alan Brudner

阿兰 M.奥尔森　Alan M.Olson

阿罗德·斯通　Harold Stone

阿内·科勒　Anne Cohler

阿努尔夫·茨威格　Ar nulf Zweig

阿诺比乌　Ar nobius

阿维沙·马格利特　Avishai Margalit

阿亚安·希尔西·阿里　Ayaan Hirsi Ali

阿亚图拉·霍梅尼　Ayatollah Khomeini

埃德温·柯利　Edwin Curley

埃尔顿 J.爱森纳赫　Eldon J.Eisenach

埃贡·席勒　Schiele

埃里克·费奇尔,Eric Fischl

埃里克·沃格林　Eric Voegelin

埃里克·尼尔森　Eric Nelson

埃利·科多利　Elie Kedourie

埃莉诺·瓦赫特尔　Eleanor Wachtel

艾尔顿·爱森纳赫　Eldon J.Eisenach

艾拉·卡茨内尔森　Ira Katznelson

艾伦·布罗姆　Allan Bloom

艾伦·吉尔伯特　Allan Gilbert

艾伦·莱恩　Alan Ryan

艾伦·梅吉尔　Allan D.Megill

艾伦·伍德　Allen Wood

爱德华·安德鲁　Edward Andrew

爱德华·卢瓦克　Edward Luttwak

爱德华·萨义德　Edward W.Said

爱德华·吉本　Edward Gibbon

爱德华 G.安德鲁　Edward G.Andrew

爱德华多·门迭塔　Eduardo Mendieta

爱尔娜·希尔施泰因　Erna Hilfstein

爱丽莎·格雷夫　Elisha Greifer

爱丽丝·默多克　Iris Murdoch

爱丽丝 S.罗丝　Alice S.Rossi

爱弥儿·路德维希　Emil Ludwig

爱弥儿·皮鲁-苏思妮　Emile Perreau-Saussine

爱弥儿·肯廷恩　Emil Kettering

安·斯威德勒　Ann Swidler

安德雷·亚丁　André Jardin

安德鲁·迈克尔·拉姆齐　Andrew Michael Ramsey

安德伍德　J.A.Underwood

安德伍德　S.A.Underwood

安东尼·费罗　Anthony Flew

安东尼·帕格登　Anthony Pagden

安东尼·萨巴提亚·德·卡斯特　Antoine Sabatier de Castres

418

安妮·诺顿　Anne Norton

奥尔登堡　Oldenburg

奥利弗·劳森·迪克　Oliver Lawson Dick

奥斯特　Oster

奥斯瓦尔德·斯宾格勒　Oswald Spengler

奥托·波格尔　Otto Pöggeler

## B

巴里·威尔逊　Barrie Wilson

巴特利　W.W.Bartley Ⅲ

巴西亚·米勒　Basia Miller

柏拉图　Plato

邦妮·霍尼格　Bonnie Honig

保罗 J.约翰逊　Paul J.Johnson

保罗·爱德华兹　Paul Edwards

保罗·奥斯特　Paul Auster

保罗·伯尔曼　Paul Berman

保罗·马蒂亚·多利亚　Paolo Mattia Doria

保罗 A.拉赫　Paul A.Rahe

贝蒂·雷迪斯　Betty Radice

贝尔蒂　Berti

本雅明·莫塞尔　Benjamin Moser

彼得·拉斯莱特　Peter Laslett

彼得·贝尔科维奇　Peter Berkowitz

彼得·范德坤　Peter van der Kun

彼得·盖伊　Peter Gay

彼得·加斯特　Peter Gast

彼得·柯奴斯　Petrus Cunaeus

彼得·斯坦斯基　Peter Stansky

彼得·塔斯基　Peter Stansky

彼得 J.卡赞斯坦　Peter J.Katzenstein

彼得 L.贝格　Peter L.Berger

彼格·科恩　Peggy Kohn

波格尔　Pöggeler

波考克　J.G.A.Pocock

伯恩斯　J.H.Burns

伯纳德·利维斯　Ber nard Lewis

伯纳德·格特　Ber nard Gert

伯纳德·雅克　Ber nard Yack

伯纳德—亨利·利伟　Ber nard- Henri Lévy

伯瑞斯·科瓦斯基　Borys Kowalsky

博蒙特　Beaumont

布莱恩·巴里　Brian Bar ry

布莱恩·杜帕　Brian Duppa

布莱恩·莫顿　Brian Morton

布兰登·奥利里　Brendan O'Leary

布勒　G.Bühle

布瑞特·库什　Brent Cusher

查尔蒙特勋爵　Lord Charlemont

查尔斯·泰勒　Charles Taylor1

查尔斯·布朗特　Charles Blount

## D

大卫·福斯特　David Foster

大卫·西斯　David Sices

大卫·休谟　David Hume

大卫·法雷尔·克雷尔　David Far rell
　　Krell

大卫·霍洛汉　David Holohan

大卫·卢森贝格　David Rosenberg

大卫·米勒　David Miller

大卫·欧文　David Owen

大卫·沃姆斯利　David Womersley

大卫·伍顿　David Wootton

大卫·约翰斯顿　David Johnston

戴森　R.W.Dyson

戴维·米勒　David Miller

丹尼尔·佩林　Daniel Pellerin

丹尼尔·奥斯特　Daniel Oster

丹尼尔·丹尼特　Daniel Dennett

丹尼尔 A.东布罗夫斯基　Daniel A.
　　Dombrowski

丹尼尔 S.马拉库克　Daniel S.Malachuk

丹尼斯·波茨　Denys Potts

son

吉尔伯特·韦斯　Gilbert Weiss

吉尔斯—弗雷泽　Giles Fraser

吉罗拉谟·萨伏那罗拉　Girolamo Savonar-
　ola

吉塔·梅塔　Gita Mehta

加尔文　Calvin

加雷斯·斯特德曼·琼斯　Gareth Stedman-
　Jones

加里·雷默　Gary Remer

加里·夏皮罗　Gary Shapiro

加斯基　J.C.A.Gaskin

嘉德·霍洛维茨　Gad Horowitz

贾德·欧文　Judd Owen

贾德·欧文　J.Judd Owen

贾斯汀·A.I.钱皮恩　Justin A.I.Champion

贾斯汀·钱皮恩　Justin Champion

简·W.沃杰克　JanW.Wojcik

教皇克莱门特七世　Clement VII

杰夫·卢克斯　Jeff Loucks

杰弗里·本灵顿　Geoffrey Bennington

杰弗瑞·R.柯林斯　Jeffrey R.Collins

杰弗瑞·梅西　Jeffrey Macy

杰克·卢卡斯　Jack Lucas

杰克·莱弗利　Jack Lively

杰里米·边沁　Jeremy Bentham

杰里米·沃尔德伦　Jeremy Waldron

杰尼弗·尼德斯凯　Jennifer Nedelsky

君特·海思科　Günther Heske

## K

卡尔·洛维特　Karl Löwith

卡尔·斯密特　Carl Schmitt

卡尔·雅斯贝斯　Karl Jaspers

卡尔·巴特　Karl Barth

卡尔·冯·格斯多夫　Carl von Gersdorff

卡尔 W.布里顿　Karl W.Britton

卡尔曼·诺伊曼　Kalman Neuman

卡罗尔·迪特　Carol Diethe

卡普茨　F.A.Capuzzi

凯里瑟　D.W.Carrithers

凯里瑟　D.W.Carrithers

凯利　C.Kelly

凯瑟琳　Catherine

凯瑟琳·H.扎科特　Catherine H.Zuckert

凯瑟琳·M.希金斯　Kathleen M.Higgins

坎贝尔　R.H.Campbell

康纳·克鲁斯·奥布赖恩　Conor Cruise
　O'Brien

康威　M.D.Conway

科里·罗宾　Corey Robin

克莱尔　D.F.Krell

克里斯特尔·柯德尔　Crystal Cordell

克里斯托弗·凯利　Christopher Kelly

克里斯托弗·林奇　Christopher Lynch

克里斯托弗·米德尔顿　Christopher Mid-
　dleton

克里斯托弗·史密斯　P.Christopher Smith

克里斯托弗·希金斯　Christopher Hitchens

克利福德·欧文　Clifford Orwin

克林姆特　Klimt

克诺斯　F.X.Kraus

克瑞斯海默　A.J.Krailsheimer

肯·格林　Ken Green

肯尼斯·哈特·格林　Kenneth Hart Green

肯尼特·L.多切　Kenneth L.Deutsch

库切　J.M.Coetzee

昆特·H.古达特　Kurt H.Guddat

昆特·鲁道夫·费希　Kurt Rudolf Fischer

昆廷·斯金纳　Quentin Skinner

昆廷·劳尔　Quentin Lauer

## L

拉尔夫·勒纳　Ralph Lerner

拉尔夫·罗斯　Ralph Ross

拉尔夫·曼海姆　Ralph Manheim

拉斐尔　D.D.Raphael

拉里·西登托普　Larry Siedentop

拉姆齐　I.T.Ramsey

拉纳姆　Lanham

拉瑞莎·阿特金森　Larissa Atkison

莱昂·威斯提　Leon Wieseltier

莱昂内尔 A.麦肯齐　Lionel A.McKenzie

莱恩·巴洛特　Ryan Balot

莱恩·赫尔　Ryan Hurl

莱克古士　Lycurgus

莱斯利·J.沃克　Leslie J.Walker

莱谢克·克拉科夫斯基　Leszek Kolakowski

赖特·米尔斯　C.Wright Mills

兰伯特·德·维特森　Lambert de Velthuys-
en

劳埃德·D.伊斯顿　Loyd D.Easton

劳伦斯·E.克莱恩　Lawrence E.Klein

劳伦斯·兰贝特　Laurence Lampert

劳瑞·S.卢勒　Leroy S.Rouner

劳维特　Lovitt

乐天·科勒　Lotte Kohler

雷布朗　R.A.Lebrun

雷蒙·阿隆　Raymond Aron

李·麦克林　Lee MacLean

里昂·布伦士维格　Léon Brunschvicg

理查德·贝尔　Richard Bell

理查德·塔克　Richard Tuck

理查德·西古德松　Richard Sigurdson

理查德·约翰·纽豪斯　Richard John Neu-
haus

理查德·A.雷布朗　Richard A.Lebrun

理查·H.波普金　Richard H.Popkin

理查德·J.伯尔斯坦　Richard J.Bernstein

理查德·阿莱斯特里　Richard Allestree

理查德·费里德曼　Richard Flathman

理查德·弗农　Richard Vernon

理查德·曼德森　Richard Madsen

理查德·威利斯　Richard Willis

理查德·沃林　Richard Wolin

利·坎波斯·博拉莱维　Lea Campos Bora-
levi

列奥·施特劳斯　Leo Strauss

刘易斯·萨缪尔·福耶尔　Lewis Samuel
Feuer

路易·杜蒙　Louis Dumon

露西　T.J.Luce

罗伯特·斯帕林　Robert Sparling

罗伯特·休斯　Robert Hughes

罗伯特·伊登　Robert Eden

罗伯特·A.戈尔德温　Robert A.Goldwin

罗伯特·C.巴特利特　Robert C.Bartlett

罗伯特·C.所罗门　Robert C.Solomon

罗伯特·M.亚当斯　Robert M.Adams

罗伯特·N.贝拉　Robert N.Bellah

罗伯特·奥迪　Robert Audi

罗伯特·恩莱特　Robert Enright

罗伯特·梅里休·亚当斯　Robert Merrihew
Adams

罗伯特·沃克　Robert Wokler

罗伯托·里多尔菲　Roberto Ridolfi

罗德·米克利堡　Rod Mickleburgh

罗恩·贺伯特　L.Ron Hubbard

罗杰·D.玛斯特　Roger D.Masters

罗杰·柏舍　Roger Boesche

罗杰·伍尔豪斯　Roger Woolhouse

罗慕路斯　Romulus

罗纳德·贝拉　Ronald Beiner

罗纳德·伊恩·博斯　Ronald Ian Boss

罗森塔尔　Rosenthal

罗斯　I.S.Ross

罗斯　M.S.Roth

罗伊斯　M.Reuss

吕库古　Lycurgus

## M

马蒂斯　Matisse

马丁·奥斯瓦尔德　Martin Ostwald

马丁·凡·吉登　Martin van Gelderen

马丁·克拉斯金　Martin Krasnik

马丁尼奇　A.P.Martinich

马丁尼奇　Martinich

马克·利平科特　Mark Lippincott

马克·路易德　Mark Lloyd

马克·戈尔迪　Mark Goldie

马克·克拉迪斯　Mark S.Cladis

马克·里拉　Mark Lilla

马克西姆斯·忒留斯　Maximus Tyrius

马里奥·多曼迪　Mario Domandi

马莉齐诺·蒙蒂纳里　Mazzino Montinari

马瑞克·翰威特　Marc Hanvelt

玛丽·G.迪茨　Mary G.Dietz

玛丽·格雷戈尔　Mary Gregor

玛利亚·P.阿尔塔　Maria P.Alter

玛斯特　J.R.Masters

玛斯特　R.D.Masters

迈克尔·格雷　Michael Gray

迈克尔·欧克肖特　Michael Oakeshott

迈克尔·沃尔泽　Michael Walzer

迈克尔·A.罗森塔尔　Michael A.Rosenthal

迈克尔·J.西尔弗索恩　Michael J. Silverthorne

迈克尔·S.拉比耶　Michael S.Rabieh

迈克尔·艾伦·吉莱斯皮　Michael Allen Gillespie

迈克尔·海德　Michael Heyd

迈克尔·莱勒　Michael Laine

迈克尔·麦康内尔　Michael McConnell

迈克尔·西尔弗索恩　Michael Silverthorne

迈克尔·伊格纳菲耶夫　Michael Ignatieff

迈克尔·扎科特　Michael Zuckert

迈耶　J.P.Mayer

麦当娜·卡特琳娜　Madonna Caterina

麦克菲　A.L.Macfie

麦克弗森　C.B.Macpherson

曼利乌斯·托克图斯　Manlius Torquatus

梅尔文·希尔　Melvyn Hill

梅尔文·里希特　Melvin Richter

梅吉尔　Megill

梅丽莎·威廉姆斯　Melissa Williams

梅纳赫姆·罗布鲍姆　Menachem Lorber-baum

梅泽尔　A.M.Melzer

美瑞福·琼斯　Meirav Jones

蒙克　Munch

蒙丘尔·丹尼尔·康威　Moncure Daniel Conway

米格尔·莫尔加多　Miguel Morgado

米里亚姆·博迪恩　Miriam Bodian

摩瑟尔　M.A.Mosher

摩森纳　E.C.Mossner

摩西　Moses,

摩西·门德尔松　Moses Mendelssohn

穆罕默德·达赫兰　Mohammed Dahlan

穆赫辛·迈赫迪　Muhsin Mahdi

穆斯塔法·基马尔　MustafaKemal Atatürk

## N

纳坦·塔科夫　Nathan Tarcov

纳特·麦库勒　Nate McKune

南希·可卡　Nancy Kokaz

尼古拉斯·沃特斯托夫　Nicholas Wolter-storff

尼可罗·马基雅维利　Niccolò Machiavelli

努玛　Numa

诺伯特·君克　Norbert Gürke

诺尔·马尔科姆　Noel Malcolm

斯金纳　A.S.Skinner

斯考特　John T.Scott

斯坦利·费希　Stanley Fish

斯坦利·格里安　Stanley Grean

斯坦利·罗森　Stanley Rosen

斯特劳森　P.F.Strawson

斯图亚特·D.华纳　Stuart D.Warner

斯图亚特·华纳　Stuart D.Warner

斯图亚特·吉尔伯特　Stuart Gilbert

斯韦登伯格　Swedenborg

苏莱雅·法哈奇　Suraiya Faroqhi

苏珊·曼都斯　Susan Mendus

梭伦　Solon

索尔·贝娄　Saul Bellow

索伦·基尔凯郭尔　Søren Kierkegaard

索齐尼主义　Socinianism

### T

塔西佗　Tacitus

汤姆·潘格尔　Tom Pangle

汤姆·索雷尔　Tom Sorell

唐·加勒特　Don Garrett

唐纳德·A.克雷斯　Donald A.Cress

唐纳德·哈曼·埃克森　Donald Harman Akenso

特雷斯·B.斯聪　Tracy B.Strong

特雷斯·保尔　Terence Ball

特雷斯·斯聪　Tracy Strong

托马斯·莫尔　Thomas More

托马斯·潘恩　Thomas Paine，

托马斯·L.潘格尔　Thomas L.Pangle

托马斯·胡格林　Thomas Hueglin

托马斯·莱恩汉　Thomas Linehan

托马斯·希恩　Thomas Sheehan

### W

瓦尔特·索弗　Walter Soffer

瓦尼尼　Lucilio Vanini

威尔森·凯莉·麦克威廉姆斯　Wilson Carey McWilliams

威廉·亨格　William Rehg

威廉·皮特普洛斯　William Petropulos

威廉·A.高尔斯顿　William A.Galston

威廉·A.夏博兰　William A.Schambra

威廉·J.里查德森　William J.Richardson

威廉·M.沙利文　William M.Sullivan

威廉·波普尔　William Popple

威廉·布莱克　William Blake

威廉·劳威特　William Lovitt

威廉·莫尔斯沃思爵士　Sir William Moles-worth

威廉·史泰翰　William Strahan

威廉姆斯　M.S.Williams

薇琪·B.沙利文　Vickie B.Sullivan

维尔莫·肯德尔　Willmore Kendall

维克多·诺沃　Victor Nuovo

维特利　Vettori

温伯格　J.Weinberger

沃尔特·考夫曼　Walter Kaufmann

沃尔特·埃克斯坦　Walter Eckstein

沃格林　Voegelin

沃林　R.Wolin

沃林　Wolin

沃伦·蒙塔格　Warren Montag

乌列·达·科斯塔　Uriel da Costa

伍顿　Wootton

### X

西奥多·赫茨尔　Theodor Herzl

西奥多·瓦尔德曼　Theodore Waldman

西尔维·阿维格多　Sylvie D'Avigdor

西尔维亚·沃尔什　Sylvia Walsh

西尔维娅·贝尔蒂　Silvia Berti

西格蒙德·弗洛伊德　Sigmund Freud

詹姆斯·H.塔利　James H.Tully

詹姆斯·R.雅可比　James R.Jacob

詹姆斯·阿特金森　James B.Atkinson

詹姆斯·博斯威尔　James Boswell

詹姆斯·法尔　James Farr

詹姆斯·费舍尔　James Fieser

詹姆斯·乔伊斯　James Joyce

詹姆斯·塔利　James Tully

詹姆斯·伍德　James Wood

朱迪思·N.施克莱　Judith N.Shklar

朱迪思·R.玛斯特　Judith R.Masters

朱迪思·诺曼　Judith Norman

朱迪思·瓦格纳·德库　Judith Wagner De-
Cew

# 翻译体例说明

1. 凡是作者以某一章专题讨论某位经典作家时，译者通常查证该经典作家著作的中译本，引文参照该中译本，部分情况下有所改译。并以（）中注明中译本的版本、页码等信息。

2. 正文、注释中的人名，译者翻译成中文名，并在结尾制作中英人名对照表，注释所列的出版社信息未作翻译。

3. 注释未作特殊说明的，均为原作者注释。译者注以（）标出。如果译者注出现在原文的（）之中，原文的（）改为［］，译者注仍以（）标出。

4. 原文页码中译本标注为边码，以方便查证。

5. 作者文章以（）表达的内容，译者也以（）译出；作者的补充注释为［］，译者依然用［］予以注明。

责任编辑:张伟珍
封面设计:林芝玉
版式设计:马月生　王　婷

**图书在版编目(CIP)数据**

公民宗教:政治哲学史的对话/(加)罗纳德·贝纳 著;李育书 译. —北京:
　人民出版社,2018.11
(法哲学学术译丛)
书名原文:Civil Religion:A Dialogue in the History of Political Philosophy
ISBN 978 - 7 - 01 - 019589 - 6

Ⅰ.①公…　Ⅱ.①罗…　②李…　Ⅲ.①政治哲学-政治思想史-西方国家
　Ⅳ.①D091

中国版本图书馆 CIP 数据核字(2018)第 168847 号

**公民宗教:政治哲学史的对话**
GONGMIN ZONGJIAO ZHENGZHI ZHEXUESHI DE DUIHUA

[加]罗纳德·贝纳　著　李育书　译

**人民出版社** 出版发行
(100706　北京市东城区隆福寺街 99 号)

天津文林印务有限公司印刷　新华书店经销

2018 年 11 月第 1 版　2018 年 11 月北京第 1 次印刷
开本:710 毫米×1000 毫米 1/16　印张:27.5
字数:534 千字　印数:0,001—2,000 册

ISBN 978 - 7 - 01 - 019589 - 6　定价:72.00 元

邮购地址 100706　北京市东城区隆福寺街 99 号
人民东方图书销售中心　电话 (010)65250042　65289539